올어바웃 기록형 형사법 2
(기출해설)

홍형철 변호사

새로름

제6판 머리말

이번 제6판에서 수정된 내용은 다음과 같습니다.

1. 2023년 실시된 제12회 변호사시험에 대한 해설을 추가하였습니다.

2. 기존 문제 해설 중 변경된 판례 태도에 따른 수정 내용을 추가하였습니다.

    다만, 기존 판례대로 작성된 해설 자체를 수정하지는 않고, 기존 해설에 방주를 더해 변경된 판례에 따른 검토 내용을 기재하였고, 변경 전후 판례 모두를 수록하여 수험생들이 두 판례를 비교하여 공부할 수 있도록 하였습니다.

3. 기존 해설 내용 중 일부에 대해 방주를 추가하였고, 일부 오타 등을 수정하였습니다.

4. 기존 교재에서 문제 부분 글자가 깨져 보여 가독성이 낮다는 지적이 있어, 문제 부분 해상도를 개선하였습니다.

5. 2020. 2. 4. 개정되고, 2022. 1. 1.부터 시행되는 형사소송법 제312조 제1항에 의하면, 검사가 작성한 공범인 공동피고인에 대한 피의자신문조서에 대하여는 (기존 사경 작성 피의자신문조서와 마찬가지로) 제312조 제1항에 의해 당해피고인이 내용을 부인하면 증거능력이 부정된다고 봄이 타당하다고 생각됩니다. 따라서 이 부분이 출제된 제12회 시험 해설부터 위와 같은 법리에 따라 답안을 작성하였습니다.

    다만, 위 개정법은 2022. 1. 1. 이후 공소제기된 사건부터 적용되므로, 그 이전에 공소제기된 제11회 시험까지는 기존 해설을 그대로 유지하였습니다.

모쪼록 본서가 수험생들의 합격에 큰 도움이 되길 바랍니다.

홍형철 변호사 드림

머리말

변호사시험 기록형 문제풀이 공부를 위한 가장 좋은 자료는 기출문제입니다. 따라서 이러한 기출문제를 제대로 풀고 답안을 작성하는 방법을 익히는 것이 기록형 시험을 위한 제대로 된 공부방법의 출발이자 끝이라 할 수 있습니다.

기록형 시험의 출제 쟁점은 법률판단에 대한 것과 사실인정에 대한 것으로 구별할 수 있습니다. 전자는 피고인의 자백 등에 의해 인정되는 사실을 전제로 그 사실에 적용되는 법률규정이나 판례 등 법리를 검토하여 결론을 내리는 것이고, 후자는 피고인이 부인하는 공소사실에 대해 증거관계 등을 통해 인정되는 사실을 검토하는 것입니다.

법률판단 쟁점은 문제에서 쟁점을 찾아 그에 적용되는 법리를 정확히 설시하여 사안을 검토하는 것이 주된 평가의 대상입니다. 반면 사실인정 쟁점은 피고인의 부인진술 등을 통해 비교적 쉽게 확인할 수 있는 쟁점과 결론에 대해 기록에서 주어진 증거관계들을 바탕으로 얼마나 논리적인 답안을 구성하는지가 주된 평가의 대상입니다.

본서는 단순한 기출해설집이 아니라, 수험생들이 위와 같은 기록형 시험의 출제유형을 익히고 제대로 된 답안을 작성할 수 있는 방법을 훈련할 수 있는 교재가 될 수 있도록 아래와 같이 구성하였습니다.

1. **문제해설**: 단순히 문제만을 싣지 아니하고, 기록을 읽으면서 문제를 푸는 방법을 익힐 수 있도록, 각 서면에서 확인해야 하는 내용과 실제 쟁점관련 답안에 현출해야 하는 내용들을 모두 체크하여 방주에 기재하였습니다.

2. **메모예시**: 제한된 시간 내에 누락 없이 답안을 작성하기 위해서는 제대로 기록을 읽으면서 제대로 된 메모를 작성하고, 이러한 메모를 중심으로 답안을 기재하여야 합니다. 이를 위해 「올어바웃 기록형 형사법 1 (핵심정리)」에서 정리한 '기록형 시험을 위한 메모법'을 바탕으로 실제 기출문제에 대한 메모예시를 정리하여 수록하였습니다.

3. **모범답안**: 기록형 시험에서는 단순히 쟁점과 결론을 찾는 것뿐만 아니라 쟁점에 따른 결론에 대한 논증과정을 출제자가 요구하는 방식에 따라 답안에 제대로 현출하는 것이 중요합니다. 이에 대해 「올어바웃 기록형 형사법 1 (핵심정리)」에서 정리한 '기록형 시험을 위한 무면공정리 - 답안작성법' 등을 바탕으로 실제 기출문제에 대한 모범답안을 정리하여 수록하였습니다.

정확한 내용정리와 이를 바탕으로 한 문제풀이가 시험을 위한 정도(正道)입니다. 이를 위해 「올어바웃 기록형 형사법 1 (핵심정리)」을 먼저 공부한 후 「올어바웃 기록형 형사법 2 (기출해설)」을 차례로 공부하시길 당부 드립니다.

2017년 6월

홍형철 변호사

Contents
차 례

2012년 제1회 변호사시험 형사법 기록형

CH 01 문제해설 · 3
CH 02 메모예시 · 55
CH 03 모범답안 · 57

2013년 제2회 변호사시험 형사법 기록형

CH 01 문제해설 · 67
CH 02 메모예시 · 119
CH 03 모범답안 · 121

2014년 제3회 변호사시험 형사법 기록형

CH 01 문제해설 · 131
CH 02 메모예시 · 183
CH 03 모범답안 · 185

2015년 제4회 변호사시험 형사법 기록형

CH 01 문제해설 · 197
CH 02 메모예시 · 249
CH 03 모범답안 · 251

2016년 제5회 변호사시험 형사법 기록형

CH01 문제해설 · 261
CH02 메모예시 · 313
CH03 모범답안 · 315

2017년 제6회 변호사시험 형사법 기록형

CH01 문제해설 · 327
CH02 메모예시 · 379
CH03 모범답안 · 381

2018년 제7회 변호사시험 형사법 기록형

CH01 문제해설 · 395
CH02 메모예시 · 447
CH03 모범답안 · 449

2019년 제8회 변호사시험 형사법 기록형

CH01 문제해설 · 463
CH02 메모예시 · 515
CH03 모범답안 · 517

2020년 제9회 변호사시험 형사법 기록형

CH01 문제해설 · 529
CH02 메모예시 · 581
CH03 모범답안 · 583

2021년 제10회 변호사시험 형사법 기록형

CH01 문제해설 · 599
CH02 메모예시 · 653
CH03 모범답안 · 655

2022년 제11회 변호사시험 형사법 기록형

CH01 문제해설 · 669
CH02 메모예시 · 721
CH03 모범답안 · 723

2023년 제12회 변호사시험 형사법 기록형

CH01 문제해설 · 737
CH02 메모예시 · 789
CH03 모범답안 · 791

참고문헌

강구진, 형사소송법원론
권요병, 형사소송법
김기두, 형사소송법
김영환, 형사소송법 강의
김재환, 형사소송법
노규호, 형사소송법판례
노명선, 형사소송법 사례연구
노명선·이완규, 형사소송법
노수환, 핵심형사기록
배종대·이상돈·정승환·이주원, 형사소송법
백형구, 알기쉬운 형사소송법
법무부, 개정형사소송법
법원행정처, 법원실무제요 형사 Ⅰ
법원행정처, 법원실무제요 형사 Ⅱ
사법연수원, 검찰실무 Ⅰ
사법연수원, 검찰실무 Ⅱ
사법연수원, 검찰서류작성례
사법연수원, 수사절차론
사법연수원, 형사소송절차실무
사법연수원, 형사변호사실무
사법연수원, 형사증거법 및 사실인정론
사법연수원, 형사판결서작성실무
사법연수원, 형사판례요약집
손동권, 형사소송법
송광섭, 형사소송법
신동운, 신형사소송법
신양균, 형사소송법
심희기·양동철, 쟁점강의 형사소송법
양동철, 형사소송실무
이상돈, 사례연습 형사소송법
이영란, 한국형사소송법
이은모, 형사소송법

이재상, 신형사소송법
이재상, 신형사소송법연습
임동규, 신형사소송법
정영석·이형국, 형사소송법
정웅석·백승민, 형사소송법
진계호, 형사소송법
차용석·최용성, 형사소송법
차정인, 형사소송실무

2012년 제1회
변호사시험 형사법 기록형

2012년도 제1회 변호사시험 문제

시험과목	형사법(기록형)

응시자 준수사항

1. 시험 시작 전 문제지의 봉인을 손상하는 경우, 봉인을 손상하지 않더라도 문제지를 들추는 행위 등으로 문제 내용을 미리 보는 경우 모두 부정행위로 간주되어 그 답안은 영점처리 됩니다.

2. 답안은 흑색 또는 청색 필기구(사인펜이나 연필 사용 금지) 중 한 가지 필기구만을 사용하여 답안 작성 난(흰색 부분) 안에 기재하여야 합니다.

3. 답안지에 성명과 수험 번호를 기재하지 않아 인적사항이 확인되지 않는 경우에는 영점 처리 등 불이익을 받게 됩니다. 특히 답안지를 바꾸어 다시 작성하는 경우, 성명 등의 기재를 빠뜨리지 않도록 유의하여야 합니다.

4. 답안지에는 문제내용을 기재할 필요가 없으며, 답안 내용 이외의 사항을 기재하거나 밑줄 기타 어떠한 표시도 하여서는 아니됩니다. 답안을 정정할 경우에는 두 줄로 긋고 다시 기재하여야 하며, 수정액 등은 사용할 수 없습니다.

5. 시험종료 시각에 임박하여 답안지를 교체요구한 경우라도 시험시간 종료 후 즉시 새로 작성한 답안지를 회수합니다.

6. 시험 종료 후에는 답안지 작성을 일절 할 수 없으며, 이에 위반하여 시험시간이 종료되었음에도 불구하고 **시험관리관의 답안지 제출 지시에 불응한 채 계속 답안을 작성하거나 답안지를 늦게 제출할 경우 그 답안은 영점처리** 됩니다.

7. 답안은 답안지 쪽수 번호 순으로 기재하여야 하고, **배부받은 답안지는 백지 답안이라도 모두 제출**하여야 하며, **답안지를 제출하지 아니한 경우 그 시험시간 및 나머지 시험시간의 시험에 응시할 수 없습니다.**

8. 지정된 시간까지 지정된 시험실에 입실하지 아니하거나 시험관리관의 승인을 얻지 아니하고 시험시간 중에 그 시험실에서 퇴실한 경우 그 시험시간 및 나머지 시험시간의 시험에 응시할 수 없습니다.

9. 시험시간이 종료되기 전에는 어떠한 경우에도 문제지를 시험장 밖으로 가지고 갈 수 없고, 시험 종료 후 가지고 갈 수 있습니다.

[01] 가장 먼저 작성하여야 할 서면의 종류를 확인한다. 구체적으로 '누가' '누구에게' 제출하는 서면인지를 확인하여야 한다. 이에 따라 답안에서 사용할 어투뿐만 아니라 검토하여야 할 쟁점까지 달리하게 된다.
변호인이 법원에 제출하는 변론요지서를 작성하여야 하므로 경어체를 사용하여야 하고, 피고인에게 가장 유리한 결론으로 쟁점을 검토하여야 한다.

[02] 기록 답안은 판례의 태도를 기준으로 답안을 작성함을 원칙으로 한다. 사례형 답안과 달리 견해대립이나 일반론을 기재할 필요 없이 판례 결론에 따른 사안검토 위주로 작성한다.
판례의 태도에 반하는 견해를 바탕으로 피고인에 대한 무죄 등을 주장하는 예외적인 경우에는 판례 태도부터 적시한 후 변론내용을 기재하도록 한다.

[03] 기재가 생략된 증거라도 필요한 경우에는 인정사실에 대한 근거로서 거시하여야 한다.

【문제】

다음 기록을 읽고 피고인 김토건의 변호인 김힘찬과 피고인 이달수의 변호인 이사랑의 변론요지서를 작성하되, 다음 쪽 변론요지서 양식 중 **본문 Ⅰ, Ⅱ 부분**만 작성하시오.

【작성요령】

1. 시험의 편의상 두 변호인의 변론을 하나의 변론요지서에 작성함.

2. 피고인들 사이에 이해가 상충되는 경우 피고인들 각각의 입장에 충실하게 변론할 것.

3. 학설·판례 등의 견해가 대립되는 경우, 한 견해를 취하여 변론할 것. 다만, 대법원 판례와 다른 견해를 취하여 변론을 하고자 하는 경우에는 자신의 입장에 따른 변론을 하되 대법원 판례의 취지를 적시할 것.

4. 증거능력이 없는 증거는 실제 소송에서는 증거로 채택되지 않아 증거조사가 진행되지 않지만, 이 문제에서는 시험의 편의상 증거로 채택되어 증거조사가 진행된 것을 전제하였음. 따라서 필요한 경우 증거능력에 대하여도 변론할 것.

【기록 형식 안내】

1. 쪽 번호는 편의상 연속되는 번호를 붙였음.

2. 조서, 기타 서류에는 필요한 서명, 날인, 무인, 간인, 정정인이 있는 것으로 볼 것.

3. 증거목록 중 '기재생략'이라고 표시된 부분에는 법에 따른 절차가 진행되어 그에 따라 적절한 기재가 있는 것으로 볼 것.

4. 공판기록과 증거기록에 첨부하여야 할 일부 서류 중 '(생략)' 표시가 있는 것, 증인선서서와 수사기관의 조서에 첨부하여야 할 '수사과정확인서'는 적법하게 존재하는 것으로 볼 것.

5. 송달이나 접수, 통지, 결재가 필요한 서류는 모두 적법한 절차를 거친 것으로 볼 것.

- 1 -

【변론요지서 양식】

변론요지서

사　건　2011고합1234 특수강도교사 등
피고인　1. 김토건
　　　　2. 이달수

위 사건에 관하여 피고인 김토건의 변호인 변호사 김힘찬, 피고인 이달수의 변호인 변호사 이사랑은 다음과 같이 변론합니다.

다　　음

Ⅰ. 피고인 김토건에 대하여(45점)

Ⅱ. 피고인 이달수에 대하여(55점)
　　1. 횡령의 점
　　2. 성폭력범죄의처벌등에관한특례법위반(주거침입강간등)의 점
　　3. 교통사고처리특례법위반의 점
　　4. 사기의 점

※ 평가제외사항 - 공소사실의 요지, 정상관계, 피고인 이달수의 특수강도 부분
　　　　　　　　(답안지에 기재하지 말 것)

2012.　1.　4.

피고인 김토건의 변호인 변호사 김힘찬 ㊞
피고인 이달수의 변호인 변호사 이사랑 ㊞

서울중앙지방법원 제26형사부 귀중

[04] 양식에서 주어진 답안 목차 그대로 답안을 작성한다. 특히 정상관계 등 평가제외사항에 대해서는 답안에서 언급하지 않음은 물론 기록을 읽는 과정에서도 관련 내용을 가볍게 읽고 넘어가야 한다. 메모 작성시 양식의 목차와 공소장의 공소사실 기재를 참고하여 피고인란과 죄명란을 기재한다.

[05] 공소장의 공소사실 기재를 읽기 전이므로 출제된 죄명 정도만 확인하고 간단히 넘어가도록 한다.

기일						구속만료	2012. 1. 15.	미결구금	
1회기일		서울중앙지방법원				최종만료	2012. 5. 15.		
12/14 A10	구공판	**형사제1심소송기록**				대행갱신만료			
12/28 P2	사건번호	2011고합1234		담임	제26부	주심	다		
	사건명	가. 특수강도교사 나. 특수강도 다. 성폭력범죄의처벌등에관한특례법위반(주거침입강간등) 라. 사기 마. 횡령 바. 교통사고처리특례법위반							
	검 사	명검사			2011형제53874호				
	공소제기일	2011. 11. 16.							
	피고인	1. 가 구속 2. 나.다.라.마.바.			김토건 이달수				
	변호인	사선 변호사 김힘찬(피고인 김토건) 사선 변호사 이사랑(피고인 이달수)							

확 정			완결공람	담임	과장	국장	주심판사	재판장	원장
보존종기									
종결구분									
보 존									

[06] 기록표지에서는 공소제기일만 체크하여 메모하도록 한다.
추가적으로 왼쪽 상단에서 기일이 몇 번 열렸는지(시험에서는 2회가 일반적이다), 구속된 피고인이 있는지(구속된 피고인에 대해서는 피고인란에 '구속'이라는 박스표시가 붙는다) 등을 가볍게 확인할 수 있다.

[07] 체크할 내용이 없는 서면은 보지 않고 빠르게 넘기도록 한다.

접 수 공 람	과 장	국 장	원 장
	㊞	㊞	㊞

공 판 준 비 절 차

회 부 수명법관 지정 일자	수명법관 이름	재 판 장	비 고

법 정 외 에 서 지 정 하 는 기 일

기일의 종류	일 시				재 판 장	비 고
1회 공판기일	2011.	12.	14.	10:00	㊞	

- 5 -

서울중앙지방법원

목 록

문 서 명 칭	장 수	비 고
증거목록	8	검사
증거목록	10	피고인 및 변호인
공소장	12	
변호인선임신고서	(생략)	피고인 김토건
변호인선임신고서	(생략)	피고인 이달수
영수증(공소장부본 등)	(생략)	
영수증(공소장부본 등)	(생략)	피고인 김토건
영수증(공판기일통지서)	(생략)	변호사 김힘찬
영수증(공판기일통지서)	(생략)	변호사 이사랑
의견서	(생략)	피고인 김토건
의견서	(생략)	피고인 이달수
공판조서(제1회)	15	
증인신청서	(생략)	검사
증인신청서	(생략)	변호사 김힘찬
증거서류제출서	17	변호사 이사랑
공판조서(제2회)	20	
증인신문조서	22	박대우
증인신문조서	23	이칠수
증인신문조서	24	정미희

- 6 -

[08] 가장 먼저 공소장변경허가신청서가 있는지 체크한다. 허가신청이 있는 경우 그 다음 기일의 공판조서를 펼쳐 법원의 허가여부를 체크하여야 하고, 허가된 경우라면 공소장변경허가신청서를 펼쳐 변경된 공소사실을 확인하여야 한다. 공소사실이 변경된 경우 기존 공소장의 공소사실이 아닌 변경된 공소사실대로 기록을 읽고 메모를 시작하여야 한다.
그 다음 제1회 공판기일과 제2회 공판기일 사이에 제출된 증거가 있는지 확인한다. 공판단계에서 제출되는 합의서 등은 쟁점을 검토함에 있어 중요한 증거가 된다. 추가로 공판기일은 몇 차례 열렸는지 신청된 증인은 몇 명인지 등을 확인할 수도 있다.

[09] 증거서류제출서에 첨부된 합의서가 쟁점 관련 중요 증거이다. 그러나 목록에서는 합의서가 첨부되었음을 알 수 없으므로 간단히 그 존재만을 확인한다.

[10] 증인신문조서 역시 실제 그 조서내용을 확인하면 충분하므로 간단히 확인하고 넘어가도록 한다.

[11] 공판기록 목록 다음에는 구속관계서류 목록이 등장한다. 긴급체포서 등이 생략되지 아니하고 제시되는 경우에는 체포의 적법성 등이 쟁점이 될 가능성이 크다. 본 문제에서는 구속관계 서류가 모두 생략되었으므로 간단히 확인하고 넘어가도록 한다.

서울중앙지방법원

목 록 (구속관계)

문 서 명 칭	장 수	비 고
긴급체포서	(생략)	피고인 이달수
구속영장(체포된 피의자용)	(생략)	피고인 이달수
피의자 수용증명	(생략)	피고인 이달수

증 거 목 록 (증거서류 등)
2011고합1234

2011형제53874호

① 김토건
② 이달수
신청인: 검사

순번	증거방법				참조사항등	신청기일	증거의견		증거결정		증거조사기일	비고
	작성	쪽수(수)	쪽수(증)	증거명칭	성명			기일	내용	기일	내용	
1	검사	(생략)		피의자신문조서	김토건		1	1	① ○ ② ○			
2	〃	(생략)		피의자신문조서	이달수		1	1	① × ② ○			
3	사경	28		진술조서	박대우		1	1	① ○ ② ○			
4	〃	30		피의자신문조서	이달수		1	1	① × ② ○			
5	〃	33		진술조서	정미희		1	1	② ×			
6	〃	35		진술조서 (제2회)	정미희		1	1	② ×			
7	〃	37		압수조서 및 압수목록(신발)			1	1	② 진정성립만 인정	기재 생략	기재 생략	
8	〃	39		교통사고보고 (실황조사서)			1	1	② ○			
9	〃	40		진술서	조범생		1	1	② ○			
10	〃	(생략)		진단서	조범생		1	1	② ○			
11	〃	41		진술서	장희빈		1	1	② ○			
12	〃	(생략)		영수증			1	1	② ○			
13	〃	42		피의자신문조서	김토건		1	1	① ○ ② ○			
14	〃	45		피의자신문조서 (제2회)	이달수		1	1	② ○			
15	〃	48		감정서(신발)			1	1	② 진정성립만 인정			
16	〃	49		조회회보서	이달수		1	1	② ○			
17	〃	(생략)		조회회보서	김토건		1	1	① ○			

※ 증거의견 표시 - 피의자신문조서: 인정 ○, 부인 ×
　　　　　　　　　 (여러 개의 부호가 있는 경우, 성립/임의성/내용의 순서임)
　　　　　　　　 - 기타 증거서류: 동의 ○, 부동의 ×
※ 증거결정 표시: 채 ○, 부 ×
※ 증거조사 내용은 제시, 내용고지

- 8 -

[12] 증거목록에서는 검찰단계와 경찰단계를 구별하여 표시한 후, 각 증거에 대한 증거의견란을 체크한다(증거의견란에 X 표시된 부분을 체크하는 정도로 충분하다). 아직 공소장을 읽지 아니한 단계에서는 각 증거가 어떤 공소사실에 관련된 것인지 알 수 없으므로 형식적인 내용만 체크한다.

[13] 검사 작성 이달수에 대한 피의자신문조서에 대해 피고인 김토건이 증거부동의하고 있으나, 이달수가 그 조서의 진정성립을 인정하고 있고, 공판단계에서 김토건에 대한 반대신문권도 보장되었으므로 그 조서의 증거능력은 인정된다(형사소송법 제312조 제4항).

[14] 사경 작성 이달수에 대한 피의자신문조서에 대해 피고인 김토건이 내용부인 취지로 증거부동의하고 있으므로 증거능력이 부정된다(형사소송법 제312조 제3항).

[15] 진술조서에 대해 증거부동의하는 경우에는 그 참고인을 증인으로 신청하게 된다. 당해 참고인이 증인으로 출석하여 공판정에서 그 진술조서에 대한 진정성립을 인정하는 경우에는 진술조서의 증거능력이 인정된다.

[16] 형사공판조서 중 증거조사부분의 목록화에 관한 예규의 개정됨에 따라 피의자신문조서에 대한 증거의견에 여러 개의 부호가 있는 경우, 적법성/성립/임의성/내용의 의미로 변경되었다.

[17] 서류에 대한 증거목록 다음에는 증인과 물건에 대한 증거목록이 등장한다. 아직 공소장을 읽지 아니한 단계에서는 각 증인이 어떤 공소사실에 관련된 것인지 알 수 없으므로 간단히 실시여부만 체크하도록 한다. 철회되었거나 미실시된 증인이 존재하는 경우 해당 내용은 증거조사기일란에 표시된다.
철회된 증인에 대해서는 크게 신경 쓰지 않아도 무방하다.

증 거 목 록 (증인 등)
2011고합1234

2011형제53874호

① 김토건
② 이달수

신청인: 검사

증거방법	쪽수(공)	입증취지 등	신청기일	증거결정 기일	증거결정 내용	증거조사기일	비고
증인 정머희	24	공소사실 2의 나항 관련	1	1	○	2011. 12. 28. 14:00 (실시)	
나이키 신발		공소사실 2의 나항 관련	1	2	○	2011. 12. 28. 14:00 (실시)	

※ 증거결정 표시: 채 ○, 부 ×

증 거 목 록 (증거서류 등)
2011고합1234

① 김토건
② 이달수

2011형제53874호　　　　　　　　　　　　　신청인: 피고인 및 변호인

순번	증거방법 작성	증거방법 쪽수(수)	증거방법 쪽수(증)	증거명칭	성명	참조사항등	신청기일	증거의견 기일	증거의견 내용	증거결정 기일	증거결정 내용	증거조사기일	비고
1			18	합의서	조범생		2	2	○	기재생략			②신청
2			19	약식명령	이달수		2	2	○				②신청
3			(생략)	'건설 주식회사' 하도급규정집			2	2	○				②신청
4			(생략)	건설업등록증 (김토건)			2	2	○				②신청

※ 증거의견 표시 - 피의자신문조서: 인정 ○, 부인 ×
　　　　　　　　　(여러 개의 부호가 있는 경우, 성립/임의성/내용의 순서임)
　　　　　　　- 기타 증거서류: 동의 ○, 부동의 ×
※ 증거결정 표시: 채 ○, 부 ×
※ 증거조사 내용은 제시, 내용고지

- 10 -

[18] 검사가 제출한 증거목록 다음에 피의자측이 제출한 증거목록이 등장한다. 피의자측이 제출한 증거는 쟁점 검토에 있어서 중요한 증거가 됨이 일반적이다.

[19] 합의서는 친고죄에 있어서 고소취소나 반의사불벌죄에 있어서 처벌불원의 의사표시에 대한 증거로 자주 등장한다.

[20] 약식명령은 기판력과 관련된 형사소송법 제326조 제1호의 면소사유와 관련된 증거로 자주 등장한다.

[21] 피의자측이 신청한 증인과 물건에 대한 증거목록이다. 역시 증인의 이름과 실시여부 등을 체크한다.

증 거 목 록 (증인 등)
2011고합1234

① 김토건
② 이달수

2011형제53874호 　　　　　　　　　신청인: 피고인 및 변호인

증거방법	쪽수(공)	입증취지 등	신청기일	증거결정 기일	증거결정 내용	증거조사기일	비고
증인 박대우	22	공소사실 1 범행도구 관련	1	1	○	2011. 12. 28. 14:00 (실시)	①신청
증인 이칠수	23	공소사실 1 관련	1	1	○	2011. 12. 28. 14:00 (실시)	①신청

※ 증거결정 표시: 채 ○, 부 ×

서울중앙지방검찰청

2011. 11. 16.

사건번호 2011년 형제53874호
수 신 자 서울중앙지방법원
제   목 공소장

검사 명검사는 아래와 같이 공소를 제기합니다.

I. 피고인 관련사항

1. 피 고 인   김토건 (61****-1******), 50세
             직업 건설업체 사장, 010-****-****
             주거 서울특별시 강남구 대치1동 기아아파트 101동 1007호
             등록기준지 (생략)
   죄   명   특수강도교사
   적용법조   형법 제334조 제2항, 제1항, 제333조, 제31조 제1항
   구속여부   불구속
   변 호 인   변호사 김힘찬

2. 피 고 인   이달수 (71****-1******), 40세
             직업 무직, 010-****-****
             주거 서울특별시 서초구 양재2동 125
             등록기준지 (생략)

   죄   명   특수강도, 성폭력범죄의처벌등에관한특례법위반(주거침입강간등),
             사기, 횡령, 교통사고처리특례법위반
   적용법조   형법 제334조 제2항, 제1항, 제333조, 성폭력범죄의 처벌 등에 관한
             특례법 제14조, 제3조 제1항, 형법 제319조 제1항, 제297조, 제347조
             제1항, 제355조 제1항, 교통사고처리 특례법 제3조 제1항, 제2항 단서
             제6호, 형법 제268조, 제37조, 제38조
   구속여부   2011. 11. 4. 구속 (2011. 11. 2. 체포)
   변 호 인   변호사 이사랑

- 12 -

II. 공소사실

피고인 김토건은 서울 서초구 서초1동 10에 있는 'D건설'을 운영하는 사람이고, 피고인 이달수는 피고인 김토건의 고향 후배로서 일정한 직업이 없는 사람이다.

1. 피고인들의 범행

피고인 김토건은 피해자 박대우(55세)에게 1억 원을 빌려주었다가 돌려받지 못하고 있었다. 피고인 이달수가 피고인 김토건에게 3,000만 원을 빌려달라고 부탁하자, 피고인 김토건은 피고인 이달수에게 피해자가 빌려 간 돈 1억 원을 받아 오면 그 중 3,000만 원을 빌려주겠다고 하였다. 이에 피고인 이달수는 피해자에게 가서 채무변제를 여러 번 독촉하였다.

가. 피고인 김토건

피고인은 2011. 10. 31. 15:00경 인천국제공항에서 서울로 가는 98허7654호 에쿠스 승용차 안에서 이달수에게 "박대우가 어제 아니면 오늘 공사 기성금을 받은 것으로 알고 있다. 순순히 말해서는 주지 않을 것이니 확실히 받아 와라. 돈을 받아 오면 그 중 일부를 빌려주겠다."라고 말하면서 흉기인 주방용 식칼(칼날 길이 15cm, 손잡이 길이 10cm)이 든 봉투를 건네주어 이달수로 하여금 피해자로부터 금원을 강취할 것을 마음먹게 하였다.

이달수는 그 다음 날인 2011. 11. 1. 09:00경 서울 서초구 서초2동 250에 있는 피해자의 집을 찾아가 1억 원의 변제를 독촉하였으나 피해자가 돈이 없다고 거절하였다. 이달수는 집 안을 둘러보다가 안방 화장대 위에 있던 5,000만 원이 든 봉투를 발견하였다. 피해자가 돈 봉투를 집어 가슴에 품은 채 지급을 거절하자, 이달수는 미리 가지고 간 위 식칼을 피해자의 목에 들이대어 반항을 억압한 다음 돈 봉투를 빼앗아 가지고 나왔다.

이로써 피고인은 이달수로 하여금 위와 같이 피해자로부터 5,000만 원을 빼앗게 함으로써 특수강도를 교사하였다.

나. 피고인 이달수

피고인은 위 김토건의 교사에 따라 2011. 11. 1. 09:00경 서울 서초구 서초2동 250에 있는 피해자의 집에서 전항과 같이 피해자로부터 5,000만 원을 빼앗아 강취하였다.

2. 피고인 이달수

가. 횡령

피고인은 2010. 10. 1.경 서울 서초구 서초1동 10에 있는 위 'D건설' 사무실에서 피해자 김토건으로부터 'H건설 주식회사' 계약담당이사 최현대에게 가져다주라는 지시와 함께 현금 4,000만 원을 교부받아 피해자를 위하여 보관하였다. 피고인은 그날 위 4,000만 원을 피고인의 개인 채무 변제에 임의로 사용하여 횡령하였다.

- 13 -

나. 성폭력범죄의처벌등에관한특례법위반(주거침입강간등)

피고인은 2011. 6. 1. 23:00경 서울 서초구 서초3동 130에 있는 피해자 정미희(여, 27세)의 집에 이르러 잠겨 있지 아니한 문간방 창문을 통하여 집 안으로 침입하였다. 피고인은 안방에서 잠들어 있는 피해자를 발견하고 피해자를 간음할 목적으로 피해자의 하의를 벗겼다. 그때 피해자가 깨어나자 피고인은 한 손으로 피해자의 입을 막고 몸으로 피해자를 눌러 반항을 억압한 다음 자신의 바지를 내리고 피해자를 간음하려 하였으나 피해자가 소리치며 격렬히 저항하는 바람에 간음하지 못하고 집 밖으로 도망쳐 나왔다.

이로써 피고인은 주거에 침입하여 피해자를 강간하려다가 미수에 그쳤다.

다. 교통사고처리특례법위반

피고인은 2011. 9. 1. 08:00경 12가3456호 쏘나타 승용차를 운전하고 서울 서초구 서초1동 114에 있는 'S고등학교' 앞길을 방배역 쪽에서 서초역 쪽으로 진행하고 있었다. 그곳 전방에 횡단보도가 있으므로 운전자는 횡단보도 앞에서 일시정지 하는 등으로 보행자를 보호하여야 할 업무상 주의의무가 있었다. 그럼에도 피고인은 그 주의의무를 게을리 한 과실로 때마침 자전거를 타고 횡단보도를 건너던 피해자 조범생(22세)을 위 승용차 앞 범퍼 부분으로 들이받아 그 충격으로 피해자가 약 4주간의 치료가 필요한 왼쪽 다리 골절 등의 상해를 입게 하였다.

[29] 피해자가 자전거를 타고 횡단보도를 건너던 자임을 공소사실 기재만으로 확인할 수 있다. 따라서 교특법 제3조 제2항 제6호의 횡단보도에서의 보행자보호의무 위반은 인정되지 아니한다.

라. 사기

피고인은 2011. 10. 10. 23:00경 서울 서초구 서초2동 119에 있는 피해자 장희빈이 운영하는 '룰루' 유흥주점에서 마치 술값 등을 제대로 지급할 것처럼 행세하며 술 등을 주문하여 이에 속은 피해자로부터 100만 원에 해당하는 술과 서비스 등을 제공받았다. 그러나 피고인은 현금 2만 원만 가지고 있어 그 대금을 지급할 의사나 능력이 없었다.

Ⅲ. 첨부서류

1. 긴급체포서 1통 (생략)
2. 구속영장(체포된 피의자용) 1통 (생략)
3. 변호인선임신고서 2통 (생략)
4. 피의자수용증명 1통 (생략)

검사 명건사 ㊞

- 14 -

[30] 공판조서의 첫 페이지에서는 회차 정도만 체크하고 넘어간다.

서울중앙지방법원

공판조서

제 1 회

사　　　건	2011고합1234　특수강도교사 등			
재판장 판사	배현일	기　　　일:	2011. 12. 14. 10:00
판사	김　석	장　　　소:	제418호 법정
판사	문현주	공개 여부:	공개
법원사무관	국영수	고 지 된 다음기일:	2011. 12. 28. 14:00
피 고 인	1. 김토건　2. 이달수		각 출석
검　　사	강선주		출석
변 호 인	변호사 김힘찬 (피고인 1을 위하여)		출석
	변호사 이사랑 (피고인 2를 위하여)		출석

재판장
　　피고인들은 진술을 하지 아니하거나 각개의 물음에 대하여 진술을 거부할 수 있고, 이익 되는 사실을 진술할 수 있음을 고지

재판장의 인정신문
　　성　　　명: 1. 김토건　2. 이달수
　　주민등록번호: 각 공소장 기재와 같음.
　　직　　　업:　　　〃
　　주　　　거:　　　〃
　　등록기준지:　　　〃

재판장
　　피고인들에 대하여
　　주소가 변경될 경우에는 이를 법원에 보고할 것을 명하고, 소재가 확인되지 않을 때에는 그 진술 없이 재판할 경우가 있음을 경고

- 15 -

검 사
   공소장에 의하여 공소사실, 죄명, 적용법조 낭독
피고인 김토건
   피고인 이달수에게 강도를 교사한 사실이 없다고 진술
피고인 이달수
   피해자 정미희에 대한 공소사실은 인정할 수 없고, 나머지 공소사실은 인정한다고 진술
피고인 김토건의 변호인 변호사 김힘찬
   피고인 김토건이 피고인 이달수에게 피해자 박대우가 빌려 간 돈을 받아 오면 그 돈을 빌려주겠다고 말한 사실과, 피해자 박대우가 공사 기성금을 받아 돈을 갖고 있을 것이라고 알려 준 사실은 있으나, 칼을 주면서 강도를 교사하지는 않았다고 진술
피고인 이달수의 변호인 변호사 이사랑
   피고인 이달수는 피해자 정미희를 알지 못한다고 진술
재판장
   증거조사를 하겠다고 고지
증거관계 별지와 같음(검사, 변호인)
재판장
   각 증거조사 결과에 대하여 의견을 묻고 권리를 보호하는 데에 필요한 증거조사를 신청할 수 있음을 고지
소송관계인
   별 의견 없다고 각각 진술
재판장
   변론속행

2011. 12. 14.

법 원 사 무 관   국영수 ㊞

재판장 판 사   배현일 ㊞

[31] 제1회 공판기일에서의 피고인의 공소사실에 대한 인부진술은 기록에서 가장 중요한 부분이다. 피고인의 공소사실 인정여부와 부인 또는 일부부인하는 경우 그 취지까지 함께 메모하도록 한다. 피고인의 공소사실 부인취지는 사실인정 쟁점에 대한 답안 기재시 '피고인 변소의 요지' 부분에 그대로 기재하여도 무방하다.
피고인이 인정하는 공소사실에 대해서는 법률판단 쟁점이 주로 문제되고, 부인하는 공소사실에 대해서는 사실인정 쟁점이 주로 문제된다.

[32] 피고인의 공소사실 부인취지 기재시 변호인의 진술까지 고려하여 메모하도록 한다.
최근 변호사시험에서 변호인의 진술부분은 생략되고 있다.

[33] 증거서류제출서에서는 제출일자 정도만 확인하고, 구체적인 증거의 내용은 첨부된 서면을 통해 확인한다.

[34] 첨부된 합의서상 합의일자는 2011. 12. 16.이나 그 합의서가 법원에 제출된 것은 2011. 12. 20.이므로 처벌불원의 의사표시는 2011. 12. 16.이 아닌 2011. 12. 20.에 있었음에 주의하여야 한다.
· 만약 증거서류제출서에 기재된 날짜와 우측 접수인의 접수날짜가 다를 경우에는 접수인에 기재된 날짜가 의사표시일이 된다.

증거서류제출서

사건번호 2011고합1234 특수강도교사 등

피고인 이달수

위 사건에 관하여 피고인 이달수의 변호인은 피고인의 이익을 위하여 다음 증거서류를 제출합니다.

다 음

1. 합의서 1통
1. 약식명령 1통
1. 'H건설 주식회사' 하도급규정집 (생략)
1. 건설업등록증(김토건) (생략)

접수
No. 16857
2011. 12. 20.
서울중앙지방법원
형사접수실

2011. 12. 20.

피고인 이달수의 변호인
변호사 이사랑 ㊞

서울중앙지방법원 제26형사부 귀중

합의서

가해자 성명: 이달수
　　　주소: (생략)

피해자 성명: 조범생
　　　주소: (생략)

피해자는 2011. 9. 1. 08:00경 서울 서초구 서초1동 114에 있는 'S고등학교' 앞 길 횡단보도에서 가해자가 운전하는 12가3456호 쏘나타 승용차에 부딪혀 약 4주간의 치료가 필요한 왼쪽 다리 골절 등의 상해를 입었습니다. 피해자는 가해자에게서 치료비 등 일체의 손해를 변상받고 합의하였습니다. 이에 피해자는 가해자의 처벌을 원하지 아니하고, 이후 민형사상 일체의 이의를 제기하지 않을 것을 확인합니다.

2011. 12. 16.

피해자 조범생 ㊞

첨부: 인감증명 1통(생략)

[35] 피고인 이달수의 교특법위반죄와 관련하여 피해자의 처벌불원의사표시가 존재함을 알 수 있다. 이달수가 횡단보도에서의 보행자 보호의무를 위반하여 사고를 낸 경우라면 처벌불원의 의사표시가 있더라도 처벌됨에 주의하여야 하나, 이미 앞에서 공소장의 공소사실 기재를 통해 보행자보호의무 위반은 부정됨을 확인하였다.

[36] 확정된 약식명령 또는 판결문 등본에서는 가장 먼저 발령일(선고일)과 확정일을 체크한다(확정일은 일반적으로 우측 상단에 위치한다). 확정일이 등본에 표시되어 있지 아니한 경우에는 수사보고서 등을 통하여 확정사실과 확정일자를 별도로 확인하여야 한다.

[37] 확정된 약식명령의 기판력이 해당 공소사실에 미치는지 여부를 확인하기 위해서는 확정된 약식명령의 범죄사실과 해당 공소사실의 동일성이 인정되어야 한다. 답안에서 이를 검토할 경우 양 사실의 주체·일시·장소·목적(대상)·행위 및 결과 등을 구체적으로 비교하여야 한다.

춘천지방법원 강릉지원

약 식 명 령

2011. 12. 17. **확정**
검찰주사보 황참여 ㊞

사 건 2011고약692 상습사기
(2011년형제3577호)

피 고 인 이달수 (71****-1******), 무직
주거 서울 서초구 양재2동 125
등록기준지 (생략)

주 형 과 피고인을 벌금 3,000,000(삼백만)원에 처한다.
피고인이 위 벌금을 납입하지 아니하는 경우 금 50,000(오만)원을 1일로 환산한 기간 피고인을 노역장에 유치한다.

범죄사실 피고인은 2009. 10. 30. 서울중앙지방법원에서 상습사기죄로 벌금 3,000,000원의 약식명령을 받는 등 동종전력 3회가 있는 자로서, 상습으로,
수중에 현금이나 신용카드 등 다른 대금지급 수단이 없어 술값 등을 지급할 의사나 능력이 없었음에도, 2011. 10. 25. 23:00경 강릉시 경포동 113에 있는 피해자 이미순이 운영하는 '경포' 유흥주점에서 마치 술값 등을 제대로 지급할 것처럼 행세하며 술 등을 주문하여 이에 속은 피해자로부터 80만 원에 해당하는 술과 서비스를 제공받았다.

적용법령 형법 제351조, 제347조 제1항 (벌금형 선택), 제70조, 제69조 제2항

검사 또는 피고인은 이 명령등본을 송달받은 날부터 7일 이내에 정식재판의 청구를 할 수 있습니다.

2011. 11. 20.

판 사 이 원 철 ㊞

- 19 -

서 울 중 앙 지 방 법 원

공 판 조 서

제 2 회

사 건	2011고합1234 특수강도교사 등		
재판장 판사	배현일	기 일:	2011. 12. 28. 14:00
판사	김 석	장 소:	제418호 법정
판사	문현주	공개 여부:	공개
법원사무관	국영수	고 지 된 다음기일:	2012. 1. 4. 10:00
피 고 인	1. 김토건 2. 이달수		각 출석
검 사	강선주		출석
변 호 인	변호사 김힘찬 (피고인 1을 위하여)		출석
	변호사 이사랑 (피고인 2를 위하여)		출석
증 인	박대우, 이칠수, 정미회		각 출석

재판장
    전회 공판심리에 관한 주요사항의 요지를 공판조서에 의하여 고지
소송관계인
    변경할 점이나 이의할 점이 없다고 진술
출석한 증인 박대우, 이칠수, 정미회를 별지와 같이 신문하다
증거관계 별지와 같음(검사, 변호인)
재판장
    각 증거조사 결과에 대하여 의견을 묻고 권리를 보호하는 데에 필요한 증거
    조사를 신청할 수 있음을 고지
소송관계인
    별 의견 없으며, 달리 신청할 증거도 없다고 각각 진술
재판장
    증거조사를 마치고 피고인 신문을 하겠다고 고지

[38] 제2회 공판조서에서는 가장 먼저 피고인이 기존에 진술한 내용 등을 변경하였거나 기존에 진행된 절차에 대해 이의를 제기하였는지 여부를 체크한다. 예컨대 피고인이 제1회 공판기일에서 부인한 공소사실에 대해 번의하여 인정하는 경우 제2회 공판조서 첫 부분에 해당 내용이 등장한다.

[39] 피고인신문에서는 쟁점과 직접 관련된 중요한 내용이 제시되므로 꼼꼼하게 읽어야 한다.

[40] 피고인 김토건이 이달수에게 강도를 교사한 사실이 인정되지 아니함이 쟁점임을 다시 한 번 확인할 수 있다.

[41] 검사 작성 이달수에 대한 피의자신문조서는 이달수가 그 조서의 진정성립을 인정하고, 원진술자 이달수에 대한 반대신문권이 보장되었으므로 증거능력이 인정된다(형사소송법 제312조 제4항). 그러나 사경 작성 이달수에 대한 피의자신문조서는 당해 피고인인 김토건이 내용을 부인하는 취지로 증거부동의한 이상 이달수의 진정성립 인정과 관계없이 증거능력이 부정된다(제312조 제3항).

[42] 위험한 물건인 식칼을 사용하여 범한 특수강도에 있어서 그 식칼은 매우 중요한 증거이다. 이러한 식칼이 증거로 제출되지 아니하였다는 사정 역시 증명력 검토에서 활용가능하다.

검 사
　　피고인 김토건에게
문　피고인 이달수에게 "순순히 주지 않을 것이니 확실히 받아 와라."라는 말을 하였는가요.
답　예.
문　그 말은 결국 강제로라도 돈을 빼앗아 오라는 뜻이 아닌가요.
답　아닙니다.
　　피고인 이달수에게
문　피해자 박대우를 협박한 칼은 피고인 김토건에게서 받은 것인가요.
답　예.
이때 검사는 수사기록에 편철되어 있는 사법경찰관이 각각 작성한 피고인 이달수에 대한 피의자신문조서와 검사가 작성한 동인에 대한 피의자신문조서를 각각 제시하여 읽어보게 한 다음
문　피고인이 수사기관에서 진술한 대로 기재되어 있음을 확인하고 서명무인 하였나요.
답　예, 그렇습니다.
문　당시 자유로운 분위기 속에서 임의로, 충분히 진술하였나요.
답　예.
이때 검사는 나이키 신발 1컬레를 제시하고
문　이 신발이 피고인의 것이 맞는가요.
답　예, 맞습니다.
피고인 김토건의 변호인 변호사 김힘찬
　　피고인 이달수에게
문　피해자 박대우를 협박한 칼은 왜 버렸나요.
답　20㎝ 이상이 되는 주방용 식칼을 계속 가지고 다니기에는 부담스러웠습니다.
재판장
　　피고인신문을 마쳤음을 고지
재판장
　　변론속행 (변론 준비를 위한 변호인의 요청으로)

2011. 12. 28.
법 원 사 무 관　　국영수 ㊞
재판장 판 사　　배현일 ㊞

서울중앙지방법원

증인신문조서 (제2회 공판조서의 일부)

사 건   2011고합1234 특수강도교사 등
증 인   이 름   박대우
         생년월일   1956. **. **.
         주 거   서울 서초구 서초2동 250

재판장
  증인에게 형사소송법 제148조 또는 제149조에 해당하는가의 여부를 물어 증인이 이에 해당하지 아니함을 인정하고, 위증의 벌을 경고한 후 별지 선서서와 같이 선서를 하게 하였다. 다음에 신문할 증인은 재정하지 아니하였다.

피고인 김토건의 변호인 변호사 김힘찬
  증인에게
문   당시 피고인 이달수가 증인에게 칼을 보여주며 협박한 것은 사실인가요.
답   예, 피고인 이달수가 점퍼 안주머니에서 칼을 꺼내어 저의 목에 들이대는 순간 접힌 칼날이 '척' 소리를 내며 펼쳐졌습니다.
문   피고인 김토건의 처벌을 원하는가요.
답   예, 처벌을 원합니다.

2011. 12. 28.

법 원 사 무 관   국영수 ㊞

재판장 판 사   배현일 ㊞

- 22 -

[43] 증인신문조서는 공판조서와 별개의 조서가 아니라, 공판조서의 일부에 불과하다.
증인신문조서에 등장하는 사실관계는 쟁점과 관련하여 중요한 내용이므로 꼼꼼하게 읽어야 한다.

[44] 공소사실 기재와 피고인 이달수의 법정진술 등에 의하면 특수강도의 범행도구는 '주방용 식칼'이나, 증인 박대우는 이달수가 사용한 범행도구인 칼이 '접이식 칼'이라고 진술하고 있어 서로 모순된다.
이와 같이 기록에서 서로 모순되는 내용들이 등장하는 경우에는 그러한 사정을 답안에 꼭 현출시켜야 한다.

[45] 피해자의 진술이나 피해자에 대한 진술조서 말미에는 꼭 피해자의 처벌의사에 대한 진술이 등장한다. 이는 습관적으로 체크하도록 한다.

서울중앙지방법원

증인신문조서 (제2회 공판조서의 일부)

사 건	2011고합1234 특수강도교사 등		
증 인	이 름	이칠수	
	생년월일	1971. **. **.	
	주 거	서울 서초구 양재동 100 호성빌라 305동 102호	

재판장

증인에게 형사소송법 제148조 또는 제149조에 해당하는가의 여부를 물어 증인이 이에 해당하지 아니함을 인정하고, 위증의 벌을 경고한 후 별지 선서서와 같이 선서를 하게 하였다. 다음에 신문할 증인은 재정하지 아니하였다.

피고인 김토건의 변호인 변호사 김힘찬

증인에게

문 증인은 2011. 11. 1. 이달수에게서 3,000만 원을 송금받은 사실이 있나요.

답 예, 그날 오전에 저에게 송금하였다고 전화하여 확인하였습니다.

문 증인이 그 돈을 송금받을 이유가 있었나요.

답 예, 제가 1년 전에 고교 동창인 피고인 이달수에게 3,000만 원을 빌려주었다가 돌려받지 못하고 있던 중 저의 아내가 큰 수술을 받게 되어 피고인 이달수에게 돈을 갚아달라고 최근에 독촉하여 받은 돈입니다.

[46] 증인 이칠수가 피고인 이달수에게 채무변제를 독촉하였다는 사정은 이달수의 범행 동기가 될 수 있다.

검사

증인에게

문 그 돈이 어떻게 마련된 것인지 아는가요.

답 예, 그날 밤 피고인 이달수가 저의 집으로 찾아 와서 "김토건 선배의 채권을 받아다 주고 그 돈을 빌렸다. 김토건 선배가 칼을 주면서 꼭 받아오라고 하길래 한 번 사고를 쳤다."라고 말해서 알았습니다.

[47] 피고인 아닌 자의 공판기일에서의 진술이 피고인 아닌 타인의 진술을 내용으로 하는 전문진술이다. 원진술자인 피고인 이달수가 이 사건 공판에 출석하고 있으므로 필요성 요건을 갖추지 못하여 증거능력이 부정된다(제316조 제2항).

답안 기재시 진술조서 전체가 아닌, 전문진술 부분만을 특정하여 증거능력을 부정하여야 함에 주의를 요한다.

2011. 12. 28.

법원사무관 국영수 (인)

재판장 판 사 배현일 (인)

- 23 -

서울중앙지방법원

증인신문조서 (제2회 공판조서의 일부)

사 건 2011고합1234 특수강도교사 등
증 인 이 름 정미희
       생년월일 1984. **. **.
       주 거 서울 서초구 서초3동 130

재판장
    증인에게 형사소송법 제148조 또는 제149조에 해당하는가의 여부를 물어 증인이 이에 해당하지 아니함을 인정하고, 위증의 벌을 경고한 후 별지 선서서와 같이 선서를 하게 하였다.

검사
    증인에게
문 증인은 2011. 6. 1. 23:00경 증인의 집에서 강간 피해를 당할 뻔한 적이 있었고, 그 사실에 대하여 경찰에서 진술한 사실이 있지요.
답 예, 그렇습니다.
이때 검사는 수사기록에 편철된 사법경찰리가 각각 작성한 증인에 대한 2011. 6. 2.자 및 2011. 11. 2.자 진술조서를 각각 제시하여 읽어보게 한 다음
문 증인은 경찰에서 진술한 대로 기재되어 있음을 확인하고 서명무인 하였나요.
답 예, 그렇습니다.
문 당시 자유로운 분위기 속에서 임의로, 충분히 진술하였나요.
답 예.
피고인 이달수의 변호인 변호사 이사랑
이때 변호인은 피고인 이달수의 얼굴을 들게 하고
문 피고인 이달수가 범인이 맞는가요.
답 예, 그렇습니다.

2011. 12. 28.

법 원 사 무 관   국영수 ㊞
재 판 장 판 사   배현일 ㊞

[48] 사경 작성 정미희에 대한 각 진술조서의 진정성립 인정 진술이다. 정미희에 대한 반대신문권 역시 보장되었으므로 각 진술조서는 증거능력이 인정된다. 증거능력이 인정되는 이상 답안에서 별도로 검토할 필요는 없다.

[49] 피고인을 범인으로 지목하는 피해자의 진술은 탄핵의 주된 대상이 된다. 뒤에 나오는 범인식별절차와 관련하여 증명력 검토에서 논의하게 된다.

[50] 수사기록표지 등은 읽지 않고 넘어가도 무방하다.
수사기록은 앞에서 읽었던 공판기록의 내용과 중복되는 부분은 간단히 확인만 하고, 새로운 내용이나 모순되는 내용 위주로 읽어야 한다.

	제	1	책
	제	1	권

서울중앙지방법원

증거서류등(검사)

사 건 번 호	2011고합1234	담임	제26형사부	주심	다

사 건 명	가. 특수강도교사 나. 특수강도 다. 성폭력범죄의처벌등에관한특례법위반(주거침입강간등) 라. 사기 마. 횡령 바. 교통사고처리특례법위반
검 사	명검사　　　　　　　2011년 형제53874호
피 고 인	1. 가　　　　　　　**김토건** 구속 2. 나.다.라.마.바.　**이달수**
공소제기일	2011. 11. 16.
1심 선고	20 . .　　항소　　20 . . .
2심 선고	20 . .　　상고　　20 . . .
확 정	20 . .　　보존

- 25 -

구공판	\multicolumn{4}{c	}{**서울중앙지방검찰청** **증 거 기 록**}	제 1 책
					제 1 권

검 찰	사건번호	2011년 형제53874호	법원	사건번호	2011년 고합1234호
	검 사	명검사		판 사	

피 고 인	1. 가 **김토건** 구속 2. 나.다.라.마.바. **이달수**

죄 명	가. 특수강도교사 나. 특수강도 다. 성폭력범죄의처벌등에관한특례법위반(주거침입강간등) 라. 사기 마. 횡령 바. 교통사고처리특례법위반

공소제기일	2011. 11. 16.		
구 속	2. 2011. 11. 4. 구속(2011. 11. 2. 체포)	석 방	
변 호 인	1. 변호사 김힘찬 2. 변호사 이사랑		
증 거 물	있 음		
비 고			

- 26 -

증거목록 (증거서류 등)

2011고합1234

2011형제53874호 신청인: 검사

순번	증거방법				참조사항등	신청기일	증거의견		증거결정		증거조사기일	비고
	작성	쪽수(수)	쪽수(증)	증거명칭	성명			기일	내용	기일	내용	
1	검사	(생략)		피의자신문조서	이달수							
2	〃	(생략)		피의자신문조서	김토건							
3	사경	28		진술조서	박대우							
4	〃	30		피의자신문조서	이달수							
5	〃	33		진술조서	정미희							
6	〃	35		진술조서(제2회)	정미희							
7	〃	37		압수조서 및 압수목록(신발)								
8	〃			나이키 신발	이달수							
9	〃	39		교통사고보고(실황조사서)								
10	〃	40		진술서	조범생							
11	〃	(생략)		진단서	조범생							
12	〃	41		진술서	장희빈							
13	〃	(생략)		영수증								
14	〃	42		피의자신문조서	김토건							
15	〃	45		피의자신문조서(제2회)	이달수							
16	〃	48		감정서(신발)								
17	〃	49		조회회보서	이달수							
18	〃	(생략)		조회회보서	김토건							

- 27 -

[51] 피해자에 대한 진술조서에서는 사실인정 쟁점 관련 범죄경위 등과 마지막에 등장하는 피고인에 대한 처벌의사 존부를 체크한다.

진술조서

성　　　명: 박대우

주민등록번호: 56****-1******　　55세

직　　　업: K건설 운영

주　　　거: 서울특별시 서초구 서초2동 250

등록기준지: (생략)

직장주소: (생략)

연 락 처: (자택전화) (생략) 　　(휴대전화) (생략)
　　　　　(직장전화) (생략) 　　(전자우편) (생략)

위의 사람은 피의자 이달수에 대한 특수강도 피의사건에 관하여 2011. 11. 1. 서울서초경찰서 형사팀 사무실에 임의 출석하여 다음과 같이 진술하다.

1. 피의자와의 관계
피의자는 저와 아무런 관계가 없습니다.

2. 피의사실과의 관계
저는 피의자에게 5,000만 원을 빼앗긴 사실과 관련하여 피해자 자격으로 출석하였습니다.

이때 사법경찰리는 진술인 박대우를 상대로 다음과 같이 문답하다.

문　진술인은 오늘 진술인의 집에서 피의자 이달수에게 5,000만 원을 빼앗겼다고 하였지요.

답　예, 그렇습니다.

문　그 경위에 대하여 자세히 진술하시오.

- 28 -

[52] 이미 앞에서 확인한 범죄경위 내용과 대부분 중복되므로 간단히 확인한다.

답　오늘 2011. 11. 1. 09:00경 서울 서초구 서초2동 250에 있는 저의 집으로 이달수가 찾아왔습니다. 제가 약 3년 전에 동종의 건설업체를 운영하는 김토건으로부터 1억 원을 빌려 갚지 못하고 있었는데, 최근 이달수가 김토건 대신 저를 찾아와 돈을 갚을 것을 요구하여 이달수를 알게 되었습니다.
이달수는 집 안으로 들어오더니 다짜고짜 "기성금을 받았다는데 돈을 갚아야 할 것이 아니냐."라고 하였습니다. 제가 어제 기성금 2억 원을 받은 것은 사실이나 이미 1억 5,000만 원은 하도급 업체에 공사대금으로 지급하였고, 딸의 전세보증금 지급을 위하여 5,000만 원(100만 원권 자기앞수표 50장)만 봉투에 담아 안방 화장대 위에 놓아두고 있었습니다.
제가 "이미 돈을 다 써버려 갚을 돈이 없다."라고 하자 이달수가 돈을 찾는지 집안을 둘러보다 안방에 있는 봉투를 쳐다보았습니다. 저는 순간 봉투를 집어 가슴에 품고 "이건 딸의 전세보증금이니 줄 수 없다."라고 하였습니다. 그러자 이달수는 칼을 저의 목에 들이대면서 봉투를 빼앗아 갔습니다.

문　이달수의 처벌을 원하는가요.
답　엄한 처벌을 원합니다.
문　이상의 진술은 사실인가요.
답　예, 사실입니다. (무인)

위의 조서를 진술자에게 열람하게 하였던바, 진술한 대로 오기나 증감·변경할 것이 전혀 없다고 말하므로 간인한 후 서명무인하게 하다.

진술자　박 대 우 (무인)

2011. 11. 1.

서울서초경찰서

사법경찰리　경사　강 철 중 ㊞

[53] 조서의 작성주체가 사법경찰관이 아닌 사법경찰리인 경우 답안에서 구별하여 기재함이 원칙이다. 다만 '사경'으로 축약기재하는 경우에는 굳이 체크하지 아니하여도 무방하다.

피의자신문조서

피의자 이달수에 대한 특수강도 피의사건에 관하여 2011. 11. 2. 서울서초경찰서 형사과 형사팀 사무실에서 사법경찰관 경위 홍반장은 사법경찰리 경사 강철중을 참여하게 하고, 아래와 같이 피의자임에 틀림없음을 확인하다.

문 피의자의 성명, 주민등록번호, 직업, 주거, 등록기준지 등을 말하십시오.
답 성명은 이달수(李達洙)
　　주민등록번호는   71****-1******   직업은 무직
　　주거는   서울 서초구 양재2동 125
　　등록기준지는   (생략)
　　직장 주소는   없음
　　연락처는   자택전화 (생략)   휴대전화 (생략)
　　　　　　　　　　　 직장전화 없음   전자우편(e-mail) (생략)   입니다.

　사법경찰관은 피의사건의 요지를 설명하고 사법경찰관의 신문에 대하여 「형사소송법」 제244조의3에 따라 진술을 거부할 수 있는 권리 및 변호인의 참여 등 조력을 받을 권리가 있음을 피의자에게 알려주고 이를 행사할 것인지 그 의사를 확인하다.

진술거부권 및 변호인 조력권 고지 등 확인

1. 귀하는 일체의 진술을 하지 아니하거나 개개의 질문에 대하여 진술을 하지 아니할 수 있습니다.
2. 귀하가 진술을 하지 아니하더라도 불이익을 받지 아니합니다.
3. 귀하가 진술을 거부할 권리를 포기하고 행한 진술은 법정에서 유죄의 증거로 사용될 수 있습니다.
4. 귀하가 신문을 받을 때에는 변호인을 참여하게 하는 등 변호인의 조력을 받을 수 있습니다.

문 피의자는 위와 같은 권리들이 있음을 고지받았는가요.
답 예, 고지받았습니다.

[54] 사법경찰관 작성 피의자신문조서의 경우 형사소송법 제312조 제3항에 의해 증거능력이 부정되는 경우가 많다.
사법경찰관 작성 피의자신문조서와 별도로 검사 작성 피의자신문조서가 생략되지 않고 등장하는 경우에는 번복진술 또는 추가진술이 있는지 여부를 꼭 확인하여야 한다.

문 피의자는 진술거부권을 행사할 것인가요.
답 아닙니다.
문 피의자는 변호인의 조력을 받을 권리를 행사할 것인가요.
답 아닙니다. 혼자서 조사를 받겠습니다.

이에 사법경찰관은 피의사실에 관하여 다음과 같이 피의자를 신문하다.
[피의자의 범죄전력, 경력, 학력, 가족·재산 관계 등은 생략]

문 피의자는 박대우로부터 5,000만 원을 빼앗은 사실이 있는가요.
답 예, 그런 사실이 있습니다.
문 언제, 어디에서인가요.
답 2011. 11. 1. 09:00경 서울 서초구 서초2동 250에 있는 피해자의 집에서입니다.
문 그 경위는 어떠한가요.
답 저의 고향선배 김토건이 'D건설'을 운영하는데 박대우에게 1억 원을 빌려주고 돌려받지 못하고 있었습니다. 제가 김토건에게 3,000만 원을 빌려달라고 부탁하였는데 처음에는 거절하다가 박대우가 빌려 간 돈을 대신 받아 오면 그 돈을 빌려주겠다는 것입니다. 그래서 몇 번 박대우를 찾아갔는데 번번이 돈이 없다는 것입니다.

그런데 2011. 10. 31. 오전에 김토건이 전화하여 지금 일본에서 한국으로 들어가고 있는데 자신의 에쿠스 승용차(98허7654호)를 가지고 14:00까지 인천국제공항으로 마중 나오라고 하였습니다. 인천국제공항에서 김토건을 마중하여 서울로 오는 차 안에서 김토건이 "박대우가 어제 아니면 오늘 공사 기성금을 받은 것으로 알고 있다. 순순히 말해서는 주지 않을 것이니 확실히 받아 와라. 돈을 받아 오면 그 중 일부를 빌려주겠다."라고 말하였습니다. 그때 휴대용 서류 가방에서 봉투를 꺼내 주었는데 그 속에 주방용 식칼이 들어 있었습니다.

다음날 09:00경 서울 서초구 서초2동 250에 있는 박대우의 집에 찾아가 박대우에게 1억 원을 갚으라고 하였더니 돈이 없다는 것입니다. 그래서 돈을 숨겨놓지 않았나 집 안을 둘러보던 중 안방 화장대 위에 봉투가 놓여

[55] 범행도구인 주방용 식칼의 교부에 대한 사정이 자세히 기재되어 있다. 일본에서 한국으로 귀국한 직후인 김토건이 공항에서 주방용 식칼을 구매하여 교부하였다는 사정은 경험칙에 반하고, 이를 답안에서 이달수의 진술에 대한 신빙성 탄핵의 근거로써 활용할 수 있다.

있어 살펴보려고 하니 박대우가 먼저 봉투를 집어 가슴에 품으면서 딸의 전세보증금이라는 것입니다. 박대우가 너무 완강해 보여 그냥 받을 수 없을 것 같아 제가 미리 점퍼 안주머니에 넣어 둔 주방용 식칼을 꺼내어 박대우의 목에 들이대면서 봉투를 빼앗았습니다. 그 후 바로 김토건의 사무실로 가서 봉투 안에 든 5,000만 원 중에서 3,000만 원을 빌리고 2,000만 원을 김토건에게 주었습니다.

문 그 칼은 지금 어디에 있는가요.

답 박대우 집을 나온 뒤 길거리에서 버렸는데 어디에 버렸는지는 정확히 기억나지 않습니다.

문 그 칼은 어떻게 생겼는가요.

답 주방용 식칼인데 손잡이는 검고, 칼날은 15cm, 손잡이는 10cm 정도입니다.

문 김토건이 돈을 어떻게 받아 왔는지 묻지 않았는가요.

답 김토건이 묻지 않아서 굳이 설명하지 않았습니다.

문 피의자가 가져간 3,000만 원은 어떻게 하였는가요.

답 바로 사채를 갚았습니다.

문 피의자는 어떻게 체포되었는가요.

답 신고된 사실을 알고 도망가기 위하여 옷가지라도 챙기러 집에 들어가려다가 새벽 4:00경에 긴급체포 되었습니다.

문 이상의 진술내용에 대하여 이의나 의견이 있는가요.

답 없습니다. (무인)

위의 조서를 진술자에게 열람하게 하였던바, 진술한 대로 오기나 증감·변경할 것이 전혀 없다고 하므로 간인한 후 서명무인하게 하다.

진술자 이 달 수 (무인)

2011. 11. 2.

서울서초경찰서

사법경찰관 경위 홍 반 장 [인]

사법경찰리 경사 강 철 중 [인]

- 32 -

[56] 범행도구인 칼의 형상에 관하여 피해자의 진술과 이달수의 진술이 계속해서 불일치하고 있다.

[57] 성폭력 관련 범죄의 경우 피해자의 진술이 중요한 증거로 작용하므로, 피해자에 대한 진술조서의 기재내용을 꼼꼼하게 읽어야 한다.

진술조서

성　　　　명: 정미희
주민등록번호: 84****-2******　　27세
직　　　　업: 회사원
주　　　　거: 서울 서초구 서초3동 130
등 록 기 준 지: (생략)
직 장 주 소: (생략)
연　락　처: (자택전화) (생략)　　　　(휴대전화) (생략)
　　　　　　 (직장전화) (생략)　　　　(전자우편) (생략)

위의 사람은 피의자 성명불상자에 대한 성폭력범죄의처벌등에관한특례법위반(주거침입강간등) 피의사건에 관하여 2011. 6. 2. 서울서초경찰서 형사팀 사무실에 임의 출석하여 다음과 같이 진술하다.

1. 피의자 및 피의사실과의 관계
　　저는 성명불상의 피의자로부터 강간을 당할 뻔한 사실과 관련하여 피해자 자격으로 출석하였습니다.

이때 사법경찰리는 진술인 정미희를 상대로 다음과 같이 문답하다.
문　진술인은 어제인 2011. 6. 1. 23:00경 서울 서초구 서초3동 130 진술인의 집에서 강간당할 뻔하였다고 하였지요.
답　예, 그렇습니다.
문　그 경위에 대하여 자세히 진술하시오.
답　예, 저는 다세대주택의 1층에 세 들어 살고 있습니다. 엊저녁에 안방에서 잠을 자고 있는데 이상하여 눈을 떠보니 어떤 남자가 제 하의를 벗기고 있었습니다. 제가 소리를 치면서 몸을 밀어내려 하자 남자는 한 손으로 제 입을 막고 몸으로 눌러 움직이지 못하게 하면서 자신의 바지를 내리는 것이었습니다. 이대로 있다가는 당하겠구나 하는 생각에 계속해서 몸부림

- 33 -

[58] 범인이 피해자의 입을 막고 몸으로 눌러 움직이지 못하게 하였다는 등의 사정을 통해 강간의 실행의 착수는 인정됨을 알 수 있다.

치면서 소리치자 당황한 남자가 문간방을 통하여 바로 도망갔습니다. 정신을 차리고 보니 문간방 창문이 열려 있었고 창문 턱에 신발자국이 남아 있었습니다. 아마 제가 창문 잠그는 것을 잊어버렸나 봅니다.

문 범인의 인상착의 등 특징에 대하여 기억나는 대로 진술하시오.
답 저는 침대 스탠드 보조등을 켜놓고 잠을 자는데 그 빛으로 어느 정도 볼 수 있습니다. 범인은 30~40대로 보이고, 짧은 곱슬머리에 얼굴이 각이 졌고 눈썹이 짙었습니다. 도망갈 때 보니 키는 중간 정도였고, 짙은 색 계통의 점퍼와 트레이닝복 바지를 입고 있었습니다.
문 범인의 처벌을 원하는가요.
답 꼭 처벌해 주십시오.
문 이상의 진술은 사실인가요.
답 예, 사실입니다. (무인)

위의 조서를 진술자에게 열람하게 하였던바, 진술한 대로 오기나 증감·변경할 것이 전혀 없다고 말하므로 간인한 후 서명무인하게 하다.

진술자 정 머 희 (무인)

2011. 6. 2.

서울서초경찰서

사법경찰리 경장 송 면 척 ㉠

[59] 압수된 나이키신발과 관련된 내용이다. 맞춤 수제화 등 피고인만이 유일하게 소지하고 있는 신발이 아니라 나이키 신발이므로, 피고인의 신발자국이 범행현장의 것과 동일하다는 사정만으로는 피고인이 범행 당시 현장에 있었음을 직접적으로 증명할 수 없다.

[60] 범행 당시는 야간이었음에도 불구하고 피해자가 침대 스탠드 보조등의 빛만으로 범인의 얼굴을 정확히 보고 이를 구체적으로 묘사하고 있다는 점은 경험칙에 반하는 사정이다.

[61] 피해자의 처벌의사 존부 진술은 항상 체크하도록 한다.

진술조서(제2회)

성   명: 정미희
주민등록번호: 84****-2******   27세
직   업: 회사원
주   거: 서울 서초구 서초3동 130
등 록 기 준 지: (생략)
직 장 주 소: (생략)
연   락   처: (자택전화) (생략)   (휴대전화) (생략)
              (직장전화) (생략)   (전자우편) (생략)

위의 사람은 피의자 이달수에 대한 성폭력범죄의처벌등에관한특례법위반(주거침입강간등) 피의사건에 관하여 2011. 11. 2. 서울서초경찰서 형사팀 사무실에 임의 출석하여 다음과 같이 진술하다.

1. 피의자와의 관계
   피의자와 아무런 관계가 없습니다.

2. 피의사실과의 관계
   저는 피의자로부터 강간을 당할 뻔한 사실과 관련하여 피해자 자격으로 출석하였습니다.

이때 사법경찰리는 진술인 정미희를 상대로 다음과 같이 문답하다.
문   진술인은 2011. 6. 1. 23:00경 서울 서초구 서초3동 130 진술인의 집에서 강간당할 뻔한 사실이 있어 2011. 6. 2. 우리 경찰서에서 피해자로서 진술한 사실이 있지요.
답   예, 그렇습니다.

2011. 6. 2. 작성된 피해자에 대한 진술조서를 제시하여 읽어보게 한 다음

문　이때 사실대로 진술하였는가요.

답　예, 그렇습니다.

문　진술인은 오늘 12:00경 피의자 이달수의 얼굴을 확인하였지요.

답　경찰관이 용의자 한 명을 한 쪽에서만 볼 수 있는 유리창 너머에 세워 놓고 저에게 확인시켰습니다. 첫눈에 범인이라는 생각이 들었습니다.

문　피의자의 처벌을 원하는가요.

답　예, 엄히 처벌해주시기 바랍니다.

문　이상의 진술은 사실인가요.

답　예, 사실입니다. (무인)

위의 조서를 진술자에게 열람하게 하였던바, 진술한 대로 오기나 증감·변경할 것이 전혀 없다고 말하므로 간인한 후 서명무인하게 하다.

진술자　정 미 희 (무인)

2011.　11.　2.

서울서초경찰서

사법경찰리　경장　송 민 철 ㊞

- 36 -

[62] 경찰관이 용의자 한 명만을 세워놓고 피해자에게 확인시켰다는 사실 등에서 판례가 요구하는 범인식별절차를 거치지 아니하였음을 알 수 있다. 이러한 범인식별절차 준수여부는 증거능력이 아닌 증명력과 관련된 것임에 주의하여야 한다.

[63] 피해자에 대한 처벌의사는 그 의사표시가 번복되는 경우가 잦으므로 등장할 때마다 습관적으로 체크하여야 한다.

[64] 제1회 진술조서는 범행 다음 날인 2011. 6. 2.에 작성되었으나 제2회 진술조서는 그로부터 5개월이 경과한 2011. 11. 2.에 작성되었음을 알 수 있다.
본 문제에서는 등장하지 아니하나, 범행 후 상당시간이 경과하였음에도 범인의 인상착의 등에 대한 피해자의 진술이 더 구체적이라는 점은 피해자의 진술을 탄핵하는 근거가 될 수 있다.

[65] 압수조서에서는 압수경위를 꼼꼼하게 읽어야 하고 그 밖에 압수물의 소유자 및 보관자 등이 누구인지 확인하여야 한다. 특히 별건압수 여부와 관련하여 압수의 근거가 된 범죄사실이 무엇인지 꼭 체크하여야 한다.

[66] 피의자 이달수를 특수강도 혐의로 긴급체포하면서 그와 무관한 주거침입 강간미수사건의 증거로 나이키신발을 압수하였으므로 위법한 별건압수에 해당한다.

또한 영장주의 예외로서 제217조 제1항에 따라 압수한 후 사후영장을 발부받지 아니하여 역시 위법한 압수에 해당한다.

압 수 조 서

피의자 이달수에 대한 특수강도 등 피의사건에 관하여 2011년 11월 2일 17시00분경 서울 서초구 양재2동 125 이달수의 집에서 서초경찰서 형사과 형사팀 사법경찰관 경위 최경수는 사법경찰리 경장 송민철을 참여하게 하고 별지 목록의 물건을 다음과 같이 압수하다.

압 수 경 위

2011. 11. 2. 04:00 피의자 이달수를 특수강도 혐의로 긴급체포하여 서울서초경찰서 형사과 형사팀 사무실로 인치하였는데, 피의자의 인상착의가 당서에서 수사 중인 2011. 6. 1.자 주거침입 강간미수사건의 용의자와 유사하여 피해자 정미희를 당서로 불러 피의자를 보여준 결과 범인이 맞다고 하다. 이에 피의자의 주거지를 수색한 결과 용의자의 신발자국과 유사한 신발을 발견하고 형사소송법 제217조 제1항에 따라 긴급체포한 지 24시간 이내에 압수하다.

	성 명	주민등록번호	주 소	서명 또는 날인
참여인	박숙자 (동거녀)	(생략)	피의자와 동일	(생략)

2011년 11월 2일

서 울 서 초 경 찰 서

사법경찰관 경위 최 경 수 [인]

사법경찰리 경장 송 민 철 [인]

- 37 -

압 수 목 록

번호	품 종	수량	피압수자주거성명				소 유 자 주 거 · 성 명	비고
			1 유류자	2 보관자	3 소지자	(4) 소유자		
1	나이키 신발	1켤레	서울 서초구 양재2동 125 이달수				이달수	

[67] 교통사고 관련 범죄가 출제될 경우 항상 중요한 증거로서 실황조사서가 등장한다. 사고경위에 대한 약도 등 그림까지 꼼꼼하게 체크하여야 한다.

사고 도로에는 신호기가 없으므로 신호위반은 문제되지 않고, 횡단보도에서 보행자를 충격한 사안이므로 횡단보도에서의 보행자보호의무위반이 문제된다. 그러나 피해자가 자전거를 탄 채 횡단하고 있었으므로 보행자에 해당하지 아니하여 결국 보행자보호의무위반은 인정되지 아니한다. 이러한 사정은 이미 공소장에서 일차적으로 확인한 것이므로 실황조사서에서는 앞에서 확인한 쟁점이 맞는지 정도만 체크한다.

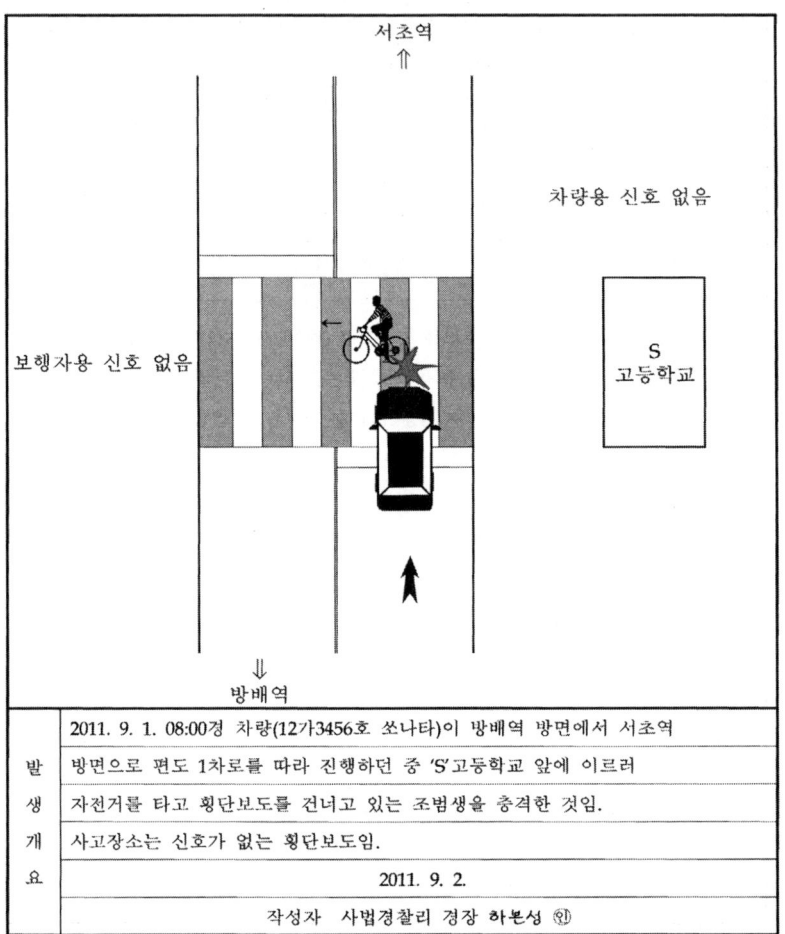

진 술 서

성 명   조범생 (89****-1******)
주 소   서울 서초동 이하 생략

1. 저는 2011. 9. 1. 08:00경 서울 서초구 서초1동 114 'S고등학교' 정문 앞 횡단보도에서 교통사고를 당한 사실이 있습니다.
1. 제가 자전거를 타고 신호등이 없는 횡단보도를 건너는데 12가3456호 쏘나타 승용차가 저와 자전거 왼쪽을 들이받아 길바닥에 넘어지면서 다리가 골절되는 등 상해를 입었습니다.
1. 가해자 차량은 종합보험에 가입되지 않은 것으로 알고 있습니다.
1. 아직 가해자가 피해를 배상하지 아니하여 처벌을 원합니다.
1. 진단서를 제출하겠습니다.

첨부: 진단서(생략)

2011. 9. 3.
진술자 조 범 생 ㉢

[68] 피고인 이달수의 차량이 종합보험에 가입되지 아니하였다는 사실 정도만 체크한다. 피해자의 처벌의사는 공판단계에서 합의서가 제출됨으로써 번복되었으므로 큰 의미가 없다.

[69] 앞에서 확인한 공소사실과 큰 차이가 없으므로 가볍게 읽고 넘어가도록 한다.

진 술 서

성 명   장희빈 (73****-2******)

주 소   서울 동대문구 이문동 333

1. 저는 서울 서초구 서초2동 119에서 '룰루' 유흥주점을 운영하고 있습니다.
1. 저는 2011. 10. 10. 23:00경 무전취식의 피해를 당한 사실이 있습니다.
1. 이달수가 혼자 들어와 호기롭게 술 등을 주문하여 돈이 없는 줄 몰랐습니다. 도우미 1명을 부르고 21년 산 양주 2병을 마셨습니다. 대금이 100만 원이 나와 지급을 요구하니까 외상으로 하자고 하여 바로 경찰에 신고하였습니다.
1. 경찰이 출동하여 확인해 보니 수중에 현금 2만 원만 있고, 신용카드도 없었습니다.
1. 술값만 지급하면 처벌을 원하지는 않습니다.
1. 영수증을 제시하겠습니다.

첨부: 영수증(생략)

2011. 10. 11.

진술자 장 희 빈 ㊞

피의자신문조서

피의자 김토건에 대한 특수강도교사 피의사건에 관하여 2011. 11. 3. 서울서초경찰서 형사과 형사팀 사무실에서 사법경찰관 경위 홍반장은 사법경찰리 경사 강철중을 참여하게 하고, 아래와 같이 피의자임에 틀림없음을 확인하다.

문 피의자의 성명, 주민등록번호, 직업, 주거, 등록기준지 등을 말하십시오.
답 성명은 김토건(金土建)
   주민등록번호는 61****-1******   직업은 건설업체 사장
   주거는 서울 강남구 대치1동 기아아파트 101동 1007호
   등록기준지는 (생략)
   직장 주소는 서울 서초구 서초1동 10
   연락처는   자택전화 (생략)   휴대전화 (생략)
            직장전화 (생략)   전자우편 (e-mail) (생략)   입니다.

사법경찰관은 피의사건의 요지를 설명하고 사법경찰관의 신문에 대하여 「형사소송법」 제244조의3에 따라 진술을 거부할 수 있는 권리 및 변호인의 참여 등 조력을 받을 권리가 있음을 피의자에게 알려주고 이를 행사할 것인지 그 의사를 확인하다.

[진술거부권 및 변호인 조력권 고지함. 그 내용은 생략]

[피의자의 범죄전력, 경력, 학력, 가족·재산 관계 등 생략]

문 피의자는 2011. 10. 31. 15:00경 이달수를 시켜 박대우가 빌려 간 돈 5,000만 원을 받아 오게 한 사실이 있지요.
답 예, 그렇습니다.

[70] 답안작성에 필요한 쟁점관련 내용과 앞서 등장하지 아니하였거나 앞서 등장한 사실과 모순되는 사실 위주로 읽도록 한다.

[71] 피고인 김토건은 이달수에게 박대우로부터 돈을 받아오라고 말하였을 뿐, 칼을 건네주면서 강도 범행을 교사하지 아니하였다는 사실과 관련된 내용이다. 피고인의 진술만으로 피해자 등의 진술을 탄핵해서는 아니 되므로 범행경위를 확인하는 정도로 읽도록 한다.

[72] 김토건이 피고인 이달수에게 교부한 금원이 배임증재에 관련된 불법원인급여에 해당함을 알 수 있다.

문 그 경위를 진술하시오.

답 제가 3년 전에 박대우에게 빌려준 1억 원을 받지 못하고 있었습니다. 그러던 중 제 고향후배인 이달수가 저에게 3,000만 원을 빌려달라고 조르기에 박대우에게서 돈을 받아 오면 3,000만 원을 빌려주겠다고 하면서 박대우의 연락처, 사무실과 집 위치를 가르쳐주었습니다.

2011. 10. 31.경 일본 출장 중이었는데 거래처와 통화하던 중 박대우가 원청으로부터 기성금을 수억 원 받는다는 이야기를 들었습니다. 이때 받지 않으면 당분간 못 받을 것 같아서 바로 이달수에게 전화하여 오후에 귀국하니까 제 차를 가지고 공항에서 대기하라고 하였습니다. 그리고 인천국제공항에서 서울로 들어오는 길에 이달수에게 "박대우가 어제 아니면 오늘 공사 기성금을 받은 것으로 알고 있다. 순순히 말해서는 주지 않을 것이니 확실히 받아 와라. 돈을 받아오면 그중 일부를 빌려주겠다."라고 말하였습니다. 다음날 오전에 이달수가 박대우의 집을 찾아가서 5,000만 원을 받아 왔기에 그중 3,000만 원을 빌려주었습니다. 속으로 용케 받아 왔구나 생각하고 더 이상 묻지 않았습니다.

문 이달수는 피의자가 인천공항에서 서울로 오는 자동차 안에서 주방용 식칼이 든 봉투를 서류가방 속에서 꺼내 주어 그 식칼로 범행을 하였다고 진술하는데 어떠한가요.

답 말도 안 됩니다.

이때 피의자가 추가로 진술할 내용이 있다고 하다.

문 추가로 진술할 내용에 대하여 말하시오.

답 저는 2010. 9.경에 'H건설 주식회사'에서 시공하는 낙동강 창녕-함안보 공사를 하도급 받으려고 시도하였습니다. 그런데 저희 업체는 건설업체로서 보 공사 관련 전문면허와 공사 실적이 없어 하도급에 참여할 수 없었습니다. 그래서 'H건설 주식회사'의 내부 규정에 반하지만 어떤 식으로든지 공사의 하도급을 맡게 해 달라는 취지로 'H건설 주식회사' 이사 최현대에게 4,000만 원을 주려고 하였습니다.

- 43 -

　　　　2010. 10. 1. 저의 사무실에서 이런 내용을 알고 있는 이달수에게 현금 4,000만 원을 주면서 최현대에게 주고 오라고 심부름을 시켰는데 이달수가 그 돈을 마음대로 써버렸습니다.
　　　　지금까지 참고 있었는데 이 사건에 저를 끌어들이기까지 하여 진술을 하는 것입니다. 처벌해주시기 바랍니다.
문　이상의 진술내용에 대하여 이의나 의견이 있는가요.
답　없습니다. (무인)

위의 조서를 진술자에게 열람하게 하였던바, 진술한 대로 오기나 증감·변경할 것이 전혀 없다고 하므로 간인한 후 서명무인하게 하다.

　　　　　　　　　　진술자　김　토　건 (무인)

　　　　　2011. 11. 3.

　　　　서울서초경찰서

　　　　사법경찰관　경위　홍반장 ㊞

　　　　사법경찰리　경사　강철중 ㊞

피의자신문조서(제2회)

피의자: 이달수

위의 사람에 대한 특수강도 등 피의사건에 관하여 2011. 11. 3. 서울서초경찰서에서 사법경찰관 경위 홍반장은 사법경찰리 경사 강철중을 참여하게 한 후, 피의자에 대하여 다시 아래의 권리들이 있음을 알려주고 이를 행사할 것인지 그 의사를 확인하다.

[진술거부권 및 변호인 조력권 고지함. 그 내용은 생략]

[피의자의 범죄전력, 경력, 학력, 가족·재산 관계 등 생략]

[횡령]

문 피의자는 2010. 10. 1.경 김토건이 'H건설 주식회사' 계약담당이사 최현대에게 전해주라며 받은 4,000만 원을 가져다주지 않고 임의로 사용한 사실이 있는가요.

답 예, 그렇습니다.

문 그 경위를 진술하시오.

답 김토건은 2010. 9.경에 'H건설 주식회사'에서 시공하는 낙동강 창녕-함안보 공사를 하도급 받으려고 시도하였습니다. 그런데 김토건의 사업체는 건설업체로서 보 공사 관련 전문면허와 공사 실적이 없어 하도급에 참여할 수 없었습니다. 그래서 'H건설 주식회사'의 내부 규정에 반하지만 어떤 식으로든지 공사의 하도급을 맡게 해 달라는 취지로 'H건설 주식회사' 이사 최현대에게 4,000만 원을 주라고 하였습니다. 그런데 그날 제 개인 채무 변제에 써버렸습니다.

[성폭력범죄의처벌등에관한특례법위반(주거침입강간등)]

문 피의자는 2011. 6. 1. 23:00경 서울 서초구 서초3동 130에 있는 피해자 정미희의 집에 들어가 피해자를 강간하려 한 사실이 있는가요.

답 없습니다.

- 45 -

[73] 김토건이 피고인 이달수에게 교부한 금원이 불법원인급여에 해당함은 이미 확인하였으므로 가볍게 읽고 넘어간다.

문 피해자는 피의자의 얼굴을 확인하고 피의자가 범인이 맞다고 하는데요.
답 억울합니다.
문 범행 장소가 김토건의 사무실과 가까운데 범행 장소에 가본 적이 있는가요.
답 어디인지 모릅니다.

이때 피의자의 집에서 압수해 온 나이키 신발과 피해자의 집 창문 턱에 난 신발자국 사진을 제시하며

문 피의자가 신고 다니는 나이키 신발이 맞지요.
답 예, 제가 가끔 신는 것입니다.
문 피해자 집 창문 턱에 난 신발자국과 피의자의 나이키 신발 바닥 무늬가 육안으로 같아 보이는데 어떻게 된 것인가요.
답 같은 나이키 신발을 신는 사람이 어디 한두 명이겠습니까? 저는 인정할 수 없습니다.
문 피의자는 이전에도 주거에 침입하여 강간한 전력이 있는데요.
답 오래 전 젊었을 때의 일입니다. 전과만으로 용의자로 몰리는 것은 억울합니다.

[교통사고처리특례법위반]

문 피의자는 2011. 9. 1. 08:00경 서울 서초구 서초1동 114 'S고등학교' 정문 앞 횡단보도에서 교통사고를 낸 사실이 있는가요.
답 예, 그렇습니다.
문 그 경위를 진술하시오.
답 제가 12가3456호 쏘나타 승용차를 운전하다가 횡단보도를 통과하면서 자전거를 타고 횡단보도를 건너던 피해자를 뒤늦게 발견하고 제 승용차 앞 범퍼 부분으로 자전거를 들이받아 피해자가 넘어지면서 다리가 골절되는 상해를 입혔습니다.
제 차는 종합보험에 가입되어 있지 않고, 아직 합의하지 못하고 있습니다.

[74] 범행 현장에 남아 있는 나이키 신발자국이 피고인 신발의 바닥 무늬와 일치한다는 사정만으로는 피고인이 범행 당시 현장에 있었다는 사실을 인정하기에 부족하다.

[75] 피해자 진술의 신빙성을 탄핵하는 근거가 되는 내용이다. 피고인에게 강간 관련 전과가 있다는 사정은 피고인에게 불리한 내용이므로 변론요지서에서는 다루지 않아도 무방하다.

[76] 피고인의 무전취식과 관련된 공소사실이 확정된 약식명령의 공소사실과 포괄일죄의 관계에 있음을 확인할 수 있다.

[사기]

문 피의자는 2011. 10. 10. 23:00경 서울 서초구 서초2동 119에 있는 피해자 장회빈이 운영하는 유흥주점에서 100만 원에 해당하는 술과 서비스를 제공받고, 그 대금을 지급하지 아니한 사실이 있지요.

답 예, 그렇습니다.

문 당시 술값을 지급할 수 있었는가요.

답 당시 수중에 2만 원밖에 없어 지급할 수 없었습니다.

문 피의자는 상습사기와 사기로 여러 번 처벌받은 전력이 있는데 모두 무전취식인가요.

답 예, 모두 무전취식입니다.

문 피해자 장회빈에게 변제하였는가요.

답 아직 변제하지 못하였습니다.

문 이상의 진술내용에 대하여 이의나 의견이 있는가요.

답 없습니다. (무인)

위의 조서를 진술자에게 열람하게 하였던바, 진술한 대로 오기나 증감·변경할 것이 전혀 없다고 하므로 간인한 후 서명무인하게 하다.

진술자 이 달 수 (무인)

2011. 11. 3.

서울서초경찰서

사법경찰관 경위 홍 반 장 ㊞

사법경찰리 경사 강 철 중 ㊞

- 47 -

국립과학수사연구원

1. 형사과-8342호 (1122-165)(2011-M-46804 경장 송민철)와 관련된 것입니다.

2. 위 건에 대한 감정결과를 회보합니다.

3. 문서처리자는 각 담당자에게 열람을 요청합니다.

4. 비밀번호 조회는 http://pwd.nisi.go.kr 에서 로그인 후 확인 바랍니다.

감정결과: 창문 턱에 있는 신발자국과 피의자 이달수의 나이키 신발의 바닥 무늬와 크기가 일치함. 끝.

국립과학수사연구원장

수신자

전결 11/6
00연구관   정00   00분석과장   홍00
협조자
시행 00분석과-5229(2011.11.3)   접수   (2011.11.3)
우 158-707   서울 양천구 신월7동 국립과학수사연구원   / http://www.mopas.go.kr
전화 02-2600-****   전송 02-2600-****   / ***** 골뱅이   /비공개
                                        nisi.go.kr

- 48 -

[77] 압수된 나이키신발이 위법수집증거로서 증거능력이 부정되는 이상, 이를 기초로 수집된 증거인 감정서의 증거능력 역시 부정된다.
서면에 '감정서'와 같은 표제가 기재되어 있지 아니한 경우에는 증거목록의 증거명칭을 확인하여 답안에 기재한다.

[78] 상습사기의 상습성을 인정함에 있어 조회회보서를 활용할 수 있다.

조회회보서

제2011-5231호
2011. 11. 2.

☐ 조회대상자

성명	이달수	주민등록번호	71****-1******	성별	남
지문번호	88754-****	주민지문번호	75878-****	일련번호	013399**
주소	서울 서초구 양재2동 125					
등록기준지	(생략)					

☐ 주민정보 - (생략)

☐ 범죄경력자료

연번	입건일	입건관서	작성번호	송치번호	형제번호
	처분일	죄명		처분관서	처분결과
1	2000. 9. 2.	서울강동경찰서	003323	2000-131	2000-211-2****
	2001. 1. 22.	성폭력범죄의처벌및피해자보호등에관한법률위반(주거침입강간등)		서울지방법원 동부지원	징역 3년 집행유예 5년
2	2006. 3. 26.	서울강남경찰서	003421	2006-3877	2006-210-1*****
	2006. 5. 21.	사기		서울중앙지방법원	벌금 100만 원
3	2007. 9. 2.	서울강남경찰서	004323	2007-9900	2007-210-2****
	2007. 11. 22.	상습사기		서울중앙지방법원	벌금 200만 원
4	2009. 9. 2.	서울강남경찰서	004357	2009-9999	2009-210-2****
	2009. 10. 30.	상습사기		서울중앙지방법원	벌금 300만 원

☐ 수사경력자료 (생략)   ☐ 지명수배내역 (생략)

위와 같이 조회 결과를 통보합니다.

조회용도: 접수번호 2011-**** 수사
조회의뢰자: 형사팀 경위 홍반장
작 성 자: 형사팀 경사 김주용

서울서초경찰서장 인

- 49 -

기타 법원에 제출되어 있는 증거들

※ 편의상 다음 증거서류의 내용을 생략하였으나, 법원에 증거로 적법하게 제출되어 있음을 유의하여 변론할 것.

○ 검사 작성의 피의자 이달수에 대한 피의자신문조서(2011. 11. 9.)
  - 경찰에서의 진술과 동일한 취지로 내용 생략

○ 검사 작성의 피의자 김토건에 대한 피의자신문조서(2011. 11. 10.)
  - 경찰에서의 진술과 동일한 취지로 내용 생략

○ 김토건에 대한 조회회보서(2011. 11. 3.)
  - 범죄경력이 없는 초범으로 내용 생략

[79] 생략된 증거라도 답안에서 인용하는 경우가 있다. 다만 생략된 증거의 내용은 대부분 앞에서 등장한 기록과 중복되므로 답안에 기재할 증거 위주로 간단히 확인하도록 한다.
사실인정 쟁점과 관련하여 검사 제출 증거를 기재하는 경우 생략된 증거들도 내용을 확인하여 함께 기재하여야 한다.

확 인 : 법무부 법조인력과장

2012년 제1회 변호사시험 형사법 기록형

공소제기일 - 11. 10. 21.

피고인	죄명	공소사실					인정 및 부인취지	쟁점	증거		결론	비고
		일시	장소	피해자	피해품	고소 기타			+	−		
김토건 공범(o)	특수강도 교사	11.10.31. 15:00	포항→서울 승용차 안	피교사자 이달수 v.박매우	5천만 원 강취	주방용 식칼 전내주며 교사	x-강주거나 교사한 사실없음	[사실] 칼 교부 및 교사사실 인정여부 (별개논의)	김토건 피신(p43)-강교부 및 교사 주방용식칼 vs '척'소리 범행대기본베 x (just 3천밀데숨) 구국식주 승용차 - 할 소지 가능? 이달수-제임전가동기, 형동등진실성 김토건-진실화사사장, 재력大	김토건-법정진술(21),사경판피신(43), 검사피신 이달수-법정진술(21),사경판피신(30)-내용부인 (312조3항), 검사피신 박매우-법정진술(22),사경리진술조서(28) 이청수-법정진술(23)(316조2항)	후단무죄	[변론요지서]
이달수 〈구속〉	(특수강도)	11.11.1. 9:00	v.집	v.박매우	5천 현금	주방용 식칼		불법영인금여 횡령 (배임즉제)	H건설 계약담당이사 최현대		전단무죄	[변론요지서]
	횡령	10.10.1.				H건설 담당자 전달 목적	○	별 접안수,영장주의, 위수증,독수독과, 범인식별절차	범인식별절차(36) 범인지목일 - 11.11.2. (5월경과) 참매스벤드보조동	이달수-법정진술(21),사경판피신(예2회,45), 검사피신 정미희-법정진술(24)사경리진술조서(1회,33) 나이기신발,압수조서목록(37),감정서(48)-별건. 사후영장x, 독수독과	후단무죄	
	성폭 (주침강)	11.6.1. 23:00	v.집 안방	v.정미희			x - v.알지못함	[사실] 별접안수,영장주의, 위수증,독수독과, 범인식별절차				
	교특	11.9.1. 8:00	교 앞김 횡단보도	v.조병생		보험x 보행자. 합의有	○	단서6호 해당 x(자전거,보행자) 반의사불벌(합의有)	합의서(18) - 11.12.20. 교통사고보고(39)	실황조사서 진술서 등	공소기각 (6호)	
	사기	11.10.10. 23:00	v.운영 유흥주점	v.장회빈	술값 100만 원		○	약식명령 有	약식명령(19)-11.11.20. 발령. 11.12.17.확정 전과-조회회보서(49) →모두 무진취식 사인(47)	진술서 등	면소 (1호)	

2012년 제1회 변호사시험 형사법 기록형 CH 03 모범답안

변론요지서

사　건　2011고합1234 특수강도교사 등
피고인　1. 김토건
　　　　2. 이달수

위 사건에 관하여 피고인 김토건의 변호인 변호사 김힘찬, 피고인 이달수의 변호인 변호사 이사랑은 다음과 같이 변론합니다.[01]

다　음

I. 피고인 김토건에 대하여[02]

1. 피고인 변소의 요지

피고인 김토건은 이달수[03]에게 피해자 박대우가 빌려 간 돈을 받아 오면 그 돈을 빌려주겠다고 말한 사실과, 피해자가 공사 기성금을 받아 돈을 갖고 있을 것이라고 알려 준 사실은 있으나, 칼을 주면서 강도를 교사하지는 않았습니다.[04]

2. 검사 제출 증거[05]

이 부분 공소사실에 대해 검사가 제출한 증거로는 피고인·이달수·피해자·이칠수의 각[06] 법정진술, 검사 작성 피고인·이달수에 대한 각 피의자신문조서의 진술기재, 사법경찰관[07] 작성 피고인·이달수에 대한 각 피의자신문조서의 진술기재, 사법경찰리 작성 피해자에 대한 진술조서의 진술기재가 있습니다.[08]

3. 증거능력 없는 증거

가. 사법경찰관 작성 이달수에 대한 피의자신문조서의 진술기재[09]

위 조서는[10] 당해 피고인 김토건이 내용을 부인하는 취지로 증거부동의하고 있으므로 증거능력이 없습니다(형사소송법 제312조 제3항).*

---

* 형사소송법 제312조 제3항은 검사 이외의 수사기관이 작성한 당해 피고인에 대한 피의자신문조서를 유죄의 증거로 하는 경우뿐만 아니라, 검사 이외의 수사기관이 작성한 당해 피고인과 공범관계에 있는 다른 피고인이나 피의자에 대한 피의자신문조서를 당해 피고인에 대한 유죄의 증거로 채택할 경우에도 적용된다. 따라서 당해 피고인과 공범관계에 있는 공동피고인에 대하여 검사 이외의 수사기관이 작성한 피의자신문조서는 그 공동피고인의 법정진술에 의하여 성립의 진정이 인정되더라도 당해 피고인이 공판기일에서 그 조서의 내용을 부인하면 증거능력이 부정된다(대법원 2010. 1. 28. 선고 2009도10139 판결).

---

[01] 변론요지서 등 법원에 제출하는 서면에는 경어체를 사용하여야 한다.

[02] 답안 양식에서 주어진 목차는 수정하지 않고 그대로 기재한다.

[03] 피고인 김토건에 대한 목차이므로 이달수는 피고인으로 기재하지 아니한다. 이달수를 상피고인으로 기재할 수도 있다.

[04] 피고인 변소의 요지는 제1회 공판조서에 기재된 피고인의 공소사실 부인취지를 활용하여 기재한다.

[05] 검사 제출 증거 기재는 생략할 수 있다. 그러나 생략할 경우 부족증거 등 설시에서 증거를 구체적으로 기재하여야 한다.

[06] 같은 종류의 증거가 여러 개 있는 경우 '각'으로 묶어 기재한다.

[07] '사법경찰관 작성'과 '사법경찰리 작성'은 구별함이 원칙이다. 다만 실제 시험에서는 '사경'으로 축약하여 기재할 것을 추천한다.

[08] 증거거시는 법원→검찰→경찰, 인증→서증→증거물, 피고인→참고인, 조서→진술서→검증조서→압수조서·실황조사서→진단서·견적서의 순서대로 한다.

[09] 피의자신문조서가 아닌 피의자신문조서의 진술기재이다.

[10] 답안기재시 지시대명사를 적절히 활용하도록 한다.

나. 증인 이칠수의 법정진술 중 일부

위 법정진술 중 피고인 이달수가 자신의 집으로 찾아 와서 "김토건 선배가 칼을 주면서 꼭 받아오라고 하길래 한 번 사고를 쳤다."고 말하는 것을 들었다는 부분[11]은 피고인 아닌 자의 진술이 피고인 아닌 타인의 진술을 내용으로 하는 전문진술에 해당하고, 그 원진술자인 이달수가 이 사건 법정에 출석하고 있는 이상 증거능력이 없습니다(형사소송법 제316조 제2항).[12]

4. 증명력 검토 등

이달수의 법정진술* 및 검사 작성 이달수에 대한 피의자신문조서**의 진술기재에 의하면 이달수는 피고인 김토건이 자신에게 주방용 식칼을 주면서 특수강도를 교사하였다는 취지로 진술하고 있습니다.[13]

> * 피고인과 이달수는 공범인 공동피고인의 관계에 있다. 따라서 이달수의 법정진술은 피고인에 대하여 증거능력이 있다. 만약 피고인과 이달수가 공범 아닌 공동피고인인 경우라면 변론을 분리한 후 이달수가 증인으로서 선서하고 증언한 경우에만 그 법정진술을 증거로 사용할 수 있다.
> ** 검사 작성 이달수에 대한 피의자신문조서에 대해서는 제312조 제4항이 적용되므로, 원진술자인 이달수가 증거인부절차와 피고인신문절차에서 진성성립을 인정하고, 피고인 김토건의 변호인이 이달수에 대해 반대신문을 한 이상 증거능력이 인정된다.

그러나 ① 이달수는 범행도구에 대해 '칼날 길이 15cm, 손잡이 10cm인 주방용 식칼'이라고 진술하고 있으나, 피해자 박대우는 "이달수가 칼을 꺼내 목에 들이대는 순간 접힌 칼날이 '척' 소리를 내며 펼쳐졌다"고 진술하고 있어 범행도구가 주방용 식칼이 아닌 접이식 칼이라고 진술하고 있는 점, ② 범행당시 일본에서 막 귀국한 직후였던 피고인이 강도범행을 위한 칼을 미리 구입하여 왔다는 것은 경험칙에 반할뿐만 아니라, 휴대용 서류가방에 칼을 넣은 상태에서는 비행기에 탑승하는 것조차 불가능하다는 점, ③ 이달수는 범행도구를 버렸다고 진술하고 있으나 이는 실제 범행도구인 자신의 접이식 칼의 소재를 은폐하기 위한 진술일 가능성이 높다는 점, ④ 위와 같이 범행도구로서 중요한 증거인 식칼의 소재가 파악되지 아니하는 점, ⑤ 건설회사 사장으로서 상당한 재력을 갖춘 피고인 김토건이 단순히 빌려준 돈 1억 원을 받기 위해 특수강도를 교사할 이유가 없다는 점, ⑥ 피고인 김토건이 특수강도를 교사하였다면 그 범행의 대가로 이달수에게 강취한 돈의 상당 부분을 분배하는 것이 마땅함에도 3천만 원을 빌려줌에 불과하다는 점, ⑦ 이달수는 자신의 채무변제를 위해 피고인의 교사를 받아 범행을 저질렀다는 허위진술을 통해 피고인에게 책임을 전가하려는 동기가 있고, 피고인 김토건의 돈을 횡령하는 등 진실성이 부족한 자인 점 등에 비추어 볼 때[14] 이달수의 위 진술은 신빙성이 없고, 나머지 증거들만으로는 피고인 김토건이 이달수에게 주방용 식칼을 교부하였다는 점을 인정하기에 부족하며 달리 이를 인정할 만한 증거가 없습니다.[15]

5. 강도 교사 사실의 부존재

교사범이란 타인으로 하여금 범죄를 결의하게 하여 범죄를 실행케 한 자입니다(형법 제31조 제1항). 피고인 김토건이 이달수에게 "순순히 말해서는 주지 않을 것이니 확실히 받아오라."고 한 것은 사회통념상[16] 채무의 변제를 독촉하라는 의미로 해석될 수 있을 뿐, 이달수에게 강도를 결의하게 하는 행위로 보기는 어렵습니다. 그 밖에 피고인이 이달수에게 강도를 결의하게 하는 행위를 하였다는 사실에 대한 증거는 전혀 없습니다.

[16] '사회통념상', '경험칙상', '상식에 반하는' 등은 답안기재시 많이 사용하게 되는 표현이다.

6. 소결

결국 이 부분 공소사실은 범죄의 증명이 없는 때에 해당하므로 형사소송법 제325조 후단에 의하여 무죄가 선고되어야 합니다.

II. 피고인 이달수에 대하여

1. 횡령의 점[17]

불법의 원인으로 인하여 재산을 급여하거나 노무를 제공한 때에는 그 이익의 반환을 청구하지 못하는바(민법 제746조), 판례는 불법원인급여에 해당하는 재산을 보관하는 자가 이를 임의로 소비하였다고 하더라도 횡령죄가 성립하지 않는다는 입장입니다.*

[17] '횡령죄'가 아닌 '횡령의 점에 대하여'로 기재하여야 한다.

> * 민법 제746조에 불법의 원인으로 인하여 재산을 급여하거나 노무를 제공한 때에는 그 이익의 반환을 청구하지 못한다고 규정한 뜻은 급여를 한 사람은 그 원인행위가 법률상 무효임을 내세워 상대방에게 부당이득반환청구를 할 수 없고, 또 급여한 물건의 소유권이 자기에게 있다고 하여 소유권에 기한 반환청구도 할 수 없어서 결국 급여한 물건의 소유권은 급여를 받은 상대방에게 귀속되는 것이므로, 갑이 을로부터 제3자에 대한 뇌물공여 또는 배임증재의 목적으로 전달하여 달라고 교부받은 금전은 불법원인급여물에 해당하여 그 소유권은 갑에게 귀속되는 것으로서 갑이 위 금전을 제3자에게 전달하지 않고 임의로 소비하였다고 하더라도 횡령죄가 성립하지 않는다(대법원 1999. 6. 11. 선고 99도275 판결).

김토건이 H건설 계약담당이사인 최현대에게 전달하라는 목적으로 피고인에게 교부한 4,000만 원은 형법 제357조의 배임증재죄에 제공하려는 금원으로 불법원인급여에 해당합니다.[18] 따라서 피고인이 위 금원을 임의로 소비하였다 하더라도 횡령죄는 성립하지 아니합니다.

결국 이 부분 공소사실은 범죄로 되지 아니하는 경우에 해당하므로 형사소송법 제325조 전단[19]에 의하여 무죄가 선고되어야 합니다.

[18] 위 금원이 불법원인급여에 해당한다는 점에 대한 구체적 사안검토를 누락하지 않도록 한다. 법률판단 쟁점에 대한 답안은 판례 등 법리 내용→사안의 검토→소결론 순서대로 구성하여야 한다.

[19] 무죄의 경우 전단과 후단을 구별하여 기재한다. 전단과 후단 사유가 모두 있거나 그 사유가 어느 것에 해당하는지 애매할 경우에는 후단으로 기재한다.

2. 성폭력범죄의처벌등에관한특례법위반(주거침입강간등)의 점

가. 피고인 변소의 요지

피고인은 경찰단계부터 이 사건 법정에 이르기까지 일관하여 피해자 정미희를 알지도 못한다는 취지로 이 부분 공소사실에 대해 부인하고 있습니다.

나. 검사 제출 증거

이 부분 공소사실에 대하여 검사가 제출한 증거로는 피고인·피해자의 각 법정진술, 검사 작성 피고인에 대한 피의자신문조서의 진술기재, 사법경찰관 작성 피고인에 대한 피고인신문조서(제2회)[20]의 진술기재, 사법경찰리 작성 피해자에 대한 각[21] 진술조서의 진술기재, 사법경찰관 작성 압수조서 및 압수목록(신발)의 기재[22], 국립과학수사연구원이 작성한 감정서의 기재, 압수된 나이키신발의 현존이 있습니다.

다. 증거능력 없는 증거

1) 압수된 나이키신발

위 신발은 수사기관이 피고인을 특수강도 혐의로 긴급체포한 후 형사소송법 제217조 제1항에 따라 영장 없이 압수한 것입니다. 그러나 이는 특수강도의 범죄사실과는 전혀 관계없는 성폭력범죄의처벌등에관한특례법위반(주거침입강간등)의 범죄사실 수사를 위하여 이루어진 것으로서 위법한 별건압수입니다.* 또한 수사기관은 위 압수 후 사후영장을 발부받지도 아니하였습니다(제217조 제2항).

> * [1] 구 형사소송법 제217조 제1항 등에 의하면 검사 또는 사법경찰관은 피의자를 긴급체포한 경우 체포한 때부터 48시간 이내에 한하여 영장 없이, 긴급체포의 사유가 된 범죄사실 수사에 필요한 최소한의 범위 내에서 당해 범죄사실과 관련된 증거물 또는 몰수할 것으로 판단되는 피의자의 소유, 소지 또는 보관하는 물건을 압수할 수 있다. 이때, 어떤 물건이 긴급체포의 사유가 된 범죄사실 수사에 필요한 최소한의 범위 내의 것으로서 압수의 대상이 되는 것인지는 당해 범죄사실의 구체적인 내용과 성질, 압수하고자 하는 물건의 형상·성질, 당해 범죄사실과의 관련 정도와 증거가치, 인멸의 우려는 물론 압수로 인하여 발생하는 불이익의 정도 등 압수 당시의 여러 사정을 종합적으로 고려하여 객관적으로 판단하여야 한다. [2] 경찰관이 이른바 전화사기죄 범행의 혐의자를 긴급체포하면서 그가 보관하고 있던 다른 사람의 주민등록증, 운전면허증 등을 압수한 사안에서, 이는 구 형사소송법 제217조 제1항에서 규정한 해당 범죄사실의 수사에 필요한 범위 내의 압수로서 적법하므로, 이를 위 혐의자의 점유이탈물횡령죄 범행에 대한 증거로 인정한 사례(대법원 2008. 7. 10. 선고 2008도2245 판결).

결국 압수된 나이키신발은 위법하게 수집된 증거로서 증거능력이 없습니다(제308조의2).[23]

2) 압수조서 및 압수목록(신발)과 감정서[24]

위법수집증거를 기초로 획득한 2차 증거 역시 유죄인정의 증거로 삼을 수 없다는 것이 판례의 입장입니다(독수의 과실이론).** 위 압수조서 및 압수목록(신발)과 감정서는 위에서 살펴본 바와 같이 위법하게 수집한 나이키신발을 기초로 하여 수집된 증거이므로 역시 증거능력이 없습니다.***

> ** 헌법과 형사소송법이 정한 절차에 따르지 아니하고 수집한 증거는 기본적 인권 보장을 위해 마련된 적법한 절차에 따르지 않은 것으로서 원칙적으로 유죄 인정의 증거로 삼을 수 없다. 수사기관의 위법한 압수수색을 억제하고 재발을 방지하는 가장 효과적이고 확실한 대응책은 이를 통하여 수집한 증거는 물론 이를 기초로 하여 획득한 2차적 증거를 유죄 인정의 증거로 삼을 수 없도록 하는 것이다. 다만, (중략) 수사기관의 절차 위반행위가 적법절차의 실질적인 내용을 침해하는 경우에 해당하지 아니하고, 오히려 그 증거의 증거능력을 배제하는 것이 헌법과 형사소송법이 형사소송에 관한 절차 조항을 마련하여 적법절차의 원칙과 실체적 진실 규명의 조화를 도모하고 이를 통하여 형사 사법 정의를 실현하려 한 취지에 반하는 결과를 초래하는 것으로 평가되는 예외적인 경우라

주석:
- [20] 피고인에 대한 제1회 피의자신문조서는 성폭력범죄의처벌등에관한특례법위반(주거침입강간등)과는 무관한 증거이므로 이 부분에 거시하여서는 아니 된다.
- [21] 피해자에 대한 진술조서가 2개 존재하므로, '각'으로 묶어 기재한다.
- [22] '진술기재'가 아닌 '기재'임에 주의한다.
- [23] 영장주의나 위법수집증거배제법칙의 구체적인 내용을 기재할 필요는 없다. 다만 근거조문은 정확히 적시하여야 한다.
- [24] 압수조서는 2차 증거가 아닌 1차 증거로 분류할 수도 있다. 다만 감정서는 2차 증거로 분류하여 독수과실이론을 별도로 논하여야 한다.

면, 법원은 그 증거를 유죄 인정의 증거로 사용할 수 있다고 보아야 한다. 이는 적법한 절차에 따르지 아니하고 수집한 증거를 기초로 하여 획득한 2차적 증거의 경우에도 마찬가지여서, 절차에 따르지 아니한 증거 수집과 2차적 증거 수집 사이 인과관계의 희석 또는 단절 여부를 중심으로 2차적 증거 수집과 관련된 모든 사정을 전체적·종합적으로 고려하여 예외적인 경우에는 유죄 인정의 증거로 사용할 수 있다(대법원 2007. 11. 15. 선고 2007도3061 전원합의체 판결).

*** 추가로 감정서의 증거능력이 인정된다 하더라도 감정서의 기재 내용은 신발의 무늬와 크기가 일치한다는 것에 불과하여 그것만으로 범행현장의 족적이 피고인의 것이라는 사실을 인정할 수 없다는 내용으로 감정서 기재의 신빙성을 탄핵하는 내용을 추가할 수도 있다.

라. 신빙성 탄핵

피해자 정미희는 법정진술과 각 진술조서의 진술기재를 통해 피고인이 자신을 강간한 범인이라는 취지로 진술하고 있습니다.

1) 피고인에 대한 범인식별절차의 문제점[25]

범인식별절차에 있어 목격자의 진술의 신빙성을 높게 평가할 수 있게 하려면, 범인의 인상착의 등에 관한 목격자의 진술 내지 묘사를 사전에 상세히 기록화한 다음, 용의자를 포함하여 그와 인상착의가 비슷한 여러 사람을 동시에 목격자와 대면시켜 범인을 지목하도록 하여야 하고, 용의자와 목격자 및 비교대상자들이 상호 사전에 접촉하지 못하도록 하여야 하며, 사후에 증거가치를 평가할 수 있도록 대질 과정과 결과를 문자와 사진 등으로 서면화하는 등의 조치를 취하여야 한다는 것이 판례의 태도입니다.*

[25] 범인식별절차 내용은 증거능력이 아닌 증명력에 대한 것이다.

* 용의자의 인상착의 등에 의한 범인식별절차에 있어 용의자 한 사람을 단독으로 목격자와 대질시키거나 용의자의 사진 한 장만을 목격자에게 제시하여 범인 여부를 확인하게 하는 것은 사람의 기억력의 한계 및 부정확성과 구체적인 상황하에서 용의자나 그 사진상의 인물이 범인으로 의심받고 있다는 무의식적 암시를 목격자에게 줄 수 있는 가능성으로 인하여, 그러한 방식에 의한 범인식별절차에서의 목격자의 진술은, 그 용의자가 종전에 피해자와 안면이 있는 사람이라든가 피해자의 진술 외에도 그 용의자를 범인으로 의심할 만한 다른 정황이 존재한다든가 하는 등의 부가적인 사정이 없는 한 그 신빙성이 낮다고 보아야 한다. 이와 같은 점에서 볼 때, 범인식별절차에 있어 목격자의 진술의 신빙성을 높게 평가할 수 있게 하려면, 범인의 인상착의 등에 관한 목격자의 진술 내지 묘사를 사전에 상세히 기록화한 다음, 용의자를 포함하여 그와 인상착의가 비슷한 여러 사람을 동시에 목격자와 대면시켜 범인을 지목하도록 하여야 하고, 용의자와 목격자 및 비교대상자들이 상호 사전에 접촉하지 못하도록 하여야 하며, 사후에 증거가치를 평가할 수 있도록 대질 과정과 결과를 문자와 사진 등으로 서면화하는 등의 조치를 취하여야 할 것이고, 사진제시에 의한 범인식별 절차에 있어서도 기본적으로 이러한 원칙에 따라야 한다(대법원 2007. 5. 10. 선고 2007도1950 판결).

피해자는 피고인을 범인으로 지목하였습니다. 그러나 범인을 지목함에 있어 수사기관은 용의자인 피고인 한 명만을 한 쪽에서만 볼 수 있는 유리창 너머에 세워놓고 피해자에게 범인임을 확인시켰습니다(기록 제36쪽 진술조서 참조).[26] 이는 판례가 요구하는 범인식별절차의 요건을 갖추지 못한 것이고, 추가로 피고인과 피해자가 평소 안면이 있다거나 피해자의 진술 외에도 피고인을 범인으로 의심할 만한 정황 또한 기록상 존재하지 아니합니다.

[26] 기록에 기재된 사실을 인용하는 경우 항상 그 페이지와 증거명을 기재하도록 한다.

결국 피고인을 범인으로 지목하는 피해자의 진술은 그 신빙성이 매우 낮다고 할 것입니다.

2) 그 밖의 사정

위와 같은 범인식별절차의 문제뿐만 아니라 ① 피해자가 범행 당시 범인의 인상착의를 구체적으로 진술하고 있으나, 범행 당시 그 장소에는 침대 스탠드의 보조등만이 켜있는 상태여서 피해자가 범인의 얼굴까지 정확히 보기는 어려운 상황이었다는 점(기록 제34쪽 진술조서 참조), ② 피해자가 피고인을 범인으로 지목한 시점이 사건 발생일인 2011. 6. 1.부터 5개월이나 경과한 2011. 11. 2.이라는 점(기록 제36쪽 진술조서 참조) 등을 고려하더라도 피고인을 범인으로 지목하는 피해자의 진술은 역시 신빙성이 없습니다.

마. 소결

결국 나머지 증거들만으로는 이 부분 공소사실을 인정하기에 부족하고 달리 이 부분 공소사실을 인정할 만한 증거가 없는바, 이 부분 공소사실은 범죄의 증명이 없는 경우에 해당하여 형사소송법 제325조 후단에 의하여 무죄가 선고되어야 합니다.

3. 교통사고처리특례법위반의 점

가. 교통사고처리특례법 제3조 제2항 단서 제6호 적용 부정

교통사고처리특례법 제3조 제2항 단서 제6호*에서 정하는 횡단보도에서의 보행자에는 도로교통법 제2조 제17호에서 정하는 차마인 자전거를 타고 있는 자는 포함되지 않습니다.** 이 사건 당시 피해자 조범생은 자전거를 타고 횡단보도를 건너던 중임이 기록상 명백한바[27](기록 제39쪽 교통사고보고 참조),*** 결국 이 부분 공소사실에 대해 위 조항 단서가 적용되지 않습니다.

[27] 구체적인 사실관계 검토 필요 없이 기록의 기재만으로 바로 사실인정이 가능한 내용은 위와 같이 '기록상 명백한바'라고 기재하고 해당 서류의 쪽수와 이름을 기재한다. 특히 공소시효 완성 등에 있어 위와 같은 표현방식이 주로 사용된다.

> * **교통사고처리특례법 제3조(처벌의 특례)** ① 차의 운전자가 교통사고로 인하여 「형법」 제268조의 죄를 범한 경우에는 5년 이하의 금고 또는 2천만 원 이하의 벌금에 처한다.
> ② 차의 교통으로 제1항의 죄 중 업무상과실치상죄 또는 중과실치상죄와 「도로교통법」 제151조의 죄를 범한 운전자에 대하여는 피해자의 명시적인 의사에 반하여 공소를 제기할 수 없다. 다만, 차의 운전자가 제1항의 죄 중 업무상과실치상죄 또는 중과실치상죄를 범하고도 피해자를 구호하는 등 「도로교통법」 제54조제1항에 따른 조치를 하지 아니하고 도주하거나 피해자를 사고 장소로부터 옮겨 유기하고 도주한 경우, 같은 죄를 범하고 「도로교통법」 제44조제2항을 위반하여 음주측정 요구에 따르지 아니한 경우(운전자가 채혈 측정을 요청하거나 동의한 경우는 제외한다)와 다음 각 호의 어느 하나에 해당하는 행위로 인하여 같은 죄를 범한 경우에는 그러하지 아니하다.
> 6. 「도로교통법」 제27조제1항에 따른 횡단보도에서의 보행자 보호의무를 위반하여 운전한 경우
> ** **도로교통법 제13조의2(자전거의 통행방법의 특례)** ① 자전거의 운전자는 자전거도로(제15조제1항에 따라 자전거만 통행할 수 있도록 설치된 전용차로를 포함한다. 이하 이 조에서 같다)가 따로 있는 곳에서는 그 자전거도로로 통행하여야 한다.
> ⑥ 자전거의 운전자가 횡단보도를 이용하여 도로를 횡단할 때에는 자전거에서 내려서 자전거를 끌고 보행하여야 한다.
> *** [비교판례] 손수레가 도로교통법 제2조 제13호에서 규정한 사람의 힘에 의하여 도로에서 운전되는 것으로서 '차'에 해당하고 이를 끌고가는 행위를 차의 운전행위로 볼 수 있다 하더라도 다른 한편으

> 로 손수레는 자전거나 오토바이 등과 달리 끌고가는 것 이외에 다른 이동방법이 없으므로 손수레를 끌고가는 사람이 횡단보도를 통행할 때에는 걸어서 횡단보도를 통행하는 일반인과 마찬가지로 보행자로서의 보호조치를 받아야 할 것이다. 따라서 손수레를 끌고 횡단보도를 건너는 사람은 교통사고처리특례법 제3조 제2항 제6호 및 도로교통법 제48조 제3호에서 규정한 '보행자'에 해당한다고 해석함이 상당하다(대법원 1990. 10. 16. 선고 90도761 판결).

나. 피해자의 처벌불원의사 존재

교통사고처리특례법 제3조 제2항 단서가 적용되지 않는 이상 이 부분 공소사실 범행에 대해서는 위 조항 본문에 따라 피해자의 명시한 의사에 반하여 공소를 제기할 수 없습니다. 그런데 피해자는 이 사건 공소제기 후인[28] 2011. 12. 20. 피고인에 대한 처벌불원의 의사를 표시하였습니다(기록 제18쪽 합의서 참조).

결국 이 부분 공소사실에 대해서는 형사소송법 제327조 제6호에 의하여 공소기각의 판결이 선고되어야 합니다.

4. 사기의 점

피고인 이달수는 2011. 11. 20. 춘천지방법원 강릉지원에서 상습사기죄로 벌금 3백만 원의 약식명령을 발령받아 그 약식명령이 2011. 12. 17. 확정되었습니다[29](기록 제19쪽 약식명령등본 참조).[30]

위 약식명령의 범죄사실과 이 부분 공소사실은 범행시점이 근접하고 범행의 수단 역시 유사할 뿐만 아니라, 피고인에게는 위 범죄사실 외에도 수회의 동종전과가 있습니다(기록 제49쪽 조회회보서 참조). 따라서 위 약식명령의 범죄사실과 이 부분 공소사실은 모두 피고인의 동일한 사기 습벽의 발현에 의하여 범해진 것으로서 포괄일죄의 관계에 있습니다.[31]

결국 2011. 11. 20. 발령[32]된 위 약식명령의 기판력은 2011. 10. 10. 행해진 이 부분 공소사실에 대하여 당연히 미친다 할 것이므로, 이 부분 공소사실에 대해서는 형사소송법 제326조 제1호[33]에 의하여 면소판결이 선고되어야 합니다.

2012. 1. 4.

피고인 김토건의 변호인 변호사 김힘찬 ㉠
피고인 이달수의 변호인 변호사 이사랑 ㉠

서울중앙지방법원 제26형사부 귀중

---

[28] 처벌불원의 의사표시 시점에 따라 적용 규정이 달라지므로 그 일자를 공소제기일과 비교하여 적시하여야 한다.

[29] 피고인→발령일(판결선고일)→법원명→죄명→판시내용→확정일→확정사실의 순서로 기재한다.

[30] 증거기재를 누락하지 않도록 주의한다.

[31] 확정된 약식명령의 범죄사실과 이 부분 공소사실 사이에 동일성이 인정된다는 사실을 구체적으로 검토하여야 한다.

[32] 기판력의 시적 범위와 관련하여 확정된 약식명령의 발령일과 이 부분 공소사실의 범행일 기재를 누락하지 않도록 주의한다.

[33] 몇 호에 해당하는지까지 정확히 적시하여야 한다.

 MEMO

_# 2013년 제2회
변호사시험 형사법 기록형_

2013년도 제2회 변호사시험 문제

시험과목 | 형사법(기록형)

응시자 준수사항

1. 시험 시작 전 문제지의 봉인을 손상하는 경우, 봉인을 손상하지 않더라도 문제지를 들추는 행위 등으로 문제 내용을 미리 보는 경우 모두 부정행위로 간주되어 그 답안은 영점처리 됩니다.

2. 답안은 흑색 또는 청색 필기구(사인펜이나 연필 사용 금지) 중 한 가지 필기구만을 사용하여 답안 작성 난(흰색 부분) 안에 기재하여야 합니다.

3. 답안지에 성명과 수험 번호를 기재하지 않아 인적사항이 확인되지 않는 경우에는 영점 처리 등 불이익을 받게 됩니다. 특히 답안지를 바꾸어 다시 작성하는 경우, 성명 등의 기재를 빠뜨리지 않도록 유의하여야 합니다.

4. 답안지에는 문제내용을 기재할 필요가 없으며, 답안 내용 이외의 사항을 기재하거나 밑줄 기타 어떠한 표시도 하여서는 아니됩니다. 답안을 정정할 경우에는 두 줄로 긋고 다시 기재하여야 하며, 수정액 등은 사용할 수 없습니다.

5. 시험종료 시각에 임박하여 답안지를 교체요구한 경우라도 시험시간 종료 후 즉시 새로 작성한 답안지를 회수합니다.

6. 시험 종료 후에는 답안지 작성을 일절 할 수 없으며, 이에 위반하여 시험시간이 종료되었음에도 불구하고 **시험관리관의 답안지 제출 지시에 불응한 채 계속 답안을 작성하거나 답안지를 늦게 제출할 경우 그 답안은 영점처리** 됩니다.

7. 답안은 답안지 쪽수 번호 순으로 기재하여야 하고, **배부받은 답안지는 백지 답안이라도 모두 제출**하여야 하며, **답안지를 제출하지 아니한 경우 그 시험시간 및 나머지 시험시간의 시험에 응시할 수 없습니다.**

8. 지정된 시간까지 지정된 시험실에 입실하지 아니하거나 시험관리관의 승인을 얻지 아니하고 시험시간 중에 그 시험실에서 퇴실한 경우 그 시험시간 및 나머지 시험시간의 시험에 응시할 수 없습니다.

9. 시험시간이 종료되기 전에는 어떠한 경우에도 문제지를 시험장 밖으로 가지고 갈 수 없고, 시험 종료 후 가지고 갈 수 있습니다.

[01] 가장 먼저 작성하여야 할 서면의 종류를 확인한다. 구체적으로 '누가' '누구에게' 제출하는 서면인지를 확인하여야 한다. 이에 따라 답안에서 사용할 어투뿐만 아니라 검토하여야 할 쟁점까지 달리하게 된다.
변호인이 법원에 제출하는 변론요지서를 작성하여야 하므로 경어체를 사용하여야 하고, 피고인에게 가장 유리한 결론으로 쟁점을 검토하여야 한다.

[02] 기록 답안은 판례의 태도를 기준으로 답안을 작성함을 원칙으로 한다. 사례형 답안과 달리 견해 대립이나 일반론을 기재할 필요 없이 판례 결론에 따른 사안검토 위주로 작성한다.
판례의 태도에 반하는 견해를 바탕으로 피고인에 대한 무죄 등을 주장하는 예외적인 경우에는 판례 태도부터 적시한 후 변론내용을 기재하도록 한다.

[03] 기재가 생략된 증거라도 필요한 경우에는 인정사실에 대한 근거로서 거시하여야 한다.

【문제】

다음 기록을 읽고 피고인 김갑인의 변호인 김힘찬과 피고인 이을해의 변호인 이사랑의 변론요지서를 작성하되, 다음 쪽 변론요지서 양식 중 **본문 Ⅰ, Ⅱ 부분**만 작성하시오.

【작성요령】

1. 시험의 편의상 두 변호인의 변론을 하나의 변론요지서에 작성함.

2. 피고인들 사이에 이해가 상충되는 경우 피고인들 각각의 입장에 충실하게 변론할 것.

3. 학설·판례 등의 견해가 대립되는 경우, 한 견해를 취하여 변론할 것. 다만, 대법원 판례와 다른 견해를 취하여 변론을 하고자 하는 경우에는 자신의 입장에 따른 변론을 하되, 대법원 판례의 취지를 적시할 것.

4. 증거능력이 없는 증거는 실제 소송에서는 증거로 채택되지 않아 증거조사가 진행되지 않지만, 이 문제에서는 시험의 편의상 증거로 채택되어 증거조사가 진행된 것을 전제하였음. 따라서 필요한 경우 증거능력에 대하여도 변론할 것.

【주의사항】

1. 쪽 번호는 편의상 연속되는 번호를 붙였음.

2. 조서, 기타 서류에는 필요한 서명, 날인, 무인, 간인, 정정인이 있는 것으로 볼 것.

3. 증거목록, 공판기록 또는 증거기록 중 '(생략)'이라고 표시된 부분에는 법에 따른 절차가 진행되어 그에 따라 적절한 기재가 있는 것으로 볼 것.

4. 공판기록과 증거기록에 첨부하여야 할 일부 서류 중 '(생략)' 표시가 있는 것, '증인선서서'와 수사기관의 조서에 첨부하여야 할 '수사과정확인서'는 적법하게 존재하는 것으로 볼 것.

5. 송달이나 접수, 통지, 결재가 필요한 서류는 모두 적법한 절차를 거친 것으로 볼 것.

【변론요지서 양식】

변론요지서

사 건   2012고합1277 특정경제범죄가중처벌등에관한법률위반(사기) 등
피고인   1. 김갑인
         2. 이을해

위 사건에 관하여 피고인 김갑인의 변호인 변호사 김힘찬, 피고인 이을해의 변호인 변호사 이사랑은 다음과 같이 변론합니다.

다 음

I. 피고인 김갑인에 대하여 (40점)
   1. 사문서위조, 위조사문서행사의 점
   2. 특정범죄가중처벌등에관한법률위반(도주차량)의 점
   3. 도로교통법위반(음주운전)의 점

II. 피고인 이을해에 대하여 (60점)
   1. 특정경제범죄가중처벌등에관한법률위반(사기)의 점
   2. 공갈의 점

※ 평가제외사항 - 공소사실의 요지, 정상관계, 피고인 김갑인에 대한 특정경제범죄가중처벌등에관한법률위반(사기) 부분
   (답안지에 기재하지 말 것)

2013. 1. 5.

피고인 김갑인의 변호인 변호사 김힘찬 ㉐
피고인 이을해의 변호인 변호사 이사랑 ㉐

서울중앙지방법원 제26형사부 귀중

[04] 양식에서 주어진 답안 목차 그대로 답안을 작성한다. 특히 정상관계 등 평가제외사항에 대해서는 답안에서 언급하지 않음은 물론 기록을 읽는 과정에서도 관련 내용을 가볍게 읽고 넘어가야 한다.
메모 작성시 양식의 목차와 공소장의 공소사실 기재를 참고하여 피고인란과 죄명란을 기재한다.

[05] 공소장의 공소사실 기재를 읽기 전이므로 출제된 죄명 정도만 확인하고 간단히 넘어가도록 한다.

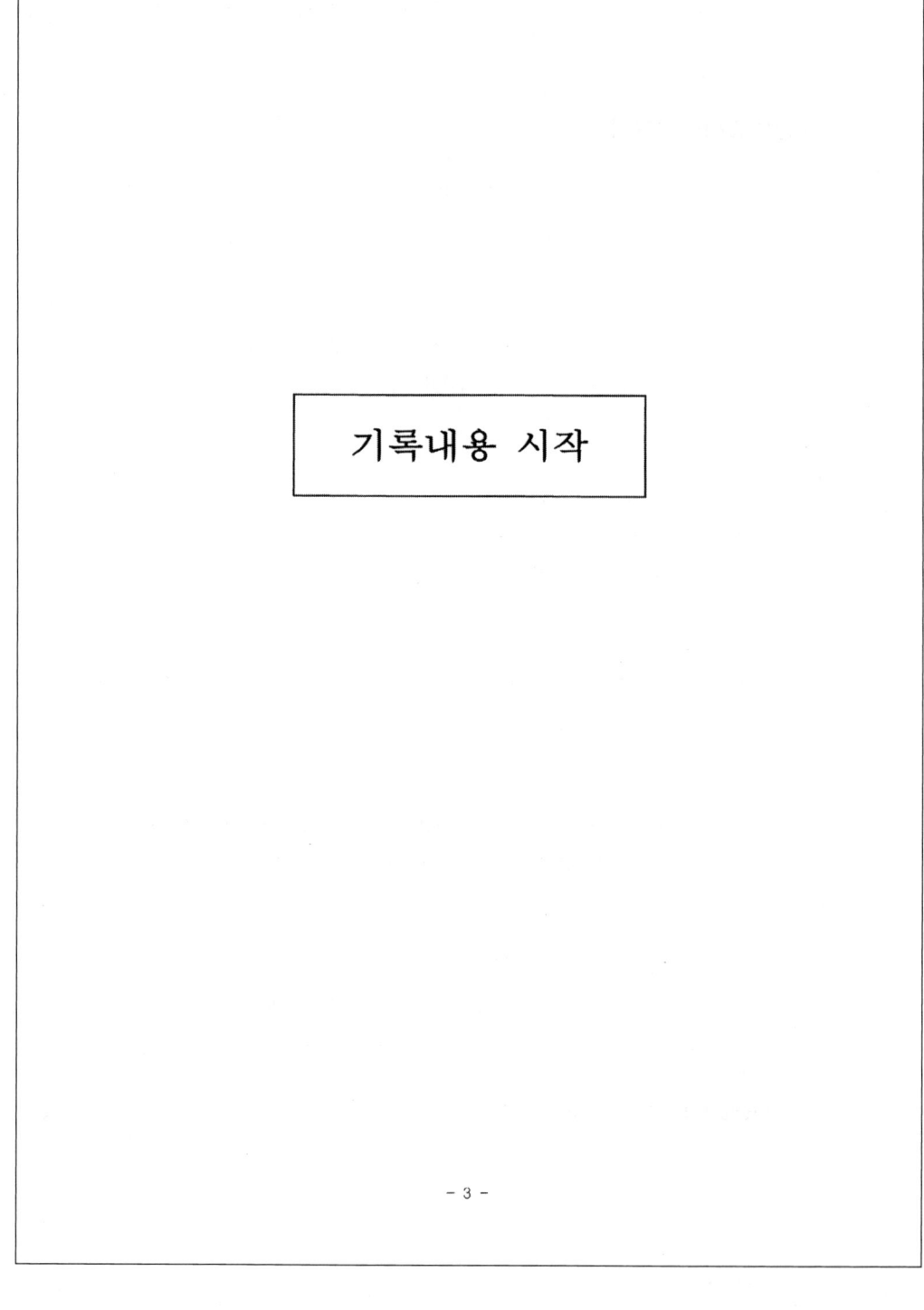

					구속만료		미결구금
		서울중앙지방법원			최종만료		
구공판		**형사제1심소송기록**			대행갱신 만료		
기일 1회기일	사건번호	2012고합1277		담임	제26부	주심	다
12/7 A10 12/21 P3	사건명	가. 특정경제범죄가중처벌등에관한법률위반(사기) 나. 특정범죄가중처벌등에관한법률위반(도주차량) 다. 공갈 라. 사문서위조 마. 위조사문서행사 바. 도로교통법위반(음주운전)					
	검 사	정이감			2012형제55511호		
	공소제기일	2012. 10. 19.					
	피고인	1. 가.나.라.마.바. **김갑인** 2. 가.다. **이을해**					
	변호인	사선 변호사 김힘찬(피고인 김갑인) 사선 변호사 이사랑(피고인 이을해)					

확 정	
보존종기	
종결구분	
보 존	

완결 공람	담임	과장	국장	주심 판사	재판장	원장

[06] 기록표지에서는 공소제기일만 체크하여 메모하도록 한다.
추가적으로 왼쪽 상단에서 기일이 몇 번 열렸는지(시험에서는 2회가 일반적이다), 구속된 피고인이 있는지(구속된 피고인에 대해서는 피고인란에 '구속'이라는 박스표시가 붙는다) 등을 가볍게 확인할 수 있다.

[07] 체크할 내용이 없는 서면은 보지 않고 빠르게 넘기도록 한다.

접 수 공 람	과 장 ㊞	국 장 ㊞	원 장 ㊞

공 판 준 비 절 차

회 부 수명법관 지정 일자	수명법관 이름	재 판 장	비 고

법정외에서 지정하는 기일

기일의 종류	일 시	재 판 장	비 고
1회 공판기일	2012. 12. 7. 10:00	㊞	

- 5 -

서울중앙지방법원

목 록

문 서 명 칭	장 수	비 고
증거목록	8	검사
증거목록	10	피고인 및 변호인
공소장	11	
변호인선임신고서	(생략)	피고인 김갑인
변호인선임신고서	(생략)	피고인 이을해
영수증(공소장부본 등)	(생략)	피고인 김갑인
영수증(공소장부본 등)	(생략)	피고인 이을해
영수증(공판기일통지서)	(생략)	변호사 김힘찬
영수증(공판기일통지서)	(생략)	변호사 이사랑
의견서	(생략)	피고인 김갑인
의견서	(생략)	피고인 이을해
공판조서(제1회)	15	
증거서류제출서	17	변호사 김힘찬
공판조서(제2회)	20	
증인신문조서	22	박병진
증인신문조서	23	안경위

- 6 -

[08] 가장 먼저 공소장변경허가신청서가 있는지 체크한다. 허가신청이 있는 경우 그 다음 기일의 공판조서를 펼쳐 법원의 허가여부를 체크하여야 하고, 허가된 경우라면 공소장변경허가신청서를 펼쳐 변경된 공소사실을 확인하여야 한다. 공소사실이 변경된 경우 기존 공소장의 공소사실이 아닌 변경된 공소사실대로 기록을 읽고 메모를 시작하여야 한다.
그 다음 제1회 공판기일과 제2회 공판기일 사이에 제출된 증거가 있는지 확인한다. 공판단계에서 제출되는 합의서 등은 쟁점을 검토함에 있어 중요한 증거가 된다. 추가로 공판기일은 몇 차례 열렸는지 신청된 증인은 몇 명인지 등을 확인할 수도 있다.

[09] 증거서류제출서에 첨부된 증거의 이름이 기재되어 있지 아니하므로 내용을 알 수 없다. 간단히 존재만 확인하고 넘어가도록 한다.

[10] 공판기록 목록 다음에는 구속관계서류 목록이 등장한다. 긴급체포서 등이 생략되지 아니하고 제시되는 경우에는 체포의 적법성 등이 쟁점이 될 가능성이 크다.

[11] 피고인 이을해에 대한 긴급체포서가 생략되지 않고 제시되었으므로, 그 체포의 적법성 또는 체포와 함께 이루어진 압수 등의 적법성 등이 쟁점으로 출제되었음을 짐작할 수 있다.

서울중앙지방법원

목 록 (구속관계)		
문 서 명 칭	장 수	비 고
긴급체포서	14	피고인 이을해
석방보고서	(생략)	피고인 이을해

- 7 -

증 거 목 록 (증거서류 등)
2012고합1277

2012형 제55511호

① 김갑인
② 이을해
신청인: 검사

순번	증거방법					참조사항등	신청기일	증거의견		증거결정		증거조사기일	비고
	작성	쪽수(수)	쪽수(증)	증거명칭	성명			기일	내용	기일	내용		
1	검사	(생략)		피의자신문조서	김갑인	사기 등	1	1	① ○ ② ×				
2	〃	47		피의자신문조서	이을해	사기 등	1	1	② ○ ① ○				
3	〃	(생략)		사망진단서사본	양신구	사기 등	1	1	①② ○				
4	사경	26		진술조서	박병진	사기,위조등	1	1	① ○ ② ×				
5	〃	30		부동산매매계약서		사기,위조등	1	1	①② ○				
6	〃	(생략)		무통장입금증 2장		사기	1	1	①② ○				
7	〃	(생략)		등기사항전부증명서		사기	1	1	①② ○				
8	〃	31		진술조서	최정오	사기,위조등	1	1	①② ○				
9	〃	33		피의자신문조서	김갑인	사기,위조등	1	1	① ○ ② ×				
10	〃	36		피의자신문조서	이을해	사기	1	1	② × ① ○	(생략)	(생략)		
11	〃	38		피의자신문조서	김갑인	도주차량등	1	1	① ○				
12	〃	40		진술서	고경자	도주차량	1	1	① ○				
13	〃	(생략)		진단서	고경자	도주차량	1	1	① ○				
14	〃	(생략)		교통사고실황조사서		도주차량	1	1	① ○				
15	〃	41		주취운전자적발보고서		음주운전	1	1	① ○				
16	〃	42		수사보고(혈중알콜농도 산출보고)		음주운전	1	1	① 진정성립만 인정				
17	〃	43		자동차종합보험가입사실증명서	김갑인	도주차량	1	1	① ○				
18	〃	44		진술서	강기술	공갈	1	1	② ○				
19	〃	45		피의자신문조서	이을해	공갈	1	1	② ○				
20	〃	(생략)		조회회보서	김갑인	전과	1	1	① ○				
21	〃	(생략)		조회회보서	이을해	전과	1	1	② ○				

※ 증거의견 표시 - 피의자신문조서: 인정 ○, 부인 ×
  (여러 개의 부호가 있는 경우, 성립/임의성/내용의 순서임)
  - 기타 증거서류: 동의 ○, 부동의 ×
※ 증거결정 표시: 채 ○, 부 ×
※ 증거조사 내용은 제시, 내용고지

- 8 -

[12] 증거목록에서는 검찰단계와 경찰단계를 구별하여 표시한 후, 각 증거에 대한 증거의견란을 체크한다(증거의견란에 X 표시된 부분을 체크하는 정도로 충분하다). 아직 공소장을 읽지 아니한 단계에서는 각 증거가 어떤 공소사실에 관련된 것인지 알 수 없으므로 형식적인 내용만 체크한다.

[13] 검사 작성 김갑인에 대한 피의자신문조서에 대해 피고인 이을해가 증거부동의하고 있으나, 김갑인이 그 조서의 진정성립을 인정하고 있고, 공판단계에서 김갑인에 대한 반대신문권도 보장되었으므로 그 조서의 증거능력은 인정된다(제312조 제4항).

[14] 검사 작성 피의자신문조서가 생략되지 않고 제시되었으므로, 경찰단계에서의 진술이 번복되거나 그 진술과 모순되는 진술이 등장할 가능성이 크다.

[15] 진술조서에 대해 증거부동의하는 경우에는 그 참고인을 증인으로 신청하게 된다. 당해 참고인이 증인으로 출석하여 공판정에서 그 진술조서에 대한 진정성립을 인정하는 경우에는 진술조서의 증거능력이 인정된다.

[16] 사경 작성 김갑인에 대한 피의자신문조서에 대해 피고인 이을해가 내용부인 취지로 증거부동의하고 있으므로 그 증거능력이 부정된다(형사소송법 제312조 제3항). 이을해에 대한 피의자신문조서도 마찬가지이다.

[17] 형사공판조서 중 증거조사부분의 목록화에 관한 예규의 개정됨에 따라 피의자신문조서에 대한 증거의견에 여러 개의 부호가 있는 경우, 적법성/성립/임의성/내용의 순서대로 의미를 갖는다.

[18] 서류에 대한 증거목록 다음에는 증인과 물건에 대한 증거목록이 등장한다. 아직 공소장을 읽지 아니한 단계에서는 각 증인이 어떤 공소사실에 관련된 것인지 알 수 없으므로 간단히 실시여부만 체크하도록 한다. 철회되었거나 미실시 된 증인이 존재하는 경우 해당 내용은 증거조사기일란에 표시된다.
철회된 증인이 있는 경우 그에 대해서는 신경쓰지 않아도 무방하다.

증 거 목 록 (증인 등)
2012고합1277

① 김갑인
② 이을해

2012형제55511호

신청인: 검사

증거방법	쪽수(공)	입증취지 등	신청기일	증거결정		증거조사기일	비고
				기일	내용		
증인 박병진	22	공소사실 1항 관련	1	1	○	2012. 12. 21. 15:00 (실시)	
증인 안경위	23	공소사실 1항 관련	1	1	○	2012. 12. 21. 15:00 (실시)	

※ 증거결정 표시: 채 ○, 부 ×

증 거 목 록 (증거서류 등)
2012고합1277

2012형제55511호

① 김갑인
② 이을해

신청인: 피고인 및 변호인

순번	증거방법				성명	참조사항등	신청기일	증거의견		증거결정		증거조사기일	비고
	작성	쪽수(수)	쪽수(공)	증거명칭				기일	내용	기일	내용		
1			18	약식명령등본	김갑인		2	2	○	(생략)		(생략)	
2			19	서적사본	김갑인		2	2	○				

※ 증거의견 표시 - 피의자신문조서: 인정 ○, 부인 ×
                (여러 개의 부호가 있는 경우, 성립/임의성/내용의 순서임)
         - 기타 증거서류: 동의 ○, 부동의 ×
※ 증거결정 표시: 채 ○, 부 ×
※ 증거조사 내용은 제시, 내용고지

[19] 검사가 제출한 증거목록 다음에 피의자측이 제출한 증거목록이 등장한다. 피의자측이 제출한 증거는 쟁점 검토에 있어서 중요한 증거가 됨이 일반적이다.

[20] 약식명령은 기판력과 관련된 형사소송법 제326조 제1호의 면소사유와 관련된 증거로 자주 출제된다.

[21] 서적사본은 그 이름만으로는 어느 공소사실에 대한 증거인지 알 수 없으므로 간단히 그 존재만 확인한다.

[22] 공소장은 공판조서와 함께 기록의 핵심이다.
공소장에서 Ⅰ. 피고인 관련사항과 Ⅲ. 첨부서류는 보지 않아도 무방하고, Ⅱ. 공소사실을 꼼꼼하게 읽도록 한다. 다만 문제에서 죄수관계 등이 쟁점으로 등장하는 경우에는 적용법조 부분을 체크할 필요가 있다.

[23] Ⅰ. 피고인 관련사항에서는 적용법조에서 공범관계나 죄수와 관련된 규정을 추가적으로 확인할 수 있다.
피고인 김갑인의 경우 형법 제30조를 통해 피고인 이을해와 공동정범으로 기소되었음을 알 수 있고, 형법 제37조·제38조를 통해 실체적 경합범으로 기소되었음을 알 수 있다.

서 울 중 앙 지 방 검 찰 청

2012. 10. 19.

사건번호 2012년 형제55511호
수 신 자 서울중앙지방법원
제   목 공소장

검사 정이감은 아래와 같이 공소를 제기합니다.

Ⅰ. 피고인 관련사항

1. 피 고 인 김갑인 (52****-1******), 60세
   직업 부동산중개업, 010-****-****
   주거 경기도 화성시 봉담읍 동화리 25 동화아파트 102동 203호
   등록기준지 (생략)

   죄   명 특정경제범죄가중처벌등에관한법률위반(사기), 특정범죄가중처벌등에관한법률위반(도주차량), 사문서위조, 위조사문서행사, 도로교통법위반(음주운전)

   적용법조 특정경제범죄 가중처벌 등에 관한 법률 제3조 제1항 제2호, 형법 제347조 제1항, 특정범죄 가중처벌 등에 관한 법률 제5조의3 제1항 제2호, 형법 제268조, 도로교통법 제54조 제1항, 형법 제231조, 제234조, 도로교통법 제148조의2 제2항 제3호, 제44조 제1항, 형법 제30조, 제37조, 제38조

   구속여부 불구속
   변 호 인 없음

2. 피 고 인 이을해 (52****-1******), 60세
   직업 무직, 010-****-****
   주거 서울 서초구 양재동 123-12 양재빌라 1동 지하 103호
   등록기준지 (생략)

   죄   명 특정경제범죄가중처벌등에관한법률위반(사기), 공갈

   적용법조 특정경제범죄 가중처벌 등에 관한 법률 제3조 제1항 제2호, 형법 제347조 제1항, 제350조 제1항, 제30조, 제37조, 제38조

- 11 -

구속여부   불구속
변 호 인   없음

Ⅱ. 공소사실
1. 피고인들의 공동범행

피고인들은 피고인 이을해의 고등학교 동창인 피해자 박병진(60세)에게서 주유소 부지로 이용하려고 하니 최정오가 소유한 경기도 화성시 봉담읍 동화리 283 대 1,503㎡를 매수해달라는 의뢰를 받고, 토지소유자인 최정오와 매매 교섭을 하는 과정에서 최정오에게서 토지 매매대금으로 3억 원을 제시받자, 피해자 박병진에게 토지 매매대금이 5억 원이라고 부풀려 말하여 그 매매대금을 편취하기로 공모하였다.

피고인 이을해는 2012. 4. 10.경 서울 서초구 서초1동 150에 있는 피해자 박병진의 집에서 피해자에게 "내가 고향친구인 토지 중개업자 김갑인에게 알아보았는데 토지소유자가 5억 원은 주어야 토지를 팔겠다고 하고, 요즘 그 주변 땅 시세가 그 이상 나가니, 5억 원 가량이면 그 땅을 싸게 사는 편이라고 하더라."라고 거짓말을 하였다. 피고인 김갑인도 전화로 피해자에게 "토지소유자가 5억 원 아래로는 안 팔겠다고 한다. 요즘 그 부근 토지 시세를 확인해보았는데 그 토지가격이 5억 원 이상 나가니 안심하고 구입해도 된다."고 거짓말을 하였다.

그러나, 사실은 최정오는 이미 피고인들에게 3억 원을 토지 매매대금으로 제시한 상황이었다.

그럼에도 불구하고 피고인들은 위와 같이 거짓말하여 피해자 박병진에게서 2012. 5. 3. 토지 매매계약금 명목으로 5,000만 원을, 같은 해 5. 18. 잔금 명목으로 4억 5,000만 원을 각각 송금받았다.

이로써 피고인들은 공모하여 위와 같이 피해자를 기망하여 5억 원을 교부받았다.

2. 피고인 김갑인
가. 사문서위조

피고인은 경기도 화성시 봉담읍 동화리 567에 있는 '사구팔 부동산중개소'에서 사실은 위 1.항 기재 토지에 관하여 매도인 최정오와 매수인 박병진 사이에 매매대금을 3억 원으로 한 매매계약서가 이미 작성되었음에도 불구하고, 매매대금을 5억 원으로 하는 매매계약서를 위조하여 박병진에게 교부하기로 마음먹었다.

피고인은 2012. 5. 25.경 위 '사구팔 부동산중개소'에서 부동산매매계약서 용지의 부동산의 표시란에 '경기도 화성시 봉담읍 동화리 283 대 1503㎡', 매매대금란에 '

- 12 -

[24] 공소사실은 주체·일시·장소·목적(대상)·행위 및 결과 등을 중심으로 꼼꼼하게 읽으면서 메모한다. 공소사실만으로 쟁점이나 그에 대한 결론을 알 수 있는 경우에는 해당 내용을 바로 메모하여야 한다.
피고인이 수인인 경우 공소사실은 피고인들의 공동범행을 먼저 기재한 후 피고인들의 단독범행을 시간순서대로 기재됨이 원칙이다.

[25] 피고인들이 피해자로부터 편취한 금액을 5억 원이 아닌 실제 매매대금과 교부받은 금원의 차액인 2억 원으로 볼 경우, 특경법이 아닌 형법상 사기죄가 성립하게 된다.

[26] 사문서위조와 동행사죄는 별죄이나 같은 줄에 메모한다.

금 5억 원', 매수인란에 '박병진'이라고 기재한 다음, 박병진 이름 옆에 갖고 있던 박병진의 도장을 찍었다.

이로써 피고인은 행사할 목적으로 권리의무에 관한 사문서인 박병진 명의의 부동산매매계약서 1장을 위조하였다.

나. 위조사문서행사

피고인은 2012. 5. 25.경 서울 서초구 서초1동 150에 있는 박병진의 집에서 위와 같이 위조한 부동산매매계약서를 그 사실을 모르는 박병진에게 마치 진정하게 성립된 것처럼 교부하여 행사하였다.

다. 도로교통법위반(음주운전), 특정범죄가중처벌등에관한법률위반(도주차량)

피고인은 2012. 9. 18. 21:30경 혈중알콜농도 0.053%의 술에 취한 상태로 59투5099호 제네시스 승용차를 운전하여 서울 서초구 서초동에 있는 교대역 사거리 앞 도로를 서초역 쪽에서 강남역 쪽으로 편도 3차로를 따라 진행하던 중, 전방을 제대로 보지 않은 채 그대로 진행한 업무상 과실로 때마침 횡단보도 앞에서 적색신호에 정차한 피해자 고경자(여, 37세)가 운전하는 33수3010호 YF쏘나타 승용차의 뒷범퍼 부분을 위 제네시스 승용차의 앞범퍼 부분으로 들이받았다.

피고인은 위와 같은 업무상 과실로 피해자에게 약 2주간의 치료를 요하는 경추부 염좌상을 입게 하고도 곧 정차하여 피해자를 구호하는 등의 필요한 조치를 취하지 아니하고 그대로 도주하였다.

3. 피고인 이을해

피고인은 2012. 9. 27. 20:10경 서울 서초구 양재동에 있는 피해자 강기술(45세)이 운영하는 '양재곱창'에서 5만 원어치의 술과 음식을 주문하여 먹었다. 피고인은 같은 날 21:30경 음식 값을 계산하려고 지갑을 꺼내어 보니 가진 현금이 부족한 것을 발견하고, 음식 값의 지급을 면하기 위해서 피해자가 잠시 한눈을 파는 사이에 식당 밖으로 걸어 나갔다. 피고인은 피해자가 이를 발견하고 피고인을 따라와 음식 값을 달라고 요구하자, 피해자의 목을 잡고 손으로 뺨을 4~5회 때려 이에 겁을 먹은 피해자로 하여금 음식 값 5만 원의 청구를 단념하게 하였다.

이로써 피고인은 피해자를 공갈하여 재산상 이익을 취득하였다.

Ⅲ. 첨부서류

1. 긴급체포서 1통
2. 석방보고서 1통 (생략)

검사 정이감 ㊞

■ 검사의 사법경찰관리에 대한 수사지휘 및 사법경찰관리의 수사준칙에 관한 규정 [별지 제28호서식]

긴 급 체 포 서

제 2012-1144 호

피의자	성 명	이을해 (李乙亥)
	주 민 등 록 번 호	(생략)
	직 업	(생략)
	주 거	(생략)
변 호 인		

위 피의자에 대한 특정경제범죄가중처벌등에관한법률위반(사기) 피의사건에 관하여 「형사소송법」 제200조의3 제1항에 따라 동인을 아래와 같이 긴급체포함

2012. 10. 2.

서울서초경찰서

사법경찰관 경위 안경위 (인)

체 포 한 일 시	2012. 10. 2. 12:20
체 포 한 장 소	서울서초경찰서 경제팀 사무실 내
범 죄 사 실 및 체 포 의 사 유	피의자는 김갑인과 공모하여 2012. 5.경 피해자 박병진에게서 토지 매입 의뢰를 받고 매도인이 제시한 토지매매대금을 부풀려 피해자로부터 금 5억 원을 교부받아 편취한 것으로서, 피의자가 범행을 부인하므로 증거인멸의 우려가 있음.
체 포 자 의 관 직 및 성 명	서울서초경찰서 경제팀 경사 강철중
인 치 한 일 시	2012. 10. 2. 12:20
인 치 한 장 소	서울서초경찰서 경제팀 사무실
구 금 한 일 시	
구 금 한 장 소	
구금을 집행한 자의 관 직 및 성 명	

[31] 체포관련 서류가 등장하는 경우 ① 긴급체포 등 요건 구비여부, ② 체포과정에서의 적법절차 준수여부, ③ 체포와 함께 이루어진 압수의 적법 여부 등을 체크한다.

[32] 공판조서의 첫 페이지에서는 회차 정도만 체크하고 넘어간다.

서 울 중 앙 지 방 법 원

공 판 조 서

제 1 회

사　　　건　2012고합1277 특정경제범죄가중처벌등에관한법률위반(사기) 등

재판장 판사　황숙현　　　　　기　　일:　2012. 12. 7. 10:00
　　　　판사　최지혁　　　　　장　　소:　제425호 법정
　　　　판사　송하영　　　　　공개 여부:　　　　공개
법원사무관　　성진수　　　　　고 지 된
　　　　　　　　　　　　　　　다음기일:　2012. 12. 21. 15:00

피 고 인　　1. 김갑인　2. 이을해　　　　　각각 출석
검　　사　　한준석　　　　　　　　　　　　출석
변 호 인　　변호사 김힘찬 (피고인 1을 위하여)　　출석
　　　　　　변호사 이사랑 (피고인 2를 위하여)　　출석

재판장
　　피고인들은 진술을 하지 아니하거나 각개의 물음에 대하여 진술을 거부할 수 있고, 이익 되는 사실을 진술할 수 있음을 고지

재판장의 인정신문
　　성　　　명: 1. 김갑인　　2. 이을해
　　주민등록번호: 각각 공소장 기재와 같음
　　직　　　업:　　　〃
　　주　　　거:　　　〃
　　등 록 기 준 지:　　　〃

재판장
　　피고인들에 대하여
　　주소가 변경될 경우에는 이를 법원에 보고할 것을 명하고, 소재가 확인되지 않을 때에는 피고인들의 진술 없이 재판할 경우가 있음을 경고

- 15 -

검 사
　　공소장에 의하여 공소사실, 죄명, 적용법조 낭독
피고인 김갑인
　　교통사고 당시 술을 마시고 운전하였지만, 피해자의 상태를 확인하고 갔음에도
　　뺑소니로 처벌받는 것은 억울하고, 나머지 공소사실은 모두 인정한다고 진술
피고인 이을해
　　피고인 김갑인과 공모하여 돈을 편취한 사실이 전혀 없고, 공갈로 처벌받는
　　것은 억울하다고 진술
피고인 김갑인의 변호인 변호사 김힘찬
　　피고인 김갑인을 위하여 유리한 변론을 함. 변론기재는 (생략).
피고인 이을해의 변호인 변호사 이사랑
　　피고인 이을해를 위하여 유리한 변론을 함. 변론기재는 (생략).
재판장
　　증거조사를 하겠다고 고지
증거관계 별지와 같음(검사, 변호인)
재판장
　　각각의 증거조사 결과에 대하여 의견을 묻고 권리를 보호하는 데에 필요한
　　증거조사를 신청할 수 있음을 고지
소송관계인
　　별 의견 없다고 각각 진술
재판장
　　변론 속행

　　　　　　　　　　　　　　2012. 12. 7.

　　　　　　　법 원 사 무 관　　　성진수 ㊞

　　　　　　　재판장　판　사　　　황숙현 ㊞

[33] 제1회 공판기일에서의 피고인의 공소사실에 대한 인부진술은 기록에서 가장 중요한 부분이다. 피고인의 공소사실 인정여부와 부인 또는 일부부인하는 경우 그 취지까지 함께 메모하도록 한다. 피고인의 공소사실 부인취지는 사실인정 쟁점에 대한 답안 기재시 '피고인 변소의 요지' 부분에 그대로 기재하여도 무방하다.
피고인이 인정하는 공소사실에 대해서는 법률판단 쟁점이 주로 문제되고, 부인하는 공소사실에 대해서는 사실인정 쟁점이 주로 문제된다.

[34] 피고인의 공소사실 부인취지 기재시 변호인의 진술까지 고려하여 메모하도록 한다.
최근 변호사시험에서 변호인의 진술부분은 생략되고 있다.

[35] 증거서류제출서에서는 제출일자 정도만 확인하고, 구체적인 증거의 내용은 첨부된 서면을 통해 확인한다.

증거서류제출서

사 건   2012고합1277 특정경제범죄가중처벌등에관한법률위반(사기) 등
피고인   김갑인

위 사건에 관하여 피고인 김갑인의 변호인은 위 피고인의 이익을 위하여 다음 증거서류를 제출합니다.

다 음

1. 약식명령등본 1통
1. 서적사본(○○○ 발간, 교통과 형법 제200쪽) 1통

2012. 12. 20.

피고인 김갑인의 변호인
변호사 김힘찬 ㊞

서울중앙지방법원   제26형사부 귀중

수원지방법원
약 식 명 령

사 건   2012고약11692 사문서위조,위조사문서행사
        (2012년형제24517호)

확정일 2012. 11. 29.
수원지방법원
법원주사 김주사 ㊞

피 고 인   김갑인 (52****-1******), 부동산중개업
          주거   경기 화성시 봉담읍 동화리 25 동화아파트 102동 203호
          등록기준지 (생략)

주 형 과   피고인을 벌금 1,500,000(일백오십만)원에 처한다.
부수처분   피고인이 위 벌금을 납입하지 아니하는 경우 50,000원을 1일로 환산한
          기간 피고인을 노역장에 유치한다.

범죄사실   피고인은 2012. 5. 25.경 경기도 화성시 봉담읍 동화리 567에 있는 '사구
          팔 부동산중개소'에서 부동산매매계약서 용지의 부동산의 표시란에 '경기
          도 화성시 봉담읍 동화리 283 대 1503㎡', 매매대금란에 '금 5억원', 매도
          인란에 '최정오'라고 기재한 다음, 최정오의 이름 옆에 임의로 새긴 최정
          오의 도장을 찍었다. 이로써 피고인은 행사할 목적으로 권리의무에 관한
          사문서인 최정오 명의의 부동산매매계약서 1장을 위조하고, 2012. 5. 25.경
          서울 서초구 서초1동 150에 있는 박병진의 집에서 위와 같이 위조한 부동
          산매매계약서를 그 사실을 모르는 박병진에게 마치 진정하게 성립된 것처
          럼 교부하여 행사하였다.

적용법령   형법 제231조, 제234조(각 벌금형 선택), 제37조, 제38조, 제70조, 제69
          조 제2항

검사 또는 피고인은 이 명령등본을 송달받은 날부터 7일 이내에 정식재판의 청구를
할 수 있습니다.

2012. 10. 24.

판 사   박 경 순 ㊞

등본임.
2012. 12. 18.
수원지방검찰청
검찰주사 김희권 ㊞

---

[36] 확정된 약식명령 또는 판결문 등본에서는 가장 먼저 발령일(선고일)과 확정일을 체크한다.
확정일은 약식명령등본 등의 우측 상단에 위치함이 일반적이나, 별도의 수사보고서 등을 통해 확인되는 경우도 있다.

[37] 확정된 약식명령의 기판력이 해당 공소사실에 미치는지 여부를 확인하기 위해서는 확정된 약식명령의 범죄사실과 해당 공소사실의 동일성이 인정되어야 한다. 답안에서 이를 검토할 경우 양 사실의 주체·일시·장소·목적(대상)·행위 및 결과 등을 구체적으로 비교하여야 한다.
이 부분 공소사실에서 피고인 김갑인이 위조한 매매계약서는 최정오와 박병진 공동명의로 된 것이다. 상상적 경합관계에 있는 최정오 명의 계약서 위조에 대해 확정된 약식명령이 존재하는 이상 그 기판력은 박병진 명의 계약서 위조에 대한 이 부분 공소사실에도 미친다.

[38] 이와 같은 비정형적인 문서가 피고인에게 유리한 증거로써 제출되는 경우, 그 증거 내용은 피고인의 무죄 등 주장의 직접적인 근거로 활용될 수 있다. 필요한 경우 답안에서 위와 같은 문서의 내용 일부를 직접 인용할 수도 있다.

[39] 위드마크공식에 따른 혈중알콜농도 산출은 음주 후 일정시간이 경과하여 피의자의 혈중알콜농도가 감소하였음을 전제로 하는 것이다. 최종 음주시각부터 90분 내에 혈중알콜농도가 측정된 경우 혈중알콜농도 상승지점인지 하강시점인지를 확정하기 어렵다는 것은 위드마크공식에 따른 혈중알콜농도 산출결과의 신빙성을 탄핵하는 근거가 된다.

[000 발간, 교통과 형법 제200쪽의 일부 사본]

특정 운전시점부터 일정한 시간이 지난 후에 혈중알코올농도가 측정된 때에는 시간당 혈중알코올의 분해소멸에 따른 감소치에 따라 운전시점 이후의 혈중알코올 분해량을 계산한 후, 측정된 혈중알코올농도에 이를 가산하여 운전시점의 혈중알코올농도를 추정하게 된다. 혈중알코올 분해량은 피검사자의 체질, 음주한 술의 종류, 음주속도, 음주 시 위장에 있는 음식의 정도 등에 따라 개인마다 차이가 있는데 시간당 약 0.008% ~ 0.03%(평균 약 0.015%)씩 감소하는 것으로 알려져 있다.

……(중략)

한편, 섭취한 알코올이 체내에 흡수 분배되어 최고 혈중알코올농도에 이르기까지는 피검사자의 체질, 음주한 술의 종류, 음주속도, 음주 시 위장에 있는 음식의 정도 등에 따라 개인마다 차이가 있다. 실험 결과, 혈중알코올농도는 최종 음주시각부터 상승하기 시작하여 30분부터 90분 사이에 최고도에 달하는 것으로 알려져 있다. 따라서 최종 음주시각부터 90분 내에 혈중알코올농도가 측정된 경우에는 피검사자의 혈중알코올농도가 최고도에 이르기까지 상승하고 있는 상태인지, 최고도에 이른 후 하강하고 있는 상태인지 여부를 확정하기 어렵다.

……(하략)

서울중앙지방법원
공 판 조 서

제 2 회

사 건	2012고합1277 특정경제범죄가중처벌등에관한법률위반(사기) 등		
재판장 판사	황숙현	기 일:	2012. 12. 21. 15:00
판사	최지혁	장 소:	제425호 법정
판사	송하영	공개 여부:	공개
법원사무관	성진수	고 지 된 다음기일:	2013. 1. 11. 11:00
피 고 인	1. 김갑인 2. 이을해		각각 출석
검 사	한준석		출석
변 호 인	변호사 김힘찬 (피고인 1을 위하여)		출석
	변호사 이사랑 (피고인 2를 위하여)		출석
증 인	박병진, 안경위		각각 출석

재판장
　　전회 공판심리에 관한 주요사항의 요지를 공판조서에 의하여 고지
소송관계인
　　변경할 점이나 이의할 점이 없다고 진술
출석한 증인 박병진, 안경위를 각각 별지와 같이 신문하다
증거관계 별지와 같음(검사, 변호인)
재판장
　　각 증거조사 결과에 대하여 의견을 묻고 권리를 보호하는 데에 필요한 증거
　　조사를 신청할 수 있음을 고지
피고인 이을해
　　경찰관 안경위의 증언은 사실과 다르다고 진술
소송관계인
　　별 의견 없으며, 달리 신청할 증거도 없다고 각각 진술
재판장

- 20 -

[40] 제2회 공판조서에서는 가장 먼저 피고인이 기존에 진술한 내용 등을 변경하였거나 기존에 진행된 절차에 대해 이의를 제기하였는지 여부를 체크한다. 예컨대 피고인이 제1회 공판기일에서 부인한 공소사실에 대해 번의하여 인정하는 경우 제2회 공판조서 첫 부분에 해당 내용이 등장한다.

[41] 안경위의 법정진술에 대한 신빙성 탄핵이 쟁점임을 제시해주고 있다.

[42] 피고인신문에서는 쟁점과 직접 관련된 중요한 내용이 제시되므로 꼼꼼하게 읽어야 한다.

[43] 망 양신구가 중요 참고인임을 알 수 있다. 양신구가 이미 사망한 자이므로 양신구의 진술을 내용으로 하는 전문증거에 대한 형사소송법 제314조나 제316조 제2항 등 요건 검토가 문제될 것이다.

[44] 피고인 김갑인은 교통사고에 대한 공소사실은 인정하고, 사고 후 도주사실만 부인하며 다투고 있음을 확인할 수 있다.

[45] 공모사실 인정 관련 이을해에게 불리한 김갑동의 진술을 탄핵함에 있어 활용할 수 있는 표현이다.

[46] 재판장의 석명사항은 쟁점에 대한 직접적인 힌트이므로 꼼꼼하게 읽어야 한다. 사실인정 쟁점에 대해 석명사항이 존재하는 경우 그 석명사항이 증거능력에 대한 것인지 증명력에 대한 것인지 구별하여야 한다.
서적사본만으로는 혈중알콜농도 계산의 오류가 쟁점이 됨을 확인하지 못할 수 있어 재판장의 석명사항을 통해 쟁점을 명확히 제시해주고 있다.

증거조사를 마치고 피고인신문을 하겠다고 고지

검사
　피고인 김갑인에게
문　피고인은 이을해와 공모하여 피해자 박병진에게서 돈을 편취한 사실이 있는가요.
답　예, 그렇습니다.
문　피고인이 양신구를 통해서 이을해에게 2억 원을 교부한 것인가요.
답　예, 그렇습니다.
문　피고인이 교통사고를 내고 피해자 고경자가 상해를 입은 사실은 인정하는가요.
답　예, 나중에 치료를 받았다고 하므로 변호사님과 상의한 결과 상해를 입힌 부분은 인정하기로 하였으므로 다투지 않겠습니다.

피고인 이을해의 변호인 변호사 이사랑
　피고인 김갑인에게
문　피고인은 사기 범행이 발각되자, 중한 처벌을 면하고 편취한 돈의 행방을 감추려고 이을해에게 책임을 전가하는 것이 아닌가요.
답　아닙니다.

검사
　피고인 이을해에게
문　피고인은 김갑인과 공모해서 2억 원을 편취한 사실이 없다는 것인가요.
답　예, 그런 사실이 없습니다.

재판장
　피고인신문을 마쳤음을 고지

재판장
　검사에게
문　피고인 김갑인의 음주 최종시각 이후 체내 혈중알콜농도가 하강기에 있는지 여부를 확인하고 음주측정이 이루어진 것인가요.
답　확인하지 못한 상태에서 음주측정이 이루어진 것으로 보입니다.

재판장
　변론 속행 (변론 준비를 위한 변호인들의 요청으로)

2012. 12. 21.

법원사무관　성진수 ㊞

재판장 판사　황숙현 ㊞

서울중앙지방법원
증인신문조서 (제2회 공판조서의 일부)

사　　건　　2012고합1277 특정경제범죄가중처벌등에관한법률위반(사기) 등
증　인　이　름　　박병진
　　　　　　　생년월일 및 주거는 (생략)

재판장
　　증인에게 형사소송법 제148조 또는 제149조에 해당하는가의 여부를 물어 증인이 이에 해당하지 아니함을 인정하고, 위증의 벌을 경고한 후 별지 선서서와 같이 선서를 하게 하였다. 다음에 신문할 증인은 재정하지 아니하였다.

검사
　　증인에게 수사기록 중 사법경찰리가 작성한 증인에 대한 진술조서를 보여주고 열람하게 한 후,
문　증인은 경찰에서 사실대로 진술하고 그 조서를 읽어보고 서명, 무인한 사실이 있고, 그 진술조서는 그때 경찰관에게 진술한 내용과 동일하게 기재되어 있는가요.
답　예, 그렇습니다.
문　증인은 2012. 6. 10.경 죽은 양신구로부터 피고인 이을해에게 2억 원을 전달하였다는 말을 들은 적이 있나요.
답　예, 제가 그때 김갑인과 죽은 양신구를 함께 만나서 왜 매매대금이 2억 원이나 차이가 나는지 따졌는데, 죽은 양신구가 "김갑인의 지시에 따라 이을해에게 현금 2억 원을 전달해주었다"고 분명히 저에게 말하였습니다.

피고인 이을해의 변호인 변호사 이사랑
　　증인에게
문　피고인 이을해가 증인에게 2012. 6. 1. 빌린 돈을 갚아야 하는데 돈이 없다고 하면서 500만 원을 빌려달라고 한 적이 있지요.
답　예, 그때 500만 원을 빌려 주고 그 돈도 아직까지 받지 못하고 있습니다.
문　김갑인은 2억 원을 일주일 동안 소액 현금으로 분산하여 인출하였는데 증인은 김갑인과 양신구가 서로 나누어 가졌다는 의심은 해보지 않았나요.
답　그런 생각은 해보지 못했습니다.

　　　　　　　　2012. 12. 21.

　　　　법원사무관　　성진수 ㊞
　　　　재판장 판사　　황숙현 ㊞

- 22 -

[47] 증인신문조서는 공판조서와 별개의 조서가 아니라, 공판조서의 일부에 불과하다.
증인신문조서에 등장하는 사실관계는 쟁점과 관련하여 중요한 내용이므로 꼼꼼하게 읽어야 한다.

[48] 박병진이 작성한 진술조서에 대한 진정성립 인정 진술이다. 원진술자가 진정성립을 인정하고 반대신문권이 보장된 이상 증거능력이 인정되므로 답안에서 그 증거능력에 대해 따로 언급할 필요가 없다.

[49] 피고인 아닌 박병진의 진술이 피고인 아닌 양신구의 진술을 내용으로 하는 전문진술이다. 형사소송법 제316조 제2항에 따라 원진술자의 진술불능과 특신상태 요건을 갖춘 경우 증거능력을 인정할 수 있다. 양신구가 사망한 사실은 객관적으로 확인되므로(사망진단서 사본) 특신상태를 부정하여야 한다.

[50] 피고인 이을해가 증인 박병진에게 돈을 빌린 적이 있다는 사실은 답안에서 피고인에게 유리한 내용으로 활용할 수 있다.

[51] 피고인 이을해가 김갑인과 공모한 것이 아니라, 김갑인과 양신구가 공모하여 범행을 저지르고 자신들의 책임을 피고인에게 전가하려 한 것일 가능성을 제시해주고 있다. 답안에서 적극적으로 활용할 수 있다.

서울중앙지방법원

증인신문조서 (제2회 공판조서의 일부)

사 건 2012고합1277 특정경제범죄가중처벌등에관한법률위반(사기) 등
증 인 이 름   안경위
        생년월일 및 주거는 (생략)

재판장
  증인에게 형사소송법 제148조 또는 제149조에 해당하는가의 여부를 물어 증인이 이에 해당하지 아니함을 인정하고, 위증의 벌을 경고한 후 별지 선서서와 같이 선서를 하게 하였다.

검사
  증인에게
문 피고인 이을해가 증인에게 조사를 받으면서 어떤 진술을 하였는가요.
답 피고인은 조사 당시 2012. 4.경 박병진으로부터 주유소 부지를 알아봐달라는 부탁을 받자, 매매대금을 부풀려 차액을 편취하기로 김갑인과 공모하고, 실제로는 최정오가 매매대금으로 3억 원을 제시하였음에도 박병진에게 토지소유자가 5억 원을 달라고 한다고 거짓말하여, 같은 해 5.경 박병진으로부터 5억 원을 송금받았다고 자백하였습니다.
문 피고인 이을해가 강압적인 분위기에서 조사를 받은 것은 아닌가요.
답 피고인은 당시 자유로운 분위기에서 자발적으로 자백하였습니다. 저는 피고인이 담배를 피우고 싶다고 하기에 담배도 1대 피우도록 건네주었고, 피고인은 당시 자백하면서 피해자에게 죄송하다면서 눈물까지 글썽였습니다.

피고인 이을해의 변호인 변호사 이사랑
  피고인 이을해를 위하여 유리한 신문을 함. 기재는 (생략).

2012. 12. 21.

법 원 사 무 관   성진수 ㊞

재판장 판 사   황숙현 ㊞

[52] 안경위는 형사소송법 제316조 제1항에서 정하는 조사자에 해당한다. 그의 진술은 제316조 제1항의 피고인 아닌 자의 진술이 피고인의 진술을 내용으로 하는 때에 해당한다. 따라서 특신상태 요건 검토가 필요하다.
안경위의 진술 자체는 피고인의 진술이 특신상태에서 행하여졌다는 취지이나 뒤에서 살펴보는 바와 같이 특신상태는 부정된다.

제	1	책
제	1	권

서울중앙지방법원
증거서류등(검사)

사건번호	2012고합1277	담임	제26형사부	주심	다

사건명	가. 특정경제범죄가중처벌등에관한법률위반(사기) 나. 특정범죄가중처벌등에관한법률위반(도주차량) 다. 공갈 라. 사문서위조 마. 위조사문서행사 바. 도로교통법위반(음주운전)

검 사	정이감	2012년 형제55511호

피고인	1. 가.나.라.마.바. 2. 가.다.	**김갑인** **이을해**

공소제기일	2012. 10. 19.		
1심 선고	20 . .	항소	20 . .
2심 선고	20 . .	상고	20 . .
확 정	20 . .	보존	

[53] 수사기록표지 등은 읽지 않고 넘어가도 무방하다.

수사기록은 앞에서 읽었던 공판기록의 내용과 중복되는 부분은 간단히 확인만 하고, 새로운 내용이나 모순되는 내용 위주로 읽어야 한다.

구공판	서울중앙지방검찰청				
	증 거 기 록				
검 찰	사건번호	2012년 형제55511호	법원	사건번호	2012년 고합1277호
	검 사	정이감		판 사	
피고인	1. 가.나.라.마.바.　　**김갑인** 2. 가.다.　　**이을해**				
죄 명	가. 특정경제범죄가중처벌등에관한법률위반(사기) 나. 특정범죄가중처벌등에관한법률위반(도주차량) 다. 공갈 라. 사문서위조 마. 위조사문서행사 바. 도로교통법위반(음주운전)				
공소제기일	2012. 10. 19.				
구 속	각각 불구속			석 방	
변 호 인					
증 거 물					
비 고					

제 1 책
제 1 권

진술조서

성   명: 박병진

주민등록번호: 52****-1******   60세

직   업: (생략)

주   거: (생략)

등록기준지: (생략)

직 장 주 소: (생략)

연 락 처: (자택전화) (생략)   (휴대전화) (생략)
            (직장전화) (생략)   (전자우편) (생략)

위의 사람은 피의자 김갑인, 이을해에 대한 특정경제범죄가중처벌등에관한법률위반(사기) 피의사건에 관하여 2012. 9. 11. 서울서초경찰서 경제팀 사무실에 임의 출석하여 다음과 같이 진술하다.

1. 피의자와의 관계

피의자들과 아무런 관계가 없습니다.

2. 피의사실과의 관계

저는 피의자들로부터 사기를 당한 사실과 관련하여 고소인 자격으로 출석하였습니다.

이때 사법경찰리는 진술인 박병진을 상대로 다음과 같이 문답하다.

문 진술인은 2012. 9. 6.경 우리 서에 피의자들을 상대로 사기로 고소한 사실이 있지요.

답 예, 그렇습니다.

문 피해 사실이 무엇인가요.

답 제가 피의자들에게 최정오가 소유하는 경기도 화성시 봉담읍 동화리 283에 있는 토지를 매수해달라는 의뢰를 하였는데, 토지소유자 최정오가 피의자들에게 토지 매매대금을 3억 원으로 제시하였음에도 불구하고, 피의자들이 저에게는 매매대금을 5억 원으로 부풀려서 제게서 5억 원을 송금받아

[54] 피해자에 대한 진술조서에서는 사실인정 쟁점 관련 범죄경위 등과 마지막에 등장하는 피고인에 대한 처벌의사 존부를 체크한다.

[55] 피의사실과의 관계 또는 피의자와의 관계는 반드시 확인한다. 특히 피해자가 피고인과 친족관계인 경우 피의자와의 관계에 관련 진술이 등장한다.
피해자에 대한 진술조서에서는 쟁점과 관련된 사실뿐만 아니라 마지막에 등장하는 피고인에 대한 처벌의사까지 체크하여야 한다.

[56] 앞에서 이미 확인한 범죄 경위 관련 내용은 가볍게 읽고 넘어가도록 한다.	편취하였다는 것입니다. 문 자세한 경위가 어떠한가요. 답 저는 그 동안 다니던 직장을 퇴직하면, 직장에서 받은 퇴직금으로 주유소를 운영해볼 생각이 있었습니다. 2012. 3. 20.경 저와는 고등학교 동창으로서 절친한 친구인 이을해를 만나 함께 술을 마시던 중, 제 계획을 이야기하였더니, 이을해가 자기 고향 일대에 최근 개발 붐이 일어서 아파트들이 많이 들어섰는데 좋은 위치의 땅이 있을 것이니 주유소를 신축해보는 것은 어떻겠냐고 제의하였습니다. 그래서 제가 이을해에게 좋은 부지를 알아봐달라고 하였는데, 며칠 후 이을해로부터 전화가 와서 좋은 땅을 찾았는데 한번 보지 않겠냐고 하는 것이었습니다. 그래서 이을해와 함께 경기도 화성시 봉담읍 동화리 283에 있는 땅을 직접 찾아가보았는데 그 땅 주변에는 아파트 단지들이 많이 들어서 있었고 주변에 큰 도로들이 있는데도 주위에 주유소는 거의 없는 것으로 봐서 주유소를 신축하면 수익성이 높을 것으로 판단되었습니다. 저는 토지 매수에 관해서는 거의 경험이 없어서 예전에 토지 매매 경험이 제법 있었던 이을해에게 그 토지를 매입해줄 것을 의뢰하게 되었습니다. 이을해는 얼마 후인 2012. 4. 10.경 저의 집으로 찾아와서 "내가 고향친구이자 토지 중개업자인 김갑인에게 알아보았는데 토지 소유자가 5억 원은 주어야 토지를 팔겠다고 하고, 요즘 그 주변 땅 시세가 그 이상 나가니, 5억 원 가량이면 그 땅을 싸게 사는 편이라고 하더라."라고 이야기하였습니다. 그래서 제가 김갑인과 직접 이야기해보겠다고 하였더니 그 자리에서 이을해가 김갑인을 전화로 연결시켜 주었는데 김갑인도 "토지 소유자가 5억 원 아래로는 안 팔겠다고 한다. 요즘 그 부근 토지 시세를 확인해보았는데 그 토지가격이 5억 원 이상 나가니 안심하고 구입해도 된다."고 이야기하였습니다. 그래서 저는 피의자들의 말을 믿고 2012. 5. 3.경 위 토지 매매계약금으로 금 5,000만 원을, 같은 해 5. 18.경 중도금과 잔금으로 금 4억 5,000만 원을 각각 송금해주었습니다. 그리고 피의자 이을해에게는 잔금을 보내준 날 따로 수고비로 현금 300만 원을 건네주었습니다. 피의자들이 소유권이전등기절차까지 알아서 처리해주었습니다.

문 그 후 어떻게 되었는가요.
답 제가 김갑인에게 토지매매계약서를 보내달라고 하였더니 김갑인이 2012. 5. 25.경 토지 매도인과의 계약서라고 하면서 토지 매매대금이 5억 원으로 기재되어 있는 매매계약서를 저에게 가져다주었습니다. 그런데 2012. 6. 현충일날 주유소를 신축하기 위해 위 토지 부근의 건설업자들과 접촉하는 과정에서 우연히 그 부근 토지의 시세에 대해 알게 되었는데 제가 만나본 사람들은 그 토지가 5억 원까지는 나가지 않을 것이란 말을 하는 것이었습니다. 그래서 토지 매도인 최정오에게 연락해보았는데 최정오는 토지 매매대금으로 3억 원밖에 받지 않았다고 하였습니다. 그때까지만 해도 저는 친구인 이을해를 의심해볼 생각도 하지 못했고 2012. 6. 10.경 김갑인을 찾아가서 도대체 어떻게 매매대금이 2억 원이나 차이가 나느냐고 따져 물었더니 김갑인은 이을해의 지시에 따라 매매가격을 부풀렸다고 시인하면서 이을해로부터는 수고비로 300만 원을 받았을 뿐 매매대금 차액 2억 원을 모두 이을해에게 현금으로 보내주었다고 하였습니다. 그러면서 김갑인의 사무실 직원인 양신구가 이을해에게 돈을 직접 전달하였다고 하면서 양신구를 제 앞에 데리고 왔는데, 양신구는 저에게 2012. 5. 30.경 2억 원을 가방에 넣어 승용차에 싣고 이을해의 집으로 가서 이을해에게 직접 전달해주었다고 말하였습니다. 저는 절친한 친구였던 이을해에게 배신감이 들어 이을해에게 연락을 해볼 엄두가 나지 않아 고민하다가 고소에 이르게 된 것입니다.
문 계약서가 위조되었다는 것을 언제 알게 되었나요.
답 소유권이전등기는 공시지가대로 이루어진 것으로 알았기 때문에 별 신경을 쓰지 않았고, 나중에 최정오를 만나서 실제 매매대금이 3억 원이라는 말을 듣고서야 비로소 5억 원짜리 계약서가 위조되었다는 사실을 알게 되었습니다.
문 피해사실을 뒷받침할 자료가 있는가요.
답 이 사건 관련 토지 등기부등본 1부, 5억 원을 2회에 걸쳐서 송금한 무통장 입금증 2장, 매매대금이 5억 원으로 기재된 위조매매계약서 1부를 제출하겠습니다.

[57] 피고인 아닌 박병진의 공판기일에서의 진술이 피고인 아닌 김갑인의 진술을 내용으로 하는 전문진술인 경우이다. 원진술자인 김갑인이 이 사건 법정에 출석하고 있는 이상 증거능력이 부정된다(형사소송법 제316조 제2항).

[58] 피고인 아닌 박병진의 진술이 피고인 아닌 양신구의 진술을 내용으로 하는 전문진술이다. 원진술자인 양신구가 사망하였으나 그 진술이 특히 신빙할 수 있는 상태 하에서 행하여졌음이 증명되지 아니하여 증거능력이 부정된다(형사소송법 제316조 제2항).

[59] 피해자의 처벌의사 진술은 습관적으로 체크한다.

[60] 조서의 작성주체가 사법경찰관이 아닌 사법경찰리인 경우 답안에서 구별하여 기재함이 원칙이다. 다만 '사경'으로 축약기재하는 경우에는 굳이 체크하지 아니하여도 무방하다.

사법경찰리는 진술인에게서 토지 등기사항전부증명서 1부, 무통장입금증 2부, 위조매매계약서 1부를 각각 제출받아 조서 말미에 첨부하다. 등기사항전부증명서와 무통장입금증은 각각 (생략).

문 달리 할 말이 있는가요.

답 순진한 고소인이 평생 모은 돈을 이토록 쉽게 편취한 피의자들이 다시는 죄를 짓지 못하도록 엄벌하여 주시기 바랍니다.

문 이상의 진술은 사실인가요.

답 예, 사실입니다.

위의 조서를 진술자에게 열람하게 하였던바, 진술한 대로 오기나 증감·변경할 것이 전혀 없다고 말하므로 간인한 후 서명무인하게 하다.

진술자 *박 병 진* (무인)

2012. 9. 11.

서울서초경찰서

사법경찰리 경사 강 철 중 ㊞

- 29 -

(표준계약서식 제1호)   **不 動 産 賣 買 契 約 書**

매도인과 매수인 쌍방은 아래 표시 부동산에 관하여 다음 계약내용과 같이 매매 계약을 체결한다.

1. 부동산의 표시 : 경기도 화성시 봉담읍 동화리 283 대 1503㎡
2. 계약내용 : 소유권이전

제1조 위 부동산의 매매에 있어 매수인은 매매대금을 아래와 같이 지불하기로 한다.

賣買代金	金 5억 원 整 (₩500,000,000)	單位	
契約金	金 5천만 원整을 계약시 지불하고		
中渡金	金 원整은 년 월 일 지불하며		
殘 金	金 4억 5천만 원整은 2012년 5월 18일 중개업자 입회하에 지불한다.		

구체적인 계약내용은 (생략).

2012년 5월 3일

매도인	주 소	경기 화성시 봉담읍 동화리 11					
	주민등록번호	56xxxx-xxxxxxx	전화	010-****-xxxx	성명	최정오	(인)
매수인	주 소	서울 서초구 서초1동 150					
	주민등록번호	52xxxx-xxxxxxx	전화	011-***-xxxx	성명	박병진	(인)
중개인	사업장소재지	경기 화성시 봉담읍 동화리 567					검인
	상 호	사구팔 부동산중개소					
	대 표	김갑인		전화	010-xxxx-xxxx		
	등록번호	(생략)					

[61] 피고인이 위조한 사문서인 부동산매매계약서의 작성명의인이 최정오와 박병진의 공동명의임을 확인할 수 있다.

진술조서

성   명: 최정오

주민등록번호: 56****-1******   55세

직업, 주거, 등록기준지, 직장주소, 연락처는 각각 (생략)

위의 사람은 피의자 김갑인, 이을해에 대한 특정경제범죄가중처벌등에관한법률위반(사기) 피의사건에 관하여 2012. 9. 12. 서울서초경찰서 경제팀 사무실에 임의 출석하여 다음과 같이 진술하다.

1. 피의자와의 관계

피의자들과 아무런 관계가 없습니다.

2. 피의사실과의 관계

피의자 김갑인을 통해 제 토지를 매도한 사실과 관련하여 진술인 자격으로 출석하였습니다.

이때 사법경찰리는 진술인 최정오를 상대로 다음과 같이 문답하다.

문   진술인은 진술인이 소유하던 토지를 피의자 김갑인을 통해서 박병진에게 매도한 사실이 있지요.

답   예, 그렇습니다.

문   토지의 매매 경위에 관하여 진술하여 보겠는가요.

답   저는 2012. 5. 3.경 피의자 김갑인을 통해서 제 소유의 경기 화성시 동화리 283에 있는 토지를 박병진에게 매도한 사실이 있습니다. 피의자 김갑인은 저희 마을에서 부동산 중개업소를 운영하는 사람인데, 2012. 4.경 저의 집으로 찾아와서 제 토지를 사려는 사람이 있는데 토지를 팔 생각이 없느냐고 물어보았습니다. 저는 3억 원 정도면 좋다는 결론을 내리고, 3억 원을 제의하였습니다. 그랬더니 며칠 후 피의자 김갑인이 선뜻 매수인 박병진이 그 토지를 3억 원에 사겠다고 하였다면서 계약서를 작성하자고 하였습니다. 그래서 2012. 5. 3. 피의자 김갑인이 매수인 박병진을 대행하여 매매대금을 3억 원으로 하는 계약서를 작성한 후 당일 피의자 김갑인에게서 계약금 5,000만 원을 송금받았습니다. 그리고 같은 달 18.경 피의자 김갑인에게

[62] 마찬가지로 앞에서 이미 확인한 범죄 경위 관련 내용은 가볍게 읽고 넘어가도록 한다.

서 중도금과 잔금으로 2억 5,000만 원을 송금받은 후 아무런 문제없이 소유권이전등기절차까지 마무리되었습니다. 그런데 2012. 6. 현충일 다음날 갑자기 토지 매수인인 박병진으로부터 왜 토지 시세보다 훨씬 많은 5억 원이나 토지 매매대금을 받았느냐는 항의를 받고서, 깜짝 놀라 박병진에게 저는 3억 원밖에 받지 않았다고 이야기하였더니, 박병진이 토지 매매계약서를 들고 저를 찾아왔습니다. 제가 그 매매계약서를 보니 매도인으로 제 이름이 기재되어 있었지만, 매매대금이 5억 원으로 되어 있었습니다. 저는 그런 계약서는 그날 처음 보았습니다. 그래서 피의자 김갑인을 찾아가 어떻게 된 것인지 따져 물었더니, 피의자 김갑인은 실제와 달리 매매대금을 5억 원으로 기재한 매매계약서를 이중으로 작성하여 박병진에게 보여주었다면서, 저에게 1,000만 원을 줄 테니 수사기관에 고소는 하지 말아줄 것을 부탁하였습니다.

문　이상의 진술은 사실인가요.
답　예, 사실입니다.

위의 조서를 진술자에게 열람하게 하였던바, 진술한 대로 오기나 증감·변경할 것이 전혀 없다고 말하므로 간인한 후 서명무인하게 하다.

진술자　최 정 오　(무인)

2012. 9. 12.

서울서초경찰서

사법경찰리　경사　강 철 중　㊞

[63] 최정오가 위조사실을 추궁하자 김갑인이 1,000만 원을 주면서 범행을 무마하려고 하였다는 사정은 공모사실 인정 여부와 관련하여 피고인 이을해에게 유리한 신빙성 탄핵의 자료로 활용할 수 있다.

[64] 사법경찰관 작성 피의자신문조서의 경우 형사소송법 제312조 제3항에 의해 증거능력이 부정되는 경우가 많다.

피의자신문조서에서는 증거능력 검토 후, 증명력과 관련하여 진술번복이 있는지 여부 및 각 진술이 구체화되는 과정 등을 살펴보아야 한다. 범행 후 시간이 경과할수록 진술이 구체화되는 사정은 일반적인 기억력 작용에 반하는 것이므로 신빙성 탄핵의 자료로 활용할 수 있다.

피의자신문이 여러 차례 이루어진 경우에는 각 회차에 따라 관련 공소사실이 무엇인지 정확히 구분하여야 하고, 메모를 함에 있어서도 각 회차를 구분하여 기재하여야 한다.

사경 작성 피의자신문조서와 별도로 검사 작성 피의자신문조서가 생략되지 않고 등장하는 경우에는 번복진술 또는 추가진술이 있는지 여부를 꼭 확인하여야 한다.

피의자신문조서

피의자 김갑인에 대한 특정경제범죄가중처벌등에관한법률위반(사기) 등 피의사건에 관하여 2012. 10. 2. 서울서초경찰서 경제팀 사무실에서 사법경찰관 경위 안경위는 사법경찰리 경사 강철중을 참여하게 하고, 아래와 같이 피의자임에 틀림없음을 확인하다.

문 피의자의 성명, 주민등록번호, 직업, 주거, 등록기준지 등을 말하십시오.
답 성명은 김갑인(金甲寅)
　　주민등록번호는　　52****-1******　　직업은 부동산중개업
　　주거는　　(생략)
　　등록기준지는　　(생략)
　　직장 주소는　　(생략)
　　연락처는　　자택전화 (생략)　휴대전화 (생략)
　　　　　　　　직장전화 (생략)　전자우편(e-mail) (생략)　입니다.

사법경찰관은 피의사건의 요지를 설명하고 사법경찰관의 신문에 대하여 「형사소송법」 제244조의3에 따라 진술을 거부할 수 있는 권리 및 변호인의 참여 등 조력을 받을 권리가 있음을 피의자에게 알려주고 이를 행사할 것인지 그 의사를 확인하다.

진술거부권 및 변호인 조력권 고지 등 확인

1. 귀하는 일체의 진술을 하지 아니하거나 개개의 질문에 대하여 진술을 하지 아니할 수 있습니다.
2. 귀하가 진술을 하지 아니하더라도 불이익을 받지 아니합니다.
3. 귀하가 진술을 거부할 권리를 포기하고 행한 진술은 법정에서 유죄의 증거로 사용될 수 있습니다.
4. 귀하가 신문을 받을 때에는 변호인을 참여하게 하는 등 변호인의 조력을 받을 수 있습니다.

문 피의자는 위와 같은 권리들이 있음을 고지받았는가요.
답 예, 고지받았습니다.

- 33 -

문 피의자는 진술거부권을 행사할 것인가요.
답 아닙니다.
문 피의자는 변호인의 조력을 받을 권리를 행사할 것인가요.
답 아닙니다. 혼자서 조사를 받겠습니다.

이에 사법경찰관은 피의사실에 관하여 다음과 같이 피의자를 신문하다.
[피의자의 범죄전력, 경력, 학력, 가족·재산 관계 등은 각각 (생략)]
문 피의자는 2012. 3. 하순경 박병진에게서 주유소 부지로 이용하려고 하니 최정오가 소유하는 경기 화성시 봉담읍 동화리 283에 있는 토지를 매입해달라는 의뢰를 받은 사실이 있는가요.
답 예, 이을해를 통해서 박병진으로부터 그런 의뢰를 받은 사실이 있습니다.
문 피의자는 이을해와 공모하여 사실은 토지소유자 최정오로부터 토지 매매대금으로 3억 원을 제시받았음에도 박병진에게는 토지 매매대금이 5억 원이라고 부풀려 말함으로써 이에 속은 박병진으로부터 그 매매대금 5억 원을 송금받아 편취한 사실이 있는가요.
답 예, 박병진에게 거짓말하여 매매대금으로 5억 원을 송금받은 것은 사실입니다다만, 저는 이을해의 지시에 따라 그렇게 하였을 뿐이고, 실제 매매대금 3억 원은 토지 소유자인 최정오에게 다시 송금해주었고, 실제 대금과의 차액인 2억 원은 저의 사무소 직원인 양신구를 통해 모두 이을해에게 전달해주었고, 저는 이을해로부터 수고비 명목으로 300만 원을 송금받았을 따름입니다.
문 자세한 경위는 어떠한가요.
답 2012. 4. 초순경 이을해가 저의 중개사무소를 찾아와서 자신의 친구인 박병진이 주유소를 세우기 위해서 최정오의 토지를 사려고 하는데 가격을 좀 알아봐달라고 해서, 제가 토지 소유자인 최정오에게 물어봤더니 최정오는 3억 원을 달라고 하였습니다. 제가 이을해에게 최정오가 3억 원을 부른다고 말했더니, 이을해는 저에게 "박병진은 순진해서 토지 거래에 대해서는 잘 모른다. 그러니 박병진에게는 토지소유자가 부르는 가격보다 부풀려 말해서 이 기회에 한 몫 챙길 생각이다. 나중에 일이 잘 되면 너도 섭섭하지 않게 돈을 나누어주겠다. 너는 나중에 박병진으로부터 연락이 오면 '토지 소유자가 5억 원 아래로는 안 팔겠다고 한다. 요즘 그 부근 토지 시세를 확인해보았는데 그 토지가격이 5억 원 이상 나가니 안심하고 구입해도 된다.'고만 말해달라."고 하였습니다. 그런 후 2012. 4. 10.경 진짜로 박병진으로부터

[65] 김갑인이 범행의 대가로 300만 원을 받았을 뿐이라는 진술은 김갑인이 최정오에게 범행무마의 대가로 1,000만 원을 주려고 했다는 사정과 모순된다.

	전화 연락이 왔기에 저는 이을해로부터 부탁받은 그대로 박병진에게 말해주었습니다. 그런 후 2012. 5. 3.경 제가 매수인 박병진을 대행하여 토지 매도인 최정오와 매매대금을 3억 원으로 하는 계약서를 작성하고, 박병진으로부터 계약금 5,000만 원을 송금받아 최정오의 계좌로 송금해주고, 같은 해 5. 18.경 중도금과 잔금 명목으로 4억 5,000만 원을 박병진으로부터 송금받아 그중 2억 5,000만 원은 최정오의 계좌로 송금해준 후 박병진의 앞으로 소유권이전등기를 해주었습니다. 나머지 2억 원은 제 사무소 직원인 양신구를 시켜서 2012. 5. 23.부터 1주일간 소액으로 분산하여 모두 5만 원권 현금으로 인출한 후 2012. 5. 30.경 가방에 넣어 승용차에 싣고 이을해의 집으로 가 전달하게 하였습니다. 그럼에도 불구하고 이을해는 같은 해 5. 19. 수고비로 달랑 300만 원을 저에게 보내주었을 뿐입니다. 그리고 2012. 5. 25.경 박병진이 토지매매계약서를 보내달라고 하기에 같은 날 제가 운영하는 '사구팔 부동산중개소'에서 매매계약서 용지의 부동산의 표시란에 '경기도 화성시 봉담읍 동화리 283 대 1503㎡', 매매대금란에 '금 5억 원', 토지매수인란에 '박병진'이라고 기재한 다음, 박병진의 이름 옆에 갖고 있던 박병진의 도장을 찍어서, 도장과 함께 박병진에게 가져다주었습니다.
[66] 김갑인의 주장대로 피고인 이을해와의 공모관계가 인정된다면 피고인들의 범행과 전혀 무관한 제3자인 양신구를 통해 편취금을 현금으로 전달할 이유가 없다는 사정은 김갑인 진술에 대한 신빙성 탄핵의 자료로 활용할 수 있다.	
문	피의자는 최정오와의 계약을 처리하고, 5억 원을 송금받았으며, 계약서까지 위조하였는데, 왜 2억 원 전액을 추적이 어려운 현금으로 인출하여 이을해에게 교부한 것인가요.
답	이을해의 지시에 따랐을 뿐입니다.
문	이상의 진술내용에 대하여 이의나 의견이 있는가요.
답	없습니다. 죄송합니다. 선처를 부탁합니다.

위의 조서를 진술자에게 열람하게 하였던바, 진술한 대로 오기나 증감·변경할 것이 전혀 없다고 하므로 간인한 후 서명무인하게 하다.

진술자 김갑인 (무인)

2012. 10. 2.
서울서초경찰서
사법경찰관 경위 안경위 ㊞
사법경찰리 경사 강철중 ㊞

[67] 사경 작성 피고인 이을해에 대한 제1회 피의자신문에서는 특경법위반(사기)의 점에 대해서만 다루고 있다.

피의자신문조서

피의자 이을해에 대한 특정경제범죄가중처벌등에관한법률위반(사기) 피의사건에 관하여 2012. 10. 2. 서울서초경찰서 수사과 경제팀 사무실에서 사법경찰관 경위 안경위는 사법경찰리 경사 강철중을 참여하게 하고, 아래와 같이 피의자임에 틀림없음을 확인하다.

문 피의자의 성명, 주민등록번호, 직업, 주거, 등록기준지 등을 말하십시오.
답 성명은 이을해(李乙亥)
    주민등록번호는   52****-1******   직업은 무직
    주거, 등록기준지, 직장주소, 연락처는 각각 **(생략)**

사법경찰관은 피의사건의 요지를 설명하고 사법경찰관의 신문에 대하여 「형사소송법」 제244조의3에 따라 진술을 거부할 수 있는 권리 및 변호인의 참여 등 조력을 받을 권리가 있음을 피의자에게 알려주고 이를 행사할 것인지 그 의사를 확인하다.
[진술거부권 및 변호인 조력권 고지함. 그 내용은 (생략)]

이에 사법경찰관은 피의사실에 관하여 다음과 같이 피의자를 신문하다.
[피의자의 범죄전력, 경력, 학력, 가족·재산 관계 등 각각 (생략)]

문 피의자는 2012. 3. 하순경 박병진에게서 주유소 부지로 이용하려고 하니 최정오가 소유하는 경기 화성시 봉담읍 동화리 283 토지를 매입해달라는 의뢰를 받은 사실이 있는가요.
답 예, 박병진으로부터 그런 의뢰를 받은 사실이 있습니다.
문 피의자는 김갑인과 공모하여 사실은 토지소유자 최정오로부터 토지 매매대금으로 3억 원을 제시받았음에도 박병진에게는 토지 매매대금이 5억 원이라고 부풀려 말함으로써 이에 속은 박병진에게서 그 매매대금 5억 원을 송금받아 편취한 사실이 있는가요.
답 예, 그런 사실이 있습니다.
문 자세한 경위는 어떠한가요.
답 2012. 4. 초순경 친구인 박병진에게서 주유소 부지를 알아봐달라는 부탁을 받

[68] 검찰단계 및 공판단계에서의 진술내용과 달리 경찰단계에서는 피고인 이을해가 김갑인과의 공모사실을 인정하고 있다(진술번복). 이러한 사정은 피고인 이을해에게 불리한 내용으로서 변론요지서에서는 굳이 언급할 필요가 없다.	고, 고향에서 부동산중개업소를 운영하는 김갑인에게 최정오가 소유하는 경기도 화성시 봉담읍 동화리 283 토지 매입을 의뢰하였습니다. 김갑인이 최정오가 토지 매매대금으로 3억 원을 달라고 한다고 말하기에, 순간적으로 욕심이 나서 박병진에게 최정오가 부르는 가격보다 토지가격을 부풀려 말해서 차액을 챙기자는 김갑인의 제의에 동의하게 되었습니다. 2012. 4. 10.경 박병진의 집으로 찾아가서 박병진에게 "내가 토지 중개업자인 김갑인에게 알아보았는데 토지 소유자가 5억 원은 주어야 토지를 팔겠다고 하고, 요즘 그 주변 땅 시세가 그 이상 나가니, 5억 원 가량이면 그 땅을 싸게 사는 편이라고 하더라."라고 이야기하였고 김갑인도 전화로 "토지 소유자가 5억 원 아래로는 안 팔겠다고 한다. 요즘 그 부근 토지 시세를 확인해보았는데 그 토지가격이 5억 원 이상 나가니 안심하고 구입해도 된다."고 이야기하였습니다. 결국 2012. 5. 3.경 김갑인이 토지 매도인 최정오와 매매대금을 3억 원으로 하여 계약한 후, 박병진으로부터 총 5억 원을 송금받아 그 중 3억 원만 최정오의 계좌로 송금해주고 박병진의 앞으로 소유권이전등기를 마친 것으로 알고 있습니다.

문 이상의 진술내용에 대하여 이의나 의견이 있는가요.
답 없습니다.

위의 조서를 진술자에게 열람하게 하였던바, 진술한 대로 오기나 증감·변경할 것이 전혀 없다고 하므로 간인한 후 서명무인하게 하다.

진술자 이 을 해 (무인)

2012. 10. 2.
서울서초경찰서
사법경찰관 경위 안 경 위 ㉠
사법경찰리 경사 강 척 중 ㉠

피의자신문조서

피의자 김갑인에 대한 특정범죄가중처벌등에관한법률위반(도주차량) 등 피의사건에 관하여 2012. 9. 18. 서울서초경찰서 교통사고조사계 사무실에서 사법경찰관 경위 노교동은 사법경찰리 경장 오경장을 참여하게 하고, 아래와 같이 피의자임에 틀림없음을 확인하다.

문　피의자의 성명, 주민등록번호, 직업, 주거, 등록기준지 등을 말하십시오.
답　성명은 김갑인(金甲寅)
　　주민등록번호는　52****-1******　직업은 부동산중개업
　　주거, 등록기준지, 직장주소, 연락처는 각각 (생략)

사법경찰관은 피의사건의 요지를 설명하고 사법경찰관의 신문에 대하여 「형사소송법」제244조의3에 따라 진술을 거부할 수 있는 권리 및 변호인의 참여 등 조력을 받을 권리가 있음을 피의자에게 알려주고 이를 행사할 것인지 그 의사를 확인하다.
[진술거부권 및 변호인 조력권 고지함. 그 내용은 (생략)]

이에 사법경찰관은 피의사실에 관하여 다음과 같이 피의자를 신문하다.
[피의자의 범죄전력, 경력, 학력, 가족·재산 관계 등 각각 (생략)]

문　피의자는 술을 마시고 운전하다 교통사고를 낸 사실이 있는가요.
답　예, 그렇습니다.
문　언제, 어디서 그랬는가요.
답　2012. 9. 18. 21:30경 술을 마시고 석 달 전에 새로 뽑은 제 소유의 59투5099호 제네시스 승용차를 운전하여 서울 서초구 서초동에 있는 교대역 사거리 앞 도로를 서초역 쪽에서 강남역 쪽으로 편도 3차로를 따라 진행하던 도중에 잠시 딴 생각을 하다가 횡단보도 앞에서 적색신호에 정차한 앞 차량을 보지 못하고 그대로 들이받았습니다.
문　술은 언제 어디에서 얼마나 마셨는가요.
답　2012. 9. 18. 21:00경부터 21:20경까지 서울 서초구 서초동에 있는 서초갈비에서 식사하면서 혼자서 소주 3잔 정도 술을 마시고 집으로 내려가려던 중에 사고가 난 것입니다.
문　피의자는 교통사고를 낸 후 그대로 도주한 사실이 있는가요.
답　사고 당시 피해차량 운전자가 차에서 목을 문지르면서 내리더니 일단 차량을 다

- 38 -

[69] 특경법위반(사기)의 공소사실 외 교특법위반의 공소사실과 관련된 피의자신문조서이다.

[70] 술을 마신 후 운전을 한 사실 자체는 인정된다. 따라서 음주사실 자체는 다투지 아니하고, 범행 당시 피고인의 혈중알콜농도가 처벌기준치에 미달한다는 또는 그 측정에 오류가 있다는 방향으로 변론을 전개하여야 한다.

[71] 피해차량의 번호판이 약간 꺾이고 뒷범퍼에 흠집이 난 것에 불과하고, 도로에 비산물 등이 존재하였다는 사정이 존재하지 아니한다는 점을 고려하면 피해자에 대한 구호의무 등이 부정됨을 알 수 있다.	른 장소로 이동하자고 하여, 일단 피해차량과 함께 부근 편의점 앞 도로로 이동하였습니다. 그곳에서 피해차량을 살펴보니 피해차량의 번호판이 약간 꺾이고 뒷범퍼에 흠집이 난 것을 확인할 수 있었습니다. 제가 보험처리를 해주겠다고 하였으나, 피해자가 저로부터 술 냄새가 나는 것 같다고 하더니 경찰에 신고해서 혼이 좀 나봐야 한다고 하면서 합의금으로 300만 원을 요구하였습니다. 약 40분간을 옥신각신하다가 피해자가 정말 경찰을 부르려고 전화를 하자 겁이 나서 그냥 차량을 타고 가버렸는데, 가는 도중에 경찰에서 전화가 와서 출석하라는 통보를 받고 고민하다가 자진하여 서울서초경찰서로 출석하여 음주측정을 받았습니다.

문　피의자가 서울서초경찰서 교통사고조사계에 자진출석하였을 때 음주측정을 한 결과 피의자의 혈중알콜농도 0.045%가 검출되었고, 교통사고 시점으로부터 음주측정시까지 1시간이 경과되었으므로 시간당 감소수치 0.008%를 합산하면 혈중알콜농도가 0.053%에 해당하는데 이를 인정하는가요.

답　예, 제가 술을 마시고 음주운전한 것은 틀림없으니 인정하겠습니다.

[72] 자진출석시 혈중알콜농도가 0.045%에 불과하고, 위드마크공식을 적용한 산출결과 역시 0.053%에 불과하다는 점을 고려하면 피고인이 범행 당시 처벌기준치를 초과한 음주운전을 하지 아니하였음을 주장하여야 함을 알 수 있다.

문　피해자는 사고 후 병원에서 경추염좌 등으로 치료를 받고 진단서를 제출하겠다고 하는데 피해자가 상해를 입은 사실은 인정하는가요.

답　예, 피해자가 다쳤다고 하면 그게 맞겠지요. 다만 사고 당시에는 피해자가 지나치게 많은 합의금을 요구하고 경찰에 신고하려 하여 가버렸을 뿐 뺑소니를 하려 한 것은 아닙니다.

문　피의자의 차량은 종합보험에 가입되어 있는가요.

답　예, 종합보험에 가입되어 있고 보험회사에 사고신고를 해둔 상황입니다.

[73] 교통사고 관련 종합보험에 가입되어 있다는 사정은 피고인의 진술과 보험가입사실증명원의 기재를 통해 인정할 수 있다.

문　이상의 진술내용에 대하여 이의나 의견이 있는가요.

답　없습니다. 선처를 부탁합니다.

위의 조서를 진술자에게 열람하게 하였던바, 진술한 대로 오기나 증감·변경할 것이 전혀 없다고 하므로 간인한 후 서명무인하게 하다.

진술자　김갑인 (무인)

2012. 9. 18.
서울서초경찰서
사법경찰관　경위　노교동 ㊞
사법경찰리　경장　오경장 ㊞

진 술 서

성 명   고경자 (75****-2******)
주 소   (생략)

1. 저는 2012. 9. 18. 21:30경 서울 서초구 서초동에 있는 교대역 사거리 앞 도로에서 교통사고를 당한 사실이 있습니다.
1. 저는 그 당시 제 소유의 33수3010호 YF쏘나타 승용차를 운전해서 서초역 쪽에서 강남역 쪽으로 가던 도중에 횡단보도 앞에서 적색신호를 받고 서 있는데 뒤에서 59투5099호 제네시스 승용차에 의하여 들이받혔습니다.
1. 사고 후 가해운전자와 함께 일단 차량을 다른 장소로 이동한 후에 제 차의 번호판이 약간 꺾이고 뒷범퍼에 홈집이 난 것을 확인하였습니다. 거기서 교통사고 합의금 문제로 약 40분간을 옥신각신하였는데 가해자가 음주운전을 하다가 사고를 낸 것이 틀림없음에도 자기는 합의금을 못 주겠다고 하여 제가 경찰을 부르려고 전화하자 허겁지겁 차량을 타고 가버렸습니다.
1. 그래서 제가 경찰에 교통사고를 당하였는데 음주운전 가해자가 59투5099호 제네시스 승용차를 타고 도주하였다고 신고하였습니다.
1. 사고 직후에는 흥분해서 잘 모르고 집에 그냥 갔는데, 집에 돌아가서 다음 날 목과 허리가 좋지 않아서 병원에 갔더니 경추염좌라고 하였습니다.
1. 병원에서 발급해준 요치 2주의 경추염좌상 진단서를 제출하도록 하겠습니다.
1. 피의자의 처벌을 원합니다.

첨부: 진단서(생략)

2012. 9. 20.

진술자   고 경 자 ㉞

- 40 -

[77] 도로교통법위반(음주운전) 공소사실이 출제되는 경우 '주취운전자 적발보고서'가 주요한 증거로 제시된다. 이러한 적발보고서에서는 ① 주취운전측정방법, ② 측정결과, ③ 구강청정제사용여부, ④ 입행굼 여부 등을 체크하여야 한다.

[78] 호흡측정에 의한 혈중알콜농도 측정 결과가 처벌기준에 미달하는 0.045.%에 불과하였다는 점을 확인할 수 있다.

주취운전자 적발보고서

No. 2012-9-1119-00001

결재	계장	과장	서장

주취운전측정	일시	2012. 9. 18. 22:30	위반유형	
	장소	서울서초경찰서 교통사고조사계 사무실내	☐ 단순음주	■ 음주사고
	방법	■ 음주측정기(기기번호 303)		☐ 채혈검사
	결과	혈중알콜농도 : 영 절 영 사 오 (0.045%)		

최종음주일시장소	일시	2012. 9. 18. 21:20	음주 20분 경과 후 측정여부	경과
	장소	서울 서초구 서초동 서초갈비		

구강청정제사용여부	미사용	입행굼 여부	○

주취운전자	주소	(생략)		전화	(생략)
	성명	김갑인	주민등록번호	(생략)	
	차량번호	59루5099호	면허번호	(생략)	차종	(승용), 승합, 특수, 건설기계, 이륜

참고인	주소			
	성명		전화	

단속자	소속	서울서초경찰서 교통사고조사계	
	계급	경장	성명	오경장

인수자	소속		계급		성명	

본인은 위 기재내용이 사실과 틀림없음을 확인하고 서명무인함.

운전자   성명   **김갑인** (무인)

확인결재	위와 같이 주취운전자를 적발하였기에 보고합니다.
일시	2012. 9. 18.
확인자	보고자 성명 오 경 장 (인)
결재	서울서초경찰서장 귀하

서 울 서 초 경 찰 서

2012. 9. 21.

수 신   경찰서장
참 조   교통사고조사계장
제 목   수사보고(혈중알콜농도 산출보고)

피의자 이을해에 대한 도로교통법위반(음주운전) 사건에 관하여 피의자가 2012. 9. 18. 22:30경 서울서초경찰서 교통사고조사계 사무실에 자진출석하여 음주측정한 결과 혈중알콜농도가 0.045%로 측정되었는바, 측정시각으로부터 1시간 전인 교통사고 발생 시점 2012. 9. 18. 21:30경의 피의자의 혈중알콜농도를 계산하기 위하여 아래 위드마크 공식에 따라 위 측정치에 피의자에게 가장 유리한 시간당 감소치인 0.008%를 합산하여 피의자의 혈중알콜농도를 0.053%로 추산하였기에 보고합니다.

※ 위드마크 공식에 의한 혈중알콜농도 산출근거 :

운전시점의 혈중알콜농도 = 혈중알콜농도 측정치 + (시간당 알콜분해량 × 경과시간)

: 통계적으로 확인된, 시간당 알콜분해량은 개인에 따라 최저 0.008%에서 최고 0.03%에 이르는 것으로 알려져 있음

보고자   교통사고조사계 경장 오 경 장 (인)

[79] 위드마크 공식에 따른 혈중알콜농도 계산 결과를 보고하는 수사보고서이다. 구체적인 계산과정을 이해할 필요는 없다.

[80] 계산결과 범행 당시 혈중알콜농도 수치가 0.053%에 불과하므로 음주운전 여부가 쟁점이 됨을 다시 확인할 수 있다. 만약 혈중알콜농도 수치가 처벌 기준을 현저하게 초과하는 경우에는 음주운전 여부보다는 그 단속절차 또는 측정과정에서의 위법성과 그에 따른 위법수집증거배제법칙이 문제될 가능성이 크다.

[81] 피고인의 종합보험가입사실에 대한 증거로서 보험가입사실증명서가 제시되었다.
도주사실이 부정되어 특가법위반(도주차량)죄가 성립하지 않더라도 교통사고로 인한 상해사실이 인정되는 이상 교특법위반죄 검토를 누락하지 않도록 주의하여야 한다.

자동차종합보험		가입사실증명서		
제201209797호			사고접수번호	201229769

피보험자	성 명	김갑인	자 동 차 등록번호	59투5099호 제네시스
	주 소	(생략)		
사 고 내 용	사고일시	2012년 09월 18일 21:30경	피 해 자	고경자
	사고장소	서울 서초구 서초동 교대역사거리	피 해 물	33수3010호 YF쏘나타
	운전자	김갑인 주민등록번호 : 52****-1******		

	구분	가입금액	유효기간
담보	대인배상1	자배법	2012. 6. 5. ~ 2013. 6. 5.
	대인배상2	무한	2012. 6. 5. ~ 2013. 6. 5.
	대물배상	2,000만원	2012. 6. 5. ~ 2013. 6. 5.
	자기신체사고	(1인당) 3,000만원	2012. 6. 5. ~ 2013. 6. 5.
	무보험차상해	1인당 최고 2억원	2012. 6. 5. ~ 2013. 6. 5.

특약 : 연령한정 특약(만 30세 이상), 운전자 한정특약(가족한정)

상기 사항은 사실과 틀림없음을 확인합니다.
대인배상1 및 대물배상담보에 가입한 경우 자동차손해배상보장법 제5조의 규정에 의한 의무보험에 가입하였음을 증명합니다.
자동차보험에 처음 가입하는 자동차의 경우 보험료를 받은 때부터 마지막 날 24시까지(단, 증권상의 보험기간 이전에 보험료를 납입한 경우 그 보험기간의 첫날 0시부터 마지막 날 24시까지) 보험 효력이 발생합니다.

2012년 9월 19일
삼성화재해상보험주식회사

(취급자 박 지 급 ㊞)   대표이사 사장   이 삼 승

진 술 서

성 명   강 기 술 (67****-1******)

주 소   (생략)

1. 저는 서울 서초구 양재동에서 '양재곱창' 식당을 운영하고 있습니다.
1. 2012. 9. 27. 20:10경 피의자가 저의 식당에 들어와서 5만 원어치의 술과 음식을 주문하여 먹었습니다.
1. 2012. 9. 27. 21:30경 피의자가 음식 값을 계산하지 않고 몰래 식당 밖으로 걸어 나가는 것을 발견하고 뒤따라가 음식 값을 달라고 요구하자, 피의자는 갑자기 저의 목을 잡고 손으로 뺨을 4~5회 때리고 다시 도주하였습니다.
1. 제가 도망가는 피의자를 뒤따라가 피의자의 집이 어디인지 확인한 후에 경찰에 신고를 하였습니다.
1. 피의자가 음식 값을 변제하고 용서를 구하고 있고, 제가 다친 부분이 없으므로 피의자의 처벌까지 원하지는 않습니다.

2012. 9. 28.

진술자   강 기 술 ㉂

[82] 공갈의 점과 관련하여 피해자의 처분행위가 존재하지 아니한다는 사실을 확인할 수 있다.

[83] 피해자의 처벌불원의사가 존재함을 확인할 수 있다.

[84] 공갈의 점에 대한 피의자신문조서이다. 피해자의 처분행위가 존재하지 아니한다는 사실을 다시 한 번 확인할 수 있다.

피의자신문조서

피의자 이을해에 대한 공갈 피의사건에 관하여 2012. 10. 5. 서울서초경찰서 형사과 형사팀 사무실에서 사법경찰관 경위 홍반장은 사법경찰리 경사 조영사를 참여하게 하고, 아래와 같이 피의자임에 틀림없음을 확인하다.

문　피의자의 성명, 주민등록번호, 직업, 주거, 등록기준지 등을 말하십시오.
답　성명은 이을해(李乙亥)
　　주민등록번호는　　52****-1******　　직업은 무직
　　주거, 등록기준지, 직장주소, 연락처는 각각 (생략)

사법경찰관은 피의사건의 요지를 설명하고 사법경찰관의 신문에 대하여 「형사소송법」 제244조의3에 따라 진술을 거부할 수 있는 권리 및 변호인의 참여 등 조력을 받을 권리가 있음을 피의자에게 알려주고 이를 행사할 것인지 그 의사를 확인하다.
[진술거부권 및 변호인 조력권 고지함. 그 내용은 (생략)]

이에 사법경찰관은 피의사실에 관하여 다음과 같이 피의자를 신문하다.
[피의자의 범죄전력, 경력, 학력, 가족·재산 관계 등 각각 (생략)]

문　피의자는 음식 값을 내지 않으려고 식당 주인을 폭행한 사실이 있는가요.
답　예, 그런 사실이 있습니다.
문　그 경위는 어떠한가요.
답　2012. 9. 27. 20:10경 서울 서초구 양재동 집 근처에 있는 '양재곱창'에서 혼자서 5만 원 어치의 술과 음식을 주문하여 먹었습니다. 제가 21:30경 식사를 마치고 음식 값을 계산하려고 지갑을 꺼내보니, 그때서야 소지하고 있는 현금이 3만 원밖에 없다는 것을 발견하게 되었습니다. 어떻게 할까 고민하다가 식당주인이 잠시 한눈을 파는 사이에 식당 밖으로 걸어 나갔습니다. 그런데 식당주인이 저를 발견하고 뒤따라와 음식 값을 달라고 요구하기에, 피해자의 목을 잡고 손으로 뺨을 4~5회 때렸습니다.

- 45 -

문　그 뒤에 어떻게 되었는가요.

답　제가 도망쳤으나 식당주인이 저의 집에까지 뒤따라와서 저의 집이 어디인지 확인한 후에 경찰에 신고한 것으로 알고 있습니다.

문　이상의 진술내용에 대하여 이의나 의견이 있는가요.

답　없습니다. 죄송합니다.

위의 조서를 진술자에게 열람하게 하였던바, 진술한 대로 오기나 증감·변경할 것이 전혀 없다고 하므로 간인한 후 서명무인하게 하다.

　　　　　　　　　진술자　이 을 해　(무인)

　　　2012. 10. 5.
　　　서울서초경찰서
　　　　사법경찰관　경위　홍 반 장 ㊞
　　　　사법경찰리　경사　조 영 사 ㊞

[85] 사경이 아닌 검사가 작성한 피의자신문조서임에 주의한다. 증거목록을 읽는 단계에서 검찰단계와 경찰단계 수사서류를 미리 구분하여 해당 페이지를 표시할 것을 추천한다.
검찰단계 수사기록은 경찰단계에서의 기록보다 정제된 기록이다. 따라서 사실관계 등에 대한 빠른 파악을 위해 검찰단계 기록을 먼저 읽는 방법도 유효하다.

피의자신문조서

성   명: 이을해

주민등록번호: 52****-1******

위의 사람에 대한 특정경제범죄가중처벌등에관한법률위반(사기) 등 피의사건에 관하여 2012. 10. 16. 서울중앙지방검찰청 제511호 검사실에서 검사 정이감은 검찰주사 한조사를 참여하게 한 후, 아래와 같이 피의자임에 틀림없음을 확인하다.

문   피의자의 성명, 주민등록번호, 직업, 주거, 등록기준지 등을 말하시오.
답   성명은 이을해(李乙亥)
      주민등록번호, 직업, 주거, 등록기준지, 직장주소, 연락처는 각각 (생략)

검사는 피의사실의 요지를 설명하고 검사의 신문에 대하여 「형사소송법」 제244조의3에 따라 진술을 거부할 수 있는 권리 및 변호인의 참여 등 조력을 받을 권리가 있음을 피의자에게 알려주고 이를 행사할 것인지 그 의사를 확인하다.

진술거부권 및 변호인 조력권 고지 등 확인

1. 귀하는 일체의 진술을 하지 아니하거나 개개의 질문에 대하여 진술을 하지 아니할 수 있습니다.
2. 귀하가 진술을 하지 아니하더라도 불이익을 받지 아니합니다.
3. 귀하가 진술을 거부할 권리를 포기하고 행한 진술은 법정에서 유죄의 증거로 사용될 수 있습니다.
4. 귀하가 신문을 받을 때에는 변호인을 참여하게 하는 등 변호인의 조력을 받을 수 있습니다.

문   피의자는 위와 같은 권리들이 있음을 고지받았는가요.
답   예, 고지받았습니다.
문   피의자는 진술거부권을 행사할 것인가요.
답   아닙니다.
문   피의자는 변호인의 조력을 받을 권리를 행사할 것인가요.
답   아닙니다. 혼자서 조사를 받겠습니다.

이에 검사는 피의사실에 관하여 다음과 같이 피의자를 신문하다.
문 피의자의 학력, 경력, 가족관계, 재산정도, 건강상태 등은 경찰에서 사실대로 진술하였나요.
이 때 검사는 사법경찰관 작성의 피의자신문조서 중 해당부분을 읽어준바,
답 예. 그렇습니다.
문 피의자는 2012. 9. 27. 20:10경 서울 서초구 양재동 '양재곱창'에서 5만 원 어치의 술과 음식을 먹은 후 그 대금을 면하려고 도망하다가 업주 강기술을 폭행한 사실이 있는가요.
답 예, 그렇습니다.
문 피의자는 김갑인과 공모하여 사실은 토지소유자 최정오에게서 토지 매매대금으로 3억 원을 제시받았음에도 박병진에게는 토지 매매대금이 5억 원이라고 부풀려 말함으로써 이에 속은 박병진에게서 그 매매대금 5억 원을 송금받아 편취한 사실이 있는가요.
답 아닙니다. 그런 사실이 없습니다.
문 피의자는 2012. 3. 하순경 박병진으로부터 주유소 부지로 이용하려고 하니 최정오가 소유하는 경기 화성시 봉담읍 동화리 283 토지를 매입해달라는 의뢰를 받고, 김갑인에게 다시 최정오로부터 위 토지를 매입해달라고 의뢰한 사실은 있는가요.
답 예, 그런 사실이 있습니다.
문 피의자는 그 과정에서 김갑인에게 "박병진은 순진해서 토지 거래에 대해서는 잘 모른다. 그러니 박병진에게는 토지 소유자가 부르는 가격보다 부풀려 말해서 이 기회에 한 몫 챙길 생각이다. 나중에 일이 잘 되면 너도 섭섭하지 않게 돈을 나누어주겠다. 너는 나중에 박병진으로부터 연락이 오면 '토지 소유자가 5억 원 아래로는 안 팔겠다고 한다. 요즘 그 부근 토지 시세를 확인해보았는데 그 토지가격이 5억 원 이상 나가니 안심하고 구입해도 된다.'고만 말해달라."고 한 사실이 없는가요.
답 그런 사실이 없습니다. 저는 김갑인이 저에게 최정오가 5억 원을 매매대금으로 부른다고 하고, 그 주변 땅 시세가 그 이상 된다고 하여, 김갑인의 말을 믿고 박병진에게 김갑인의 말을 전달해주고 김갑인과 통화하도록 해준 사실 밖에 없습니다.
문 피의자는 김갑인으로부터 양신구를 통해 실제 매매대금 3억 원과의 차액인 현금 2억 원을 전달받은 사실이 없는가요.
답 저는 전혀 그런 사실이 없습니다. 박병진과는 절친한 친구로서 제가 그의

[86] 피고인 이을해가 경찰에서의 진술을 번복하면서 공모사실을 부인하고 있다.

[87] 피고인 이을해에 대한 임의동행이 위법하고, 그에 따른 긴급체포 및 피의자신문 역시 위법한 절차임을 확인할 수 있다.

돈을 받을 수 없다고 생각했기에, 박병진에게서 수고비로 받은 300만 원도 받은 다음 날 전부 김갑인에게 송금해주었고, 이번 일과 관련해서 저는 한 푼도 개인적으로 받은 사실이 없습니다.

문 피의자는 경찰에서는 김갑인과 사기범행을 공모한 사실에 관하여 시인하지 않았는가요.

답 2012. 10. 2. 09:30경 경찰관이 전화로 이 사건과 관련해서 당일 11:00까지 서울서초경찰서로 출석하라고 전화를 하였는데, 당시 제가 반포동에 있는 메리어트 호텔 커피숍에서 현재 구상하고 있는 사업과 관련해서 사람을 만나고 있는 중이니 점심식사를 마치고 그날 오후 02:00경까지 출석하겠다고 대답하였는데, 약 30분 가량 지나서 경찰관 2명이 박병진과 함께 메리어트 호텔 로비로 찾아와서 저에게 서울서초경찰서로 함께 가주어야 하겠다고 하였습니다. 제가 지금 사업상 중요한 이야기를 하고 있으니 끝나고 가겠다고 하였으나 경찰관들은 지금 꼭 가야된다고 하면서 저를 경찰차량에 태워서 서울서초경찰서 경제팀 사무실로 데리고 갔습니다. 그곳에서 박병진과 김갑인을 동석시킨 후 경찰관이 저에게 김갑인과 공모하여 박병진으로부터 토지 매매대금 5억 원을 편취한 것이 아니냐고 묻기에 저는 그런 사실이 없다고 부인하였습니다. 그랬더니 경찰관이 저를 긴급체포하였고, 박병진과 김갑인이 옆에서 이미 저의 범죄를 입증할 증거가 모두 갖추어졌으니 부인해봐야 소용없다고 하면서 지금 자백하고 용서를 구하면 가볍게 처벌받을 수도 있을 것이라고 하여 어쩔 수 없이 경찰관이 말하는 대로 진술하였던 것입니다. 그러나 그 때 진술한 것은 사실이 아닙니다.

문 이상의 진술내용에 대하여 이의나 의견이 있는가요.

답 없습니다.

위의 조서를 진술자에게 열람하게 하였던바, 진술한 대로 오기나 증감·변경할 것이 전혀 없다고 말하므로 간인한 후 서명무인하게 하다.

진술자 이을해 (무인)

2012. 10. 16.

서울중앙지방검찰청

검   사 정이감 ㊞

검찰주사 한조사 ㊞

- 49 -

기타 법원에 제출되어 있는 증거들

※ 편의상 다음 증거서류의 내용을 생략하였으나, 법원에 증거로 적법하게 제출되어 있음을 유의하여 변론할 것.

○ 교통사고실황조사서(2012. 9. 18. 자)

○ 검사 작성의 피고인 김갑인에 대한 피의자신문조서(2012. 10. 12. 자)
 - 공소사실 전부와 관련하여는 피고인 김갑인이 경찰에서 한 진술과 동일하므로 내용 생략.

○ 사망진단서사본(양신구가 2012. 9. 28. 교통사고로 사망하였다는 취지)

○ 피고인들에 대한 각 조회회보서(2012. 10. 8. 자)
 - 피고인들에 대한 전과 조회로서 각각 특별한 전과 없음.

---

[88] 생략된 증거라도 답안에서 인용하는 경우가 있다. 다만 생략된 증거의 내용은 대부분 앞에서 등장한 기록과 중복되므로 답안에 기재할 증거 위주로 간단히 확인하도록 한다.
사실인정 쟁점과 관련하여 검사 제출 증거를 기재하는 경우 생략된 증거들도 내용을 확인하여 함께 기재하여야 한다.

[89] 양신구가 2012. 9. 28. 이미 사망하였다는 사실과 그에 대한 증거로서 사망진단서사본이 존재한다.

확 인: 법무부 법조인력 과장

2013년 제2회 변호사시험 형사법 기록형 CH 02 메모예시

공소제기일 - 12. 10. 19.

피고인	죄명	공소사실				인정 및 부인취지	쟁점	증거		결론	비고
		일시	장소	피해자	피해품	고소 기타			+	-		
김갑인	사문서위조, 동행사	12. 5. 25.	498부동산	박명진 명의	계약서 위조(3억→5억)		○	약식有 -공동명의계약아서. 상상적경합	약식명령(p19)-12.10.14.발령.12. 11.29.확정	-	면소(1호) [변론요지서]
	특가(도주)	12. 9. 18.	교대역사 거리~	v.고경자	2주	보험有	x-도주부정	[사실]도주부정(구호 필요성x) 교특-보험有	구호조치의무x(p39, p40) 가입사실증명서(p44)	피고인피신(38) v.진술서(40)	특가도주-후단무죄 교특-공소기각(2호)
	도교(음주)					0.053%	○	혈중알콜농도측정 오류	서적사본(P19)-알콜농도하강기 검사법정진술(p22)	적발보고서(p42)-0.045% 수사보고(p43)-0.054%추산	후단무죄
공범⑥	특경(사기)										
이을해	특경(사기) 공범㊉ <진급제포> -위법	12.4.10.~ 12.5.3.~ 12.5.18.	v.집	v.박병진	5억 or 2억?		x-공모×	[사실]공모x, 양신구 편취금 2억중 only수고비 300(p34) 1천 교부 무마시도 임의동행및체포부위 변취예2억(단순사기) 도전담× 「ㄱ자진술내용전문	사문-사망진단서 사본(생략)	v.증인(p23)사경리진술서(p27)-316조2항, ㄴ양신구진술 양형위증인 -316조1항. 위법체포(위수증, 특신상태) 김갑인진술(p22), 검사.사경판피신(p34)-부인 이을해사경판피신(p37)-부인, 검사피신-위법체포후 최정오사경리진술조서(p32) 부동산매매계약서,등기부,임금증 2장	후단무죄
	공갈	12. 9. 27.	양체공장	v.강기술	5만 원상당 술,음식		x-공갈×	공갈고의, 처분행위無 처벌불원의사有	처벌불원(p44, v.진술서) 고의, 처분행위x(p44, p45)	피고인피신(45) v.진술서(44)	공갈-전단무죄 폭행-공소기각(2호)

변론요지서

사 건   2012고합1277 특정경제범죄가중처벌등에관한법률위반(사기) 등
피고인   1. 김갑인
         2. 이을해

위 사건에 관하여 피고인 김갑인의 변호인 변호사 김힘찬, 피고인 이을해의 변호인 변호사 이사랑은 다음과 같이 변론합니다.

다 음

I. 피고인 김갑인에 대하여

1. 사문서위조, 위조사문서행사의 점

2인 이상의 연명으로 된 문서를 위조한 경우에는 작성명의인의 수대로 수개의 문서위조죄가 성립하고, 그 수개의 문서위조죄는 형법 제40조의 상상적 경합관계에 있다는 것이 판례의 태도입니다.*

> * 문서에 2인 이상의 작성명의인이 있을 때에는 각 명의자마다 1개의 문서가 성립되므로 2인 이상의 연명으로 된 문서를 위조한 때에는 작성명의인의 수대로 수개의 문서위조죄가 성립하고 또 그 연명문서를 위조하는 행위는 자연적 관찰이나 사회통념상 하나의 행위라 할 것이어서 위 수개의 문서위조죄는 형법 제40조가 규정하는 상상적 경합범에 해당한다(대법원 1987. 7. 21. 선고 87도564 판결).

피고인은 2012. 10. 24. 수원지방법원에서 2012. 5. 25.경 사문서위조죄 및 위조사문서행사죄로 벌금 150만 원의 약식명령을 발령받았고, 그 약식명령은 2015. 11. 29. 확정되었습니다(기록 제19쪽 약식명령 참조).[01]

위 확정된 약식명령의 범죄사실은 피고인이 2012. 5. 25.경 '사구팔 부동산중개소'에서 최정오 명의의 토지 매매계약서를 위조하여 그 위조한 매매계약서를 박병진에게 행사하였다는 것입니다. 위 매매계약서는 매도인 최정오와 매수인 박병진의 공동명의의 것이므로(기록 제31쪽 부동산매매계약서 참조),[02] 피고인이 최정오 명의의 매매계약서를 위조한 사문서위조죄와 박병진 명의의 매매계약서를 위조한 사문서위조죄 및 그 각 동행사죄는 각각 상상적 경합관계에 있습니다.[03]

상상적 경합관계에 있는 최정오와 박병진에 대한 각 사문서위조죄 및 동행사죄 중 최정오에 대한 사문서위조죄 및 동행사죄에 대해 약식명령이 확정된 이상, 그 기판력은 이 부분 공소사실인 박병진에 대한 사문서위조죄 및 동행사죄에 대하여도 미칩니다.

[01] 피고인→발령일→법원명→약식명령 내용→발령사실→확정일→확정사실→증거적시 순서로 문장을 구성한다.

[02] 증거 내용을 장황하게 설명하기 보다는 간단한 설명과 함께 증거 자체를 적시하도록 한다.

[03] 판례 등 법리를 기재한 후, 해당 공소사실의 사실관계 검토를 누락하지 않도록 한다.

[04] 각 호 규정까지 구체적으로 기재한다.

결국 이 부분 공소사실은 확정판결이 있는 때에 해당하므로 형사소송법 제326조 제1호[04]에 따라 면소판결이 선고되어야 합니다.

2. 특정범죄가중처벌등에관한법률위반(도주차량)의 점

가. 특정범죄가중처벌등에관한법률위반(도주차량)의 점에 대하여[05]

[05] 전형적인 사실인정 쟁점에 대한 목차인 피고인의 변소부터 시작하여 답안을 구성할 수도 있다. 다만, 본 답안에서는 교통사고와 관련된 판례의 태도를 중심으로 사실관계를 검토하는 방식으로 답안을 구성하였다. 이러한 답안 구성은 특히 교통사고 관련범죄에서 많이 사용하게 된다.

판례는 사고의 경위와 내용, 피해자의 상해의 부위와 정도, 사고 운전자의 과실 정도, 사고 운전자와 피해자의 나이와 성별, 사고 후의 정황 등을 종합적으로 고려하여 사고 운전자가 실제로 피해자를 구호하는 등 도로교통법 제54조 제1항에 의한 조치를 취할 필요가 있었다고 인정되지 아니하는 경우에는 사고 운전자가 위 규정에 의한 의무를 이행하기 이전에 사고현장을 이탈하였더라도 특정범죄가중처벌등에관한법률 제5조의3 제1항 위반죄로는 처벌할 수 없다는 입장입니다.*

> * 특정범죄가중처벌등에관한법률 제5조의3 제1항의 도주차량 운전자의 가중처벌에 관한 규정은 교통의 안전이라는 공공의 이익을 보호함과 아울러 교통사고로 사상을 당한 피해자의 생명·신체의 안전이라는 개인적 법익을 보호하기 위하여 제정된 것이므로, 그 입법 취지와 보호법익에 비추어 볼 때, 사고의 경위와 내용, 피해자의 상해의 부위와 정도, 사고 운전자의 과실 정도, 사고 운전자와 피해자의 나이와 성별, 사고 후의 정황 등을 종합적으로 고려하여 사고 운전자가 실제로 피해자를 구호하는 등 도로교통법 제50조 제1항에 의한 조치를 취할 필요가 있었다고 인정되지 아니하는 경우에는 사고 운전자가 피해자를 구호하는 등 도로교통법 제50조 제1항에 규정된 의무를 이행하기 이전에 사고현장을 이탈하였더라도 특정범죄가중처벌등에관한법률 제5조의3 제1항 위반죄로는 처벌할 수 없다(대법원 2007. 4. 12. 선고 2007도828 판결).

이 부분 공소사실 교통사고와 관련하여 ① 피해차량의 번호판이 약간 꺾이고 뒷범퍼에 흠집이 난 정도의 경미한 사고에 불과한 점, ② 피고인은 사고 직후 차에서 내려 차량을 한쪽으로 세운 뒤 피해자와 함께 차량 파손 정도를 확인했던 점, ③ 피고인이 피해자와 사고 후 합의금 문제로 약 40분 동안 다투었으나 피해자가 상해에 대한 언급은 전혀 하지 않았던 점, ④ 사고로 인하여 피해자가 입은 상해는 2주간의 치료가 필요한 경추염좌상으로 매우 경미한 점, ⑤ 피해자는 37세의 건강한 성인 여성인 점 등을 고려하면 범행 당시 피고인이 도로교통법 제54조 제1항에서 정한 구호조치를 할 필요성이 인정된다고 보기 어렵고, 달리 이를 인정할 만한 다른 증거 역시 없습니다.[06]

[06] 단순히 구호의무가 부정된다고 기재하면 아니 되고, 구체적인 사실관계 검토를 통해 구호의무가 부정됨을 논증하여야 한다.

결국 이 부분 공소사실에 대하여는 범죄의 증명이 없는 때에 해당하므로 형사소송법 제325조 후단에 의하여 무죄가 선고되어야 합니다.

나. 축소사실인 교통사고처리특례법위반죄에 대하여

[07] 특정범죄가중처벌등에관한법률위반(도주차량)의 점에서 도주사실이 부정되고 축소사실인 교통사고처리특례법위반의 점이 다시 문제되는 전형적인 사례이다. 피고인은 도주의 점을 부인하고 있을 뿐, 교통사고로 피해자에게 상해를 입힌 사실은 자백하고 있다.

[08] 피의자신문 등에서 보험가입사실을 진술하는 경우 보험가입사실증명원 등의 증거가 추가로 제출된다.

[09] 보험가입특례 내용을 기재하여야 하나 해당 조항 적시로 갈음할 수 있다.

피고인이 교통사고로 인하여 피해자에게 상해를 입게 한 부분에 대하여는 교통사고처리특례법위반죄가 성립할 수 있습니다.[07] 그러나 피고인은 사고 당시 종합보험에 가입되어 있었고(기록 제44쪽 자동차종합보험 가입사실증명서 참조),[08] 아래에서 검토하는 바와 같이 피고인은 음주운전을 하지 아니하였으므로 피고인의 이 부분 공소사실에 대해서는 교통사고처리특례법 제4조 제1항에 의하여[09] 공소를 제기할 수 없습니다.

따라서 이 부분 공소는 공소제기 절차가 법률의 규정에 위반되어 무효인 때에 해당하므로, 형사소송법 제327조 제2호에 의하여 공소기각판결이 선고되어야 합니다.[10]

3. 도로교통법위반(음주운전)의 점[11]

판례는 피고인에게 가장 유리한 감소치를 적용한 위드마크 공식에 따라 산출한 혈중알콜농도가 처벌기준치를 근소하게 초과할 뿐만 아니라, 음주운전 시점이 혈중알콜농도의 상승시점인지 하강시점인지 확정할 수 없는 상황에서 사후 측정수치에 혈중알콜농도 감소치를 가산하는 방법으로 산출한 혈중알콜농도가 처벌기준치를 약간 넘는 경우에는 음주운전시점의 혈중알콜농도가 처벌기준치를 초과한 것이라고 단정할 수 없다는 입장입니다.*

> * [1] 위드마크 공식에 의한 역추산 방식을 이용하여 특정 운전시점으로부터 일정한 시간이 지난 후에 측정한 혈중알코올농도를 기초로 하고 여기에 시간당 혈중알코올의 분해소멸에 따른 감소치에 따라 계산된 운전시점 이후의 혈중알코올분해량을 가산하여 운전시점의 혈중알코올농도를 추정함에 있어서는 피검사자의 평소 음주정도, 체질, 음주속도, 음주 후 신체활동의 정도 등의 다양한 요소들이 시간당 혈중알코올의 감소치에 영향을 미칠 수 있는바, 형사재판에 있어서 유죄의 인정은 법관으로 하여금 합리적인 의심을 할 여지가 없을 정도로 공소사실이 진실한 것이라는 확신을 가지게 할 수 있는 증명이 필요하므로, 위 영향요소들을 적용함에 있어 피고인이 평균인이라고 쉽게 단정하여 평균적인 감소치를 적용하여서는 아니 되고, 필요하다면 전문적인 학식이나 경험이 있는 자의 도움을 받아 객관적이고 합리적으로 혈중알코올농도에 영향을 줄 수 있는 요소들을 확정하여야 할 것이고, 위드마크 공식에 의하여 산출한 혈중알코올농도가 법이 허용하는 혈중알코올농도를 상당히 초과하는 것이 아니고 근소하게 초과하는 정도에 불과한 경우라면 위 공식에 의하여 산출된 수치에 따라 범죄의 구성요건 사실을 인정함에 있어서 더욱 신중하게 판단하여야 한다. [2] 피고인에게 가장 유리한 감소치를 적용하여 위드마크(Widmark) 공식에 따라 사후 측정수치에 혈중알코올농도의 감소치를 가산하는 방법으로 산출한 혈중알코올농도가 처벌기준치를 근소하게 초과하는 것에 그치고 있을 뿐만 아니라, 음주운전 시점이 혈중알코올농도의 상승시점인지 하강시점인지 확정할 수 없는 상황에서 사후 측정수치에 혈중알코올농도 감소치를 가산하는 방법으로 산출한 혈중알코올농도가 처벌기준치를 약간 넘는다고 하여 음주운전시점의 혈중알코올농도가 처벌기준치를 초과한 것이라고 단정할 수 없다고 한 사례(대법원 2001. 7. 13. 선고 2001도1929 판결).

또한 최종 음주 시부터 90분 내에 혈중알콜농도가 측정된 경우에는 피검자의 혈중알콜농도가 최고도에 이르기까지 상승하고 있는 상태인지 최고도에 이른 후 하강하고 있는 상태인지 여부를 확정하기 어렵다 할 것이고(기록 제19쪽 서적사본 참조), 검사 역시 음주 최종시각 이후 체내 혈중알콜농도가 하강기에 있는지 여부를 확인하지 못한 상태에서 음주측정이 이루어졌다고 진술하고 있습니다(기록 22쪽 공판조서 참조).[12]

이 부분 공소는 피고인에 대한 음주측정 당시 혈중알콜농도가 하강시점에 있음을 전제로 하여 계산한 수치를 전제로 한 것이므로 그 계산에 중대한 오류가 있을 뿐만 아니라, 그 수치 자체도 처벌기준인 0.05%를 근소하게 초과한 0.053%에 불과합니다. 따라서 검사가 제출한 증거만으로는 피고인이 처벌기준치를 초과한 음주운전을 하였다는 이 부분 공소사실에 대해 합리적 의심 없이 증명되었다고 할 수 없고, 그 밖에 이를 증명할 다른 증거가 없다 할 것입니다.

---

[10] 제327조 제2호 공소기각 소결론은 답안에서 자주 등장하므로 그대로 암기할 것을 추천한다.

[11] 2019. 12. 24. 개정된 도로교통법에 의하면 음주운전 처벌의 하한은 혈중 알코올농도 0.03%이다. 다만, 본회 해설은 출제당시 구법을 기준으로 답안 등을 구성하였다.

[12] 문제에서 추가제출 증거(서적사본)과 검사진술 등을 통해 쟁점 내용을 제시해주고 있으므로 이를 잘 활용하여 답안을 작성한다.

결국 이 부분 공소사실은 범죄의 증명이 없는 때에 해당하므로 형사소송법 제325조 후단에 의하여 무죄가 선고되어야 합니다.

II. 피고인 이을해에 대하여

1. 특정경제범죄가중처벌등에관한법률위반(사기)의 점

가. 특정경제범죄가중처벌등에관한법률 적용 여부[13]

특정경제범죄가중처벌등에관한법률[14] 제3조 제1항은 피고인의 편취 금액이 5억 원 이상인 경우에 적용됩니다. 그러나 본 건은 매매가액 3억 원인 부동산을 5억 원에 매수하도록 한 사안이므로, 피고인이 취득한 금액은 2억 원에 불과합니다. 따라서 이 부분 공소사실에 대하여는 특정경제범죄가중처벌등에관한법률 제3조 제1항이 아닌 형법 제347조가 적용되어야 하고, 이러한 축소사실에 대해 판례는 공소장변경(형사소송법 제298조 제1항) 없이도 직권으로 인정할 수 있다는 입장이므로 이하에서는 형법상 사기죄 성부에 대하여 검토하도록 하겠습니다.

[13] 특경법 적용여부 검토는 공모사실 부존재 검토 후에 하여도 무방하다. 특경법 적용여부에 대하여는 법리상 다툼의 여지가 있으나, 피고인에게 유리하게 작성하여야 하는 변론요지서의 특성상 당연히 검토하여야 한다.

[14] 죄명과 달리 법령명은 띄어쓰기를 한다.

나. 공모사실의 부존재

피고인은 검찰에서부터 이 사건 법정에 이르기까지 일관되게 범행을 부인하고 있고, 피고인이 김갑인과 매매대금 편취를 공모한 사실은 물론 김갑인으로부터 양신구를 통해 2억 원을 전달받은 사실도 없습니다.

1) 검사 제출 증거

이 부분 공소사실에 대해 검사가 제출한 증거는 김갑인·증인 박병진·증인 안경위의 각 법정 진술, 검사 작성 피고인·김갑인에 대한 각 피의자신문조서의 진술기재, 사법경찰관 작성 피고인·김갑인에 대한 각 피의자신문조서의 진술기재, 사법경찰리 작성 박병진·최정오에 대한 각 진술조서의 진술기재, 부동산매매계약서·무통장입금증 2장·등기사항전부증명서의 각 기재 및 현존이 있습니다.[15]

[15] 증거는 법원→검찰→경찰, 인증→서증→증거물, 피고인→참고인, 조서→진술서→검증조서→압수조서·실황조사서→진단서·견적서의 순서대로 거시한다.

2) 증거능력 없는 증거

가) 사법경찰관 작성 피고인에 대한 피의자신문조서

위 조서에 대해서는 피고인이 내용부인 취지로 증거부동의하였으므로 형사소송법 제312조 제3항에 의하여 증거능력이 없습니다.

나) 사법경찰관 작성 김갑인에 대한 피의자신문조서

위 조서에 대해서는 피고인이 내용부인취지로 증거부동의하였으므로 형사소송법 제312조 제3항에 의하여 증거능력이 없습니다.

다) 증인 안경위의 법정진술

증인 안경위의 진술이 내용으로 하는 피고인의 자백취지 진술은 피고인이 거부의 의사를 분명하게 밝혔음에도 불구하고 강제로 연행된 후 피고인이 범행을 부인하자 긴급체포된 상태에서 이루어진 것입니다. 따라서 위 자백취지 진술은 위법수집증거배제법칙(형사소송법 제308조의2) 또는 자백배제법칙(제309조)에 의하여 증거능력이 부정되고, 이러한 진술을 내용으로 하는 안경위의 진술 역시 증거능력이 없습니다(독수의 과실이론).

또한 증인 안경위의 진술은 피고인의 진술을 내용으로 하는 피고인 아닌 자의 진술(조사자 증언)으로서 형사소송법 제316조 제1항의 적용대상이나, 앞서 살펴본 바와 같이 그 피고인의 진술은 위법한 체포상태에서 이루어진 것으로서 특히 신빙할 수 있는 상태 하에서 행하여졌다고 볼 수 없으므로 역시 증거능력이 없습니다.[16]

[16] 위법한 체포상태에서의 피고인의 진술을 내용으로 하는 조사자 안경위의 진술은 위법수집증거를 기초로 수집한 2차 증거로서 증거능력이 부정될 뿐만 아니라, 형사소송법 제316조 제1항의 특신상태 요건을 갖추지 못하여 증거능력이 부정된다.

라) 증인 박병진의 일부[17] 법정진술 및 경찰단계에서의 일부 진술

박병진의 진술 중 망 양신구로부터 '김갑인의 지시에 의해 피고인에게 현금 2억 원을 전달해 주었다'는 말을 들었다는 부분은 전문진술 및 전문진술기재 조서에 해당합니다. 원진술자인 양신구가 사망하여(사망진단서 사본 참조) 진술할 수 없는 상태에 있으나, 망 양신구가 김갑인의 종업원이라는 점, 위 진술 부분은 망 양신구가 김갑인과 함께 한 자리에서 피해자 박병진으로부터 추궁당하는 과정에서 이루어진 것이라는 점 등을 고려하면 위 진술은 특히 신빙할 수 있는 상태 하에서 행하여졌다고 할 수 없으므로, 결국 증거능력이 없습니다(형사소송법 제316조 제2항, 제312조 제4항).

[17] 증인 박병진의 법정진술 중 일부 진술에 대한 것임을 특정하여야 한다.

설령 위 진술에 대해 특신상태가 인정되어 형사소송법 제316조 제2항에 의해 증거능력을 인정한다 하더라도,[18] 아래에서 살펴보는 김갑인의 진술과 같은 이유로 양신구의 위 진술은 신빙성이 없습니다.[19]

[18] 피고인에게 가장 유리하게 증거능력부터 부정하여야 하나, 경우에 따라 특신상태가 인정된다고 평가도 가능하므로 증거능력이 인정되더라도 신빙성이 부정된다는 내용을 추가로 기재하여야 한다.

[19] 김갑인의 진술에 대한 신빙성 탄핵 내용은 곧 양신구의 진술에 대한 탄핵의 내용이 된다.

마) 사법경찰리 작성 박병진에 대한 진술조서의 진술기재 중 일부

위 조서의 진술기재 중 박병진이 김갑인으로부터 김갑인이 피고인의 지시에 따라 매매가격을 부풀렸다고 시인하면서 피고인으로부터는 수고비로 300만 원을 받았을 뿐 매매대금 차액 2억 원을 모두 피고인에게 현금으로 보내주었다고 말하는 것을 들었다는 취지의 진술부분은 피고인 아닌 자의 피고인 아닌 자의 진술을 내용으로 하는 전문진술 기재 조서에 해당하고, 그 원진술자인 김갑인이 이 사건 법정에 출석하고 있는 이상 증거능력이 없습니다(형사소송법 제316조 제2항, 제312조 제4항).

3) 증명력 검토 등

피고인과 공모하여 피해자로부터 5억 원을 편취하고 양신구를 통하여 피고인에게 2억 원을 교부하였다는 내용의 김갑인의 법정진술 및 검사 작성 김갑인에 대한 피의자신문조서의 진술기재는 아래에서 보는 바와 같이 신빙성이 없습니다.

먼저 ① 김갑인이 피고인과는 상의하지 않고 박병진의 요청에 따라 계약서를 위조하여 교부한 점, ② 김갑인이 범행 후 최정오로부터 추궁을 받는 과정에서 자신이 피고인으로부터 지급받았다고 주장하는 수수료보다 훨씬 많은 금액인 1,000만 원을 주겠다고 하면서 범행을 무마하려고 한 점 등을 살펴보면 본 건 범행은 김갑인이 단독으로 한 것임을 알 수 있습니다.

또한 ① 범행에 있어 중요부분을 모두 단독으로 수행한 김갑인이 편취금 2억 원을 분배받지 않고 전부 피고인에게 교부하는 것은 경험칙에 반한다는 점, ② 피고인이 편취금 2억 원을 교부받았다면 피고인이 2012. 6. 1. 피해자에게 500만 원을 빌릴 이유가 전혀 없다는 점, ③ 굳이 범행과 무관한 제3자인 양신구를 통해 편취금을 1주일에 걸쳐 현금으로 출금하여 지급받을 만한 사정이 전혀 없다는 점, ④ 피고인이 수수료로 받은 300만 원을 받은 직후 김갑인에게 송금할 이유 역시 전혀 없다는 점 등을 고려하면 김갑인이 피고인과 사기범행을 공모하고 김갑인이 편취금 2억 원을 피고인에게 모두 교부한 것이 아니라, 오히려 김갑인이 양신구와 공모하여 범행을 저지르고 자신들의 책임을 이을해에게 전가하려 한 것일 가능성이 매우 높다 할 것입니다.

그 밖의 증거들만으로는 이 부분 공소사실을 증명하기에 부족하고, 이 부분 공소사실을 인정할 만한 다른 증거도 전혀 없습니다.

다. 소결

결국 특정경제범죄가중처벌등에관한법률위반(사기)죄로 기소된 이 부분 공소사실에 대해서는 형사소송법 제325조 전단에 의한 무죄판결이, 그에 대한 축소사실인 형법상 사기의 점에 대해서는 형사소송법 제325조 후단에 의한 무죄판결이 각각 선고되어야 합니다.

2. 공갈의 점

가. 공갈의 고의 및 피해자 처분행위의 부존재[20]

[20] 피고인에게는 공갈의 고의가 없을 뿐만 아니라, 피고인에 대한 피해자의 처분행위가 부존재한다. 양자를 구별하여 적시하여야 한다.

공갈죄에 있어 폭행의 상대방이 처분행위를 한 바 없고, 단지 행위자가 법적으로 의무 있는 재산상 이익의 공여를 면하기 위하여 상대방을 폭행하고 현장에서 도주함으로써 상대방이 행위자로부터 원래라면 얻을 수 있었던 재산상 이익의 실현에 장애가 발생한 것에 불과하다면, 그 행위자에게 공갈죄의 죄책을 물을 수 없다는 것이 판례의 입장입니다.*

* 재산상 이익의 취득으로 인한 공갈죄가 성립하려면 폭행 또는 협박과 같은 공갈행위로 인하여 피공갈자가 재산상 이익을 공여하는 처분행위가 있어야 한다. 물론 그러한 처분행위는 반드시 작위에 한하지 아니하고 부작위로도 족하여서, 피공갈자가 외포심을 일으켜 묵인하고 있는 동안에 공갈자가 직접 재산상의 이익을 탈취한 경우에도 공갈죄가 성립할 수 있다. 그러나 폭행의 상대방이 위와 같은 의미에서의 처분행위를 한 바 없고, 단지 행위자가 법적으로 의무 있는 재산상 이익의 공여를 면하기 위하여 상대방을 폭행하고 현장에서 도주함으로써 상대방이 행위자로부터 원래라면 얻을 수 있었던 재산상 이익의 실현에 장애가 발생한 것에 불과하다면, 그 행위자에게 공갈죄의 죄책을 물을 수 없다(대법원 2012. 1. 27. 선고 2011도16044 판결).

이 부분 공소사실의 경우 피고인은 음식 값을 계산하지 않고 몰래 나가다가 이를 발견하고 따라오는 피해자의 뺨을 4~5회 때리고 달아났을 뿐입니다. 즉, 피고인에게 공갈의 고의는 전혀 없었고, 피고인에 대해 피해자가 음식 값에 대한 처분행위를 한 적도 없습니다.

결국 이 부분 공소사실은 범죄로 되지 아니하는 때에 해당하는바, 이에 대해서는 형사소송법 제325조 전단에 의한 무죄판결이 선고되어야 합니다. 다만 공갈죄가 성립하지 아니하더라도 축소사실인 폭행죄는 성립할 수 있고, 이러한 축소사실에 대해 법원은 공소장변경 없이도 직권으로 인정할 수 있다는 입장이므로 아래에서는 폭행죄에 대해 살펴보도록 하겠습니다.

나. 축소사실인 폭행의 점에 대하여

피고인이 피해자의 뺨을 4~5회 때린 사실에 대해 폭행죄 성립이 가능합니다.[21] 그러나 폭행죄는 형법 제260조 제3항에 의해 피해자의 명시한 의사에 반하여 공소를 제기할 수 없는 범죄이고, 피해자는 이 사건 공소제기 전인 2012. 9. 28. 피고인의 처벌을 원하지 않는다는 의사를 표시하였습니다(기록 제44쪽 진술서 참조).[22]

결국 이 부분 공소는 공소제기의 절차가 법률의 규정에 위반되어 무효인 때에 해당하므로, 이에 대해 형사소송법 제327조 제2호에 의하여 공소기각 판결이 선고되어야 합니다.

2013. 1. 5.

피고인 김갑인의 변호인 변호사 김힘찬 ㉐
피고인 이을해의 변호인 변호사 이사랑 ㉐

서울중앙지방법원 제26형사부 귀중

[21] 축소사실 논의를 누락하지 않도록 주의한다.

[22] 해당 공소사실이 반의사불벌죄에 해당한다는 점→피해자가 처벌불원의사를 표시하였다는 점→처벌불원의사가 표시된 증거 순서대로 답안을 작성한다.

2014년 제3회
변호사시험 형사법 기록형

2014년도 제3회 변호사시험 문제

시험과목	형사법(기록형)

응시자 준수사항

1. 시험 시작 전 문제지의 봉인을 손상하는 경우, 봉인을 손상하지 않더라도 문제지를 들추는 행위 등으로 문제 내용을 미리 보는 경우 그 답안은 영점으로 처리됩니다.

2. 답안은 흑색 또는 청색 필기구(사인펜이나 연필 사용 금지) 중 한 가지 필기구만을 사용하여 답안 작성란(흰색 부분) 안에 기재하여야 합니다.

3. 답안지에 성명과 수험번호 등을 기재하지 않아 인적사항이 확인되지 않는 경우에는 영점으로 처리되는 등 불이익을 받게 됩니다. 특히 답안지를 바꾸어 다시 작성하는 경우, 성명 등의 기재를 빠뜨리지 않도록 유의하여야 합니다.

4. 답안지에는 문제내용을 쓸 필요가 없으며, 답안 이외의 사항을 기재하거나 밑줄 기타 어떠한 표시도 하여서는 안 됩니다. 답안을 정정할 경우에는 두 줄로 긋고 다시 써야 하며, 수정액 등은 사용할 수 없습니다.

5. 시험 종료 시각에 임박하여 답안지를 교체했더라도 시험 시간이 끝나면 그 즉시 새로 작성한 답안지를 회수합니다.

6. 시험 시간이 지난 후에는 답안지를 일절 작성할 수 없습니다. 이를 위반하여 **시험 시간이 종료되었음에도 불구하고 계속 답안을 작성할 경우 그 답안은 영점으로 처리됩니다.**

7. 답안은 답안지의 쪽수 번호 순으로 써야 합니다. **배부된 답안지는 백지 답안이라도 모두 제출**하여야 하며, **답안지를 제출하지 아니한 경우 그 시간 시험과 나머지 시험에 응시할 수 없습니다.**

8. 지정된 시간까지 지정된 시험실에 입실하지 않거나 시험관리관의 승인 없이 시험 시간 중에 시험실에서 퇴실한 경우, 그 시간 시험과 나머지 시간의 시험에 응시할 수 없습니다.

9. 시험 시간 중에는 어떠한 경우에도 문제지를 시험장 밖으로 가지고 갈 수 없고, 그 시험 시간이 끝난 후에는 문제지를 시험장 밖으로 가지고 갈 수 있습니다.

[01] 가장 먼저 작성하여야 할 서면의 종류를 확인한다. 구체적으로 '누가' '누구에게' 제출하는 서면인지를 확인하여야 한다. 이에 따라 답안에서 사용할 어투뿐만 아니라 검토하여야 할 쟁점까지 달리하게 된다.
검토의견서는 변호인이 회사 내부적으로 대표변호사에게 보고하는 서면이므로 경어체를 사용하거나 '~할 것임'이라는 방식으로 답안을 작성하여야 하고, 피고인에게 유리한 내용뿐만 아니라 불리한 내용에 대하여도 객관적 입장에서 검토하여야 한다.
변론요지서는 경어체를 사용하여야 하고, 피고인에게 가장 유리한 결론으로 쟁점을 검토하여야 한다.

[02] 의율착오 쟁점이 출제되었음을 제시해주고 있다. 재판장의 석명사항과 마찬가지로 문제의 난이도를 낮추기 위한 힌트를 제시한 것이므로 관련 쟁점을 누락하지 않도록 주의한다.

[03] 기록 답안은 판례의 태도를 기준으로 답안을 작성함을 원칙으로 한다. 사례형 답안과 달리 견해대립이나 일반론을 기재할 필요 없이 판례 결론에 따른 사안검토 위주로 작성한다.
판례의 태도에 반하는 견해를 바탕으로 피고인에 대한 무죄 등을 주장하는 예외적인 경우에는 판례 태도부터 적시한 후 변론내용을 기재하도록 한다.

[04] 검토의견서와 변론요지서 사이에 중복되는 쟁점에 대한 인용기재를 허용하고 있다. 답안 작성시 인용기재를 적극적으로 활용하여야 한다.

[05] 제4회 시험부터는 도로명 주소만 사용한다.

【문제】

피고인 김갑동에 대해서는 법무법인 공정 담당변호사 김힘찬이 객관적인 입장에서 대표변호사에게 보고할 검토의견서를, 피고인 이을남에 대해서는 변호인 이사랑의 변론요지서를 작성하되, 다음 쪽 검토의견서 및 변론요지서 양식 중 **본문 Ⅰ, Ⅱ 부분**만 작성하시오.

※ 검토의견서에서는 공소장의 죄명 내지 구성요건에 대한 의율이 잘못되었을 경우 관련 법률적 쟁점 및 이에 대한 의견과 더불어 적합한 의율변경을 하여 의율변경된 죄명 내지 구성요건에 대한 법률적 쟁점 및 이에 대한 의견도 제시할 것.

【작성요령】

1. 학설·판례 등의 견해가 대립되는 경우, 한 견해를 취할 것. 단, 대법원 판례와 다른 견해를 취하여 의견을 제시하고자 하는 경우에는 대법원 판례의 취지를 적시할 것.
2. 증거능력이 없는 증거는 실제 소송에서는 증거로 채택되지 않아 증거조사가 진행되지 않지만, 이 문제에서는 시험의 편의상 증거로 채택되어 증거조사가 진행된 것을 전제하였음. 따라서 필요한 경우 증거능력에 대하여도 논할 것.
3. 검토의견서에 기재한 내용은 변론요지서에서, 변론요지서에 기재한 내용은 검토의견서에서 각각 인용 가능.

【주의사항】

1. 쪽 번호는 편의상 연속되는 번호를 붙였음.
2. 조서, 기타 서류에는 필요한 서명, 날인, 무인, 간인, 정정인이 있는 것으로 볼 것.
3. 증거목록, 공판기록 또는 증거기록 중 '(생략)'이라고 표시된 부분에는 법에 따른 절차가 진행되어 그에 따라 적절한 기재가 있는 것으로 볼 것.
4. 공판기록과 증거기록에 첨부하여야 할 일부 서류 중 '(생략)' 표시가 있는 것, '증인선서서'와 수사기관의 조서에 첨부하여야 할 '수사과정확인서'는 적법하게 존재하는 것으로 볼 것.
5. 송달이나 접수, 통지, 결재가 필요한 서류는 모두 적법한 절차를 거친 것으로 볼 것.
6. 시험의 편의상 주소기재는 도로명 주소가 아닌 지번주소로 하였음.

- 1 -

【검토의견서 양식】

검토의견서

사 건   2013고합1277 특정경제범죄가중처벌등에관한법률위반(횡령) 등
피고인   김갑동

I. 피고인 김갑동에 대하여 (25점)
 1. 배임의 점
 2. 특정경제범죄가중처벌등에관한법률위반(횡령)의 점

※ 평가제외사항 - 공소사실의 요지, 정상관계 (답안지에 기재하지 말 것)

2014. 1. 4.

법무법인 공정 변호사 김힘찬 ㊞

【변론요지서 양식】

변론요지서

사 건   2013고합1277 특정경제범죄가중처벌등에관한법률위반(횡령) 등
피고인   이을남

 위 사건에 관하여 피고인 이을남의 변호인 변호사 이사랑은 다음과 같이 변론합니다.

다 음

II. 피고인 이을남에 대하여 (75점)
 1. 특정경제범죄가중처벌등에관한법률위반(횡령)의 점
 2. 강도의 점
 3. 현금 절도, 여신전문금융업법위반의 점
 4. 점유이탈물횡령의 점
 5. 금목걸이 절도의 점

※ 평가제외사항 - 공소사실의 요지, 정상관계 (답안지에 기재하지 말 것)

2014. 1. 4.
피고인 이을남의 변호인 변호사 이사랑 ㊞

서울중앙지방법원 제26형사부 귀중

---

[06] 검토의견서와 변론요지서 사이의 배점 차이가 매우 크므로, 답안 작성시 분량과 시간 분배를 주의하여야 한다. 간단한 판례 등 법리 검토만으로 충분한 공소사실과 증거관계 검토를 통한 사실인정이 필요한 공소사실을 구별할 수 있어야 한다.

[07] 양식에서 주어진 답안 목차 그대로 답안을 작성한다. 특히 정상관계 등 평가제외사항에 대해서는 답안에서 언급하지 않음은 물론 기록을 읽는 과정에서도 관련 내용을 가볍게 읽고 넘어가야 한다. 메모 작성시 양식의 목차와 공소장의 공소사실 기재를 참고하여 피고인란과 죄명란을 기재한다.

기록내용 시작

기일	사건번호	2013고합1277	담임	제26부	주심	다
1회기일						
12/5 ㅅ10						
12/19 P3	사건명	가. 특정경제범죄가중처벌등에관한법률위반(횡령) 나. 배임 다. 강도 라. 절도 마. 여신전문금융업법위반 바. 점유이탈물횡령				
	검 사	구사현		2013형제99999호		
	피고인	1. 가.나. 　　　　　김갑동 2. 가.다.라.마.바. 　이을남				
	공소제기일	2013. 10. 18.				
	변호인	사선　법무법인 공정 담당변호사 김힘찬(피고인 김갑동) 사선　변호사 이사랑(피고인 이을남)				

서울중앙지방법원

구공판 형사제1심소송기록

	구속만료		미결구금	
	최종만료			
	대행 갱신 만료			

확 정			완결 공람	담 임	과 장	국 장	주심 판사	재판장	원장
보존종기									
종결구분									
보 존									

[08] 기록표지에서는 공소제기일만 체크하여 메모하도록 한다. 추가적으로 왼쪽 상단에서 기일이 몇 번 열렸는지(시험에서는 2회가 일반적이다), 구속된 피고인이 있는지(구속된 피고인에 대해서는 피고인란에 '구속'이라는 박스표시가 붙는다) 등을 가볍게 확인할 수 있다.

[09] 체크할 내용이 없는 서면은 보지 않고 빠르게 넘기도록 한다.

접 수 공 람	과 장 ㉿	국 장 ㉿	원 장 ㉿

공 판 준 비 절 차

회 부 수명법관 지정 일자	수명법관 이름	재 판 장	비 고

법정외에서 지정하는 기일

기일의 종류	일 시	재 판 장	비 고
1회 공판기일	2013. 12. 5. 10:00	㉿	

- 5 -

서울중앙지방법원

목 록

문 서 명 칭	장 수	비 고
증거목록	8	검사
공소장	10	
변호인선임신고서	(생략)	피고인 김갑동
변호인선임신고서	(생략)	피고인 이을남
영수증(공소장부본 등)	(생략)	피고인 김갑동
영수증(공소장부본 등)	(생략)	피고인 이을남
영수증(공판기일통지서)	(생략)	변호사 김힘찬
영수증(공판기일통지서)	(생략)	변호사 이사랑
국민참여재판 의사 확인서(불희망)	(생략)	피고인 김갑동
국민참여재판 의사 확인서(불희망)	(생략)	피고인 이을남
의견서	(생략)	피고인 김갑동
의견서	(생략)	피고인 이을남
공판조서(제1회)	15	
공판조서(제2회)	17	
증인신문조서	20	박고소
증인신문조서	21	나부인

[10] 가장 먼저 공소장변경허가신청서가 있는지 체크한다. 허가신청이 있는 경우 그 다음 기일의 공판조서를 펼쳐 법원의 허가여부를 체크하여야 하고, 허가된 경우라면 공소장변경허가신청서를 펼쳐 변경된 공소사실을 확인하여야 한다. 공소사실이 변경된 경우 기존 공소장의 공소사실이 아닌 변경된 공소사실대로 기록을 읽고 메모를 시작하여야 한다.

그 다음 제1회 공판기일과 제2회 공판기일 사이에 제출된 증거가 있는지 확인한다. 공판단계에서 제출되는 합의서 등은 쟁점을 검토함에 있어 중요한 증거가 된다. 추가로 공판기일은 몇 차례 열렸는지 신청된 증인은 몇 명인지 등을 확인할 수도 있다.

[11] 공판기록 목록 다음에는 구속관계서류 목록이 등장한다. 긴급체포서 등이 생략되지 아니하고 제시되는 경우에는 체포의 적법성 등이 쟁점이 될 가능성이 크다.

[12] 피고인 이을남에 대한 체포영장이 기록에 등장하는바, 그 체포의 적법성 등이 문제됨을 예상할 수 있다.

서울중앙지방법원

목 록 (구속관계)		
문 서 명 칭	장 수	비 고
체포영장	13	피고인 이을남
피의자석방보고	(생략)	피고인 이을남

- 7 -

증거목록 (증거서류 등)

2013고합1277

① 김갑동
② 이을남

2013형 제99999호

신청인: 검사

순번	증거방법				성명	참조사항 등	신청기일	증거의견		증거결정		증거조사기일	비고
	작성	쪽수(수)	쪽수(증)	증거명칭				기일	내용	기일	내용		
1	검사	37		피의자신문조서 (대질 - 김갑동, 이을남)	김갑동	(생략)	1	1	①② ○ ① ○ ② ×	(생략)			공소사실 1항 부분 공소사실 2항 부분 〃
					이을남		1	1	①② ○ ① × ② ○				공소사실 1항 부분 공소사실 2항 부분 〃
2	〃	(생략)		각 세금계산서			1	1	①② ○				
3	〃	46		증명서	전총무		1	1	① ○ ② ×				
4	〃	(생략)		사망진단서사본	전총무		1	1	①② ○				
5	〃	47		피의자신문조서 (제2회)	이을남		1	1	①② ○				
6	사경	24		고소장	박고소		1	1	① ○ ② ×				
7	〃	(생략)		부동산매매계약서	김갑동 박고소		1	1	①② ○				
8	〃	(생략)		영수증	김갑동		1	1	①② ○				
9	〃	25		각 등기사항전부증명서			1	1	①② ○				
10	〃	27		진술조서	박고소		1	1	① ○ ② ×				
11	〃	29		피의자신문조서	김갑동		1	1	①② ○ ① ○ ② ×				공소사실 1, 3의 가, 나, 다항 부분 공소사실 2항 부분 〃
12	〃	32		고소장	김갑동		1	1	①② ○				
13	〃	(생략)		신한카드 사용내역			1	1	② ○				
14	〃	33		압수조서			1	1	② ○				
15	〃	34		피의자신문조서	이을남		1	1	② ○				
16	〃	(생략)		각 가족관계증명서			1	1	② ○				
17	〃	(생략)		각 조회회보서	김갑동 이을남		1	1	①② ○				

※ 증거의견 표시 - 피의자신문조서: 인정 ○, 부인 ×
   (여러 개의 부호가 있는 경우, 적법성/성립/임의성/내용의 순서임)
 - 기타 증거서류: 동의 ○, 부동의 ×
 - 진술이 특히 신빙할 수 있는 상태 하에서 행하여졌다는 점 부인: "특신성 부인"(비고란 기재)
※ 증거결정 표시: 채 ○, 부 ×
※ 증거조사 내용은 제시, 내용고지

- 8 -

[13] 증거목록에서는 검찰단계와 경찰단계를 구별하여 표시한 후, 각 증거에 대한 증거의견란을 체크한다(증거의견란에 X 표시된 부분을 체크하는 정도로 충분하다). 아직 공소장을 읽지 아니한 단계에서는 각 증거가 어떤 공소사실에 관련된 것인지 알 수 없으므로 형식적인 내용만 체크한다.

[14] 대질신문조서의 경우 그 신문의 대상인 피고인들이 자신의 진술부분과 상대방의 진술부분을 구별하여 각각 증거동의를 한다. 한 개의 조사가 수 개의 공소사실과 관련되는 경우 증거부동의하는 공소사실에 대한 부분만을 특정하는 경우도 있다. 이러한 경우 부동의한 부분에 대해서만 전문법칙 등 증거능력을 검토하여야 한다. 검사 작성 김갑동에 대한 피의자신문조서에 대해 피고인 이을남이 증거부동의하고 있으나, 김갑동이 그 조서의 진정성립을 인정하고 있고, 공판단계에서 김갑동에 대한 반대신문권도 보장되었으므로 그 조서의 증거능력은 인정된다(형사소송법 제312조 제4항). 검사 작성 피고인 이을남에 대한 피의자신문조서 역시 마찬가지이다.

[15] 피고인 아닌 제3자인 전총무가 작성한 증명서에 대해 피고인 이을남이 증거부동의하고 있다. 위 증명서가 진술서인 경우 제313조 제1항의 요건을 갖추어야 증거능력이 인정된다.

[16] 고소장이 제출된 경우 그 고소인에 대한 진술조서는 항상 이어서 등장한다.

[17] 진술조서에 대해 증거부동의하는 경우에는 그 참고인을 증인으로 신청하게 된다. 당해 참고인이 증인으로 출석하여 공판정에서 그 진술조서에 대한 진정성립을 인정하는 경우에는 진술조서의 증거능력이 인정된다.

[18] 사경 작성 김갑동에 대한 피의자신문조서에 대해 피고인 이을남이 내용부인 취지로 증거부동의하고 있으므로 증거능력이 부정된다(형사소송법 제312조 제3항).

[19] 서류에 대한 증거목록 다음에는 증인과 물건에 대한 증거목록이 등장한다. 아직 공소장을 읽지 아니한 단계에서는 각 증인이 어떤 공소사실에 관련된 것인지 알 수 없으므로 간단히 실시여부만 체크하도록 한다. 철회되었거나 미실시 된 증인이 존재하는 경우 해당 내용은 증거조사기일란에 표시된다.

철회된 증인에 대해서는 크게 신경 쓰지 않아도 무방하다.

증 거 목 록 (증인 등)

2013고합1277

① 김갑동
② 이을남

2013형제99999호   신청인: 검사

증거방법	쪽수(공)	입증취지 등	신청기일	증거결정 기일	증거결정 내용	증거조사기일	비고
캐논 디지털 카메라 (증 제2호)		공소사실 3의 다. 항	1	1	○	2013. 12. 19. 15:00 (실시)	
금목걸이 (증 제3호)		공소사실 3의 라. 항	1	1	○	〃	
증인 박고소	20	공소사실 1항, 2항	1	1	○	〃	
증인 나부인	21	공소사실 2항	1	1	○	〃	

※ 증거결정 표시: 채 ○, 부 ×

- 9 -

서울중앙지방검찰청

2013. 10. 18.

사건번호 2013년 형제99999호
수 신 자 서울중앙지방법원
제   목 **공소장**

검사 구사현은 아래와 같이 공소를 제기합니다.

I. 피고인 관련사항

1. 피 고 인 김갑동 (53****-1******), 60세
   직업 갑동주식회사 대표이사, 010-****-****
   주거 서울 서초구 양재동 751-5, 02-533-4784
   등록기준지 경기 성남시 수정구 태평동 1429

   죄   명 특정경제범죄가중처벌등에관한법률위반(횡령), 배임
   적용법조 특정경제범죄 가중처벌 등에 관한 법률 제3조 제1항 제2호, 형법 제355조 제1항, 제2항, 제30조, 제37조, 제38조
   구속여부 불구속
   변호인 없음

2. 피 고 인 이을남 (63****-1******), 50세
   직업 갑동주식회사 경리부장, 010-****-****
   주거 서울 관악구 봉천동 123 봉천빌라 1동 지하 103호
   등록기준지 서울 동작구 상도2동 375

   죄   명 특정경제범죄가중처벌등에관한법률위반(횡령), 강도, 절도, 여신전문금융업법위반, 점유이탈물횡령
   적용법조 특정경제범죄 가중처벌 등에 관한 법률 제3조 제1항 제2호, 형법 제355조 제1항, 제333조, 제329조, 여신전문금융업법 제70조 제1항 제4호, 형법 제360조 제1항, 제30조, 제37조, 제38조
   구속여부 불구속
   변호인 없음

---

[20] 공소장은 공판조서와 함께 기록의 핵심이다.
공소장에서 I. 피고인 관련사항과 III. 첨부서류는 보지 않아도 무방하고, II. 공소사실을 꼼꼼하게 읽도록 한다. 다만 문제에서 죄수관계 등이 쟁점으로 등장하는 경우에는 적용법조 부분을 체크할 필요가 있다.

[21] I. 피고인 관련사항에서는 적용법조에서 공범관계나 죄수와 관련된 규정을 추가적으로 확인할 수 있다.
형법 제30조가 기재되어 있으므로 피고인 김갑동이 피고인 이을남과 공동정범으로 기소되었음을 알 수 있고, 형법 제37조·제38조가 기재되어 있으므로 상상적 경합이 아닌 실체적 경합범으로 기소되었음을 알 수 있다.

[22] 공소사실은 주체·일시·장소·목적(대상)·행위 및 결과 등을 중심으로 꼼꼼하게 읽으면서 메모한다. 공소사실만으로 쟁점이나 그에 대한 결론을 알 수 있는 경우에는 해당 내용을 바로 메모하여야 한다.

[23] 공소사실의 앞부분에는 피고인의 전과, 신분, 경력 등을 간략히 적시하는 경우가 많다. 특히 피고인의 신분·경력·성행이 구성요건요소를 이루거나, 구성요건해당사실과 밀접한 관계가 있는 경우에는 이를 기재한다.

[24] 회사 소유 부동산을 대표이사가 임의로 처분한 경우 배임죄가 성립한다.

[25] 피고인이 개봉동 토지를 박고소에게 임의로 매도한 행위와 그 토지를 다시 최등기에게 처분한 행위는 별개의 범죄를 구성한다.
특경법위반죄의 객체로 부동산이 등장하는 경우 등기사항전부증명서 기재 등을 통해 저당권 등이 설정되어 있는지 여부를 반드시 확인하여야 한다.

[26] '각각'이라는 표현은 실체적 경합범 관계에 있는 공소사실에 대해 사용하는 표현이다. '동시에'라는 표현은 상상적 경합범 관계에 있는 공소사실에 대해 사용한다.

Ⅱ. 공소사실

피고인 김갑동은 서울 서초구 서초동 89에 있는 갑동주식회사의 대표이사이고, 피고인 이을남은 위 회사의 경리부장이다.

1. 피고인 김갑동의 배임

피고인 김갑동은 피해자 갑동주식회사 재산을 성실히 관리해야 할 의무에 위배하여 2012. 3. 15. 위 회사 사무실에서 시가 3억 원 상당의 위 회사 소유의 서울 종로구 관철동 50-1 대 300㎡에 관하여 채권자 박고소, 채권최고액 2억 원으로 하는 근저당권을 설정하여 주고 박고소로부터 1억 5,000만 원을 대출받았다.

이로써 피고인 김갑동은 위 2억 원에 해당하는 재산상의 이익을 취득하고 피해자에게 같은 액수에 해당하는 손해를 가하였다.

2. 피고인들의 공동범행 - 특정경제범죄가중처벌등에관한법률위반(횡령)

피고인들은 피해자 갑동주식회사가 소유하는 시가 6억 원 상당의 서울 구로구 개봉동 353-4 대 500㎡를 임의로 처분하여 그 돈을 각자 개인적으로 사용하기로 공모하였다.

피고인 김갑동은 2012. 4. 15. 위 회사 사무실에서 피해자 박고소와 위 토지에 관하여 매수인 박고소, 매매대금 4억 원으로 하는 매매계약을 체결한 후 같은 날 계약금 1억 원, 중도금 2억 원 합계 3억 원을 수령하였다.

그럼에도 불구하고 피고인 김갑동은 2012. 5. 9. 위 회사 사무실에서 이미 피해자 박고소에게 위와 같이 매도한 위 토지를 최등기에게 매매대금 4억 원에 매도하는 계약을 체결하고, 2012. 5. 10. 서울남부지방법원 구로등기소에서 최등기의 명의로 소유권이전등기를 마쳤다.

이로써 피고인들은 공모하여 피해자들에 대하여 각각 재물을 횡령하였다.

3. 피고인 이을남

가. 강도

피고인 이을남은 2012. 5. 20. 갑동주식회사 사무실에서 피해자 김갑동에게 "신

- 11 -

용카드를 주지 않으면 회사 토지를 마음대로 처분한 것을 경찰에 알려 콩밥을 먹게 하겠다. 내게는 힘 좀 쓰는 동생들도 있다."라고 협박하여 피해자의 반항을 억압하고 피해자로부터 피해자 명의의 신용카드 1장(카드번호 : 4***-****-****-****)을 빼앗아 강취하였다.

나. 절도, 여신전문금융업법위반

피고인 이을남은 2012. 5. 21. 서울 서초구 서초동 456-2에 있는 신한은행 현금자동지급기 코너에서 위와 같이 강취한 피해자 김갑동의 신용카드를 현금자동지급기에 투입하고, 피해자가 위 신용카드 교부시 알려준 신용카드 비밀번호와 금액을 입력하여 피해자의 예금계좌에서 현금 100만 원을 인출하였다.

이로써 피고인 이을남은 강취한 위 신용카드를 사용하여 피해자의 재물을 절취하였다.

다. 점유이탈물횡령

피고인 이을남은 2008. 9.말경 서울 종로구에 있는 경복궁에서 일본인 여성으로 보이는 피해자 성명불상자가 그곳 벤치 옆에 두고 간 피해자 소유의 시가 250만 원 상당의 캐논 디지털 카메라 1대를 습득하고도 피해자에게 반환하는 등 필요한 절차를 취하지 아니한 채 자신이 가질 생각으로 가지고 가 이를 횡령하였다.

라. 절도

피고인 이을남은 2011. 12.중순경 서울 관악구 봉천동에 있는 피고인의 집 인근에 있는 봉천금은방에서 업주인 피해자 성명불상자가 잠시 자리를 비운 사이 진열대 위에 놓여있던 피해자 소유의 시가 150만 원 상당의 금목걸이 1개를 몰래 가져가 이를 절취하였다.

Ⅲ. 첨부서류

1. 체포영장 1통
2. 피의자석방보고 1통 (생략)

검사 구사현 ㊞

- 12 -

[27] 협박을 구성요건요소로 하는 범죄에 있어 말로써 협박한 경우에는 그 협박 내용 자체가 공소사실에 인용 기재된다.
공소사실에 기재된 협박의 내용만으로 강도죄가 아닌 공갈죄 성부가 문제된다는 쟁점을 찾을 수 있다.

[28] 갈취한 신용카드를 이용하여 현금을 인출하는 행위는 여신전문금융업법에서 정하는 '부정사용'에 해당하지 아니하고, 절도죄의 '절취'에도 해당하지 아니한다.

[29] 공소제기일과 범행일 사이에 상당한 차이가 있는 경우에는 공소시효 완성 여부를 꼭 체크하여야 한다.

[30] 피해자가 특정되지 아니한 절도죄 등에 있어서는 자백보강법칙이 문제될 가능성이 크다.

[31] 체포관련 서류가 등장하는 경우 ① 체포요건 등 구비여부, ② 체포과정에서의 적법절차 준수여부, ③ 체포와 함께 이루어진 압수의 적법 여부 등을 체크한다.

[32] 범죄사실의 요지는 대부분 별지가 첨부된다.

체 포 영 장

서울중앙지방법원

영장번호	1547		죄 명	강도 등
피의자	성 명	이을남	직 업	갑동주식회사 경리부장
	주민등록번호	63****-1******		
	주 소	서울 관악구 봉천동 123 봉천빌라 1동 지하 103호		
청구한 검사	강형준		청구일자	2013. 6. 28.
변 호 인			유효기간	2013. 7. 8.
범죄사실의 요지	별지 기재와 같다.		인치할 장소	□ 서울중앙지방검찰청 ■ 서울서초경찰서
구금할 장소	■ 서초경찰서유치장 □ ( )구치소 □ ( )교도소			

■ 피의자는 정당한 이유 없이 수사기관의 출석요구에 응하지 아니하였다. □ 피의자는 정당한 이유 없이 수사기관의 출석요구에 응하지 아니할 우려가 있다. □ 피의자는 일정한 주거가 없다 (다액 50만 원 이하의 벌금, 구류 또는 과료에 해당하는 사건).	피의자가 별지 기재와 같은 죄를 범하였다고 의심할 만한 상당한 이유가 있고, 체포의 사유 및 체포의 필요가 있으므로, 피의자를 체포한다. 유효기간이 경과하면 체포에 착수할 수 없고, 유효기간이 경과한 경우 또는 유효기간내라도 체포의 필요가 없어진 경우에는 영장을 반환하여야 한다. 2013. 7. 1. 판 사 한현주 ㊞

체포일시	2013. 7. 5. 09:00	체포장소	피의자의 주거지
인치일시	2013. 7. 5. 10:00	인치장소	서울서초경찰서 수사과 경제범죄수사팀 사무실
구금일시		구금장소	
집행불능사유			
처리자의 소속 관서, 관직	서울서초경찰서 수사과	처리자 서명날인	경위 배을수 ㊞

[33] 체포와 관련된 본건 범죄가 무엇인지 확인한다.

범죄사실

피의자는 2012. 5. 20. 서울 서초구 서초동 89 소재 갑동주식회사 사무실에서 피해자 김갑동에게 "신용카드를 주지 않으면 회사 토지를 마음대로 처분한 것을 경찰에 알려 콩밥을 먹게 하겠다. 내게는 힘 좀 쓰는 동생들도 있다."라고 협박하여 피해자 김갑동 명의의 신용카드 1장(카드번호 : 4***-****-****-****)을 강취하였다.

피의자는 2012. 5. 21. 서울 서초구 서초동 456-2에 있는 신한은행의 현금자동지급기 코너에서 위와 같이 강취한 김갑동의 신용카드를 현금자동지급기에 투입하고, 김갑동이 신용카드 교부시 알려준 신용카드 비밀번호와 금액을 입력하는 방법으로 현금 100만 원을 인출하였다.

피의자는 2008. 9.말경 서울 종로구에 있는 경복궁에서 일본인 여성으로 보이는 피해자 성명불상자가 그곳 벤치 옆에 두고 간 피해자 성명불상자 소유의 시가 250만 원 상당의 캐논 디지털 카메라 1대를 습득하고도 피해자 성명불상자에게 반환하는 등 필요한 절차를 취하지 아니한 채 자신이 가질 생각으로 가지고 가 이를 횡령하였다.

- 14 -

[34] 공판조서의 첫 페이지에서는 회차 정도만 체크하고 넘어간다.

서 울 중 앙 지 방 법 원

공 판 조 서

제 1 회

사　　　건	2013고합1277 특정경제범죄가중처벌등에관한법률위반(횡령) 등		
재판장 판사	김상혁	기　　　일:	2013. 12. 5. 10:00
판사	이채은	장　　　소:	제425호 법정
판사	김시화	공개 여부:	공개
법원사무관	성진수	고 지 된 다음기일:	2013. 12. 19. 15:00
피 고 인	1. 김갑동　2. 이을남		각 출석
검　　　사	이유진		출석
변 호 인	법무법인 공정 담당변호사 김힘찬 (피고인 1을 위하여)		출석
	변호사 이사랑 (피고인 2를 위하여)		출석

재판장
　　피고인들은 진술을 하지 아니하거나 각개의 물음에 대하여 진술을 거부할 수 있고, 이익되는 사실을 진술할 수 있음을 고지

재판장의 인정신문
　　성　　　명: 1. 김갑동　　2. 이을남
　　주민등록번호: 각 공소장 기재와 같음
　　직　　　업:　　　〃
　　주　　　거:　　　〃
　　등록기준지:　　　〃

재판장
　　피고인들에 대하여
　　주소가 변경될 경우에는 이를 법원에 보고할 것을 명하고, 소재가 확인되지 않을 때에는 피고인들의 진술 없이 재판할 경우가 있음을 경고
검　　사
　　공소장에 의하여 공소사실, 죄명, 적용법조 낭독

- 15 -

피고인 김갑동

　　갑동주식회사는 피고인 김갑동이 소유하는 회사이므로 서울 종로구 관철동 50-1 대 300㎡에 근저당권을 설정한 것에 대해서 처벌받는 것은 억울하고, 박고소에게 매도한 서울 구로구 개봉동 353-4 대 500㎡를 다시 최등기에게 이전 등기해 준 부분은 잘못을 인정한다고 진술

피고인 이을남

　　피고인 김갑동이 위 개봉동 토지를 이중으로 파는 데 공모한 사실이 없고, 나머지 공소사실은 인정한다고 진술

피고인 김갑동의 변호인 변호사 김힘찬

　　피고인 김갑동을 위하여 유리한 변론을 함. 변론기재는 (생략).

피고인 이을남의 변호인 변호사 이사랑

　　피고인 이을남을 위하여 유리한 변론을 함. 변론기재는 (생략).

재판장

　　증거조사를 하겠다고 고지

증거관계 별지와 같음(검사, 변호인)

재판장

　　각각의 증거조사 결과에 대하여 의견을 묻고 권리를 보호하는 데에 필요한 증거조사를 신청할 수 있음을 고지

소송관계인

　　별 의견 없다고 각각 진술

재판장

　　변론 속행

　　　　　　　　　　　　2013. 12. 5.

　　　　　　법 원 사 무 관　　　성진수 ㊞

　　　　　　재판장　판　사　　　김상혁 ㊞

[35] 제1회 공판기일에서의 피고인의 공소사실에 대한 인부진술은 기록에서 가장 중요한 부분이다. 피고인의 공소사실 인정여부와 부인 또는 일부부인하는 경우 그 취지까지 함께 메모하도록 한다. 피고인의 공소사실 부인취지는 사실인정 쟁점에 대한 답안 기재시 '피고인 변소의 요지' 부분에 그대로 기재하여도 무방하다.

피고인이 인정하는 공소사실에 대해서는 법률판단 쟁점이 주로 문제되고, 부인하는 공소사실에 대해서는 사실인정 쟁점이 주로 문제된다.

본 문제에서는 공소사실 부인진술에서 1인 주주회사에 대한 쟁점을 추가로 제시해주고 있다.

[36] 피고인의 공소사실 부인취지 기재시 변호인의 진술까지 고려하여 메모하도록 한다.

최근 변호사시험에서 변호인의 진술부분은 생략되고 있다.

서울중앙지방법원

공판조서

제 2 회

사 건	2013고합1277 특정경제범죄가중처벌등에관한법률위반(횡령) 등
재판장 판사	김상혁
판사	이채은
판사	김시화
법원사무관	성진수

기 일: 2013. 12. 19. 15:00
장 소: 제425호 법정
공개 여부: 공개
고지된
다음기일: 2014. 1. 9. 15:00

피고인	1. 김갑동 2. 이을남	각 출석
검 사	이유진	출석
변호인	법무법인 공정 담당변호사 김힘찬 (피고인 1을 위하여)	출석
	변호사 이사랑 (피고인 2를 위하여)	출석
증 인	박고소, 나부인	각 출석

재판장
    전회 공판심리에 관한 주요사항의 요지를 공판조서에 의하여 고지
소송관계인
    변경할 점이나 이의할 점이 없다고 진술
출석한 증인 박고소, 나부인을 별지와 같이 신문하다
증거관계 별지와 같음(검사, 변호인)
재판장
    각 증거조사 결과에 대하여 의견을 묻고 권리를 보호하는 데에 필요한 증거
    조사를 신청할 수 있음을 고지
소송관계인
    별 의견 없으며, 달리 신청할 증거도 없다고 각각 진술
재판장
    증거조사를 마치고 피고인신문을 하겠다고 고지
검 사
피고인 김갑동에게

---

[37] 제2회 공판조서에서는 가장 먼저 피고인이 기존에 진술한 내용 등을 변경하였거나 기존에 진행된 절차에 대해 이의를 제기하였는지 여부를 체크한다. 예컨대 피고인이 제1회 공판기일에서 부인한 공소사실에 대해 번의하여 인정하는 경우 제2회 공판조서 첫 부분에 해당 내용이 등장한다.

문 피고인은 2012. 3. 15. 갑동주식회사가 소유하는 서울 종로구 관철동 50-1 대 300㎡에 관하여 임의로 채권자 박고소, 채권최고액 2억 원으로 하는 근저당권을 설정하여 주고 박고소로부터 1억 5,000만 원을 빌린 사실이 있지요.

답 예. 그렇습니다.

문 피고인은 이을남과 공모하여 2012. 4. 15. 위 회사 소유의 서울 구로구 개봉동 353-4 대 500㎡에 관하여 매수인 박고소, 매매대금 4억 원으로 하는 매매계약을 체결한 후 같은 날 계약금 1억 원, 중도금 2억 원 합계 3억 원을 수령하였음에도 2012. 5. 9. 최등기에게 위 토지를 다시 매도하고 2012. 5. 10. 최등기 앞으로 위 토지의 소유권이전등기를 마친 사실이 있지요.

답 예. 그렇습니다.

피고인 이을남에게

문 피고인은 김갑동과 공모하여 2012. 4. 15. 위 회사 소유의 서울 구로구 개봉동 353-4 대 500㎡에 관하여 매수인 박고소, 매매대금 4억 원으로 하는 매매계약을 체결한 후 같은 날 계약금 1억 원, 중도금 2억 원 합계 3억 원을 수령하였음에도 2012. 5. 9. 최등기에게 위 토지를 다시 매도하고 2012. 5. 10. 최등기 앞으로 위 토지의 소유권이전등기를 마친 사실이 있지요.

답 김갑동과 최등기 사이를 오가며 매매가 성사되도록 도와준 사실은 있으나 소유권이전등기 당시까지는 김갑동이 위 토지를 이미 박고소에게 매도한 사실은 몰랐습니다.

문 피고인은 2012. 5. 20. 김갑동에게 "신용카드를 주지 않으면 회사 토지를 마음대로 처분한 것을 경찰에 알려 콩밥을 먹게 하겠다. 내게는 힘 좀 쓰는 동생들도 있다."라고 협박하여 김갑동으로부터 김갑동 명의의 신용카드 1장을 빼앗은 사실이 있지요.

답 예. 그렇습니다. 하지만 그렇다고 해서 강도죄로까지 처벌받는 것은 억울합니다.

문 피고인은 2012. 5. 21. 신한은행 현금자동지급기에서 위와 같이 강취한 김갑동의 신용카드를 사용하여 김갑동의 예금계좌에서 현금 100만 원을 인출한 사실이 있지요.

답 예. 그렇습니다.

[38] 피고인신문에서는 쟁점과 직접 관련된 중요한 내용이 제시되므로 꼼꼼하게 읽어야 한다.

[39] 피고인의 해당범행이 강도가 아닌 공갈에 불과함을 간접적으로 제시해주고 있다.

문 피고인은 2008. 9.말경 경복궁 안 벤치 옆에 놓여있던 성명불상자 소유의 시가 250만 원 상당의 캐논 디지털 카메라 1대를 몰래 가져가고, 2011. 12.중순경 봉천금은방에서 업주가 잠시 자리를 비운 사이 진열대 위에 놓여있던 업주 소유의 시가 150만 원 상당의 금목걸이 1개를 몰래 가져간 사실이 있지요.
답 예. 그렇습니다.
피고인 이을남의 변호인 변호사 이사랑
 문답 기재 (생략)
재판장
 피고인신문을 마쳤음을 고지
재판장
 변론 속행 (변론 준비를 위한 변호인들의 요청으로)

2013. 12. 19.

법원사무관   성진수 ㊞
재판장 판사 김상혁 ㊞

서울중앙지방법원

증인신문조서 (제2회 공판조서의 일부)

사 건 2013고합1277 특정경제범죄가중처벌등에관한법률위반(횡령) 등
증 인 이 름   박고소
        생년월일 및 주거는 (생략)

재판장
  증인에게 형사소송법 제148조 또는 제149조에 해당하는가의 여부를 물어 증인이 이에 해당하지 아니함을 인정하고, 위증의 벌을 경고한 후 별지 선서서와 같이 선서를 하게 하였다. 다음에 신문할 증인은 재정하지 아니하였다.

검사
  증인에게 수사기록 중 증인이 작성한 고소장과 사법경찰리가 작성한 증인에 대한 진술조서를 보여주고 이를 열람하게 한 후,
문 증인은 고소장을 직접 작성하여 경찰에 제출하고, 경찰에서 사실대로 진술하고 그 조서를 읽어보고 서명, 무인한 사실이 있고, 그 진술조서는 그때 경찰관에게 진술한 내용과 동일하게 기재되어 있는가요.
답 예. 그렇습니다.
문 김갑동과 이을남을 함께 고소한 이유는 무엇인가요.
답 김갑동에게 제가 매수한 토지의 잔금을 치르러 간 날 김갑동이 최등기에게 그 토지를 매도한 사실을 알고 그렇다면 받은 돈이라도 돌려달라고 하였더니, 김갑동이 "받은 돈은 이을남과 함께 다 써버렸다."라고 하여 김갑동과 이을남이 함께 계획적으로 범행을 한 것이라고 생각해서 두 사람 모두 고소한 것입니다.

피고인 이을남의 변호인 변호사 이사랑
  문답 기재 (생략)

                    2013. 12. 19.
            법원사무관   성진수 ㊞
            재판장 판 사   김상혁 ㊞

- 20 -

[40] 증인신문조서는 공판조서와 별개의 조서가 아니라, 공판조서의 일부에 불과하다.
증인신문조서에 등장하는 사실관계는 쟁점과 관련하여 중요한 내용이므로 꼼꼼하게 읽어야 한다.

[41] 박고소가 작성한 고소장과 박고소에 대한 진술조서에 대한 진정성립 인정 진술이다. 원진술자가 진정성립을 인정하는 이상 증거능력이 인정되므로 답안에서 그 증거능력에 대해 따로 언급할 필요는 없다.

[42] 피고인 아닌 박고소의 공판기일에서의 진술이 (당해)피고인 아닌 김갑동의 진술을 내용으로 하는 전문진술이다. 원진술자인 김갑동이 이 사건 법정에 출석하고 있으므로 필요성 요건을 갖추지 못하여 증거능력이 부정된다(제316조 제2항). 답안 기재시 진술조서 전체가 아닌, 전문진술 부분만을 특정하여 증거능력을 부정해야 한다.

[43] "함께 계획적으로 범행을 한 것이라고 생각해서"라는 진술을 통해 피고인들이 공모하였다는 사실은 박고소의 추측에 불과함을 알 수 있다.

서울중앙지방법원

증인신문조서 (제2회 공판조서의 일부)

사 건 2013고합1277 특정경제범죄가중처벌등에관한법률위반(횡령) 등
증 인 이 름 나부인
       생년월일 및 주거는 (생략)

재판장
증인에게 형사소송법 제148조 또는 제149조에 해당하는가의 여부를 물어 증인이 이에 해당하지 아니함을 인정하고, 위증의 벌을 경고한 후 별지 선서서와 같이 선서를 하게 하였다.

검사
문 증인은 김갑동, 이을남을 아는가요.
답 예. 김갑동은 남편이 교통사고를 당한 때부터 저희 가족을 경제적으로 많이 도와주고 계신 고마운 분이고, 이을남은 남편의 친구입니다.
문 남편뿐만 아니라 증인도 개인적으로 김갑동이나 이을남과 가까운가요.
답 그렇지는 않습니다. 다만, 매년 현충일 무렵에 이을남의 집에 생일 음식을 싸다 준 일은 있습니다. 10여 년 전에 봉천동 판자촌에 있는 이을남의 집에 처음 가보았는데 보증금 300만 원에 월세 20만 원짜리 단칸방에서 혼자 어렵게 살아가고 있어 남편이 저를 보내서 매년 이을남의 생일을 챙겨왔는데 10년 넘게 이을남의 생활이 나아지는 것이 없으니 안타깝습니다.

검사는 전총무 명의의 증명서를 증인에게 제시하고 이를 열람하게 한 뒤,
문 증인은 2013. 6. 5.자 전총무 명의의 증명서에 대해서 아는가요.
답 예. 그때쯤 남편이 교통사고로 입원해 있을 때 김갑동이 갑자기 찾아와 남편과 이야기를 하다가 남편이 다쳐 글을 쓰지 못하니 남편 말을 받아 적어달라고 부탁하여 남편이 불러주는 대로 제가 직접 자필로 작성한 것으로 본문과 성명을 모두 제가 직접 적은 것이 맞습니다. 하지만 그 내용이 사실인지 여부는 모릅니다.

피고인 이을남의 변호인 변호사 이사랑
  문답 기재 (생략)

                                    2013. 12. 19.
                           법 원 사 무 관   성진수 ㊞
                           재판장 판 사   김상혁 ㊞

- 21 -

제 1 책		
제 1 권		

서울중앙지방법원

증거서류등(검사)

사건번호	2013고합1277		제26형사부		다
	20 노	담임	부	주심	
	20 도		부		
사건명	가. 특정경제범죄가중처벌등에관한법률위반(횡령) 나. 배임 다. 강도 라. 절도 마. 여신전문금융업법위반 바. 점유이탈물횡령				
검사	구사현		2013년 형제99999호		
피고인	1. 가.나. 2. 가.다.라.마.바.		**김갑동** **이을남**		
공소제기일	2013. 10. 18.				
1심 선고	20 . .	항소	20 . .		
2심 선고	20 . .	상고	20 . .		
확 정	20 . .	보존			

- 22 -

[46] 수사기록표지 등은 읽지 않고 넘어가도 무방하다.
수사기록은 앞에서 읽었던 공판기록의 내용과 중복되는 부분은 간단히 확인만 하고, 새로운 내용이나 모순되는 내용 위주로 읽어야 한다.

		제 1 책
		제 1 권

구공판	서울중앙지방검찰청
	증 거 기 록

검 찰	사건번호	2013년 형제99999호	법원	사건번호	2013년 고합1277호
	검 사	구사현		판 사	

피 고 인	1. 가.나. **김갑동** 2. 가.다.라.마.바. **이을남**

죄 명	가. 특정경제범죄가중처벌등에관한법률위반(횡령) 나. 배임 다. 강도 라. 절도 마. 여신전문금융업법위반 바. 점유이탈물횡령

공소제기일	2013. 10. 18.		
구 속	각각 불구속	석 방	
변 호 인			
증 거 물	있음		
비 고			

고 소 장

서초경찰서 접수인(5555호)(2013.5.6.)

고 소 인   박고소
          인적사항(생략)

피고소인   1. 김갑동
          인적사항(생략)
          2. 이을남
          인적사항(생략)

죄   명   배임, 횡령

피고소인들은 공모하여,

2012. 3.경 갑동주식회사 소유의 시가 3억 원 상당의 서울 종로구 관철동 50-1 대 300㎡에 관하여 채권자 박고소, 채권최고액 2억 원으로 하는 근저당권을 설정하고 박고소로부터 1억 5,000만 원을 대출받아 갑동주식회사에 대하여 배임 행위를 하고,

2012. 4.경 위 회사 소유의 시가 6억 원 상당의 서울 구로구 개봉동 353-4 대 500㎡를 피해자인 고소인 박고소에게 4억 원에 매도하는 계약을 체결한 후 같은 날 계약금 1억 원, 중도금 2억 원을 수령하였음에도 2013. 5.경 최등기에게 위 토지를 4억 원에 매도한 후 소유권이전등기를 경료하여 위 토지를 횡령하였습니다.

피고소인들을 조사하여 죄가 인정되면 엄중하게 처벌해 주시기 바랍니다.

참 고 자 료

1. 매매계약서
2. 영수증
3. 각 등기사항전부증명서

2013. 5. 6.

고소인 박 고 소 ㊞

서울서초경찰서장 귀중

[48] 등기사항전부증명서에서는 갑구란과 을구란을 구별하여 확인한다.

갑구란에서는 관철동 토지의 소유자가 갑동주식회사에서 김갑동으로 변경된 사실을, 을구란에서는 관철동 토지에 설정된 근저당권의 내용을 확인할 수 있다.

등기사항전부증명서(말소사항 포함)-토지

[토지] 서울 종로구 관철동 50-1　　고유번호 3103-1997-341247

【표제부】 (토지의 표시)

표시번호	접 수	소재지번	지목	면적	등기원인 및 기타사항
1 (전2)	1997년6월15일	서울 종로구 관철동 50-1	대	300㎡	부동산등기법시행규칙부칙 제3조 제1항의 규정에 의하여 1997년7월14일 전산이기

【갑 구】 (소유권에 관한 사항)

순위번호	등기목적	접 수	등기원인	권리자 및 기타사항
1 (전2)	소유권이전	2009년6월4일 제1351호	2009년6월3일 매매	소유자 갑동주식회사 110111-2****** 서울 서초구 서초동 89 부동산등기법시행규칙부칙 제3조 제1항의 규정에 의하여 1997년7월14일 전산이기
2	소유권이전	2010년4월16일 제1499호	2010년4월15일 매매	소유자 김갑동 53****-1****** 서울 서초구 양재동 751-5

[토지] 서울 종로구 관철동 50-1　　고유번호 3103-1997-341247

【을 구】 (소유권 이외의 권리에 관한 사항)

순위번호	등기목적	접 수	등기원인	권리자 및 기타사항
1	근저당권설정	2012년3월15일 제5950호	2012년3월15일 설정계약	채권최고액 금 200,000,000원 채무자 김갑동 53****-1****** 서울 서초구 양재동 751-5 근저당권자 박고소 651021-1****** 서울 성북구 동선동 1가 18

서기 2013년 5월 6일

법원행정처 등기정보중앙관리소 전산운영책임관 박수한

[인: 등기정보중앙관리소전산운영책임관]

- 25 -

등기사항전부증명서(말소사항 포함)-토지

[토지] 서울 구로구 개봉동 353-4 고유번호 3103-1997-342356

【표 제 부】 (토지의 표시)

표시번호	접 수	소재지번	지목	면적	등기원인 및 기타사항
1 (전2)	1997년6월15일	서울 구로구 개봉동 353-4	대	500㎡	부동산등기법시행규칙부칙 제3조 제1항의 규정에 의하여 1997년7월14일 전산이기

【갑 구】 (소유권에 관한 사항)

순위번호	등기목적	접 수	등기원인	권리자 및 기타사항
1 (전2)	소유권이전	2009년6월4일 제1352호	2009년6월3일 매매	소유자 갑동주식회사 110111-2****** 서울 서초구 서초동 89 부동산등기법시행규칙부칙 제3조 제1항의 규정에 의하여 1997년7월14일 전산이기
2	소유권이전	2012년5월10일 제1500호	2012년5월9일 매매	소유자 최등기 640524-1****** 서울 송파구 가락동 21-6

[토지] 서울 구로구 개봉동 353-4 고유번호 3103-1997-342356

【을 구】 (소유권 이외의 권리에 관한 사항)

순위번호	등기목적	접 수	등기원인	권리자 및 기타사항
1	근저당권설정	2010년3월15일 제3200호	2010년3월15일 설정계약	채권최고액 금 200,000,000원 채무자 갑동주식회사 110111-2****** 서울 서초구 서초동 89 근저당권자 주식회사 신한은행 110301-1****** 서울 중구 을지로 1가 18

서기 2013년 5월 6일

법원행정처 등기정보중앙관리소 전산운영책임관 박수한

[49] 갑구란에서는 개봉동 토지의 소유자가 갑동주식회사에서 최등기로 변경된 사실을, 을구란에서는 개봉동 토지에 설정된 근저당권의 내용을 확인할 수 있다. 근저당권의 채권최고액은 등기부에서 확인할 수 있으나, 범행 당시 실제 피담보채무액은 진술 등을 통해 별도로 확인하여야 한다.

[50] 피해자에 대한 진술조서에서는 사실인정 쟁점 관련 범죄경위 등과 마지막에 등장하는 피고인에 대한 처벌의사 존부를 체크한다.

진 술 조 서

성　　　　명 : 박 고 소 (인적사항 생략)

주민등록번호 : 651021-1******

직업, 주거, 등록기준지, 직장주소, 연락처는 각각 (생략)

위의 사람은 피의자 김갑동에 대한 배임 등 피의사건에 관하여 2013. 5. 13. 서울서초경찰서 경제범죄수사팀 사무실에 임의 출석하여 다음과 같이 진술하다.

문　진술인이 박고소인가요.
답　예. 그렇습니다.
문　피고소인들과는 어떤 관계인가요.
답　김갑동은 제 고향 형님이고 이을남은 김갑동이 운영하는 갑동주식회사의 경리부장입니다.
문　고소인은 피의자들을 무슨 내용으로 고소한 것인가요.
답　김갑동과 이을남이 위 회사 소유의 토지를 마음대로 처분하여 피해를 입었으니 처벌해 달라는 것입니다.
문　구체적인 고소내용은 무엇인가요.
답　김갑동이 2012. 2.말경에 저를 찾아와 돈을 빌려달라고 했습니다. 제가 담보가 있느냐고 하니 김갑동은 자기 명의로 되어 있는 서울 종로구 관철동 50-1 대 300㎡가 있다고 했습니다. 그 토지의 시가를 알아보니 3억 원 정도 되어서 2012. 3.중순경에 위 토지에 관하여 채권최고액 2억 원의 근저당권을 설정하고 김갑동에게 1억 5,000만 원을 빌려 준 적이 있습니다.
문　근저당권을 설정했으니 고소인이 피해를 입은 것은 없지 않나요.
답　나중에 알고 보니 위 토지는 사실 위 회사 소유였는데, 김갑동이 자기 소유인 것처럼 말한 것이 괘씸하여 처벌해달라는 것입니다.
문　채권최고액은 2억 원인데 1억 5,000만 원을 빌려준 이유는 무엇인가요.
답　제가 돈놀이를 하는 친구들이 좀 있어서 알아보니 개인이 근저당권 채권최고액의 70퍼센트 이상을 빌려주면 후한 것이라고 했습니다. 그래서 김갑

- 27 -

동이 제 고향 형님임을 생각해서 2억 원의 75퍼센트인 1억 5,000만 원을 빌려준 것입니다.

문　다른 고소 내용은 무엇인가요.

답　2012. 4.중순경에 김갑동이 회사 운영자금이 급히 필요하다며 시가 6억 원 상당의 회사 소유의 토지인 서울 구로구 개봉동 353-4 대 500㎡를 4억 원에 팔고 싶다고 했습니다. 마침 제가 부동산 재테크를 생각하고 있던 때라서 그 날 즉시 계약금 1억 원, 중도금 2억 원을 현금으로 급히 마련해서 총 3억 원을 김갑동에게 주었습니다. 그런데 2012. 5.경 잔금을 치르러 가보니 김갑동이 사정이 급해 최등기라는 사람에게 4억 원을 받고 소유권을 넘겼다는 사실을 알게 되었습니다. 그래서 저는 계약금과 중도금 합계 3억 원의 피해를 보았으니 김갑동을 처벌해달라는 것입니다.

문　이을남을 고소한 이유는 무엇인가요.

답　김갑동에게 잔금을 치르러 간 날 제가 김갑동이 최등기에게 토지를 넘긴 것을 따지며 돈이라도 돌려달라고 했습니다. 그랬더니 김갑동이 "이을남과 함께 이미 돈을 다 써버리고 없다"고 말하였습니다. 그래서 근저당 건이든 매매 건이든 김갑동과 이을남이 미리 짜고 계획적으로 사기를 친 것이라고 생각해서 함께 고소를 한 것입니다.

문　김갑동이 이을남에게 얼마를 주었다고 하던가요.

답　김갑동이 그것까지는 구체적으로 말하지 않았습니다.

문　이상의 진술은 사실인가요.

답　예. 사실대로 진술하였습니다.

위의 조서를 진술자에게 열람하게 하였던바, 진술한 대로 오기나 증감·변경할 것이 전혀 없다고 말하므로 간인한 후 서명무인하게 하다.

진술자 박 고 소 (무인)

2013. 5. 13.

서울서초경찰서

사법경찰리 경장 권 장 기 ㊞

- 28 -

[51] 김갑동의 진술을 내용으로 하는 전문진술이 기재된 조서에 해당하는 부분이다. 형사소송법 제316조와 제312조 제4항의 요건을 각각 갖추어야 증거능력이 인정된다.

[52] 사법경찰관 작성 피의자신문조서의 경우 형사소송법 제312조 제3항에 의해 증거능력이 부정되는 경우가 많다.

사법경찰관 작성 피의자신문조서와 별도로 검사 작성 피의자신문조서가 생략되지 않고 등장하는 경우에는 번복진술 또는 추가진술이 있는지 여부를 꼭 확인하여야 한다.

조서의 작성주체가 사법경찰관이 아닌 사법경리인 경우 답안에서 구별하여 기재함이 원칙이다. 다만 '사경'으로 축약기재하는 경우에는 굳이 체크하지 아니하여도 무방하다.

피 의 자 신 문 조 서

피 의 자 : 김갑동

위의 사람에 대한 배임 등 피의사건에 관하여 2013. 6. 3. 서울서초경찰서 수사과 경제범죄수사팀 사무실에서 사법경찰관(리) 경장 권장기는(은) 사법경찰관(리) 경사 변동구를(을) 참여하게 하고, 아래와 같이 피의자임에 틀림없음을 확인하다.

문 피의자의 성명, 주민등록번호, 직업, 주거, 등록기준지 등을 말하십시오.
답 성명은 김갑동(金甲童)
    주민등록번호는   53****-1******
직업, 주거, 등록기준지, 직장주소, 연락처는 각각 (생략)

사법경찰관(리)은(는) 피의사건의 요지를 설명하고 사법경찰관(리)의 신문에 대하여 「형사소송법」제244조의3에 따라 진술을 거부할 수 있는 권리 및 변호인의 참여 등 조력을 받을 권리가 있음을 피의자에게 알려주고 이를 행사할 것인지 그 의사를 확인하다.

진술거부권 및 변호인 조력권 고지 등 확인

1. 귀하는 일체의 진술을 하지 아니하거나 개개의 질문에 대하여 진술을 하지 아니할 수 있습니다.
2. 귀하가 진술을 하지 아니하더라도 불이익을 받지 아니합니다.
3. 귀하가 진술을 거부할 권리를 포기하고 행한 진술은 법정에서 유죄의 증거로 사용될 수 있습니다.
4. 귀하가 신문을 받을 때에는 변호인을 참여하게 하는 등 변호인의 조력을 받을 수 있습니다.

문 피의자는 위와 같은 권리들이 있음을 고지받았는가요.
답 예. 고지를 받았습니다.
문 피의자는 진술거부권을 행사할 것인가요.

- 29 -

답　아닙니다.
문　피의자는 변호인의 조력을 받을 권리를 행사할 것인가요.
답　**변호사 없이 조사를 받겠습니다.**

이에 사법경찰관(리)은(는) 피의사실에 관하여 다음과 같이 피의자를 신문하다.
[피의자의 범죄전력, 경력, 학력, 가족·재산 관계 등(생략)]
문　피의자는 회사 소유 토지를 임의로 처분한 사실이 있나요.
답　예. 2012. 2.말경에 박고소에게 돈을 빌리러 갔는데 담보를 요구해서 2012. 3.중순경에 제 명의로 되어 있는 서울 종로구 관철동 50-1 대 300㎡에 관하여 박고소 앞으로 채권최고액 2억 원의 근저당권을 설정하고 박고소로부터 1억 5,000만 원을 빌린 사실이 있습니다.
문　피의자는 고소인 박고소에게 팔기로 한 토지를 다른 사람에게 판 사실이 있나요.
답　예. 제가 2012. 4.중순경에 박고소를 찾아가 시가 6억 원 상당의 위 회사 소유의 서울 구로구 개봉동 353-4 대 500㎡를 매매대금 4억 원에 팔고 싶다고 했습니다. 박고소는 그날 바로 계약금 1억 원, 중도금 2억 원을 주었습니다. 그런데 급전이 더 필요해서 2012. 5.경에 아는 사채업자인 최등기에게 매매대금 4억 원을 받고 그 토지를 넘겼습니다.
문　개봉동 토지를 처분한 돈은 어떻게 했나요.
답　제가 최등기에게 토지를 넘긴 직후인 2012. 5.경에 최등기로부터 받은 4억 원 중에서 2억 원을 이을남에게 주었고, 나머지 돈은 제가 개인 빚 변제 등으로 사용했습니다.
문　처음부터 이을남과 짜고 회사 소유 토지를 처분한 것은 아닌가요.
답　그 토지는 명의만 회사로 되어 있을 뿐, 실제로는 제 토지와 마찬가지인데, 제가 알아서 팔면 되지 이을남과 짜고 처분할 이유가 없습니다.
문　그렇다면 이을남에게 2억 원이나 준 이유가 무엇인가요.
답　저의 사촌동생인 이을남이 급전이 필요하다고 하여 빌려준 것입니다.
문　더 하고 싶은 말이 있나요.
답　제가 이을남에게 2억 원이나 주었음에도 불구하고 이을남은 배은망덕하게

[53] 수탁받은 부동산을 임의처분하는 경우 횡령죄가 성립한다는 쟁점과 1인회사의 1인 주주인 대표이사가 회사의 재산을 임의로 처분한 경우에도 횡령죄가 성립한다는 쟁점이 각각 문제된다.
김갑동은 경찰단계에서는 이을남과의 공모관계를 부정하고 있다.

[54] 이을남이 김갑동으로부터 신용카드를 강취한 것이 아니라 갈취한 것에 불과하다는 사실관계가 나타나 있다. 갈취한 신용카드를 사용하여 현금을 인출한 경우에는 절도죄가 성립하지 아니한다.

"신용카드를 주지 않으면 회사 토지를 마음대로 처분한 것을 경찰에 알려 콩밥을 먹게 하겠다. 내게는 힘 좀 쓰는 동생들도 있다."라고 협박해서 어쩔 수 없이 제 신용카드를 주면서 비밀번호도 알려주었습니다. 이을남은 그 다음 날인 2012. 5. 21. 제 카드를 사용해서 100만 원을 인출하였습니다. 어차피 제 잘못이 들통이 난 김에 이을남이 제 신용카드를 빼앗아 이를 사용하여 돈을 인출한 것도 함께 처벌해주셨으면 합니다. 이에 제가 준비해온 고소장과 신한카드 사용내역을 제출하도록 하겠습니다.

이때 피의자가 제출한 고소장과 신한카드 사용내역을 기록에 첨부하기로 하고

문 그 외에 또 이을남에게 빼앗긴 것이 있나요.

답 아니오, 없습니다. 다만 제가 2008. 9.말경에 이을남과 함께 경복궁에 간 적이 있는데, 그때 이을남이 누군가가 벤치 옆에 놓고 간 고급 디지털카메라 1대를 슬그머니 집어 자신의 가방에 넣는 것을 목격한 적도 있습니다. 아주 나쁜 놈입니다. 처벌해 주십시오.

문 이상의 진술은 사실인가요.

답 **예. 모두 사실입니다.**

위의 조서를 진술자에게 열람하게 하였던바, 진술한 대로 오기나 증감·변경할 것이 전혀 없다고 말하므로 간인한 후 서명무인하게 하다.

진술자 *김 갑 동* (무인)

2013. 6. 3.

서울서초경찰서
사법경찰리 경장 권 장 기 ㊞
사법경찰리 경사 변 동 구 ㊞

고 소 장

<u>서초경찰서 접수인(6633호)(2013.6.3.)</u>

고 소 인   김갑동
               인적사항 (생략)

피고소인   이을남
               인적사항 (생략)

죄   명   강도 등

  피고소인은 2012. 5.중순경에 "신용카드를 주지 않으면 회사 토지를 마음대로 처분한 것을 경찰에 알려 콩밥을 먹게 하겠다. 내게는 힘 좀 쓰는 동생들도 있다."라고 협박하여 고소인으로부터 신용카드를 빼앗고, 그 무렵 신한은행 현금인출기에서 위 신용카드를 사용하여 고소인의 예금계좌에서 권한 없이 100만 원을 인출하였으니 처벌해주시기 바랍니다.

  참고로, 고소인이 2008. 9.말경에 피고소인과 함께 경복궁에 간 적이 있는데, 그때 피고소인이 누군가가 놓고 간 벤치 옆에 있던 고가의 캐논 디지털카메라 1대를 슬그머니 집어간 것을 목격하였습니다. 이 부분도 조사하여 처벌해주시기 바랍니다.

참 고 자 료

신한카드 사용내역

2013. 6. 3.

고소인 김갑동 ㉎

서울서초경찰서장 귀중

[55] 피의자신문 과정에서 새로운 범죄사실에 대한 고소의 의사표시를 한 경우, 수사기관은 별도의 고소장을 제출받게 된다.

[56] 압수조서에서는 압수경위를 꼼꼼하게 읽어야 하고 그 밖에 압수물의 소유자 및 보관자 등이 누구인지 확인하여야 한다. 특히 별건압수 여부와 관련하여 압수의 근거가 된 범죄사실이 무엇인지 꼭 체크하여야 한다.

[57] 체포현장에서의 압수는 그 체포사유가 된 범죄사실과 관련된 증거만을 대상으로 한다. 따라서 금목걸이에 대한 압수는 위법한 별건압수이다.

압 수 조 서

　　피의자 이을남에 대한 강도 등 피의사건에 관하여 2013. 7. 5. 09:00경 서울 관악구 봉천동 123 봉천빌라 1동 지하 103호에서 사법경찰관 경위 배압수는 사법경찰리 경장 권장기를 참여하게 하고 별지 목록의 물건을 다음과 같이 압수하다.

압 수 경 위

　　피의자 이을남에 관한 강도 등 혐의로 피의자의 집에서 피의자를 체포하면서 그곳에 있던 신용카드와 캐논 디지털카메라를 압수하였으며, 또한 피의자의 생활형편 등에 비추어 별도의 범죄행위로 취득하였을 것으로 사료되는 고가의 금목걸이 1개를 별지 압수목록과 같이 압수하다.

참여인	성 명	주민등록번호	주 소	서명 또는 날인
	이을남	63****-1******	서울 관악구 봉천동 123 봉천빌라 1동 지하 103호	이을남

2013년 7월 5일
서울서초경찰서 수사과 경제범죄수사팀
사법경찰관 경위 　배　을　수　(인)
사법경찰리 경장 　권　장　기　(인)

압 수 목 록

번호	품 종	수량	피압수자주거성명 1 유류자	2 보관자	(3) 소지자	4 소유자	소 유 자 주거·성명	비고
1	신용카드	1개			서울 관악구 봉천동 123 봉천빌라 1동 지하 103호 이을남		김갑동	가환부
2	캐논 디지털 카메라	1개			상동		성명불상자	
3	금목걸이	1개			상동		상동	

피 의 자 신 문 조 서

피 의 자 : 이을남

위의 사람에 대한 강도 등 피의사건에 관하여 2013. 7. 5. 서울서초경찰서 수사과 경제범죄수사팀 사무실에서 사법경찰관(리) 경장 권장기는(은) 사법경찰관(리) 경사 변동구를(을) 참여하게 하고, 아래와 같이 피의자임에 틀림없음을 확인하다.

문 피의자의 성명, 주민등록번호, 직업, 주거, 등록기준지 등을 말하십시오.
답 성명은 이을남(李乙男)
     주민등록번호는   63****-1******
직업, 주거, 등록기준지, 직장주소, 연락처는 각각 (생략)

사법경찰관(리)은(는) 피의사건의 요지를 설명하고 사법경찰관(리)의 신문에 대하여 「형사소송법」 제244조의3에 따라 진술을 거부할 수 있는 권리 및 변호인의 참여 등 조력을 받을 권리가 있음을 피의자에게 알려주고 이를 행사할 것인지 그 의사를 확인하다.

진술거부권 및 변호인 조력권 고지 등 확인

1. 귀하는 일체의 진술을 하지 아니하거나 개개의 질문에 대하여 진술을 하지 아니할 수 있습니다.
2. 귀하가 진술을 하지 아니하더라도 불이익을 받지 아니합니다.
3. 귀하가 진술을 거부할 권리를 포기하고 행한 진술은 법정에서 유죄의 증거로 사용될 수 있습니다.
4. 귀하가 신문을 받을 때에는 변호인을 참여하게 하는 등 변호인의 조력을 받을 수 있습니다.

문 피의자는 위와 같은 권리들이 있음을 고지받았는가요.
답 예. 고지를 받았습니다.
문 피의자는 진술거부권을 행사할 것인가요.

답　아닙니다.
문　피의자는 변호인의 조력을 받을 권리를 행사할 것인가요.
답　**변호사 없이 조사를 받겠습니다.**

이에 사법경찰관(리)은(는) 피의사실에 관하여 다음과 같이 피의자를 신문하다.
[피의자의 범죄전력, 경력, 학력, 가족·재산 관계 등(생략)]
문　피의자는 2013. 6. 10. 서울서초경찰서로부터 김갑동이 피의자를 고소한 사건과 관련하여 출석을 요구받았지요.
답　예. 그렇습니다.
문　그 후에도 수차례 출석요구를 받고도 출석을 하지 않았지요.
답　예. 그렇습니다.
문　그 이유는 무엇인가요.
답　제가 김갑동을 협박한 적이 있어서 처벌받을까봐 두려워서 나오지 않았습니다. 죄송합니다.
문　피의자는 고소인인 김갑동과 어떤 관계인가요.

[58] 김갑동과 이을남이 사촌지간임을 알 수 있다. 친족관계 존재에 대한 증거로는 피고인 등의 진술 이외에 가족관계증명서가 추가로 등장함이 일반적이다.

답　예. 김갑동은 제 사촌형님인데 저는 김갑동이 운영하는 갑동주식회사의 경리부장으로 일하고 있습니다. 제가 김갑동과의 친족관계를 증명하는 가족관계증명서들을 제출하겠습니다.
이때 본직이 피의자로부터 가족관계증명서들을 제출받아 조서 말미에 첨부하기로 하고,
문　피의자는 고소인의 돈을 빼앗은 사실이 있나요.
답　예. 2012. 5.경에 김갑동이 개인적으로 위 회사 토지 2필지(서울 종로구 관철동 50-1 대 300㎡, 서울 구로구 개봉동 353-4 대 500㎡)를 처분한 사실을 발견했습니다. 그래서 2012. 5. 20.경 김갑동에게 가서 평소 알고 지내는 건장한 동생들 이야기를 하면서 김갑동의 위와 같은 잘못을 경찰에 알릴 수도 있는데 신용카드를 주면 참겠다고 하였더니 김갑동이 자신의 신용카드를 주면서 비밀번호도 알려주었습니다. 다음 날 그 신용카드를 사용해서 100만 원을 인출하여 생활비로 사용하였습니다.
이때 피의자에게 압수된 카메라와 금목걸이를 보여주면서

- 35 -

문 이 카메라를 취득한 경위는 어떤가요.
답 실은 2008. 9.말경 경복궁에 갔다가 일본인 관광객이 벤치 옆에 놓고 간 카메라를 몰래 가져온 것입니다.
문 이 금목걸이를 취득한 경위는 어떤가요.
답 예. 2011. 크리스마스 일주일 전 쯤에 제 집 근처에 있는 봉천금은방에 갔다가 주인이 잠시 자리를 비운 사이에 진열대 위에 있던 금목걸이를 몰래 가져온 것입니다.
문 이상의 진술은 사실인가요.
답 **예. 모두 사실입니다.**

위의 조서를 진술자에게 열람하게 하였던바, 진술한 대로 오기나 증감·변경할 것이 전혀 없다고 말하므로 간인한 후 서명무인하게 하다.

진술자 이 을 남 (무인)

2013. 7. 5.

서울서초경찰서
사법경찰리 경장 권 장 기 ㉠
사법경찰리 경사 변 동 구 ㉠

[59] 금목걸이 절도의 점에 대한 피고인의 자백 취지 진술은 위법하게 수집된 금목걸이를 기초로 수집된 2차 증거에 해당하므로 역시 증거능력이 부정된다. 이러한 피고인의 자백진술의 증거능력을 예외적으로 인정한다 하더라도 자백보강법칙에 의해 피고인의 금목걸이 절도의 점에 대해서는 무죄판결이 선고될 것이다.

[60] 피의자들 사이에 진술이 모순되는 경우에는 대질신문을 통해 사실관계를 확인한다. 공모관계 인정여부 등 사실인정 쟁점과 관련하여 답안에 활용할 수 있는 내용이 많이 등장할 것이므로 꼼꼼하게 읽어야 한다.

피의자신문조서(대질)

성   명 : 김갑동
주민등록번호 : 53****-1******

위의 사람에 대한 배임 등 피의사건에 관하여 2013. 8. 5. 서울중앙지방검찰청 901호 검사실에서 검사 구사현은 검찰주사 전주사를 참여하게 한 후, 아래와 같이 피의자임에 틀림없음을 확인한다.

문   피의자의 성명, 주민등록번호, 직업, 주거, 등록기준지 등을 말하시오.
답   성명은   김갑동(金甲童)
주민등록번호, 직업, 주거, 등록기준지, 직장주소, 연락처는 각각 (생략)

검사는 피의사실의 요지를 설명하고 검사의 신문에 대하여 「형사소송법」제244조의3에 따라 진술을 거부할 수 있는 권리 및 변호인의 참여 등 조력을 받을 권리가 있음을 피의자에게 알려주고 이를 행사할 것인지 그 의사를 확인하다.

진술거부권 및 변호인 조력권 고지 등 확인

1. 귀하는 일체의 진술을 하지 아니하거나 개개의 질문에 대하여 진술을 하지 아니할 수 있습니다.
2. 귀하가 진술을 하지 아니하더라도 불이익을 받지 아니합니다.
3. 귀하가 진술을 거부할 권리를 포기하고 행한 진술은 법정에서 유죄의 증거로 사용될 수 있습니다.
4. 귀하가 신문을 받을 때에는 변호인을 참여하게 하는 등 변호인의 조력을 받을 수 있습니다.

문   피의자는 위와 같은 권리들이 있음을 고지받았는가요.
답   예. 고지받았습니다.
문   피의자는 진술거부권을 행사할 것인가요.
답   아닙니다.
문   피의자는 변호인의 조력을 받을 권리를 행사할 것인가요.
답   아닙니다. 혼자서 조사를 받겠습니다.

- 37 -

이에 검사는 피의자 김갑동 옆에 피의자 이을남을 동석하게 하고 피의자 김갑동을 다음과 같이 신문하다.

<피의자 김갑동에게>

문   피의자의 병역, 학력, 가족관계, 재산 및 월수입, 건강상태 등은 경찰에서 진술한 바와 같은가요.

이때 검사는 피의자에게 기록 중 해당 부분을 읽어준 바,

답   예. 사실과 같습니다.

문   피의자는 형사처벌을 받은 사실이 있는가요.

답   아니오, 없습니다.

문   피의자와 갑동주식회사의 관계는 어떤가요.

답   의류제조업체인 갑동주식회사는 2009. 6.경에 제가 자본금 5,000만 원과 시가 3억 원 상당의 서울 종로구 관철동 50-1 대 300㎡, 시가 6억 원 상당의 서울 구로구 개봉동 353-4 대 500㎡를 출연하여 설립한 회사이고, 그때부터 제가 대표이사로서 100퍼센트 주식을 가지고 있으며 단독으로 회사의 모든 의사결정을 해오고 있습니다.

문   그동안 토지들의 시세는 변동이 있었나요.

답   부동산 경기가 좋지 않아서 지금까지 시세는 계속 제자리입니다.

문   피의자 외에 다른 이사나 경영진은 없나요.

답   조그만 회사인데 다른 이사가 무슨 필요가 있나요. 경리부장인 이을남과 총무부장인 전총무만 직원으로 두고 저 혼자서 힘겹게 회사를 꾸려왔습니다.

문   피의자는 위 회사 소유의 토지를 임의로 처분한 사실이 있나요.

답   예. 2012. 2.말경에 고향 동생인 박고소에게 돈을 빌리러 갔는데 담보가 필요하다고 해서 2012. 3.초경에 제 명의로 되어 있는 회사 소유 토지인 서울 종로구 관철동 50-1 대 300㎡에 박고소 앞으로 채권최고액 2억 원의 근저당권을 설정하고 박고소로부터 1억 5,000만 원을 빌린 사실이 있습니다.

문   관철동 토지는 위 매매 당시 피의자 명의로 되어 있는데 어떻게 된 것인가요.

답   원래 회사를 설립할 때 회사 명의로 회사 자산을 매입했던 것인데, 대표이사인 제가 외형상 아무 재산도 없으면 위신이 떨어지는 것 같아서 서류상으로만 매매 형식을 꾸며 명의만 제 앞으로 돌려놓았던 것입니다.

문   회사 소유의 토지를 피의자 앞으로 명의신탁을 했다는 말인가요.

답 예. 그렇습니다.
문 위 토지를 처분하는 과정에서 회사 내부에서 어떤 절차를 거쳤나요.
답 제 회사인데 제 물건 제가 처분하는데 무슨 절차가 필요하나요. 제가 회사 소유의 토지에 근저당권을 설정한 것은 맞지만 그 일로 처벌받는 것은 억울합니다.
문 박고소는 피의자가 위 관철동 토지를 임의로 처분한다는 것을 알고 있었나요.
답 아니오, 박고소는 제 개인 토지에 정당하게 근저당권을 설정하는 줄로만 알았습니다.
문 빌린 돈은 1억 5,000만 원인데 채권최고액을 2억 원으로 설정한 이유는 무엇인가요.
답 개인에게 채권최고액의 70퍼센트 이상을 빌리는 것은 쉽지 않은 일입니다. 그나마 박고소가 제 고향 동생이어서 후하게 빌려준 것입니다.
문 박고소로부터 빌린 1억 5,000만 원은 어떻게 사용하였나요.
답 저희 회사에서 원단 납품업체들에게 돌린 어음 부도를 막기 위해서 모두 사용했습니다.
문 원단 납품업체들에게 돈을 지급한 자료는 있나요.
답 예. 제가 납품업체들에게 대금을 지급하고 받은 세금계산서들을 가지고 왔으니 제출하겠습니다.

이에 검사는 피의자로부터 위 세금계산서들을 임의 제출받아 본 조서 말미에 첨부하기로 하고,

문 피의자는 고소인 박고소에게 팔기로 한 토지를 다른 사람에게 판 사실이 있나요.
답 예. 2012. 4.중순경에 회사 운영자금이 급히 필요해서 박고소를 찾아가 6억 원 상당의 회사 소유의 서울 구로구 개봉동 353-4 대 500㎡를 4억 원에 팔고 싶다고 했습니다. 박고소가 그 토지를 꼭 원했는지 그날 저녁에 바로 계약금 1억 원, 중도금 2억 원을 현금으로 마련해주었습니다. 그런데 제 개인 형편이 너무 어려워서 2012. 5. 10. 아는 사채업자인 최등기에게 4억 원을 받고 그 토지를 넘겼습니다.
문 박고소와 최등기는 피의자가 회사의 개봉동 토지를 임의로 처분한다는 것을 알고 있었나요.

[63] 피고인 김갑동에게 불법영득의사가 부존재함을 확인할 수 있다.
추가 증거로 세금계산서가 존재한다는 점 역시 체크하여야 한다.

답 아니오, 두 사람 모두 정당하게 회사 소유의 토지를 사는 줄로만 알았습니다.
문 그렇다면 최등기는 피의자가 이미 개봉동 토지를 박고소에게 매도하고 계약금과 중도금까지 받은 사실을 알고 있었나요.
답 아니오, 제가 알려주지도 않았고, 최등기는 사채업자라서 그것을 알았다면 사지 않았을 것입니다.

이때 검사는 피의자에게 서울 구로구 개봉동 353-4 대 500㎡에 관한 등기사항전부증명서를 보여주면서,

문 이 토지는 2010. 3. 15. 주식회사 신한은행이 채권최고액 2억 원의 근저당권을 설정한 것으로 되어 있는데, 그 내용은 무엇인가요.
답 예. 그 날짜에 회사에서 필요한 물품구입 자금이 필요해서 신한은행으로부터 1억 5,000만 원을 대출받으면서 위 토지에 채권최고액 2억 원의 근저당권을 설정해 준 것입니다. 다행히 이자는 꼬박꼬박 갚아와서 그때부터 현재까지 계속 대출금액에는 변동이 없는 상태입니다.
문 박고소와 최등기로부터 받은 돈은 어떻게 하였나요.
답 최등기로부터 받은 4억 원 중 2억 원을 이을남에게 나누어주고 나머지는 제가 개인 빚이 좀 많아 그 빚을 갚는데 썼습니다.
문 이을남에게는 왜 돈을 나누어 주었나요.
답 사촌동생인 이을남이 급전이 필요하다고 하여 빌려준 것입니다.
문 처음부터 이을남과 짜고 회사 땅을 처분한 것은 아닌가요.
답 (잠시 생각하다가 한숨을 푹 쉬더니) 실은 박고소에게 관철동 토지에 대한 근저당을 설정해 준 것은 저 혼자 한 것이 맞으나, 최등기에게 개봉동 토지를 매도한 것은 이을남과 함께 처분한 것입니다. 그렇지 않다면 아무리 이을남이 사촌동생이라고 해도 2억 원 씩이나 주겠습니까? 경찰에서는 사촌동생이어서 감싸주었으나, 이제는 남보다 못한 사이가 되어 사실대로 말씀드리는 것입니다.
문 이을남과 함께 범행을 한 경위는 어떠한가요.
답 실은 박고소에게 개봉동 토지를 매도한 직후에 이을남이 그 사실을 알고는 제게 와서 예전부터 현금 부자인 최등기가 그 토지에 관심을 많이 가지고 있었는데 아깝다는 말을 했습니다. 그리고 며칠 후에 이을남이 제게 다시 와서 혹시 박고소에게 개봉동 토지의 소유권이전등기까지 넘겼냐고

- 40 -

[64] 개봉동 토지에 설정된 근저당권의 실제 피담보채무액이 1억 5,000만 원임을 확인할 수 있다. 피고인 김갑동이 개봉동 토지와 관련하여 취득한 이익은 6억 원이 아니라 6억 원에서 위 1억 5,000만 원을 공제한 4억 5,000만 원에 불과하다.

[65] 기존 진술에 대한 번복진술이 등장한다. 진술에 일관성이 없다는 점은 신빙성 탄핵의 주요 근거로 활용할 수 있다.

물어보아서 등기는 아직 제 명의로 남아 있지만 박고소를 위해서 대신 보관만 하고 있을 뿐이고 그 토지는 이미 박고소의 물건이라고 대답했습니다. 그랬더니 이을남이 "형님이나 저나 요즘 형편이 너무 어려운데 최등기는 아직 토지를 박고소에게 넘긴 것을 모르니 최등기에게 팝시다."라고 제안해서 제가 마지못해 승낙했습니다. 그래서 이을남이 최등기에게 가서 토지를 살 의향이 있냐고 물어보자 최등기는 4억 원에 살 용의가 있다고 했습니다. 이을남이 제게 "덤으로 생기는 돈이니 최등기에게 그 토지를 팔아 4억을 반반씩 나누면 2억씩 이득이 되지 않겠느냐."라고 계속 강권하여 형편이 어려운 저로서는 마지못해 받아들였습니다. 그래서 2012. 5. 9. 제 사무실에서 최등기를 직접 만나 개봉동 토지에 대한 매매계약서를 작성하고, 다음 날인 2012. 5. 10. 최등기로부터 4억 원을 받은 즉시 서울남부지방법원 구로등기소에 가서 최등기 앞으로 소유권이전등기를 한 것입니다.

문 이을남에게 피의자 명의의 신용카드를 빼앗긴 사실이 있나요.

답 예, 2012. 5. 20. 이을남이 대낮부터 회사 사무실로 혼자 찾아와 제게 "신용카드를 주지 않으면 회사 토지를 마음대로 처분한 것을 경찰에 알려 콩밥을 먹게 하겠다. 내게는 힘 좀 쓰는 동생들도 있다."라고 협박하여 어쩔 수 없이 제 신용카드(카드번호 : 4***-****-****-****) 1장을 주었습니다.

[66] 피고인 이을남이 김갑동에게 가한 협박의 정도가 강도죄의 그것에 이르지 아니한다는 사실을 확인할 수 있다.

문 "힘 좀 쓰는 동생들"은 누구를 말하는가요.

답 평소 조폭까지는 아니고 동네 건달 수준으로 보이는 건장한 남자들이 이을남에게 "형님"이라고 깍듯하게 인사하는 것을 본 적이 있습니다. 혹시 이을남 요구를 거절하면 그들을 회사에 데려와 소란을 피울까봐 염려되고 회사 소유의 토지를 임의로 처분한 것이 발각되는 것도 두려워 신용카드를 준 것입니다.

<피의자 이을남에게>

문 피의자의 성명, 주민등록번호, 직업, 주거, 등록기준지 등을 말하시오.

답 성명은 이을남(李乙男)

주민등록번호, 직업, 주거, 등록기준지, 직장주소, 연락처는 각각 (생략)

검사는 피의사실의 요지를 설명하고 검사의 신문에 대하여 「형사소송법」 제244조의3에 따라 진술을 거부할 수 있는 권리 및 변호인의 참여 등 조력을 받을 권리가 있음을 피의자에게 알려주고 이를 행사할 것인지 그 의사를 확인하다.

진술거부권 및 변호인 조력권 고지 등 확인

1. 귀하는 일체의 진술을 하지 아니하거나 개개의 질문에 대하여 진술을 하지 아니할 수 있습니다.
2. 귀하가 진술을 하지 아니하더라도 불이익을 받지 아니합니다.
3. 귀하가 진술을 거부할 권리를 포기하고 행한 진술은 법정에서 유죄의 증거로 사용될 수 있습니다.
4. 귀하가 신문을 받을 때에는 변호인을 참여하게 하는 등 변호인의 조력을 받을 수 있습니다.

문 피의자는 위와 같은 권리들이 있음을 고지받았는가요.
답 예. 고지받았습니다.
문 피의자는 진술거부권을 행사할 것인가요.
답 아닙니다.
문 피의자는 변호인의 조력을 받을 권리를 행사할 것인가요.
답 아닙니다. 혼자서 조사를 받겠습니다.

이에 검사는 피의자 이을남의 피의사실에 관하여 다음과 같이 피의자를 신문하다.

문 피의자의 병역, 학력, 가족관계, 재산 및 월수입, 건강상태 등은 경찰에서 진술한 바와 같은가요.

이때 검사는 피의자에게 기록 중 해당부분을 읽어준 바,

답 예. 사실과 같습니다.
문 피의자는 형사처벌을 받은 사실이 있는가요.
답 아니오. 없습니다.
문 피의자는 김갑동과 어떤 사이인가요.
답 예. 김갑동은 제 사촌형님이고, 저는 김갑동이 운영하는 갑동주식회사의 경리부장으로 근무하여 잘 알고 있습니다.
문 지금까지 김갑동이 하는 말을 들었지요.
답 예. 그렇습니다.
문 김갑동이 위와 같이 회사 소유의 토지들을 처분한 것이 맞나요.
답 김갑동이 정확히 얼마를 챙겼는지는 모르지만, 김갑동이 말한 대로 박고소와 최등기에게 근저당을 설정하거나 소유권을 넘긴 것은 사실입니다.

- 42 -

	문	김갑동이 관철동 토지에 관해서 박고소에게 채권최고액 2억 원의 근저당권을 설정해주고 1억 5,000만 원을 빌린 것은 적정한 것인가요.
	답	김갑동이 회사에서 아무런 절차를 거치지 않고 독단적으로 회사 소유의 토지에 근저당권을 설정한 것은 잘못이지만, 시중 대출 관행에 비추어 볼 때 채권최고액 2억 원에 1억 5,000만 원을 빌린 것은 나쁘지 않은 것 같습니다.
	문	회사에 김갑동 외에 다른 이사나 경영진이 있나요.
	답	영세업체이다 보니 대표이사인 김갑동, 경리부장인 저, 그리고 총무부장인 전총무 3명이서 회사를 꾸려왔습니다.
	문	김갑동이 관철동 토지를 담보로 빌린 돈을 어디에 썼는지 아는가요.
[67] 피고인 이을남의 진술을 통해서도 피고인 김갑동에게 불법영득의사가 부정됨을 확인할 수 있다.	답	예. 당시 회사에서 원단 납품업체들에게 돌린 어음을 급히 막아야 해서 거기에 1억 5,000만 원을 쓴 것을 제가 직접 확인한 적이 있습니다. 김갑동이 회사의 부채를 갚기 위해서 쓴 것이 맞습니다.
	문	혹시 피의자가 김갑동과 같이 위 돈을 나누어 쓰고 지금 거짓말을 하는 것은 아닌가요.
	답	절대 아닙니다. 이미 김갑동과 저는 갈 데까지 간 험악한 사이인데 서로 감싸줄 이유가 없습니다.
	문	피의자는 개봉동 토지를 처분한 돈 중 일부를 김갑동과 함께 나누어 쓴 사실이 있나요.
	답	그런 사실이 없습니다.
[68] 피고인 김갑동과 피고인 이을남의 진술이 대립하는 부분이다. 구체적으로는 공모 여부와 범행수익 2억 원의 교부 여부가 각각 문제된다.	문	김갑동은 피의자와 미리 짜고 회사 소유의 토지를 같이 처분했다고 하는데 어떤가요.
	답	절대로 아닙니다. 제가 언젠가 지나가는 말로 김갑동에게 최등기가 개봉동 토지에 관심이 많이 있다는 말을 한 적은 있습니다. 그리고 2012. 5.초경에 김갑동이 제게 회사자금이 부족하여 개봉동 토지를 팔아야겠으니 최등기에게 가서 현금으로 토지를 살 수 있는지 의사를 타진해보라고 해서 제가 최등기와 김갑동을 오가며 4억 원에 매매가 성사되도록 한 것은 맞습니다. 하지만 저와 최등기는 모두 김갑동이 이미 박고소에게 개봉동 토지를 팔아먹은 상태에서 최등기에게 토지를 또 팔아먹은 줄은 꿈에도 몰랐습니다.
	문	김갑동이 회사 소유의 토지를 개인이 임의로 파는 것에 피의자가 관여한 것은 잘못이 아닌가요.

- 43 -

답	앞서 말씀드렸듯이 김갑동이 박고소 앞으로 관철동 토지에 근저당을 설정하고 받은 돈 1억 5,000만 원으로 회사 부도를 막은 적이 있습니다. 그래서 저는 개봉동 토지를 최등기에게 팔 때도 김갑동이 회사자금이 필요하다고 해서 그 말만 믿고 매매를 성사시켜준 것 뿐입니다. 그런데 나중에 알고보니 김갑동은 개봉동 토지와 관련해서 박고소와 최등기로부터 현금으로 받은 돈을 직접 가지고 있다가 모든 돈을 회사와 무관하게 개인적으로 혼자 다 써버린 것을 알게 되었습니다. 그러고는 이제 책임을 회피하기 위해서 저에게 2억 원이나 주었다고 하니 황당할 뿐입니다. 그 인색한 사람이 감옥에 갈지언정 2억 원을 줄 리가 절대 없습니다.
문	피의자의 말을 증명할 증거가 있나요.
답	돈을 받았다면 증거가 있겠지만 받지도 않았는데 무슨 증거가 있겠습니까?
문	피의자는 김갑동을 협박하여 신용카드를 빼앗은 사실이 있는가요.
답	예. 제가 김갑동을 최등기에게 소개를 시켜주어 매매가 성사되었음에도 저에게 고맙다는 말 한마디 없어서 괘씸하게 생각하고 있던 중, 김갑동이 이미 그 토지를 박고소에게 팔고 또다시 최등기에게 팔아서 돈을 받았다는 사실을 알게 되었습니다. 그래서 2012. 5. 20. 점심 무렵에 김갑동의 회사 사무실에 혼자 점잖게 찾아가 왜 회사 토지를 마음대로 처분하느냐, 경찰에 알리겠다고 했더니 김갑동이 겁을 먹었는지 자신의 신용카드(카드번호 : 4***-****-****-****)를 주면서 비밀번호도 알려주었습니다. 그래서 다음 날인 2012. 5. 21. 서울 서초구 서초동 456-2에 있는 신한은행 현금자동지급기 코너에서 그 카드를 사용하여 김갑동의 예금계좌에서 100만 원을 인출하여 생활비에 사용하였습니다.
문	김갑동에게 신용카드를 달라고 하면서 "콩밥을 먹게 하겠다." "내게는 힘 좀 쓰는 동생들도 있다."라고 말한 사실이 있나요.
답	생각해보니 그런 말도 약간 했던 것 같습니다. 그 정도는 말해야 김갑동이 겁을 먹지 않겠습니까.

<피의자 김갑동에게>

문	이을남은 피의자로부터 신용카드 외에 2억 원을 받은 사실이 없다고 주장하는데 어떤가요.
답	말도 안 됩니다. 제가 처분한 토지들의 시가를 합치면 무려 9억 원입니다.

[69] '점잖게 찾아가'라는 표현을 통해 피고인 이을남이 김갑동에게 가한 협박의 정도가 강도죄의 그것에 이르지 아니함이 문제된다는 사실을 다시 한 번 확인할 수 있다.

[70] 피고인 이을남이 김갑동의 진술과 달리 2억 원을 교부받지 않았다는 점에 대한 근거로 활용할 수 있는 내용이다. 앞서 확인한 나부인의 법정진술과 함께 김갑동 진술에 대한 신빙성 탄핵의 근거가 된다.

[71] 전총무 작성 증명서의 증거능력과 관련된 내용이다. 그 증거능력이 부정됨은 나부인의 법정진술을 통해 이미 확인하였다.

[72] 대질신문 조서의 경우 진술자가 두 명이므로 그 각각의 진술자로부터 따로 확인을 받고 서명날인 역시 따로 받아야 한다.

제가 얼마를 챙겼는지 정확히 말하지는 않았지만 회사 경리부장인 이을남이 제 수중에 수억 원이 들어왔을 것이라 짐작하는 것은 당연합니다. 그런데 고작 신용카드 한 장만 받아서 100만 원만 인출했겠습니까. 이을남이 자신은 처벌을 적게 받으려고 거짓말을 하는 것입니다.

문　피의자의 주장을 뒷받침할 증거가 있나요.
답　예. 2012. 6.경 총무부장인 전총무가 교통사고를 당해 입원해 있을 때 제가 아끼던 직원이어서 안타까운 마음에 생활비라도 좀 보내주러 병문안을 갔다가 전총무로부터 제가 5만 원짜리 현금 다발 40개 합계 2억 원을 이을남에게 주는 것을 목격하였다는 내용의 증명서를 받은 사실이 있습니다. 전총무는 온 몸에 다발성골절상을 입어 글씨를 쓰기 어려운 상황이었기 때문에 위 증명서는 전총무가 하는 이야기를 병간호를 하고 있던 전총무의 아내 나부인이 전총무가 불러주는 그대로를 받아 적은 것입니다.

이때 검사는 피의자로부터 전총무 명의의 증명서를 제출받아 기록에 첨부하기로 하고,

문　전총무는 지금도 회사에서 근무하고 있는가요.
답　아닙니다. 제가 병문안 갔을 때만 하더라도 정신은 멀쩡했는데, 갑자기 내출혈이 심해져 한 달 정도 뒤 사망했습니다. 전총무가 입원했을 때부터 지금까지도 그랬지만 앞으로도 전총무 가족은 제가 책임지도록 하겠습니다.

<피의자들에게>
문　이상의 진술은 모두 사실인가요.
답　(피의자 김갑동) 예. 사실입니다.
　　(피의자 이을남) 예. 사실입니다.

위의 조서를 진술자들에게 열람하게 하였던바, 진술한 대로 오기나 증감·변경할 것이 전혀 없다고 말하므로 간인한 후 서명무인하게 하다.

진술자　김 갑 동　(무인)
진술자　이 을 남　(무인)
2013. 8. 5.
서울중앙지방검찰청
검　　사　구 사 현　㊞
검찰주사　전 주 사　㊞

[73] 증명서의 내용뿐만 아니라 서명 역시 전총무 본인이 아닌 나부인이 하였다는 사실을 확인할 수 있다. 형사소송법 제313조 제1항의 자필 또는 서명요건을 갖추지 못한 이상, 제314조의 요건을 검토할 필요도 없이 그 진술서의 증거능력은 부정된다.

증 명 서

저는 갑동주식회사의 총무부장으로서 2012년 5월 10일경에 회사 사무실에서 김갑동이 이을남에게 5만 원짜리 현금 다발 40개(2억 원)을 주는 것을 목격한 사실이 있습니다.

2012. 6. 5.

전 총 무

- 46 -

[74] 피고인 이을남의 점유이탈물횡령의 점과 금목걸이 절도의 점에 대한 피의자신문조서이다.

피의자신문조서(제2회)

피의자 : 이을남

위의 사람에 대한 절도 등 피의사건에 관하여 2013. 10. 7. 서울중앙지방검찰청 901호 검사실에서 검사 구사현은 검찰주사 전주사를 참여하게 한 후, 아래와 같이 피의자임에 틀림없음을 확인한다.

검사는 피의사실의 요지를 설명하고 검사의 신문에 대하여「형사소송법」제244조의3에 따라 진술을 거부할 수 있는 권리 및 변호인의 참여 등 조력을 받을 권리가 있음을 피의자에게 알려주고 이를 행사할 것인지 그 의사를 확인하다.

진술거부권 및 변호인 조력권 고지 등 확인

1. 귀하는 일체의 진술을 하지 아니하거나 개개의 질문에 대하여 진술을 하지 아니할 수 있습니다.
2. 귀하가 진술을 하지 아니하더라도 불이익을 받지 아니합니다.
3. 귀하가 진술을 거부할 권리를 포기하고 행한 진술은 법정에서 유죄의 증거로 사용될 수 있습니다.
4. 귀하가 신문을 받을 때에는 변호인을 참여하게 하는 등 변호인의 조력을 받을 수 있습니다.

문   피의자는 위와 같은 권리들이 있음을 고지받았는가요.
답   예. 고지받았습니다.
문   피의자는 진술거부권을 행사할 것인가요.
답   아닙니다.
문   피의자는 변호인의 조력을 받을 권리를 행사할 것인가요.
답   아닙니다. 혼자서 조사를 받겠습니다.

이에 검사는 피의사실에 관하여 다음과 같이 피의자를 신문하다.
문   피의자는 전회에 사실대로 진술하였나요.
이때 검사는 피의자에게 기록 중 해당부분을 읽어준바,

답 예. 사실대로 말씀드렸습니다.
문 피의자는 다른 사람의 카메라를 몰래 가져간 사실이 있나요.
답 예. 2008. 9.말경 김갑동과 함께 경복궁에 바람을 쐬러 갔는데, 일본인 단체관광객들이 많았습니다. 저는 한적한 곳에 있는 벤치에 앉아 쉬고 있는데 일본인 아주머니가 풍경 사진을 찍다가 제 옆에 와서 앉았습니다. 얼마 후 단체관광 가이드가 비행기 시간이 다 되었는지 급히 신호를 하자 제 옆에 있던 아주머니가 벤치 옆에 카메라를 놓아둔 채 허겁지겁 달려갔고 관광객들이 다 모이자 버스에 타는 즉시 떠났습니다. 저는 김갑동과 함께 경복궁 경내를 한바퀴 돌고 왔는데도 그 카메라가 그대로 그 장소에 방치되어 있어서 주변을 둘러보니 경복궁 폐장 시간이 다 되어 보는 사람이 없어서 순간적으로 잘못된 마음을 먹고 출입문이 닫히기 직전 슬쩍 가져온 것입니다.
문 김갑동은 피의자가 카메라를 가져가는 것을 보았나요.
답 옆에 있기는 했는데 제가 카메라를 집어 잽싸게 가방에 집어넣었기 때문에 보았는지는 잘 모르겠습니다.
문 그 카메라를 지금까지 집에다 보관해 온 이유는 무엇인가요.
답 제가 몇 번 사용하다가 팔려고 하였지만 혹시 카메라가 절도로 신고되어 있었을지 몰라 그냥 집에 둔 것입니다.
문 피의자는 다른 사람의 금목걸이를 훔친 사실이 있나요.
답 예. 2011. 크리스마스 일주일 전쯤에 이웃집에서 돌잔치를 한다고 해서 선물을 사러 봉천금은방에 갔는데, 주인이 진열대 위에서 금목걸이를 닦고 있었습니다. 그런데 주인이 휴대폰을 받더니 제가 있는 자리에서 말하기 힘든 급한 사정이 있었는지 갑자기 가게 밖으로 뛰쳐나갔습니다. 얘기가 길어지는지 5분이 지나도 오지 않아서 순간적으로 잘못된 마음을 먹고 진열대 위에 있던 금목걸이를 몰래 가져와서 지금까지 제가 걸고 다녔습니다. 그런데 이번에 경찰에 체포되면서 제 집에 벗어놓았던 금목걸이를 압수당하였습니다.
문 금은방 주인과는 어떤 관계인가요.
답 아무런 관계도 아닙니다. 사실 금목걸이를 가져온 다음날 이를 돌려주고

[75] 금은방이 폐업하였고 피해자의 신원 역시 파악되지 않는다는 점에서 피고인의 자백 이외의 증거를 확보하기 어려운 상황임을 알 수 있다. 압수된 금목걸이의 증거능력이 부정되는 이상 자백보강법칙이 적용될 수 있다.

    용서를 빌러 금은방에 찾아갔는데 유리로 된 출입문에는 "폐업"이라는 쪽지가 붙여있고 가게 안은 어수선하게 난장판이 되어 있는 것이 야반도주라도 한 것처럼 보였습니다.

문   이상의 진술은 사실인가요.
답   **예. 사실입니다.**
문   더 할 말이나 유리한 증거가 있는가요.
답   **없습니다.**

위의 조서를 진술자에게 열람하게 하였던바, 진술한 대로 오기나 증감·변경할 것이 전혀 없다고 말하므로 간인한 후 서명무인하게 하다.

                진술자 *이 을 남* (무인)

                2013. 10. 7.

              서울중앙지방검찰청
            검   사 *구 사 현* ㊞
            검찰주사 *전 주 사* ㊞

기타 법원에 제출되어 있는 증거들

※ 편의상 다음 증거서류의 내용을 생략하였으나, 법원에 증거로 적법하게 제출되어 있음을 유의하여 변론할 것.

○ 부동산매매계약서(2012. 4. 15.자)
 - 김갑동이 개봉동 토지를 박고소에게 계약금 1억 원, 중도금 2억 원, 잔금 1억 원에 매도하는 계약서.

○ 영수증(2012. 4. 15.자)
 - 김갑동이 박고소로부터 개봉동 토지 매매 계약금과 중도금 합계 3억 원을 수령한 사실을 김갑동이 확인한 내용.

○ 신한카드 사용내역(카드번호 : 4***-****-****-****)
 - 2012. 5. 21. 신한은행 현금자동지급기에서 김갑동 명의의 신한카드를 이용하여 100만 원이 인출된 내역.

○ 각 가족관계증명서
 - 김갑동과 이을남이 사촌지간이라는 사실의 기재.

○ 피고인들에 대한 각 조회회보서
 - 피고인들에 대한 전과 조회로서 각각 특별한 전과 없음.

○ 갑동주식회사 납품업체들이 발행한 각 세금계산서
 - 갑동주식회사로부터 합계 1억 5,000만 원을 납품대금으로 받았음.

○ 사망진단서사본
 - 전총무가 2012. 7. 1. 사망함.

[76] 생략된 증거라도 답안에서 인용하는 경우가 있다. 다만 생략된 증거의 내용은 대부분 앞에서 등장한 기록과 중복되므로 답안에 기재할 증거 위주로 간단히 확인하도록 한다.
각 가족관계증명서와 갑동주식회사 납품업체들이 발행한 각 세금계산서 등은 답안에서 활용할 수 있는 증거들이다.

확 인 : 법무부 법조인력과정

2014년 제3회 변호사시험 형사법 기록형 CH 02 메모예시

공소제기일 - 13. 10. 18. ※ 의율착오 쟁점 ※ 검토의견서-변론요지서 신료 인용가능

피고인	죄명	공소사실				인정 및 부인취지	쟁점	증거		결론	비고
		일시	장소	피해자	피해품	고소기타			+	-	
김갑동 대표이사	배임	12. 3. 15.	사무실	v.갑동 주식회사	관철동토지		x-피고인 회사	2차간명의신탁 -배임x→횡령 (공소장변경?) 횡령-1인주주회사 불법영득의사無	매점피신(p43) 세금계산서	-	횡령-후단 무죄	[검토보고서]
공범(이)	특경(횡령)	12. 4. 15.	사무실	v.박고소	개봉동토지 이중매매 to최등기	13. 5. 6. v.고소有	○	1행위,2항위별개검토 등기사항전부증명서(p25)-2 억근저당.최고에5억이하			회사-업무 상배임. 박 고소-배임	
이몰남 경리부장 공범(김)	특경(횡령)	12. 4. 15.	사무실	v.박고소	개봉동토지 이중매매	13. 5. 6. v.고소有	x-공모	[사실]공모x, 2억교부x	김갑동 경찰단계 공모관계 부정(30) but 검찰단계 진술번복(p40) 전충무 2012. 7. 1. 사망(사망진단서)	피고인 법정진술(18), 검사리피신(메점)(37) 김갑동 법정진술(18),사경리피신(29)-부인, 검사피신(메점)(37) 박고소 법정진술(20),고소장(24),진술조서(27)-316조2항 나부인 법정진술(21)-316조제2항 부동산매매계약서, 영수증, 각등기사항전부증명서 ㄷ진충무 증명서(46)-313조1항, 자필x	후단무죄	[변론요지서]
<체포>	강도	12. 5. 20.	사무실	v.김갑동	신용카드 1장	13. 6. 3. v.고소	○-강도 처벌의율	협박-강도x→공갈 사후지간-친족상도예 고소기간도과	협박내용-p31,32 각 가족관계증명서 고소장(p32)		공소기각 (2호)	
	절도	12. 5. 21.	신한은행 atm		현금100만원인출		○	별죄x →공갈죄포괄일죄			전단무죄	
	여신범	12. 5. 21.	신한은행 atm				○	부정사용x			전단무죄	
점유이탈 물횡령		08. 9. 말경	경복궁	v.생명불상	캐논카메라 1대		○	공소시효 완성	5년(294조4호)		면소(3호)	
	절도(금목걸이)	11. 12. 중순	봉천 금은방	v.생명불상	금목걸이 1대		○	위수증-별건압수, 사후영장x, 자백보강법칙	압수조서(p33)	피고인 법정진술(자백) - 보강증거無 나머지 위수증 등	후단무죄	

검토의견서[01]

사 건   2013고합1277 특정경제범죄가중처벌등에관한법률위반(횡령) 등
피고인   김갑동

I. 피고인 김갑동에 대하여

1. 배임의 점

가. 이 부분 공소사실에 대한 성립범죄

판례는 2자간 명의신탁에 있어서 수탁자가 수탁부동산을 임의로 처분한 경우 신탁자에 대한 횡령죄가 성립한다는 입장입니다.*[02]

> * [변경전 판례] 부동산을 소유자로부터 명의수탁받은 자가 이를 임의로 처분하였다면 명의신탁자에 대한 횡령죄가 성립하며, 그 명의신탁이 부동산실권리자명의등기에관한법률 시행 전에 이루어졌고 같은 법이 정한 유예기간 이내에 실명등기를 하지 아니함으로써 그 명의신탁약정 및 이에 따라 행하여진 등기에 의한 물권변동이 무효로 된 후에 처분행위가 이루어졌다고 하여 달리 볼 것이 아니다 (대법원 2000. 2. 22. 선고 99도5227 판결).
>
> [변경된 판례] 부동산실명법을 위반하여 명의신탁자가 그 소유인 부동산의 등기명의를 명의수탁자에게 이전하는 이른바 양자간 명의신탁의 경우, 계약인 명의신탁약정과 그에 부수한 위임약정, 명의신탁약정을 전제로 한 명의신탁 부동산 및 그 처분대금 반환약정은 모두 무효이다. 나아가 명의신탁자와 명의수탁자 사이에 무효인 명의신탁약정 등에 기초하여 존재한다고 주장될 수 있는 사실상의 위탁관계라는 것은 부동산실명법에 반하여 범죄를 구성하는 불법적인 관계에 지나지 아니할 뿐 이를 형법상 보호할 만한 가치 있는 신임에 의한 것이라고 할 수 없다. (중략) 따라서 말소등기의무의 존재나 명의수탁자에 의한 유효한 처분가능성을 들어 명의수탁자가 명의신탁자에 대한 관계에서 '타인의 재물을 보관하는 자'의 지위에 있다고 볼 수도 없다. 그러므로 부동산실명법을 위반한 양자간 명의신탁의 경우 명의수탁자가 신탁받은 부동산을 임의로 처분하여도 명의신탁자에 대한 관계에서 횡령죄가 성립하지 아니한다(대법원 2021. 2. 18. 선고 2016도18761 전원합의체 판결).

서울 종로구 관철동 50-1 대 300㎡(이하 '관철동 토지'라 하겠습니다)[03]는 실제소유자인 갑동주식회사로부터 피고인이 2009. 6. 4. 명의신탁 받은 부동산이고(2자간 명의신탁, 기록 제25쪽 등기사항전부증명서 참조),[04] 피고인이 대표이사의 지위에서 피해자로부터 수탁받은 위 토지를 임의로 박고소에게 근저당권을 설정함으로써 처분한 것은 피해자에 대한 배임이 아닌 업무상횡령에 해당합니다.

나. 공소장변경의 필요성

판례는 법원은 횡령죄로 기소된 공소사실을 공소장변경 없이 직권으로 배임죄로 인정할 수 있지만,** 단순배임죄로 기소된 공소사실을 법정형이 더 무거운 업무상횡령죄로는 처단할 수 없다는 입장입니다.***

---

[01] 검토의견서에서는 변론요지서와 달리 경어체를 사용하지 않아도 무방하다. 다만 대표변호사에게 보고할 서면이라는 점과 변론요지서와의 통일성을 고려할 때 경어체를 사용하였다.

[02] 변경된 2016도18761 전원합의체 판결에 의하면, 2자간 명의신탁에 있어서 수탁자가 수탁부동산을 임의로 처분한 경우에도 횡령죄는 성립하지 아니한다. 따라서 변경된 판례에 의하면, 피고인 김갑동에게 배임죄는 물론 횡령죄 역시 성립하지 아니한다. 즉, 변경된 판례에 의하면 피고인에게는 불법영득의사가 없을 뿐만 아니라, 변경된 판례 법리에 의하더라도 무죄판결이 선고되어야 한다.

[03] 약어 기재는 위와 같이 표시한다.

[04] 신탁과 관련된 개념이나 법리 등을 장황하게 기재하는 대신 정확한 키워드와 관련 증거 등을 적시한다.

> ** 횡령죄와 배임죄는 다같이 신임관계를 기본으로 하고 있는 같은 죄질의 재산범죄로서 그 형벌에 있어서도 경중의 차이가 없고 동일한 범죄사실에 대하여 단지 법률적용만을 달리하는 경우에 해당하므로 법원은 배임죄로 기소된 공소사실에 대하여 공소장변경 없이도 횡령죄를 적용하여 처벌할 수 있다(대법원 1999. 11. 26. 선고 99도2651 판결).
>
> *** 일반법과 특별법이 동일한 구성요건을 가지고 있고 어느 범죄사실이 그 구성요건에 해당하는데 검사가 그 중 형이 보다 가벼운 일반법의 법조를 적용하여 그 죄명으로 기소하였고, 그 일반법을 적용한 때의 형의 범위가 '징역 5년 이하'이며, 특별법 적용시 형의 범위가 '무기 또는 10년 이상의 징역'으로서 차이가 나는 경우에는, 비록 그 공소사실에 변경이 없고 그 적용 법조의 구성요건이 완전히 동일하다 하더라도, 그러한 적용 법조의 변경이 피고인의 방어권 행사에 실질적인 불이익을 초래한다고 보아야 하며, 따라서 법원은 공소장변경 없이는 형이 더 무거운 특별법의 법조를 적용하여 특별법 위반의 죄로 처단할 수는 없다(대법원 2008. 3. 14. 선고 2007도10601 판결).

결국 이 부분 공소사실에 대한 검사의 공소장변경 신청이 없는 이상, 피고인에 대해서는 단순횡령죄의 유죄판결만이 선고될 수 있습니다.

다. 1인회사 주주에 대한 횡령죄 성립 여부

판례는 1인회사의 주주가 회사의 재산을 임의로 처분한 경우 횡령죄 성립을 인정하고 있습니다.*

> * 배임죄의 주체는 타인을 위하여 사무를 처리하는 자이며, 그의 임무위반 행위로써 그 타인인 본인에게 재산상의 손해를 발생케 하였을 때 이 죄가 성립되는 것인 즉, 소위 1인회사에 있어서도 행위의 주체와 그 본인은 분명히 별개의 인격이며, 그 본인인 주식회사에 재산상 손해가 발생하였을 때 배임죄는 기수가 되는 것이므로 궁극적으로 그 손해가 주주의 손해가 된다 하더라도 이미 성립한 죄에는 아무 소장이 없다(대법원 1983. 12. 13. 선고 83도2330 전원합의체 판결).

따라서 피해자 갑동주식회사가 피고인을 주주로 하는 1인회사라는 사정은 피고인에 대한 횡령죄 성립에 영향이 없습니다.[05]

[05] 피고인에게 불리한 내용은 변론요지서에서는 작성하지 아니함이 일반적이나, 사건을 객관적 입장에서 검토하는 검토의견서의 경우에는 작성하여야 한다.

라. 불법영득의사 부존재에 따른 횡령죄 불성립

검사 작성 피고인·이을남에 대한 피의자신문조서(대질)의 각 진술기재, 갑동주식회사 납품업체들이 발행한 각 세금계산서의 기재에 의하면[06] 피고인은 관철동 토지에 근저당권을 설정하고 대출받은 1억 5,000만 원을 자신의 이익을 위해 사용하지 아니하고, 갑동주식회사가 발행한 어음의 부도를 막기 위해 사용하였습니다.

[06] 사실의 인정은 항상 증거에 의하여야 한다.

따라서 피고인에게는 불법영득의사를 인정할 수 없고, 횡령죄 역시 성립하지 아니합니다.

마. 소결

결국 위와 같이 피고인에 대해 배임죄는 물론 횡령죄 역시 성립하지 아니하므로, 이를 근거로 형사소송법 제325조 후단에 의한 무죄를 주장하여야 합니다.[07]

[07] 검토의견서는 향후 변론의 방향을 설정하기 위한 것이므로 소결론 표현이 변론요지서의 그것과 다르다.

2. 특정경제범죄가중처벌등에관한법률위반(횡령)의 점

가. 이 부분 공소사실에 대한 성립범죄

피고인이 피해자 갑동주식회사 소유의 서울 구로구 개봉동 353-3 대 500㎡(이하 '개봉동 토지'라 하겠습니다)를 피해자 박고소에게 매도한 행위(이하 '제1행위'라 하겠습니다)는 위 갑동주식회사에 대한 업무상배임죄에 해당하고,[08][09] 개봉동 토지를 다시 최등기에게 매도하고 소유권이전등기를 경료하여 준 행위(이하 '제2행위'라 하겠습니다)는 피해자 박고소에 대한 배임죄에 해당합니다. 판례 역시 이러한 경우 제2행위를 제1행위의 불가벌적 사후행위로 보지 아니하고 별개의 범죄가 성립한다는 입장입니다.**

[08] 대표이사인 피고인이 위 부동산 자체를 보관하고 있다고는 평가할 수 없으므로 횡령죄가 성립하지는 아니한다.

[09] 관철동 토지와 달리 회사를 위하여 토지를 매매하였다는 사정이 없음에 주의하여야 한다.

> ** 횡령죄는 다른 사람의 재물에 관한 소유권 등 본권을 보호법익으로 하고 법익침해의 위험이 있으면 침해의 결과가 발생되지 아니하더라도 성립하는 위험범이다. 그리고 일단 특정한 처분행위로 인하여 법익침해의 위험이 발생함으로써 횡령죄가 기수에 이른 후 종국적인 법익침해의 결과가 발생하기 전에 새로운 처분행위가 이루어졌을 때, 후행 처분행위가 선행 처분행위에 의하여 발생한 위험을 현실적인 법익침해로 완성하는 수단에 불과하거나 그 과정에서 당연히 예상될 수 있는 것으로서 새로운 위험을 추가하는 것이 아니라면 후행 처분행위에 의해 발생한 위험은 선행 처분행위에 의하여 이미 성립된 횡령죄에 의해 평가된 위험에 포함되는 것이므로 후행 처분행위는 이른바 불가벌적 사후행위에 해당한다. 그러나 후행 처분행위가 이를 넘어서서, 선행 처분행위로 예상할 수 없는 새로운 위험을 추가함으로써 법익침해에 대한 위험을 증가시키거나 선행 처분행위와는 무관한 방법으로 법익침해의 결과를 발생시키는 경우라면, 이는 선행 처분행위에 의하여 이미 성립된 횡령죄에 의해 평가된 위험의 범위를 벗어나는 것이므로 특별한 사정이 없는 한 별도로 횡령죄를 구성한다고 보아야 한다(대법원 2013. 2. 21. 선고 2010도10500 판결).

제1행위와 제2행위는 피해자와 피해법익, 행위태양 등이 서로 다르므로 배임죄의 포괄일죄가 아닌 별개의 배임죄가 각각 성립하고, 양 죄는 실체적 경합관계에 있습니다.[10]

[10] 이와 달리 상상적 경합으로 평가할 수도 있다.

나. 공소장변경의 필요성

판례는 횡령죄로 기소된 공소사실에 대하여 공소장변경 없이도 배임죄를 적용하여 처벌할 수 있고, 동일한 범죄사실에 대해 포괄일죄로 보지 아니하고 실체적 경합관계로 인정할 수 있다는 입장입니다.

결국 특정경제범죄가중처벌등에관한법률위반(횡령)죄의 일죄로 기소된 이 부분 공소사실에 대해 법원은 공소장변경 없이도 피해자 박고소와 피해자 갑동주식회사에 대한 각 특정경제범죄가중처벌등에관한법률위반(배임)죄 경합범으로 처벌할 수 있습니다.

다. 특정경제범죄의가중처벌등에관한법률 적용 여부

특정경제범죄가중처벌등에관한법률 제3조는 재산범죄로 인해 취득한 이득액이 5억 원 이상일 때 적용됩니다. 또한 판례는 부동산을 매도한 배임행위로 인한 이득액을 산정하는 경우에는 대상 부동산의 시가에서 그 부동산에 설정된 근저당권의 채권최고액의 범위 내에서 피담보채권액 등을 공제하여야 한다는 입장입니다.*

* 배임행위로 얻은 재산상 이익의 일정한 액수 자체를 가중적 구성요건으로 규정하고 있는 특정경제범죄 가중처벌 등에 관한 법률 제3조 제1항의 적용을 전제로 하여 이중매매 대상이 된 부동산 가액을 산정하는 경우, 부동산에 아무런 부담이 없는 때에는 부동산 시가 상당액이 곧 가액이라고 볼 것이지만, 부동산에 근저당권설정등기가 경료되어 있거나 압류 또는 가압류 등이 이루어진 때에는 특별한 사정이 없는 한 아무런 부담이 없는 상태의 부동산 시가 상당액에서 근저당권의 채권최고액 범위 내에서 피담보채권액, 압류에 걸린 집행채권액, 가압류에 걸린 청구금액 범위 내에서 피보전채권액 등을 뺀 실제 교환가치를 부동산 가액으로 보아야 한다(대법원 2011. 6. 30. 선고 2011도1651 판결).

피고인의 진술과 부동산등기사항전부증명서(기록 제26쪽)의 기재에 의하면 개봉동 토지에는 2010. 3. 15. 근저당권자 신한은행, 채권최고액 2억 원을 내용으로 하는 근저당권이 설정되어 있고, 제2행위 당시 실제 채무액은 1억 5,000만 원입니다.

결국 피고인이 이 부분 각 범행으로 인하여 취득한 이득액은 개봉동 토지 시가 상당액인 6억 원에서 담보 채권액 1억 5,000만 원을 공제한 4억 5,000만에 불과하므로 이 부분 공소사실에 대해서는 특정경제범죄가중처벌등에관한법률 제3조 제1항 제2호가 적용될 수 없습니다.

라. 소결

피고인에 대해서는 특정경제범죄가중처벌등에관한법률위반(횡령)죄가 아닌 박고소에 대한 배임죄와 갑동주식회사에 대한 업무상배임죄만이 성립 가능합니다. 이러한 축소사실에 대해서는 공소장변경 없이도 법원이 직권으로 인정할 수 있고, 이 부분 공소사실에 대해서는 피고인의 자백 외에 보강증거 또한 존재합니다.

결국 피고인의 이 부분 공소사실에 대해서는 유죄인정을 전제로 정상변론을 하여야 할 것입니다.[11]

[11] 변론요지서와 소결론 기재 내용이 다름에 주의를 요한다.

2014. 1. 4.

법무법인 공정 변호사 김힘찬 [인]

변론요지서

사　건　2013고합1277 특정경제범죄가중처벌등에관한법률위반(횡령) 등
피고인　이을남

위 사건에 관하여 피고인 이을남의 변호인 변호사 이사랑은 다음과 같이 변론합니다.

다　음

II. 피고인 이을남에 대하여

1. 특정경제범죄가중처벌등에관한법률위반(횡령)의 점

가. 특정경제범죄가중처벌등에관한법률 적용 가부 및 죄책

앞서 검토의견서 I의 2항에서도 살펴본 바와 같이[01] 이 부분 공소사실 관련 피고인에 대해서는 피해자 박고소에 대한 배임죄와 피해자 갑동주식회사에 대한 업무상배임죄만이 각각 성립할 수 있습니다.

[01] [작성요령]에서 인용 기재를 허용하고 있으므로 이를 적극적으로 활용하여야 한다.

나. 공모사실의 부존재

피고인은 경찰 단계에서부터 이 법정에 이르기까지 일관되게 김갑동과 공모하여 토지를 임의로 처분한 사실이 없고, 김갑동이 위 토지 매매대금 중 자신에게 주었다는 2억원을 받은 사실이 없다는 취지로 범행을 부인하고 있습니다. 아래에서는 증거관계를 바탕으로 공모관계가 부존재함을 살펴보도록 하겠습니다.

1) 검사 제출 증거

이 부분 공소사실에 대해 검사가 제출한 증거로는 피고인·김갑동·박고소·나부인의 각 법정진술, 검사 작성 피고인·김갑동에 대한 피의자신문조서(대질)의 각 진술기재, 사법경찰리 작성 김갑동에 대한 피의자신문조서의 진술기재, 사법경찰리 작성 박고소에 대한 진술조서의 진술기재, 전총무 작성 증명서의 기재, 부동산매매계약서·영수증·각 등기사항전부증명서의 각 기재 또는 현존이 있습니다.[02]

[02] 증거거시는 법원→검찰→경찰, 인증→서증→증거물, 피고인→참고인, 조서→진술서→검증조서→압수조서·실황조사서→진단서·견적서의 순서대로 함이 원칙이다.

2) 증거능력 없는 증거[03]

① 사법경찰리 작성 김갑동에 대한 피의자신문조서 중 공소사실 2항 부분은 피고인이 내용을 부인하는 취지로 증거로 함에 부동의하고 있으므로 증거능력이 없습니다(형사소송법 제312조 제3항).

[03] 검토하여야 할 증거가 많으므로, 결론과 근거조문 중심으로 간단하게 기재한다.

② 증인 박고소의 법정진술과 사법경찰리 작성 박고소에 대한 진술조서 진술기재 중 김갑동이 "받은 돈은 이을남과 함께 다 써버렸다."고 말하는 것을 들었다는 부분은 피고

인 아닌 자의 피고인 아닌 타인의 진술을 내용으로 하는 전문진술 또는 전문진술이 기재된 조서이고, 원진술자인 김갑동이 이 사건 법정에 출석하고 있는 이상 모두 증거능력이 없습니다(형사소송법 제316조 제2항, 제312조 제4항).

③ 나부인의 법정진술 중 전총무 작성 증명서의 기재 내용을 들었다는 내용은 전총무가 사망하여 형사소송법 제316조 제2항의 요건을 갖출 여지가 있으나, 그 진술에 대한 특신상태가 인정되지 아니하여[04] 증거능력이 없습니다.

④ 전총무 작성 증명서는 전문증거인 진술서에 해당합니다. 그러나 위 증명서는 전총무가 직접 작성한 것이 아니라 나부인이 전총무가 불러주는 대로 기재하였고, 전총무가 아닌 나부인이 서명하였으므로(기록 제21쪽 나부인의 법정진술 참조) 증거능력이 없습니다(형사소송법 제313조 제1항).

[04] 나부인이 "남편 말을 받아 적어달라고 하여 불러주는 대로 증명서를 작성한 것이다"라고 진술하고 있는 점을 근거로 한다.

3) 증명력 검토

김갑동의 법정진술 중 피고인과 공모하였다는 취지의 진술 부분과 검사 작성 김갑동에 대한 피의자신문조서 중 피고인과 공모하여 개봉동 토지를 처분하였고 그 대가로 2억 원을 교부하였다는 취지의 진술기재 부분은[05] ① 김갑동이 경찰단계와 검찰단계의 첫 신문에서는 피고인이 공범이 아니라고 진술하였다가 그 후 검찰단계에서 갑자기 피고인이 공범이라고 진술하는 등 진술의 일관성이 부족하고,[06] 김갑동에게 피고인과의 공모관계를 숨길 만한 이유가 없다는 점, ② 피고인이 김갑동의 주장대로 2억 원을 받았다면 생활비를 위해 단지 현금 100만 원 정도를 얻기 위해 신용카드를 강취하는 범행을 저지를 이유가 없고, 나부인에 법정진술에 의하더라도 범행 후에도 피고인이 월세 단칸방에서 어렵게 살고 있다는 점, ③ 김갑동이 자신의 회사 소유 토지를 매도하면서 그 수익의 절반에 해당하는 2억 원을 피고인에게 배분할 특별한 이유가 없다는 점, ④ 나부인의 법정진술에 의하면 이 부분 공소사실 범행 후에도 피고인은 월세 단칸방에서 혼자 어렵게 살고 있어 2억 원을 받았다는 사정이 존재하지 아니하는 점, ⑤ 김갑동은 피고인이 범한 강도범행의 피해자로서 피고인에게 악감정을 가지고 있어 이중매매에 대한 자신의 책임을 전가하기 위해 피고인을 공범으로 끌어들이기 위한 허위 진술을 하였을 가능성이 매우 높은 점 등을 고려할 때 신빙성이 매우 낮습니다.

[05] 증거의 일부만이 공소사실에 부합하는 경우 그 일부를 위와 같이 특정하여야 한다.

[06] 번복진술 등이 존재하여 진술의 일관성이 부정된다는 사정은 신빙성 탄핵에서 가장 자주 등장하는 내용이다.

4) 부족증거 등 설시

박고소의 경찰단계에서의 진술 등은 추측에 불과하고,[07] 나머지 증거들만으로는 이 부분 공소사실을 인정하기에 부족하고, 달리 이를 인정할 만한 증거가 존재하지 아니합니다.

[07] 단순한 추측성 진술에 대해서는 위와 같은 표현을 이용하여 간단하게 탄핵하도록 한다.

다. 소결

결국 이 부분 공소사실은 범죄의 증명이 없는 때에 해당하므로 형사소송법 제325조 후단에 의하여 무죄가 선고되어야 합니다.

2. 강도의 점

가. 강도죄 아닌 공갈죄의 성립

강도죄에 있어서 협박과 폭행의 정도는 사회통념상 객관적으로 상대방의 반항을 억압하거나 항거를 불능케할 정도의 것이어야 합니다.*

> * 강도죄에 있어서 폭행과 협박의 정도는 사회통념상 객관적으로 상대방의 반항을 억압하거나 항거불능케 할 정도의 것이라야 한다(대법원 2001. 3. 23. 선고 2001도359 판결).

피고인은 김갑동에 대하여 어떠한 유형력을 행사하지도 않고 단지 경찰에 범행을 알리겠다는 취지의 협박을 하였을 뿐, 그의 반항을 억압하거나 항거를 불능케할 정도의 협박을 하지 않았습니다.

따라서 피고인의 이 부분 범행에 대하여 강도죄가 성립할 수는 없고, 축소사실인 공갈죄가 성립할 수 있을 뿐이며, 판례는 이러한 축소사실에 대해서는 공소장변경 없이도 직권으로 인정할 수 있다는 입장입니다.

나. 친족상도례의 적용

피고인과 피해자 김갑동은 동거하지 아니하는 사촌지간이므로(각 가족관계증명서 참조),[08] 피고인의 공갈 범행에 대해서는 피해자의 고소가 있어야 공소를 제기할 수 있습니다(상대적 친고죄, 형법 제354조, 제328조 제2항).[09] 또한 이러한 친고죄에 대하여는 범인을 알게 된 날로부터 6월을 경과하면 고소하지 못합니다(형사소송법 제230조 제1항).

김갑동은 2013. 6. 3. 피고인을 고소하였으나, 이는 김갑동이 피고인이 범인임을 알게 된 범행일 2012. 5. 20.로부터 6개월이 도과하여 이루어졌음이 기록상 명백합니다.

결국 피해자의 적법한 고소가 없는 이상, 이 부분 공소는 공소제기의 절차가 법률의 규정에 위반하여 무효인 때에 해당하므로 형사소송법 제327조 제2호에 따라 공소기각의 판결이 선고되어야 합니다.[10]

3. 현금 절도, 여신전문금융업법위반의 점

가. 현금 절도에 대하여

판례는 현금카드 소유자를 협박하여 예금인출 승낙과 함께 현금카드를 교부받은 후 이를 사용하여 현금자동지급기에서 예금을 인출한 경우 포괄하여 하나의 공갈죄를 구성할 뿐, 현금카드 갈취행위와 분리하여 따로 절도죄로 처단할 수는 없다는 입장입니다.**

> ** 예금주인 현금카드 소유자를 협박하여 그 카드를 갈취하였고, 하자 있는 의사표시이기는 하지만 피해자의 승낙에 의하여 현금카드를 사용할 권한을 부여받아 이를 이용하여 현금을 인출한 이상, 피해자가 그 승낙의 의사표시를 취소하기까지는 현금카드를 적법, 유효하게 사용할 수 있고, 은행의 경우에도 피해자의 지급정지 신청이 없는 한 피해자의 의사에 따라 그의 계산으로 적법하게 예금을 지급할 수밖에 없는 것이므로, 피고인이 피해자로부터 현금카드를 사용한 예금인출의 승낙을 받고 현금카드를 교부받은 행위와 이를 사용하여 현금자동지급기에서 예금을 여러 번 인출한

---

[08] 생략된 서류이나 가족관계에 대한 증거로 적시하여야 한다. 생략된 증거이므로 쪽수는 기재하지 않는다.

[09] 상대적 친고죄에 대한 자세한 내용을 기재하는 대신 위와 같이 키워드와 근거규정만을 적시한다.

[10] 전형적인 소결론 기재례이므로 정리 및 암기가 필요하다.

> 행위들은 모두 피해자의 예금을 갈취하고자 하는 피고인의 단일하고 계속된 범의 아래에서 이루어진 일련의 행위로서 포괄하여 하나의 공갈죄를 구성한다고 볼 것이지, 현금지급기에서 피해자의 예금을 취득한 행위를 현금지급기 관리자의 의사에 반하여 그가 점유하고 있는 현금을 절취한 것이라 하여 이를 현금카드 갈취행위와 분리하여 따로 절도죄로 처단할 수는 없다(대법원 1996. 9. 20. 선고 95도1728 판결).

따라서 이 부분 공소사실에 중 피고인이 현금을 인출한 행위는 피해자에 대한 공갈죄의 일부일 뿐 별개의 절도죄를 구성하지 아니합니다.

결국 이 부분 공소사실은 범죄로 되지 아니하므로 형사소송법 제325조 전단에 의하여 무죄가 선고되어야 합니다.

나. 여신전문금융업법위반의 점에 대하여

여신전문금융업법 제70조 제1항에서 정하는 '부정사용'이라 함은 위조·변조 또는 도난·분실된 신용카드나 직불카드를 진정한 카드로서 본래의 용법에 따라 사용하는 것을 의미하고, 이 부분 공소사실과 같이 신용카드를 현금자동지급기에 넣고 계좌에서 예금을 인출하는 행위는 위 '부정사용'에 해당하지 않습니다.*

> * 여신전문금융업법 제70조 제1항 소정의 부정사용이라 함은 위조·변조 또는 도난·분실된 신용카드나 직불카드를 진정한 카드로서 신용카드나 직불카드의 본래의 용법에 따라 사용하는 경우를 말하는 것이므로, 절취한 직불카드를 온라인 현금자동지급기에 넣고 비밀번호 등을 입력하여 피해자의 예금을 인출한 행위는 여신전문금융업법 제70조 제1항 소정의 부정사용의 개념에 포함될 수 없다(대법원 2003. 11. 14. 선고 2003도3977 판결).

따라서 이 부분 공소사실은 범죄가 성립하지 아니하므로 형법 제326조 전단에 의하여 무죄가 선고되어야 합니다.

4. 점유이탈물횡령의 점

점유이탈물횡령죄의 공소시효는 5년이고(형법 제360조 제1항, 형사소송법 제249조 제5호), 이 부분 공소는 범죄일인 2008. 9. 말경으로부터 5년이 경과한 후인 2013. 10. 18. 제기되었음이 기록상 명백합니다.[11]

결국 이 부분 공소사실에 대해서는 형사소송법 제326조 제3호[12]에 의해 면소판결이 선고되어야 합니다.

5. 금목걸이 절도의 점[13]

가. 위법수집증거배제법칙에 의한 증거능력 부정

영장주의 예외로서 체포현장에서의 압수는 당해 피의사실과 관련된 증거물에 한하여 할 수 있습니다(형사소송법 제216조 제1항 제2호). 또한 체포현장에서 압수한 물건을 계속 압수할 필요가 있는 경우에는 사후영장을 발부받아야 합니다(제217조 제2항).[14]

---

[11] 공소시효 관련 공소제기일은 증거를 거시하지 아니하여도 된다.

[12] 각 호 규정까지 구체적으로 기재한다.

[13] 자백보강법칙 적용 사안은 사실인정의 목차대로 답안을 구성함이 원칙이므로, 검사 제출 증거부터 따로 목차를 잡아 기재할 수도 있다.

[14] 영장주의와 관련한 세부 내용을 기재할 필요는 없으나, 관련 근거규정은 정확하게 기재하여야 한다.

그러나 이 사건 금목걸이 압수는 사법경찰관이 절도와는 무관한 피고인을 강도와 점유이탈물횡령의 피의사실로 체포하면서 이루어진 것이고, 또한 이에 대한 사후영장을 발부받지도 아니하였습니다.

결국 위 금목걸이는 위법한 절차에 의하여 수집한 증거이므로 증거능력이 없고(형사소송법 제308조의2), 이를 기초로 한 압수조서 및 피고인의 경찰 및 검찰, 이 사건 법정에서의 자백 역시 모두 증거능력이 없습니다(독수의 과실이론).[15]

나. 자백보강법칙에 따른 증거능력 부정

설령[16] 피고인의 이 사건 법정에서의 자백에 대해서는 인과관계 희석에 따라 증거능력을 인정한다 하더라도,[17] 피고인의 자백 이외에 다른 보강증거가 없는 이상 형사소송법 제310조에 따라 위 자백을 유죄의 증거로 할 수 없습니다.

다. 소결

결국 이 부분 공소사실은 범죄의 증명이 없는 때에 해당하므로 형사소송법 제325조 후단에 의하여 무죄가 선고되어야 합니다.

2014. 1. 4.

피고인 이을남의 변호인 변호사 이사랑 ㊞

서울중앙지방법원 제26형사부 귀중

---

[15] 역시 위법수집증거배제법칙에 대한 상세한 내용을 기재할 필요는 없다. 위법한 절차에 기해 수집한 1차 증거와 그러한 1차 증거에 기초하여 수집한 2차 증거를 구별하여야 한다. 전자는 형사소송법 제308조의2에 따라, 후자는 독수의 과실이론에 따라 증거능력이 부정된다.

[16] 피고인에게 불리한 내용을 가정하는 것이므로 '설령'과 같은 표현을 사용하여 이하 내용이 가정에 불과함을 나타내어야 한다.

[17] 피고인의 법정에서의 자백에 대해서는 인과관계 희석에 의한 위법수집증거배제법칙 예외이론에 따라 증거능력이 인정될 여지가 있다. 따라서 증거능력인정을 전제로 보강증거가 없다는 점을 추가로 검토하여야 한다.

 MEMO

2015년 제4회
변호사시험 형사법 기록형

2015년도 제4회 변호사시험 문제

| 시험과목 | 형사법(기록형) |

응시자 준수사항

1. 시험 시작 전 문제지의 봉인을 손상하는 경우, 봉인을 손상하지 않더라도 문제지를 들추는 행위 등으로 문제 내용을 미리 보는 경우 그 답안은 영점으로 처리됩니다.

2. 답안은 흑색 또는 청색 필기구(사인펜이나 연필 사용 금지) 중 한 가지 필기구만을 사용하여 답안 작성란(흰색 부분) 안에 기재하여야 합니다.

3. 답안지에 성명과 수험번호 등을 기재하지 않아 인적사항이 확인되지 않는 경우에는 영점으로 처리되는 등 불이익을 받게 됩니다. 특히 답안지를 바꾸어 다시 작성하는 경우, 성명 등의 기재를 빠뜨리지 않도록 유의하여야 합니다.

4. 답안지에는 문제 내용을 쓸 필요가 없으며, 답안 이외의 사항을 기재하거나 밑줄 기타 어떠한 표시도 하여서는 안 됩니다. 답안을 정정할 경우에는 두 줄로 긋고 다시 써야 하며, 수정액 등은 사용할 수 없습니다.

5. 시험 종료 시각에 임박하여 답안지를 교체했더라도 시험 시간이 끝나면 그 즉시 새로 작성한 답안지를 회수합니다.

6. 시험 시간이 지난 후에는 답안지를 일절 작성할 수 없습니다. 이를 위반하여 **시험 시간이 종료되었음에도 불구하고 계속 답안을 작성할 경우 그 답안은 영점으로 처리됩니다.**

7. 답안은 답안지의 쪽수 번호 순으로 써야 합니다. **배부된 답안지는 백지 답안이라도 모두 제출**하여야 하며, **답안지를 제출하지 아니한 경우 그 시간 시험과 나머지 시험에 응시할 수 없습니다.**

8. 지정된 시각까지 지정된 시험실에 입실하지 않거나 시험관리관의 승인 없이 시험 시간 중에 시험실에서 퇴실한 경우, 그 시간 시험과 나머지 시간의 시험에 응시할 수 없습니다.

9. 시험 시간 중에는 어떠한 경우에도 문제지를 시험실 밖으로 가지고 갈 수 없고, 그 시험 시간이 끝난 후에는 문제지를 시험장 밖으로 가지고 갈 수 있습니다.

[01] 가장 먼저 작성하여야 할 서면의 종류를 확인한다. 구체적으로 '누가' '누구에게' 제출하는 서면인지를 확인하여야 한다. 이에 따라 답안에서 사용할 어투뿐만 아니라 검토하여야 할 쟁점까지 달리하게 된다.

검토의견서는 변호인이 회사 내부적으로 대표변호사에게 보고하는 서면이므로 경어체를 사용하거나 '~할 것임'이라는 방식으로 답안을 작성하여야 하고, 피고인에게 유리한 내용뿐만 아니라 불리한 내용에 대하여도 객관적 입장에서 검토하여야 한다.

변론요지서는 변호인이 법원에 제출하는 서면이므로 경어체를 사용하여야 하고, 피고인에게 가장 유리한 결론으로 쟁점을 검토하여야 한다.

[02] 기록 답안은 판례의 태도를 기준으로 답안을 작성함을 원칙으로 한다. 사례형 답안과 달리 견해 대립이나 일반론을 기재할 필요 없이 판례 결론에 따른 사안검토 위주로 작성한다.

판례의 태도에 반하는 견해를 바탕으로 피고인에 대한 무죄 등을 주장하는 예외적인 경우에는 판례 태도부터 적시한 후 변론내용을 기재하도록 한다.

[03] 재판장의 석명사항은 새로운 쟁점을 추가하는 것이 아니라, 문제의 난이도를 낮추기 위한 출제자의 배려임을 명심해야 한다. 석명사항과 관련된 쟁점은 답안에서 절대 누락하여서는 아니 된다.

[04] 기재가 생략된 증거라도 필요한 경우에는 인정사실에 대한 근거로서 거시하여야 한다.

【문 제】

피고인 김갑동의 특정범죄가중처벌등에관한법률위반(뇌물)의 점에 대해서는 변론요지서를, 피고인 이을남의 사문서위조, 위조사문서행사, 사기, 폭력행위등처벌에관한법률위반(집단·흉기등협박), 명예훼손의 점에 대해서는 법무법인 공정 담당변호사 이사랑이 객관적인 입장에서 대표변호사에게 보고할 검토의견서를 작성하되, 다음 쪽 변론요지서 및 검토의견서 양식 중 **본문 Ⅰ, Ⅱ, Ⅲ, Ⅳ 부분**만 작성하시오.

【작성요령】

1. 학설·판례 등의 견해가 대립되는 경우, 한 견해를 취할 것. 단, 대법원 판례와 다른 견해를 취하여 의견을 제시하고자 하는 경우에는 대법원 판례의 취지를 적시할 것.
2. 증거능력이 없는 증거는 실제 소송에서는 증거로 채택되지 않아 증거조사가 진행되지 않지만, 이 문제에서는 시험의 편의상 증거로 채택되어 증거조사가 진행된 것을 전제하였음. 따라서 필요한 경우 증거능력에 대하여도 논할 것.
3. 검토의견서에서는 제2회 공판기일에 이루어진 재판장의 석명사항에 대한 검사의 향후 소송대응 및 법원의 판단을 염두에 두고 작성할 것.

【주의사항】

1. 쪽 번호는 편의상 연속되는 번호를 붙였음.
2. 조서, 기타 서류에는 필요한 서명, 날인, 무인, 간인, 정정인이 있는 것으로 볼 것.
3. 증거목록, 공판기록 또는 증거기록 중 '(생략)'이라고 표시된 부분에는 법에 따른 절차가 진행되어 그에 따라 적절한 기재가 있는 것으로 볼 것.
4. 공판기록과 증거기록에 첨부하여야 할 일부 서류 중 '(생략)' 표시가 있는 것, '증인선서서'와 수사기관의 조서에 첨부하여야 할 '수사과정확인서'는 적법하게 존재하는 것으로 볼 것.
5. 송달이나 접수, 통지, 결재가 필요한 서류는 모두 적법한 절차를 거친 것으로 볼 것.

【변론요지서 양식】

변론요지서 (50점)

사 건   2014고합1277 특정범죄가중처벌등에관한법률위반(뇌물) 등
피고인   김갑동

위 사건에 관하여 피고인 김갑동의 변호인 변호사 김힘찬은 다음과 같이 변론합니다.

다 음

Ⅰ. 특정범죄가중처벌등에관한법률위반(뇌물)의 점

※ 평가제외사항 - 공소사실의 요지, 정상관계 (답안지에 기재하지 말 것)

2015. 1. 6.
피고인 김갑동의 변호인 변호사 김힘찬 ㊞

서울중앙지방법원 제26형사부 귀중

【검토의견서 양식】

검토의견서 (50점)

사 건   2014고합1277 특정범죄가중처벌등에관한법률위반(뇌물) 등
피고인   이을남

Ⅱ. 사문서변조, 변조사문서행사, 사기의 점
Ⅲ. 폭력행위등처벌에관한법률위반(집단·흉기등협박)의 점
Ⅳ. 명예훼손의 점

※ 평가제외사항 - 공소사실의 요지, 정상관계 (답안지에 기재하지 말 것)

2015. 1. 6.
담당변호사 이사랑 ㊞

---

[05] 양식에서 주어진 답안 목차 그대로 답안을 작성한다. 특히 정상관계 등 평가제외사항에 대해서는 답안에서 언급하지 않음은 물론 기록을 읽는 과정에서도 관련 내용을 가볍게 읽고 넘어가야 한다.
메모 작성시 양식의 목차와 공소장의 공소사실 기재 등을 참고하여 메모의 피고인과 죄명란을 기재한다.

기록내용 시작

기일					구속만료		미결구금	
1회기일		서울중앙지방법원			최종만료			
12/5 A10	구공판	형사제1심소송기록			대행 갱신 만료			
12/19 P3	사건번호	2014고합1277		담임	제26부	주심	다	

사건명	가. 특정범죄가중처벌등에관한법률위반(뇌물) 나. 폭력행위등처벌에관한법률위반(집단·흉기등협박) 다. 사기 라. 뇌물공여 마. 사문서변조 바. 변조사문서행사 사. 명예훼손	
검 사	구영재	2014형제99999호
피고인	1. 가. 김갑동 2. 나.다.라.마.바.사. 이을남	
공소제기일	2014. 10. 17.	
변호인	사선 변호사 김힘찬(피고인 김갑동) 사선 법무법인 공정 담당변호사 이사랑(피고인 이을남)	

확 정			완결 공람	담임	과장	국장	주심 판사	재판장	원장
보존종기									
종결구분									
보 존									

[06] 기록표지에서는 공소제기일 정도만 체크하면 충분하다. 추가적으로 왼쪽 상단에서 기일이 몇 번 열렸는지(시험에서는 2회가 일반적이다), 구속된 피고인이 있는지(구속된 피고인에 대해서는 피고인란에 '구속'이라는 박스표시가 붙는다) 등을 가볍게 확인할 수 있다.

[07] 체크할 내용이 없는 서면은 보지 않고 빠르게 넘기도록 한다.

접 수 공 람	과 장 ㊞	국 장 ㊞	원 장 ㊞

공 판 준 비 절 차

회 부 수명법관 지정 일자	수명법관 이름	재 판 장	비 고

법정외에서 지정하는 기일

기일의 종류	일 시	재 판 장	비 고
1회 공판기일	2014. 12. 5. 10:00	㊞	

서울중앙지방법원

목 록		
문 서 명 칭	장 수	비 고
증거목록	8	검사
공소장	10	
변호인선임신고서	(생략)	피고인 김갑동
변호인선임신고서	(생략)	피고인 이을남
영수증(공소장부본 등)	(생략)	피고인 김갑동
영수증(공소장부본 등)	(생략)	피고인 이을남
영수증(공판기일통지서)	(생략)	변호사 김힘찬
영수증(공판기일통지서)	(생략)	변호사 이사랑
국민참여재판 의사 확인서(불회망)	(생략)	피고인 김갑동
국민참여재판 의사 확인서(불회망)	(생략)	피고인 이을남
의견서	(생략)	피고인 김갑동
의견서	(생략)	피고인 이을남
공판조서(제1회)	14	
공소장변경허가신청	16	
영수증(공소장변경허가신청서부본)	(생략)	변호사 이사랑
공판조서(제2회)	17	
증인신문조서	20	박고소
증인신문조서	21	황금성

[08] 가장 먼저 공소장변경허가신청서가 있는지 체크한다. 허가신청이 있는 경우 그 다음 기일의 공판조서를 펼쳐 법원의 허가여부를 체크하여야 하고, 허가된 경우라면 공소장변경허가신청서를 펼쳐 변경된 공소사실을 확인하여야 한다. 공소사실이 변경된 경우 기존 공소장의 공소사실이 아닌 변경된 공소사실대로 기록을 읽고 메모를 시작하여야 한다.

그 다음 제1회 공판기일과 제2회 공판기일 사이에 제출된 증거가 있는지 확인한다. 공판단계에서 제출되는 합의서 등은 쟁점을 검토함에 있어 중요한 증거가 된다.

추가로 공판기일은 몇 차례 열렸는지 신청된 증인은 몇 명인지 등을 확인할 수도 있다.

[09] 공판기록 목록 다음에는 구속관계서류 목록이 등장한다. 긴급체포서 등이 생략되지 아니하고 제시되는 경우에는 체포의 적법성 등이 쟁점이 될 가능성이 크다.

[10] 피고인 이을남에 대한 긴급체포서가 기록에 등장하는바, 그 체포의 적법성 등이 문제됨을 예상할 수 있다.

서울중앙지방법원

목 록 (구속관계)

문 서 명 칭	장 수	비 고
긴급체포서	13	피고인 이을남
피의자석방보고	(생략)	피고인 이을남

- 7 -

증 거 목 록 (증거서류 등)
2014고합1277

2014형 제99999호

① 김갑동
② 이을남
신청인: 검사

순번	증거방법 작성	쪽수(수)	쪽수(증)	증거명칭	성명	참조사항 등	신청기일	증거의견 기일	증거의견 내용	증거결정 기일	증거결정 내용	증거조사기일	비고
1	검사	41		피의자신문조서	이을남		1	1	② ○ / ① ×				
2	〃	45		〃	김갑동		1	1	① ○ / ② ×				
3	〃	47		수사보고(금융거래내역)			1	1	① ○ / ② ○				
4	〃	〃		각 금융거래내역	이을남		1	1	① ○ / ② ○				
5	〃	48		수사보고(조은숙에 대한 소재수사)			1	1	① ○ / ② ○				
6	사경	24		피의자신문조서	이을남		1	1	② ○ / ① ×				
7	〃	26		〃 (제2회)	이을남		1	1	② ○ / ① ×				
8	〃	28		피의자신문조서	김갑동		1	1	① ○○○× / ② ×				
9	〃	30		압수조서 및 압수목록(수첩)		(생략)	1	1	① ○ / ② ○	(생략)			
10	〃	31		고소장	박고소		1	1	② ×				
11	〃	32		차용증(사본)	박고소		1	1	② ○				
12	〃	(생략)		금융거래내역	박고소 황금성		1	1	② ○				
13	〃	33		진술조서	박고소		1	1	② ×				
14	〃	35		압수조서 및 압수목록(칼)			1	1	② ○				
15	〃	36		피의자신문조서(제3회)	이을남		1	1	② ○				
16	〃	38		진술조서	황금성		1	1	② ×				
17	〃	40		진술서	조은숙		1	1	① × / ② ○				
18	〃	(생략)		각 조회회보서	김갑동 이을남		1	1	① ○ / ② ○				
19	〃	(생략)		수첩(증 제1호)			1	1	① × / ② ○				
20		49		고소장	김갑동		2	2	② ○				

※ 증거의견 표시 - 피의자신문조서: 인정 ○, 부인 ×
    (여러 개의 부호가 있는 경우, 적법성/성립/임의성/내용의 순서임)
  - 기타 증거서류: 동의 ○, 부동의 ×
  - 진술이 특히 신빙할 수 있는 상태 하에서 행하여졌다는 점 부인: "특신성 부인"(비고란 기재)
※ 증거결정 표시: 채 ○, 부 ×
※ 증거조사 내용은 제시, 내용고지

- 8 -

[11] 증거목록에서는 검찰단계와 경찰단계를 구별하여 표시한 후, 각 증거에 대한 증거의견을 체크한다(증거의견란에 × 표시된 부분을 체크하는 정도로 충분하다). 아직 공소장을 읽지 아니한 단계에서는 각 증거가 어떤 공소사실에 관련된 것인지 알 수 없으므로 형식적인 부분만 체크한다.

[12] 검사 작성 이을남에 대한 피의자신문조서에 대해 피고인 김갑동이 증거부동의하고 있다. 그러나 이을남이 그 조서의 진정성립을 인정하고 있고, 공판단계에서 이을남에 대한 반대신문권도 보장되었으므로 그 조서의 증거능력은 인정된다(형사소송법 제312조 제4항). 검사 작성 김갑동에 대한 피의자신문조서 역시 마찬가지이다.

[13] 사경 작성 이을남에 대한 각 피의자신문조서에 대해 피고인 김갑동이 증거부동의하고 있으므로 그 조서의 증거능력은 부정된다(제312조 제3항).

[14] 사경 작성 김갑동에 대한 피의자신문조서에 대해 피고인 김갑동은 내용부인, 피고인 이을남은 내용부인 취지로 증거부동의하고 있으므로 그 조서의 증거능력은 부정된다(제312조 제3항).

[15] 고소장이 제출된 경우 그 고소인에 대한 진술조서는 항상 이어서 등장한다.

[16] 진술조서에 대해 증거부동의하는 경우에는 그 참고인을 증인으로 신청하게 된다. 당해 참고인이 증인으로 출석하여 공판정에서 그 진술조서에 대한 진정성립을 인정하는 경우에는 진술조서의 증거능력이 인정된다.

[17] 조은숙에 대한 진술서에 대해 피고인 이을남이 증거부동의하였음에도 불구하고, 조은숙에 대한 증인신청이 존재하지 아니한다. 따라서 제314조 요건 구비여부에 대한 쟁점이 문제될 것임을 알 수 있다.

[18] 서류에 대한 증거목록 다음에는 증인과 물건에 대한 증거목록이 등장한다. 아직 공소장을 읽지 아니한 단계에서는 각 증인이 어떤 공소사실에 관련된 것인지 알 수 없으므로 간단히 실시여부만 체크하도록 한다. 철회되었거나 미실시된 증인이 존재하는 경우 해당 내용은 증거조사기일란에 표시된다.

증 거 목 록 (증인 등)
2014고합1277

① 김갑동
② 이을남

2014형제99999호　　　　　　　　　　　　　　　신청인: 검사

증거방법	쪽수(공)	입증취지 등	신청기일	증거결정 기일	증거결정 내용	증거조사기일	비고
등산용 칼 (증 제2호)		공소사실 2의 나항	1	1	○	2014. 12. 19. 15:00 (실시)	
증인 박고소		공소사실 2의 가, 나항	1	1	○	〃	
증인 황균성		공소사실 2의 가항	1	1	○	〃	

※ 증거결정 표시: 채 ○, 부 ×

서 울 중 앙 지 방 검 찰 청

2014. 10. 17.

사건번호   2014년 형제99999호
수 신 자   서울중앙지방법원
제   목   **공소장**

검사 구영재는 아래와 같이 공소를 제기합니다.

I. 피고인 관련사항

1. 피 고 인   김갑동 (70****-1******), 44세
   직업 구청 공무원, 010-****-****
   주거 서울 강남구 강남대로 111 강남아파트 101동 101호
   등록기준지 부산 서구 원양로 1010

   죄   명   특정범죄가중처벌등에관한법률위반(뇌물)
   적용법조   특정범죄 가중처벌 등에 관한 법률 제2조 제1항 제3호, 제2항,
              형법 제129조 제1항, 제134조
   구속여부   불구속
   변 호 인   없음

2. 피 고 인   이을남 (64****-1******), 50세
   직업 건설회사 대표이사, 010-****-****
   주거 서울 서초구 반포대로 222 래미안아파트 202동 202호
   등록기준지 경북 김천시 영남대로 22

   죄   명   폭력행위등처벌에관한법률위반(집단·흉기등협박), 사기, 뇌물공여,
              사문서변조, 변조사문서행사, 명예훼손
   적용법조   형법 제133조 제1항, 제129조 제1항, 제231조, 제234조, 제347조
              제1항, 폭력행위 등 처벌에 관한 법률 제3조 제1항, 제2조 제1항 제1호,
              형법 제283조 제1항, 제307조 제1항, 제37조, 제38조, 제48조 제1항
   구속여부   불구속
   변 호 인   없음

- 10 -

[접수 No. 15511 2014. 10. 17. 서울중앙지방법원 형사접수실]

1277

---

[19] 공소장은 공판조서와 함께 기록의 핵심이다.
공소장에서 I. 피고인 관련사항과 III. 첨부서류는 보지 않아도 무방하고, II. 공소사실을 꼼꼼하게 읽도록 한다. 추가로 적용법조에서 죄수관련 규정 정도만 확인할 수도 있다.

[20] 공소사실은 주체·일시·장소·목적(대상)·행위 및 결과 등을 중심으로 꼼꼼하게 읽으면서 메모하도록 한다. 공소사실만으로 쟁점이나 그에 대한 결론을 알 수 있는 경우에는 해당 내용을 바로 메모하도록 한다. [21] 공소사실의 앞부분에는 피고인의 전과, 신분, 경력 등을 간략히 적시하는 경우가 많다. 특히 피고인의 신분·경력·성행이 구성요건요소를 이루거나, 구성요건해당 사실과 밀접한 관계가 있는 경우에는 이를 기재한다. [22] 김갑동에 대한 이을남의 금원교부가 14. 5. 8.과 5. 9. 양일 간에 걸쳐 이루어졌음을 확인한다. [23] 황금성이 아닌 박고소를 피해자로 특정하고 있다. 공소사실 기재만으로 사문서변조가 아닌 위조죄가 성립한다는 점과 박고소에 대한 사기죄가 아닌 배임죄가 성립할 수 있다는 점, 황금성에 대한 사기죄가 성립할 수 있다는 점을 확인할 수 있다. 또한 황금성에 대한 사기죄의 편취금액이 3억 원이 아닌 5억 5천만 원이라는 점 역시 확인할 수 있다.	## II. 공소사실 ### 1. 피고인들의 범행 피고인 김갑동은 서울 서초구청 건축계장으로 서초구의 건축허가 등 건축 관련 업무를 담당하는 공무원이고, 피고인 이을남은 을남건설 주식회사를 경영하는 대표이사이다. #### 가. 피고인 김갑동의 특정범죄가중처벌등에관한법률위반(뇌물) 피고인은 2014. 5. 8. 19:00경 서울 서초구 서초대로 130(서초구청 맞은 편)에 있는 '란' 커피숍에서, 이을남으로부터 을남건설 주식회사가 서울 서초구 방배로 240에 요양병원을 신축하기 위해 신청한 건축허가 절차를 신속히 처리하여 달라는 청탁을 받고, 그 자리에서 100만 원, 다음 날 09:00경 위 커피숍 앞에서 2,900만 원 등 합계 3,000만 원을 받았다. 이로써 피고인은 공무원의 직무에 관하여 뇌물을 수수하였다. #### 나. 피고인 이을남의 뇌물공여 피고인은 위 가.항 기재 일시, 장소에서 김갑동에게 위와 같이 청탁하면서 2회에 걸쳐 합계 3,000만 원을 교부하여 공무원의 직무에 관하여 뇌물을 공여하였다. ### 2. 피고인 이을남 #### 가. 사문서변조, 변조사문서행사, 사기 피고인은 2009. 2. 1. 서울 서초구 반포대로 222 래미안아파트 202동 202호에 있는 피고인의 집에서 피해자 박고소로부터 "나 대신 사채업자인 황금성을 찾아가 3억 원 한도에서 돈을 빌려서 전해 달라."라는 부탁을 받고 피해자가 차용금액란을 공란으로 하여 작성한 차용증을 교부받았다. 피고인은 2009. 2. 2. 위 피고인의 집에서 위 차용증의 차용금액란에 "6억 원"이라고 임의로 기재하고, 서울 강남구 강남대로 333 황금빌라 G동에 있는 위 황금성의 집에 찾아가 황금성에게 위와 같이 변조한 차용증을 마치 진정한 것처럼 교

부하면서 "박고소가 작성해 준 차용증을 가져왔으니 6억 원을 빌려 달라."라고 말하여 그 무렵 이에 속은 황금성으로부터 선이자를 공제한 5억 5,000만 원을 송금받았다.

이로써 피고인은 피해자로부터 위임받은 범위를 초과하여 행사할 목적으로 권리의무에 관한 사문서인 피해자 명의의 차용증을 변조 및 행사하여 피해자로 하여금 3억 원의 채무를 초과 부담하게 함으로써 3억 원을 편취하였다.

나. 폭력행위등처벌에관한법률위반(집단·흉기등협박)

피고인은 2009. 2. 3. 11:00경 그 무렵 피해자 박고소(42세)가 피고인에게 전화를 걸어 위와 같이 피해자의 차용증을 변조한 것을 따지자 화가 나서 위험한 물건인 등산용 칼(칼날길이 7cm)을 휴대하고 서울 서초구 반포대로 444 반포빌라 D동에 있는 위 피해자의 집에 찾아가 "계속 시비를 걸면 평생 불구로 만들어 버리겠다."라고 말하여 피해자를 협박하였다.

다. 명예훼손

피고인은 2014. 7. 30. 10:00경 서울 서초구 서초구청 건축계 사무실에서 그곳 사무실 직원 10여 명이 듣고 있는 가운데 피해자 김갑동에게 "이 나쁜 새끼, 거짓말쟁이"라고 소리침으로써 공연히 사실을 적시하여 피해자의 명예를 훼손하였다.

Ⅲ. 첨부서류

1. 긴급체포서 1통
2. 피의자석방보고 1통 (생략)

검사 구영재 ㊞

[24] 공소사실 기재만으로 사실의 적시가 부존재함에 따라 명예훼손죄가 성립하지 아니함을 알 수 있다.
공소장변경을 통해 예비적으로 추가된 모욕 부분을 추가로 검토하여야 한다.

[25] 체포관련 서류가 등장하는 경우 ① 체포요건 등 구비여부, ② 체포과정에서의 적법절차 준수 여부, ③ 체포와 함께 이루어진 압수의 적법 여부 등을 체크한다.
긴급체포의 경우 영장주의 예외 관련 체포일시까지 체크하여야 한다.

[26] 체포 장소가 경찰서 수사과라는 점과 뒤에 등장하는 이을남에 대한 피의자신문조서 작성일자 등을 고려하면 피의자신문을 위해 자진출석한 이을남을 수사기관이 체포한 사안임을 확인할 수 있다. 체포의 필요성 요건을 부정할 수 있다.

긴급체포서

제 2014-5432 호

피의자	성 명	이을남 (李乙男)
	주민등록번호	64**** - 1****** (50세)
	직 업	건설업
	주 거	서울 서초구 반포대로 222 래미안아파트 202동 202호
변 호 인		

위 피의자에 대한 뇌물공여 등 피의사건에 관하여 「형사소송법」 제200조의3 제1항에 따라 동인을 아래와 같이 긴급체포함

2014. 7. 30.

서울서초경찰서

사법경찰관 경위 권장기 (인)

체포한 일시	2014. 7. 30. 14:00
체포한 장소	서울서초경찰서 수사과
범죄사실 및 체포의 사유	피의자는 을남건설 주식회사 대표이사로서, 2014. 5. 8. 19:00 서울 서초구에 있는 '란' 커피숍에서, 서초구청 건축계장 김갑동에게 요양병원 건축허가 절차를 신속히 처리하여 달라는 청탁을 하면서, 그 자리에서 100만 원을 교부하여 공무원의 직무에 관하여 뇌물을 공여한 것으로 도망하거나 증거인멸의 우려가 있고, 긴급을 요하여 체포영장을 받을 시간적 여유가 없음.
체포자의 관직 및 성명	서울서초경찰서 경위 권장기
인치한 일시	2014. 7. 30. 14:00
인치한 장소	서울서초경찰서 수사과
구금한 일시	2014. 7. 30. 14:30
구금한 장소	경찰서 유치장 내
구금을 집행한 자의 관직 및 성명	경찰서 유치장 근무 순경 유민규

[27] 공판조서는 공소장과 함께 기록의 핵심이다. 다만 제1회 공판조서의 첫 페이지는 읽지 않고 넘어가도 무방하다.

서 울 중 앙 지 방 법 원

공 판 조 서

제 1 회

사　　　　건　2014고합1277　특정범죄가중처벌등에관한법률위반(뇌물) 등
재판장 판사　김성우　　　　　　기　 일:　　　　　2014. 12. 5. 10:00
　　　판사　이주현　　　　　　장　 소:　　　　　제425호 법정
　　　판사　박정훈　　　　　　공개 여부:　　　　공개
법원사무관　김효원　　　　　　고 지 된
　　　　　　　　　　　　　　　다음기일:　　　　2014. 12. 19. 15:00

피 고 인　　1. 김갑동　2. 이을남　　　　　　　　　각 출석
검　　 사　　최상준　　　　　　　　　　　　　　　　출석
변 호 인　　변호사 김힘찬 (피고인 1을 위하여)　　　출석
　　　　　　법무법인 공정 담당변호사 이사랑 (피고인 2를 위하여)　출석

재판장
　　피고인들은 진술을 하지 아니하거나 각개의 물음에 대하여 진술을 거부할 수 있고, 이익되는 사실을 진술할 수 있음을 고지
재판장의 인정신문
　　　성　　　명 : 1. 김갑동　　2. 이을남
　　　주민등록번호 : 각 공소장 기재와 같음
　　　직　　　업 :　　　"
　　　주　　　거 :　　　"
　　　등록기준지 :　　　"
재판장
　　피고인들에 대하여
　　　주소가 변경될 경우에는 이를 법원에 보고할 것을 명하고, 소재가 확인되지 않을 때에는 피고인들의 진술 없이 재판할 경우가 있음을 경고
검　　 사
　　　공소장에 의하여 공소사실, 죄명, 적용법조 낭독

- 14 -

[28] 제1회 공판기일에서의 피고인의 공소사실에 대한 인부진술은 기록에서 가장 중요한 부분이다. 피고인의 공소사실 인정여부와 부인 또는 일부부인하는 경우 그 취지까지 함께 메모하도록 한다. 피고인의 공소사실 부인취지는 사실인정 쟁점에 대한 답안 기재시 '피고인 변소의 요지' 부분에 그대로 기재하여도 무방하다.
피고인 이을남은 피해자를 협박한 사실은 인정하고 있으나, 흉기를 휴대한 사실에 대해서는 인정하지 아니하고 있다.

[29] 실제 소송에서는 피고인이 인부진술을 한 후 피고인의 변호인이 다시 인부진술을 함이 원칙이다. 그러나 최근 변호사시험에서는 변호인의 진술부분이 생략되고 있다.

피고인 김갑동
    피고인 이을남으로부터 돈을 받은 사실이 없다고 진술

피고인 이을남
    피고인 김갑동에게 돈을 준 것과 박고소를 찾아가 "계속 시비를 걸면 평생 불구로 만들어 버리겠다."라고 협박한 사실 및 서초구청에서 고함을 친 사실은 인정하나, 박고소 명의의 차용증을 변조 및 행사하여 돈을 편취한 사실이 없다고 진술

피고인 김갑동의 변호인 변호사 김힘찬
    피고인 김갑동을 위하여 유리한 변론을 함. (변론기재는 생략).

피고인 이을남의 변호인 법무법인 공정 담당변호사 이사랑
    피고인 이을남을 위하여 유리한 변론을 함. (변론기재는 생략).

재판장
    증거조사를 하겠다고 고지
증거관계 별지와 같음(검사, 변호인)

재판장
    각 증거조사 결과에 대하여 의견을 묻고 권리를 보호하는 데에 필요한 증거조사를 신청할 수 있음을 고지

소송관계인
    별 의견 없다고 각각 진술

재판장
    변론 속행

2014. 12. 5.

법 원 사 무 관   김효원 ㊞

재판장 판 사   김성우 ㊞

[30] 공판기록 목록에서 변경신청서의 존재와 제2회 공판기일에서의 그 신청에 대한 허가 여부를 체크한 후, 공소장변경허가신청서에서 추가된 공소사실 내용을 차례로 확인하도록 한다.

서울중앙지방검찰청
(02-530-3114)

제2014-111호   2014. 12. 18.
수신   서울중앙지방법원   발신   서울중앙지방검찰청
제목   공소장변경허가신청   검사   강 민 지 ㊞

귀원 2014고합1277호 피고인 이을남에 대한 명예훼손

■ 추가
피고사건의 공소장을 다음과 같이 □ 철회 하고자 합니다.
□ 변경

다음

1. 죄명에
   "예비적 죄명 : 모욕"을,
2. 적용법조에
   "예비적 적용법조 : 형법 제311조"를,
3. 공소사실에
   "예비적 공소사실 : 피고인 이을남은 2014. 7. 30. 10:00경 서울 서초구 서초구청 건축계 사무실에서 그곳 사무실 직원 10여 명이 듣고 있는 가운데 피해자 김갑동에게 "이 나쁜 새끼, 거짓말쟁이"라고 소리침으로써 공연히 피해자를 모욕하였다."
를 각각 추가함. (인)

- 16 -

서울중앙지방법원
공 판 조 서

제 2 회

사 건	2014고합1277 특정범죄가중처벌등에관한법률위반(뇌물) 등		
재판장 판사	김성우	기 일:	2014. 12. 19. 15:00
판사	이주현	장 소:	제425호 법정
판사	박정훈	공개 여부:	공개
법원사무관	김효원	고지된 다음기일:	2015. 1. 9. 15:00

피 고 인	1. 김갑동 2. 이을남	각 출석
검 사	강민지	출석
변 호 인	변호사 김힘찬 (피고인 1을 위하여)	출석
	법무법인 공정 담당변호사 이사랑 (피고인 2를 위하여)	출석
증 인	박고소, 황금성	각 출석

재판장
    전회 공판심리에 관한 주요사항의 요지를 공판조서에 의하여 고지
소송관계인
    변경할 점이나 이의할 점이 없다고 진술
재판장
    2014. 12. 18.자 공소장변경허가신청을 허가한다는 결정 고지
검 사
    위 서면에 의하여 변경된 공소사실, 죄명 및 적용법조 낭독
피고인 이을남 및 그 변호인 법무법인 공정 담당변호사 이사랑
    예비적 공소사실을 모두 인정한다고 진술
재판장
    출석한 증인 박고소, 황금성을 별지와 같이 신문하다.
증거관계 별지와 같음(검사, 변호인)
재판장
    각 증거조사 결과에 대하여 의견을 묻고 권리를 보호하는 데에 필요한 증거
    조사를 신청할 수 있음을 고지
소송관계인
    별 의견 없으며, 달리 신청할 증거도 없다고 각각 진술

- 17 -

재판장
　　　증거조사를 마치고 피고인신문을 하겠다고 고지
검 사
피고인 김갑동에게
문　피고인은 2014. 5. 15.경 퇴근길에 '란' 커피숍에 간 사실이 있나요.
답　예.
문　그때 '란' 커피숍 주인 조은숙에게 "저번에 이을남과 함께 오고 나서 1주일도 안 되었는데 커피숍 인테리어가 바뀌었네."라는 말을 한 사실이 있지요.
답　그러한 사실이 없습니다.
피고인 이을남에게
문　피고인 김갑동은 2014. 5. 8. 피고인과 만난 사실도 없다고 하나 피고인이 그날 피고인 김갑동을 만난 사실은 분명하지요.
답　예.
문　피고인은 박고소로부터 위임받은 범위를 초과하여 박고소 명의의 차용증을 변조 및 행사하여 박고소로 하여금 3억 원의 채무를 초과 부담하도록 한 사실이 있지요.
답　아니오. 그런 사실이 없습니다.
문　피고인은 2009. 2. 3. 등산용 칼을 지니고 박고소를 찾아가 "계속 시비를 걸면 평생 불구로 만들어버리겠다."라고 협박한 사실이 있지요.
답　검찰에서 진술한 바와 같이 그렇게 말한 사실이 있습니다.
피고인 김갑동의 변호인 변호사 김힘찬
피고인 이을남에게
문　피고인은 2014. 5. 9. 12:30 서울 출발 아시아나 항공편으로 부산에 내려간 사실이 있지요.
답　예.
문　서울에는 언제 돌아왔나요.
답　대략 1주일 정도 있다가 귀경하였습니다.
문　부산에는 왜 간 것인가요.
답　업무상 출장입니다.
문　구체적으로 어떤 일인지 말할 수 있나요.
답　여러 사람을 만났고 구체적으로 말할 정도는 아닙니다.
문　혹 그 무렵 부산에서 도박한 것은 아닙니까.
답　아닙니다.
문　부산에서 머문 1주일간 어디에 투숙하였나요..

[34] 피고인신문은 대부분 쟁점과 직접 관련된 중요한 내용이므로 꼼꼼하게 읽어야 한다.

[35] 피고인 김갑동의 진술과 피고인 이을남, 조은숙의 진술 내용이 대립하는 부분이다.

[36] 피고인 이을남이 부산에서 도박을 한 것이 아니냐는 질문 내용은 피고인 이을남의 진술에 대한 증명력 검토부분에서 활용할 수 있는 자료가 된다.

[37] 현금 2,900만 원을 쇼핑백에 담아 출근길에 전달하였다는 사정은 경험칙에 반한다.

[38] 2,900만 원 교부 부분에 대해 이을남의 진술 외에 증명할 자료가 없다는 점은 이을남 진술에 대한 증명력 검토부분에서 직접적으로 활용할 수 있는 자료이다.

[39] 피고인 이을남이 박고소로부터 금원 차용에 대한 위임을 받았다는 주장은 피고인의 해당 공소사실에 대한 부인진술을 보충하는 내용이다.

[40] 재판장의 석명사항은 쟁점에 대한 직접적인 힌트이므로 꼼꼼하게 읽어야 한다.
앞서 공소장 공소사실 기재에서 파악했던 쟁점들을 다시 한 번 확인할 수 있다.

답   호텔은 아니고, 아는 사람 집에 투숙하였습니다.
문   피고인 김갑동에게 2,900만 원은 어떻게 전달하였나요.
답   5만 원권을 쇼핑백에 담아서 주었습니다.
문   쇼핑백은 어떤 종류인지 설명할 수 있나요.
답   오래되어서 분명하지 않습니다.
문   피고인 김갑동은 보통 출퇴근할 때 빈손으로 출퇴근하는데, 당시 피고인으로부터 쇼핑백을 받아서 그대로 들고 구청으로 들어가던가요.
답   지금은 정확히 기억은 안 나지만 그냥 들고 들어간 것 같습니다.
문   피고인은 그 돈을 피고인 김갑동에게 교부하기 전에 어떻게 보관한 것인가요.
답   2014. 5. 7.에 현금으로 인출하여 제 사무실 서랍에 보관하고 있다가 아침에 가져가서 준 것입니다.
문   피고인 김갑동에게 주기 위해 5. 7. 미리 인출해 둔 것인가요.
답   예.
문   2,900만 원에 대해서 교부하였다는 점을 피고인의 진술 외에 증명할 자료가 있나요.
답   따로는 없습니다. 교부한 것이 사실입니다.

피고인 이을남의 변호인 법무법인 공정 담당변호사 이사랑
피고인 이을남에게
문   피고인은 박고소의 정당한 위임을 받아 황금성으로부터 돈을 빌려서 박고소에게 전달한 것이지요.
답   예. 그렇습니다.

재판장
　　피고인신문을 마쳤음을 고지
검사에게
　　공소사실 중 제2의 가항에 대한 죄명, 피해자 등을 검토해 보고 적절한 조치를 할 것을 명하다.
재판장
　　변론 속행 (변론 준비를 위한 검사, 변호인들의 요청으로)

2014. 12. 19.

법 원 사 무 관   김효원 ㊞
재판장 판 사   김성우 ㊞

서울중앙지방법원
증인신문조서 (제2회 공판조서의 일부)

사　건　　2014고합1277　특정범죄가중처벌등에관한법률위반(뇌물) 등
증　인　이　름　　박고소
　　　　생년월일 및 주거는 (생략)

재판장
　　증인에게 형사소송법 제148조 또는 제149조에 해당하는가의 여부를 물어
　　증인이 이에 해당하지 아니함을 인정하고, 위증의 벌을 경고한 후 별지
　　선서서와 같이 선서를 하게 하였다. 다음에 신문할 증인은 재정하지 아니하였다.
검사
　　증인에게 수사기록 중 증인이 작성한 고소장과 사법경찰관이 작성한 증인에
　　대한 진술조서를 보여주고 이를 열람하게 한 후,
문　증인은 고소장을 직접 작성하여 경찰에 제출하고, 경찰에서 사실대로 진술하고,
　　그 조서를 읽어보고 서명, 무인한 사실이 있고, 그 진술조서에는 그때 경찰관에게
　　진술한 내용과 동일하게 기재되어 있는가요.
답　예. 그렇습니다.

피고인 이을남의 변호인 법무법인 공정 담당변호사 이사랑
문　증인이 먼저 이을남을 찾아가 황금성으로부터 돈을 빌려달라고 부탁한 것은
　　맞지요.
답　예. 그렇습니다.

　　　　　　　　　　　2014. 12. 19.

　　　　　　　　법원사무관　　　김효원 ㊞
　　　　　　　　재판장 판 사　　김성우 ㊞

- 20 -

[41] 증인신문조서는 공판조서와 별개의 조서가 아니라, 공판조서의 일부에 불과하다.
증인신문조서에 등장하는 사실관계는 쟁점과 관련하여 중요한 내용이므로 꼼꼼하게 읽어야 한다.

[42] 박고소가 작성한 고소장과 박고소에 대한 진술조서에 대한 진정성립 인정 진술이다. 원진술자가 진정성립을 인정하는 이상 증거능력이 인정되므로 답안에서 그 증거능력에 대해 따로 언급할 필요는 없다.

[43] 박고소의 이을남에 대한 위임사실 자체는 존재함을 알 수 있다.

서울중앙지방법원
증인신문조서 (제2회 공판조서의 일부)

사 건 2014고합1277 특정범죄가중처벌등에관한법률위반(뇌물) 등
증 인 이 름 황금성
생년월일 및 주거는 (생략)

재판장
  증인에게 형사소송법 제148조 또는 제149조에 해당하는가의 여부를 물어 증인이 이에 해당하지 아니함을 인정하고, 위증의 벌을 경고한 후 별지 선서서와 같이 선서를 하게 하였다.

검사
  증인에게 수사기록 중 사법경찰관이 작성한 증인에 대한 진술조서를 보여주고 이를 열람하게 한 후,
문 증인은 경찰에서 사실대로 진술하고 그 조서를 읽어보고 서명, 무인한 사실이 있고, 그 진술조서에는 그때 경찰관에게 진술한 내용과 동일하게 기재되어 있는가요.
답 예. 그렇습니다.
문 통상 사채업을 하는 사람이 돈을 빌려주는 절차는 어떻게 되나요.
답 본인 확인을 거쳐 자력이나 신용을 평가하여 대출액을 정합니다.

피고인 이을남의 변호인 법무법인 공정 담당변호사 이사랑
문 증인은 이을남이 아니라 박고소를 채무자로 생각하고 돈을 빌려준 것이지요.
답 예. 그렇습니다.

2014. 12. 19.

법원사무관 김효원 ㊞
재판장 판사 김성우 ㊞

[44] 사경 작성 황금성에 대한 진술조서에 대한 진정성립 인정 진술이다.

[45] 민사상 표현대리가 성립하지 아니하여 박고소에 대한 배임죄가 성립하지 아니함을 확인할 수 있다.

[46] 황금성을 피해자로 하는 사기죄가 성립함을 확인할 수 있다.

	제 1 책
	제 1 권

서울중앙지방법원
증거서류등(검사)

사건번호	2014고합1277	담임	제26형사부	주심	다
	20 노		부		
	20 도		부		

사건명	가. 특정범죄가중처벌등에관한법률위반(뇌물) 나. 폭력행위등처벌에관한법률위반(집단·흉기등협박) 다. 사기 라. 뇌물공여 마. 사문서변조 바. 변조사문서행사 사. 명예훼손
검사	구영재　　　　2014년 형제99999호
피고인	1. 가.　　　　　　　　**김갑동** 2. 나.다.라.마.바.사.　**이을남**
공소제기일	2014. 10. 17.
1심 선고	20 . . .　항소　20 . . .
2심 선고	20 . . .　상고　20 . . .
확정	20 . . .　보존

[47] 수사기록표지 등은 읽지 않고 넘어가도 무방하다.
수사기록은 앞에서 읽었던 공판기록의 내용과 중복되는 부분은 간단히 확인만 하고, 새로운 내용이나 모순되는 내용 위주로 읽어야 한다.

구공판	**서울중앙지방검찰청**				제 1 책
	증 거 기 록				제 1 권

검 찰	사건번호	2014년 형제99999호	법원	사건번호	2014년 고합1277호
	검 사	구영재		판 사	

피 고 인	1. 가.　　　　　　　　**김갑동** 2. 나.다.라.마.바.사.　　**이을남**
죄 명	가. 특정범죄가중처벌등에관한법률위반(뇌물) 나. 폭력행위등처벌에관한법률위반(집단·흉기등협박) 다. 사기 라. 뇌물공여 마. 사문서변조 바. 변조사문서행사 사. 명예훼손
공소제기일	2014. 10. 17.
구 속	각 불구속　　　　　　　　　석 방
변 호 인	
증 거 물	있음
비 고	

[48] 피고인 이을남의 명예훼손의 점에 대한 피의자신문이다. 신문 후반에 이을남의 뇌물공여 및 김갑동의 뇌물수수의 범행을 수사기관이 추가로 인지하였다.

피 의 자 신 문 조 서

피 의 자 : 이을남

위의 사람에 대한 명예훼손 피의사건에 관하여 2014. 7. 30. 서울서초경찰서 수사과 사무실에서 사법경찰관 경위 권장기는 사법경찰리 경사 변동구를 참여하게 하고, 아래와 같이 피의자임에 틀림없음을 확인하다.

문 　피의자의 성명, 주민등록번호, 직업, 주거, 등록기준지 등을 말하십시오.
답 　성명은 이을남(李乙男)
　　　주민등록번호, 직업, 주거, 등록기준지, 직장주소, 연락처는 각각 (생략)

사법경찰관은 피의사건의 요지를 설명하고 사법경찰관의 신문에 대하여 「형사소송법」제244조의3에 따라 진술을 거부할 수 있는 권리 및 변호인의 참여 등 조력을 받을 권리가 있음을 피의자에게 알려주고 이를 행사할 것인지 그 의사를 확인하다.

진술거부권 및 변호인 조력권 고지 등 확인

1. 귀하는 일체의 진술을 하지 아니하거나 개개의 질문에 대하여 진술을 하지 아니할 수 있습니다.
2. 귀하가 진술을 하지 아니하더라도 불이익을 받지 아니합니다.
3. 귀하가 진술을 거부할 권리를 포기하고 행한 진술은 법정에서 유죄의 증거로 사용될 수 있습니다.
4. 귀하가 신문을 받을 때에는 변호인을 참여하게 하는 등 변호인의 조력을 받을 수 있습니다.

문 　피의자는 위와 같은 권리들이 있음을 고지받았는가요.
답 　예. 고지를 받았습니다.
문 　피의자는 진술거부권을 행사할 것인가요.
답 　아닙니다.
문 　피의자는 변호인의 조력을 받을 권리를 행사할 것인가요.
답 　변호사 없이 조사를 받겠습니다.
이에 사법경찰관은 피의사실에 관하여 다음과 같이 피의자를 신문하다.

[피의자의 범죄전력, 경력, 학력, 가족·재산 관계 등(생략)]

문 피의자는 2014. 7. 30. 10:00경 서울 서초구 서초구청 건축계 사무실에서 그곳 사무실 직원 10여 명이 듣고 있는 가운데 피해자 김갑동에게 "이 나쁜 새끼, 거짓말쟁이"라고 소리침으로써 공연히 사실을 적시하여 피해자의 명예를 훼손한 사실이 있나요.

답 예.

문 피의자가 그렇게 한 이유는 무엇인가요.

답 김갑동이 저에게 섭섭하게 하였기 때문입니다.

문 어떤 점이 섭섭하였나요.

답 제가 투자자를 구하여 서울 서초구 방배동에 요양병원을 건축하려고 오랫동안 준비해왔는데, 민원을 이유로 계속하여 허가를 미루었습니다. 법적으로는 문제도 없고 여러 번 하소연도 하였음에도 곧 될 것이니 조금만 기다려보라고 해 놓고는 이제 와서 결재가 안 된다고 하면서 반려하였습니다. 너무 손해가 막심하고 투자자도 그만두려고 하여 억울한 생각에 구청을 찾아간 것인데 제가 잘못하였다고 생각합니다.

[49] 피고인 김갑동이 피고인 이을남의 건축허가를 반려하여 이을남이 섭섭하였다는 내용은, 이을남의 진술에 대한 신빙성 탄핵에서 활용할 수 있는 자료이다.

문 그렇다고 하여 담당공무원에게 가서 행패까지 부렸나요.

답 이렇게 된 마당에 사실대로 진술하겠습니다. 사실은 김갑동에게 잘 부탁한다고 하면서 100만 원을 준 사실이 있습니다.

[50] 수사초기 단계에서는 3천만 원이 아닌 1백만 원 만을 교부하였다고 진술하고 있다.

문 이상의 진술에 대하여 이의나 의견이 있는가요.

답 없습니다.

위의 조서를 진술자에게 열람하게 하였던바, 진술한 대로 오기나 증감·변경할 것이 전혀 없다고 말하므로 간인한 후 서명무인하게 하다.

진술자 이 을 남 (무인)

2014. 7. 30.

서울서초경찰서
사법경찰관 경위 권 장 기 ㊞
사법경찰리 경사 변 동 구 ㊞

피 의 자 신 문 조 서 (제 2 회)

피 의 자 : 이을남

위의 사람에 대한 뇌물공여 등 피의사건에 관하여 2014. 7. 30. 서울서초경찰서 수사과 사무실에서 사법경찰관 경위 권장기는 사법경찰리 경사 변동구를 참여하게 하고, 피의자에 대하여 다시 아래의 권리들이 있음을 알려주고 이를 행사할 것인지 그 의사를 확인하다.

1. 귀하는 일체의 진술을 하지 아니하거나 개개의 질문에 대하여 진술을 하지 아니할 수 있습니다.
2. 귀하가 진술을 하지 아니하더라도 불이익을 받지 아니합니다.
3. 귀하가 진술을 거부할 권리를 포기하고 행한 진술은 법정에서 유죄의 증거로 사용될 수 있습니다.
4. 귀하가 신문을 받을 때에는 변호인을 참여하게 하는 등 변호인의 조력을 받을 수 있습니다.

문 피의자는 위와 같은 권리들이 있음을 고지받았는가요.
답 **예. 고지를 받았습니다.**
문 피의자는 진술거부권을 행사할 것인가요.
답 **아닙니다.**
문 피의자는 변호인의 조력을 받을 권리를 행사할 것인가요.
답 **변호사 없이 조사를 받겠습니다.**

이에 사법경찰관은 피의사실에 관하여 다음과 같이 피의자를 신문하다.

문 피의자는 김갑동을 알고 있나요.
답 예.
문 피의자는 김갑동에게 돈을 준 사실이 있나요.
답 예.

[51] 같은 피고인에 대한 피의자신문조서가 여러 개 등장하는 경우에는 그 회차를 구별하여 메모하여야 한다. 해당 피의자신문이 어느 공소사실에 대한 것인지 구별하며 읽도록 한다.

[52] 피고인 이을남은 경찰단계에서는 김갑동에게 3,000만 원이 아닌 100만 원만을 지급하였다고 진술하고 있다.

[53] 100만 원 교부사실과 관련하여 수첩이 중요한 증거로 등장한다.

문 그 경위를 자세히 진술하시오.

답 제가 2014. 1.경 제 고향 선배 절친해에게서 돈을 투자받아 서울 서초구 방배동에 요양병원을 세우기로 하였습니다. 제가 그 절차를 모두 진행하기로 하고 절차에 들어가는 비용으로 절친해로부터 1월경 1억 원을 미리 입금받았습니다. 대지를 매수하기 위해 소개인을 만나는 등 많은 비용을 써 가면서 진행해 오다가 건축허가에 편의를 봐 주겠다는 김갑동의 말을 믿고 2014. 5. 8. 19:00경 서울 서초구 서초구청 맞은 편에 있는 '란' 커피숍에서 100만 원을 지급한 것입니다.

문 그 돈을 지급하였다는 사실을 인정할 다른 증거가 있나요.

답 예. 제가 그 사실을 수첩에 기재까지 해 두었습니다.

문 이상의 진술에 대하여 이의나 의견이 있는가요.

답 없습니다.

위의 조서를 진술자에게 열람하게 하였던바, 진술한 대로 오기나 증감·변경할 것이 전혀 없다고 말하므로 간인한 후 서명무인하게 하다.

진술자 이 을 남 (무인)

2014. 7. 30.

서울서초경찰서

사법경찰관 경위 권 장 기 ㊞

사법경찰리 경사 변 동 구 ㊞

- 27 -

피 의 자 신 문 조 서

피 의 자 : 김 갑 동

위의 사람에 대한 뇌물수수 피의사건에 관하여 2014. 7. 30. 서울서초경찰서 수사과 사무실에서 사법경찰관 경위 권장기는 사법경찰리 경사 변동구를 참여하게 하고, 아래와 같이 피의자임에 틀림없음을 확인하다.

문　피의자의 성명, 주민등록번호, 직업, 주거, 등록기준지 등을 말하십시오.
답　성명은　김갑동(金甲東)
　　　주민등록번호, 직업, 주거, 등록기준지, 직장주소, 연락처는 각각 (생략)

사법경찰관은 피의사건의 요지를 설명하고 사법경찰관의 신문에 대하여 「형사소송법」 제244조의3에 따라 진술을 거부할 수 있는 권리 및 변호인의 참여 등 조력을 받을 권리가 있음을 피의자에게 알려주고 이를 행사할 것인지 그 의사를 확인하다.

진술거부권 및 변호인 조력권 고지 등 확인

1. 귀하는 일체의 진술을 하지 아니하거나 개개의 질문에 대하여 진술을 하지 아니할 수 있습니다.
2. 귀하가 진술을 하지 아니하더라도 불이익을 받지 아니합니다.
3. 귀하가 진술을 거부할 권리를 포기하고 행한 진술은 법정에서 유죄의 증거로 사용될 수 있습니다.
4. 귀하가 신문을 받을 때에는 변호인을 참여하게 하는 등 변호인의 조력을 받을 수 있습니다.

문　피의자는 위와 같은 권리들이 있음을 고지받았는가요.
답　예. 고지를 받았습니다.
문　피의자는 진술거부권을 행사할 것인가요.
답　아닙니다.
문　피의자는 변호인의 조력을 받을 권리를 행사할 것인가요.
답　변호사 없이 조사를 받겠습니다.

- 28 -

[54] 피고인 김갑동은 경찰단계에서는 피고인 이을남을 커피숍에서 만난 사실 자체는 인정하고 있다.

이에 사법경찰관은 피의사실에 관하여 다음과 같이 피의자를 신문하다.

[피의자의 범죄전력, 경력, 학력, 가족 · 재산 관계 등(생략)]

문 피의자는 이을남을 알고 있나요.

답 예. 방배동에서 요양병원을 운영하겠다고 하면서 건축허가신청을 한 사람으로 별다른 관계는 없습니다.

문 피의자는 2014. 5. 8. '란' 커피숍에서 이을남을 만난 사실이 있나요.

답 예. 그렇습니다.

문 그날 이을남으로부터 돈을 받은 사실이 있나요.

답 그런 사실은 전혀 없습니다.

문 이을남은 피의자에게 100만 원을 주었다고 하는데요.

답 이을남이 거짓말을 하는 것입니다.

문 이상의 진술에 대하여 이의나 의견이 있는가요.

답 없습니다.

위의 조서를 진술자에게 열람하게 하였던바, 진술한 대로 오기나 증감 · 변경할 것이 전혀 없다고 말하므로 간인한 후 서명무인하게 하다.

진술자 김 갑 동 (무인)

2014. 7. 30.

서울서초경찰서

사법경찰관 경위 권 장 기 ㊞

사법경찰리 경사 변 동 구 ㊞

- 29 -

압 수 조 서

피의자 이을남에 대한 뇌물공여 등 피의사건에 관하여 2014. 8. 1. 13:00경 서울 서초구 반포대로 233 을남건설 주식회사 사무실에서 사법경찰관 경위 권장기는 사법경찰리 경사 변동구를 참여하게 하고 별지 목록의 물건을 다음과 같이 압수하다.

압 수 경 위

피의자 이을남에 관한 뇌물공여 등 혐의로 서울서초경찰서에서 피의자를 긴급체포한 후, 형사소송법 제217조 제1항에 따라 피의자의 을남건설 주식회사 사무실을 수색하던 중 책상 서랍에 보관 중인 피의자 소유의 수첩을 발견한 바, 그 수첩에 "2014. 5. 8. 100만 원, 란"이라고 기재되어 있어 뇌물공여 혐의의 증거라고 사료되고, 긴급히 압수할 필요가 있어 별지 압수목록과 같이 영장 없이 압수하다.

참여인	성 명	주민등록번호	주 소	서명 또는 날인
	(기재 생략)			

2014년 8월 1일
서울서초경찰서 수사과
사법경찰관 경위 권 장 기 (인)
사법경찰리 경사 변 동 구 (인)

압 수 목 록

번호	품 명	수량	소지자 또는 제출자	소유자	경찰 의견	비고
1	수첩	1개	이을남(인적사항 생략)	이을남	압수	이을남 (무인)

[55] 형사소송법 제217조 제1항에 의한 압수는 체포 후 24시간 이내에 하여야 한다. 그러나 수첩의 압수는 긴급체포가 이루어진 14. 7. 30. 14:00로부터 24시간이 경과한 후인 14. 8. 1. 13:00경에 이루어졌다. 이에 대한 사후영장도 발부받지 아니하였다.

[56] 고소장에서는 고소인과 피고소인, 고소죄명 등을 체크한다.

고 소 장

서울서초경찰서 접수인(5555호)(2014.8.6.)

고 소 인   박 고 소 (주민등록번호 : 67****-1******)
          주소   서울 서초구 반포대로 444 반포빌라 D동
          기타 인적사항(생략)

피고소인   이 을 남
          인적사항(생략)

죄   명   사기 등

피고소인은
1. 2009. 2. 2. 서울 강남구 강남대로 333 황금빌라 G동 사채업자 황금성의 집에서 피고소인이 제 멋대로 조작한 고소인 명의의 6억 원짜리 차용증을 제시하면서 "박고소가 작성해 준 차용증을 가져왔으니 6억 원을 빌려 달라."라고 거짓말하여 6억 원을 빌리고,
2. 2009. 2. 3. 고소인이 피고소인에게 전화를 걸어 차용증을 변조한 것을 따지자 등산용 칼을 가지고 제 집까지 찾아와 "계속 시비를 걸면 평생 불구로 만들어 버리겠다."라고 협박하였습니다.
피고소인을 조사하여 엄벌해주시기 바랍니다.

참 고 자 료

1. 차용증(사본)
2. 금융거래내역

2014. 8. 6.

고소인   박 고 소 ㊞

서울서초경찰서장 귀중

차 용 증

차용인 : 박 고 소
   휴대폰 010-****-××××

차용금액 : 6억 원

오늘 박고소는 황금성으로부터 위 금액의 돈을 차용했음을 확인하고, 1년 내로 위 돈을 갚을 것을 약속합니다.

2009. 2. 2.

박 고 소 ㊞

- 32 -

[57] 차용증의 차용금액란이 수기로 기재되어 있음을 확인할 수 있다.

진 술 조 서

성   명 : 박고소
주민등록번호, 직업, 주거, 등록기준지, 직장주소, 연락처는 각각 (생략)

위의 사람은 피의자 이을남에 대한 사기 등 피의사건에 관하여 2014. 8. 13. 서울서초경찰서 수사과 사무실에 임의 출석하여 다음과 같이 진술하다.

[피의자와의 관계, 피의사실과의 관계 등(생략)]

문   진술인이 박고소인가요.
답   예. 그렇습니다.
문   피의자를 상대로 고소한 취지는 무엇인가요.
답   제 고향 선배인 이을남이 사기를 쳐서 저를 빚더미에 앉게 했다는 것과 흉기를 지니고 와서 저를 협박했다는 것입니다.
문   사기와 관련된 구체적인 고소 내용은 무엇인가요.

[58] 박고소가 피의자 이을남에 대해 3억 원 한도에서 돈을 빌려 달라고 부탁하였음을 알 수 있다.

답   제가 땅 장사를 하는데 좋은 물건이 나와서 이를 구입하려다 보니 3억 원 정도가 모자랐습니다. 그래서 2009. 2. 1. 이을남의 집에 찾아가 이을남에게 그 다음 날 사채업자인 황금성을 찾아가 제 대신 3억 원의 한도에서 돈을 빌려달라고 부탁했던 것인데, 이을남이 2009. 2. 2. 제 차용증을 변조하여 황금성으로부터 6억 원을 빌렸습니다.

이때 고소인이 제출한 차용증을 보여주면서
문   이 차용증은 누가 작성한 것인가요.

[59] 박고소가 피의자 이을남에게 금액란을 공란으로 한 차용증을 교부하였고, 이을남이 임의로 금액란에 6억 원을 기재하였음을 확인할 수 있다.

답   금액란을 공란으로 해서 제가 작성한 것인데, 이을남이 마음대로 6억 원이라고 적어넣은 것입니다.
문   금액란은 왜 공란으로 해 두었나요.
답   황금성으로부터 3억 원을 모두 빌릴 수 있을지 알 수 없었기 때문에 이을남에게 3억 원 범위 내에서 실제로 빌리는 액수를 대신 채워넣도록 한 것입니다. 그래서 차용증 작성일도 실제로 돈을 빌릴 날인 2009. 2. 2.로 제가 기재했던 것입니다.
문   이을남이 황금성으로부터 빌린 돈을 전달받았나요.
답   고소장에 첨부된 금융거래내역과 같이 2009. 2. 2. 이을남으로부터 3억 원을 송금받은 것이 전부입니다.

문	이을남이 고소인을 협박한 내용은 무엇인가요.
답	2009. 2. 2. 저녁에 황금성이 제게 전화를 걸어 돈을 잘 받았느냐고 물어봐서 제가 3억 원을 잘 전달받았다고 했습니다. 그러자 황금성이 깜짝 놀라면서 자신은 이을남에게 6억 원에서 선이자만 공제한 금액을 송금했다면서 제게 자신의 금융거래내역까지 보내주었습니다. 그래서 2009. 2. 3. 10:00경 이을남에게 전화를 걸어 왜 차용증을 조작했느냐고 따지니 약 한 시간 후인 11:00경 제 집에 너덜너덜해진 등산용 배낭을 메고 찾아와서는 "계속 시비를 걸면 평생 불구로 만들어 버리겠다."라고 협박했습니다. 이을남이 떠난 후 가슴이 너무 답답해서 집 밖으로 나왔는데 집 앞 쓰레기봉투 놓아두는 곳에 아까 이을남이 가져왔던 배낭이 보였습니다. 무엇인지 궁금해서 배낭을 열어보니 등산용 칼과 찢어진 등산복 상의가 들어있었습니다. 제가 이을남에게 대항했으면 죽을 수도 있었겠다는 생각이 들며 간담이 서늘해졌습니다. 훗날 필요할지도 몰라서 이을남의 칼을 보관해 두었는데 오늘 경찰에 증거로 제출하겠습니다.
문	그런데 왜 그 즉시 고소를 하지 않았나요.
답	보시면 아시겠지만 저는 왜소한 체구인데 반해서 이을남은 체육대학에서 유도선수를 한 사람이라서 너무 겁이 났습니다. 그런데 얼마 전에 이을남이 뇌물죄로 구속될지도 모른다는 소문을 듣고 이제는 진실을 말할 수 있을 것 같아서 용기를 내어 고소를 하게 된 것입니다.
문	이상의 진술은 사실인가요.
답	예. 사실대로 진술하였습니다.

위의 조서를 진술자에게 열람하게 하였던바, 진술한 대로 오기나 증감·변경할 것이 전혀 없다고 말하므로 간인한 후 서명무인하게 하다.

진술자 **박 고 소** (무인)

2014. 8. 13.
서울서초경찰서
사법경찰관 경위 **권 장 기** ㊞

[60] 박고소가 협박의 범행 당시에는 피고인 이을남이 칼을 소지하였음을 알지 못하였고, 범행 후 비로소 이을남의 가방에 칼이 들어 있었음을 알았다는 사정을 확인할 수 있다.

[61] 임의제출물을 압수하는 경우에는 사후영장을 발부받을 필요가 없다. 박고소가 피고인 이을남이 버리고 간 배낭에서 찾은 칼을 임의로 제출하였으므로 보관자 지위가 인정된다.

압 수 조 서 (임의제출)

피의자 이을남에 대한 폭력행위등처벌에관한법률위반(집단·흉기등협박) 피의사건에 관하여 2014. 8. 13. 15:00경 서울서초경찰서 수사과 사무실에서 사법경찰관 경위 권장기는 사법경찰리 경사 변동구를 참여하게 하고 별지 목록의 물건을 다음과 같이 압수하다.

압 수 경 위

피의자 이을남의 폭력행위등처벌에관한법률위반(집단·흉기등협박) 혐의에 관하여 고소인이 관련 증거라며 피의자 이을남의 등산용 칼 1자루를 임의로 제출하므로, 증거물로 사용하기 위하여 영장 없이 압수하다.

참여인	성 명	주민등록번호	주 소	서명 또는 날인
	(기재 생략)			

2014년 8월 13일
서울서초경찰서 수사과
사법경찰관 경위 권 장 기 (인)
사법경찰리 경사 변 동 구 (인)

압 수 목 록

번호	품 명	수량	소지자 또는 제출자	소유자	경찰의견	비고
2	등산용 칼 (칼날길이 7cm)	1자루	박고소(인적사항 생략)	이을남	압수	박고소 (무인)

피 의 자 신 문 조 서 (제 3 회)

> 피 의 자 : 이을남
> 위의 사람에 대한 명예훼손 등 피의사건에 관하여 2014. 8. 20. 서울서초경찰서 수사과 사무실에서 사법경찰관 경위 권장기는 사법경찰리 경사 변동구를 참여하게 하고, 피의자에 대하여 다시 아래의 권리들이 있음을 알려주고 이를 행사할 것인지 그 의사를 확인하다.

> 1. 귀하는 일체의 진술을 하지 아니하거나 개개의 질문에 대하여 진술을 하지 아니할 수 있습니다.
> 2. 귀하가 진술을 하지 아니하더라도 불이익을 받지 아니합니다.
> 3. 귀하가 진술을 거부할 권리를 포기하고 행한 진술은 법정에서 유죄의 증거로 사용될 수 있습니다.
> 4. 귀하가 신문을 받을 때에는 변호인을 참여하게 하는 등 변호인의 조력을 받을 수 있습니다.

문　피의자는 위와 같은 권리들이 있음을 고지받았는가요.
답　**예. 고지를 받았습니다.**
문　피의자는 진술거부권을 행사할 것인가요.
답　**아닙니다.**
문　피의자는 변호인의 조력을 받을 권리를 행사할 것인가요.
답　**변호사 없이 조사를 받겠습니다.**

이에 사법경찰관은 피의사실에 관하여 다음과 같이 피의자를 신문하다.

문　피의자는 박고소 명의의 차용증을 변조 및 행사한 사실이 있나요.
답　아니오. 그런 사실이 없습니다.

이때 피의자에게 고소인이 제출한 차용증을 보여주면서

[62] 이미 앞에서 확인한 사실관계에 대한 것이므로 간단히 확인한다.

문 위 차용증은 누가 작성한 것인가요.
답 박고소가 전부 작성한 것입니다.
문 박고소를 대신하여 황금성으로부터 얼마를 빌렸고, 이를 어떻게 처분하였나요.
답 차용증에 쓰여진 바와 같이 6억 원을 빌려서 그날 그 돈 전부를 박고소에게 전해주었습니다.
문 피의자는 2009. 2. 3. 11:00경 박고소를 찾아가 "불구로 만들겠다."라고 협박한 사실이 있나요.
답 예. 그런 사실이 있습니다.
문 이상의 진술에 대하여 이의나 의견이 있는가요.
답 **없습니다.**

위의 조서를 진술자에게 열람하게 하였던바, 진술한 대로 오기나 증감·변경할 것이 전혀 없다고 말하므로 간인한 후 서명무인하게 하다.

진술자 **이 을 남** (무인)

2014. 8. 20.

서울서초경찰서
사법경찰관 경위 **권 장 기** ㊞
사법경찰리 경사 **변 동 구** ㊞

진 술 조 서

성 명: 황금성
주민등록번호, 직업, 주거, 등록기준지, 직장주소, 연락처는 각각 (생략)

위의 사람은 피의자 이을남에 대한 사기 등 피의사건에 관하여 2014. 8. 21. 서울서초경찰서 수사과 사무실에 임의 출석하여 다음과 같이 진술하다.

[피의자와의 관계, 피의사실과의 관계 등(생략)]

문 진술인이 황금성인가요.
답 예. 그렇습니다.
문 진술인은 피의자 이을남을 통해서 박고소에게 돈을 빌려준 사실이 있나요.
답 예. 이을남이 2009. 2. 2. 전화로 자신이 잘 아는 박고소가 급전이 필요한데 얼마를 빌려줄 수 있느냐고 물어봐서 제가 6억 원까지 빌려줄 수 있다고 했습니다. 그러자 그날 이을남이 제 집에 찾아와서 "박고소가 작성해준 차용증을 가져왔으니 6억 원을 빌려달라."라고 했습니다. 저는 이을남의 말만 믿고 선이자 5,000만 원을 공제한 5억 5,000만 원을 이을남의 계좌로 송금했습니다. 그리고 그날 저녁에 박고소에게 전화를 걸어 돈을 잘 받았느냐고 물어보니 자신은 이을남에게 최대 3억 원만 빌려달라고 하면서 차용 금액란을 비워둔 차용증을 만들어준 사실은 있지만, 6억 원짜리 차용증은 만든 사실이 없고 이을남으로부터 3억 원만 전달받았다고 했습니다.
문 박고소와는 원래부터 알던 사이인가요.
답 아니오. 2009. 2. 2. 이을남이 전화를 걸어 돈을 빌려줄 수 있냐고 물어볼 때 처음 들어본 사람입니다. 제가 다른 일로 바빠서 박고소에게 직접 연락한 것은 이을남에게 돈을 송금한 날 저녁에 차용증에 적힌 전화번호로 전화를 걸었을 때가 처음입니다. 이럴 줄 알았으면 돈을 빌려주기 전에 진작 연락을 해 볼 걸 그랬습니다.
문 박고소가 돈을 갚을 의사나 능력도 없으면서 이을남과 짜고 진술인의 돈을 편취한 것은 아닌가요.
답 나중에 확인해보니 박고소는 이을남을 통해서 위 돈을 빌릴 당시 건실한 사업가로서 돈을 갚을 능력이 충분했기 때문에 처음부터 돈을 갚을 의사

- 38 -

[63] 황금성의 법정진술과 함께 황금성의 금원대여에 과실이 존재함을 확인할 수 있는 부분이다. 표현대리가 성립하지 아니하는 이상 손해발생의 위험이 부정되어 배임죄가 성립하지 아니한다는 주장을 할 수 있다.

[64] 피고인 이을남에 대해 박고소가 아닌 황금성에 대한 사기죄가 성립함을 다시 한 번 확인할 수 있다.

나 능력이 없으면서 이을남과 짜고 사기를 친 것은 아니라고 생각합니다. 이을남은 박고소를 위해서 위 돈을 빌려갈 무렵에 대박피라미드라는 다단계업체에 투자를 했다가 큰 손해를 봐서 빚이 많았다는 사실을 제가 잘 알고 있었지만, 제 돈을 갚을 사람은 박고소이기 때문에 이을남의 재산 상태는 별로 관계가 없다고 생각했었습니다. 다만 박고소가 이을남에게 본건 차용금과 관련하여 얼마 범위에서 위임을 했는지에 대해서 박고소와 이을남 중 누가 거짓말을 하는 것인지는 정말로 모르겠습니다.

문   이상의 진술은 사실인가요.
답   **예. 모두 사실입니다.**

위의 조서를 진술자에게 열람하게 하였던바, 진술한 대로 오기나 증감·변경할 것이 전혀 없다고 말하므로 간인한 후 서명무인하게 하다.

진술자 **황 금 성**   (무인)

2014. 8. 21.

서울서초경찰서
사법경찰관   경위   **권 장 기**   ㊞

진 술 서

성 명   조은숙 (65****-2******)
주 소, 전화번호   (생략)

1. 저는 경찰의 요청으로 서울 서초경찰서에 출석하여 다음과 같이 임의로 진술합니다.

1. 저는 서울 서초구 서초동 서초구청 맞은 편에서 '란' 커피숍을 운영하고 있습니다.

1. 김갑동은 저의 커피숍을 관할하는 서초구청 건축계장이므로 평소 안면이 있고, 이을남은 서초동에서 사업을 하면서 가끔씩 저의 커피숍에 오므로 알고 있습니다.

1. 김갑동과 이을남은 가끔씩 저의 커피숍에 들르기도 하지만 함께 만났는지는 제가 기억이 분명하지 않습니다. 다만, 김갑동이 2014. 5월 스승의 날쯤에 퇴근길에 저의 커피숍에 들러 "저번에 이을남과 함께 오고 나서 1주일도 안되었는데 커피숍 인테리어가 바뀌었네."라고 말한 것은 그 무렵 제가 커피숍 인테리어 공사를 하였기 때문에 기억합니다.

1. 저의 커피숍 근처에 '란'이라는 이름이 들어가는 커피숍은 저희 1곳뿐이지만 '란'이라는 이름이 들어가는 음식점이나 술집 등 다른 가게들은 많이 있는 것으로 알고 있습니다.

2014. 8. 25.

진술자 조 은 숙 ㊞

[65] 진술인 조은숙이 수사기관에 출석하여 작성·제출한 진술서이므로 형사소송법 제313조 제1항이 아닌, 제312조 제4항 등이 적용된다(제312조 제5항).

[66] '란'이라는 이름이 들어가는 음식점 등 다른 가게들이 많이 있다는 사정은 이을남 진술의 신빙성을 탄핵할 수 있는 자료가 된다.

[67] 검찰단계 서류와 경찰단계 서류를 미리 구분하여 헷갈리지 않도록 한다.
검찰단계의 수사기록, 특히 피의자신문조서는 경찰단계의 수사기록보다 사실관계 등이 보다 압축적으로 정리되어 있다. 따라서 사실관계 등을 보다 빠르게 파악하기 위해 경찰기록보다 검찰기록을 먼저 읽는 방법도 유효하다.

피의자신문조서

성   명 : 이을남

주민등록번호 : (생략)

위의 사람에 대한 명예훼손 등 피의사건에 관하여 2014. 9. 17. 서울중앙지방검찰청 901호 검사실에서 검사 구영재는 검찰주사 전주사를 참여하게 한 후, 아래와 같이 피의자임에 틀림없음을 확인하다.

주민등록번호, 직업, 주거, 등록기준지, 직장주소, 연락처는 각각 (생략)

검사는 피의사실의 요지를 설명하고 검사의 신문에 대하여 「형사소송법」 제244조의3에 따라 진술을 거부할 수 있는 권리 및 변호인의 참여 등 조력을 받을 권리가 있음을 피의자에게 알려주고 이를 행사할 것인지 그 의사를 확인하다.

진술거부권 및 변호인 조력권 고지 등 확인

1. 귀하는 일체의 진술을 하지 아니하거나 개개의 질문에 대하여 진술을 하지 아니할 수 있습니다.
2. 귀하가 진술을 하지 아니하더라도 불이익을 받지 아니합니다.
3. 귀하가 진술을 거부할 권리를 포기하고 행한 진술은 법정에서 유죄의 증거로 사용될 수 있습니다.
4. 귀하가 신문을 받을 때에는 변호인을 참여하게 하는 등 변호인의 조력을 받을 수 있습니다.

문   피의자는 위와 같은 권리들이 있음을 고지받았는가요.
답   예. 고지받았습니다.
문   피의자는 진술거부권을 행사할 것인가요.
답   아닙니다.
문   피의자는 변호인의 조력을 받을 권리를 행사할 것인가요.
답   아닙니다. 혼자서 조사를 받겠습니다.

- 41 -

이에 검사는 피의사실에 관하여 다음과 같이 피의자를 신문하다.
[피의자의 병역, 학력, 가족관계, 재산 및 월수입, 건강상태 등(생략)]

문 피의자는 박고소, 황금성을 아는가요.
답 예. 박고소는 고향 후배로서 건설업자이고, 황금성은 대학 때부터 알던 친구로서 사채업자입니다.
문 피의자는 박고소를 대신하여 황금성으로부터 돈을 빌린 사실이 있나요.
답 예. 2009. 2. 1. 박고소가 제 집에 찾아와서는 "좋은 땅이 나왔는데 돈이 좀 부족하다. 형님 친구 중 사채업자가 있다고 들었는데 그에게 잘 이야기해서 6억 원만 빌려달라."라고 부탁을 하면서 6억 원짜리 차용증을 써 주었습니다. 그래서 제가 다음 날 황금성에게 전화를 해서 "건설업을 하는 박고소라는 고향 후배가 있는데 얼마까지 빌려줄 수 있느냐."라고 물어보니 황금성이 6억 원까지 가능하다고 해서 그 즉시 황금성에게 찾아가 "아까 전화로 말했던 박고소가 작성해 준 차용증을 가져왔으니 6억 원을 빌려달라."라고 하면서 차용증을 건네 주었고 잠시 후 황금성이 제 계좌로 선이자를 공제한 5억 5,000만 원을 송금해주었습니다.

이때 검사는 박고소 명의의 차용증을 제시하면서

문 얼핏 보기에도 차용증 금액란의 글씨체가 다른 것으로 보이는데 어떤가요.
답 (잠시 머뭇거리다가) 실은 그 부분은 제가 채워넣은 것입니다.
문 그런데 왜 박고소가 직접 차용증을 작성했다고 하였나요.
답 박고소가 제게 금액을 대신 적어달라고 부탁했기 때문에 박고소가 직접 작성한 것이나 다름없고 제가 멋대로 작성한 것이 아니라고 생각했기 때문입니다.
문 위와 같이 빌린 돈은 어떻게 하였나요.
답 그날 즉시 박고소에게 5억 5,000만 원 모두 송금해주었습니다.

이때 검사는 박고소가 제출한 금융거래내역을 제시하면서

문 박고소의 금융거래내역을 살펴보면 피의자로부터 3억 원을 받은 자료만 있는데 어떤가요.
답 (이때 피의자는 대답을 하지 못하다가) 오래 전 일이라 제가 착각을 한 것 같습니다. 지금 생각났는데 그날 황금성으로부터 송금받은 계좌에서 3억 원은 박고소의 계좌로 송금하고 2억 5,000만 원은 현금으로 찾아서 박고소에게 직접 건네 준 것이 확실합니다.
문 피의자는 등산용 칼을 지니고 박고소를 찾아가 협박한 사실이 있나요.

[68] 이미 앞에서 확인한 내용과 중복되는 부분은 가볍게 읽고 넘어가도록 한다.

[69] 피고인 이을남이 자신의 권한을 초과하여 차용증의 금액란을 임의로 기재하였음을 알 수 있다.

[70] 협박 사실 자체는 인정된다. 다만 위험한 물건인 칼의 휴대는 부정할 수 있다.

답 저는 억울합니다. 2009. 2. 3. 아침에 제가 등산을 하려고 청계산에 가던 중이었는데, 10:00경 박고소가 제게 전화를 해서 다짜고짜 왜 자신의 차용증을 변조했냐고 따져서 제가 너무 황당해서 즉시 방향을 돌려 11:00경 박고소의 집에 찾아가 "더 이상 엉뚱한 시비를 걸면 평생 불구로 살 수도 있다."라고 점잖게 타일렀을 뿐이고 협박까지 한 것은 아닙니다.

문 박고소의 말에 의하면, 피의자는 유도선수까지 한 건장한 체구이고 박고소는 왜소한 체격이어서 피의자의 말에 너무 겁이 났다고 하는데 어떤가요.

답 뭐 그럴 수도 있겠네요. 하지만 박고소의 몸이 부실한 것이 제 탓인가요.

문 등산용 칼은 왜 가져갔나요.

답 실은 그날 아침에 산행을 가려고 짐을 챙기다보니 등산용 배낭, 상의, 칼이 모두 너무 낡아서 이 참에 낡은 것들은 버리고 청계산 앞 단골 매장에서 새 것들로 구입하려고 위 등산용 칼을 상의로 몇 겹으로 싸서 배낭에 넣어 가지고 나왔던 것입니다. 그런데 중간에 위와 같은 박고소의 항의 전화를 받고 너무 화가 나서 저도 모르게 위 배낭을 등에 멘 채로 박고소를 찾아가 위와 같이 박고소에게 따끔하게 충고한 후 그 집을 나오다 집 앞에 놓인 쓰레기봉투들을 보니 버리려고 메고 나왔던 배낭이 생각나서 쓰레기봉투들 옆에 배낭을 버려두고 온 것입니다.

문 피의자는 무심코 등산용 칼을 가지고 갔다고 하지만 박고소를 협박할 당시 피의자가 위 칼을 지니고 있었던 것은 사실이지요.

답 (못마땅하다는 듯이) 예. 그건 사실입니다.

문 피의자는 김갑동에게 건축허가 건과 관련하여 100만 원을 준 사실이 있나요.

답 예. 2014. 5. 8. 19:00경 서울 서초구 서초대로 130(서초구청 맞은 편)에 있는 '란' 커피숍에서 김갑동에게 서울 서초구 방배로 240에 건축할 요양병원 건축허가 절차를 신속히 처리해달라고 부탁하면서 100만 원을 준 사실이 있습니다.

검사는 경찰에서 압수한 피의자 작성의 수첩을 제시하면서

문 이것은 피의자가 작성한 수첩이 맞나요.

답 예.

문 이 수첩 3면에 보면, "2014. 5. 8. 100만 원, 란"이라는 숫자가 기재되어 있는데 이것은 그날 사용한 돈의 액수를 나타내는 것인가요.

답 서초구청 맞은 편 '란' 커피숍에서 김갑동에게 100만 원을 주었다는 내용을 쓴 것입니다.

[71] 위법수집증거인 수첩을 제시하면서 피고인 이을남의 진술을 획득하였으므로 위 진술은 독수의 과실에 해당한다.
추가로 수첩에 100만 원 교부사실만 적혀 있을 뿐, 2,900만 원 교부사실에 대해서는 적혀 있지 아니하다는 사정은 이을남 신빙성 탄핵의 근거 자료가 된다.

- 43 -

문	왜 100만 원을 주었나요.
답	요양병원 건축허가 절차를 신속히 처리해달라는 명목이었습니다.
문	피의자는 그 외에도 김갑동에게 뇌물을 주었나요.
답	예. 지금 생각해보니 2014. 5. 9. 09:00경 위 커피숍 앞에서 위와 같은 명목으로 2,900만 원을 더 주었습니다.
문	그 경위를 진술하시오.
답	제가 5. 9. 09:00경 위 커피숍 앞에서 출근하는 김갑동을 기다렸다가 만나서 5만 원권 현금 2,900만 원을 쇼핑백에 넣어 전달하였습니다.
문	피의자는 위 건축허가 건과 관련하여 김갑동을 찾아가 소란을 피운 사실이 있나요.
답	예. 김갑동이 위 돈을 받고도 제 부탁을 들어주지 않아 2014. 7. 30. 10:00경 서초구청 건축계 사무실로 김갑동을 찾아가 직원 10여 명이 들을 수 있게 "이 나쁜 새끼, 거짓말쟁이"라고 크게 말한 적이 있습니다.
문	박고소, 김갑동과 관련된 금융거래내역을 제출할 수 있나요.
답	예. 김갑동과 관련된 것은 다른 것은 없고 제가 그 돈을 저의 계좌에서 2014. 5. 7. 인출하였다는 사실을 나타내는 거래내역은 조만간 제출하도록 하겠습니다. 박고소와 관련된 금융거래내역도 같이 제출하겠습니다.
문	조서에 진술한 대로 기재되지 아니하였거나 사실과 다른 부분이 있는가요.
답	**없습니다.**

[72] 피고인 이을남이 검찰단계에서 2,900만 원 교부사실을 추가로 진술하고 있다.

위의 조서를 진술자에게 열람하게 하였던바, 진술한 대로 오기나 증감·변경할 것이 전혀 없다고 말하므로 간인한 후 서명무인하게 하다.

진술자 **이 을 남** (무인)

2014. 9. 17.

서울중앙지방검찰청
검　　사　**구 영 재** ㊞
검찰주사　**전 주 사** ㊞

피의자신문조서

성   명 : 김갑동
주민등록번호 : (생략)

위의 사람에 대한 특정범죄가중처벌등에관한법률위반(뇌물) 피의사건에 관하여 2014. 9. 18. 서울중앙지방검찰청 901호 검사실에서 검사 구영재는 검찰주사 전주사를 참여하게 한 후, 아래와 같이 피의자임에 틀림없음을 확인하다.
주민등록번호, 직업, 주거, 등록기준지, 직장주소, 연락처는 각각 (생략)

검사는 피의사실의 요지를 설명하고 검사의 신문에 대하여 「형사소송법」 제244조의3에 따라 진술을 거부할 수 있는 권리 및 변호인의 참여 등 조력을 받을 권리가 있음을 피의자에게 알려주고 이를 행사할 것인지 그 의사를 확인하다.

진술거부권 및 변호인 조력권 고지 등 확인

1. 귀하는 일체의 진술을 하지 아니하거나 개개의 질문에 대하여 진술을 하지 아니할 수 있습니다.
2. 귀하가 진술을 하지 아니하더라도 불이익을 받지 아니합니다.
3. 귀하가 진술을 거부할 권리를 포기하고 행한 진술은 법정에서 유죄의 증거로 사용될 수 있습니다.
4. 귀하가 신문을 받을 때에는 변호인을 참여하게 하는 등 변호인의 조력을 받을 수 있습니다.

문   피의자는 위와 같은 권리들이 있음을 고지받았는가요.
답   예. 고지받았습니다.
문   피의자는 진술거부권을 행사할 것인가요.
답   아닙니다.
문   피의자는 변호인의 조력을 받을 권리를 행사할 것인가요.
답   아닙니다. 혼자서 조사를 받겠습니다.

이에 검사는 피의사실에 관하여 다음과 같이 피의자를 신문하다.
[피의자의 병역, 학력, 가족관계, 재산 및 월수입, 건강상태 등(생략)]

문　피의자는 서초구청에서 무슨 일을 하나요.
답　2011. 3.부터 현재까지 서초구청 건축계장으로서 건축허가 등 건축관련 업무를 맡고 있습니다.
문　피의자는 직무와 관련하여 이을남으로부터 돈을 받은 사실이 있나요.
답　아니오. 일체의 돈을 받은 사실이 없습니다.
문　피의자는 서초구청 맞은 편에 있는 '란' 커피숍에서 이을남을 만난 사실은 있지요.
답　위 커피숍에서 이을남을 만난 사실도 없습니다.
문　그럼 다른 장소에서 이을남을 만난 사실도 없나요.
답　제가 근무하는 서초구청 사무실에 찾아왔을 때는 만났지만 사무실 바깥에서 따로 만난 사실은 없습니다.
문　피의자는 경찰에서는 '란' 커피숍에서 이을남을 만난 사실을 인정하지 않았나요.
답　제가 '란' 커피숍에 가끔씩 들른 적이 있었고, 이을남을 저희 사무실에서 민원 관계로 가끔씩 본 사실이 있는데, 갑자기 경찰관이 신문하자 경황이 없어서 혼동한 것입니다. 사실은 사무실 바깥에서 만난 적이 없습니다.
문　피의자가 '란' 커피숍에서 이을남을 만난 사실이 있다면 뇌물을 받은 사실이 밝혀질 것 같아서 이을남을 만난 사실 자체를 부인하는 것은 아닌가요.
답　아닙니다.
문　이을남은 2014. 5. 8. 100만 원, 그 다음 날 2,900만 원을 피의자에게 주었다고 하는데 어떤가요.
답　전혀 그런 사실이 없습니다.
문　조서에 진술한 대로 기재되지 아니하였거나 사실과 다른 부분이 있는가요.
답　없습니다.

위의 조서를 진술자에게 열람하게 하였던바, 진술한 대로 오기나 증감·변경할 것이 전혀 없다고 말하므로 간인한 후 서명무인하게 하다.

진술자 김갑동 (무인)

2014. 9. 18.

서울중앙지방검찰청
검　사　구영재 ㊞
검찰주사　전주사 ㊞

- 46 -

[73] 피고인 김갑동이 경찰단계에서의 진술과 달리 커피숍에서 피고인 이을남을 만난 사실 자체를 부인하고 있다.

서울중앙지방검찰청

주임검사
㊞

수신   검사 구영재
제목   수사보고(피의자 이을남 금융거래내역 제출)

  위 사건에 관하여 피의자 이을남이 자신의 금융거래내역을 제출하였기에 보고합니다.

첨부 : 금융거래내역. 끝.

2014. 10. 8.

위 보고자 검찰주사   **전 주 사**   ㊞

계좌개설인 인적사항

계좌번호 : (생략)   개설점 : 신안은행 법조타운지점
개 설 일 : (생략)
성   명 : 이을남 (기타 인적사항 생략)

거 래 내 역 서

조회기간(2009. 2. 1. - 2009. 2. 7.)

거래일시	출금	내용	입금	내용	잔액
2009-02-01			1,000,000	대박피라미드	15,000,000
	5,000,000	대박피라미드			10,000,000
2009-02-02			550,000,000	황금성	560,000,000
	300,000,000	박고소			260,000,000
2009-02-05	10,000,000	대박피라미드			250,000,000
2009-02-07	10,000,000	대박피라미드			240,000,000

조회기간(2014. 5. 4. - 2014. 5. 10.)

거래일시	출금	내용	입금	내용	잔액
2014-05-07	30,000,000				100,000

[74] 피고인 이을남에게 유리한 증거로 제출된 거래내역서이나 그 기재에 대박피라미드 관련 출금 내역이 다수 존재하고 최종 잔액이 10만 원에 불과하다는 사실을 추가로 확인할 수 있다.

서 울 서 초 경 찰 서

수신   검사 구영재

제목   조은숙에 대한 소재수사 보고

주임검사 ㉮

1. 서울중앙지방검찰청 검사 구영재의 2014. 10. 13. 유선 지휘 내용
○ 서울서초경찰서에서 송치한 서울중앙지방검찰청 2014형제99999호 피의자 김갑동에 대한 특정범죄가중처벌등에관한법률위반(뇌물) 등 피의사건과 관련임
○ 서울중앙지방검찰청에서 위 사건의 보완수사를 위하여 주요 참고인인 조은숙에게 서울중앙지방검찰청 901호 검사실로 2014. 10. 13. 10:00에 출석하라는 출석요구서를 발송하였으나, 수취인 부재로 반송되었고, 경찰 진술서에 기재된 조은숙의 휴대전화(010-****-****)는 계속 전원이 꺼져 있어 소재 파악이 어려우므로 2014. 10. 13. 서울서초경찰서에 위 조은숙에 대한 소재수사를 지휘함

2. 위 조은숙에 대한 소재수사 보고
○ 2014. 10. 15. 3회에 걸쳐 위 조은숙의 휴대전화로 연락한바, 역시 전원이 꺼져 있으므로 10. 16. 10:00 직접 위 조은숙의 주거지에 임하여 소재 확인하였음
○ 위 조은숙 주거지에는 현재 조은숙의 노모 이영란(82세)만 기거하고 있는바, 이영란의 진술에 의하면 조은숙은 2014. 10. 12. 재미교포인 딸 박순덕 방문차 미국 뉴욕 시로 출국하였고, 두 달 정도 머물다가 귀국하겠다고 하였으나 자신은 나이가 많아 정확한 연락처나 귀국일은 잘 모르겠다고 하므로, 출입국 사실을 조회한바, 위 조은숙이 2014. 10. 12. 출국하여 귀국하지 않은 사실을 확인하였으므로 보고합니다. 끝.

2014. 10. 17.

서울서초경찰서
경위   권 장 기 (인)

- 48 -

[75] 조은숙에 대한 소재수사가 충분하지 않았다는 사실을 확인할 수 있다. 조은숙이 출국하여 귀국하지 아니하고 있다는 사정만으로는 형사소송법 제314조의 원진술자의 진술불능 요건을 인정할 수 없다.

고 소 장

고 소 인   김 갑 동
　　　　　인적사항(생략)

피고소인   이 을 남
　　　　　인적사항(생략)

죄   명   모욕

　피고소인은 2014. 7. 30. 10:00경 서울 서초구 서초구청 건축계 사무실에서 그곳 사무실 직원 10여 명이 듣고 있는 가운데 고소인에게 "이 나쁜 새끼, 거짓말쟁이"라고 소리침으로써 공연히 피해자를 모욕하였습니다.
　피고소인을 조사하여 죄가 인정되면 엄중하게 처벌해 주시기 바랍니다.

2014. 12. 18.

고소인   김갑동 ㊞

[76] 고소장에 기재된 고소일자를 체크하여야 한다. 고소의 추완이 인정되지 않는 이상 모욕죄에 대한 공소제기 후의 고소는 유효하지 아니하다.

기타 법원에 제출되어 있는 증거들

※ 편의상 다음 증거서류의 내용을 생략하였으나, 법원에 증거로 적법하게 제출되어 있음을 유의하여 변론할 것.

○ **수첩**
  - 3면에 "2014. 5. 8. 100만 원, 낮"이라고 기재되어 있음

○ **금융거래내역(박고소 고소장 첨부)**
  - 황금성이 2009. 2. 2. 이을남 계좌로 5억 5,000만 원 송금
  - 이을남이 2009. 2. 2. 박고소 계좌로 3억 원 송금

○ **피고인들에 대한 각 조회회보서**
  - 김갑동 : 전과 없음
  - 이을남 : 2014. 9. 5. 부산지방법원 도박죄 벌금 100만 원

[77] 생략된 증거라도 답안에서 인용하는 경우가 있다. 다만 생략된 증거의 내용은 대부분 앞에서 등장한 기록과 중복되므로 답안에 기재할 증거 위주로 간단히 확인하도록 한다.

[78] 피고인 이을남이 도박죄로 벌금형을 선고받았다는 사실과 이을남에 대한 피고인신문 내용 등을 통해 이을남이 14. 5. 7. 출금한 금원이 도박자금으로 사용되었을 가능성이 크다는 점을 확인할 수 있다.

확 인 : 법무부 법조인력과장

공소제기일 - 14. 10. 17.   [쟁점] 사문서변조·행사, 사기 관련 죄명·피해자 검토

피고인	죄명	일시	공소사실 장소	피해자	피해금	고소 기타	인정 및 부인취지	쟁점	+	증거	-	결론	비고
김갑동 건축구청장 제정	특가 (뇌물)	14. 5. 8. 14. 5. 9.	'란'커피숍 커피숍앞	from 이을남	100만 2900만	건축허가 신속처리 청탁	x - 돈받은 사실 x	[사실] 교부사실 無 100만→2900만 개별검토 임의출석자진금제출 영장주의예외(24시간, 사후영장)	〈100만부분〉 '란'이름多(40), 동기불순, 진술외증거無 〈2900만부분〉 경찰에자수 100 만교부만진술, 수첩기재無, 현금출금진부, 도박, 야간정	피고인 법정진술(18),판피(28),검피(46) 이을남 법정진술(19),판피신(24),판피신(2회,37,검피(43) 수첩,임수조사(30),수사보고(금용거래내역)(47) 조은숙 진술서(40)-소제수사보고(48)		추단무죄	[변론요지서]
이을남 을남건설 대표이사													
〈긴급체포〉 - 뇌물	사문서 변조 및 행사	09. 2. 1. 09. 2. 2.	박고소 명의		차용증 금액 6억기재	금액단배 지교부	x - 정당 위임有	위임有? - only 3억 변조 아닌 위조		피고인 법정진술~ 박고소 법정진술(20), 고소장(31), 판진술조서(33) 항금성 법정진술(21), 판진술조서(38) 금용거래내역(47)		v.박고소 배임죄 - 무죄 v.황금성 사기죄 - 유죄	[검토의견서]
	사기	09. 2. 2.	v.박고소		3억 재무조과 부담	v.고소有 (31)	x	사기 x, 배임 x (표현대리) 황금성에 대한 사기-특경가범. 공소장변경	이을남-대박피라미드, 빛多 황금성의사, 과실(21)-표현대리 x. 손해발생여부 x			목적-후단 무죄	
	목적 (집추협)	09. 2. 3. 11:00	v.집	v.박고소	등신용	v.고소 (31)	△-협박 사실인정	갈 휴대여부 협박죄부 공소시효		피해자도 인식x(34)		협박-면소 (3호)	
	명예훼손	14. 7. 30.	서초구청 건축계사무실	v.김갑동	"이나쁜~"		○고함진 사실有	사실적시無				전단무죄	
		"	"	"	"								
	모욕·예비적추가	14.12.18. v.고소					○	기소후고소 (고소의추완x)	고소장(p49)			공소기각 (2호)	

변론요지서

사　건　2014고합 특정경제범죄가중처벌등에관한법률위반(뇌물) 등
피고인　김갑동

위 사건에 관하여 피고인 김갑동의 변호인 변호사 김힘찬은 다음과 같이 변론합니다.

다　음

I. 특정범죄가중처벌등에관한법률위반(뇌물)의 점

피고인은 이을남으로부터 돈을 받은 사실이 없습니다. 이에 대해 증거관계를 중심으로 살펴보도록 하겠습니다.

1. 검사 제출 증거[01]

이 사건 공소사실에 대해 검사가 제출한 증거로는 피고인·이을남의 각 법정진술, 검사 작성 피고인·이을남에 대한 각 피의자신문조서의 진술기재, 사법경찰관 작성 피고인·이을남에 대한 각 피의자신문조서의 진술기재, 조은숙 작성 진술서의 진술기재, 수첩·압수조서·수사보고(금융거래내역)·소재수사보고의 각 현존 또는 기재가 있습니다.

2. 증거능력 없는 증거

가. 사법경찰관 작성 피고인에 대한 피의자신문조서

위 조서에 대해서는 피고인이 내용을 부인하고 있으므로 형사소송법 제312조 제3항에 의해 증거능력이 부정됩니다.

나. 사법경찰관 작성 이을남에 대한 각 피의자신문조서

위 조서들에 대해서는 피고인이 내용부인의 취지로 증거로 함에 부동의하고 있으므로 형사소송법 제312조 제3항에 의해 증거능력이 없습니다.

다. 조은숙 작성 진술서

위 진술서는 조은숙이 서초경찰서에 출석하여 임의로 진술한 내용을 기재한 것으로 형사소송법 제312조 제4항 또는 제314조의 요건을 갖추어야 증거능력을 인정할 수 있습니다(제312조 제5항). 그러나 위 조은숙이 공판기일에 출석하지 아니하여 제312조 제4항의 요건을 갖추지 못하였고, 조은숙이 일시적으로 미국으로 출국하였다는 내용의 수사보고(기록 제47쪽 소재수사보고 참조)만으로는 조은숙이 법정에 출석하여 진술할 수 없는 경우라고 볼 수 없으므로 제314조의 요건도 갖추지 못하였습니다.

결국 위 진술서는 증거능력이 없습니다.*

---

[01] 증거거시는 법원→검찰→경찰, 인증→서증→증거물, 피고인→참고인, 조서→진술서→검증조서→압수조서·실황조사서→진단서·견적서의 순서대로 한다. 검사 제출 증거를 위와 같이 따로 묶어서 기재하지 않는 경우에는 부족증거 등을 설시함에 있어 증거들을 구체적으로 나열하여야 한다.

> * 형사소송법 제314조의 요건 충족 여부는 엄격히 심사하여야 하고, 전문증거의 증거능력을 갖추기 위한 요건에 관한 증명책임은 검사에게 있으므로, 법원이 증인이 소재불명이거나 그 밖에 이에 준하는 사유로 인하여 진술할 수 없는 때에 해당한다고 인정할 수 있으려면, 증인의 법정 출석을 위한 가능하고도 충분한 노력을 다하였음에도 불구하고 부득이 증인의 법정 출석이 불가능하게 되었다는 사정을 검사가 증명한 경우여야 한다(대법원 2013. 4. 11. 선고 2013도1435 판결).

라. 압수된 수첩 및 이에 대한 압수조서

위 수첩은 이을남을 긴급체포한 후 형사소송법 제217조 제1항에 따라 영장없이 압수한 것입니다. 그러나 임의로 출석하여 조사를 받는 과정에 있었던 이을남에 대해서는 제200조의3[02]에서 정하는 긴급체포의 요건 자체가 인정되지 아니할 뿐만 아니라,** 위 압수는 긴급체포시인 2014. 7. 30. 14:00로부터 24시간이 경과한 후인 2014. 8. 1. 13:00에 이루어져 그 자체로도 위법한 압수입니다(제217조 제1항). 또한 수사기관은 위 압수 후 사후영장을 발부받지도 아니하였습니다(같은 조 제2항, 제3항).[03]

[02] 같은 단락에서 이미 법명을 기재하였으므로 반복되는 법명의 기재는 생략한다.

[03] 영장주의 예외에 대한 내용 기재를 법조문 적시로 갈음한다.

> ** 검사나 사법경찰관이 수사기관에 자진출석한 사람을 긴급체포의 요건을 갖추지 못하였음에도 실력으로 체포하려고 하였다면 적법한 공무집행이라고 할 수 없고, 자진출석한 사람이 검사나 사법경찰관에 대하여 이를 거부하는 방법으로써 폭행을 하였다고 하여 공무집행방해죄가 성립하는 것은 아니다(대법원 2006. 9. 8. 선고 2006도148 판결).

결국 위법한 긴급체포절차에서 영장주의를 위반하여 압수한 위 수첩은 증거능력이 없고(제308조의2), 이를 기초로 획득한 2차 증거인 압수조서 역시 증거능력이 없습니다(독수독과).

마. 검사 작성 이을남에 대한 피의자신문조서 중 일부

위 피의자신문조서 중 검사가 압수된 수첩을 제시하면서 그 내용의 의미를 묻자 이을남이 '김갑동에게 100만 원을 주었다는 내용을 쓴 것입니다'고 진술한 부분 또한 위법하게 수집된 증거인 수첩을 기초로 수집된 2차 증거이므로 증거능력이 없습니다.[04]

[04] 인과관계 희석에 의한 예외이론에 해당하지 않는다는 내용을 추가적으로 기재할 수도 있다.

3. 증명력 검토 - 이을남의 진술에 대하여

이을남이 피고인에게 3,000만 원을 교부하였다는 취지의 이 사건 법정에서의 진술 및 검사 작성 피의자신문조서의 일부 진술기재 내용은 아래에서 보는 바와 같이 신빙성이 없고, 나머지 증거들만으로는 이 부분 공소사실을 인정할 수 없으며, 달리 이를 인정할 만한 증거도 없습니다.[05]

가. 100만 원 교부 부분[06]

이을남이 '란' 커피숍에서 피고인에게 100만 원을 전달하였다는 내용의 진술은 ① '란'이라는 이름의 음식점이나 술집이 주변에 많으므로 이을남이 '란' 커피숍에서 위 100만 원을 전달하였는지 여부 자체가 불분명한 점, ② 이을남은 자신에게 건축허가를 내어 주지 않은 피고인에 대해 악감정을 가지고 허위의 진술을 할 가능성이 높다는 점, ③ 이을남의 진술 이외에는 이을남이 김갑동에게 100만 원을 교부하였다는 사실을 인정할 만한 객관적인 증거가 존재하지 않는 점 등을 고려하면 믿기 어렵습니다.[07][08]

[05] 부족증거 등 설시 기재를 증명력 검토 첫 부분에 기재하였다.

[06] 100만 원 부분과 2,900만 원 부분의 증거관계가 서로 다르므로 별개로 검토한다.

[07] 증거능력이 부정된 압수된 수첩 등에 대해서는 증명력 검토 단계에서 고려하지 아니한다.

[08] 이와 달리 100만 원 교부 부분에 대해 유죄결론을 내릴 경우, 특가법이 아닌 형법상 수뢰죄가 성립한다는 의율착오 쟁점을 추가로 검토하여야 한다.

나. 2,900만 원 교부 부분

이에 대한 이을남의 진술은 ① 이을남이 경찰 단계에서는 100만 원 만을 김갑동에게 교부하였다고 진술하다가 검찰 단계에 이르러서야 그보다 훨씬 고액인 2,900만 원의 교부사실을 진술하고 있어 그 진술이 일관되지 아니한 점, ② 이을남이 100만 원보다 훨씬 고액인 2,900만 원에 대해서 수첩 등에 전혀 기재하지 아니한 점, ③ 금원을 교부함에 있어 현금 3,000만 원을 인출한 당일 바로 3,000만 원 전부를 전달하지 않고 굳이 2,900만 원만 다음 날 전달할 합리적인 이유가 없다는 점, ④ 은밀하게 교부하여야 할 뇌물을 김갑동의 출근길에 교부한다는 것 자체가 경험칙에 반하고, 이를 받은 피고인이 거액의 뇌물을 쇼핑백에 담아 그대로 구청으로 출근하였다는 사실 역시 경험칙에 반한다는 점, ⑤ 이을남은 2014. 9. 5. 부산지방법원에서 도박죄로 벌금 100만 원을 선고받는 등 2014. 5.경 부산에서 도박을 하였는바, 거래내역서에 기재된 2014. 5. 7. 출금은 김갑동에게 교부하기 위한 금원이 아니라, 이을남의 도박자금을 위한 것일 가능성이 큰 점, ⑥ 이을남은 자신에게 건축허가를 내어 주지 않은 피고인에 대해 악감정을 가지고 허위의 진술을 할 가능성이 높다는 점 등을 고려하면 역시 믿기 어렵습니다.

4. 소결

결국 이 부분 공소사실은 범죄의 증명이 없는 경우에 해당하므로 형사소송법 제325조 후단에 의하여 무죄가 선고되어야 합니다.

2015. 1. 6.

피고인 김갑동의 변호인 변호사 김힘찬 ㊞

서울중앙지방법원 제26형사부 귀중

검토의견서

사　건　　2014고합1277 특정경제범죄가중처벌등에관한법률위반(뇌물) 등
피고인　　김갑동

II. 사문서변조, 변조사문서행사, 사기의 점[01]

1. 피고인이 적법한 위임을 받았는지 여부[02]

피고인은 박고소[03]로부터 6억 원 전부에 대한 적법한 권한을 위임받았다고 주장하고 있습니다. 그러나 박고소와 황금성의 법정 및 수사기관에서의 각 진술[04] 및 금융거래내역서의 기재 등에 의하면 ① 피고인은 처음에는 대여금 전액을 송금하였다고 진술하였으나 나중에는 2억 5천만 원은 현금으로 인출하였다고 진술을 번복하고 있는 점, ② 피고인이 위와 같이 현금을 인출한 내역이 전혀 존재하지 않는다는 점, ③ 피고인이 위 금원을 다단계에 투자하여 큰 손해를 입은 것으로 보이는 점 등을 고려하면 피고인은 박고소로부터 6억 원이 아닌 3억 원의 차용에 관한 위임을 받은 것에 불과하다고 판단됩니다.

2. 사문서변조 및 변조사문서행사의 점에 대하여

판례는 문서 작성권한의 위임을 받은 자가 그 위임받은 권한을 초월하여 문서를 작성한 경우는 사문서위조죄가 성립한다는 입장입니다.*

> * 문서 작성권한의 위임이 있는 경우라고 하더라도 그 위임을 받은 자가 그 위임받은 권한을 초월하여 문서를 작성한 경우는 사문서위조죄가 성립하고, 단지 위임받은 권한의 범위 내에서 이를 남용하여 문서를 작성한 것에 불과하다면 사문서위조죄가 성립하지 아니한다고 할 것이다(대법원 2012. 6. 28. 선고 2010도690 판결).

피고인은 박고소로부터 3억 원의 차용에 관한 위임을 받았음에도 불구하고 그 권한을 초월하여 차용금액을 6억 원으로 하는 차용증을 작성하여 행사하였습니다. 결국 이 부분 공소사실에 대해서는 사문서변조 및 변조사문서행사죄가 아닌 사문서위조 및 위조사문서행사죄가 성립가능합니다.

다만 이 경우는 피고인의 방어권 행사에 실질적 불이익을 초래하지는 아니하므로, 피고인은 공소장변경 없이도 사문서위조죄와 위조행사죄로 처벌될 수 있습니다.[05]

3. 사기의 점에 대하여

가. 박고소에 대한 사기죄 성립 여부

판례는 형법 제347조 제1항에서 정하는 사기죄의 처분행위는 재산적 처분행위를 의미하고 그것은 주관적으로 피기망자에게 처분의사가 있을 것을 요한다는 입장입니다.**

---

[01] 사실인정 쟁점이나 전형적인 사실인정 쟁점 목차가 아닌 사안검토 위주로 답안을 구성하였다. 이러한 비정형적인 답안 구성은 검토의견서, 그 중에서도 특히 피고인에게 불리한 사실을 인정하게 되는 쟁점 또는 판례의 법리를 중심으로 사실인정을 검토하는 쟁점에서 자주 활용하게 된다.

[02] 피고인이 박고소로부터 적법한 위임을 받았는지 여부에 따라 사문서위조죄의 성부가 달라지므로 적법한 위임 존재 여부를 먼저 검토하여야 한다.

[03] 박고소는 위조된 문서의 명의자일 뿐 사문서위조죄의 피해자가 아니므로 '피해자 박고소'라고 기재하여서는 아니 된다.

[04] 경찰과 검찰 단계의 증거들을 위와 같이 하나로 묶어 표현할 수 있다.

[05] 공소사실에 대해 기소된 죄명과 다른 범죄가 성립하는 경우에는 공소장변경의 필요성에 대한 검토를 누락하지 않도록 주의한다.

** 사기죄에서 처분행위는 행위자의 기망행위에 의한 피기망자의 착오와 행위자 등의 재물 또는 재산상 이익의 취득이라는 최종적 결과를 중간에서 매개·연결하는 한편, 착오에 빠진 피해자의 행위를 이용하여 재산을 취득하는 것을 본질적 특성으로 하는 사기죄와 피해자의 행위에 의하지 아니하고 행위자가 탈취의 방법으로 재물을 취득하는 절도죄를 구분하는 역할을 한다. 처분행위가 갖는 이러한 역할과 기능을 고려하면, 피기망자의 의사에 기초한 어떤 행위를 통해 행위자 등이 재물 또는 재산상의 이익을 취득하였다고 평가할 수 있는 경우라면 사기죄에서 말하는 처분행위가 인정된다(대법원 2017. 2. 16. 선고 2016도13362 전원합의체 판결).

박고소는 피고인에게 3억 원의 차용에 대해 위임하였을 뿐, 자신을 채무자로 하는 6억 원의 채무부담에 대해서는 처분행위를 하지 아니하였습니다. 따라서 이 부분 공소사실에 대해 피해자를 박고소로 하는 사기죄는 성립하지 아니합니다.

나. 박고소에 대한 배임죄 성립 여부

박고소의 위임에 따라 차용에 관한 업무를 처리하는 피고인이 그 위임 범위를 초과하여 금원을 차용하여 박고소에 손해를 가한 경우에 박고소에 대한 배임죄가 성립할 수 있습니다.* 그러나 위 차용행위가 법률상 효력이 없는 경우에는 그로 인하여 박고소에게 어떠한 손해가 발생하였다고 할 수 없으므로 배임죄가 성립하지 아니합니다.**[06]

[06] 이와 달리 손해발생의 위험은 인정할 수 있어 배임미수죄가 성립할 수 있다는 검토도 가능하다(2014도1104 전원합의체 판결 참조).

* 저금통장에서 인출의뢰받은 금원보다 많은 금원을 의뢰인의 의사에 반하여 인출한 행위는 배임행위에 해당한다 할 것이다(대법원 1972. 3. 28. 선고 72도297 판결).
** 법인의 대표자 또는 피용자가 그 법인 명의로 한 채무부담행위가 관련 법령에 위배되어 법률상 효력이 없는 경우에는 그로 인하여 법인에게 어떠한 손해가 발생한다고 할 수 없으므로, 그 행위로 인하여 법인이 민법상 사용자책임 또는 법인의 불법행위책임을 부담하는 등의 특별한 사정이 없는 한 그 대표자 또는 피용자의 행위는 배임죄를 구성하지 아니한다(대법원 2010. 9. 30. 선고 2010도6490 판결).
[비교판례] 주식회사의 대표이사가 대표권을 남용하는 등 그 임무에 위배하여 회사 명의로 의무를 부담하는 행위를 하더라도 일단 회사의 행위로서 유효하고, 다만 상대방이 대표이사의 진의를 알았거나 알 수 있었을 때에는 회사에 대하여 무효가 된다. 따라서 상대방이 대표권남용 사실을 알았거나 알 수 있었던 경우 그 의무부담행위는 원칙적으로 회사에 대하여 효력이 없고, 경제적 관점에서 보아도 이러한 사실만으로는 회사에 현실적인 손해가 발생하였다거나 실해 발생의 위험이 초래되었다고 평가하기 어려우므로, 달리 그 의무부담행위로 인하여 실제로 채무의 이행이 이루어졌다거나 회사가 민법상 불법행위책임을 부담하게 되었다는 등의 사정이 없는 이상 배임죄의 기수에 이른 것은 아니다. 그러나 이 경우에도 대표이사로서는 배임의 범의로 임무위배행위를 함으로써 실행에 착수한 것이므로 배임죄의 미수범이 된다. 그리고 상대방이 대표권남용 사실을 알지 못하였다는 등의 사정이 있어 그 의무부담행위가 회사에 대하여 유효한 경우에는 회사의 채무가 발생하고 회사는 그 채무를 이행할 의무를 부담하므로, 이러한 채무의 발생은 그 자체로 현실적인 손해 또는 재산상 실해 발생의 위험이라고 할 것이어서 그 채무가 현실적으로 이행되기 전이라도 배임죄의 기수에 이르렀다고 보아야 한다(대법원 2017. 7. 20. 선고 2014도1104 전원합의체 판결).

① 황금성이 본인확인절차를 거쳐 신용상태에 따라 돈을 빌려주는 것이 일반적이라고 스스로 진술하고 있음에도 불구하고 실제 박고소에게 전화를 하는 등 확인절차를 전혀 거치지 아니하고 금원을 대여하였다는 점, ② 이을남이 당시 대박피라미드로 인하여 많은 피해를 입고 빚이 많다는 사실 역시 알고 있었다는 점 등을 고려하면 피고인이 박고소 명의로 행한 차용행위에 대해 표현대리(민법 제126조) 등이 성립하지 아니하고, 박고소와

황금성 사이에 유효한 계약이 성립하지 아니하는 이상 박고소에게 재산상의 손해 또는 손해발생의 위험이 있다고 할 수도 없습니다.

따라서 박고소에 대한 배임죄 역시 성립하지 아니합니다.

다. 황금성에 대한 사기죄 성립 여부

피고인은 황금성에게 위조된 차용증을 행사하면서 위임 범위에 관해 거짓말을 하여 황금성으로부터 5억 5,000만 원을 송금 받았습니다. 황금성은 피고인이 아닌 박고소를 채무자로 생각하고 돈을 빌려준 것이므로(기록 제21쪽 황금성의 법정진술 참조), 피고인이 개인적인 용도로 위 금원을 사용하려 한 것을 알았더라면 금원을 대여하지 않았을 것입니다.

따라서 이 부분 공소사실에 대해서는 황금성을 피해자로 하는 사기죄가 성립하고, 그 편취금액이 5억 5천만 원으로 5억 원 이상이므로 형법상 단순사기죄가 아닌 특정경제범죄가중처벌등에관한법률위반(사기)죄가 성립합니다.

다만 단순사기죄로 공소가 제기된 피고인을 공소장변경 없이 특정경제범죄가중처벌등에관한법률위반(사기)죄로 처벌하는 것은 피고인에게 실질적으로 불이익한 것으로서 허용되지 아니합니다.

결국 이에 대해서는 피해자를 황금성으로, 죄명을 특정경제범죄가중처벌등에관한법률위반(사기)죄로 변경하는 검사의 공소장변경신청이 예상됩니다.[07]*

[07] [작성요령]에서 '재판장의 석명사항에 대한 검사의 향후 소송대응 및 법원의 판단을 염두에 두고 작성할 것'이라고 하였으므로 위와 같이 소결론을 기재한다.

* [1] 공소사실의 동일성을 해하지 않고 피고인의 방어권 행사에 실질적인 불이익을 주지 않는 한, 공소장변경의 절차 없이 공소장에서 적시된 피해자와 다른 피해자를 인정하여 피고인에 대한 범죄사실을 유죄로 인정하였다 하여도 불고불리의 원칙에 위배한 위법이 있다고 할 수 없다. [2] 공소사실의 사기피해자와 인정된 범죄사실의 사기피해자가 일부 다르지만 기본적 사실에 있어서 차이가 없으므로 불고불리의 원칙에 위배되지 않는다고 한 사례(대법원 1992. 10. 23. 선고 92도1983 판결).

III. 폭력행위등처벌에관한법률위반(집단·흉기등협박)의 점[08]

1. 흉기 기타 위험한 물건의 휴대 인정 여부

판례는 폭력행위 등 처벌에 관한 법률 제3조 제1항에서 정하는 '흉기 기타 위험한 물건을 휴대하여 그 죄를 범한 자'란 범행현장에서 '사용하려는 의도' 아래 흉기 기타 위험한 물건을 소지하거나 몸에 지니는 경우를 가리키는 것이고, 그 범행과는 전혀 무관하게 우연히 이를 소지하게 된 경우까지를 포함하는 것은 아니라는 입장입니다.**

[08] 2016. 1. 6. 법률 개정으로 인하여 폭력행위 등 처벌에 관한 법률 제3조 제1항이 삭제되었다. 따라서 흉기를 휴대하여 협박한 경우 형법 제284조의 특수협박죄가 성립하게 되나, 본 해설에서는 구법에 따라 답안을 구성하였다.

** 폭력행위 등 처벌에 관한 법률의 목적과 그 제3조 제1항의 규정 취지에 비추어 보면, 같은 법 제3조 제1항 소정의 '흉기 기타 위험한 물건을 휴대하여 그 죄를 범한 자'란 범행현장에서 '사용하려는 의도' 아래 흉기 기타 위험한 물건을 소지하거나 몸에 지니는 경우를 가리키는 것이고, 그 범행과는 전혀 무관하게 우연히 이를 소지하게 된 경우까지를 포함하는 것은 아니라 할 것이나, 범행 현장에서 범행에 사용하려는 의도 아래 흉기 등 위험한 물건을 소지하거나 몸에 지닌 이상 그 사실을

> 피해자가 인식하거나 실제로 범행에 사용하였을 것까지 요구되는 것은 아니라 할 것이다(대법원 2007. 3. 30. 선고 2007도914 판결).

피고인은 범행 당시 낡은 등산용 칼을 버리기 위하여 배낭에 넣어 가지고 나왔을 뿐, 위 칼을 피해자 박고소에 대한 협박에 사용할 의도가 없었을 뿐만 아니라, 위 협박 당시 자신이 칼을 소지하고 있다는 사실조차 인식하지 못했습니다. 또한 피해자 역시 협박 당시에는 피고인이 등산용 칼을 소지하였다는 사실을 전혀 알지 못했고, 범행 후 피고인이 버리고 간 배낭에서 위 칼을 발견했을 뿐입니다(기록 제34쪽 진술조서 참조).

결국 이 부분 공소사실은 범죄의 증명이 없어 형사소송법 제325조 후단에 의하여 무죄판결이 선고되어야 합니다.

2. 축소사실 협박죄에 대하여

피고인이 위험한 물건을 휴대하지는 않았으나 박고소를 협박한 사실 자체는 인정하고 있으므로 이에 대해서는 형법 제283조 제1항의 협박죄가 성립할 수 있고, 이러한 축소사실에 대해 법원은 공소장변경 없이도 직권으로 인정할 수 있습니다.

그러나 위 협박죄는 공소시효가 5년이고(형사소송법 제249조 제1항 제5호), 이 사건 공소는 범행일인 2009. 2. 3.로부터 5년이 경과된 후인 2014. 10. 17. 제기되었음이 기록상 명백합니다.

결국 이 부분 공소사실에 대해서는 공소시효가 완성되었으므로 형사소송법 제326조 제3호에 의해 면소판결이 선고되어야 합니다.

Ⅳ. 명예훼손의 점

1. 주위적 공소사실 - 명예훼손죄[09]

[09] 공소장변경을 통해 예비적으로 추가된 모욕죄까지 고려하여 목차를 구성하여야 한다.

명예훼손죄는 공연히 사실을 적시하여 사람의 명예를 훼손하여야 성립하는 범죄이고(형법 제307조 제1항), 이를 위해서는 특정인의 사회적 가치 내지 평가의 침해가 있을 정도로 구체적인 사실을 적시하여야 합니다.

피고인이 피해자 김갑동에게 한 "이 나쁜 새끼, 거짓말쟁이"라고 한 것은 사실의 적시가 아니라 추상적 가치판단이나 경멸적 언사로서 욕설에 불과합니다.

결국 이 부분 공소사실은 죄가 되지 아니하므로 형사소송법 제325조 전단에 의해 무죄가 선고되어야 합니다.

2. 예비적 공소사실 - 모욕죄

피고인이 피해자에게 욕설을 한 사실은 인정되므로 이에 대해서는 형법 제311조의 모욕죄 성립이 가능합니다. 그러나 모욕죄는 친고죄에 해당하고(제312조 제1항) 본 건 모욕죄에 대한 고소는 2014. 10. 17. 공소제기 이 후인 2014. 12. 18.에 있었습니다(기록 제49쪽 고소장 참조).

[09] 고소 자체는 기록상 존재하므로, 고소의 추완이 허용되지 않는다는 내용을 간단히 검토하였다.

고소의 추완을 허용하지 아니하는 판례의 입장에 의하면[09]* 이 부분 공소제기는 공소제기 절차가 법률의 규정에 위반하여 무효인 때에 해당하므로 형사소송법 제327조 제2호에 의해 공소기각의 판결이 선고되어야 합니다.

> * 강간죄는 친고죄로서 피해자의 고소가 있어야 죄를 논할 수 있고 기소 이후의 고소의 추완은 허용되지 아니한다 할 것이며 이는 비친고죄인 강간치사죄로 기소되었다가 친고죄인 강간죄로 공소장이 변경되는 경우에도 동일하다 할것이니, 강간치사죄의 공소사실을 강간죄로 변경한 후에 이르러 비로소 피해자의 부가 고소장을 제출한 경우에는 강간죄의 공소 제기절차는 법률의 규정에 위반하여 무효인때에 해당한다(대법원 1982. 9. 14. 선고 82도1504 판결).

2015. 1. 6.

담당변호사 이사랑 ㊞

2016년 제5회
변호사시험 형사법 기록형

2016년도 제5회 변호사시험 문제

| 시험과목 | 형사법(기록형) |

응시자 준수사항

1. 시험 시작 전 문제지의 봉인을 손상하는 경우, 봉인을 손상하지 않더라도 문제지를 들추는 행위 등으로 문제 내용을 미리 보는 경우 그 답안은 영점으로 처리됩니다.

2. 답안은 흑색 또는 청색 필기구(사인펜이나 연필 사용 금지) 중 한 가지 필기구만을 사용하여 답안 작성란(흰색 부분) 안에 기재하여야 합니다.

3. 답안지에 성명과 수험번호 등을 기재하지 않아 인적사항이 확인되지 않는 경우에는 영점으로 처리되는 등 불이익을 받게 됩니다. 특히 답안지를 바꾸어 다시 작성하는 경우, 성명 등의 기재를 빠뜨리지 않도록 유의하여야 합니다.

4. 답안지에는 문제 내용을 쓸 필요가 없으며, 답안 이외의 사항을 기재하거나 밑줄 기타 어떠한 표시도 하여서는 안 됩니다. 답안을 정정할 경우에는 두 줄로 긋고 다시 써야 하며, 수정액 등은 사용할 수 없습니다.

5. 시험 종료 시각에 임박하여 답안지를 교체했더라도 시험 시간이 끝나면 그 즉시 새로 작성한 답안지를 회수합니다.

6. 시험 시간이 지난 후에는 답안지를 일절 작성할 수 없습니다. 이를 위반하여 **시험 시간이 종료되었음에도 불구하고 계속 답안을 작성할 경우 그 답안은 영점으로 처리됩니다.**

7. 답안은 답안지의 쪽수 번호 순으로 써야 합니다. **배부된 답안지는 백지 답안이라도 모두 제출하여야 하며, 답안지를 제출하지 아니한 경우 그 시간 시험과 나머지 시험에 응시할 수 없습니다.**

8. 지정된 시각까지 지정된 시험실에 입실하지 않거나 시험관리관의 승인 없이 시험 시간 중에 시험실에서 퇴실한 경우, 그 시간 시험과 나머지 시간의 시험에 응시할 수 없습니다.

9. 시험 시간 중에는 어떠한 경우에도 문제지를 시험실 밖으로 가지고 갈 수 없고, 그 시험 시간이 끝난 후에는 문제지를 시험장 밖으로 가지고 갈 수 있습니다.

[01] 가장 먼저 작성하여야 할 서면의 종류를 확인한다. 구체적으로 '누가' '누구에게' 제출하는 서면인지를 확인하여야 한다. 이에 따라 답안에서 사용할 어투뿐만 아니라 검토하여야 할 쟁점까지 달리하게 된다.

검토의견서는 변호인이 회사 내부적으로 대표변호사에게 보고하는 서면이므로 경어체를 사용하거나 '~할 것임'이라는 방식으로 답안을 작성하여야 하고, 피고인에게 유리한 내용뿐만 아니라 불리한 내용에 대하여도 객관적 입장에서 검토하여야 한다.

변론요지서는 경어체를 사용하여야 하고, 피고인에게 가장 유리한 결론으로 쟁점을 검토하여야 한다.

[02] 기록 답안은 판례의 태도를 기준으로 답안을 작성함을 원칙으로 한다. 사례형 답안과 달리 견해 대립이나 일반론을 기재할 필요 없이 판례 결론에 따른 사안검토 위주로 작성한다.

판례의 태도에 반하는 견해를 바탕으로 피고인에 대한 무죄 등을 주장하는 예외적인 경우에는 판례 태도부터 적시한 후 변론내용을 기재하도록 한다.

[03] 재판장의 석명사항은 새로운 쟁점을 추가하는 것이 아니라, 문제의 난이도를 낮추기 위한 출제자의 배려임을 명심해야 한다. 석명사항과 관련된 쟁점은 답안에서 절대 누락하여서는 아니 된다.

[04] 기재가 생략된 증거라도 필요한 경우에는 인정사실에 대한 근거로서 거시하여야 한다.

【문 제】

피고인 김갑동에 대해서는 법무법인 명변 담당변호사 김변호가 객관적인 입장에서 대표변호사에게 보고할 검토의견서를, 피고인 이을남에 대해서는 변호사 이변론의 입장에서 변론요지서를 작성하되, 다음 쪽 검토의견서 및 변론요지서 양식 중 **본문 I, II 부분**만 작성하시오.

【작성 요령】

1. 학설·판례 등의 견해가 대립되는 경우, 한 견해를 취할 것. 단, 대법원 판례와 다른 견해를 취하여 의견을 제시하고자 하는 경우에는 대법원 판례의 취지를 적시할 것.
2. 증거능력이 없는 증거는 실제 소송에서는 증거로 채택되지 않아 증거조사가 진행되지 않지만, 이 문제에서는 시험의 편의상 증거로 채택되어 증거조사가 진행된 것을 전제하였음. 따라서 필요한 경우 증거능력에 대하여도 논할 것.
3. 검토의견서에서는 제2회 공판기일에 이루어진 재판장의 석명사항에 대한 쟁점도 반영하여 작성할 것.

【주의 사항】

1. 쪽 번호는 편의상 연속되는 번호를 붙였음.
2. 조서, 기타 서류에는 필요한 서명, 날인, 무인, 간인, 정정인이 있는 것으로 볼 것.
3. 증거목록, 공판기록 또는 증거기록 중 '생략'이라고 표시된 부분에는 법에 따른 절차가 진행되어 그에 따라 적절한 기재가 있는 것으로 볼 것.
4. 공판기록과 증거기록에 첨부하여야 할 일부 서류 중 '생략' 표시가 있는 것, '증인선서서'와 수사기관의 조서에 첨부하여야 할 '수사과정확인서'는 적법하게 존재하는 것으로 볼 것.
5. 송달이나 접수, 통지, 결재가 필요한 서류는 모두 적법한 절차를 거친 것으로 볼 것.

【검토의견서 양식】

검토의견서 (45점)

사 건 2015고합1223 특정경제범죄가중처벌등에관한법률위반(사기) 등
피고인 김갑동

Ⅰ. 피고인 김갑동에 대하여
 1. 사문서위조, 위조사문서행사의 점
 2. 특정경제범죄가중처벌등에관한법률위반(사기)의 점
 3. 변호사법위반의 점
 4. 절도의 점
 5. 범인도피교사의 점
※ 평가제외사항 – 공소사실의 요지, 정상관계 (답안지에 기재하지 말 것)

2016. 1. 5.
담당변호사 김변호 ㊞

【변론요지서 양식】

변론요지서 (55점)

사 건 2015고합1223 특정경제범죄가중처벌등에관한법률위반(사기) 등
피고인 이을남

위 사건에 관하여 피고인 이을남의 변호인 변호사 이변론은 다음과 같이 변론합니다.

다 음

Ⅱ. 피고인 이을남에 대하여
 1. 사문서위조, 위조사문서행사, 공전자기록등불실기재, 불실기재공전자기록등행사, 사기의 점
 2. 범인도피의 점
※ 평가제외사항 – 공소사실의 요지, 정상관계 (답안지에 기재하지 말 것)

2016. 1. 5.
피고인 이을남의 변호인 변호사 이변론 ㊞

서울중앙지방법원 제23형사부 귀중

---

[05] 양식에서 주어진 답안 목차 그대로 답안을 작성한다. 특히 정상관계 등 평가제외사항에 대해서는 답안에서 언급하지 않음은 물론 기록을 읽는 과정에서도 관련 내용을 가볍게 읽고 넘어가야 한다.

메모 작성시 양식의 목차와 공소장의 공소사실 기재 등을 참고하여 메모의 피고인과 죄명란을 기재한다.

[06] 본 문제에서는 검토의견서에서는 법률판단쟁점을 위주로, 변론요지서에서는 사실인정쟁점을 위주로 작성하도록 출제되었다.

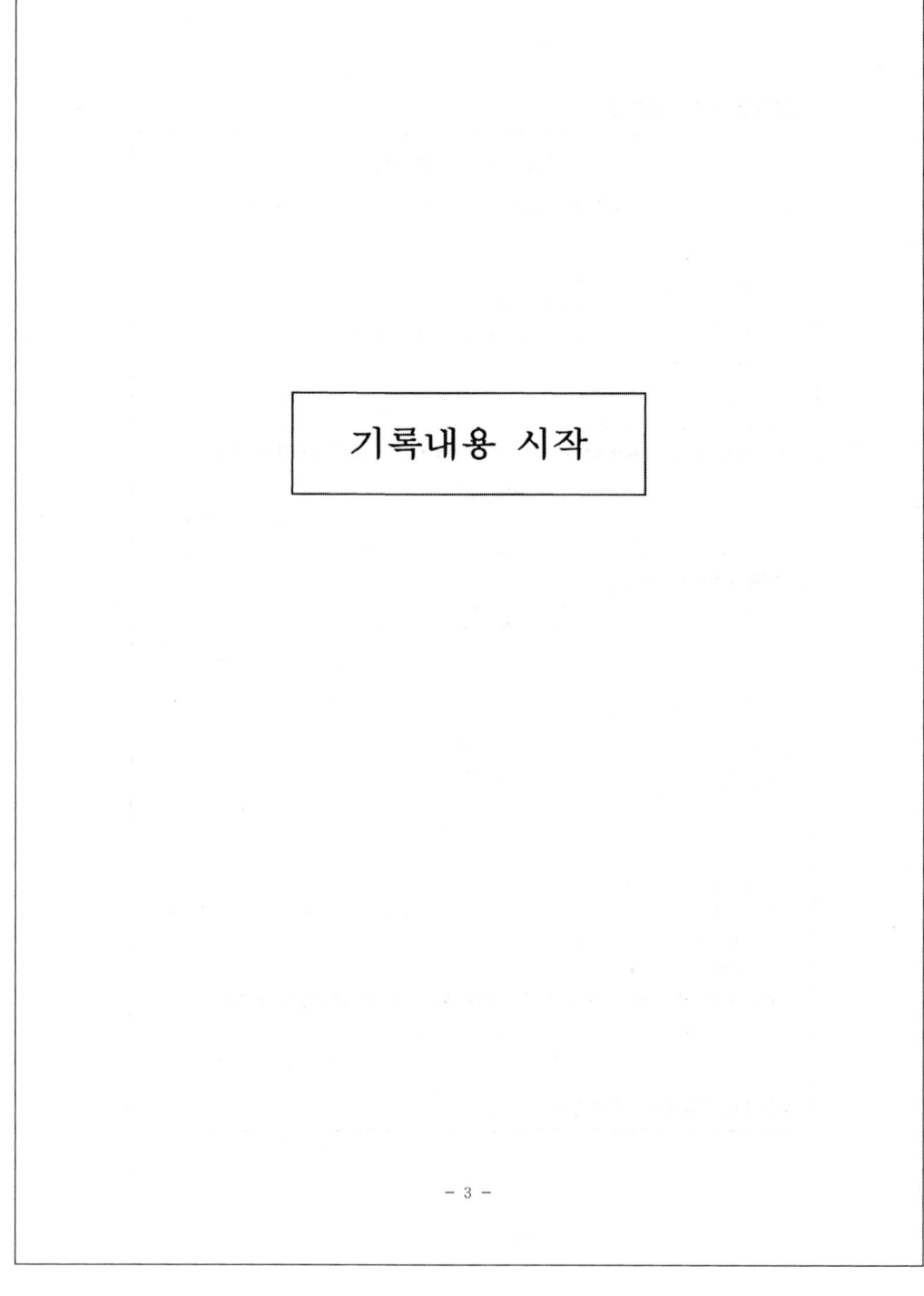

					구속만료		미결구금	

서울중앙지방법원

구공판 **형사제1심소송기록**

기일 1회기일	사건번호	2015고합1223	담임	제23부	주심	다
12/4 A10 12/18 P3	사건명	가. 특정경제범죄가중처벌등에관한법률위반(사기) 나. 사문서위조 다. 위조사문서행사 라. 공전자기록등불실기재 마. 불실기재공전자기록등행사 바. 사기 사. 변호사법위반 아. 절도 자. 범인도피교사 차. 범인도피				
	검 사	성수연		2015형제151223호		
	피고인	1. 가.나.다.라.마.바.사.아.자. **김갑동** 2. 가.나.다.라.마.바.차. **이을남**				
	공소제기일	2015. 10. 16.				
	변호인	사선 법무법인 명변 담당변호사 김변호(피고인 김갑동) 사선 변호사 이변론(피고인 이을남)				

확 정	
보존종기	
종결구분	
보 존	

완결 공람	담 임	과 장	국 장	주심 판사	재판장	원장

[07] 기록표지에서는 공소제기일 정도만 체크하면 충분하다.
추가적으로 왼쪽 상단에서 기일이 몇 번 열렸는지(시험에서는 2회가 일반적이다), 구속된 피고인이 있는지(구속된 피고인에 대해서는 피고인란에 '구속'이라는 박스표시가 붙는다) 등을 가볍게 확인할 수 있다.

[08] 체크할 내용이 없는 서면은 보지 않고 빠르게 넘기도록 한다.

접 수 공 람	과 장 ㊞	국 장 ㊞	원 장 ㊞

공 판 준 비 절 차

회 부 수명법관 지정 일자	수명법관 이름	재 판 장	비 고

법정외에서 지정하는 기일

기일의 종류	일 시	재 판 장	비 고
1회 공판기일	2015. 12. 4. 10:00	㊞	

- 5 -

서울중앙지방법원

목 록

문 서 명 칭	장 수	비 고
증거목록	7	검사
공소장	11	
변호인선임서	(생략)	피고인 김갑동
변호인선임서	(생략)	피고인 이을남
영수증(공소장부본 등)	(생략)	피고인 김갑동
영수증(공소장부본 등)	(생략)	피고인 이을남
영수증(공판기일통지서)	(생략)	변호사 김변호
영수증(공판기일통지서)	(생략)	변호사 이변론
국민참여재판 의사 확인서(불희망)	(생략)	피고인 김갑동
국민참여재판 의사 확인서(불희망)	(생략)	피고인 이을남
의견서	(생략)	피고인 김갑동
의견서	(생략)	피고인 이을남
공판조서(제1회)	15	
공판조서(제2회)	17	
증인신문조서	19	정고소
증인신문조서	20	한직원
증거신청서	21	변호사 이변론
통장사본	21	
증거신청서	22	변호사 김변호
약식명령등본	23	

[09] 가장 먼저 공소장변경허가 신청서가 있는지 체크한다. 허가신청이 있는 경우 그 다음 기일의 공판조서를 펼쳐 법원의 허가여부를 체크하여야 하고, 허가된 경우라면 공소장변경허가신청서를 펼쳐 변경된 공소사실을 확인하여야 한다. 공소사실이 변경된 경우 기존 공소장의 공소사실이 아닌 변경된 공소사실대로 기록을 읽고 메모를 시작하여야 한다.

그 다음 제1회 공판기일과 제2회 공판기일 사이에 제출된 증거가 있는지 확인한다. 공판단계에서 제출되는 합의서 등은 쟁점을 검토함에 있어 중요한 증거가 된다. 추가로 공판기일은 몇 차례 열렸는지 신청된 증인은 몇 명인지 등을 확인할 수도 있다.

[10] 약식명령등본이 등장하는 순간 제326조 제1호 면소판결 사유 검토가 쟁점이 됨을 예상할 수 있다.

[11] 증거목록에서는 검찰단계와 경찰단계를 구별하여 표시한 후, 각 증거에 대한 증거의견란을 체크한다(증거의견란에 X 표시된 부분을 체크하는 정도로 충분하다). 아직 공소장을 읽지 아니한 단계에서는 각 증거가 어떤 공소사실에 관련된 것인지 알 수 없으므로 형식적인 부분만 체크하도록 한다.

[12] 고소장이 제출된 경우 그 고소인에 대한 진술조서는 항상 이어서 등장한다.

[13] 진술조서에 대해 증거부동의하는 경우에는 그 참고인을 증인으로 신청하게 된다. 당해 참고인이 증인으로 출석하여 공판정에서 그 진술조서에 대한 진정성립을 인정하는 경우에는 진술조서의 증거능력이 인정된다.

[14] 사경 작성 피고인 이을남에 대한 피의자신문조서에 대해 피고인 이을남이 내용부인하고 있다. 내용부인 취지로 증거부동의하는 것이 아니라 직접적으로 내용을 부인하고 있음에 주의를 요한다.

[15] 사경 작성 피고인 김갑동에 대한 피의자신문조서(제2회)에 대해 피고인 이을남이 내용부인 취지로 증거부동의하고 있다. 직접 내용부인한 이을남에 대한 피의자신문조서와 구별하여야 한다.

증 거 목 록 (증거서류 등)

2015고합1223

2015형제151223호

① 김갑동
② 이을남
신청인 : 검사

순번	증거방법 작성	쪽수(수)	쪽수(증)	증거명칭	성명	참조사항등	신청기일	증거의견 기일	증거의견 내용	증거결정 기일	증거결정 내용	증거조사기일	비고
1	사경	26		고소장	정고소		1	1	① ○ ② ×				
2	〃	27		진술조서	정고소		1	1	① ○ ② ×				
3	〃	(생략)		부동산매매계약서 사본			1	1	① ○ ② ○				
4	〃	29		등기사항 전부증명서			1	1	① ○ ② ○				
5	〃	(생략)		소장사본	박갑수		1	1	① ○ ② ○				
6	〃	30		진술조서	박갑수		1	1	① ○ ② ○				
7	〃	31		소장사본	김갑동		1	1	① ○ ② ○				
8	〃	32		부동산매매계약서 사본		(생략)	1	1	① ○ ② ○	(생략)			
9	〃	33		피의자신문조서	김갑동		1	1	① ○ ② ○				
10	〃	35		피의자신문조서	이을남		1	1	② ○○○× ① ○				
11	〃	37		수사보고 (진술서 등 첨부)			1	1	① ○ ② ○				
12	〃	37		진술서	이을남		1	1	① ○				
13	〃	38		진술서	나부자		1	1	① ○ ② ○				
14	〃	38		자동차등록원부 등본			1	1	① ○ ② ○				
15	〃	(생략)		필적감정서			1	1	① ○ ② ○				
16	〃	39		피의자신문조서 (제2회)	김갑동		1	1	① ○ ② ×				

※ 증거의견 표시 - 피의자신문조서 : 인정 ○, 부인 ×
  (여러 개의 부호가 있는 경우, 적법성/성립/임의성/내용의 순서임)
  - 기타 증거서류 : 동의 ○, 부동의 ×
  - 진술이 특히 신빙할 수 있는 상태 하에서 행하여졌다는 점 부인 : "특신성 부인"(비고란 기재)
※ 증거결정 표시 : 채 ○, 부 ×
※ 증거조사 내용은 제시, 내용고지

- 7 -

증 거 목 록 (증거서류 등)
2015고합1223

① 김갑동
② 이을남

2015형제151223호
신청인 : 검사

순번	증거방법				참조사항 등	신청기일	증거의견		증거결정		증거조사기일	비고
	작성	쪽수(수)	쪽수(증)	증거명칭	성명			기일	내용	기일	내용	
17	사경	41		피의자신문조서(제2회)	이을남		1	1	② ○ ① ○			
18	〃	43		고소장	왕근심		1	1	① ○ ② ○			
19	〃	44		피의자신문조서(제3회)	김갑동		1	1	① ○ ② ×			
20	〃	(생략)		조회회보서	김갑동		1	1	① ○ ② ○			
21	〃	(생략)		조회회보서	이을남		1	1	① ○ ② ○			
22	검사	46		피의자신문조서(대질)	김갑동 이을남		1	1	① ○ ② × ② ○ ① ○			
23	〃	(생략)		부동산감정서		(생략)	1	1	① ○ ② ○	(생략)		
24	〃	(생략)		수사보고			1	1	① ○ ② ○			
25	〃	(생략)		가족관계증명서			1	1	① ○ ② ○			
26	〃	(생략)		가족관계증명서			1	1	① ○ ② ○			
27	〃	(생략)		판결문			1	1	① ○ ② ○			
28	〃	(생략)		판결확정증명			1	1	① ○ ② ○			
29	〃	(생략)		제적등본			1	1	① ○ ② ○			

※ 증거의견 표시 - 피의자신문조서 : 인정 ○, 부인 ×
  (여러 개의 부호가 있는 경우, 적법성/성립/임의성/내용의 순서임)
  - 기타 증거서류 : 동의 ○, 부동의 ×
  - 진술이 특히 신빙할 수 있는 상태 하에서 행하여졌다는 점 부인 : "특신성 부인"(비고란 기재)
※ 증거결정 표시 : 채 ○, 부 ×
※ 증거조사 내용은 제시, 내용고지

[16] 사경 작성 김갑동에 대한 피의자신문조서(제3회)에 대해서도 피고인 이을남이 내용부인 취지로 증거부동의하고 있다.

[17] 대질신문조서의 경우 그 신문의 대상인 피고인들이 자신의 진술부분과 상대방의 진술부분을 구별하여 각각 증거동의를 한다. 검사 작성 김갑동에 대한 피의자신문조서에 대해 피고인 이을남이 증거부동의하고 있으나, 김갑동이 그 조서의 진정성립을 인정하고 있고, 공판단계에서 김갑동에 대한 반대신문권도 보장되었으므로 그 조서의 증거능력은 인정된다 (형사소송법 제312조 제4항).

[18] 서류에 대한 증거목록 다음에는 증인과 물건에 대한 증거목록이 등장한다. 아직 공소장을 읽지 아니한 단계에서는 각 증인이 어떤 공소사실에 관련된 것인지 알 수 없으므로 간단히 실시여부만 체크하도록 한다. 철회되었거나 미실시된 증인이 존재하는 경우 해당 내용은 증거조사기일란에 표시된다.

증 거 목 록 (증인 등)

2015고합1223

① 김갑동
② 이을남

2015형제151223호 신청인 : 검사

증거방법	쪽수(공)	입증취지 등	신청기일	증거결정 기일	증거결정 내용	증거조사기일	비고
증인 정고소	19	공소사실 1항	1	1	○	2015. 12. 18. 15:00 (실시)	
증인 한직원	20	〃	1	1	○	〃	

※ 증거결정 표시 : 채 ○, 부 ×

- 9 -

[19] 검사가 제출한 증거목록 다음에 피의자측이 제출한 증거목록이 등장한다. 피의자측이 제출한 증거는 쟁점 검토에 있어서 중요한 증거가 됨이 일반적이다.

증거목록 (증거서류 등)
2015고합1223

2015형제151223호

① 김갑동
② 이을남

신청인 : 피고인 및 변호인

순번	증거방법					참조사항등	신청기일	증거의견		증거결정		증거조사기일	비고
	작성	쪽수(수)	쪽수(공)	증거명칭	성명			기일	내용	기일	내용		
1			21	통장사본				2	2 ○				②신청
2			23	약식명령등본				2	2 ○				①신청
						(생략)				(생략)			

※ 증거의견 표시 - 피의자신문조서 : 인정 ○, 부인 ×
  (여러 개의 부호가 있는 경우, 적법성/성립/임의성/내용의 순서임)
  - 기타 증거서류 : 동의 ○, 부동의 ×
  - 진술이 특히 신빙할 수 있는 상태 하에서 행하여졌다는 점 부인 : "특신성 부인"(비고란 기재)
※ 증거결정 표시 : 채 ○, 부 ×
※ 증거조사 내용은 제시, 내용고지

- 10 -

[20] 공소장은 공판조서와 함께 기록의 핵심이다.
공소장에서 Ⅰ. 피고인 관련사항과 Ⅲ. 첨부서류는 보지 않아도 무방하고, Ⅱ. 공소사실을 꼼꼼하게 읽도록 한다.

[21] Ⅰ. 피고인 관련사항에서는 적용법조에서 공범관계나 죄수와 관련된 규정을 추가적으로 확인할 수 있다.
형법 제30조를 통해 피고인 김갑동과 이을남이 공동정범 관계에 있음을 알 수 있고, 형법 제37조·제38조를 통해 김갑동이 범한 범죄들을 검사가 실체적 경합관계에 있다고 판단하여 기소하였음을 알 수 있다.
문제에서 죄수관계 등이 쟁점으로 등장하는 경우에는 적용법조 부분을 체크할 필요가 있다.

서 울 중 앙 지 방 검 찰 청

2015. 10. 16.

사건번호 2015년 형제151223호
수 신 자 서울중앙지방법원   발 신 자
                              검   사   성수연 성수연 (인)

제 목   공소장
        아래와 같이 공소를 제기합니다.

Ⅰ. 피고인 관련사항

1. 피 고 인 김갑동 (70****-1******), 45세
   직업 부동산중개업, 010-****-****
   주거 서울 서초구 법원로2길 1, 3동 101호(서초동, 무지개아파트)
   등록기준지 대구 북구 산격동 500

   죄   명 특정경제범죄가중처벌등에관한법률위반(사기), 사문서위조, 위조사문서행사, 공전자기록등불실기재, 불실기재공전자기록등행사, 사기, 변호사법위반, 절도, 범인도피교사

   적용법조 특정경제범죄 가중처벌 등에 관한 법률 제3조 제1항 제2호, 형법 제347조 제1항, 제231조, 제234조, 제228조 제1항, 제229조, 제329조, 제151조 제1항, 변호사법 제111조 제1항, 제116조, 형법 제30조, 제31조 제1항, 제37조, 제38조.

   구속여부 불구속
   변 호 인 법무법인 명변, 담당변호사 김변호

2. 피 고 인 이을남 (74****-1******), 41세
   직업 무직, 010-****-****
   주거 서울 중구 남대문시장8길 222
   등록기준지 서울 도봉구 쌍문동 88

   죄   명 특정경제범죄가중처벌등에관한법률위반(사기), 사문서위조, 위조사문서행사, 공전자기록등불실기재, 불실기재공전자기록등행사, 사기, 범인도피

1223

- 11 -

적용법조   특정경제범죄 가중처벌 등에 관한 법률 제3조 제1항 제2호, 형법
          제347조 제1항, 제231조, 제234조, 제228조 제1항, 제229조, 제151조
          제1항, 제30조, 제37조, 제38조.
구속여부   불구속
변 호 인   변호사 이변론

II. 공소사실

1. 피고인들의 공동범행

가. 사문서위조, 위조사문서행사

피고인들은 사실은 망 박병서(2014. 3. 1. 사망)의 생전에 그로부터 박병서 소유의 과천시 중앙동 100 대지 2,015㎡(이하 '이 사건 대지'라 한다)를 매수한 사실이 없음에도 불구하고 이 사건 대지의 소유권을 취득하기 위해 박병서 명의의 문서를 위조·행사하기로 공모하여, 2014. 5. 7. 19:00경 서울 종로구 종로5길 15에 있는 피고인 김갑동 운영의 갑동부동산 사무실에서 행사할 목적으로 권한 없이 '2014. 2. 25. 박병서가 김갑동에게 이 사건 대지를 매도한다'는 취지의 매매계약서를 작성하고 말미에 박병서의 서명·날인을 함으로써 권리의무에 관한 사문서인 박병서 명의의 부동산매매계약서 1장을 위조하고, 2014. 5. 8. 서울중앙지방법원에서 그 위조사실을 모르는 법원공무원에게 원고 김갑동, 피고 박병서로 하는 위 대지에 대한 소유권이전등기를 청구하는 소장을 제출하면서 위와 같이 위조한 부동산매매계약서를 첨부, 제출함으로써 이를 행사하였다.

나. 특정경제범죄가중처벌등에관한법률위반(사기)

피고인들은 공모하여, 피고인 김갑동은 2014. 5. 8. 서울중앙지방법원에서 위와 같이 위조한 박병서 명의의 부동산매매계약서를 첨부한 소장을 제출하면서 피고 박병서의 주소에 피고인 이을남의 주소를 기재하고, 피고인 이을남은 마치 자신이 박병서인 것처럼 자신의 집으로 소장 부본을 송달받는 방법으로 법원을 기망하여 2014. 8. 13. 이에 속은 법원 담당재판부로부터 피고인 김갑동 앞으로 이 사건 대지에 대한 소유권이전등기를 명하는 승소 판결을 받았다.

이로써 피고인들은 공모하여 피해자 박갑수 소유의 이 사건 대지 시가 5억 원 상당을 편취하였다.

[22] 공소사실은 주체·일시·장소·목적(대상)·행위 및 결과 등을 중심으로 꼼꼼하게 읽으면서 메모하도록 한다.
공소사실만으로 쟁점이나 그에 대한 결론을 알 수 있는 경우에는 해당 내용을 바로 메모하도록 한다.

[23] 피고인들의 소제기일자와 망 박병서의 사망일자를 체크하여야 한다. 공소사실 기재만으로 사자 명의의 문서위조 쟁점과 사자를 상대로 한 소송사기 쟁점과 결론을 확인할 수 있다. .

[24] 사기 등 재산범죄에서 편취금액 등은 습관적으로 체크하도록 한다. 그 금액에 따라 적용되는 법률이 달라질 수 있다.

다. 공전자기록등불실기재, 불실기재공전자기록등행사

피고인들은 공모하여, 피고인 이을남은 2014. 8. 18. 위와 같이 받은 승소판결을 마치 피고 박병서인 것처럼 송달받아 피고인 김갑동에게 전달하고, 피고인 김갑동은 2014. 9. 15. 수원지방법원 안양지원 과천등기소에서, 사실은 피고인 김갑동이 망 박병서로부터 이 사건 대지를 매수한 사실이 없음에도 불구하고 마치 매수한 것처럼 법원을 기망하여 받은 승소확정판결에 기하여 소유권이전등기 신청서류를 작성, 제출한 다음 그 사정을 모르는 등기공무원이 이 사건 대지의 소유권이전등기를 마치는 전산입력을 하도록 함으로써 공무원에게 허위신고를 하여 공전자기록에 불실의 사실을 기록하게 하고, 즉석에서 그 공전자기록을 비치하게 하여 이를 행사하였다.

라. 사기

피고인들은 이 사건 대지를 다른 사람에게 처분하여 매매대금을 편취하기로 공모하여, 피고인 이을남은 2014. 9. 20. 위 갑동부동산 사무실에서 친구인 피해자 정고소에게 이 사건 대지를 시세보다 저렴하게 매수할 수 있다며 피고인 김갑동을 소개해 주고, 피고인 김갑동은 피해자에게 마치 이 사건 대지를 박병서로부터 정상적으로 매수하여 소유권을 취득한 것처럼 거짓말하여 이에 속은 피해자로부터 즉석에서 계약금 4,000만 원을, 2014. 9. 24. 중도금 1억 6,000만 원을, 2014. 9. 30. 잔금 2억 원을 각각 교부받아 피해자로부터 매매대금 명목으로 합계 4억 원을 편취하였다.

2. 피고인 김갑동

가. 변호사법위반

피고인은 2013. 5. 7. 14:00경 서울 양천구 목동동로 135에 있는 목동빌라 302호 왕근심의 집에서 왕근심의 아들이 사기 혐의로 검찰수사를 받고 있다는 사실을 알게 되자 피고인이 마치 담당검사에게 청탁하여 선처할 수 있는 것처럼 말하고 왕근심으로부터 청탁에 필요한 돈으로 현금 500만 원을 교부받았다.

이로써 피고인은 공무원이 취급하는 사건에 관하여 청탁을 한다는 명목으로 금품을 받았다.

- 13 -

나. 절도

피고인은 2015. 3. 1. 22:20경 서울 종로구 종로5길 16에 있는 반줄커피숍 앞에서, 별거 중인 피고인의 처인 피해자 나부자 소유의 01다2323호 포르쉐 승용차(시가 1억 3,000만원 상당)에 차열쇠가 꽂힌 채 주차된 것을 발견하고 몰래 운전하여 가 이를 절취하였다.

다. 범인도피교사

피고인은 2015. 3. 1. 23:00경 서울 서초구 법원로2길 1, 3동 101호에 있는 피고인의 집에서, 위와 같이 포르쉐 승용차를 절취한 사실을 은폐하고자 이을남에게 전화하여 그가 승용차를 절취하였다고 자수해 달라고 말하여 허위자백할 것을 마음먹게 하였다. 그리하여 이을남은 2015. 3. 2. 09:00경 서울서초경찰서에 자수하여 자신이 위 포르쉐 승용차를 절취하였다는 취지로 허위로 진술하였다.

이로써 피고인은 이을남으로 하여금 벌금 이상의 형에 해당하는 죄를 범한 자를 도피하게 하도록 교사하였다.

3. 피고인 이을남

피고인은 2015. 3. 2. 09:00경 서울서초경찰서에서 사실은 김갑동이 위와 같이 나부자 소유의 포르쉐 승용차를 절취하였음에도 불구하고 마치 피고인이 절취한 것처럼 경찰서에 자수하여 허위로 진술함으로써 벌금 이상의 형에 해당하는 죄를 범한 김갑동을 도피하게 하였다.

III. 첨부서류

1. 변호인선임서 2통 (생략)

---

[27] 별거 중이나 아직 법률상 배우자인 처의 자동차를 절취하였으므로 친족상도례가 적용되는 사안임을 알 수 있다.

[28] 피고인 김갑동의 절도죄에 대하여 친족상도례가 적용되는 이상 김갑동은 형법 제151조 제1항에서 정하는 '죄를 범한 자'에 해당하지 아니한다. 따라서 피고인 이을남에 대해서는 범인도피죄가 성립하지 아니하고, 이를 교사한 피고인 김갑동에 대해서도 범인도피교사죄가 성립하지 아니한다.

[29] 공판조서는 공소장과 함께 기록의 핵심이다. 다만 제1회 공판조서의 첫 페이지는 읽지 않고 넘어가도 무방하다.

서 울 중 앙 지 방 법 원

공 판 조 서

제 1 회
사　　　건　　2015고합1223　특정경제범죄가중처벌등에관한법률위반(사기) 등
재판장 판사　최진훈　　　　　　　기　　일：　2015. 12. 4. 10:00
　　　　판사　김정환　　　　　　　장　　소：　　　제425호 법정
　　　　판사　류동영　　　　　　　공개 여부：　　　　　　공개
법원사무관　도혜광　　　　　　　　고 지 된
　　　　　　　　　　　　　　　　　다음기일：　2015. 12. 18. 15:00

피 고 인　　1. 김갑동　　2. 이을남　　　　　　　　각 출석
검　　사　　석보라　　　　　　　　　　　　　　　　출석
변 호 인　　법무법인 명변 담당변호사 김변호 (피고인 1을 위하여)　출석
　　　　　　변호사 이변론 (피고인 2를 위하여)　　　　　　출석

재판장
　　피고인들은 진술을 하지 아니하거나 각개의 물음에 대하여 진술을 거부할
　　수 있고, 이익되는 사실을 진술할 수 있음을 고지
재판장의 인정신문
　　성　　　명：　1. 김갑동　　2. 이을남
　　주민등록번호：　각 공소장 기재와 같음
　　직　　　업：　　　　〃
　　주　　　거：　　　　〃
　　등록기준지：　　　　〃
재판장
　　피고인들에 대하여
　　주소가 변경될 경우에는 이를 법원에 보고할 것을 명하고, 소재가 확인되지
　　않을 때에는 피고인들의 진술 없이 재판할 경우가 있음을 경고
검　사
　　공소장에 의하여 공소사실, 죄명, 적용법조 낭독

- 15 -

피고인 김갑동
    공소사실 모두 인정하나 1항은 이을남이 주도하였다고 진술
피고인 이을남
    매매계약서가 위조된 줄 몰랐고, 김갑동이 박병서의 과천시 대지를 실제로 매수한 것으로 믿고 김갑동과 정고소를 도와준 것이며, 공소사실 3항은 인정한다고 진술
피고인 김갑동의 변호인 변호사 김변호
    피고인 김갑동을 위하여 유리한 변론을 함. (변론기재는 생략).
피고인 이을남의 변호인 변호사 이변론
    피고인 이을남을 위하여 유리한 변론을 함. (변론기재는 생략).
재판장
    증거조사를 하겠다고 고지
증거관계 별지와 같음(검사, 변호인)
재판장
    각 증거조사 결과에 대하여 의견을 묻고 권리를 보호하는 데에 필요한 증거조사를 신청할 수 있음을 고지
소송관계인
    별 의견 없다고 각각 진술
재판장
    변론 속행

2015. 12. 4.

법 원 사 무 관   도혜광 ㊞

재판장 판 사   최진훈 ㊞

---

[30] 제1회 공판기일에서의 피고인의 공소사실에 대한 인부진술은 기록에서 가장 중요한 부분이다. 피고인의 공소사실 인정여부와 부인 또는 일부부인하는 경우 그 취지까지 함께 메모하도록 한다. 피고인의 공소사실 부인취지는 사실인정 쟁점에 대한 답안 기재시 '피고인 변소의 요지' 부분에 그대로 기재하여도 무방하다.
피고인이 인정하는 공소사실에 대해서는 법률판단 쟁점이 주로 문제되고, 부인하는 공소사실에 대해서는 사실인정 쟁점이 주로 문제된다.

[31] 실제 소송에서는 피고인이 인부진술을 한 후 피고인의 변호인이 다시 인부진술을 함이 원칙이다. 그러나 최근 변호사시험에서는 변호인의 진술부분이 생략되고 있다.

서울중앙지방법원

공 판 조 서

제 2 회

사 건	2015고합1223 특정경제범죄가중처벌등에관한법률위반(사기) 등	
재판장 판사 최진훈	기 일 :	2015. 12. 18. 15:00
판사 김정환	장 소 :	제425호 법정
판사 류동영	공개 여부 :	공개
법원사무관 도혜광	고 지 된	
	다음기일 :	2016. 1. 8. 15:00

피 고 인	1. 김갑동 2. 이을남	각 출석
검 사	석보라	출석
변 호 인	법무법인 명변 담당변호사 김변호 (피고인 1을 위하여)	출석
	변호사 이변론 (피고인 2를 위하여)	출석
증 인	정고소, 한직원	각 출석

재판장
    전회 공판심리에 관한 주요 사항의 요지를 공판조서에 의하여 고지
소송관계인
    변경할 점이나 이의할 점이 없다고 진술
재판장
    출석한 증인 정고소, 한직원을 별지와 같이 신문하다.
증거관계 별지와 같음(검사, 변호인)
재판장
    각 증거조사 결과에 대하여 의견을 묻고 권리를 보호하는 데에 필요한 증거
    조사를 신청할 수 있음을 고지
소송관계인
    별 의견 없으며, 달리 신청할 증거도 없다고 각각 진술
재판장
    증거조사를 마치고 피고인신문을 하겠다고 고지
검 사
    (검찰 피의자신문조서와 동일한 내용으로 피고인 김갑동 신문. 신문사항 생략)
피고인 김갑동의 변호인 변호사 김변호

[32] 제2회 공판조서에서는 가장 먼저 피고인이 기존에 진술한 내용 등을 변경하였거나 기존에 진행된 절차에 대해 이의를 제기하였는지 여부를 체크한다. 예컨대 피고인이 제1회 공판기일에서 부인한 공소사실에 대해 번의하여 인정하는 경우 제2회 공판조서 첫 부분에 해당 내용이 등장한다.

(피고인 김갑동에게 유리한 사항 신문. 신문사항 생략)
피고인 이을남의 변호인 변호사 이변론
피고인 김갑동에게
문 피고인은 과천시 대지를 이전받아 정고소에게 처분할 때 형편이 어떠했나요.
답 부동산 경기가 안 좋아 제 상가 세입자들이 갑자기 전출하고 새로운 세입자가 없어서 2억 정도 보증금을 급히 반환해주어야 했습니다.
문 피고인은 사망한 박병서와 평소 친분관계가 어떠하였나요.
답 제가 예전에 여러 건 중개를 해 준 적 있어서 친했습니다. 재산이 많은 노인이라 생각했는데 자식 이야기를 물어보면 대답이 없고 사망 후에 장례를 치러 주는 사람도 없어서 친인척 없는 독거노인으로 알았습니다.
문 독거노인이 죽자 무연고 재산을 가로채려고 피고인 주도로 범행한 것 아닌가요.
답 그렇다면 제가 이을남에게 큰 돈을 줄 이유가 없겠지요.
문 피고인은 이을남에게 5,000만 원을 준 증거가 있는가요.
답 오늘 증인으로 나온 한직원 말을 들어보아도 명백합니다.
검 사
(검찰 피의자신문조서와 동일한 내용으로 피고인 이을남 신문. 신문사항 생략)
피고인 이을남의 변호인 변호사 이변론
(피고인 이을남에게 유리한 사항 신문. 신문사항 생략)
피고인 김갑동의 변호인 변호사 김변호
피고인 이을남에게
문 피고인이 박병서 행세를 하면서 소장부본과 승소판결문을 송달받아 주었기 때문에 김갑동 앞으로 과천시 대지를 소유권이전등기할 수 있었던 것 아닌가요.
답 예. 하지만 김갑동을 너무 믿었던 것이 제 잘못입니다.
재판장
피고인신문을 마쳤음을 고지
검사에게
피고인 김갑동의 절도와 관련하여 포르쉐 승용차는 김갑동 명의로 등록되어 있는데 절도죄가 성립할 수 있는지 검토할 것을 명
재판장
변론 속행 (변론 준비를 위한 검사, 변호인들의 요청으로)

2015. 12. 18.

법 원 사 무 관   도혜광 ㊞
재판장 판 사   최진훈 ㊞

[33] 피고인신문은 대부분 쟁점과 직접 관련된 중요한 내용이므로 꼼꼼하게 읽어야 한다.

[34] 재판장의 석명사항은 쟁점에 대한 직접적인 힌트이므로 꼼꼼하게 읽어야 한다.
공소사실 기재만으로는 파악할 수 없었던 쟁점을 재판장의 석명사항을 통해 가르쳐주고 있다.

[35] 증인신문조서는 공판조서와 별개의 조서가 아니라, 공판조서의 일부에 불과하다.
증인신문조서에 등장하는 사실관계는 쟁점과 관련하여 중요한 내용이므로 꼼꼼하게 읽어야 한다.

서울중앙지방법원

증인신문조서 (제2회 공판조서의 일부)

사　　건　　2015고합1223　특정경제범죄가중처벌등에관한법률위반(사기) 등
증　　인　　이　름　　정고소
　　　　　　생년월일 및 주거 (생략)

재판장
　　증인에게 형사소송법 제148조 또는 제149조에 해당하는가의 여부를 물어 증인이 이에 해당하지 아니함을 인정하고, 위증의 벌을 경고한 후 별지 선서서와 같이 선서를 하게 하였다. 다음에 신문할 증인은 재정하지 아니하였다.

검사
문　(증거목록 순번 1, 2를 제시, 열람케 하고) 증인은 수사기관에서 사실대로 진술하고 진술한 대로 기재되어 있음을 확인한 다음 서명, 날인하였는가요.
답　예. 그렇습니다.
문　증인은 박갑수로부터 소송을 당한 후 김갑동에게 매매대금을 돌려달라고 따지면서 어떤 말을 들었는가요.
답　김갑동이 이미 돈을 다 써버렸고 그 중 5,000만 원은 이을남에게 나누어주었다고 하였습니다.
문　이을남에게도 확인하였나요.
답　예. 이을남도 돈을 받아 여자친구에게 주었다고 하였습니다.
문　그 때 이을남이 5,000만 원을 받았다고 하였나요.
답　얼마를 받았다고 했는지는 잘 기억나지 않지만, 올봄에 이을남이 김갑동으로부터 받은 돈이 있는데, 그 돈을 여자친구에게 주었다고 한 것은 기억납니다.

2015. 12. 18.

법원사무관　　도혜광 ㊞
재판장 판사　　최진훈 ㊞

- 19 -

[36] 정고소가 작성한 고소장과 정고소에 대한 진술조서에 대한 진정성립 인정 진술이다. 원진술자가 진정성립을 인정하는 이상 증거능력이 인정되므로 답안에서 그 증거능력에 대해 따로 언급할 필요는 없다.

[37] 피고인 이을남이 부인하는 공소사실에 대한 증거로서 피고인 아닌 자의 진술이 피고인 아닌 타인의 진술을 내용으로 하는 전문진술에 해당한다. 원진술자인 김갑동이 이 사건 법정에 출석하고 있는 이상 증거능력이 부정된다 (제316조 제2항). 답안 기재시 진술조서 전체가 아닌, 전문진술 부분만을 특정하여 증거능력을 부정하여야 한다.

[38] 피고인 이을남이 부인하는 공소사실에 대한 증거로서 피고인 아닌 자의 진술이 피고인의 진술을 내용으로 하는 전문진술에 해당한다. 이는 특신상태 요건을 갖추었음을 전제로 증거능력이 인정되는바, 특신상태에 대한 별도의 증명이 없으므로 증거능력이 부정된다는 판단이 가능하다.

서울중앙지방법원

증인신문조서 (제2회 공판조서의 일부)

사　　건　　2015고합1223　특정경제범죄가중처벌등에관한법률위반(사기) 등

증　　인　　이　　름　　　한직원

생년월일 및 주거 (생략)

재판장

증인에게 형사소송법 제148조 또는 제149조에 해당하는가의 여부를 물어 증인이 이에 해당하지 아니함을 인정하고, 위증의 벌을 경고한 후 별지 선서서와 같이 선서를 하게 하였다.

검사

문　증인은 피고인 김갑동과 어떤 사이인가요.

답　피고인 김갑동이 운영하는 갑동부동산의 중개보조원으로 근무하고 있습니다.

문　증인은 피고인 이을남을 아는가요.

답　예. 김갑동의 먼 친척 동생인데 사무실에 자주 찾아와서 압니다.

문　증인은 김갑동이 이을남에게 돈을 주는 것을 목격한 적이 있는가요.

답　예. 5,000만 원을 주는 것을 보았습니다.

문　어떤 방법으로 주었나요.

답　김갑동이 매매대금 수령 후 이을남에게 1,000만 원을 송금하라고 해서 제가 김갑동 계좌에서 이을남 계좌로 스마트뱅킹으로 송금했고, 김갑동이 사무실을 찾아온 이을남에게 현금으로 4,000만 원을 줬습니다.

피고인 이을남의 변호인 변호사 이변론

문　현금 4,000만 원을 어떻게 주었나요.

답　편지봉투 크기의 돈봉투 여러 개에 나누어 담아 주는 것을 보았습니다.

2015. 12. 18.

법 원 사 무 관　　도혜광 ㊞

재판장　판　사　　최진훈 ㊞

－ 20 －

[39] 한직원의 진술은 피고인 이을남에게 불리한 내용으로서 신빙성 탄핵의 대상이 된다.

[40] 한직원이 김갑동의 피고용자로서 객관적 지위의 증인이 아니라는 점은 한직원 진술의 신빙성을 탄핵할 수 있는 근거가 된다.

[41] 별다른 이유없이 현금 5천만 원 중 1천만 원만을 계좌이체하고 나머지를 현금으로 교부하였다는 점과 현금으로 교부한 4천만 원을 여러 개의 돈봉투에 나누어 담아 주었다는 점은 한직원 진술의 신빙성을 탄핵할 수 있는 근거가 된다.

[42] 증거신청서가 제출된 경우 제출일자 등만 확인한 후 바로 첨부된 증거의 내용을 확인한다.

증 거 신 청 서

사 건 2015고합1223 특정경제범죄가중처벌등에관한법률위반(사기) 등
피고인 이을남

위 사건에 관하여 피고인 이을남의 변호인은 피고인의 이익을 위하여 다음 증거서류를 증거로 신청합니다.

다 음

1. 통장사본 1부. 끝.

2015. 12. 18.

피고인 이을남의 변호인
변호사 이변론 ㊞

서울중앙지방법원 제23형사부 귀중

보 통 예 금 통 장

예금주	이 을 남		개설은행	국민은행 광화문지점
계좌번호	987-04-******		개설일자	2013-11-07

거래일시	출금	입금	잔액	비고
2014-09-20	50,000		2,100,000	ATM
2014-10-01		5,000,000	7,100,000	창구입금-이을남
2014-11-08	2,000,000		5,100,000	ATM
2014-12-10	1,000,000		4,100,000	BC카드
2015-01-10	100,000		4,000,000	SK텔레콤
2015-01-10	700,000		3,300,000	국민카드
2015-02-10	400,000		2,900,000	BC카드
2015-02-10	100,000		2,800,000	SK텔레콤
2015-03-01	500,000		2,300,000	ATM
2015-03-02		10,000,000	12,300,000	스마트뱅킹이체-김갑동
2015-03-02	10,000,000		2,300,000	여친병원비
2015-03-10	100,000		2,200,000	SK텔레콤

(이하 생략)

원본과 상이함이 없음을 확인합니다. 변호사 이변론 ㊞

[43] 김갑동으로부터 실제 1천만 원을 송금받았음을 확인할 수 있으나, 그 송금일자가 매수대금 잔금 수령일인 2014. 9. 30.로부터 약 5개월이나 경과한 2015. 3. 2.라는 사실 역시 확인할 수 있다.
김갑동으로부터 위 1천만 원을 송금받은 당일 바로 이을남이 여친 병원비 명목으로 그대로 출금한 사실 역시 확인할 수 있다.
피고인에게 불리한 진술의 신빙성을 탄핵할 수 있는 근거가 되는 내용 또는 피고인의 변소가 타당함을 뒷받침할 수 있는 내용들은 꼭 답안에 기재하도록 한다.

증 거 신 청 서

사 건 2015고합1223 특정경제범죄가중처벌등에관한법률위반(사기) 등

피고인 김갑동

위 사건에 관하여 피고인 김갑동의 변호인은 피고인의 이익을 위하여 다음 증거서류를 증거로 신청합니다.

다 음

1. 약식명령등본 1부. 끝.

2015. 12. 18.

피고인 김갑동의 변호인

변호사 김변호 ⑩

서울중앙지방법원 제23형사부 귀중

[44] 증거신청서가 제출된 경우 제출일자 등만 확인한 후 바로 첨부된 증거의 내용을 확인한다.

[45] 확정된 약식명령 또는 판결문 등본에서는 가장 먼저 발령일(선고일)과 확정일을 체크한다(확정일은 일반적으로 우측 상단에 위치한다). 확정일이 등본에 표시되어 있지 아니한 경우에는 수사보고서 등을 통하여 확정사실과 확정일자를 별도로 확인하여야 한다.

서 울 남 부 지 방 법 원
약 식 명 령

사　　건　　2015고약2127　　사기
피　고　인　　김갑동
　　　　　　(인적사항 생략)

> 2015. 12. 15. 확정
> 서울남부지방검찰청
> 검찰주사 이확정 ㊞

주 형 과　　피고인을 벌금 2,000,000(이백만)원에 처한다.
부수처분　　피고인이 위 벌금을 납입하지 않는 경우 금 100,000원을 1일로 환산한
　　　　　　기간 위 피고인을 노역장에 유치한다.
　　　　　　피고인에 대하여 위 벌금에 상당한 금액의 가납을 명한다.

범죄사실　　별지 기재와 같다.

적용법령　　형법 제347조 제1항, 형사소송법 제334조 제1항

검사 또는 피고인은 이 명령등본을 송달받은 날로부터 7일 이내에 정식재판을 청구할 수 있습니다.

2015. 10. 30.

판 사　김 정 봉

> 등본임.
> 2015. 12. 17.
> 서울남부지방검찰청
> 검찰주사 박주환 ㊞

(별지)

범 죄 사 실

피고인은 2013. 5. 7. 14:00경 서울 양천구 목동동로 135 목동빌라 302호 장봉구의 집에서, 아들 장사기가 서울남부지방검찰청에서 사기 혐의로 수사를 받고 있다는 사실을 알게 되자 사실은 피고인이 아는 검사도 없고 담당검사에게 청탁하여 선처를 요구할 의사나 능력이 없음에도 불구하고 장봉구의 처 피해자 왕근심에게 마치 피고인이 담당검사에게 청탁하여 장사기를 선처할 수 있는 것처럼 말하여 이에 속은 피해자로부터 현금 500만 원을 교부받아 이를 편취하였다.

- 23 -

[46] 확정된 약식명령의 기판력이 해당 공소사실에 미치는지 여부를 확인하기 위해서는 확정된 약식명령의 범죄사실과 해당 공소사실의 동일성이 인정되어야 한다. 이를 답안에서 검토할 경우 양 사실의 주체·일시·장소·목적(대상)·행위 및 결과 등을 구체적으로 비교하여야 한다.

[47] 수사기록표지 등은 읽지 않고 넘어가도 무방하다.
수사기록은 앞에서 읽었던 공판기록의 내용과 중복되는 부분은 간단히 확인만 하고, 새로운 내용이나 모순되는 내용 위주로 읽어야 한다.

제 1 책
제 1 권

서울중앙지방법원
증거서류등(검사)

사건번호	2015고합1223	담임	제23형사부	주심	다
	20 노		부		
	20 도		부		

사건명	가. 특정경제범죄가중처벌등에관한법률위반(사기) 나. 사문서위조 다. 위조사문서행사 라. 공전자기록등불실기재 마. 불실기재공전자기록등행사 바. 사기 사. 변호사법위반 아. 절도 자. 범인도피교사 차. 범인도피

검 사	성수연	2015년 형제151223호

피 고 인	1. 가.나.다.라.마.바.사.아.자. **김갑동** 2. 가.나.다.라.마.바.차. **이을남**

공소제기일	2015. 10. 16.		
1심 선고	20 . . .	항소	20 . . .
2심 선고	20 . . .	상고	20 . . .
확 정	20 . . .	보존	

- 24 -

			제 1 책
			제 1 권

구공판	서울중앙지방검찰청
	증 거 기 록

검 찰	사건번호	2015년 형제151223호	법원	사건번호	2015년 고합1223호
	검 사	성수연		판 사	

피 고 인	1. 가.나.다.라.마.바.사.아.자. **김갑동** 2. 가.나.다.라.마.바.차. **이을남**

죄 명	가. 특정경제범죄가중처벌등에관한법률위반(사기) 나. 사문서위조 다. 위조사문서행사 라. 공전자기록등불실기재 마. 불실기재공전자기록등행사 바. 사기 사. 변호사법위반 아. 절도 자. 범인도피교사 차. 범인도피

공소제기일	2015. 10. 16.		
구 속	각 불구속	석 방	
변 호 인			
증 거 물	없음		
비 고			

고 소 장

서울서초경찰서 접수인(1234호)(2014.10.27.)

고 소 인   정고소
　　　　　(인적사항 생략)
피고소인   김갑동, 이을남
　　　　　(인적사항 생략)
죄   명   사기

　피고소인 김갑동은 서울 종로구 종로5길 15에서 '갑동부동산'을 운영하는 부동산중개업자이고 피고소인 이을남은 고소인을 김갑동에게 소개시켜 준 사람입니다.
　고소인은 좋은 부동산 투자처를 찾고 있던 중 친구인 이을남으로부터 "과천시에 외사촌 형 김갑동이 소유한 좋은 땅이 있는데 급전이 필요하여 시세보다 저렴하게 내놓으려고 하니 빨리 계약해라"라는 소개를 받게 되었습니다. 이에 고소인은 2014. 9. 20. 김갑동, 이을남이 있는 가운데, 김갑동으로부터 매매대금 4억 원에 과천시 중앙동 100 대지를 매수하는 부동산매매계약을 체결하고 즉석에서 계약금 4,000만 원, 2014. 9. 24. 중도금 1억 6,000만 원, 2014. 9. 30. 잔금 2억 원을 지급하고 소유권이전등기를 받았습니다.
　그런데 최근 박갑수란 사람이 저에게 소유권이전등기말소를 구하는 소를 제기하여 사정을 알아보니, 이 대지는 원래 박갑수의 아버지 박병서 소유였던 것으로 박병서가 사망한 후 박갑수가 상속받은 것인데 김갑동 앞으로 잘못 소유권이전등기가 된 것이라고 합니다.
　피고소인들은 정상적으로 소유권을 취득하지도 않은 부동산을 마치 아무런 문제가 없는 것처럼 고소인을 속여 매매대금 4억 원을 받아갔으니 이를 편취한 것입니다. 증거자료는 조사시 제출 예정이니 피고소인들을 조사하여 엄벌해주시기 바랍니다.

2014. 10. 27.
고소인   정 고 소 ㊞

서울서초경찰서장 귀중

---

[48] 고소인과 피고소인, 고소죄명 등을 간단히 체크한다. 구체적인 범죄사실에 대해서는 고소인에 대한 진술조서에 더 자세히 기재되어 있으므로 고소장은 가볍게 읽도록 한다.

[49] 피해자에 대한 진술조서에서는 사실인정 쟁점 관련 범죄경위 등과 마지막에 등장하는 피고인에 대한 처벌의사 존부를 체크한다.

진 술 조 서

성 명 : 정고소
주민등록번호, 직업, 주거, 등록기준지, 직장주소, 연락처는 각각 (생략)

위의 사람은 피의자 김갑동 등에 대한 사기 피의사건에 관하여 2014. 11. 3. 서울서초경찰서 수사과 사무실에 임의 출석하여 다음과 같이 진술하다.

[피의자와의 관계, 피의사실과의 관계 등(생략)]

문 진술인이 피의자들을 상대로 고소한 취지는 무엇인가요.
답 피의자들이 저에게 과천시 중앙동 100 대지를 매도하고 총 4억 원을 받아 갔는데 원래 소유자인 박갑수로부터 소유권이전등기말소청구소송을 당하여 대지를 빼앗기게 될 상황입니다. 피의자들이 타인 소유의 부동산을 팔고 매매대금을 편취하였다는 것입니다.
문 피의자가 매매대금을 지급한 경위가 구체적으로 어떻게 되는가요.
답 저는 2014. 9.초순경 토지수용보상금으로 4억 원 정도를 받게 되어 좋은 투자처를 찾고 있었습니다. 그러던 중 한동안 연락이 없던 고향친구 이을남을 만나게 되어 제 사정을 이야기했더니 이을남이 저에게 "과천시에 외사촌 형 김갑동이 소유한 좋은 땅이 있는데 급전이 필요하여 시세보다 저렴하게 내놓으려고 하니 빨리 계약해라"면서 김갑동을 소개해 주었습니다. 김갑동은 종로에서 오랫동안 부동산중개업에 종사하여 정보도 많고 투자가치가 높은 부동산을 많이 알고 있다고 했습니다. 그래서 고소인은 2014. 9. 20. 김갑동이 운영하는 갑동부동산 사무실에 찾아가서 김갑동, 이을남을 만났는데, 김갑동은 "과천시 대지는 투자가치가 높아서 내가 매수하여 소유한 것이다. 정부청사가 이전하고 개발이 시작되면 가치가 급등할 것이다. 지금도 시세는 5억 원이나 되지만, 내가 지금 돈이 급하고 또 동생 친구라니 4억 원에 싸게 팔겠다."라고 하길래 저는 솔깃하여 즉석에서 매매대금 4억 원에 계약을 체결하고 바로 계약금 4,000만 원을 주고, 2014. 9. 24. 중도금 1억 6,000만 원, 2014. 9. 30. 잔금 2억 원을 지급하고 소유권이전등기를 받았습니다.

이때 고소인이 부동산매매계약서를 제출하여 사본하여 조서말미에 편철하다.

문 김갑동으로부터 매수하여 매매대금도 김갑동에게 교부하였는데, 이을남은 고소인을 어떻게 속였는가요.

[50] 매매계약 체결과 매매대금 교부 등을 모두 김갑동이 주도하였다는 점은 공모관계를 부정하는 피고인 이을남의 변소 내용을 뒷받침할 수 있는 내용이다.

답	처음부터 저를 유혹하여 김갑동과 계약하게 하였으며, 제가 나중에 김갑동으로부터 듣기로는 이을남과 매매대금을 나누어 사용하였다고 하였습니다.
문	무엇을 믿고 매매대금을 지급한 것인가요.
답	김갑동이 자기가 소유한 대지라면서 등기 내역을 제게 열람시켜 주었는데 박병서로부터 김갑동 앞으로 소유권이전등기가 되어 있어서 등기 상 아무런 문제가 없었고, 또한 친구인 이을남이 설마 저에게 사기치리라고는 생각도 못했기 때문에 피의자들을 믿었습니다.

이때 고소인이 등기사항전부증명서를 제출하여 조서말미에 편철하다.

문	고소인은 소유권이전등기까지 마쳤는데 무슨 피해를 보았다는 것인가요.
답	과천시 대지는 김갑동 소유가 아니었습니다.
문	그게 무슨 말인가요.
답	제가 박갑수란 사람으로부터 소유권이전등기말소청구 소송을 당했습니다. 이 대지는 원래 박병서 소유이고 박병서가 2014. 3. 1. 사망하여 박갑수가 상속받는 것인데 김갑동이 매매계약서를 위조하고 박병서 앞으로 소유권이전등기청구의 소를 제기하여 김갑동 앞으로 소유권이전등기를 받아갔다고 합니다. 그래서 제가 소유권이전등기 받은 것도 말소될 처지입니다.

이때 고소인이 소장을 제출하여 사본하여 조서말미에 편철하다.

문	이에 대해 피의자들은 어떤 반응이었는가요.
답	피의자들은 아무 문제 없다며 저를 안심시켰지만 변호사와 상담해보니 제가 패소할 수도 있다고 하였습니다. 이런 문제 있는 부동산을 멀쩡한 것처럼 저에게 매도하였기 때문에 피해가 생긴 것입니다. 피의자들을 수사하여 엄벌해 주시고 제가 매매대금 4억 원을 반환받을 수 있게 해 주십시오.
문	이상의 진술은 사실인가요.
답	**예. 사실대로 진술하였습니다.**

위의 조서를 진술자에게 열람하게 하였던바, 진술한 대로 오기나 증감·변경할 것이 전혀 없다고 말하므로 간인한 후 서명날인하게 하다.

　　　　　　　　　진술자　　정 고 소　㊞

　　　　　　　　　　2014. 11. 3.
　　　　　　　　　　서울서초경찰서
　　　　　　　　　　사법경찰관　경위　　권 장 기　㊞

- 28 -

[51] 김갑동의 진술을 내용으로 하는 전문진술이다.

[52] 정고소에 대한 사기범행 수사 중 사문서위조 등 새로운 범죄를 인지한 경우에 해당한다.

[53] 편취대상 토지의 등기사항 전부증명서가 등장하는 경우에는 편취금액과 관련하여 을구 란까지 꼼꼼하게 체크하여야 한다.

본 문제에서는 편취대상이 된 토지에 근저당권 등이 설정되어 있지 아니하여 이득액에 따른 죄명의 의율착오는 별도 쟁점이 되지 아니한다.

등기사항전부증명서(말소사항 포함) - 토지

[토지] 경기도 과천시 중앙동 100 고유번호 1234-5678-1000001

[표 제 부] (토지의 표시)

표시번호	접 수	소재지번	지목	면적	등기원인 및 기타사항
1	(생략)				
2	2000년 6월 27일	경기도 과천시 중앙동 100	대	2015㎡	부동산등기법 제177조의 6 제1항의 규정에 의하여 2000년 11월 22일 전산이기

[갑 구] (소유권에 관한 사항)

순위번호	등기목적	접 수	등기원인	권리자 및 기타사항
		(생략)		
2	소유권이전	1987년 11월 3일 제54321호	1987년11월1일 상속	소유자 박병서 (인적사항 생략)
3	소유권이전	2014년 9월 15일 제12345호	2014년2월25일 매매	소유자 김갑동 (인적사항 생략)
4	소유권이전	2014년 9월 30일 제22345호	2014년9월20일 매매	소유자 정고소 (인적사항 생략)

[을 구] (소유권 외의 권리에 관한 사항)

순위번호	등기목적	접 수	등기원인	권리자 및 기타사항
		기재사항 없음 (생략)		

2014년 10월 20일

법원행정처 등기정보중앙관리소 전산운영책임관 박전산   [등기정보중앙관리소전산운영책임관 인]

진 술 조 서

성   명 : 박갑수
주민등록번호, 직업, 주거, 등록기준지, 직장주소, 연락처는 각각 (생략)

위의 사람은 피의자 김갑동 등에 대한 사기 피의사건에 관하여 2014. 11. 14. 서울서초경찰서 수사과 사무실에 임의 출석하여 다음과 같이 진술하다.

[피의자와의 관계, 피의사실과의 관계 등(생략)]

문 진술인은 김갑동과 정고소를 상대로 민사소송 중인가요.
답 예. 제가 상속받은 과천시 대지를 김갑동이 무단으로 소유권이전등기한 다음 정고소에게 처분하여 등기를 모두 말소하는 소송 중에 있습니다.
문 어떤 이유로 소송하게 된 것인가요.
답 저는 오래전 미국에 이민 가서 아버지 박병서 혼자 한국에 계시다가 2014. 3. 1. 사망하였는데 제가 너무 바빠 2014. 9.경에야 입국하여 아버지 재산정리를 하던 중 아버지 소유의 과천시 대지가 김갑동 앞으로 소유권이전등기된 것을 발견하였습니다. 김갑동은 아버지가 생전에 종종 부동산거래를 맡기시던 부동산중개업자로 알고 있는데 김갑동 앞으로 아버지 소유 대지가 넘어간 것이 이상했습니다. 등기 경위를 추적해보니 김갑동이 매매계약서를 위조하여 아버지를 상대로 허위주소를 기재하여 소를 제기한 후 승소판결을 받아 그것으로 소유권이전등기를 한 것 같습니다.

이때 진술인이 소장과 매매계약서의 각 사본을 제출하여 조서 말미에 편철하다.

문 혹시 박병서가 김갑동에게 실제로 과천시 대지를 매도한 것 아닌가요.
답 제가 유일한 상속인이어서 아버지는 평소에도 중요한 재산거래는 저와 상의 후 처리하셨습니다. 또 과천시 대지는 조상 대대로 살던 곳이라 제가 상속받아도 처분하지 말라고 생전에 누차 말씀하셨기 때문에 처분하셨을 리가 없습니다. 잔금지급일도 아버지 사후로 기재되어 있는 것으로 보아 매매계약서 위조가 분명합니다.
문 과천시 대지는 시가가 어떻게 되는가요.
답 상속재산 정리를 하면서 알아보니 시가가 최소 5억 원은 되었습니다.
문 이상의 진술은 사실인가요.
답 **예. 법원을 속여 제 상속재산을 빼앗아간 김갑동을 엄벌해 주십시오.**

위의 조서를 진술자에게 열람하게 하였던바, 진술한 대로 오기나 증감·변경할 것이 전혀 없다고 말하므로 간인한 후 서명무인하게 하다.

진술자 **박 갑 수** (무인)
2014. 11. 14.
서울서초경찰서
사법경찰관 경위 **권 장 기** ㊞

- 30 -

[54] 사자 명의의 매매계약서를 위조하였다는 점과 사자를 상대로 소를 제기하여 부동산을 편취하였다는 점을 다시 한 번 확인할 수 있다.

[55] 실제 승소판결을 받았음을 확인하는 정도로 간단히 체크한다.

소 장

원 고 김갑동 (주소 등 인적사항 생략)
피 고 박병서 (45****-1******)
　　　　서울 중구 남대문시장8길 222

소유권이전등기청구의 소

청 구 취 지

1. 피고는 원고에게 과천시 중앙동 100 대 2,015㎡에 관하여 2014. 2. 25. 매매를 원인으로 한 소유권이전등기절차를 이행하라.
2. 소송비용은 피고가 부담한다.
라는 재판을 구합니다.

청 구 원 인

원고는 피고와의 사이에 2014. 2. 25. 청구취지 기재 부동산에 관하여 매매대금 4억 원으로 하는 매매계약을 체결하고 2014. 3. 25. 매매대금 지급을 완료하였으므로 피고는 원고에게 위 부동산에 대해 소유권이전등기절차를 이행할 의무가 있습니다. (이하 생략)

입 증 방 법

1. 부동산매매계약서

2014. 5. 8.
원고 김갑동 ㉞

서울중앙지방법원 귀중

[56] 매매계약서의 명의자가 실제 망 박병서로 기재되어 있음을 확인하는 정도로 간단히 체크한다.

부동산매매계약서

매도인과 매수인 쌍방은 아래 표시 부동산에 관하여 다음 계약 내용과 같이 매매계약을 체결한다.

1. 부동산의 표시

경기 과천시 중앙동 100 대 2,015㎡

2. 계약내용

제1조(목적) 위 부동산의 매매에 대하여 매도인과 매수인은 합의에 의하여 매매대금을 아래와 같이 지불하기로 한다.

  매매대금 사억 원(₩400,000,000)

  계약금 오천만 원(₩50,000,000)은 계약시에 지불하고 영수함.

  중도금 일억오천만 원(₩150,000,000)은 2014. 3. 5.에 지불하며,

  잔금 이억 원(₩200,000,000)은 2014. 3. 25.에 지불한다.

제2조(소유권이전 등) 매도인은 매매대금의 잔금 수령과 동시에 매수인에게 소유권이전등기에 필요한 모든 서류를 교부하고 등기절차에 협력하며, 위 부동산의 인도일은 2014. 3. 25.로 한다. (이하 생략)

2014년 2월 25일

    매도인 박병서 (인적사항 생략)   박병서 (인)

    매수인 김갑동 (인적사항 생략)   김갑동 (인)

[57] 사실인정 쟁점과 관련된 공소사실에 대한 진술내용 위주로 꼼꼼하게 읽도록 한다. 구체적으로 공판단계나 검찰단계에서의 진술과 비교하여 모순되거나 번복, 추가되는 내용이 있는지 여부를 체크할 수 있어야 한다.

피 의 자 신 문 조 서

피 의 자 : 김 갑 동

위의 사람에 대한 사기 등 피의사건에 관하여 2014. 11. 28. 서울서초경찰서 수사과 사무실에서 사법경찰관 경위 권장기는 사법경찰리 경사 변동구를 참여하게 하고, 아래와 같이 피의자임에 틀림없음을 확인하다.

문 피의자의 성명, 주민등록번호, 직업, 주거, 등록기준지 등을 말하십시오.
답 성명은 김갑동(金甲東)

주민등록번호, 직업, 주거, 등록기준지, 직장주소, 연락처는 각각 (생략)

사법경찰관은 피의사건의 요지를 설명하고 사법경찰관의 신문에 대하여 「형사소송법」 제244조의3에 따라 진술을 거부할 수 있는 권리 및 변호인의 참여 등 조력을 받을 권리가 있음을 피의자에게 알려주고 이를 행사할 것인지 그 의사를 확인하다.

진술거부권 및 변호인 조력권 고지 등 확인

1. 귀하는 일체의 진술을 하지 아니하거나 개개의 질문에 대하여 진술을 하지 아니할 수 있습니다.
1. 귀하가 진술을 하지 아니하더라도 불이익을 받지 아니합니다.
1. 귀하가 진술을 거부할 권리를 포기하고 행한 진술은 법정에서 유죄의 증거로 사용될 수 있습니다.
1. 귀하가 신문을 받을 때에는 변호인을 참여하게 하는 등 변호인의 조력을 받을 수 있습니다.

문 피의자는 위와 같은 권리들이 있음을 고지받았는가요.
답 **예. 고지를 받았습니다.**
문 피의자는 진술거부권을 행사할 것인가요.
답 **아닙니다.**
문 피의자는 변호인의 조력을 받을 권리를 행사할 것인가요.
답 **변호사 없이 조사를 받겠습니다.**

이에 사법경찰관은 피의사실에 관하여 다음과 같이 피의자를 신문하다.
[피의자의 범죄전력, 경력, 학력, 가족·재산 관계 등(생략)]

문　피의자는 정고소를 알고 있나요.
답　예. 제가 소유하던 과천시 중앙동 100 대지를 매수한 사람입니다.
문　정고소는 피의자 소유도 아닌 대지를 매도하고 매매대금 4억 원을 편취하였다고 고소하였는데 사실인가요.
답　아닙니다. 제가 박병서로부터 매수하여 제 앞으로 소유권이전등기하라는 법원의 승소판결도 받았고 그에 따라 제 명의로 등기도 마쳐서 정고소에게 소유권이전등기까지 해 주었습니다. 시가가 최소 5억 원 하는 것인데 4억 원에 싸게 판 것이고 등기도 다 넘겨줬는데 도대체 무슨 손해를 봤다는 것인가요?
문　피의자는 박병서로부터 실제로 과천시 대지를 매수하였나요.
답　예. 그렇습니다.
문　박병서의 아들 박갑수는 박병서가 자신 몰래 피의자에게 처분하였을 리가 없다고 하는데요.
답　저는 박병서가 아들이 있는 줄도 몰랐습니다. 의지할 곳 없이 혼자 지내던 노인인데 갑자기 아들이라고 나타난 것이 오히려 수상합니다. 아무튼 저는 법원에서 승소판결을 받았습니다. 법원 판결을 받은 것이 죄가 되나요?
문　이상의 진술에 대하여 이의나 의견이 있는가요.
답　**없습니다.**

위의 조서를 진술자에게 열람하게 하였던바, 진술한 대로 오기나 증감·변경할 것이 전혀 없다고 말하므로 간인한 후 서명무인하게 하다.

　　　　　　　　　　진술자　**김 갑 동**　　(무인)

　　　　　　　　　　2014.　11.　28.

　　　　　　　　　　서울서초경찰서
　　　　　　　　　　사법경찰관　경위　**권 장 기**　㊞
　　　　　　　　　　사법경찰리　경사　**변 동 구**　㊞

[58] 공판단계에서의 피고인 김갑동의 진술과 모순되는 내용이다. 수사단계에서의 진술을 김갑동이 번복하였음을 알 수 있다.

피 의 자 신 문 조 서

> 피 의 자 : 이을남
>
> 위의 사람에 대한 사기 등 피의사건에 관하여 2014. 12. 10. 서울서초경찰서 수사과 사무실에서 사법경찰관 경위 권장기는 사법경찰리 경사 변동구를 참여하게 하고, 아래와 같이 피의자임에 틀림없음을 확인하다.

문　피의자의 성명, 주민등록번호, 직업, 주거, 등록기준지 등을 말하십시오.
답　성명은 이을남(李乙男)
　　주민등록번호, 직업, 주거, 등록기준지, 직장주소, 연락처는 각각 (생략)

　사법경찰관은 피의사건의 요지를 설명하고 사법경찰관의 신문에 대하여 「형사소송법」 제244조의3에 따라 진술을 거부할 수 있는 권리 및 변호인의 참여 등 조력을 받을 권리가 있음을 피의자에게 알려주고 이를 행사할 것인지 그 의사를 확인하다.

진술거부권 및 변호인 조력권 고지 등 확인

> 1. 귀하는 일체의 진술을 하지 아니하거나 개개의 질문에 대하여 진술을 하지 아니할 수 있습니다.
> 1. 귀하가 진술을 하지 아니하더라도 불이익을 받지 아니합니다.
> 1. 귀하가 진술을 거부할 권리를 포기하고 행한 진술은 법정에서 유죄의 증거로 사용될 수 있습니다.
> 1. 귀하가 신문을 받을 때에는 변호인을 참여하게 하는 등 변호인의 조력을 받을 수 있습니다.

문　피의자는 위와 같은 권리들이 있음을 고지받았는가요.
답　**예. 고지를 받았습니다.**
문　피의자는 진술거부권을 행사할 것인가요.
답　**아닙니다.**
문　피의자는 변호인의 조력을 받을 권리를 행사할 것인가요.
답　**변호사 없이 조사를 받겠습니다.**

이에 사법경찰관은 피의사실에 관하여 다음과 같이 피의자를 신문하다.
[피의자의 범죄전력, 경력, 학력, 가족·재산 관계 등(생략)]

문	피의자는 김갑동과 정고소가 매매계약을 하도록 소개한 사실이 있나요.
답	예. 그런 사실이 있습니다. 김갑동은 외사촌 형, 정고소는 고향친구입니다.
문	그런데 정고소가 피의자와 김갑동을 사기로 고소한 사실을 알고 있나요.
답	예. 저도 당황스럽습니다. 저는 김갑동이 과천시 대지를 저렴한 가격으로 팔겠다고 하고, 정고소가 투자처를 구한다길래 연결시켜준 것인데 고소당하고 보니 앞으로는 남의 일에 끼어들지 말아야겠다는 생각이 듭니다.
문	정고소는 과천시 대지가 김갑동 소유가 아니었다는데 어떻게 된 것인가요.
답	저는 당연히 김갑동 소유인줄 알았습니다.
문	그렇게 믿은 이유가 무엇인가요.
답	김갑동이 자기 고객 박병서로부터 과천시 대지를 매수하였다며 매매계약서를 제게 보여주어서 저는 당연히 매매계약이 있었던 것으로 알았습니다.
문	피의자는 김갑동이 박병서를 상대로 민사소송을 한 것을 아는가요.
답	예. 알고 있습니다. 김갑동이 "박병서와 매매계약을 체결하고 잔금도 지급했는데 등기하기 전에 죽어버렸고 상속인도 없어 등기이전이 골치 아프다. 박병서를 상대로 소송해서 등기를 이전할테니 도와달라."라고 하였습니다. 그래서 저는 김갑동에게 제 주소를 알려주어 김갑동은 소장 피고 주소란에 제 주소를 기재하고 저는 박병서인 것처럼 소장 부본을 수령했습니다.
문	피의자 주소로 소장을 송달받는 것은 법원을 속이는 것이 아닌가요.
답	그것은 제가 잘못한 것을 인정합니다.
문	정고소가 소유권을 취득하지 못하게 되면 결국 피의자의 잘못으로 정고소가 손해를 보게 되는데 어떻게 처리할 것인가요.
답	그렇게 되면 제가 정고소에게 사기친 것이 되는데, 저도 김갑동으로부터 돈을 받았기 때문에 정고소에 대해서 책임을 져야 하겠지요.
문	이상의 진술에 대하여 이의나 의견이 있는가요.
답	**없습니다.**

위의 조서를 진술자에게 열람하게 하였던바, 진술한 대로 오기나 증감·변경할 것이 전혀 없다고 말하므로 간인한 후 서명무인하게 하다.

진술자 이을남 (무인)

2014. 12. 10.
서울서초경찰서
사법경찰관 경위 권장기 ㊞
사법경찰리 경사 변동구 ㊞

[59] 김갑동과 이을남이 사촌형제이므로 친족상도례가 적용됨을 알 수 있다. 이는 뒤의 생략된 수사보고서 및 각 가족관계증명서 내용을 통해 다시 확인할 수 있다.

[60] 이을남이 김갑동 대신 자수하였다는 사정 정도만 확인하면 충분하다.

서 울 서 초 경 찰 서

2015. 3. 2.

제2015-532호
수 신 : 경찰서장
참 조 : 수사과장
제 목 : 수사보고(진술서 등 첨부)

금일 09시경 피의자 이을남이 경찰서에 자진출석하여 자동차 절도를 자수하겠다고 하여 진술서를 제출받았고, 이을남이 절취한 01다2323호 포르쉐 승용차에 대한 도난신고 내역을 조회하여 본바, 2015. 3. 1. 야간에 112 신고 접수되어 서울 종로경찰서에서 수사 중이므로 종로경찰서에 접수된 나부자의 진술서를 송부받았고, 서울서초구청에서 위 승용차에 대한 자동차등록원부등본을 교부받아 첨부하였음을 보고합니다.

첨부 : 이을남 진술서, 나부자 진술서, 자동차등록원부등본

수사과 경제1팀
경사 변 동 구 ㉑

진 술 서

성 명   이을남 (인적사항 생략)

진술거부권 고지 및 변호인 조력 등 확인 (생략)

1. 저는 2015. 3. 1. 22:20경 서울 종로구에 있는 반죽커피숍 앞에 세워진 01다2323호 포르쉐 승용차에 차열쇠가 꽂힌 채 주차된 것을 발견하고 견물생심에 이를 훔친 사실이 있습니다.

1. 잘못을 깊이 반성하고 자수하오니 선처 바랍니다. 훔친 자동차는 반환합니다.

2015. 3. 2.

진술자   이 을 남 ㉑

진 술 서

성 명　나부자 (인적사항 생략)

1. 저는 2015. 3. 1. 22:20경 서울 종로구에 있는 반줄커피숍 앞에서 제 소유의 01다2323호 포르쉐 승용차를 도난당하였습니다.

1. 이 승용차는 별거중인 남편 김갑동 명의로 등록되어 있지만 김갑동과 헤어지면서 김갑동이 저에게 준 것이므로 제 소유이고 시가는 1억 3,000만 원 상당입니다.

1. 도난당한 장소가 김갑동의 사무실 인근이고, 최근 김갑동과 사이가 좋지 않아 김갑동을 피하고 있었는데 갑자기 차가 없어진 것으로 보아 김갑동이 제 차를 훔쳐간 것으로 보입니다.

1. 김갑동을 철저히 수사하여 엄벌해 주십시오.

2015. 3. 1.

진술인 나 부 자 ㊞

자동차등록원부(갑) 등본

제231454호　　　　총 1 면 중 제 1 면

자동차등록번호	01다2323	제원관리번호	A03-1-234-300-002	말 소 등 록 일	
차 명	포르쉐			차 종	승 용
차 대 번 호	DQWERDDG2140975	원동기형식	O4FKJ	용 도	자가용
모 델 연 도	2014	색상	은 색	출 처 구 분	신조차
최 초 등 록 일	2014-10-02	세부유형		제 작 연 월 일	2014. 07. 10.
최 종 소 유 자	김 갑 동			주민(법인)등록번호	생 략
사 용 본 거 지 (차 고 지)	서울특별시 서초구 법원로2길 1, 3동 101호(서초동, 무지개아파트)				
검 사 유 효 기 간	2014-10-02 ~ 2018-10-01			등록사항 확인일	
				폐 쇄 일	

순위번호		사 항 란	주 민(법 인) 등 록 번 호	등 록 일	접 수 번 호
주 등 록	부기등록				
1-1		신규등록(신조차) 성명(상호): 김갑동(70****-1******) 주소 : (생략)	70****-1******	2014-10-02	014894

이 등본은 자동차등록원부(갑)의 기재사항과 틀림없음을 증명합니다.

2015년 3월 2일

서울서초구청장 [서울서초구청장인]

- 38 -

[61] 재판장의 석명사항과 관련하여 자동차등록원부의 소유자 명의를 체크하여야 한다.

그 밖에 피해자의 처벌의사 역시 확인할 수 있다.

피 의 자 신 문 조 서 (제 2 회)

피 의 자 : 김갑동

위의 사람에 대한 사기 등 피의사건에 관하여 2015. 3. 19. 서울서초경찰서 수사과 사무실에서 사법경찰관 경위 권장기는 사법경찰리 경사 변동구를 참여하게 하고, 피의자에 대하여 다시 아래의 권리들이 있음을 알려주고 이를 행사할 것인지 그 의사를 확인하다.

진술거부권 및 변호인 조력권 고지 등 확인

1. 귀하는 일체의 진술을 하지 아니하거나 개개의 질문에 대하여 진술을 하지 아니할 수 있습니다.
1. 귀하가 진술을 하지 아니하더라도 불이익을 받지 아니합니다.
1. 귀하가 진술을 거부할 권리를 포기하고 행한 진술은 법정에서 유죄의 증거로 사용될 수 있습니다.
1. 귀하가 신문을 받을 때에는 변호인을 참여하게 하는 등 변호인의 조력을 받을 수 있습니다.

문   피의자는 위와 같은 권리들이 있음을 고지받았는가요.
답   **예. 고지를 받았습니다.**
문   피의자는 진술거부권을 행사할 것인가요.
답   **아닙니다.**
문   피의자는 변호인의 조력을 받을 권리를 행사할 것인가요.
답   **변호사 없이 조사를 받겠습니다.**

이에 사법경찰관은 피의사실에 관하여 다음과 같이 피의자를 신문하다.
문   피의자는 박갑수 명의의 부동산매매계약서를 위조한 사실이 있나요.
답   아니오. 그런 사실이 없습니다.
이때 피의자에게 국립과학수사연구원에서 2015. 3. 16.자로 받은 필적감정서를 보여주면서
문   매매계약서에 기재된 박병서의 필적은 박병서의 것이 아니라 오히려 피의자의 것과 동일하다는 감정결과가 나왔는데 피의자가 작성한 것 아닌가요.
답   (묵묵부답하다)

[62] 객관적 증거인 필적감정서가 제시되자 기존 진술을 번복하여 범행을 인정하고 있다는 점은 피고인 김갑동 진술의 신빙성을 탄핵할 수 있는 주요한 근거가 된다.

문　박병서의 아들인 박갑수는 과천시 대지의 거래 사실을 박병서로부터 전혀 들은 적 없고 박병서도 선대로부터 내려오는 땅이라 처분할 계획이 전혀 없었다는데 피의자가 위조한 것 아닌가요.

답　(묵묵부답하다)

문　이을남은 피의자가 자신에게 주소를 빌려달라고 하여 피의자가 박병서를 상대로 소를 제기하면서 이을남이 박병서인 것처럼 소장을 송달받아주었다고 하는데 매매계약서를 위조하였기 때문에 이렇게 일을 처리한 것 아닌가요.

답　죄송합니다. 사실 박병서 허락없이 제가 매매계약서를 위조하였습니다. 하지만 이을남이 모두 주도한 것입니다. 제가 고종사촌 동생인 이을남에게 제 고객인 박병서가 혼자 살다가 과천시에 알짜배기 땅을 놔두고 죽어버렸다고 하니 이을남이 "정고소라고 눈먼 친구가 하나 있으니 같이 등을 쳐 먹자. 형님이 박병서를 상대로 소송을 제기하고 내가 피고 행세를 하고 소장을 송달받아 줄테니 승소판결을 받고 형님 앞으로 등기를 받아와라. 그러면 내가 친구를 데려와 과천시 대지를 팔아 매매대금을 챙기고 돈을 나눠가지자."라고 하였습니다. 저는 요즘 급전이 필요하던 차에 그에 혹하여 이을남이 하자는 대로 했고 매매대금을 받아 이을남이 요구하는 대로 5,000만 원도 건네주었습니다. 이을남에게 5,000만 원을 건네줄 때에는 제 사무실 직원인 한직원도 목격하였습니다.

문　이상의 진술에 대하여 이의나 의견이 있는가요.

답　**없습니다.**

위의 조서를 진술자에게 열람하게 하였던바, 진술한 대로 오기나 증감·변경할 것이 전혀 없다고 말하므로 간인한 후 서명무인하게 하다.

진술자　**김 갑 동**　(무인)

2015.　3.　19.

서울서초경찰서

사법경찰관　경위　**권 장 기** ㊞

사법경찰리　경사　**변 동 구** ㊞

– 40 –

피의자신문조서 (제2회)

> 피 의 자 : 이을남
>
> 위의 사람에 대한 사기 등 피의사건에 관하여 2015. 4. 1. 서울서초경찰서 수사과 사무실에서 사법경찰관 경위 권장기는 사법경찰리 경사 변동구를 참여하게 하고, 피의자에 대하여 다시 아래의 권리들이 있음을 알려주고 이를 행사할 것인지 그 의사를 확인하다.

진술거부권 및 변호인 조력권 고지 등 확인

> 1. 귀하는 일체의 진술을 하지 아니하거나 개개의 질문에 대하여 진술을 하지 아니할 수 있습니다.
> 1. 귀하가 진술을 하지 아니하더라도 불이익을 받지 아니합니다.
> 1. 귀하가 진술을 거부할 권리를 포기하고 행한 진술은 법정에서 유죄의 증거로 사용될 수 있습니다.
> 1. 귀하가 신문을 받을 때에는 변호인을 참여하게 하는 등 변호인의 조력을 받을 수 있습니다.

문 피의자는 위와 같은 권리들이 있음을 고지받았는가요.
답 **예. 고지를 받았습니다.**
문 피의자는 진술거부권을 행사할 것인가요.
답 **아닙니다.**
문 피의자는 변호인의 조력을 받을 권리를 행사할 것인가요
답 **변호사 없이 조사를 받겠습니다.**

이에 사법경찰관은 피의사실에 관하여 다음과 같이 피의자를 신문하다.

문 김갑동은 피의자가 주도하여 김갑동으로 하여금 박병서를 상대로 허위로 소송을 제기하게 하여 승소판결을 받아 과천시 대지의 소유권이전등기를 김갑동 앞으로 넘기고 피의자가 데려온 정고소에게 과천시 대지를 처분한 다음 그 대가로 김갑동으로부터 돈도 받았다는데 사실인가요.

답 **형님이 그렇게 말하였나요? 어이가 없습니다. 저는 형님이 박병서로부터 과천시 대지를 실제로 매수해서 매수인 앞으로 소유권이전등기를 넘기는 소송을 하고 이전등기한 것으로 알았지 제가 뭐가 아쉬워 주도하겠습니까?**

문 피의자는 김갑동으로부터 허위로 소송을 하고 정고소를 속여 과천시 대지를 처분한 대가로 5,000만원을 받지 않았나요.

답 아닙니다. 5,000만 원이나 받은 적 없습니다. 형님이 거짓말을 하는 것입니다. 형님이 그렇게 나오신다면 저도 할 말이 있습니다.

문 무슨 할 말이 있는가요.

답 사실 얼마 전에 포르쉐 자동차 절도 건으로 자수한 것은 허위자수입니다. 제가 훔친 것이 아니라 형님이 별거 중인 형수님 나부자의 차를 훔친 것인데 저에게 대신 범인으로 자수해 달라고 하여 제가 형님 대신 죄를 뒤집어 쓴 것입니다.

문 상세히 진술해 보세요.

답 형님이 삼일절에 술에 만취하여 형님 사무실 옆 커피숍을 지나가다가 나부자의 포르쉐 승용차에 차 열쇠가 꽂힌 채로 발레파킹된 것을 발견하고 몰래 운전해 왔다고 합니다. 그런데 나부자가 형님을 의심하여 절도로 즉시 신고하였고 형님은 경찰의 출석 연락을 받고 음주운전이 발각될 것을 걱정하여 제가 훔친 것으로 자수해 달라고 부탁하였습니다. 형님은 음주전과가 두 번 있어서 이번에 걸리면 구속될 수도 있다면서 제가 대신 자수하는 대가로 1,000만 원을 주었습니다.

문 이상의 진술에 대하여 이의나 의견이 있는가요.

답 **없습니다.**

위의 조서를 진술자에게 열람하게 하였던바, 진술한 대로 오기나 증감·변경할 것이 전혀 없다고 말하므로 간인한 후 서명무인하게 하다.

진술자 **이 을 남** (무인)

2015. 4. 1.

서울서초경찰서
사법경찰관 경위 **권 장 기** [인]
사법경찰리 경사 **변 동 구** [인]

− 42 −

[63] 피고인들의 진술이 서로 배치되는 경우에는 누구에게 유리한 결론을 내려야 할 것인지를 먼저 염두에 두고 기록을 읽도록 한다. 본 문제의 경우 피고인들의 공모관계는 피고인 이을남의 변론요지서에서 검토하는 쟁점이다. 따라서 이을남에게 유리한 결론 즉, 공모관계를 부정하는 결론을 내리게 될 것이다.

고 소 장

서울서초경찰서 접수인(311호)(2015.4.22.)

고 소 인   왕근심
              (인적사항 생략)
피고소인   김갑동
              (인적사항 생략)
죄   명   변호사법위반

　피고소인은 고소인의 남편 장봉구의 친구입니다. 피고소인은 2013. 5. 7. 14:00경 서울 양천구 목동동로 135 목동빌라 302호에 있는 고소인의 집에 고소인의 남편을 만나러 찾아왔는데, 고소인의 아들 장사기가 마침 서울남부지방검찰청에서 사기 혐의로 수사를 받고 있어 고소인은 평소 부동산중개업을 하며 법에 대해 지식이 있는 피고소인에게 그에 대해 상담하게 되었습니다. 피고소인은 아는 검사가 많이 있어 담당검사에게 청탁하여 선처할 수 있는 것처럼 말하길래 고소인은 솔깃하여 피고소인이 요구하는 500만 원을 현금으로 교부하였습니다. 그런데도 고소인의 아들 장사기는 이후에 구속되었으며 피고소인은 아직도 500만 원을 돌려주지도 않고 있습니다.

　귀 서에서 피고소인을 수사 중이라고 하는데, 담당조사관이 이 사건도 함께 수사해 줄 것을 요청하오니 피고소인을 구속 수사하여 엄벌해 주시기 바랍니다.

2015. 4. 22.

고소인   왕근심 ㊞

서울서초경찰서장 귀중

---

[64] 피고인 김갑동에 대한 사기죄의 약식명령등본의 범죄사실과 비교하면서 읽어야 한다.
피고인 김갑동의 왕근심에 대한 범행에 대해서는 사기죄와 변호사법위반죄가 모두 성립하고, 양 죄는 상상적 경합의 관계에 있다는 것이 판례의 태도이다.

피 의 자 신 문 조 서 (제 3 회)

피 의 자 : 김갑동

위의 사람에 대한 사기 등 피의사건에 관하여 2015. 5. 20. 서울서초경찰서 수사과 사무실에서 사법경찰관 경위 권장기는 사법경찰리 경사 변동구를 참여하게 하고, 피의자에 대하여 다시 아래의 권리들이 있음을 알려주고 이를 행사할 것인지 그 의사를 확인하다.

진술거부권 및 변호인 조력권 고지 등 확인

1. 귀하는 일체의 진술을 하지 아니하거나 개개의 질문에 대하여 진술을 하지 아니할 수 있습니다.
1. 귀하가 진술을 하지 아니하더라도 불이익을 받지 아니합니다.
1. 귀하가 진술을 거부할 권리를 포기하고 행한 진술은 법정에서 유죄의 증거로 사용될 수 있습니다.
1. 귀하가 신문을 받을 때에는 변호인을 참여하게 하는 등 변호인의 조력을 받을 수 있습니다.

문 피의자는 위와 같은 권리들이 있음을 고지받았는가요.
답 **예. 고지를 받았습니다.**
문 피의자는 진술거부권을 행사할 것인가요.
답 **아닙니다.**
문 피의자는 변호인의 조력을 받을 권리를 행사할 것인가요.
답 **변호사 없이 조사를 받겠습니다.**

이에 사법경찰관은 피의사실에 관하여 다음과 같이 피의자를 신문하다.
문 피의자는 피해자 나부자 소유의 01다2323호 포르쉐 승용차를 절취하고도 이을남으로 하여금 허위로 자수하게 한 사실이 있는가요.
답 **예. 그렇습니다. 죄송합니다.**
문 상세히 진술해 보세요.
답 **나부자는 별거 중인 처입니다. 나부자와의 사이에 아들도 있는데 작년에 성격 차이로 헤어져서 별거하게 되었습니다. 헤어지면서 그간 살림도 잘해 주고 아들도 낳아주어서 고마운 마음에 제 명의로 등록된 포르쉐 승용차를 주었 습니다. 그런데 별거한 후로는 연락도 잘 안 되고 아들 얼굴도 안 보여줘서**

[65] 피고인 김갑동과 피해자 나부자와의 사이에 절취대상 승용차의 소유권을 피해자에게 넘기기로 하였다는 사정을 확인할 수 있다.

[66] 피고인 김갑동이 피고인 이을남에게 교부한 1천만 원은 사기 등 범행의 대가로 교부된 것이 아니라, 피고인 이을남의 허위자수의 대가로 교부되었음을 알 수 있다.

패씸하게 생각하였습니다. 지난 삼일절 밤 10시 20분쯤에 술에 만취하여 제 사무실 옆 커피숍을 지나가다가 마침 그 포르쉐 승용차에 차 열쇠가 꽂힌 채로 주차된 것을 발견하고 차를 빼앗아와야겠다고 생각하여 몰래 운전해 왔습니다. 그런데 잠시 후 바로 나부자가 저를 자동차 절도범으로 신고해서 경찰서로 나오라는 경찰 연락을 받았습니다. 자동차야 나부자가 전적으로 운행·관리하던 것으로 나부자의 소유이니 돌려주면 그만이지만 문제는 제가 술을 엄청 마시고 운전해 온 것이라 경찰서에 나가면 음주운전이 발각되어 처벌받을 것이 겁이 났습니다. 제가 음주운전으로 벌금과 집행유예로 처벌받은 전과가 2번 있어서 삼진아웃에 걸리면 구속될 것이 걱정되었습니다. 그래서 고종사촌 동생인 이을남에게 훔친 것으로 자수해달라고 부탁하였습니다. 이을남은 절도 전과도 없고 차를 돌려주면 차주인도 크게 문제삼지 않을 것 같았습니다.

문 피의자는 이을남이 허위로 자수하는 대가로 1,000만 원을 주었는가요.

답 아닙니다. 물론 제가 이을남에게 허위로 자수하는 대가로 돈을 주었지만, 이을남과 짜고서 박병서의 계약서를 위조하고 법원을 속여 소유권이전등기를 넘겨오는 대가를 포함하여 총 5,000만 원을 준 것입니다.

문 피의자는 왕근심으로부터 수사 청탁 대가로 500만 원을 받은 사실이 있는가요. 이때 왕근심의 고소장을 피의자에게 보여주다.

답 예. 왕근심이 고소한 내용을 모두 인정합니다. 조속히 500만 원을 돌려주도록 하겠습니다.

문 이상의 진술에 대하여 이의나 의견이 있는가요.

답 **없습니다.**

위의 조서를 진술자에게 열람하게 하였던바, 진술한 대로 오기나 증감·변경할 것이 전혀 없다고 말하므로 간인한 후 서명무인하게 하다.

진술자 **김갑동** (무인)

2015. 5. 20.

서울서초경찰서
사법경찰관 경위 **권장기** ㊞
사법경찰리 경사 **변동구** ㊞

피의자신문조서(대질)

성　　　　명 : 김갑동
주민등록번호 : (생략)

　위의 사람에 대한 특정경제범죄가중처벌등에관한법률위반(사기) 등 피의사건에 관하여 2015. 8. 12. 서울중앙지방검찰청 601호 검사실에서 검사 성수연은 검찰주사 전주사를 참여하게 한 후, 아래와 같이 피의자임에 틀림없음을 확인하다.
주민등록번호, 직업, 주거, 등록기준지, 직장 주소, 연락처는 각각 (생략)

　검사는 피의사실의 요지를 설명하고 검사의 신문에 대하여 「형사소송법」 제244조의3에 따라 진술을 거부할 수 있는 권리 및 변호인의 참여 등 조력을 받을 권리가 있음을 피의자에게 알려주고 이를 행사할 것인지 그 의사를 확인하다.

[진술거부권 및 변호인 조력권 고지하고 변호인 참여 하에 진술하기로 함(생략)]

[피의자의 병역, 학력, 가족관계, 재산 및 월수입, 건강상태 등(생략)]

이때 검사는 피의자 이을남을 입실하게 하다.
문　　피의자의 성명, 주민등록번호, 직업, 등록기준지 등을 진술하세요.
답　　성명은 이을남,
　　　(기타 인적사항 생략)

　검사는 피의사실의 요지를 설명하고 검사의 신문에 대하여 「형사소송법」 제244조의3에 따라 진술을 거부할 수 있는 권리 및 변호인의 참여 등 조력을 받을 권리가 있음을 피의자에게 알려주고 이를 행사할 것인지 그 의사를 확인하다.

[진술거부권 및 변호인 조력권 고지하고 변호인 참여 하에 진술하기로 함(생략)]

[피의자의 병역, 학력, 가족관계, 재산 및 월수입, 건강상태 등(생략)]

이때 검사는 피의자 김갑동을 상대로 신문하다.
문　　피의자는 과천시 중앙동 100 대지 2,015㎡에 대하여 매매대금 4억 원, 매도인 박병서, 매수인 피의자로 된 매매계약서를 위조한 사실이 있는가요.
답　　예. 2014. 5. 7. 19:00경 서울 종로구 종로5길 15에 있는 갑동부동산 사무실에서 제가 매매계약서 용지에 임의로 내용을 작성하고 사망한 박병서의 서명을 한 다음 박병서의 막도장을 파서 날인했습니다.

- 46 -

[67] 검찰단계의 수사기록, 특히 피의자신문조서는 경찰단계의 수사기록보다 사실관계 등이 보다 압축적으로 정리되어 있다. 따라서 사실관계 등을 보다 빠르게 파악하기 위해 경찰기록보다 검찰기록을 먼저 읽는 방법도 유효하다. 이미 앞에서 확인한 내용과 중복되는 부분은 가볍게 읽고 넘어가도록 한다.

문   이러한 범행을 한 이유가 무엇인가요.
답   자식 없고 재산 많은 고객인 박병서가 죽어서 그 재산이 욕심나던 차에, 이런 이야기를 이을남과 하게 되었는데, 이을남이 박병서의 부동산을 정고소에게 팔고 매매대금을 나눠가지자고 하여 범행하게 되었습니다.

이을남에게
문   피의자는 김갑동의 진술과 같이 김갑동과 공모하여 위조하였는가요.
답   아닙니다. 거짓말입니다. 김갑동이 박병서로부터 과천시 대지를 매수하였는데 박병서가 죽어서 등기이전을 못 받았다며 박병서 상대로 소송을 할테니 주소를 빌려달라고 하여 도와준 것입니다. 저는 위조한 적 없습니다.

김갑동에게
문   위조한 매매계약서를 어떻게 사용하였는가요.
답   2014. 5. 8. 서울중앙지방법원에서 피고를 박병서로 하여 과천시 대지에 대한 소유권이전등기청구의 소를 제기하면서 소장에 첨부하여 제출했습니다.
문   이을남의 말처럼 피의자 혼자서 위조한 것 아닌가요.
답   아닙니다. 정고소에게 전매할 생각으로 함께 위조한 것이지 안 그러면 부동산 경기도 안 좋은데 굳이 제 앞으로 소유권을 가져올 이유가 없습니다.
문   그래서 소송은 어떻게 진행되었나요.
답   피고 박병서의 주소에 이을남의 주소를 적어 소장을 작성하여 소장이 이을남 집으로 송달되었고, 저만 원고로 재판에 출석하고 피고는 불출석하여 2014. 8. 13. 승소판결을 선고받았습니다.
문   과천시 대지의 시가는 어떻게 되는가요.
답   계약상 4억 원에 매수한 것으로 되었는데 실제 시가는 5억 원입니다.
문   승소판결을 받아 피의자 앞으로 2014. 9. 15.자로 소유권이전등기하였나요.
답   예. 제가 과천등기소에 소유권이전등기신청을 하였습니다.
문   피의자는 허위의 사실을 신고하여 등기한 것이네요.
답   예. 그렇습니다.

이을남에게
문   피의자는 박병서 행세를 하여 승소판결을 송달받아 김갑동에게 전달해 주어 김갑동 앞으로 등기가 완료되도록 도와준 것인가요.
답   예. 그것은 사실입니다. 하지만 김갑동을 믿었습니다.

김갑동에게
문   피의자는 그 다음 정고소에게 과천시 대지를 처분하였지요.

답 예. 2014. 9. 20. 제 사무실에서 이을남이 데려온 정고소에게 제가 과천시 대지를 박병서로부터 정상적으로 매수한 것처럼 거짓말하여 계약을 체결하고 이후 매매대금 총 4억 원을 받았습니다. 이을남이 시킨 것입니다.

이을남에게
문 김갑동의 말이 사실인가요.
답 아닙니다. 저는 정말 김갑동이 박병서로부터 과천시 대지를 매수한 것으로 믿었습니다. 시세가 5억 원인데 김갑동도 급전이 필요하고 시세보다 저렴한 4억 원에 처분한다니 김갑동과 정고소 모두에게 좋은 일이라고 생각했습니다.

김갑동에게
문 이을남의 말이 사실인가요.
답 이을남이 아니었으면 이렇게 엄청난 일을 꾸미지는 않았을 것입니다. 그렇지 않으면 이을남에게 5,000만 원이나 되는 돈을 줄 이유가 없었습니다.
문 이을남에게 돈을 나누어 주었는가요.
답 예. 정고소로부터 매매대금을 받아 1,000만 원은 이을남 계좌로 송금하고, 4,000만 원은 현금으로 주었는데, 제 직원인 한직원이 모두 목격하였습니다.

이을남에게
문 김갑동으로부터 돈을 받은 것이 사실인가요.
답 제 계좌로 1,000만 원을 받았지만 이는 김갑동이 나부자의 승용차를 훔쳐왔는데 걸리면 음주운전이 발각되니 제가 훔친 것으로 한 대가로 받은 것입니다.
문 한직원이 모두 보았다는데 한직원을 불러서 대질조사를 할까요.
답 (잠시 침묵하다가) 사실 경찰 조사 때 숨긴 것이 있는데 사실대로 말씀드리겠습니다. 현금으로 500만 원을 더 받았습니다.
문 그 500만 원은 무슨 대가로 받았나요.
답 김갑동을 도와 제 주소지로 박병서에 대한 소장을 송달 받아주고, 판결문도 송달 받아 김갑동을 도와주고, 정고소도 소개해 준 대가로 받았습니다.
문 현금 4,000만 원을 받고 500만 원으로 축소하여 거짓진술하는 것 아닌가요.
답 아닙니다.

김갑동에게
문 이을남의 말이 사실인가요.
답 거짓말입니다. 경찰에서 거짓말해 놓고 또 말을 교묘하게 바꾸네요.
문 피의자는 2013. 5. 7. 14:00경 목동빌라 302호 왕근심의 집에서 왕근심의 아들의 사기 사건 수사청탁 명목으로 현금 500만 원을 받았지요.

[68] 피고인 이을남의 진술이 번복되었다는 점은 이을남에게 불리한 사정이다. 이는 피고인 이을남의 변론요지서에서는 굳이 검토하지 않아도 무방한 내용이다.

[69] 피고인 김갑동에게 범행 당시 사기죄의 고의가 있었음을 확인할 수 있다. 만약 범행 당시 실제로 선처받도록 할 의사나 능력이 인정되는 경우라면 사기죄는 불성립할 수도 있으므로 간단하게라도 확인하여야 하는 내용이다.

[70] 피고인 김갑동이 피고인 이을남에게 교부한 1천만 원은 사기 등 범행의 대가로 교부된 것이 아니라, 피고인 이을남의 허위자수의 대가로 교부되었음을 다시 한 번 확인할 수 있다.

답　예. 인정합니다. 왕근심의 남편 장봉구가 목동에서 사업하는 제 친구인데 이 일로 저를 고소해서 양천경찰서에서 조사받았던 적이 있습니다.

문　피의자는 왕근심의 아들이 실제로 선처받도록 할 의사나 능력이 있었나요.

답　아니오. 그냥 돈이 필요해서 속였고 받은 돈은 모두 생활비로 썼습니다.

문　피의자는 2015. 3. 1. 22:20경 서울 종로구 종로5길 16에 있는 반줄커피숍 앞에서, 나부자 소유의 01다2323호 포르쉐 승용차를 훔친 사실이 있지요.

답　예. 이 차는 제가 2014. 10.초순경 구입하여 별거 중인 제 처 나부자에게 재산분할 명목으로 준 것인데, 올해 삼일절에 술을 먹고 지나가다가 훔쳐왔습니다.

문　피의자는 훔친 사실을 숨기려고 이을남에게 허위자수하게 하였지요.

답　예. 경찰연락을 받았는데 출석하면 음주운전이 들통날까 겁이 나서, 그날 밤 11시경 이을남에게 급히 전화해 절도범으로 자수해달라고 부탁했습니다.

이을남에게

문　김갑동의 진술이 사실인가요.

답　예. 제 여자친구 아버지가 위암수술을 받고 수술비가 급하였습니다. 김갑동이 1,000만 원을 준다길래 그리했습니다. 죄송합니다.

피의자들에게

문　조서에 진술한 대로 기재되지 아니하였거나 사실과 다른 부분이 있는가요.

답　(김갑동) 없습니다. (이을남) 없습니다.

위의 조서를 진술자에게 열람하게 하였던바, 진술한 대로 오기나 증감·변경할 것이 전혀 없다고 말하므로 간인한 후 서명무인하게 하다.

진술자 김 갑 동 (무인)　변호인 김변호 [인]
이 을 남 (무인)　변호인 이변론 [인]

2015. 8. 12.

서울중앙지방검찰청
검　사　성 수 연 [인]
검찰주사　전 주 사 [인]

- 49 -

법원에 제출되어 있는 기타 증거들

※ 편의상 다음 증거서류의 내용을 생략하였으나, 법원에 증거로 적법하게 제출되어 있음을 유의하여 변론할 것.

○ 부동산매매계약서 사본
 - 김갑동이 정고소에게 과천시 대지를 매도함(정고소의 경찰 진술 내용과 동일)

○ 소장 사본
 - 원고 박갑수가 2014. 10. 7. 수원지방법원 안양지원에 피고 김갑동, 정고소를 상대로 과천시 중앙동 100 대지 2,015㎡에 대하여 피고들 명의로 마친 소유권이전등기의 각 말소등기절차를 이행하라고 청구하는 내용

○ 필적감정서
 - 국립과학수사연구원에서 매매계약서에 기재된 박병서의 필적은 박병서의 것과 다르고 김갑동의 필적과 일치함을 감정 후 2015. 3. 16.자로 회보함

○ 피고인들에 대한 각 조회회보서
 - 김갑동 : 범죄경력자료로 2012. 3. 6. 서울중앙지방법원 도로교통법위반(음주운전)죄 벌금 300만 원, 2012. 5. 7. 서울중앙지방법원 도로교통법위반(음주운전)죄 징역 6월 및 집행유예 2년. 수사경력자료로 2015. 8. 3. 서울남부지방검찰청 사기죄 처분미상전과
 - 이을남 : 2013. 9. 5. 부산지방법원 도박죄 벌금 100만 원

○ 부동산감정서
 - 과천시 중앙동 100 대지 2,015㎡의 2014년 시가는 5억 원으로 감정

○ 수사보고서 및 각 가족관계증명서
 - 2015. 10. 15. 현재, 김갑동은 배우자(妻) 나부자, 자녀(子) 김자손을 두고 있으나 나부자와 이혼소송 중으로 별거상태에 있고, 김갑동의 부(父)는 김성균, 이을남의 모(母)는 김선영인데, 김선영은 김성균의 동생임

○ 판결문, 판결확정증명
 - '피고 박병서는 원고 김갑동에게 과천시 중앙동 100 대지 2,015㎡에 대하여 2014. 2. 25. 매매를 원인으로 한 소유권이전등기절차를 이행하라'는 취지로 2014. 8. 13. 서울중앙지방법원에서 판결 선고하고, 2014. 9. 1. 판결 확정

○ 제적등본
 - 박병서는 2014. 3. 1. 사망함

[71] 생략된 증거라도 답안에서 인용하는 경우가 있다. 다만 생략된 증거의 내용은 대부분 앞에서 등장한 기록과 중복되므로 답안에 기재할 증거 위주로 간단히 확인하도록 한다.
본 문제의 경우 피고인들 사이의 친족관계에 대해 수사보고서 및 각 가족관계증명서가, 망 박병서의 사망일자에 대해 제적등본 등은 답안에서 활용할 수 있는 증거이다.

확 인 : 법무부 법조인력과장

2016년 제5회 변호사시험 형사법 기록형

공소제기일 - 15. 10. 16.   [석명] 자동차 명의 관련 점도죄 성부

피고인	죄명	일시	공소사실 장소	피해자	피해품	고소 기타	인정 및 부인취지	쟁점	+ 증거	- 증거	결론	비고
김갑동 공범 ㉠	사문서위조, 동행사	14. 5. 7. 14. 5. 8.	김갑동 부동산	乙락병서 명의	중앙동 매매매 계약서 소장첨부 제출	소송사기 자료	○-이을남 주도	사자명의 위조죄 성부	제적등본(생략) - 2014. 3. 1. 사망		유죄	[검토의견서]
공범 ㉡	특가(사기)	14. 5. 8. ~14. 8. 13.	서울중앙 지법	v. 박갑수	5억 토지		○-이을남 주도	법원기망 삼각사기 사자상대소송 - 사기죄 성립 x	제적등본		전단무죄	
	변호사법	13. 5. 7.	왕근심점	왕근심	청탁목적 500만원	왕근심 고소(p43)	○	상경사기(외아)명명령有	약식명령(p23)		면소(1호)	
	절도	15. 3. 1.	반즐커피숍	v. 나부자	포르쉐		○	친족상도례(배우자) 자동차명의자(외부 추내부)	수사보고서 및 가족관계증명서(생략) - 사촌형제	나부인과 피고인 사이에 소유권 넘김 (38진술서, 44피신3회)		형면제	
	범인도피교사	15. 3. 1.	집	정범 이을남	허위자수	대가 천만원?	○	'죄를 범한 자' 해당? 정범친족상도례 자기도피교사	수사보고서 및 가족관계증명서 자동차등록원부(p38)			전단무죄	
이을남 공범 ㉡	사문서위조·행사 공전자기록 불실기재 행사 사기	14. 8. 18. 14. 9. 15. 14. 9. 20. 14. 9. 24.	김감동	사기 v. 정갑소	매매대금 4억	v. 정갑소 고소	x - 공모 x 불참음	[사실] 5건교부 및 공모 여부	김감동 사경피신(2회)-진술번복 정갑소 법정진술(19)-전문, 고소장, 사경관진술조서(30), 반갑수진술조서(30) 한직원반복-역진병원1인 통장사본(21), 등기사항전부증명서(29), 소장사본(31), 부동산매매계약서(32), 부동산매매계약서사본, 소장사본, 말적경정, 각조희회시, 부동산감정서, 판결문, 판결확정증명	이을남법정진술(19피신(35), 피신2회)(41) 한직원법정진술(20)	후단무죄	[변론요지서]
	범인도피	15. 3. 2.	서초 경찰서	본범 김감동	허위자수 '자' x	대가 1권	○	본범 친족상도례(344조) '죄를 범한 자' x 친족상도례(151조2항)	수사보고서 및 가족관계증명서 등		전단무죄	

검토의견서

사 건   2015고합1223 특정경제범죄가중처벌등에관한법률위반(사기) 등
피고인   김갑동

I. 피고인 김갑동에 대하여

1. 사문서위조, 위조사문서행사의 점

판례는 문서위조죄의 요건을 구비한 이상 그 명의인이 실재하지 않는 허무인이거나 문서의 작성일자 전에 이미 사망하였다고 하더라도 공공의 신용을 해할 위험성이 있으므로 문서위조죄가 성립한다는 입장입니다.*

> * 문서위조죄는 문서의 진정에 대한 공공의 신용을 그 보호법익으로 하는 것이므로 행사할 목적으로 작성된 문서가 일반인으로 하여금 당해 명의인의 권한 내에서 작성된 문서라고 믿게 할 수 있는 정도의 형식과 외관을 갖추고 있으면 문서위조죄가 성립하는 것이고, 위와 같은 요건을 구비한 이상 그 명의인이 실재하지 않는 허무인이거나 또는 문서의 작성일자 전에 이미 사망하였다고 하더라도 그러한 문서 역시 공공의 신용을 해할 위험성이 있으므로 문서위조죄가 성립한다고 봄이 상당하며, 이는 공문서뿐만 아니라 사문서의 경우에도 마찬가지라고 보아야 한다(대법원 2005. 2. 24. 선고 2002도18 전원합의체 판결).

피고인이 행사할 목적으로 권리의무에 관한 사문서인 박병서 명의의 부동산매매계약서를 위조한 이상, 박병서가 그 범행 이전에 이미 사망하였더라도 사문서위조죄는 성립하고, 이를 행사한 이상 위조사문서행사죄 역시 성립하며, 양 죄는 실체적 경합관계에 있습니다.

결국 이 부분 공소사실에 대하여는 유죄판결의 선고가 예상됩니다.[01]

[01] 객관적 입장에서 작성하는 검토의견서의 특성상 피고인에게 불리한 내용에 대해서도 검토하여야 한다.

2. 특정경제범죄가중처벌등에관한법률위반(사기)의 점

가. 소송사기와 사기죄

사기죄에 있어 피기망자는 재산상의 피해자와 반드시 일치하여야 할 필요가 없으므로, 피고인이 법원을 기망하여 피고인 앞으로 피해자 박갑수 소유의 대지에 대한 소유권이전등기를 명하는 승소판결을 받은 경우 사기죄가 성립할 수 있습니다.[02]

[02] 역시 피고인에게 불리한 내용이나 검토의견서이므로 간단히 검토한다.

나. 사자를 상대로 한 소송사기

판례는 사자를 상대로 제소한 경우 제소 당시 사자임을 알고 제소한 때는 물론 사자임을 모르고 소송을 제기하여 소송과정에서 사자임이 밝혀진 때에도 사망한 자에 대한 판결은 그 내용에 따른 효력이 생기지 아니하여 상속인에게 효력이 미치지 아니하므로 사기죄가 성립하지 않는다는 입장입니다.**

> ** 소송사기에 있어서 피기망자인 법원의 재판은 피해자의 처분행위에 갈음하는 내용과 효력이 있는 것이어야 하고, 그렇지 아니하는 경우에는 착오에 의한 재물의 교부행위가 있다고 할 수 없어서 사기죄는 성립되지 아니한다고 할 것이므로, 피고인의 제소가 사망한 자를 상대로 한 것이라면 이와 같은 사망한 자에 대한 판결은 그 내용에 따른 효력이 생기지 아니하여 상속인에게 그 효력이 미치지 아니하고 따라서 사기죄를 구성한다고 할 수 없다(대법원 2002. 1. 11. 선고 2000도1881 판결).

피고인은 이미 사망한 박병서를 상대로 이 사건 대지에 대한 소유권이전등기를 청구하는 소를 제기하여 승소판결을 받았습니다. 그러나 위 판례 법리에 의하면 법원의 승소판결을 받았더라도 위 판결에는 피해자의 처분행위에 갈음하는 내용과 효력을 인정할 수 없어 사기죄는 성립하지 아니합니다.

결국 이 부분 공소사실은 죄가 되지 아니하므로 형사소송법 제325조 전단에 의해 무죄판결이 선고되어야 합니다.

3. 변호사법위반의 점

[03] 일시-법원-죄명-선고형-선고사실-확정일자-확정사실-증거기재 순서대로 누락 없이 기재한다.

피고인은 2015. 10. 30. 서울남부지방법원에서 사기죄로 벌금 200만 원의 약식명령을 발령받았고, 그 약식명령은 2015. 12. 15. 확정되었습니다(기록 제23쪽 약식명령등본 참조).[03]

[04] 변호사법위반죄와 사기죄가 상상적 경합관계에 있다는 판례 법리를 사안검토 앞부분에 따로 적시할 수도 있다.

위 확정된 약식명령의 범죄사실은 피고인이 청탁의 의사나 능력이 없음에도 불구하고 공무원인 담당검사 취급 사건에 관하여 청탁을 하겠다는 명목으로 피해자 왕근심을 기망하여 현금 500만 원을 편취하였다는 사기에 대한 것이고, 이 부분 공소사실은 같은 피해자에 대해 동일한 내용으로 공무원 취급 사건에 대해 청탁 명목으로 금품을 교부받았다는 변호사법위반에 대한 것으로서 양 죄는 상상적 경합관계에 있다는 것이 판례의 태도입니다.*[04] 따라서 상상적 경합관계에 있는 사기죄의 일부에 관하여 확정판결이 있는 이상 그 기판력은 나머지 범죄인 이 부분 변호사법위반의 점에도 당연히 미칩니다.

> * 공무원이 취급하는 사건 또는 사무에 관하여 청탁 또는 알선을 한다는 명목으로 금품·향응 기타 이익을 받거나 받을 것을 약속하고 또 제3자에게 이를 공여하게 하거나 공여하게 할 것을 약속한 때에는 위와 같은 금품을 받거나 받을 것을 약속하는 것으로써 구 변호사법 제111조 위반죄가 성립된다고 할 것이고, 위 금품의 수교부자가 실제로 청탁할 생각이 없었다 하더라도 위 금품을 교부받은 것이 자기의 이득을 취하기 위한 것이라면 동 죄의 성립에는 영향이 없다. 원심이 같은 취지에서, 공무원이 취급하는 사건에 관하여 청탁 또는 알선을 할 의사와 능력이 없음에도 청탁 또는 알선을 한다고 기망하고, 이에 속은 피해자로부터 이른바 로비자금 명목으로 금원을 송금 받은 피고인의 행위가 형법 제347조 제1항과 구 변호사법 제111조에 각 해당하고, 이러한 사기죄와 변호사법 위반죄는 상상적 경합의 관계에 있다고 판단한 것은 옳고, 거기에 상고이유의 주장과 같은 사기, 변호사법위반죄의 죄수에 관한 법리를 오해한 위법이 없다(대법원 2006. 1. 27. 선고 2005도8704 판결).

[05] 각 호까지 규정을 정확히 기재한다.

결국 이 부분 공소사실은 확정판결이 있는 때에 해당하므로 형사소송법 제326조 제1호[05]에 의해 면소판결이 선고되어야 합니다.

4. 절도의 점

가. 자동차 명의 관련 절도죄 성립 여부 - 재판장의 석명사항

판례는 당사자 사이에 자동차의 소유권을 그 등록명의자가 아닌 자가 보유하기로 약정한 경우, 그 당사자 사이의 내부관계에 있어서는 등록명의자가 아닌 자가 소유권을 보유하게 된다는 입장입니다.*

> * 피고인이 택시를 회사에 지입하여 운행하였다고 하더라도, 피고인이 회사와 사이에 위 택시의 소유권을 피고인이 보유하기로 약정하였다는 등의 특별한 사정이 없는 한, 위 택시는 그 등록명의자인 회사의 소유이고 피고인의 소유는 아니라고 할 것이므로 회사의 요구로 위 택시를 회사 차고지에 입고하였다가 회사의 승낙을 받지 않고 이를 가져간 피고인의 행위는 권리행사방해죄에 해당하지 않는다고 한 사례(대법원 2003. 5. 30. 선고 2000도5767 판결).

피고인이 피해자 나부자와의 사이에 위 자동차의 소유권을 피해자에게 넘기기로 한 이상(기록 제38쪽 진술서, 제44쪽 피의자신문조서(제3회) 등 참조),[06] 그 등록명의자가 피고인으로 되어 있더라도 피고인과 피해자 사이의 내부관계에서는 피고인이 아닌 피해자가 자동차의 소유자입니다. 따라서 피고인이 피해자 몰래 피해자 소유의 승용차를 운전하여 가 절취한 이상, 이 부분 공소사실에 대해서는 절도죄가 성립할 수 있습니다.[07]

나. 친족상도례 적용 여부

직계혈족, 배우자, 동거친족, 동거가족 또는 그 배우자간 절도죄 등은 그 형을 면제하고(형법 제344조, 제328조 제1항), 이러한 친족상도례가 적용되는 친족의 범위는 민법의 규정에 의하여야 한다는 것이 판례의 태도입니다.**

> ** [1] 친족상도례가 적용되는 친족의 범위는 민법의 규정에 의하여야 하는데, 민법 제767조는 배우자, 혈족 및 인척을 친족으로 한다고 규정하고 있고, 민법 제769조는 혈족의 배우자, 배우자의 혈족, 배우자의 혈족의 배우자만을 인척으로 규정하고 있을 뿐, 구 민법 제769조에서 인척으로 규정하였던 '혈족의 배우자의 혈족'을 인척에 포함시키지 않고 있다. 따라서 사기죄의 피고인과 피해자가 사돈지간이라고 하더라도 이를 민법상 친족으로 볼 수 없다. [2] 피고인이 백화점 내 점포에 입점시켜 주겠다고 속여 피해자로부터 입점비 명목으로 돈을 편취하였다며 사기로 기소된 사안에서, 피고인의 딸과 피해자의 아들이 혼인하여 피고인과 피해자가 사돈지간이라고 하더라도 민법상 친족으로 볼 수 없는데도, 2촌의 인척인 친족이라는 이유로 위 범죄를 친족상도례가 적용되는 친고죄라고 판단한 후 피해자의 고소가 고소기간을 경과하여 부적법하다고 보아 공소를 기각한 원심판결 및 제1심판결에 친족의 범위에 관한 법리오해의 위법이 있다고 하여 모두 파기한 사례(대법원 2011. 4. 28. 선고 2011도2170 판결).

범행 당시 피고인은 피해자와 별거 중이긴 하였으나 법률상 배우자 관계에 있었습니다(수사보고서 및 각 가족관계증명서 등 참조).[08] 따라서 피고인의 피해자에 대한 절도죄에 대해서는 위 친족상도례 규정이 적용됩니다.

결국 이 부분 공소사실에 대해서는 형을 면제하는 판결이 선고되어야 합니다.[09]

---

[06] 인정사실을 기재하는 경우 그 근거로써 증거를 기재함이 원칙이다.

[07] 이와 달리 사안에서 피고인과 나부자 사이에 내부적인 소유권을 나부자가 보유하기로 약정하였다고 볼 수 없다고 판단할 경우, 절도죄 성립을 부정하고 권리행사방해죄 성부를 검토하여야 한다.

[08] 친족관계의 존재 등에 관한 사실 기재시 가족관계증명서 등 증거기재를 누락하지 않도록 주의한다.

[09] 앞에서 규정을 기재하였으므로 소결부분 규정기재는 생략하였다.

5. 범인도피교사의 점[10]

가. 자기도피의 교사의 처벌 가부

판례는 범인이 자신을 위하여 타인으로 하여금 허위의 자백을 하게 하여 범인도피죄를 범하게 하는 행위는 방어권의 남용으로 범인도피교사죄에 해당한다는 입장입니다.*

> * 범인이 자신을 위하여 타인으로 하여금 허위의 자백을 하게 하여 범인도피죄를 범하게 하는 행위는 방어권의 남용으로 범인도피교사죄에 해당하는바, 이 경우 그 타인이 형법 제151조 제2항에 의하여 처벌을 받지 아니하는 친족, 호주 또는 동거 가족에 해당한다 하여 달리 볼 것은 아니다(대법원 2006. 12. 7. 선고 2005도3707 판결).

따라서 피고인이 자신을 위하여 이을남으로 하여금 허위의 자백을 하게 하여 범인도피죄를 범하게 하는 행위를 한 이상, 그것이 자기도피에 해당한다 하더라도 피고인에 대해서는 범인도피교사죄가 성립할 수 있습니다.

나. 친족상도례와 범인도피교사죄 성립 여부

판례는 자기도피교사에 있어 범인도피교사죄의 성립을 긍정함과 동시에, 그 타인이 형법 제151조 제2항에 의하여 처벌을 받지 아니하는 친족 등에 해당하는 경우에도 역시 범인도피교사죄의 성립을 긍정하고 있습니다.**

> ** 위 2005도3707 판결

따라서 피고인이 이을남으로 하여금 범인도피를 교사한 이상, 이을남이 형법 제151조 제2항에 의하여 처벌을 받지 아니하는 친족 등에 해당하더라도 피고인에 대해서는 범인도피교사죄가 성립할 수 있습니다.

다. '죄를 범한 자'에 해당하는지 여부

범인도피죄가 성립하기 위해서는 벌금 이상의 형에 해당하는 죄를 범한 자를 은닉 또는 도피하게 하여야 합니다(형법 제151조 제1항). 위 '죄를 범한 자'에는 정범뿐만 아니라 교사범과 종범·예비·음모한 자도 포함되고, 그 행위가 구성요건에 해당하고 위법·유책하며 처벌조건과 소송조건을 구비하였을 것을 요합니다.***

> *** [참고판례] (전략) 그런데 위 공소사실과 기록에 의하면, 공소외인의 이 사건 행위는 자신이 위 승용차를 운전하던 중 사고 장소 좌측에 설치된 노면 턱을 들이받는 바람에 그 충격으로 조수석에 탑승하고 있던 피고인에게 전치 4주간의 상해를 입혔다는 것인바, 이러한 경우 공소외인에 대하여 적용이 가능한 죄는 가볍게는 도로교통법 제113조 제1호, 제44조 위반죄로부터 교통사고처리특례법 제3조 제1항 위반죄를 거쳐 공소외인의 범의에 따라서는 형법 제257조 제1항의 상해죄에 이르기까지 다양하고, 위 각 죄는 모두 벌금 이상의 형을 정하고 있음이 분명할 뿐만 아니라, 나아가 공소외인에게 적용될 수 있는 죄가 결과적으로 위 공소사실과 같이 교통사고처리특례법 제3조 제1항 위반죄에 한정된다고 하더라도, 원심이 내세우는 자동차종합보험 가입사실은 같은 법 제4조 제1항이 규정하는 바와 같이 공소를 제기할 수 없다는 소송조건에 해당하는 것으로서, 그것도 같은 법 제3조 제2항에 의하여 피해자가 나중에 사망에 이르거나 또는 같은 항이 규정하는 10가지

[10] 피고인이 형법 제151조 제1항의 '죄를 범한 자'에 해당하지 아니함을 근거로 범인도피죄의 구성요건해당성을 부정하는 이상, 아래 가와 나항 쟁점은 기재하지 않는 것이 논리상 타당하다. 다만 검토의견서의 특성을 고려하여 위 쟁점들을 간단히 검토하였다.

> 의 단서, 특히 음주나 과속 운전 등에 해당하는 경우에는 적용되지 아니하는 것이므로, 이러한 경우 수사기관으로서는 위 단서의 적용 여부를 가리기 위하여 공소외인의 행위에 대하여 얼마든지 수사를 할 수 있는 것이고 그 결과에 따라 공소외인에 대한 소추나 처벌 여부가 가려지게 되는 것이다. 따라서 이 사건에 있어서 원심이 내세우는 자동차종합보험 가입사실만으로 위와 같은 공소외인의 행위가 형사소추 또는 처벌을 받을 가능성이 없는 경우에 해당한다고 단정할 수 없는 것임은 물론이고, 피고인이 수사기관에 적극적으로 자신이 운전자라는 허위사실을 진술함으로써 실제 운전자인 공소외인을 도피하게 하였다면 그로써 수사권의 행사를 비롯한 국가의 형사사법 작용은 곤란 또는 불가능하게 되는 것이라고 아니할 수 없으므로(예컨대, 수사기관이 초동단계에서 실제 운전자에 대한 음주측정을 하지 못하여 교통사고처리특례법위반죄로 기소하지 못하게 되는 상황이 발생할 수 있다), 이는 범인도피죄에 해당한다고 할 것이다(대법원 2000. 11. 24. 선고 2000도4078 판결).

앞서 살펴본 바와 같이 피고인의 절도의 점에 대하여는 친족상도례가 적용되어 형이 면제되고(형법 제344조, 제328조 제1항), 이러한 친족상도례는 처벌조건 중 인적 처벌조각사유에 해당합니다. 따라서 처벌조건을 갖추지 못한 피고인은 제151조 제1항에서 정하는 '죄를 범한 자'에 해당하지 아니합니다.

피고인이 '죄를 범한 자'에 해당하지 아니하는 이상, 이러한 피고인을 도피 또는 은닉시킨 이을남에 대해 범인도피죄는 성립하지 아니하고, 이을남의 행위를 교사한 피고인에게 범인도피교사죄 역시 성립하지 아니합니다(제한종속형식).

결국 이 부분 공소사실은 죄가 되지 아니하므로 형사소송법 제325조 전단에 의하여 무죄판결이 선고되어야 합니다.

2016. 1. 5.

담당변호사 김변호 ⑩

변론요지서

사 건   2015고합1223 특정경제범죄가중처벌등에관한법률위반(사기) 등
피고인   이을남

위 사건에 관하여 피고인 이을남의 변호인 변호사 이변론은 다음과 같이 변론합니다.

다 음

II. 피고인 이을남에 대하여

1. 사문서위조, 위조사문서행사, 공전자기록등불실기재, 불실기재공전자기록등행사, 사기의 점[01]

가. 피고인 변소의 요지

피고인은 망 박병서 소유의 대지에 대한 매매계약서가 위조된 줄 몰랐고, 김갑동이 위 대지를 실제로 매수한 것으로 믿고 김갑동과 정고소를 도와준 것에 불과합니다.[02]

나. 검사 제출 증거

이 부분 공소사실에 대해 검사가 제출한 증거로는 피고인·김갑동·정고소·한직원의 각 법정진술,[03][04] 검사 작성 김갑동에 대한 피의자신문조서(대질)의 진술기재,[05] 사법경찰관 작성 피고인·김갑동에 대한 각 피의자신문조서의 진술기재, 사법경찰관 작성 정고소·박갑수에 대한 각 진술조서의 진술기재, 박갑수 작성 고소장의 기재, 통장사본·등기사항전부증명서·각 소장사본·각 부동산매매계약서 사본·필적감정서·피고인들에 대한 각 조회회보서·부동산감정서·판결문·판결확정증명의 각 기재 또는 현존이 있습니다.[06]

다. 증거능력 없는 증거

1) 사법경찰관 작성 피고인에 대한 피의자신문조서(제1회)

위 조서는 피고인이 그 내용을 부인하였으므로 증거능력이 없습니다(형사소송법 제312조 제3항).[07]

2) 사법경찰관 작성 김갑동에 대한 피의자신문조서(제2회, 제3회)

위 각 조서는 피고인이 그 내용을 부인하는 취지로 증거부동의하고 있으므로 증거능력이 없습니다(형사소송법 제312조 제3항).

3) 정고소의 법정진술 중 일부 및 정고소에 대한 진술조서의 진술기재 중 일부

위 법정진술 및 진술조서 진술기재 중 "김갑동이 매매대금 중 5,000만 원은 이을남에게 나누어 주었다고 하였다"는 부분은 피고인 아닌 자의 피고인 아닌 자의 진술을 내용으

여백 주석:

[01] 전형적인 사실인정 쟁점이다. 피고인 변소의 요지-검사제출증거-증거능력 없는 증거-증명력 검토-부족증거 등 설시-소결론 순서대로 목차를 구성한다.

[02] 제1회 공판조서에 기재되어 있는 피고인의 공소사실 부인 취지를 활용하여 기재한다.

[03] 여러 개의 법정진술을 하나로 묶고 '각'으로 특정한다.

[04] 증인의 공판정에서의 진술 역시 '증언'이 아닌 '법정진술'이라 적시하여야 한다.

[05] '피의자신문조서'가 아니라 '피의자신문조서의 진술기재가', '진술서'가 아니라 '진술서의 기재가' 증거이다. 다만 실제 답안에서는 증거명칭만을 기재해도 무방할 것이라 생각된다.

[06] 증거거시는 법원→검찰→경찰, 인증→서증→증거물, 피고인→참고인, 조서→진술서→검증조서→압수조서·실황조사서→진단서·견적서, 피고인진술→범죄경력조회→수사보고서→판결문등본의 순서대로 기재한다.

[07] 위 조서는 피고인이 내용부인취지로 증거부동의한 것이 아니라 직접 내용을 부인하였다(증거목록 참조).

로 하는 전문진술 및 전문진술 기재 조서이고, 그 원진술자인 김갑동이 이 사건 법정에 출석하고 있는 이상 증거능력이 없습니다(형사소송법 제316조 제2항, 제312조 제4항).

또한 "이을남도 돈을 받아 여자친구에게 주었다고 하였다"는 진술 및 "올봄에 이을남이 김갑동으로부터 받은 돈이 있는데, 그 돈을 여자친구에게 주었다고 한 것"이라는 진술 부분은 피고인 아닌 자의 피고인의 진술을 내용으로 하는 전문진술이고, 그 특신상태에 대한 별다른 증명이 없으므로 역시 증거능력이 없습니다(형사소송법 제316조 제1항).[08]

[08] 증인 정고소의 법정진술 중 김갑동의 진술을 내용으로 하는 부분에 대해서는 형사소송법 제316조 제2항이, 이을남의 진술을 내용으로 하는 부분에 대해서는 같은 조 제1항이 적용된다.

라. 증명력 검토

1) 피고인의 범행 주도 여부

김갑동은 피고인이 이 부분 범행을 주도하였다고 진술하고 있습니다. 그러나 ① 김갑동은 경찰단계에서의 제1회 피의자신문에서는 자신이 실제로 망 박병서로부터 이 사건 대지를 매수하였다고 하면서 자신의 범행을 부인하였으나, 제2회 피의자신문에서 필적감정서 등 자신에게 불리한 객관적 증거가 제시되자 피고인의 주도 아래 범행을 하였다는 취지로 진술을 번복하고 있어 그 진술의 일관성이 결여된 점, ② 매매계약서 위조에서부터 소 제기 및 승소판결에 기한 이전등기 신청 등 일련의 범행을 피고인이 아닌 김갑동이 직접하였다는 점, ③ 김갑동의 진술을 직접 뒷받침하는 증거는 아래에서 살펴보는 신빙성 없는 한직원의 진술뿐인 점, ④ 김갑동의 주장대로라도 범행을 주도한 피고인이 편취금 4억 원 중 소액에 불과한 5천만 원만을 교부받았다는 것은 상식에 반한다는 점, ⑤ 김갑동은 범행 당시 경제적 어려움으로 인한 범행 동기가 분명하나 이을남에게는 범행 동기가 존재하지 아니하는 점, ⑥ 김갑동은 사기전과 등 범죄전력이 다수 있는 자로서 그 진술의 진실성을 인정하기 어려운 사람인 점, ⑦ 김갑동은 본건 범행이 밝혀져 처벌받을 것이 두려워 피고인에게 책임을 전가할 가능성이 매우 높은 점 등을 고려하면 김갑동의 위와 같은 진술은 믿기 어렵습니다.

2) 5천만 원 교부사실 인정 여부

김갑동은 피고인에게 5천만 원을 교부하였다고 진술하고 있고, 한직원 역시 김갑동이 피고인에게 5천만 원을 교부하는 것을 목격하였다고 진술하고 있습니다. 그러나 ① 한직원은 김갑동이 운영하는 갑동부동산의 중개보조원으로서 김갑동의 피고용인이므로 김갑동에게 불리한 진술을 하기 어려운 지위에 있다는 점, ② 한직원은 김갑동이 매매대금 수령 후 피고인에게 1,000만 원을 송금하였다고 진술하고 있으나, 김갑동이 매매대금을 수령한 것은 2014. 9. 말경이고, 위 금원을 송금한 것은 그로부터 약 5개월이 경과한 2015. 3. 2.으로서 그 송금시기가 일치하지 아니하는 점, ③ 5,000만 원을 교부함에 있어 굳이 1,000만 원만 계좌이체의 방법으로 송금할 특별한 이유가 없을 뿐만 아니라 현금으로 교부한 4,000만 원 역시 굳이 여러 장의 봉투에 담을 필요 없이 쇼핑백 등에 한꺼번에 담아 주면 족하다는 점, ④ 피고인은 김갑동으로부터 1,000만 원을 송금받은 당일 1,000만 원을 '여친병원비'로 바로 출금하였다는 점 등을 고려하면, 피고인은 김갑동으로부터 이 부분 공소사실 범행의 공모 대가로 5,000만 원을 받은 것이 아니라 김갑동 대신 허위 자수하는 대가로 1,000만 원을 교부받았을 뿐임을 알 수 있습니다.

마. 부족증거 등 설시

그 밖에 나머지 증거들만으로는[09] 이 부분 공소사실을 인정하기에 부족하고 달리 이를 인정할 만한 증거가 없습니다.[10]

바. 소결

결국 이 부분 공소사실은 범죄의 증명이 없으므로 형사소송법 제325조 후단에 의하여 무죄판결이 선고되어야 합니다.

2. 범인도피의 점

가. 김갑동의 절도의 점에 대하여

직계혈족, 배우자, 동거친족, 동거가족 또는 그 배우자간 절도죄 등은 그 형을 면제하고(형법 제344조, 제328조 제1항),[11] 이러한 친족상도례가 적용되는 친족의 범위는 민법의 규정에 의하여야 한다는 것이 판례의 태도입니다.*

> * [1] 친족상도례가 적용되는 친족의 범위는 민법의 규정에 의하여야 하는데, 민법 제767조는 배우자, 혈족 및 인척을 친족으로 한다고 규정하고 있고, 민법 제769조는 혈족의 배우자, 배우자의 혈족, 배우자의 혈족의 배우자만을 인척으로 규정하고 있을 뿐, 구 민법 제769조에서 인척으로 규정하였던 '혈족의 배우자의 혈족'을 인척에 포함시키지 않고 있다. 따라서 사기죄의 피고인과 피해자가 사돈지간이라고 하더라도 이를 민법상 친족으로 볼 수 없다. [2] 피고인이 백화점 내 점포에 입점시켜 주겠다고 속여 피해자로부터 입점비 명목으로 돈을 편취하였다며 사기로 기소된 사안에서, 피고인의 딸과 피해자의 아들이 혼인하여 피고인과 피해자가 사돈지간이라고 하더라도 민법상 친족으로 볼 수 없는데도, 2촌의 인척인 친족이라는 이유로 위 범죄를 친족상도례가 적용되는 친고죄라고 판단한 후 피해자의 고소가 고소기간을 경과하여 부적법하다고 보아 공소를 기각한 원심판결 및 제1심판결에 친족의 범위에 관한 법리오해의 위법이 있다고 하여 모두 파기한 사례(대법원 2011. 4. 28. 선고 2011도2170 판결).

따라서 법률상 배우자인 나부자의 자동차를 절취한 김갑동에 대해서는 위 친족상도례가 적용되어 그 형이 면제됩니다.

나. 피고인 이을남의 범인도피죄 성립 여부[12]

범인도피죄가 성립하기 위해서는 벌금 이상의 형에 해당하는 죄를 범한 자를 은닉 또는 도피하게 하여야 합니다(형법 제151조 제1항). 위 '죄를 범한 자'에는 정범뿐만 아니라 교사범과 종범·예비·음모한 자도 포함되고, 그 행위가 구성요건에 해당하고 위법·유책하며 처벌조건과 소송조건을 구비하였을 것을 요합니다.

앞서 살펴본 바와 같이 김갑동의 절도의 점에 대해서는 형법 제328조 제1항이 적용되어 형이 면제되고(제344조), 이러한 친족상도례는 인적 처벌조각사유에 해당합니다. 따라서 처벌조건을 갖추지 못한 피고인은 제151조 제1항에서 정하는 '죄를 범한 자'에 해당하지 아니합니다.** 김갑동이 '죄를 범한 자'에 대항하지 아니하는 이상 김갑동을 도피 또는 은닉시킨 피고인에 대해 범인도피죄는 성립하지 아니합니다(공범종속형식 중 제한종속형식).

** [참고판례] (전략) 그런데 위 공소사실과 기록에 의하면, 공소외인의 이 사건 행위는 자신이 위 승용차를 운전하던 중 사고 장소 좌측에 설치된 노면 턱을 들이받는 바람에 그 충격으로 조수석에 탑승하고 있던 피고인에게 전치 4주간의 상해를 입혔다는 것인바, 이러한 경우 공소외인에 대하여 적용이 가능한 죄는 가볍게는 도로교통법 제113조 제1호, 제44조 위반죄로부터 교통사고처리특례법 제3조 제1항 위반죄를 거쳐 공소외인의 범의에 따라서는 형법 제257조 제1항의 상해죄에 이르기까지 다양하고, 위 각 죄는 모두 벌금 이상의 형을 정하고 있음이 분명할 뿐만 아니라, 나아가 공소외인에게 적용될 수 있는 죄가 결과적으로 위 공소사실과 같이 교통사고처리특례법 제3조 제1항 위반죄에 한정된다고 하더라도, 원심이 내세우는 자동차종합보험 가입사실은 같은 법 제4조 제1항이 규정하는 바와 같이 공소를 제기할 수 없다는 소송조건에 해당하는 것으로서, 그것도 같은 법 제3조 제2항에 의하여 피해자가 나중에 사망에 이르거나 또는 같은 항이 규정하는 10가지의 단서, 특히 음주나 과속 운전 등에 해당하는 경우에는 적용되지 아니하는 것이므로, 이러한 경우 수사기관으로서는 위 단서의 적용 여부를 가리기 위하여 공소외인의 행위에 대하여 얼마든지 수사를 할 수 있는 것이고 그 결과에 따라 공소외인에 대한 소추나 처벌 여부가 가려지게 되는 것이다. 따라서 이 사건에 있어서 원심이 내세우는 자동차종합보험 가입사실만으로 위와 같은 공소외인의 행위가 형사소추 또는 처벌을 받을 가능성이 없는 경우에 해당한다고 단정할 수 없는 것임은 물론이고, 피고인이 수사기관에 적극적으로 자신이 운전자라는 허위사실을 진술함으로써 실제 운전자인 공소외인을 도피하게 하였다면 그로써 수사권의 행사를 비롯한 국가의 형사사법 작용은 곤란 또는 불가능하게 되는 것이라고 아니할 수 없으므로(예컨대, 수사기관이 초동단계에서 실제 운전자에 대한 음주측정을 하지 못하여 교통사고처리특례법위반죄로 기소하지 못하게 되는 상황이 발생할 수 있다), 이는 범인도피죄에 해당한다고 할 것이다(대법원 2000. 11. 24. 선고 2000도4078 판결).

다. 형법 제151조 제2항의 친족상도례 적용[13]

설사 피고인에 대해 범인도피죄의 구성요건해당성이 인정된다 하더라도, 김갑동의 아버지는 김성균, 피고인 이을남의 어머니는 김선영이고, 김선영은 김성균의 동생입니다(수사보고서 및 각 가족관계증명서 참조). 즉, 피고인은 김갑동과 사촌형제로서 친족관계에 있고, 피고인이 친족인 김갑동을 위하여 범인도피죄를 범한 이상 피고인은 처벌받지 아니합니다(형법 제151조 제2항, 책임조각사유).

[13] 피고인의 범인도피의 점에 대해 구성요건해당성이 부정되는 이상, 책임조각사유인 형법 제151조 제2항은 검토하지 아니함이 논리적으로 타당하다. 다만 수험답안임을 고려하여 방어적으로 검토하였다.

라. 소결

결국 이 부분 공소사실은 죄가 되지 아니하므로 형사소송법 제325조 전단에 의하여 무죄판결이 선고되어야 합니다.

2016. 1. 5.

피고인 이을남의 변호인 변호사 이변론 ㊞

서울중앙지방법원 제23형사부 귀중

 MEMO

2017년 제6회
변호사시험 형사법 기록형

2017년도 제6회 변호사시험 문제

시험과목	형사법(기록형)

응시자 준수사항

1. 시험 시작 전 문제지의 봉인을 손상하는 경우, 봉인을 손상하지 않더라도 문제지를 들추는 행위 등으로 문제 내용을 미리 보는 경우 그 답안은 영점으로 처리됩니다.

2. 시험 시간 중에는 휴대전화, 스마트워치 등 무선통신 기기나 전자계산기 등 전산기기를 지녀서는 안 됩니다.

3. 답안은 흑색 또는 청색 필기구(사인펜이나 연필 사용 금지) 중 한 가지 필기구만을 사용하여 답안 작성란(흰색 부분) 안에 기재하여야 합니다.

4. 답안지에 성명과 수험번호 등을 기재하지 않아 인적사항이 확인되지 않는 경우에는 영점으로 처리되는 등 불이익을 받게 됩니다. 특히 답안지를 바꾸어 다시 작성하는 경우, 성명 등의 기재를 **빠뜨리지** 않도록 유의하여야 합니다.

5. 답안지에는 문제 내용을 쓸 필요가 없으며, 답안 이외의 사항을 기재하거나 밑줄 기타 어떠한 표시도 하여서는 안 됩니다. 답안을 정정할 경우에는 두 줄로 긋고 다시 써야 하며, 수정액·수정테이프 등은 사용할 수 없습니다.

6. 시험 종료 시각에 임박하여 답안지를 교체했더라도 시험 시간이 끝나면 그 즉시 새로 작성한 답안지를 회수합니다.

7. 시험 시간이 지난 후에는 답안지를 일절 작성할 수 없습니다. 이를 위반하여 **시험 시간이 종료되었음에도 불구하고 계속 답안을 작성할 경우 그 답안은 영점으로 처리됩니다.**

8. 답안은 답안지의 쪽수 번호 순으로 써야 합니다. **배부된 답안지는 백지 답안이라도 모두 제출**하여야 하며, **답안지를 제출하지 아니한 경우 그 시간 시험과 나머지 시험에 응시할 수 없습니다.**

9. 지정된 시각까지 지정된 시험실에 입실하지 않거나 시험관리관의 승인 없이 시험 시간 중에 시험실에서 퇴실한 경우, 그 시간 시험과 나머지 시간의 시험에 응시할 수 없습니다.

10. 시험 시간 중에는 어떠한 경우에도 문제지를 시험실 밖으로 가지고 갈 수 없고, 그 시험 시간이 끝난 후에는 문제지를 시험장 밖으로 가지고 갈 수 있습니다.

[001] 가장 먼저 작성하여야 할 서면의 종류를 확인한다. 구체적으로 '누가' '누구에게' 제출하는 서면인지를 확인하여야 한다. 이에 따라 답안에서 사용할 어투뿐만 아니라 검토하여야 할 쟁점까지 달리하게 된다.
변호인이 회사 내부적으로 대표변호사에게 보고할 검토의견서를 작성하여야 하므로 경어체를 사용하거나 '~할 것임'이라는 형식으로 답안을 작성하여야 하고, 피고인에게 유리한 내용뿐만 아니라 불리한 내용에 대해서도 객관적 입장에서 검토하여야 한다.

[002] 기록 답안은 판례의 태도를 기준으로 답안을 작성함을 원칙으로 한다. 사례형 답안과 달리 견해대립이나 일반론을 기재할 필요 없이 판례 결론에 따른 사안검토 위주로 작성한다.
판례의 태도에 반하는 견해를 바탕으로 피고인에 대한 무죄 등을 주장하는 예외적인 경우에는 판례 태도부터 적시한 후 변론내용을 기재하도록 한다.

[003] 축약기재를 할 수 있다고 명시하고 있으므로 이에 따라 법명은 축약기재하도록 한다. 다만 명시된 법명이 아닌 다른 법명은 축약기재하여서는 아니 된다.

[004] 답안 작성의 편의를 위해 김갑동에 대한 증거능력 판단 기재는 생략되었다.

[005] 재판장의 석명사항은 새로운 쟁점을 추가하는 것이 아니라, 문제의 난이도를 낮추기 위한 출제자의 배려임을 명심해야 한다. 석명사항과 관련된 쟁점은 답안에서 절대 누락하여서는 아니 된다.

[006] 기재가 생략된 증거라도 필요한 경우에는 인정사실에 대한 근거로서 거시하여야 한다.

【 문 제 】

피고인 김갑동에 대해서는 법무법인 명변 담당변호사 김변호가, 피고인 이을남에 대해서는 법무법인 공정 담당변호사 이변호가, 객관적인 입장에서 각 대표변호사에게 보고할 검토의견서를 작성하되, 다음 쪽 검토의견서 양식 중 **본문 I, II 부분만 작성하시오.**

【 작성 요령 】

1. 학설·판례 등의 견해가 대립되는 경우, 한 견해를 취할 것. 단, 대법원 판례와 다른 견해를 취하여 의견을 제시하고자 하는 경우에는 대법원 판례의 취지를 적시할 것.
2. 증거능력이 없는 증거는 실제 소송에서는 증거로 채택되지 않아 증거조사가 진행되지 않지만, 이 문제에서는 시험의 편의상 증거로 채택되어 증거조사가 진행된 것을 전제하였음. 따라서 필요한 경우 증거능력에 대하여도 논할 것.
3. 법률명과 죄명에서 '특정경제범죄 가중처벌 등에 관한 법률'은 '특경법'으로, '정보통신망 이용촉진 및 정보보호 등에 관한 법률'은 '정통망법'으로, '특정범죄 가중처벌 등에 관한 법률'은 '특가법'으로, '부정수표 단속법'은 '부수법'으로 줄여서 기재하여도 무방함.
4. <u>(1) 증거능력 판단은 피고인 김갑동에 대하여는 기재하지 말고, (2) 공소사실 1항은 제2회 공판기일에 이루어진 재판장의 석명사항에 대한 쟁점도 반영하여 작성할 것.</u>

【 주의 사항 】

1. 쪽 번호는 편의상 연속되는 번호를 붙였음.
2. 조서, 기타 서류에는 필요한 서명, 날인, 무인, 간인, 정정인이 있는 것으로 볼 것.
3. 증거목록, 공판기록 또는 증거기록 중 '생략'이라고 표시된 부분에는 법에 따른 절차가 진행되어 그에 따라 적절한 기재가 있는 것으로 볼 것.
4. 공판기록과 증거기록에 첨부하여야 할 일부 서류 중 '생략' 표시가 있는 것, '증인선서서'와 수사기관의 조서에 첨부하여야 할 '수사과정확인서'는 적법하게 존재하는 것으로 볼 것.
5. 송달이나 접수, 통지, 결재가 필요한 서류는 모두 적법한 절차를 거친 것으로 볼 것.

【 검토의견서 양식 】

검토의견서 (55점)

사 건   2016고합1321 특정경제범죄가중처벌등에관한법률위반(사기) 등
피고인   김갑동

Ⅰ. 피고인 김갑동에 대하여
  1. 특정경제범죄가중처벌등에관한법률위반(사기)의 점
  2. 정보통신망이용촉진및정보보호등에관한법률위반의 점
  3. 무고의 점
  4. 공무집행방해의 점
  5. 특정범죄가중처벌등에관한법률위반(도주치상)의 점
※ 평가제외사항 - 공소사실의 요지, 정상관계 (답안지에 기재하지 말 것)

2017. 1. 11.
담당변호사 김변호 ㊞

【 검토의견서 양식 】

검토의견서 (45점)

사 건   2016고합1321 특정경제범죄가중처벌등에관한법률위반(사기) 등
피고인   이을남

Ⅱ. 피고인 이을남에 대하여
  1. 특정경제범죄가중처벌등에관한법률위반(사기)의 점
  2. 부정수표단속법위반의 점
※ 평가제외사항 - 공소사실의 요지, 정상관계 (답안지에 기재하지 말 것)

2017. 1. 11.
담당변호사 이변호 ㊞

---

[007] 양식에서 주어진 답안 목차 그대로 답안을 작성한다. 특히 정상관계 등 평가제외사항에 대해서는 답안에서 언급하지 않음은 물론 기록을 읽는 과정에서도 관련 내용을 가볍게 읽고 넘어가야 한다.

[008] 메모 작성시 양식의 목차와 공소장의 공소사실 기재 등을 참고하여 메모의 피고인과 죄명란을 기재한다.

기일						구속만료		미결구금	
1회기일	사건번호	2016고합1321	담임	형사23부	주심	나			
12/13 A10						최종만료			
12/27 P3						대행 갱신 만료			

서울중앙지방법원
구공판 형사제1심소송기록

사건명	가. 특정경제범죄가중처벌등에관한법률위반(사기) 나. 정보통신망이용촉진및정보보호등에관한법률위반 다. 무고 라. 공무집행방해 마. 특정범죄가중처벌등에관한법률위반(도주치상) 바. 부정수표단속법위반
검 사	박진영　　　　　　　2016형제161322호
피고인	1. 가.나.다.라.마.　김갑동 2. 가.바.　　　　　이을남
공소제기일	2016. 10. 21.
변호인	사선　법무법인 명변 담당변호사 김변호(피고인 김갑동) 사선　법무법인 공정 담당변호사 이변호(피고인 이을남)

확　정	
보존종기	
종결구분	
보　존	

완결 공람	담임	과장	국장	주심 판사	재판장	원장

[009] 기록표지에서는 공소제기일만 체크하여 메모하도록 한다. 추가적으로 왼쪽 상단에서 기일이 몇 번 열렸는지(시험에서는 2회가 일반적이다), 구속된 피고인이 있는지(구속된 피고인에 대해서는 피고인란에 '구속'이라는 박스표시가 붙는다) 등을 가볍게 확인할 수 있다.

[010] 체크할 내용이 없는 서면은 보지 않고 빠르게 넘기도록 한다.

접 수 공 람	과 장	국 장	원 장
	㊞	㊞	㊞

공 판 준 비 절 차

회 부 수명법관 지정 일자	수명법관 이름	재 판 장	비 고

법정외에서 지정하는 기일

기일의 종류	일 시				재 판 장	비 고
1회 공판기일	2016.	12.	13.	10:00	㊞	

- 5 -

서울중앙지방법원

목 록		
문 서 명 칭	장 수	비 고
증거목록	7	검사
공소장	11	
변호인선임서	(생략)	피고인 김갑동
변호인선임서	(생략)	피고인 이을남
영수증(공소장부본 등)	(생략)	피고인 김갑동
영수증(공소장부본 등)	(생략)	피고인 이을남
영수증(공판기일통지서)	(생략)	변호사 김변호
영수증(공판기일통지서)	(생략)	변호사 이변호
국민참여재판 의사 확인서(불희망)	(생략)	피고인 김갑동
국민참여재판 의사 확인서(불희망)	(생략)	피고인 이을남
의견서	(생략)	피고인 김갑동
의견서	(생략)	피고인 이을남
공판조서(제1회)	15	
공판조서(제2회)	17	
증인신문조서	19	정고소
증인신문조서	20	나부인
증거신청서	21	변호사 이변호
투자약정서 사본	21	
증거신청서	22	변호사 김변호
약식명령등본	23	

- 6 -

[011] 가장 먼저 공소장변경허가신청서가 있는지 체크한다. 허가신청이 있는 경우 그 다음 기일의 공판조서를 펼쳐 법원의 허가여부를 체크하여야 하고, 허가된 경우라면 공소장변경허가신청서를 펼쳐 변경된 공소사실을 확인하여야 한다. 공소사실이 변경된 경우 기존 공소장의 공소사실이 아닌 변경된 공소사실대로 기록을 읽고 메모를 시작하여야 한다.

그 다음 제1회 공판기일과 제2회 공판기일 사이에 제출된 증거가 있는지 확인한다. 공판단계에서 제출되는 합의서 등은 쟁점을 검토함에 있어 중요한 증거가 된다.

추가로 공판기일은 몇 차례 열렸는지 신청된 증인은 몇 명인지 등을 확인할 수도 있다.

[012] 약식명령등본이 등장하는 순간 제326조 제1호 면소판결 사유 검토가 쟁점이 됨을 예상할 수 있다.

[013] 증거목록에서는 검찰단계와 경찰단계를 구별하여 표시한 후, 각 증거에 대한 증거의견란을 체크한다(증거의견란에 X 표시된 부분을 체크하는 정도로 충분하다). 아직 공소장을 읽지 아니한 단계에서는 각 증거가 어떤 공소사실에 관련된 것인지 알 수 없으므로 형식적인 부분만 체크하도록 한다.

[014] 고소장이 제출된 경우 그 고소인에 대한 진술조서는 항상 이어서 등장한다.

[015] 진술조서에 대해 증거부동의하는 경우에는 그 참고인을 증인으로 신청하게 된다. 당해 참고인이 증인으로 출석하여 공판정에서 그 진술조서에 대한 진정성립을 인정하는 경우에는 진술조서의 증거능력이 인정된다.

[016] 사경 작성 피고인 김갑동에 대한 피의자신문조서에 대해 피고인 이을남이 증거부동의하고 있다. 이는 형사소송법 제312조 제3항에서 정하는 내용부인 취지로 해석된다.

증 거 목 록 (증거서류 등)

2016고합1321

① 김갑동
② 이을남
신청인 : 검사

2016형제161322호

순번	증거방법					참조사항 등	신청기일	증거의견		증거결정		증거조사기일	비 고
	작성	쪽수(수)	쪽수(증)	증거명칭	성 명			기일	내용	기일	내용		
1	사경	26		고소장	정고소		1	1	① ○ ② ×				
2	〃	27		동업계약서			1	1	① ○ ② ○				
3	〃	(생략)		문자메시지 캡처사진 2장			1	1	① ○				
4	〃	28		진술조서	정고소		1	1	① ○ ② ×				
5	〃	(생략)		압수조서 및 압수목록(보이스펜)			1	1	② ○				
6	〃	30		고소장	김갑동		1	1	① ○				
7	〃	31		피의자신문조서	김갑동		1	1	① ○ ② ×				
8	〃	(생략)		수사보고(공무집행방해 인지 경위)			1	1	① ○	(생략)			
9	〃	34		고발장		(생략)	1	1	② ○				
10	〃	35		피의자신문조서	이을남		1	1	② ○ ① ○				
11	〃	37		교통사고보고(실황조사서)			1	1	① ○				
12	〃	38		압수조서 및 압수목록(블랙박스)			1	1	① ○ ② ○				
13	〃	(생략)		진술서	오생존		1	1	① ○				
14	〃	(생략)		진술조서	이을남		1	1	① ○				
15	〃	39		피의자신문조서(제2회)	김갑동		1	1	① ○				
16	〃	(생략)		자동차등록원부			1	1	① ○				
17	〃	(생략)		자동차종합보험 가입사실증명서			1	1	① ○				

※ 증거의견 표시 - 피의자신문조서 : 인정 ○, 부인 ×
  (여러 개의 부호가 있는 경우, 적법성/성립/임의성/내용의 순서임)
  - 기타 증거서류 : 동의 ○, 부동의 ×
  - 진술이 특히 신빙할 수 있는 상태 하에서 행하여졌다는 점 부인 : "특신성 부인"(비고란 기재)
※ 증거결정 표시 : 채 ○, 부 ×
※ 증거조사 내용은 제시, 내용고지

증 거 목 록 (증거서류 등)

2016고합1321

① 김갑동
② 이을남

2016형제161322호

신청인 : 검사

순번	증거방법					참조사항 등	신청기일	증거의견		증거결정		증거조사기일	비고
	작성	쪽수(수)	쪽수(증)	증거명칭	성명			기일	내용	기일	내용		
18	사경	(생략)		상해진단서			1	1	① ○				
19	〃	(생략)		차용증			1	1	① ○				
20	〃	41		피의자신문조서	정고소		1	1	① ○				
21	〃	(생략)		조회회보서	김갑동		1	1	① ○				
22	〃	(생략)		조회회보서	이을남		1	1	② ○				
23	〃	(생략)		보이스펜 (증 제1호)			1	1	② ×				
24	〃	(생략)		블랙박스 (증 제2호)			1	1	① ○ ② ×				
25	검사	43		피의자신문조서 (대질)	김갑동	(생략)	1	1	① ○ ② ○	(생략)			
					이을남		1	1	② ○ ① ○				
26	〃	(생략)		국민은행 계좌내역			1	1	① ○				

※ 증거의견 표시 - 피의자신문조서 : 인정 ○, 부인 ×
  (여러 개의 부호가 있는 경우, 적법성/성립/임의성/내용의 순서임)
  - 기타 증거서류 : 동의 ○, 부동의 ×
  - 진술이 특히 신빙할 수 있는 상태 하에서 행하여졌다는 점 부인 : "특신성 부인"(비고란 기재)
※ 증거결정 표시 : 채 ○, 부 ×
※ 증거조사 내용은 제시, 내용고지

- 8 -

[017] 증거물에 대한 증거부동의는 크게 신경 쓰지 않아도 무방하다. 그러나 뒤에서 확인하는 바와 같이 보이스펜과 차량 블랙박스는 물증이 아닌 전문증거로서 사용되므로 그 증거능력과 관련하여 전문법칙의 예외요건을 검토하여야 한다.

[018] 대질신문조서의 경우 그 신문의 대상인 피고인들이 자신의 진술부분과 상대방의 진술부분을 구별하여 각각 증거동의를 한다.

[019] 서류에 대한 증거목록 다음에는 증인과 물건에 대한 증거목록이 등장한다. 아직 공소장을 읽지 아니한 단계에서는 각 증인이 어떤 공소사실에 관련된 것인지 알 수 없으므로 간단히 실시여부만 체크하도록 한다.

실시여부 즉, 철회되었거나 미실시된 증인이 존재하는 경우 해당 내용은 증거조사기일란에 표시된다.

[020] 김직원에 대해 증인신문이 실시되지 아니하였으므로 김직원에 대한 진술조서의 증거능력은 제313조 제1항에 의해 인정될 수는 없다.

보충적으로 제314조 요건 충족여부가 문제되나, 송달불능으로 증인신문이 미실시되었다는 사정만으로는 원진술자 진술불능의 요건을 충족할 수 없다. 따라서 뒤의 기록에서는 김직원에 대한 소재탐지촉탁 등이 별도로 실시되었는지 등을 체크하여야 한다.

증 거 목 록 (증인 등)

2016고합1321

① 김갑동
② 이을남

2016형제161322호

신청인 : 검사

증거방법	쪽수(공)	입증취지 등	신청기일	증거결정 기일	증거결정 내용	증거조사기일	비고
증인 정고소	19	공소사실 1항, 2의 가.항 및 3항	1	1	○	2016. 12. 27. 15:00 (실시)	
증인 나부인	20	공소사실 1항 및 2의 나.항	1	1	○	2016. 12. 27. 15:00 (실시)	
증인 김직원		공소사실 1항	1	1	○	2016. 12. 27. 15:00 (송달불능 미실시)	

※ 증거결정 표시 : 채 ○, 부 ×

[021] 검사가 제출한 증거목록 다음에 피의자측이 제출한 증거목록이 등장한다. 피의자측이 제출한 증거는 쟁점 검토에 있어서 중요한 증거가 됨이 일반적이다.

증 거 목 록 (증거서류 등)

2016고합1321

① 김갑동
② 이을남

2016형제161322호   신청인 : 피고인 및 변호인

순번	증거방법 작성	쪽수(수)	쪽수(공)	증거명칭	성명	참조사항등	신청기일	증거의견 기일	증거의견 내용	증거결정 기일	증거결정 내용	증거조사기일	비고
1			21	투자약정서 사본			2	2	○				②신청
2			23	약식명령등본			2	2	○				①신청
3			(생략)	변제공탁서			2	2	○				②신청
						(생략)				(생략)			

※ 증거의견 표시 - 피의자신문조서 : 인정 ○, 부인 ×
　　　　　　　　　(여러 개의 부호가 있는 경우, 적법성/성립/임의성/내용의 순서임)
　　　　　　　 - 기타 증거서류 : 동의 ○, 부동의 ×
　　　　　　　 - 진술이 특히 신빙할 수 있는 상태 하에서 행하여졌다는 점 부인 : "특신성 부인"(비고란 기재)
※ 증거결정 표시 : 채 ○, 부 ×
※ 증거조사 내용은 제시, 내용고지

- 10 -

[022] 생략된 증거들에 대해서는 기록 제일 마지막 페이지에서 한 번에 정리하면 충분하다.

[023] 공소장은 공판조서와 함께 기록의 핵심이다.
공소장에서 Ⅰ. 피고인 관련사항과 Ⅲ. 첨부서류는 보지 않아도 무방하고, Ⅱ. 공소사실을 꼼꼼하게 읽도록 한다.

서울중앙지방검찰청

2016. 10. 21.

사 건 번 호　2016년 형제161322호
수 신 자　서울중앙지방법원　　　　발 신 자
　　　　　　　　　　　　　　　　　검　사　박진영　박진영 (인)

제　　목　공소장
　　　　　아래와 같이 공소를 제기합니다.

Ⅰ. 피고인 관련사항
　1. 피 고 인　김갑동 (71****-1******), 45세
　　　　　　　직업 사업, 010-****-****
　　　　　　　주거 서울 서초구 서초중앙로6길, 3동 101호(서초동, 하늘아파트)
　　　　　　　등록기준지 경기 성남시 수정구 태평동 500
　　　죄　　명　특정경제범죄가중처벌등에관한법률위반(사기), 정보통신망이용촉진및정보보호등에관한법률위반, 무고, 공무집행방해, 특정범죄가중처벌등에관한법률위반(도주치상)
　　　적용법조　특정경제범죄 가중처벌 등에 관한 법률 제3조 제1항 제2호, 형법 제347조 제1항, 특정범죄 가중처벌 등에 관한 법률 제5조의3 제1항 제2호, 형법 제268조, 제156조, 제136조 제1항, 정보통신망 이용촉진 및 정보보호 등에 관한 법률 제74조 제1항 제3호, 제44조의7 제1항 제3호, 형법 제30조, 제37조, 제38조
　　　구속여부　불구속
　　　변 호 인　법무법인 명변(담당변호사 김변호)
　2. 피 고 인　이을남 (75****-1******), 41세
　　　　　　　직업 사업, 010-****-****
　　　　　　　주거 서울 강남구 강남대로15길, 6동 901호(도곡동, 누리아파트)
　　　　　　　등록기준지　서울 도봉구 쌍문동 207
　　　죄　　명　특정경제범죄가중처벌등에관한법률위반(사기), 부정수표단속법위반
　　　적용법조　특정경제범죄 가중처벌 등에 관한 법률 제3조 제1항 제2호, 형법 제347조 제1항, 부정수표 단속법 제2조 제2항, 제1항, 형법 제30조, 제37조, 제38조
　　　구속여부　불구속
　　　변 호 인　법무법인 공정(담당변호사 이변호)

- 11 -

[024] Ⅰ. 피고인 관련사항에서는 적용법조에서 공범관계나 죄수와 관련된 규정을 추가적으로 확인할 수 있다.
형법 제30조를 통해 피고인 김갑동과 이을남이 공동정범 관계에 있음을 알 수 있고, 형법 제37조·제38조를 통해 김갑동이 범한 범죄들을 검사가 실체적 경합관계에 있다고 판단하여 기소하였음을 알 수 있다.
문제에서 죄수관계 등이 쟁점으로 등장하는 경우에는 적용법조 부분을 체크할 필요가 있다.

II. 공소사실

1. 피고인들의 공동범행

피고인들은 공모하여 2014. 9. 1.경 서울 종로구 종로5길 16에 있는 피해자 정고소의 사무실에서, 피고인 김갑동은 변제의사나 능력이 없음에도 피해자와 예전부터 금전거래가 있었던 점을 이용하여 피해자에게 "4억 원을 빌려주면 이자 1억 원까지 합하여 총 5억 원을 2015. 8. 31.까지 반드시 변제하겠다. 더욱이 제주도에 한류 공연장 사업을 박병서와 동업하여 새로이 시작하니 변제하는데 아무 문제없다."라고 거짓말하고, 피고인 이을남은 실제로는 위 공연장 사업에 투자할 마음이 없음에도 자신도 마치 5억 원을 투자할 것처럼 옆에서 맞장구를 치는 등 피해자를 기망하여 이에 속은 피해자로부터 같은 날 피고인 김갑동 명의의 신한은행 계좌(계좌번호 생략)로 4억 원을 송금 받았다.

이로써 피고인들은 공모하여 피해자를 기망하여 재물의 교부를 받았다.

2. 피고인 김갑동

가. 정보통신망이용촉진및정보보호등에관한법률위반

피고인은 2016. 1. 3.경부터 2016. 1. 5.경까지 서울 서초구 서초중앙로6길, 3동 101호(서초동, 하늘아파트)에 있는 피고인의 집에서 피해자 정고소(56세)가 제1항 기재 차용금의 상환을 과도하게 독촉한다는 이유로 "너는 인간쓰레기이다. 두고 보자 이 벌레보다도 못한 인간아."라는 내용의 동일한 문자메시지를 2회 발송함으로써 정보통신망을 통하여 불안감을 유발하는 문언을 반복적으로 피해자에게 도달하게 하였다.

나. 무고

피고인은 2016. 8. 16.경 서울 서초구 서초중앙로6길, 3동 101호(서초동, 하늘아파트)에 있는 피고인의 집에서 컴퓨터를 사용하여 정고소에 대한 허위 내용의 고소장을 작성하였다. 그 고소장은 '2012. 9. 10.경 피고인의 처 나부인을 통해 정고소로부터 1,000만 원을 차용함에 있어 차용증을 작성해 준바 없음에도 정고소가 이를 임의로 위조, 행사하였으니 처벌해 달라'는 취지이나, 사실은 정고소가 위 차용증을 위조한 사실이 없었다.

---

[025] 공소사실은 주체·일시·장소·목적(대상)·행위및결과 등을 중심으로 꼼꼼하게 읽으면서 메모하도록 한다.
공소사실만으로 쟁점이나 그에 대한 결론을 알 수 있는 경우에는 해당 내용을 바로 메모하도록 한다.

[026] 피고인이 피해자로부터 실제 교부받은 금원은 대여금 명목의 4억 원에 불과하다. 공소사실에서 이자 명목의 1억 원에 대한 별도의 처분행위가 있었다는 사정이 나타나지 아니하므로 편취금액에 따른 특경법과 형법 적용여부가 쟁점이 됨을 알 수 있다.

[027] 정통망법의 구체적인 내용을 알지 못하였더라도 공소장 기재만으로도 문제를 충분히 풀 수 있다.
공소사실에 '반복적으로'라는 표현이 등장하므로 정통망법위반죄가 '반복성'을 구성요건으로 한다는 점을 알 수 있다. 이는 적용법조에 기재되어 있는 정통망법 규정을 법전에서 찾아보아도 쉽게 알 수 있다.

[028] 무고죄의 경우에는 그 고소내용이 허위인지 여부와 그 허위성을 고소인이 인식하였는지 여부가 주로 문제된다.

그럼에도 불구하고, 피고인은 같은 날 서울서초경찰서 민원실에서 성명을 알 수 없는 경찰관에게 위 고소장을 제출하였다.

이로써 피고인은 정고소로 하여금 형사처분을 받게 할 목적으로 무고하였다.

다. 공무집행방해

피고인은 2016. 8. 30. 15:00경 서울서초경찰서에서 정고소가 고소한 제1항 기재 사기 사건의 피의자로 조사를 받던 중, 자신이 고소한 정고소에 대한 사문서위조 등 사건을 먼저 조사하여 달라고 요구하였음에도 위 경찰서 소속 사법경찰관 경위 김병휘가 이를 거절하며 자신의 범행만 추궁한다는 이유로 위 경찰관에게 "정고소 이 자식, 만일 내가 이 사건으로 처벌되면 아는 동생을 시켜 집에 불을 질러 버리겠다."라고 소리쳐 경찰관을 협박하여 경찰관의 조사업무를 방해하였다.

[029] 협박을 구성요건요소로 하는 범죄에 있어 말로써 협박한 경우에는 그 협박 내용 자체가 공소사실에 인용 기재된다.
피고인이 해악을 고지한 상대방이 공무집행 중인 경찰관이 아닌 제3자인 경우이다. 따라서 공무집행방해죄가 성립하기 위해서는 경찰관과 정고소 사이에 '밀접한 관계'가 존재하여야 한다.

라. 특정범죄가중처벌등에관한법률위반(도주치상)

피고인은 14오2345호 쏘나타 승용차를 운전하는 업무에 종사하는 사람이다.

피고인은 2016. 9. 16. 20:00경 위 승용차를 운전하여 서울 서초구 서초중앙로123길 23에 있는 'S'고등학교 앞 편도 1차선 도로를 서초동 방면에서 방배동 방면으로 시속 약 50킬로미터로 진행하게 되었다. 그곳 도로는 중앙선이 설치되어 있어 좌회전이 금지되어 있는 곳임에도 불구하고 피고인은 반대차선 쪽 골목길로 좌회전하기 위해 횡단보도를 통하여 중앙선을 침범한 과실로, 마침 반대차선 도로변에 서성대던 피해자 오생존(46세)을 뒤늦게 발견하고 급제동하였으나 피고인 운전 차량 앞 범퍼로 피해자의 다리를 들이받아 도로에 넘어지게 하였다.

이로써 피고인은 위와 같은 업무상 과실로 피해자에게 약 4주간의 치료가 필요한 두개골골절 등의 상해를 입게 하였음에도 곧 정차하여 피해자를 구호하는 등의 조치를 취하지 아니하고 그대로 도주하였다.

[030] 특가법위반(도주차량)죄에 대해서는 주로 도주사실의 인정여부가 문제된다. 도주사실이 부정되는 경우 축소사실인 교특법위반의 점까지 추가적으로 검토하여야 함에 주의를 요한다.

[031] 교특법위반죄와 관련하여 피고인에게 중앙선을 침범한 과실이 존재한다. 따라서 처벌불원의 의사표시가 있거나 종합보험에 가입되어 있더라도 유죄판결이 선고될 수 있다. 뒤의 기록에서는 도주사실에 대한 내용뿐만 아니라 중앙선 침범 및 그 침범이 사고의 직접적인 원인이 되었는지에 대한 내용을 꼼꼼하게 읽어야 한다.

3. 피고인 이을남

피고인은 2016. 1. 1.경부터 주식회사 우리은행 서초지점과 피고인 명의로 수표계약을 체결하고 수표거래를 하여왔다.

가. 피고인은 2016. 9. 3.경 서울 강남구 강남대로15길, 6동 901호(도곡동, 누리아파트)에 있는 피고인의 집에서, 수표번호 '아가 01212121', '수표금액 5,000,000원', '발행일 2016. 9. 3.'로 된 피고인 명의의 가계수표 1장을 발행하여 위 수표의

[032] 부수법위반의 경우 발행일, 수표번호, 수표금액, 발행일, 소지인 등을 체크하여 메모한다. 전단무죄 사유인 발행일 미기재 수표의 경우 공소사실에서 바로 해당 내용을 체크할 수 있다.

소지인 정고소가 2016. 9. 13. 위 은행 서초지점에 위 수표를 지급 제시하였으나 예금부족으로 지급되지 아니하게 하였다.

나. 피고인은 2016. 9. 5.경 서울 강남구 강남대로15길, 6동 901호(도곡동, 누리아파트)에 있는 피고인의 집에서, '수표번호 아가 01212122', '수표금액 3,000,000원', '발행일 2016. 9. 5.'로 된 피고인 명의의 가계수표 1장을 발행하여 위 수표의 소지인 김갑동이 2016. 9. 13. 위 은행 서초지점에 위 수표를 지급 제시하였으나 거래정지로 지급되지 아니하게 하였다.

Ⅲ. 첨부서류

1. 변호인선임서 2통 (생략)

[033] 발행일인 16. 9. 3.로부터 10일 내인 16. 9. 13.에 지급제시하였음을 알 수 있다. 따라서 정고소의 지급제시는 적법·유효하다.

[034] 제1회 공판조서의 첫 페이지는 읽지 않아도 무방하다.

서 울 중 앙 지 방 법 원

공 판 조 서

제 1 회
사　　　건　2016고합1321　특정경제범죄가중처벌등에관한법률위반(사기) 등
재판장 판사　송정훈　　　　　　　기　　일 :　2016. 12. 13. 10:00
　　　　판사　오원정　　　　　　　장　　소 :　제425호 법정
　　　　판사　이재호　　　　　　　공개 여부 :　　　　　공개
법원사무관　이동우　　　　　　　　고 지 된
　　　　　　　　　　　　　　　　　다음기일 :　2016. 12. 27. 15:00

피 고 인　　1. 김갑동　2. 이을남　　　　　　　　　각 출석
검　　 사　　주건명　　　　　　　　　　　　　　　　출석
변 호 인　　법무법인 명변 담당변호사 김변호 (피고인 1을 위하여)　출석
　　　　　　법무법인 공정 담당변호사 이변호 (피고인 2를 위하여)　출석

재판장
　　피고인들은 진술을 하지 아니하거나 각개의 물음에 대하여 진술을 거부할 수 있고, 이익되는 사실을 진술할 수 있음을 고지
재판장의 인정신문
　　성　　　명 : 1. 김갑동　　2. 이을남
　　주민등록번호 : 각 공소장 기재와 같음
　　직　　　업 :　　　　 〃
　　주　　　거 :　　　　 〃
　　등록기준지 :　　　　 〃
재판장
　　피고인들에 대하여
　　주소의 변경 등이 있을 때에는 이를 법원에 보고할 것을 명하고 소재가 확인되지 않는 때에는 피고인들의 진술 없이 재판할 경우가 있음을 경고
검　사
　　공소장에 의하여 공소사실, 죄명, 적용법조 낭독

- 15 -

피고인 김갑동

　　공소사실 1항은 기망행위나 편취범의 없고, 2의나.항은 본인이 차용증을 작성한바 없으며, 2의라.항은 도주의사 없고, 나머지 공소사실은 모두 인정한다고 진술

피고인 이을남

　　공소사실 1항은 김갑동이 사기범행을 저지르는 줄 몰랐고 그에 가담한바 전혀 없으며, 3항은 인정한다고 진술

피고인 김갑동의 변호인 변호사 김변호

　　피고인 김갑동을 위하여 유리한 변론을 함. (변론기재는 생략).

피고인 이을남의 변호인 변호사 이변호

　　피고인 이을남을 위하여 유리한 변론을 함. (변론기재는 생략).

재판장

　　증거조사를 하겠다고 고지

증거관계 별지와 같음(검사, 변호인)

재판장

　　각 증거조사 결과에 대한 의견을 묻고 권리를 보호함에 필요한 증거조사를 신청할 수 있음을 고지

소송관계인

　　별 의견 없다고 각각 진술

재판장

　　변론 속행

2016. 12. 13.

법 원 사 무 관　　이동우 ㊞

재판장　판 사　　송정훈 ㊞

― 16 ―

[035] 제1회 공판기일에서의 피고인의 공소사실에 대한 인부진술은 기록에서 가장 중요하다.

피고인이 인정하는 공소사실에 대해서는 법률판단 쟁점이 주로 문제되고, 부인하는 공소사실에 대해서는 사실인정 쟁점이 주로 문제된다.

피고인의 공소사실 인정여부와 함께 부인 또는 일부부인하는 경우에는 그 취지까지 메모한다.

제1회 공판조서에 기재된 피고인의 공소사실 부인취지는 사실인정 쟁점에 대한 답안 기재시 '피고인 변소의 요지' 목차에 그대로 기재하여도 무방하다.

[036] 실제 소송에서는 피고인이 인부진술을 한 후 피고인의 변호인이 다시 인부진술을 함이 일반적이다. 그러나 최근 변호사시험에서는 변호인의 진술부분이 생략되고 있다.

서울중앙지방법원
공 판 조 서

제 2 회

사 건	2016고함1321 특정경제범죄가중처벌등에관한법률위반(사기) 등
재판장 판사 송정훈	기 일 : 2016. 12. 27. 15:00
판사 오원정	장 소 : 제425호 법정
판사 이재호	공개 여부 : 공개
법원사무관 이동우	고 지 된
	다음기일 : 2017. 1. 11. 15:00

피 고 인	1. 김갑동 2. 이을남	각 출석
검 사	주건명	출석
변 호 인	법무법인 명변 담당변호사 김변호 (피고인 1을 위하여)	출석
	법무법인 공정 담당변호사 이변호 (피고인 2를 위하여)	출석
증 인	정고소, 나부인	각 출석

재판장
    전회 공판심리에 관한 주요 사항의 요지를 공판조서에 의하여 고지
소송관계인
    변경할 점이나 이의할 점이 없다고 진술
재판장
    출석한 증인 정고소, 나부인을 별지와 같이 신문하다.
증거관계 별지와 같음(검사, 변호인)
재판장
    각 증거조사 결과에 대한 의견을 묻고 권리를 보호하는 데에 필요한 증거조
    사를 신청할 수 있음을 고지
재판장
    압수된 블랙박스(증 제2호)에 대한 압수수색영장이 사후에 발부된 사실이 없
    음을 확인하다.
소송관계인
    별 의견 없으며 달리 신청할 증거도 없다고 각각 진술
재판장
    증거조사를 마쳤음을 고지
검 사
    (검찰 피의자신문조서와 동일한 내용으로 피고인 김갑동 신문. 신문사항 생략)

- 17 -

---

[037] 제2회 공판조서에서는 가장 먼저 피고인이 기존에 진술한 내용 등을 변경하였거나 기존에 진행된 절차에 대해 이의를 제기하였는지 여부를 체크한다. 예컨대 피고인이 제1회 공판기일에서 부인한 공소사실에 대해 번의하여 인정하는 경우 제2회 공판조서 첫 부분에 해당 내용이 등장한다.

[038] 압수된 블랙박스가 위법수집증거로서 증거능력이 배제됨을 직접적으로 제시해주고 있다. 이와 같이 문제에서 쟁점 관련 내용을 직접적으로 언급하는 경우에는 해당 쟁점 검토를 절대 누락하여서는 아니 된다. 이러한 내용은 공판조서에서 재판장의 진술을 통해 자주 등장한다.

피고인 김갑동의 변호인 변호사 김변호

(피고인 김갑동에게 유리한 사항 신문. 신문사항 생략)

피고인 이을남의 변호인 변호사 이변호

피고인 김갑동에게

문 이을남은 피고인과 투자계약을 체결할 때 피고인이 공연장 사업 준비를 완료하는 조건으로 5억 원을 투자하기로 하였다고 주장하며, 금일 이를 뒷받침하는 투자약정서를 제출하였는데 어떤가요.

답 저는 이을남이 아무 조건 없이 투자를 하기로 하였던 것으로 기억을 했는데, 투자약정서를 보니 이을남의 진술이 맞는 것 같습니다.

문 강원랜드를 이을남이 먼저 가자고 한 것은 사실인가요.

답 강원랜드는 제가 가자고 한 것이고, 이을남은 그저 따라갔을 뿐입니다.

문 이을남이 발행한 부도수표에 대한 처벌을 원하나요.

답 이을남과는 싸우고 싶지 않아 처벌은 원치 않습니다.

검 사

(검찰 피의자신문조서와 동일한 내용으로 피고인 이을남 신문. 신문사항 생략)

피고인 이을남의 변호인 변호사 이변호

(피고인 이을남에게 유리한 사항 신문. 신문사항 생략)

재판장

피고인신문을 마쳤음을 고지

피고인들의 변호인들에게

이 사건 공소사실 1항의 주된 쟁점은,

1. 피고인 김갑동과 관련해서는, 공연장 사업이 정상적으로 진행될 수 있었는지 여부 등 김갑동이 차용금을 어떻게 갚으려 한 것인지,
2. 피고인 이을남과 관련해서는, 이을남이 김갑동의 사기범행을 인식하고도 그에 가담하였다고 볼 만한 증거들의 증거능력 또는 증명력을 어떻게 배제 또는 탄핵할 것인지, 특히 (1) 동업계약 조건에 대한 이을남의 인식 여부, (2) 수고비 요구 여부, (3) 범행수익 배분 여부 등에 대한 증거 판단문제라 할 것인바,

위 쟁점에 관하여 피고인들의 변호인에게 각각 의견을 구함

재판장

변론 속행 (변론 준비를 위한 검사, 변호인들의 요청으로)

2016. 12. 27.

법 원 사 무 관 이동우 ㊞

재판장 판 사 송정훈 ㊞

– 18 –

[039] 피고인신문은 대부분 쟁점과 직접 관련된 중요한 내용임이 일반적이다.

[040] 김갑동이 수사단계에서의 진술을 번복하고 있다. 이 진술은 이을남의 사기범의를 부정하는 주요한 근거가 됨은 물론, 일관성이 부족하다는 점에서 김갑동 진술의 신빙성을 탄핵하는 근거가 된다.

[041] 범행수익 배분과 관련하여 답안에 기재할 주요 내용이다. 다만 뒤의 기록까지 읽어보아야 사실관계 파악이 가능하므로 기록과 메모에 간단히 체크하고 뒤에서 관련 내용 등장시 다시 읽어보도록 한다.

[042] 수표소지인인 김갑동이 이을남에 대한 처벌불원의 의사표시를 하고 있다. 처벌불원의 의사표시가 있었다는 것과 그 의사표시일인 2016. 12. 27.까지 함께 메모하여야 한다.

[043] 재판장의 석명사항은 쟁점에 대한 직접적인 힌트이므로 꼼꼼하게 읽어야 한다. 사실인정 쟁점에 대해 석명사항이 존재하는 경우 그 석명사항이 증거능력에 대한 것인지 증명력에 대한 것인지 구별하여야 한다.

김갑동에 대한 석명사항은 사기의 범의 인정에 대한 증명력 검토와 관련된 것이고, 이을남에 대한 석명사항은 증거능력 배제에 유의하라는 일반론적인 언급을 제외하고는 역시 증명력 검토와 관련된 것이다.

특히 이을남에 대한 석명사항은 증명력 검토의 소목차로 활용할 수 있는바, 위 석명사항을 중심으로 뒤의 기록에서 세부내용을 검토하여야 한다.

서울중앙지방법원
증인신문조서 (제2회 공판조서의 일부)

사　　건　　2016고합1321　특정경제범죄가중처벌등에관한법률위반(사기) 등
증　　인　　이　름　　정고소
　　　　　　생년월일 및 주거 (생략)

재판장
증인에게 형사소송법 제148조 또는 제149조에 해당하는가의 여부를 물어 이에 해당하지 아니함을 인정하고, 위증의 벌을 경고한 후 별지 선서서와 같이 선서를 하게 하였다. 다음에 신문할 증인은 재정하지 아니하였다.

검사
문　(증거목록 순번 1, 4를 제시, 열람케 하고) 증인은 고소장을 직접 작성하여 경찰에 제출하고, 수사기관에서 사실대로 진술하고 진술한 대로 기재되어 있음을 확인한 다음 서명, 날인하였는가요.
답　예, 그렇습니다.
(고소장 및 경찰 진술조서와 동일한 내용으로 증인 신문. 신문사항 생략)
피고인 이을남의 변호인 변호사 이변호
문　증인이 김갑동에게 돈을 빌려준 이유는 무엇인가요.
답　김갑동이 전에도 저한테 몇 차례 돈을 빌렸지만 모두 정상적으로 변제를 했고, 이번에는 더군다나 제가 잘 아는 박병서와 공연장 사업을 하기로 예정되어 있다는 말을 믿고 빌려준 것입니다.
문　김갑동이 돈을 빌려달라며 동업계약서를 증인에게 보여줄 때 이을남도 그 동업계약서를 보았나요.
답　김갑동이 저한테만 보여주었던 것으로 기억합니다.
문　이을남 발행 5백만원권 수표번호 '아가01212121' 수표에 대하여 이을남이 500만 원을 이미 변제공탁하여 증인이 수령한 사실이 있지요.
답　예, 수령한 사실이 있습니다.

2016. 12. 27.

법원사무관　　이동우 ㊞
재판장 판사　　송정훈 ㊞

- 19 -

서울중앙지방법원
증인신문조서 (제2회 공판조서의 일부)

사　건　　2016고합1321　특정경제범죄가중처벌등에관한법률위반(사기) 등
증　인　이　름　　나부인
　　　　생년월일 및 주거 (생략)

재판장
　　증인에게 형사소송법 제148조 또는 제149조에 해당하는가의 여부를 물어 전자에 해당함을 인정하고 증언을 거부할 수 있음을 설명하였으나, 증언거부권을 행사하지 않겠다고 하므로 위증의 벌을 경고한 후 별지 선서서와 같이 선서하게 하였다.

검사
문　증인은 김갑동과 부부이지요.
답　예, 그렇습니다.
문　정고소로부터 남편이 돈을 빌릴 때 이을남이 거들어 준 대가로 수고비를 달라고 이을남이 김갑동에게 요구한 사실을 알고 있나요.
답　예, 남편한테 듣기로 이을남의 도움을 받아 정고소로부터 돈을 차용할 수 있었고 이을남이 그 대가로 수고비를 요구했다고 하였습니다.

재판장
문　증인은 남편이 2008. 9.경 정고소로부터 1천만 원을 빌린 사실을 알고 있나요.
답　예, 알고 있습니다.
문　증인이 정고소에게 남편 명의의 차용증을 작성하여 교부한 사실이 있나요.
답　남편이 물어보았을 때에는 정확한 기억이 없었는데, 지금 생각해보니 제가 작성해 준 것은 맞는 것 같습니다.

2016. 12. 27.

법원사무관　이동우 ㊞
재판장 판사　송정훈 ㊞

[048] 피고인 아닌 자의 공판기일에서의 진술이 피고인 아닌 타인의 진술을 내용으로 하는 전문진술이다. 원진술자인 이을남이 이 사건 공판에 출석하고 있으므로 증거능력이 부정된다(제316조 제2항). 답안 기재시 진술조서 전체가 아닌, 전문진술 부분만을 특정하여 증거능력을 부정하여야 함에 주의를 요한다.

[049] 김갑동 명의의 차용증을 정고소가 아닌 나부인이 작성하였다는 진술은 김갑동의 정고소에 대한 고소가 허위임을 뒷받침하는 증거가 된다.

[050] 이을남의 5억 원 투자계약은 김갑동이 공연장 시설을 먼저 갖출 것을 조건으로 한다. 그러나 위 공연장 시설은 김갑동이 박병서에게 7억 원을 먼저 조달할 것을 조건으로 하여 박병서가 제공하기로 약정한 것이다. 결국 이을남의 투자금 외에 7억 원을 확보할 방법이 없는 김갑동은 투자계약이나 동업계약의 조건을 이행할 수 없는 상태임을 알 수 있다.

증 거 신 청 서

사 건 2016고합1321 특정경제범죄가중처벌등에관한법률위반(사기) 등

피고인 이을남

위 사건에 관하여 피고인 이을남의 변호인은 피고인의 이익을 위하여 다음 증거서류를 증거로 신청합니다.

다 음

1. 투자약정서 사본 1부. 끝.

2016. 12. 27.

피고인 이을남의 변호인

변호사 이변호 (인)

서울중앙지방법원 제23형사부 귀중

투 자 약 정 서

1. 목적

김갑동이 제주 서귀포시에서 박병서와 동업하여 운영할 가칭 '한류 공연장' 사업에 이을남이 5억 원을 투자함에 있어 아래와 같은 조건으로 투자계약을 체결한다.

2. 투자조건

김갑동이 박병서와의 동업계약에 따라 위 공연장 시설 완비를 선행조건으로 이을남은 2014. 9. 30.까지 공연장 사업에 5억 원을 투자하기로 한다.

(이하 생략)

이을남 (자필 서명 생략)

김갑동 (자필 서명 생략)

원본과 상이함이 없음을 확인합니다. 변호사 이변호 (인)

- 21 -

증 거 신 청 서

사 건 2016고합1321 특정경제범죄가중처벌등에관한법률위반(사기) 등
피고인 김갑동

위 사건에 관하여 피고인 김갑동의 변호인은 피고인의 이익을 위하여 다음 증거서류를 증거로 신청합니다.

다 음

1. 약식명령등본 1부. 끝.

2016. 12. 27.

피고인 김갑동의 변호인

변호사 김변호 ㊞

서울중앙지방법원 제23형사부 귀중

[051] 증거신청서가 제출된 경우 바로 첨부된 증거의 내용을 확인한다.
합의서 등이 제출되는 경우 그 의사표시일은 첨부된 합의서의 작성일이 아닌 증거서류제출일(법원접수일)임에 주의를 요한다.

[052] 확정된 약식명령 또는 판결문 등본에서는 가장 먼저 발령일(선고일)과 확정일을 체크한다(확정일은 일반적으로 우측 상단에 위치한다). 확정일이 등본에 표시되어 있지 아니한 경우에는 수사보고서 등을 통하여 확정사실과 확정일자를 별도로 확인하여야 한다.

서울중앙지방법원
약 식 명 령

2016. 12. 15. 확정
서울중앙지방검찰청
검찰주사 전제군 ㊞

사　　건　　2016고약2222 정보통신망이용촉진및정보보호등에관한법률위반

피 고 인　　김갑동
　　　　　　(인적사항 생략)

주 형 과　　피고인을 벌금 3,000,000(삼백만)원에 처한다.
부수처분　　피고인이 위 벌금을 납입하지 않는 경우 금 100,000원을 1일로 환산한 기간 위 피고인을 노역장에 유치한다.
　　　　　　피고인에 대하여 위 벌금에 상당한 금액의 가납을 명한다.

범죄사실　　별지 기재와 같다.

적용법령　　정보통신망이용촉진및정보보호등에관한법률 제74조 제1항 제3호, 제44조의7 제1항 제3호

검사 또는 피고인은 이 명령등본을 송달받은 날로부터 7일 이내에 정식재판을 청구할 수 있습니다.

2016. 10. 30.

판 사　김 종 현

등본임.
2016. 12. 17.
서울중앙지방검찰청
검찰주사 박주환 ㊞

(별지)　　　　　범 죄 사 실

피고인은 2015. 11. 15.경부터 2015. 12. 30.경까지 사이에 피해자 정고소가 차용금 상환을 독촉한다는 이유로 "너는 인간쓰레기이다. 두고 보자 이 벌레보다도 못한 인간아."라는 내용의 문자메시지를 총 25회 발송하여 정보통신망을 통하여 불안감을 유발하는 글을 반복적으로 피해자에게 도달하게 하였다(범죄일람표 생략).

[053] 확정된 약식명령의 기판력이 해당 공소사실에 미치는지 여부를 확인하기 위해서는 확정된 약식명령의 범죄사실과 해당 공소사실의 동일성이 인정되어야 한다. 이를 답안에서 검토할 경우 양 사실의 주체·일시·장소·목적(대상)·행위 및 결과 등을 구체적으로 비교하여야 한다.

[054] 수사기록표지는 읽지 않고 넘어가도 무방하다.

	제	1	책
	제	1	권

서울중앙지방법원

증거서류등(검사)

사건번호	2016고합1321	담임	형사 23부	주심	다
	20 노		부		
	20 도		부		

사건명	가. 특정경제범죄가중처벌등에관한법률위반(사기) 나. 정보통신망이용촉진및정보보호등에관한법률위반 다. 무고 라. 공무집행방해 마. 특정범죄가중처벌등에관한법률위반(도주치상) 바. 부정수표단속법위반

검 사	박진영	2016년 형제161322호

피고인	1. 가.나.다.라.마. 2. 가.바.	**김갑동** **이을남**

공소제기일	2016. 10. 21.
1심 선고	20 . .	항소	20 . . .
2심 선고	20 . .	상고	20 . . .
확 정	20 . . .	보존	

- 24 -

					제 1 책
					제 1 권

구공판	서울중앙지방검찰청 증 거 기 록				
검 찰	사건번호	2016년 형제161322호	법원	사건번호	2016년 고합1321호
	검 사	박진영		판 사	
피 고 인	1. 가.나.다.라.마. **김갑동** 2. 가.바. **이을남**				
죄 명	가. 특정경제범죄가중처벌등에관한법률위반(사기) 나. 정보통신망이용촉진및정보보호등에관한법률위반 다. 무고 라. 공무집행방해 마. 특정범죄가중처벌등에관한법률위반(도주치상) 바. 부정수표단속법위반				
공소제기일	2016. 10. 21.				
구 속	각 불구속			석 방	
변 호 인					
증 거 물	있음				
비 고					

ID
고 소 장

서울서초경찰서 접수인(1227호)(2016.7.27.)

고 소 인 정고소 (인적사항 생략)
피고소인 김갑동, 이을남 (인적사항 생략)
죄   명 특정경제범죄가중처벌등에관한법률위반(사기) 및 정보통신망이용촉진
         및정보보호등에관한법률위반

　　피고소인 김갑동은 저와 전부터 금전거래가 있던 사람입니다. 피고소인 이을남은 이 사건으로 처음 알게 되었는데, 철강 사업을 하는 사람으로 김갑동과 거래관계에 있다고 들었습니다.
　　피고소인들은 2014. 9.경 저를 함께 찾아와 김갑동이 급하게 돈이 필요하니 5억 원을 빌려달라고 하여, 대신 원금을 4억 원으로 하고 이자는 1억 원으로 계산하여 4억 원을 빌려주었음에도 약정한 기한 내에 원금은커녕 이자조차 한 푼도 갚지 않아 5억 원에 대한 피해를 입었습니다.
　　김갑동이 돈을 빌려달라고 할 당시 박병서란 사람과 새로이 제주도에서 한류공연장 사업을 동업하기로 하였다며 그 동업계약서 사본(별첨 1)을 저에게 보여주었습니다. 이을남 또한 옆에서 그 공연장 사업에 자신도 5억 원을 투자하기로 하였다는 말을 하면서 맞장구를 치는 등 한 패로 움직인 것이 분명합니다.
　　그리고 변제기한이 지나고도 김갑동이 차일피일 미루면서 돈을 줄 기미가 보이지 않아 제가 독촉을 하자 김갑동이 제 휴대폰으로 저를 해코지 할 듯한 문자메시지를 한동안 계속하여 반복적으로 보냈으니 같이 처벌해 주십시오(별첨 2).
　　피고소인들을 조사하여 엄벌해주시기 바랍니다.
첨부 : 동업계약서 사본 1부
　　　 문자메시지 캡처 사진 2장(생략)

2016. 7. 27.
고소인 정 고 소 ㊞

서울서초경찰서장 귀중

[055] 고소인과 피고소인, 고소죄명 등을 간단히 체크한다. 구체적인 범죄사실에 대해서는 고소인에 대한 진술조서에 더 자세히 기재되어 있으므로 고소장은 꼼꼼하게 읽지 않아도 무방하다.

[056] 앞에서 등장한 투자계약서의 내용과 비교하며 읽어야 한다. 김갑동은 투자계약이나 동업계약의 조건을 이행할 수 없는 상태임을 알 수 있다.

동 업 계 약 서

박병서와 김갑동은 아래 계약 내용과 같이 동업계약을 체결한다.

1. 목적
박병서와 김갑동은 제주도 서귀포시(이하 주소 생략)에서 가칭 '한류 공연장'을 동업하여 운영함에 있어 박병서는 시설 일체를 제공하고 김갑동은 운영비를 조달함을 그 목적으로 한다.

2. 운영비 조달
김갑동은 2014. 9. 30.까지 운영비 7억 원을 조달하기로 한다.

3. 설비 제공
박병서는 위 운영비 7억 원을 김갑동이 공동 사업계좌에 입금하는 것을 조건으로 공연장 시설 일체를 제공하기로 한다.

4. 수익 분배
한류 공연장은 김갑동이 운영하되, 경비를 제외한 순수익은 6(김갑동) : 4(박병서)로 분배하기로 한다.
(이하 생략)

2014년 7월 1일

박병서 (인적사항 생략) 박병서 ㊞
김갑동 (인적사항 생략) 김갑동 ㊞

진 술 조 서

성   명 : 정고소
주민등록번호, 직업, 주거, 등록기준지, 직장주소, 연락처 (각 생략)

위의 사람은 피의자 김갑동 등에 대한 특정경제범죄가중처벌등에관한법률위반(사기) 등 피의사건에 관하여 2016. 8. 3. 서울서초경찰서 수사과 사무실에 임의 출석하여 다음과 같이 진술한다.

[피의자와의 관계, 피의사실과의 관계 등(생략)]

문   진술인이 피의자들을 상대로 고소한 취지는 무엇인가요
답   피의자들이 저를 속이고 돈을 빌렸음에도 전혀 갚지 않아 5억 원을 편취하고, 김갑동이 불안감을 조성하는 문자메시지를 반복적으로 보냈으니 처벌해 달라는 취지입니다.

문   어떻게 5억 원의 피해를 보았다는 것인가요
답   김갑동이 5억 원을 빌려달라기에 제가 어차피 이자도 받아야 하니 대신 원금 4억 원을 빌려주고 이자를 1억 원으로 계산하여 나중에 원금 상환시 이자 1억 원까지 합하여 총 5억 원을 받기로 하면 어떻겠냐고 하였더니, 김갑동이 좋다고 하여 결국 4억 원을 송금해준 것입니다. 하지만 원금은 물론 이자까지 한 푼도 갚지를 않았기 때문에 이자까지 당연히 합치면 피해는 5억 원이라는 것입니다.

문   김갑동과는 어떤 관계인가요
답   다른 사람을 통하여 처음 알게 된 사이인데, 당시 김갑동이 고철 사업을 하면서 저한테 몇 차례 돈을 빌렸다가 갚은 적이 있습니다.

문   예전 금전거래 규모는 어느 정도였나요
답   1, 2억 원 정도였는데, 그동안은 문제없이 다 갚았었습니다.

문   이번에 김갑동이 돈을 빌려달라고 하면서 구체적으로 뭐라고 하던가요
답   구체적으로 어디에 사용한다는 말은 없고 급히 돈이 필요하다고만 하였습니다. 다만, 자신이 박병서라는 사람과 새로이 제주도에서 공연장 사업을 곧 시작할건데 전망이 매우 좋아 빌린 돈을 갚는데 전혀 문제가 없다고 하면서 동업계약서 사본을 제게 보여주었습니다. 또한 예전에 돈을 빌릴 때처럼 기존 사업으로 인해 수금할 돈도 상당히 있다는 말도 덧붙여 김갑동의 말을 자연스럽게 믿은 것입니다.

- 28 -

[057] 고소인이 수사기관에 고소장을 제출하면 수사기관은 그 고소인을 소환하여 참고인조사를 진행한다. 따라서 기록에서 고소장이 등장하는 경우 그 다음에는 고소인에 대한 진술조서가 등장함이 일반적이다. 고소인에 대한 조사를 통해 피의자와 피의사실 등이 구체적으로 확인되면 피의자를 소환하여 피의자신문을 진행하게 된다.

[058] 공소장에서 파악할 수 있었던 이자부분 처분행위 쟁점을 다시 한 번 확인시켜주고 있다. 다만 공소장에서 관련 내용을 이미 확인하였으므로 가볍게 확인하는 정도로만 읽으면 충분하다.

[059] 기존 거래에서 김갑동이 1, 2억 원 정도를 문제없이 갚았다는 진술은 김갑동에게 유리한 증거가 된다.

[060] 기존 사업으로 인해 수금할 돈이 상당히 있었고, 만약 실제로 상당한 금액을 수금한 사실이 인정되는 경우라면 김갑동의 변제의사나 능력을 인정할 수 있는 유리한 증거가 될 수 있다. 따라서 뒤의 기록에서는 김갑동이 실제 수금한 돈이 얼마나 되는지를 체크하여야 한다(그러나 김갑동이 실제 수금한 돈은 1억 원에 불과하다).

문	혹시 박병서에게 동업계약을 실제 체결했는지 확인해 본 사실이 있나요
답	예, 박병서는 저도 원래 알고 있던 사람이라 저한테 거짓말을 할 사람이 아닌데 당시 현장에서 박병서에게 직접 전화하여 물어보니 동업계약을 실제 체결했다고 하였습니다.
문	이을남은 왜 함께 고소한 것인가요
답	제가 이을남에게 돈을 빌려준 것은 아니지만, 김갑동이 돈을 빌려달라고 할 때 이을남이 옆에서 자신도 공연장 사업에 5억 원을 투자하기로 했다는 등 맞장구를 쳤고, 그리고 결정적으로 나중에 알고 보니 김갑동과 이을남이 제가 빌려준 돈을 가지고 강원랜드 카지노에 가서 함께 도박을 했다는데 같이 사기를 친 것이 아니면 그럴 수가 없지 않겠습니까. 이을남이 빌린 돈으로 도박한 것임을 자인하는 내용을 제 직원 김직원이 이을남과 둘이 대화 도중 녹음하여 그 보이스펜을 증거로 제출하겠습니다.

이때 보이스펜을 임의로 제출받아 증 제1호로 압수한 후 그에 따른 필요한 조치를 취하다(압수조서 및 압수목록 첨부 생략).

문	김갑동이 반복적으로 문자메시지를 보냈다는 고소내용은 무엇인가요
답	김갑동이 빌려간 돈을 약정기한이 한참 지나고서도 주지 않아 제가 독촉을 하였더니 김갑동이 오히려 화를 내면서 제게 해코지를 할 것 같은 문자메시지를 한동안 계속하여 보냈습니다. 그리고 사실 이미 그 일로 고소하였는데 또 보내서 다시 고소하는 것입니다. 그 문자메시지 내용도 고소장에 첨부하여 제출하였습니다.
문	문자메시지를 보낸 기간과 내용이 어떤가요
답	2016. 1. 3. 및 2016. 1. 5. "너는 인간쓰레기이다, 두고 보자 이 벌레보다도 못한 인간아."라는 내용의 문자메시지를 2회 보냈습니다.
문	이상의 진술은 사실인가요
답	**예. 사실대로 진술하였습니다.**

위의 조서를 진술자에게 열람하게 하였던바, 진술한 대로 오기나 증감·변경할 것이 전혀 없다고 말하므로 간인한 후 서명날인하게 하다.

진술자 정 고 소 ㊞

2016. 8. 3.
서울서초경찰서
사법경찰관 경위 김 병 헌 ㊞

고 소 장

서울서초경찰서 접수인(1234호)(2016. 8. 16.)

고 소 인   김갑동 (인적사항 생략)
피고소인   정고소 (인적사항 생략)
죄   명   사문서위조, 위조사문서행사

 피고소인 정고소는 고소인과 금전거래 관계 등으로 알고 지내던 사이로 2012. 9. 10.경 고소인이 급히 돈이 필요하여 돈을 차용한 사실이 있습니다.
 당시 돈을 차용하면서 고소인은 정고소에게 차용증을 작성해 준 사실이 없음에도 정고소는 그 무렵 고소인 명의의 차용증을 위조하여 소지하고 있는 것을 발견하고 즉시 1,000만 원을 변제한 후 위조된 차용증을 회수한 사실이 있습니다.
 피고소인은 이와 같이 중요한 문서인 고소인 명의의 차용증을 위조하였으므로 피고소인을 사문서위조죄 등으로 엄벌하여 주시기 바랍니다.

2016. 8. 16.
고소인 김갑동 ㊞

[065] 고소인과 피고소인, 고소 죄명 등을 간단히 체크한다.

[066] 이 조서는 김갑동의 피의사실에 대해서는 피의자신문조서에 해당하나, 김갑동의 고소사건에 대해서는 참고인진술조서의 실질을 갖는다.

피 의 자 신 문 조 서

> 피 의 자 : 김갑동
> 위의 사람에 대한 특정경제범죄가중처벌등에관한법률위반(사기) 등 피의사건에 관하여 2016. 8. 30. 서울서초경찰서 수사과 사무실에서 사법경찰관 경위 김병휘는 사법경찰리 경사 양영만을 참여하게 하고, 아래와 같이 피의자임에 틀림없음을 확인하다.

문 피의자의 성명, 주민등록번호, 직업, 주거, 등록기준지 등을 말하십시오.
답 성명은 김갑동(金甲東)
    주민등록번호, 직업, 주거, 등록기준지, 직장주소, 연락처 (각 생략)

사법경찰관은 피의사건의 요지를 설명하고 사법경찰관의 신문에 대하여 「형사소송법」 제244조의3에 따라 진술을 거부할 수 있는 권리 및 변호인의 참여 등 조력을 받을 권리가 있음을 피의자에게 알려주고 이를 행사할 것인지 그 의사를 확인하다.

[진술거부권 및 변호인 조력권 고지하고 변호인 참여 없이 진술하기로 함(생략)]

이에 사법경찰관은 피의사실에 관하여 다음과 같이 피의자를 신문하다.

[피의자의 범죄전력, 경력, 학력, 가족·재산 관계 등(생략)]

문 피의자는 정고소를 알고 있나요
답 예, 제게 돈을 빌려준 사채업자입니다.
문 정고소로부터 돈을 빌린 것은 사실인가요
답 예, 4억 원을 빌린 사실이 있습니다.
문 4억 원을 빌리면서 이자는 1억 원으로 계산하여 원금 상환시 총 5억 원을 변제하기로 한 것은 사실인가요
답 예, 그렇습니다.
문 정고소는 피의자와 이을남이 그 돈을 편취한 것이라고 하는데 어떤가요
답 절대 아닙니다. 이을남이 원래 투자하기로 한 돈을 제때 투자하지 않아 공연장 사업을 정상적으로 하지 못하는 바람에 전혀 예상치 못하게 새로운 수익이 발생하지 못한 것이고, 또한 제가 수금할 돈도 제때 수금이 안 된 것일 뿐 돈을 떼어먹을 생각은 추호도 없었습니다.

[067] 김갑동의 특경법위반(사기)의 점에 대한 공소사실 부인취지에 추가하여 읽도록 한다.

- 31 -

문 피의자가 정고소에게 돈을 빌려달라고 할 때 이을남이 옆에서 자신도 투자하겠다고 말한 것도 사실인가요
답 예, 그렇습니다.
문 그런데 이을남이 왜 투자를 안 한 것인가요
답 그건 제가 정확히 모르겠습니다.

이때 정고소가 제출한 문자메시지 캡처 사진 2장을 제시하고

문 피의자는 정고소에게 2016. 1. 3. 및 2016. 1. 5. "너는 인간쓰레기이다, 두고보자 이 벌레보다도 못한 인간아."라는 내용으로 2건의 문자메시지를 보낸 사실이 있나요
답 예, 저도 나름대로 돈을 갚으려고 노력을 하는데 정고소가 무조건 돈을 달라고 밤낮을 안 가리고 너무 닦달을 해서 화가 나서 보낸 사실이 있습니다.

[피의자가 정고소를 사문서위조 등으로 고소한 사건 관련]

문 피의자는 정고소를 이 사건과 관련하여 고소한 사실이 있나요
답 예, 그런 사실이 있습니다.
문 고소내용은 무엇인가요
답 제가 2012. 9. 10.경 정고소로부터 한 달간 사용하기로 하고 1,000만 원을 차용한 사실이 있습니다. 당시 지방에 일을 나가 있을 때라 제 처인 나부인이 급하게 돈을 쓸 일이 있다고 하여 정고소에게 부탁을 해서 돈을 차용하였습니다.
문 돈을 차용하고 차용증을 작성하여 주지 않았나요
답 제가 당시 지방에 있었던 관계로 차용증은 작성하지 않았고 제 처인 나부인이 돈을 받아 왔을 뿐입니다.
문 그러면 피의자의 처 나부인이 차용증을 작성하여 준 것은 아닌가요
답 제가 이 사건 고소를 하기 위하여 제 처에게 확인을 하였는데 제 처도 차용증을 작성해 주었는지 잘 모르겠다고 하였습니다. 다만, 1,000만 원을 차용하고 한 달 쯤 지난 후에 정고소가 저를 찾아와 차용증을 보여주며 차용증에 날인되어 있는 인장이 인감도장이 아니라 막도장이 찍혀 있으니 인감도장을 찍어달라고 하였는데, 마침 제가 가진 돈이 있어서 차용금을 변제하고 차용증을 회수한 사실이 있습니다. 그러나 제가 차용증을 작성해 주지 않은 것은 분명합니다.

이때 피의자가 위조한 차용증이라며 제출하므로 조서 말미에 첨부하기로 하다(첨부생략).

[068] 정고소가 아닌 나부인이 차용증을 작성하였다는 사실은 이미 공판조서에서 확인하였다. 무고의 범의와 관련하여 김갑동은 경찰단계에서는 나부인이 차용증을 작성한 사실을 몰랐다는 취지로 진술하고 있다.

[069] 무고죄에 있어서 그 고소가 국가기관의 직무를 그르치게 할 위험이 있었는지 여부는 고소장 기재뿐만 아니라 고소인에 대한 진술조서 기재까지 함께 고려하여 판단하여야 한다.
고소 후 진행된 고소인 김갑동에 대한 참고인조사에서 수사기관이 그 고소범죄의 공소시효가 완성되었음을 확인하였으므로 무고죄가 성립하지 않는다는 결론을 내릴 수 있다.

문 고소장은 언제 작성하였나요
답 2016. 8. 16.경 저희 집에서 컴퓨터를 이용하여 작성한 후 출력한 것입니다.
문 피의자가 제출한 차용증을 보면 차용증 작성 일자가 2008. 9. 10.로 되어 있는데 정확하게 언제 위조하였다는 것인가요
답 죄송합니다. 사실은 차용증을 위조한 날짜는 2008. 9. 10.인데, 제가 이번에 정 고소를 고소하면서 그때로 하면 시간이 너무 오래되어 처벌이 안 될 것 같아 날짜를 비교적 최근 일자로 바꿔 고소한 것입니다.
문 이상의 진술에 대하여 이의나 의견이 있나요
답 **없습니다.**

위의 조서를 진술자에게 열람하게 하였던바, 진술한 대로 오기나 증감·변경할 것이 전혀 없다고 말하므로 간인한 후 서명무인하게 하다.

진술자 김갑동 (무인)

2016. 8. 30.

서울서초경찰서
사법경찰관 경위 김병현 ㊞
사법경찰리 경사 양영만 ㊞

고 발 장

접수일자	2016. 9. 14.
접수번호	제1321호
접수관서	서초경찰서

주식회사 우리은행 서초지점 지점장 공수표 (인)
서울서초경찰서장 귀하
부정수표단속법 제7조에 의하여 아래와 같이 고발합니다.

1. 피고발인 - 이을남(이하 인적사항 생략)
2. 고발사유 - 예금부족 등
3. 수표의 표시

수표번호	아가01212121	아가01212122
금 액	오백만 원	삼백만 원
발행일자	2016. 9. 3.	2016. 9. 5.
지급은행	우리은행 서초지점	우리은행 서초지점
제시일자	2016. 9. 13.	2016. 9. 13.
제시방법	창구 제시	창구 제시
제 시 자	정고소	김갑동

4. 첨부 수표사본 2매

가 계 수 표

지급지   아 가 01212121
주식회사 우 리 은 행   앞   500만 원 이하
금   오백만 원   ₩ 5,000,000
이 수표의 금액을 ___소지인___ 에게 지급하여 주십시오.
발행지   서울특별시   2016년 9월 3일
주민등록번호 (생략)
                              발행인 이을남 (날인 생략)

발행한도 금액을 초과한 수표는 발행인이 직접 은행에 제시하는 경우에 한하여 수납됩니다.
점선 아래의 앞뒷면은 전산처리 부분이오니 글씨를 쓰거나 더럽히지 마시오.

가 계 수 표

지급지   아 가 01212122
주식회사 우 리 은 행   앞   300만 원 이하
금   삼백만 원   ₩ 3,000,000
이 수표의 금액을 ___소지인___ 에게 지급하여 주십시오.
발행지   서울특별시   2016년 9월 5일
주민등록번호 (생략)
                              발행인 이을남 (날인 생략)

발행한도 금액을 초과한 수표는 발행인이 직접 은행에 제시하는 경우에 한하여 수납됩니다.
점선 아래의 앞뒷면은 전산처리 부분이오니 글씨를 쓰거나 더럽히지 마시오.

(각 수표의 뒷면 기재는 복사 생략)

---

[070] 금융기관에 종사하는 사람이 직무상 부정수표를 발견한 때에는 수사기관에 고발할 의무가 있다(부수법 제7조). 따라서 부수법위반죄가 출제되는 경우 항상 은행 지점장의 고발장이 기록에 등장한다.

수표사본에서 발행일이나 수표금액 등을 확인할 필요가 있으나, 이러한 내용은 공소장 기재를 통해 쉽게 확인 가능하므로 수표사본은 공소장 내용과 실제 수표기재가 다름없음을 확인하는 정도로만 읽으면 충분하다.

피 의 자 신 문 조 서

피 의 자 : 이을남

위의 사람에 대한 특정경제범죄가중처벌등에관한법률위반(사기) 등 피의사건에 관하여 2016. 9. 16. 서울서초경찰서 수사과 사무실에서 사법경찰관 경위 김병휘는 사법경찰리 경사 양영만을 참여하게 하고, 아래와 같이 피의자임에 틀림없음을 확인하다.

문 피의자의 성명, 주민등록번호, 직업, 주거, 등록기준지 등을 말하십시오.
답 성명은 이을남(李乙男)
주민등록번호, 직업, 주거, 등록기준지, 직장주소, 연락처 (각 생략)

사법경찰관은 피의사건의 요지를 설명하고 사법경찰관의 신문에 대하여 「형사소송법」 제244조의3에 따라 진술을 거부할 수 있는 권리 및 변호인의 참여 등 조력을 받을 권리가 있음을 피의자에게 알려주고 이를 행사할 것인지 그 의사를 확인하다.

[진술거부권 및 변호인 조력권 고지하고 변호인 참여 없이 진술하기로 함(생략)]

이에 사법경찰관은 피의사실에 관하여 다음과 같이 피의자를 신문하다.

[피의자의 범죄전력, 경력, 학력, 가족·재산 관계 등(생략)]

문 정고소가 피의자와 김갑동을 사기로 고소한 사실을 알고 있나요
답 예, 그런데 왜 저를 사기로 고소했는지 전혀 이해가 안 됩니다. 제가 돈을 빌린 것도 아닌데요.
문 김갑동이 정고소를 속여 돈을 빌릴 때 김갑동이 추진하는 공연장 사업에 5억 원을 투자하기로 했다고 피의자도 거짓말 한 것이 아닌가요
답 그런 말을 한 것은 사실입니다만, 실제 제가 투자하기로 한 것이기 때문에 그렇게 말한 것일 뿐 거짓말을 한 것은 아닙니다.
문 공연장 사업에 실제 돈을 투자한 사실이 있나요
답 없습니다. 투자는 하지 않았습니다.
문 결국 투자하려 한 사실도 없는데 김갑동이 정고소를 속여 돈을 빌리는 것을 도와주기 위해 마치 투자하는 것처럼 피의자가 말한 것이 아닌가요
답 아닙니다. 김갑동이 투자를 해달라고 했을 때 제가 사실 김갑동과 다년간 물품거래관계에 있어서 차마 거절을 못하였고, 다만 저도 무작정 투자를 하겠다고 할 수는 없어 조건을 걸었습니다. 즉, 제가 김갑동과 한 투자약정은 김갑동

[071] 투자약정서 등을 통해 앞에서 이미 확인한 내용이므로 가볍게 읽도록 한다.

이 공연장 사업 설비를 완비하여 사업 준비가 완료되는 조건으로 투자하기로 한 것인데, 끝내 사업 준비가 충분히 되지 않아 투자를 안 한 것입니다. 그러한 내용으로 실제 투자약정서도 작성하였습니다.

문　그런데 김갑동은 피의자가 약속과 달리 투자를 하지 않아 사업을 못하였다고 하는데요

답　아닙니다. 투자약정서를 아직 못 찾았는데 빨리 제출토록 하겠습니다.

이때 고발장에 첨부된 부도수표 2장의 사본을 제시하고

문　피의자가 발행한 수표가 부도 난 사실이 있나요

답　예, 5백만원권 수표번호 아가01212121 수표와 3백만원권 수표번호 아가 01212122 수표입니다. 5백만원권 수표는 김갑동이 교부받은 다음날 정고소에게 양도하여 정고소가 2016. 9. 13.(화요일) 은행에 지급 제시하였으나 부도처리 되었고, 3백만원권 수표는 김갑동이 2016. 9. 13.(화요일) 은행에 지급 제시하였으나 부도처리 되었습니다.

문　발행 경위가 어떠한가요

답　제가 2016. 1. 1.부터 우리은행 서초지점과 가계수표발행 약정을 체결하고 5백만원권 수표는 2016. 9. 3. 발행하고, 3백만원권 수표는 2016. 9. 5. 발행하였습니다. 위 수표들은 평소 물품거래관계에 있던 김갑동에게 물품대금 채무 변제 명목으로 발행한 것입니다.

문　부도가 난 이유는 무엇인가요

답　제가 2016. 8.경부터 자금사정이 악화되었는데 그 때문에 예금부족이 발생한 것으로 생각합니다.

문　위 수표들 중 회수한 수표가 있나요

답　아직은 없지만 회수를 위해 노력하고 있습니다.

문　이상의 진술에 대하여 이의나 의견이 있나요

답　없습니다.

위의 조서를 진술자에게 열람하게 하였던바, 진술한 대로 오기나 증감·변경할 것이 전혀 없다고 말하므로 간인한 후 서명무인하게 하다.

진술자 이을남 (무인)

2016. 9. 16.

서울서초경찰서

사법경찰관 경위 김병휘 [인]

사법경찰리 경사 양영만 [인]

- 36 -

[072] 공소장 등을 통해 이미 확인한 내용이므로 가볍게 읽도록 한다.

[073] 교통사고 관련 범죄가 출제될 경우 항상 중요한 증거로서 실황조사서가 등장한다. 사고경위에 대한 약도 등 그림까지 꼼꼼하게 체크하여야 한다.

사고 도로에는 신호기가 없으므로 신호위반은 문제되지 않고, 횡단보도에서 보행자를 충격한 사안이 아니므로 횡단보도에서의 보행자 보호의무 위반도 문제되지 아니한다. 그러나 중앙선을 침범하여 좌회전을 하다가 사고를 낸 경우이므로 교특법 제3조 제2항 제2호가 문제된다.

도주사실과 관련하여 김갑동은 사고 후 정차하였고, 나부인이 운전자 김갑동의 인적사항을 출동 경찰관에게 진술하였으므로 신원확인의무도 이행하였다. 따라서 구호조치의무 이행사실만 인정되면 도주사실을 부정할 수 있다.

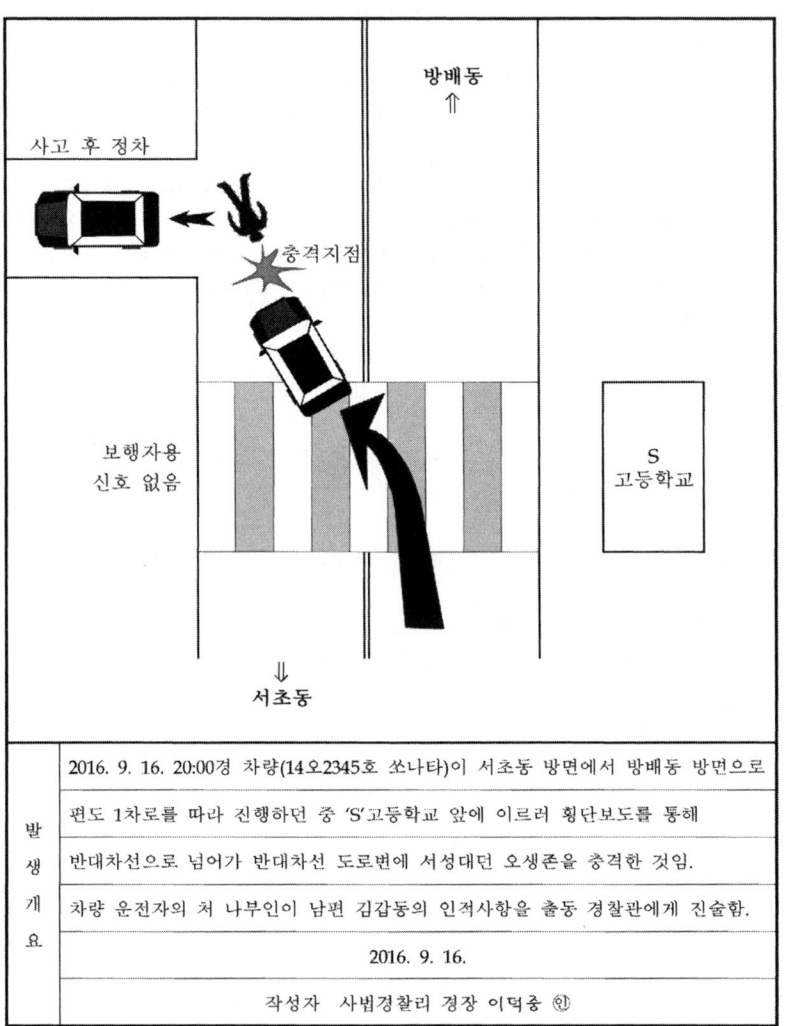

압 수 조 서

피의자 김갑동에 대한 특정범죄가중처벌등에관한법률위반(도주치상) 피의사건에 관하여 2016. 9. 16. 20:40경 서초동 'S' 고등학교 부근 교통사고 현장에서 서울서초경찰서 교통과 사법경찰관 경위 김기연은 사법경찰리 경장 이덕중을 참여하게 하고 별지 목록의 물건을 다음과 같이 압수하다.

압 수 경 위

피의자 김갑동에 관한 도주치상 혐의로 사고현장에서 피의자 소유 차량에 부착된 블랙박스를 형사소송법 제216조 제3항에 따라 영장 없이 압수하다.

참여인	성 명	주민등록번호	주 소	서명 또는 날인
	나부인 (피의자의 처)	(생략)	(생략)	(생략)

2016년 9월 16일

서 울 서 초 경 찰 서
사법경찰관 경위 김 기 연 ㊞
사법경찰리 경장 이 덕 중 ㊞

압 수 목 록

번호	품종	수량	피압수자 주거성명 1 유류자	(2) 보관자	3 소지자	4 소유자	소유자 주거·성명	비고
1	블랙박스	1개	서울 서초구 서초중앙로 6길, 3동 101호(서초동, 하늘아파트) 나부인				김갑동	

- 38 -

[074] 압수조서에서는 압수경위를 꼼꼼하게 읽어야 하고 그 밖에 압수물의 소유자 및 보관자 등이 누구인지 확인하여야 한다.

[075] 블랙박스는 수사기관이 제216조 제3항에 따라 영장 없이 압수한 것이므로 사후영장을 발부받아야 한다. 따라서 뒤의 기록에서는 블랙박스에 대한 압수영장이 발부되었는지 여부를 꼭 체크하여야 한다.
압수영장 등장시 적법절차 준수여부와 함께 별건압수 쟁점도 자주 문제되므로 그 압수가 어떤 범죄사실에 대해 이루어진 것인지도 꼭 함께 체크·메모하여야 한다.

피의자신문조서 (제2회)

피의자 : 김갑동

위의 사람에 대한 특정범죄가중처벌등에관한법률위반(도주치상) 등 피의사건에 관하여 2016. 9. 17. 서울서초경찰서 수사과 사무실에서 사법경찰관 경위 이영홍은 사법경찰리 경사 이충완을 참여하게 하고, 피의자에 대하여 다시 아래의 권리들이 있음을 알려주고 이를 행사할 것인지 그 의사를 확인하다.

[진술거부권 및 변호인 조력권 고지하고 변호인 참여 없이 진술하기로 함(생략)]

이에 사법경찰관은 피의사실에 관하여 다음과 같이 피의자를 신문하다.

[특정범죄가중처벌등에관한법률위반(도주치상) 관련]

문 피의자는 교통사고를 내고도 도주한 사실이 있나요
답 교통사고를 낸 것은 맞지만 도주한 것은 아닙니다.
문 교통사고 일시, 장소 및 경위는 어떤가요
답 2016. 9. 16. 20:00경 서울 서초구 'S'고등학교 맞은 편 골목길 부근에서입니다. 정고소가 고소한 사기 사건으로 이을남이 조사를 받은 날 그 조사를 마치고 함께 제 차를 타고 가던 중 'S'고등학교 앞길을 서초동 방면에서 방배동 방면으로 진행하던 중 급히 좌회전하다가 반대차선 도로변에 있던 피해자 오생존을 들이받아 다치게 하였습니다.

이때 교통사고 실황조사서를 제시하고

문 실황조사서에 의하면 사고지점은 황색 실선으로 중앙선이 그어져 있고, 피의자 운전 차량은 반대차선 골목길 입구에 정차된 것으로 표시되어 있는데 어떤가요
답 예, 인정합니다.
문 사고 후에는 어떤 조치를 하였나요
답 제가 너무 정신없어 하니까 동승자인 이을남이 112 신고를 하였고, 곧이어 제가 정신을 차리고 이을남에게 피해자를 병원으로 데리고 가라고 하면서 피해자를 부축해서 택시에 태워 성모병원으로 보내주었습니다.
문 하지만 피의자는 경찰이 도착하기 전에 현장을 이탈한 사실이 있지요
답 예, 5분 정도 후에 제 처가 현장에 와서 저는 너무 떨려 집에 가서 쉬었습니다.
문 피해자 측과는 합의가 되었나요

[076] 중앙선 침범 사실은 실황조사서 등에서 이미 확인하였다.

[077] 사고 후 피해자에 대한 구호조치의무를 이행한 사실을 확인할 수 있다. 판례는 피해자에 대한 구호조치를 사고운전자 본인이 아닌 타인을 통하여도 할 수 있다는 입장이다.

답　앞으로 합의를 하겠습니다. 종합보험은 가입되어 있습니다.

[공무집행방해 관련]

문　피의자는 2016. 8. 30. 15:00경 당서에서 정고소가 고소한 사기 사건으로 조사를 받던 중 담당 경찰관의 직무집행을 방해한 사실이 있나요

답　정고소가 저를 고소한 후 저도 정고소를 고소하였는데, 경찰관이 정고소가 고소한 사기 사건을 먼저 조사하려고 하여 제가 고소한 사문서위조 사건을 먼저 조사하여 달라고 요구를 하였지만, 경찰관이 내 말을 듣지 않고 계속 사기 사건만 조사하려고 하여 제가 화가 나 경찰관에게 큰 소리로 정고소 집에 불을 질러 버리겠다고 소리친 사실은 있습니다.

문　뭐라고 소리를 질렀나요

답　"정고소 이 자식, 만일 내가 이 사건으로 처벌되면 아는 동생을 시켜 집에 불을 질러버리겠다."고 말하였습니다.

문　그로 인해 경찰관의 직무집행이 방해되리란 생각을 못하였나요

답　잘못하였습니다. 경찰관 조사에 영향이 있으리란 생각은 하였지만, 정고소에게 너무 화가 나 그와 같이 한 것입니다.

문　돈을 빌리고 변제하지 못한 것이 잘못이지 고소한 것이 잘못인가요

답　죄송합니다.

문　이상의 진술에 대하여 이의나 의견이 있나요

답　**없습니다.**

위의 조서를 진술자에게 열람하게 하였던바, 진술한 대로 오기나 증감·변경할 것이 전혀 없다고 말하므로 간인한 후 서명무인하게 하다.

　　　　　　　　　진술자　김 갑 동　　(무인)

　　　　　　　　　　2016. 9. 17.

　　　　　　　　서울서초경찰서
　　　　　　　　사법경찰관　경위　이 영 흥　㊞
　　　　　　　　사법경찰리　경사　이 충 만　㊞

[078] 사고운전자가 종합보험에 가입되어 있다는 사실은 피의자진술과 보험가입사실증명원을 통해 인정할 수 있다. 합의여부나 처벌불원의 의사표시에 대한 내용은 습관적으로 체크하도록 한다.

[079] 제3자에 대한 해악고지 쟁점은 이미 공소장에서 확인하였다.

[080] 경찰관이 아닌 정고소에게 너무 화가 나 그와 같이 하였다는 진술을 통해 제3자 해악고지 쟁점을 다시 한 번 확인할 수 있다.

피의자신문조서

피의자 : 정고소

위의 사람에 대한 사문서위조 등 피의사건에 관하여 2016. 9. 20. 서울서초경찰서 수사과 사무실에서 사법경찰관 경위 김병휘는 사법경찰리 경사 양영만을 참여하게 하고, 아래와 같이 피의자임에 틀림없음을 확인하다.

문 피의자의 성명, 주민등록번호, 직업, 주거, 등록기준지 등을 말하십시오.
답 성명은 정고소(丁告訴)
  주민등록번호, 직업, 주거, 등록기준지, 직장주소, 연락처 (각 생략)

사법경찰관은 피의사건의 요지를 설명하고 사법경찰관의 신문에 대하여 「형사소송법」 제244조의3에 따라 진술을 거부할 수 있는 권리 및 변호인의 참여 등 조력을 받을 권리가 있음을 피의자에게 알려주고 이를 행사할 것인지 그 의사를 확인하다.

[진술거부권 및 변호인 조력권 고지하고 변호인 참여 없이 진술하기로 함(생략)]

이에 사법경찰관은 피의사실에 관하여 다음과 같이 피의자를 신문하다.
[피의자의 범죄전력, 경력, 학력, 가족·재산 관계 등(생략)]

문 피의자는 2008. 9. 10.경 김갑동에게 돈을 빌려주고 차용증을 받은 사실이 있나요
답 예, 그런 사실이 있습니다. 당시 김갑동이 저에게 전화를 해서 자기가 지방에 있는데 급하게 돈이 필요하니 돈을 좀 빌려달라고 사정을 하기에 몹시 급한 사정이 있는 것 같아 돈을 빌려주고 차용증을 받았습니다.
문 돈을 김갑동에게 직접 주었나요
답 아닙니다. 당시 김갑동이 지방에 있다며 자신의 처인 나부인을 보낼테니 돈을 주라고 하여 돈을 주었는데, 나부인이 차용증을 미리 작성하여 가지고 왔기에 차용증을 받고 돈을 준 것입니다.
문 차용증을 피의자가 임의로 작성한 것이 아닌가요

[081] 공판조서를 통해 정고소가 아닌 나부인이 차용증을 작성하였음을 확인한바 있다.

- 41 -

답 말도 안 되는 소리입니다. 아무리 알고 지내는 사이라 하더라도 차용증도 안 받고 돈을 빌려주겠나요. 당시 돈을 빌려주면서 나부인에게 차용증에 날인된 도장이 인감도장이냐고 물어보기까지 하였는데 나부인이 인감도장은 아니라고 대답한 사실도 있습니다. 그래서 차용증을 가지고 김갑동에게 가서 막도장 대신 인감도장을 다시 찍어달라는 요구를 한 사실까지 있습니다.

문 그때 김갑동이 인감도장을 찍어 주던가요

답 아닙니다. 차용증을 보더니 아무 소리 없이 마침 자신이 돈이 있으니 변제하겠다며 1,000만 원을 주어 제가 그 차용증을 되돌려 주었습니다. 그런데 그 차용증을 지금까지 가지고 있다가 난데없이 위조했다고 고소를 한 것을 보면 김갑동이 나쁜 인간임이 틀림없습니다.

문 이상의 진술에 대하여 이의나 의견이 있나요

답 **없습니다.**

위의 조서를 진술자에게 열람하게 하였던바, 진술한 대로 오기나 증감·변경할 것이 전혀 없다고 말하므로 간인한 후 서명무인하게 하다.

진술자 정 고 소 (무인)

2016. 9. 20.

서울서초경찰서

사법경찰관 경위 김 병 휘 ㊞

사법경찰리 경사 양 영 만 ㊞

– 42 –

[082] 검찰단계의 수사기록, 특히 피의자신문조서는 경찰단계의 수사기록보다 사실관계 등이 보다 압축적으로 정리되어 있다. 따라서 사실관계 등을 보다 빠르게 파악하기 위해 경찰기록보다 검찰기록을 먼저 읽는 방법도 유효하다.

피의자신문조서(대질)

성　　　명 : 김갑동
주민등록번호 : (생략)

　위의 사람에 대한 특정경제범죄가중처벌등에관한법률위반(사기) 등 피의사건에 관하여 2016. 10. 10. 서울중앙지방검찰청 703호 검사실에서 검사 박진영은 검찰주사 김이화를 참여하게 한 후, 아래와 같이 피의자임에 틀림없음을 확인하다.
주민등록번호, 직업, 주거, 등록기준지, 직장 주소, 연락처 (각 생략)

　검사는 피의사실의 요지를 설명하고 검사의 신문에 대하여 「형사소송법」제244조의3에 따라 진술을 거부할 수 있는 권리 및 변호인의 참여 등 조력을 받을 권리가 있음을 피의자에게 알려주고 이를 행사할 것인지 그 의사를 확인하다.

[진술거부권 및 변호인 조력권 고지하고 변호인 참여 없이 진술하기로 함(생략)]

[피의자의 병역, 학력, 가족관계, 재산 및 월수입, 건강상태 등(생략)]

이때 검사는 피의자 김갑동을 상대로 신문하다.
[무고의 점]
문　피의자는 정고소를 사문서위조 등으로 고소한 사실이 있나요
답　예, 그런 사실이 있습니다.
문　피의자가 정고소를 고소한 내용은 피의자가 작성해 주지도 아니한 차용증을 정고소가 임의로 작성한 후 피의자의 이름 옆에 도장을 찍어 차용증을 위조하였다는 내용인가요
답　예, 그렇습니다.
문　정고소는 당시 피의자의 처 나부인이 차용증을 가지고 왔다고 진술하는데 어떤가요
답　그래서 제가 제 처가 차용증을 작성해 주었는지 확인하기 위해서 이 사건 고소를 하면서 물어본 사실이 있는데 제 처는 기억이 잘 나지 않는다고 하였습니다.
문　그렇다면 정고소가 위조했는지 잘 알지도 못하면서 고소를 한 것인가요

- 43 -

답 뭐, 제 처가 작성해 주었을 가능성도 있다고 생각했지만, 제가 작성해준 사실이 없기 때문에 고소를 한 것입니다.
문 피의자가 작성한 고소장에 정고소가 이 사건 차용증을 위조한 날짜를 2012. 9. 10.로 기재한 이유는 무엇인가요
답 그건 제가 잘못하였습니다. 위조한 날짜가 너무 오래되면 처벌이 되지 않을 것 같아서 그렇게 하였습니다.

[특정범죄가중처벌등에관한법률위반(도주치상)의 점]

문 피의자는 교통사고를 내고 도주한 사실이 있나요
답 교통사고를 낸 것은 사실이지만 도주한 것은 아닙니다.
문 피의자는 2016. 9. 16. 20:00경 14오2345호 쏘나타 차량을 운전하던 중 서초구 서초중앙로123길 23에 있는 'S'고등학교 앞길에서 중앙선을 침범하여 피해자 오생존을 충격한 사실이 있나요
답 예, 있습니다.
문 그로 인해 피해자 오생존이 요치 4주의 두개골골절 등의 상해를 입었는데 인정하나요
답 예, 인정합니다.
문 실황조사서 등에 의하면 횡단보도를 통해 반대차선으로 넘어갔던데 그 경위는 어떤가요
답 횡단보도에는 중앙선이 이어져 있지 않아 넘어가도 되는 줄 알았습니다.
문 피의자는 경찰이 현장에 도착하기 전에 현장을 이탈한 사실이 있나요
답 현장을 벗어난 것은 맞습니다만, 제가 정신없는 사이 이을남이 112에 신고하였고, 제가 피해자를 부축해서 택시에 태워주면서 이을남에게 성모병원으로 데리고 가라고 한 다음, 경찰이 오기를 기다리다가 제 처가 먼저 현장에 나타나 자동차 열쇠를 주고 다음날 경찰에 출석하겠다고 전하라고 하고 집으로 간 것입니다. 죄송합니다.
문 그 이후 현장조치는 어떻게 되었나요
답 제 처가 제 인적사항을 경찰관에게 자세히 말해주었고, 서울서초경찰서에서 이미 다른 사건으로 수사 중이라는 사실도 말을 했다고 합니다. 그리고 경찰관이 현장에서 차량 블랙박스를 압수할 때 입회도 해주었다고 하였습니다.

[특정경제범죄가중처벌등에관한법률위반(사기)의 점]

이때 검사는 피의자 이을남을 입실하게 하다.

- 44 -

[083] 김갑동이 자신의 처가 차용증을 작성하였을 가능성도 있다고 생각하면서 고소를 하였다는 사정은, 김갑동의 무고범의를 인정할 수 있는 근거가 된다.

[084] 사고운전자의 차량이 넘어간 부분이 횡단보도로서 실제로 중앙선이 그어져 있지 아니하더라도 중앙선 침범을 인정할 수 있다는 것이 판례의 태도이다.

[085] 도주사실과 관련하여 구호조치의무와 신원확인의무 이행 사실은 앞에서 이미 확인하였다.

문   피의자의 성명, 주민등록번호, 직업, 등록기준지 등을 진술하세요.
답   성명은 이을남,
      (기타 인적사항 생략)

검사는 피의사실의 요지를 설명하고 검사의 신문에 대하여 「형사소송법」 제244조의3에 따라 진술을 거부할 수 있는 권리 및 변호인의 참여 등 조력을 받을 권리가 있음을 피의자에게 알려주고 이를 행사할 것인지 그 의사를 확인하다.

[진술거부권 및 변호인 조력권 고지하고 변호인 참여 없이 진술하기로 함(생략)]

[피의자의 병역, 학력, 가족관계, 재산 및 월수입, 건강상태 등(생략)]

김갑동에게

[086] 대질신문의 경우 그 김갑동뿐만 아니라 이을남에 대한 피의자신문으로서의 성격도 가지므로, 이을남에 대해서도 별도로 진술거부권 등을 고지하여야 한다.

문   피의자는 정고소에게 4억 원을 빌리면서 이자 1억 원을 합하여 5억 원을 2015. 8. 31.까지 변제하기로 약정하고도 한 푼도 변제하지 않은 사실이 있나요
답   예, 그렇습니다.
문   정고소와는 어떤 관계인가요
답   정고소는 사채업자로 이전에 정고소와 여러 차례 금전거래를 한 적이 있습니다. 그동안의 금전거래에서는 아무 문제가 없었습니다.
문   돈을 빌리게 된 구체적인 경위는 어떤가요

[087] 김갑동이 정고소와 과거 여러 차례 금전거래를 한 적이 있고, 그 동안 아무 문제가 없었다는 점은 김갑동에게 사기의 범의가 없음을 뒷받침하는 내용이 될 수 있다.

답   제가 돈을 빌리기 얼마 전에 박병서란 사람과 제주도 서귀포에 한류 공연장을 동업하여 운영하기로 동업계약을 맺은 사실이 있습니다. 제가 원래 철공소 등에 고철을 납품하는 일을 10년 넘게 하고 있었는데 그 동업계약을 맺을 당시 여러 거래처로부터 수금할 돈이 제법 있었고, 동업계약 직후 이을남으로부터 5억 원을 투자받기로 약속을 받았으며, 동업계약에 투입할 나머지 돈 일부를 충당하기 위해 그런 사정을 정고소에게 충분히 설명한 후 돈을 빌려달라고 한 것입니다. 동업계약서도 당연히 보여주었고 그러자 정고소가 박병서에게 직접 전화를 걸어 현장에서 확인까지 하였습니다.

[088] 김갑동이 동업계약서를 이을남이 아닌 정고소에게 보여주었다는 점과 정고소가 이을남이 아닌 박병서에게 직접 전화를 걸어 동업계약 여부를 확인하였다는 점은 이을남이 김갑동과 박병서 사이의 동업계약조건을 인식하지 못하였다는 사실에 대한 근거가 된다.

문   어떻게 갚을 수 있었다는 것인가요
답   우선 한류 공연장 사업이 큰 수익을 낼 수 있다는 전망이 있었고, 또한 거래처에서 수금 들어올 돈도 있으므로 얼마든지 갚을 수 있었습니다. 동업계약 이후의 거래처 수금현황을 증명하기 위해 당시의 제 명의의 국민은행 계좌내

- 45 -

역을 제출하겠습니다.
이때 국민은행 계좌내역을 제출받아 조서 말미에 첨부하기로 하다(첨부 생략).

문 그런데 위 계좌내역을 보면 정고소로부터 돈을 빌린 시점부터 약정 변제기한까지의 기간 동안 수금된 금원은 1억 원에 불과한데 5억 원을 갚기에는 턱없이 부족한 것은 아닌가요

답 그것으로는 부족하나 말씀드린 한류 공연장 사업이 정상적으로 운영되었으면 얼마든지 갚을 수 있었다고 생각합니다.

문 돈을 빌릴 당시 고철 사업현황은 어떠하였나요

답 사실 그때 이미 고철 사업은 잘 안 되고 있어 새로운 사업 아이템을 모색하던 차에 박병서를 만나 공연장 사업을 추진하게 된 것이라 공연장 사업에 큰 기대를 한 것입니다.

문 돈을 빌릴 당시 다른 재산은 있었나요

답 그 외에 별다른 재산은 없었으나 특별히 큰 채무가 있는 것도 아니었습니다.

문 한류 공연장 사업은 왜 진행이 안 된 것인가요

답 이을남이 약속한 5억 원을 제때 투자하지 않았기 때문입니다.

문 이을남은 어떤 경위로 5억 원을 투자하기로 된 것인가요

답 제가 공연장 사업에 투입해야 하는 7억 원의 투자를 받기 위해 평소 고철 거래관계로 친분이 있던 이을남을 찾아가 박병서와의 동업계약서도 보여주고 당신이 투자를 안 하면 7억 원 마련하기가 어려워 이 사업 하기가 힘들다고 사정을 하면서 투자를 해달라고 하였습니다. 그랬더니 이을남이 마침 여윳돈이 좀 있다며 투자를 하겠다고 하였는데 그 약속을 지키지 않은 것입니다.

문 정고소에게 돈을 빌릴 때 이을남이 동행한 후 자신도 5억 원을 투자하기로 한 것이 사실이라고 정고소에게 확인해 준 경위는 어떤가요

답 예, 제가 이을남에게 이을남이 투자하는 것만으로도 부족하니 아무래도 정고소에게 돈을 좀 더 빌려야겠다는 말을 하면서, 어차피 당신이 투자하기로 하였으니 같이 가서 그 사실을 확인 좀 시켜달라고 부탁한 것입니다.

이을남에게

문 피의자는 김갑동의 한류 공연장 사업에 5억 원을 투자하기로 한 사실이 있나요

답 예, 김갑동이 5억 원을 투자해 달라고 하여, 당시 저는 김갑동으로부터 계속하여 고철을 납품받아야 하는 관계에 있었기 때문에 딱히 거절하기도 어렵고, 당시에는 마침 여유자금도 있었던 때인데 실제 김갑동이 그 사업의 전망이 매우 좋아 큰 수익을 올릴 수 있다고 권유하여 투자를 하기로 하였습니다. 다만,

[089] 김갑동의 정고소에 대한 변제능력을 부정하는 근거가 되는 진술이다. 이 진술은 표현만 수정하여 그대로 답안에 기재할 수도 있다.

[090] 김갑동과 이을남의 진술이 불일치하는 부분이다. 이을남의 변호인 입장에서는 이러한 김갑동 진술의 신빙성을 탄핵하여야 한다.

[091] 김갑동과 이을남 사이의 투자약정 조건에 대해서는 이미 앞에서 확인하였다.

[092] 이을남이 김갑동과 박병서 사이의 동업계약 조건을 인식하였는지 여부에 대한 내용이다.

[093] 김갑동이 이을남의 투자 없이는 운영비를 조달할 방법이 없었다는 사실은 김갑동의 사기범의를 인정할 수 있는 근거가 된다.

[094] 수고비 요구 여부에 대한 내용이다.

저로서도 진짜 사업이 시작될 수 있는 것임을 확인하고 투자를 해야겠기에 사업 준비가 모두 갖춰줘야 5억 원을 투자하기로 조건을 내걸었고, 그러한 내용으로 당시 투자약정서까지 작성을 한바 있습니다. 그런데 사업 준비가 안 되어 제가 결국 투자를 하지 않은 것입니다.

문 김갑동이 투자 권유 당시 김갑동이 먼저 7억 원을 투입해야 박병서가 공연장 시설 일체를 제공하기로 계약이 되어 있던 사실을 설명해주던가요

답 아닙니다. 동업계약서를 보여주지도 않고, 그런 설명을 한 적도 없습니다. 김갑동이 정고소한테 돈을 빌릴 때도 저는 동업계약서를 보지는 못했습니다.

문 피의자가 투자하지 않으면 공연장 사업이 진행될 수 없고, 피의자 투자만으로도 부족하여 정고소에게 추가로 돈을 빌려야 한다는 말을 하던가요

답 아닙니다. 그런 말도 전혀 없었고, 오히려 저를 생각하여 저한테 큰 수익을 내줄 수 있을 것처럼 투자권유를 하는 것이고, 정고소에게 돈 빌리는 것도 사업을 크게 하려고 최대한 자금을 동원하는 것이라고 하였습니다.

문 그 투자약정서는 왜 제출하지 않는 것인가요

답 계속 찾고 있는데 아직도 찾지를 못하였습니다. 김갑동에게 물어보십시오.

김갑동에게

문 이을남은 사업 준비가 완료되어야 비로소 5억 원을 투자하기로 약정하였고 그러한 내용을 투자약정서로 작성했다고 하는데 어떤가요

답 그런 기억 없습니다. 제 기억으로는 이을남이 5억 원을 즉시 투자하기로 하였는데 그러지 않아 제가 결국 사업을 못하게 된 것입니다.

문 이을남이 투자를 하지 않으면 사업을 못하는 것이나요

답 예, 제가 공연장 사업 운영비 7억 원을 마련해야 하는데 이을남이 투자하지 않으면 운영비를 달리 조달하기 어렵기 때문입니다.

문 이을남이 투자하지 않으면 어떻게 하려고 하였나요

답 달리 방법은 없었습니다. 그런데 이을남이 괘씸한 것이 제가 이을남의 투자 사실을 정고소에게 확인시켜 달라고 했더니 수고비를 챙겨달라는 말까지 하고는 투자를 안 한 것입니다. 제 처 나부인도 그 내용을 잘 알고 있습니다.

문 그래서 수고비를 챙겨주었나요

답 예, 이을남이 수고비조로 같이 강원랜드에 가서 도박이나 하자고 하여 강원랜드에 함께 가서 도박자금으로 제가 1,000만 원을 주었습니다.

문 그 도박자금이 정고소로부터 빌린 돈이라는 사실도 알려주었나요

답 예, 이을남이 무슨 돈이냐고 물어봐서 제가 알려준 기억이 있습니다.

- 47 -

문   정고소로부터 빌린 4억 원의 사용처는 어떻게 되나요
답   3억 5천만 원은 개인적으로 사용했고, 나머지 5천만 원은 도박자금으로 사용했는데 4천만 원은 제가 쓰고 1천만 원은 이을남에게 준 것입니다.

이을남에게
문   김갑동이 정고소에게 돈을 빌리러 갈 때 어떤 경위로 같이 간 것인가요
답   돈을 최대한 조달하여 사업을 크게 하려는 것이니, 정고소에게 제가 투자하려 한다는 사실만 확인시켜주면 된다고 하여 같이 가게 된 것입니다.
문   정고소에게 피의자가 주장하는 투자 조건 얘기도 해주었나요
답   그에 대해서는 김갑동이나 정고소 모두 아무런 말도 없었고 저에게 물어보지도 않아 저도 굳이 얘기할 필요를 못 느꼈습니다. 그리고 김갑동이 여러 군데서 수금할 돈도 있고 김갑동이 정고소와 예전부터 돈거래가 있었기 때문에 정고소가 그러한 점을 믿고 돈을 빌려준 것이지 제가 옆에서 5억 원을 투자하겠다고 하여 그 때문에 빌려준 것은 아니라고 생각합니다.
문   김갑동이 갚을 의사나 능력도 없이 정고소의 돈을 편취한다는 사실을 알고 함께 공모한 것 아닌가요
답   아닙니다. 당연히 갚을 수 있다고 생각했고, 정고소가 사채업자인데 괜히 돈을 빌려주겠습니까.

이때 압수된 블랙박스(증 제2호) 녹음내용을 들려주다.
문   그런데 김갑동이 낸 교통사고와 관련하여 압수된 블랙박스 녹음내용에 의하면, 피의자가 김갑동과 대화하는 도중에 "정고소한테 돈 빌릴 때 형님이 못 갚을지도 모른다고 생각했지만 형님과의 관계를 생각하여 제가 도와드린 겁니다."라는 말이 녹음되어 있던데 어떤가요
답   김갑동이 그 일로 고소를 당하여 너무 심란해하기에 제가 위로하는 차원에서 대화하다가 그렇게 얘기한 것뿐입니다.
문   정고소에게 돈 빌릴 때 피의자가 거들어 준 대가로 수고비를 요구한 사실이 있나요
답   아니요, 절대 없습니다.
문   김갑동은 피의자가 수고비를 얘기하며 강원랜드에 가자고 하여 거기서 도박자금으로 피의자에게 1,000만 원을 주었다고 하는데 어떤가요
답   정말 어이가 없습니다. 제가 수고비를 요구한 사실도 전혀 없고, 제가 알기로 김갑동이 워낙 도박을 좋아하는데, 오히려 김갑동이 같이 강원랜드에 가자고 해서 저는 무작정 따라갔고, 김갑동이 1,000만 원을 주면서 저에게 도박을 하

[095] 편취금 4억 원 중 대부분을 김갑동이 사용하고 1천만 원만을 이을남에게 교부하였다는 점은 이을남의 공모사실을 부정할 수 있는 근거가 된다.

[096] 이을남이 김갑동의 사기범행을 알지 못하였다는 사정에 대한 진술이다.

[097] 이을남에게 불리한 내용이다. 그러나 이러한 진술이 녹음된 블랙박스는 영장주의에 위반한 별건증거, 즉 위법수집증거이므로 김갑동과 이을남의 사기범행의 증거로 사용할 수 없다.

[098] 수고비 요구여부와 관련하여 김갑동과 이을남의 진술이 불일치하는 부분이다. 역시 이을남의 변호인 입장에서는 이러한 김갑동 진술의 신빙성을 탄핵하여야 한다.

	라고 해서 했을 뿐입니다.
문	아무 이유 없이 1,000만 원을 줄 이유가 있겠나요
답	저는 김갑동이 추진하는 사업 등이 모두 다 잘 돼서 김갑동이 크게 한 턱 쏘는 것으로 생각했을 따름입니다.
문	그 돈이 정고소로부터 빌린 돈인 줄 알았나요
답	잘 기억이 나지 않습니다.

이때 압수된 보이스펜(증 제1호) 녹음내용을 들려주다.

문	정고소의 직원 김직원이 피의자와 둘이 대화한 내용을 녹음한 것인데, "김갑동에게 물어보니 제게 준 도박자금 1천만 원은 정고소에게 빌린 돈이라고 했습니다."라는 피의자의 말이 나오는데 피의자는 도박 당시 빌린 돈임을 알고 있었던 것 아닌가요
답	저 몰래 이렇게 녹음을 하면 불법 아닙니까. 저는 잘 모르는 내용입니다.
문	도박을 같이 한 외에 빌린 돈을 나눠 사용한 사실은 없나요
답	절대 없습니다.

피의자들에게

문	조서에 진술한 대로 기재되지 아니하였거나 사실과 다른 부분이 있나요
답	(김갑동) **없습니다.** (이을남) **없습니다.**

위의 조서를 진술자에게 열람하게 하였던바, 진술한 대로 오기나 증감·변경할 것이 전혀 없다고 말하므로 간인한 후 서명무인하게 하다.

진술자 김갑동 (무인)

이을남 (무인)

2016. 10. 10.

서울중앙지방검찰청

검　　사　　박진영 ㊞

검찰주사　　김이화 ㊞

[099] 김갑동이 이을남에게 교부한 천만 원은 범행수익 분배가 아닌 '크게 한 턱 쏘는 것'에 불과했다는 진술은 답안에서 활용할 수 있는 표현이다.

[100] 역시 이을남에게 불리한 내용이다. 그러나 이러한 진술이 녹음된 보이스펜은 전문법칙에 의해 증거능력이 부정된다(형사소송법 제313조 제1항, 제314조).

[101] 대화자 중 일방이 녹음한 경우에는 위법한 감청에 해당하지 않는다는 쟁점과 관련된 진술이다. 피고인에게 불리한 내용이나 변론요지서가 아닌 검토의견서에서는 간단히 검토하여야 한다.

법원에 제출되어 있는 기타 증거들

※ 편의상 다음 증거서류의 내용을 생략하였으나, 법원에 증거로 적법하게 제출되어 있음을 유의하여 검토할 것.

○ 문자메시지 캡처 사진 2장
 - 정고소의 고소장에 첨부된 문자메시지 캡처 사진 2장

○ 보이스펜(증 제1호)
 - 정고소의 직원인 김직원이 이을남과 둘이 대화 중 "김갑동에게 물어보니 제게 준 도박자금 1천만 원은 정고소에게 빌린 돈이라고 했습니다." 라고 이을남이 진술한 부분의 녹음내용

○ 압수조서 및 압수목록(보이스펜)

○ 수사보고서(공무집행방해 혐의 인지 경위)
 - 김갑동이 2016. 8. 30.자 조사 도중 경찰관을 협박하여 인지한 경위

○ 진술서(오생존), 진술조서(이을남)
 - 사고 경위 및 사고 후 조치내역에 대한 피해자 오생존 및 동승자 이을남의 각 진술이 김갑동 진술과 동일하다는 취지

○ 자동차등록원부, 자동차종합보험가입증명서
 - 14오2345호 쏘나타 승용차는 김갑동 소유로 종합보험 가입된 내용

○ 상해진단서
 - 오생존(46세)이 요치 4주의 두개골골절 등의 상해를 입었다는 내용

○ 차용증
 - 김갑동이 2008. 9. 10.경 정고소로부터 1천만 원을 1개월 간 차용하고 김갑동의 막도장이 날인되었다는 취지

○ 피고인들에 대한 각 조회회보서
 - 김갑동 : 수사경력자료로 2016. 7. 15. 서울중앙지방검찰청 정보통신망이용촉진및정보보호등에관한법률위반죄 처분미상전과
 - 이을남 : 범죄경력자료로 2012. 9. 5. 서울중앙지방법원 사기죄 벌금 100만 원

○ 차량 블랙박스(증 제2호)
 - 김갑동 운전 차량 안에서 김갑동과 이을남이 대화한 내용 중 "정고소에게 돈 빌릴 때 형님이 못 갚을지도 모른다고 생각했지만 형님과의 관계를 생각하여 제가 도와드린 겁니다." 라고 이을남이 진술한 부분의 녹음내용

○ 김갑동 명의 국민은행 계좌내역(계좌번호 생략)
 - 김갑동이 정고소로부터 돈 빌린 시점부터 그 변제기한까지 자신의 거래처로부터 수금한 총 금원이 1억 원이라는 내용

○ 변제공탁서(이을남 발행 5백만원권 수표번호 '아가01212121' 수표 관련)

- 50 -

[102] 생략된 증거라도 답안에서 인용하는 경우가 있다. 다만 생략된 증거의 내용은 대부분 앞에서 등장한 기록과 중복되므로 답안에 기재할 증거 위주로 간단히 확인하도록 한다.

[103] 김직원과 이을남의 대화내용 중 이을남이 진술한 부분 녹음내용으로 한정해주고 있다. 김직원의 진술 부분은 증거로 제출되지 아니하였으므로 답안에서 검토하지 않아야 한다.

[104] 김갑동의 특가법위반(도주차상)의 점에 대한 축소사실인 교특법위반에 관하여 교특법 제3조 제2항 단서에 정하는 사유가 존재하지 아니하는 경우라면, 이 부분 공소사실에 대해 공소기각 판결이 선고될 수 있다.

[105] 김갑동과 이을남이 대화한 내용 중 이을남이 진술한 부분의 녹음내용으로 한정해주고 있다. 김갑동의 진술 부분은 증거로 제출되지 아니하였으므로 답안에서 검토하지 않아야 한다.

[106] 김갑동이 마련하여야 하는 금원이 총 5억에서 7억 원임을 고려할 때, 거래처로부터 수금한 돈이 1억 원에 불과하다는 사실은 김갑동의 변제능력을 부정시켜 사기의 범의를 인정할 수 있는 근거가 된다.

확 인 : 법무부 법조인력과장

공소제기일 - 16. 10. 21. [죄약] 특경, 정통망, 특가, 부수 [석명] 1. 김갑동 차용금 변제계획 2. 이을남 (1) 동업계약조건 인식여부 (2) 수고비 요구여부 (3) 범행수익 분배여부

피고인	죄명	일시	공소사실 장소	피해자	피해품	고소 기타	인정 및 부인취지	쟁점	증거 +	증거 -	결론	비고
김갑동 공범 ⓘ	특경 (사기)	14. 9. 1.	v. 사무실	v. 정고소	4억 + 1억(이자)		× -기망행위 범의 ×	[사실] 변제능력 有? 이자부분 제3변행위 × (축소사실)	〈선명-차용금변제계획검토〉 김갑동동업계약(27.29), 투자약정(21) 그동안 다갚았다(28.45), 전술번복 ㉠ 사업준비 완료조건(18)	(이을남 증거참조)	특경 -전단무죄 사기-유죄	[검토의견서] 증거능력 기재 ×
	정통망	16. 1. 3.~ 1.5.경	집	v. 정고소	문자2회	v. 고소 (26)	○	약식명령(23.-등본) -동일성,시적범위	16.10.30.발령 → 16.12.15.확정		면소(1호)	
	무고	16. 8. 16.	집	정고소	허위고소 (차용증 위조)	v. 고소 (26)	× 차용증 작성 × (허위 ×)	[사실]위조 여부 (허위사실?) 배우자작성일었? 시효완성범죄고소	배우자작성했다(32) 시효완성범죄고소(33) -수사기관 인지 ○	차용증 나부인 작성(20)-일었다(44) 고소장(30)	전단무죄	
	공집방	16. 8. 30.		경위 김병취	협박 (정고소집 불질대)		○	제3자에의고지 -협박 × →밀접한 관계 유무	"정고소 이 자식~"	수사보고서(경위)(생략)	전단무죄	
	특가 (도주치상)	16. 9. 16.		v.오생존 4주		중앙선 침범 (횡단보도)	△ 도주 ×	[사실] 도주 × 즉시정차, 구호조치, 신원확인 ○(37) 중중보 협 ○(39) But 중앙선침범(37)		피고인 법진(18), 검미(43), 사경판피(2회)(39) 사경리성조사서(37) 오생존진술서, 이을남진술조서, 장혜진단서, 자동차 등록원부, 가입사실증명원, 블랙박스, 압수조서(38)	특가 -후단무죄 교특-유죄	
이을남 공범 ⓘ	특경 (사기)	14. 9. 1.	v. 사무실	v. 정고소	4억(원금) +1억 (이자)	v. 고소	× 가담 ×	[사실] 고의 有?	〈석명사항〉 (1) 인식 × 19,27.45.47.21.못본모름 (2) 요구 × 48. 18. 전술번복 (3) 배운 × just 1천불과 손것불과 48 강원랜드는 ㉡이 먼저 가자 함 (일관성 ×)(47)	김갑동 법진(18), 검미, 검피(대질)(43), 사경판피(1회)(31) 피고인 법진(18), 검미(대질), 사경판피(35) v. 법진(19), 고소장(26), 전술(316 2항) 나부인법진(20)-전문(316 2항) 보이스펜(313조1항.314조), 차용불부-사후영장, 조사및목목, 차용중, 국민은행체좌내역 동업계약서	후단무죄	
	부수 012121221	16. 1. 1.~ 16. 9. 3.	정고소 9. 13. 지급계시	5배 16. 9. 3.			○	변제공탁및수령(19) -처벌불원 ×		고발장(34)	유죄	[검토의견서]
	부수 012121222	16. 9. 5.	김갑동 9. 13. 지급계시	3배 16. 9. 5.			○	16.12.27. 소지자처벌불원(18)		고발장(34)	공소기각 (6호)	

검토의견서 (55점)

사 건   2016고합1321   특정경제범죄가중처벌등에관한법률위반(사기) 등
피 고 인   김갑동

I. 피고인 김갑동에 대하여

1. 특정경제범죄가중처벌등에관한법률위반(사기)의 점

가. 기망행위 또는 편취범의의 존재 여부

 1) 피고인 변소의 요지

피고인은 피해자 정고소[01]에 대해 기망행위를 한 사실이 없고, 피해자에 대한 편취범의 역시 존재하지 아니합니다.

 2) 검사 제출 증거[02]

이 부분 공소사실에 대해 검사가 제출한 증거로는 피고인·이을남·피해자·나부인의 각 법정진술,[03] 검사 작성 피고인·이을남에 대한 각 피의자신문조서(대질)의 진술기재,[04] 사법경찰관[05] 작성 피고인에 대한 피의자신문조서(제1회)·이을남에 대한 피의자신문조서·피해자에 대한 진술조서의 각 진술기재, 피해자 작성 고소장·보이스펜·차량 블랙박스[06]·압수조서 및 압수목록(보이스펜)·압수조서 및 압수목록(블랙박스)·차용증·국민은행 계좌내역·동업계약서의 각 기재가 있습니다.

 3) 증명력 검토 – 기망행위 또는 편취범의의 존재[07]

피고인이 이을남으로부터 5억 원을 투자받기로 한 점(기록 제21쪽, 투자약정서 등 참조), 박병서와 공연장 사업을 하기로 실제로 예정되어 있었던 점(기록 제27쪽 동업계약서 참조), 이 부분 공소사실 대여 이전의 1~2억 원 규모의 금전거래에서는 문제 없이 변제를 완료한 점(기록 제28쪽 진술조서 참조), 동업계약 후 거래처로부터 총 1억 원을 실제 수금한 점(김갑동 명의 국민은행 계좌내역 참조) 등을 고려하면 피고인이 공연장 사업을 진행하여 그 수익금으로 피해자에 대한 차용금을 변제하려 한 것이므로 기망행위 또는 편취범의가 부존재한다고 볼 여지가 있습니다.[08]

그러나 이을남으로부터 투자받기로 한 5억 원은 피고인이 공연장 시설 완비를 선행조건으로 한 것인 점(기록 제21쪽 투자약정서 참조)[09], 박병서와의 공연장 사업은 김갑동이 운영비 7억 원을 조달하는 것을 선행조건으로 하여 위 조건 미이행시 공연장 시설 완비가 불가한 점(기록 제27쪽 동업계약서 참조), 피고인이 피해자로부터 돈을 빌린 시점부터 약정 변제기한까지의 기간 동안 수금한 금원이 1억 원에 불과한 점(기록 제46쪽 피의자신문조서 참조), 돈을 빌릴 당시 별다른 재산이 없었던 점(같은 피의자신문조서 참조) 등을 고려하면 결국 피고인이 피해자로부터 금원을 차용할 당시에는 공연장 사업이 정상적으로 진행될

---

[01] 개인적 법익에 대한 죄에 해당하는 공소사실에 대해서는 '피해자'임을 특정하여 기재하여야 한다.

[02] 증거거시는 법원→검찰→경찰, 인증→서증→증거물, 피고인→참고인, 조서→진술서→검증조서→압수조서·실황조사서→진단서·견적서, 피고인진술→범죄경력조회→수사보고서→판결문등본의 순서대로 기재한다.

[03] 증인의 공판정에서의 진술 역시 '증언'이 아닌 '법정진술'이라 적시하여야 한다.

[04] '피의자신문조서'가 아니라 '피의자신문조서의 진술기재가', '진술서'가 아니라 '진술서의 기재가 증거이다. 다만 실제 답안에서는 증거명칭만을 기재해도 무방하다.

[05] 경찰단계에서 조서의 작성주체 기재시 사법경찰'관'과 사법경찰'리'를 구별함이 원칙이다. 다만 실제 답안에서는 '사경'으로 축약기재 할 것을 추천한다.

[06] 압수된 차량 블랙박스는 교통사고에 대해서는 물증이나, 특경사기의 경우에는 블랙박스에 녹음된 진술이 증거로 되어 진술서에 해당한다. 따라서 차량 블랙박스의 '현존'이 아닌 '기재'가 증거가 된다.

[07] 피고인 김갑동에 대하여는 증거능력 판단은 기재하지 말라는 작성 요령에 따라 '증거능력 없는 증거'는 기재하지 아니한다.

[08] 변론요지서가 아닌 검토의견서이므로 피고인에게 유리한 내용뿐만 아니라 불리한 것도 객관적 입장에서 모두 판단하여 기재하여야 한다. 피고인 김갑동의 경우 편취범의 등이 인정된다.

[09] 사실을 인정 또는 인용하는 경우에는 항상 그 근거되는 증거를 함께 기재하여야 한다.

수 없었고, 위 사업 이외에 피고인이 피해자에게 차용금을 갚을 수 있는 방법이 딱히 존재하지 아니하였다 할 것입니다. 즉, 피고인에게는 범행 당시 피해자에게 차용금을 변제할 수 있는 능력이나 변제할 의사가 존재하지 아니하였습니다.[10]

[10] 범행 당시 피고인에게 편취능력이나 편취의사 중 어느 하나라도 결여되어 있음이 인정되는 경우에는 사기의 범의가 인정된다.

4) 소결

결국 피고인에게는 피해자에 대한 기망행위 및 편취의 범의를 인정할 수 있으므로 사기죄가 성립할 수 있습니다. 다만 그 편취금액과 관련하여 특경법 적용 가부가 문제되는 바, 이에 대해 아래에서 살펴보겠습니다.

나. 이득액에 따른 단순사기죄 성립

1) 편취금액 등에 관한 특경법 및 판례의 태도

피고인에게 편취의 범위 등이 인정되어 피해자에 대한 사기죄가 성립가능하다 하더라도, 형법 제347조 제1항이 아닌 특경법 제3조 제1항 제2호가 적용되기 위해서는 피고인의 범행에 의한 이득액이 5억 원 이상이어야 합니다.[11] 또한 판례는 투자금 명목의 돈을 편취함에 있어 이자 부분에 대해서도 사기죄가 성립하기 위하여는, 피고인의 기망행위로 인하여 이자 부분에 관한 별도의 처분행위가 있어야 한다는 입장입니다.*

[11] 특경법 제3조 제1항 제2호 규정을 그대로 기재할 수도 있다.

> * 피고인이 피해자들을 기망하여 투자금 명목의 돈을 편취하는 과정에서 이자 지급 약정하에 대여금을 교부받았으나 이자를 미지급한 사안에서, 이자 부분에 대해서도 사기죄가 성립하기 위하여는 피고인의 기망행위로 인해 이자 부분에 관한 별도의 처분행위가 있어야 하는데, 이에 대하여 피해자들의 처분행위가 있었다고 단정할 자료가 없는데도, 피고인의 기망행위와 이자 발생 사이에 인과관계를 인정하여 유죄를 인정한 원심판단에 심리미진이나 채증법칙 위반 또는 법리오해의 위법이 있다고 한 사례(대법원 2011. 4. 14. 선고 2011도769 판결).

2) 사안의 검토

이 부분 공소사실의 이득액 5억 원 중 1억 원은 피고인이 피해자로부터 차용한 4억 원에 대한 이자이고, 피해자가 실제 피고인에게 교부한 금원은 4억 원에 불과하며, 이자 1억 원에 대해서는 별도의 처분행위를 한 사실이 존재하지 아니합니다. 피고인에게 피해자에 대한 사기죄가 성립할 수 있다 하더라도 앞서 살펴본 판례 법리에 의하면 그로 인한 이득액은 피해자의 처분행위가 존재하는 4억 원에 불과합니다. 따라서 이 부분 공소사실에 대해서는 특경법 제3조 제1항 제2호가 아닌 형법 제347조 제1항이 적용될 수 있을 뿐입니다.

3) 소결

검사가 특경법위반(사기)죄로 기소한 이 부분 공소사실에 대해서는 무죄(형사소송법 제325조 전단)가 선고되어야 합니다.[12] 다만 특경법이 아닌 형법상 사기죄는 성립가능하고, 이와 같이 법률적 평가만을 달리하는 경우에는 공소장변경 없이도 법원이 직권으로 사기죄를 인정할 수 있다는 것이 판례의 태도입니다.** 결국 이 부분 공소사실에 대해서는 형법 제347조 제1항의 사기죄의 유죄판결이 선고될 것으로 생각됩니다.

[12] 축소사실 등이 문제되는 경우라 할지라도 일단 기소된 범죄에 대해 무죄가 선고되어야 한다는 결론은 누락하여서는 아니 된다.

** 어느 범죄사실이 일반법과 특별법에 모두 해당하는 경우라 하여도 검사가 형이 보다 가벼운 일반법의 죄로 기소하면서 그 일반법의 적용을 청구하고 있는 이상 법원은 형이 더 무거운 특별법을 적용하여 특별법위반의 죄로 처단할 수는 없지만, 이러한 경우가 아니라면 공소장의 적용법조의 오기나 누락으로 잘못 기재된 적용법조에 규정된 법정형보다 법원이 그 공소장의 적용법조의 오기나 누락을 바로잡아 직권으로 적용한 법조에 규정된 법정형이 더 무겁다는 이유만으로 그 법령적용이 불고불리의 원칙에 위배되어 위법하다고 할 수 없다(대법원 2006. 4. 14. 선고 2005도9743 판결).

2. 정보통신망이용촉진및정보보호등에관한법률위반의 점

가. 확정된 약식명령의 존재

피고인에 대해서는 2016. 10. 30. 서울중앙지방법원에서 정통망법위반죄로 벌금 300만 원의 약식명령이 발령되었고, 그 약식명령은 같은 해 12. 15. 확정되었습니다(기록 제23쪽 약식명령등본).

나. 사안의 검토

위 확정된 약식명령의 범죄사실은 피고인이 2015. 11. 15.경부터 같은 해 12. 30.경까지 차용금 상환을 독촉한다는 이유로 피해자에게 "너는 인간쓰레기이다. 두고 보자 이 벌레보다도 못한 인간아."라는 내용의 문자메시지를 총 25회 발송하였다는 사실에 대한 것이고, 이 부분 공소사실은 피고인이 2016. 1. 3.경부터 같은 해 1. 5.경까지 역시 같은 이유로 같은 피해자에게 같은 내용의 문자메세지를 2회 발송하였다는 것입니다.

위 범죄사실과 이 부분 공소사실은 동일한 피해자에 대해 동일한 수단과 방법으로 동일 죄명에 해당하는 여러 개의 행위를 단일하고 계속된 범의 아래 일정 기간 계속하여 행한 것이고 그 피해법익 역시 동일합니다. 따라서 위 확정된 약식명령의 범죄사실과 이 부분 공소사실은 포괄일죄의 관계에 있고, 이 부분 공소사실 범행은 위 확정된 약식명령의 발령일 2016. 10. 30. 이전인 2016. 1. 5.경에 이루어진 것입니다.

결국 위 확정된 약식명령의 기판력은 이 부분 공소사실에 미칩니다.

다. 소결

이 부분 공소사실에 대해서는 면소판결이 선고되어야 합니다(형사소송법 제326조 제1호).

3. 무고의 점

가. 무고의 범의 존재 여부

무고죄는 타인으로 하여금 형사처분을 받게 할 목적으로 진실함의 확신이 없는 사실을 신고함으로써 성립하고 그 신고사실이 허위라는 것을 신고자가 확신할 필요는 없다는 것이 판례의 태도입니다.*

> * 무고죄에 있어서의 범의는 반드시 확정적 고의임을 요하지 아니하고 미필적 고의로서도 족하다 할 것이므로 무고죄는 신고자가 진실하다는 확신 없는 사실을 신고함으로써 성립하고 그 신고사실이 허위라는 것을 확신함을 필요로 하지 않는다(대법원 2006. 5. 25. 선고 2005도4642 판결).

이 부분 공소사실의 경우 피고인이 범행 당시 피고소인 정고소가 소지한 차용증이 자신의 배우자인 나부인이 작성해 준 것임을 몰랐을 경우에는 이 부분 공소사실에 대한 범의가 부정될 수도 있습니다. 그러나 피고인은 검찰단계에서 자신의 처가 차용증을 작성해 주었을 가능성도 있다고 생각했다고 진술하는 등(기록 제44쪽 피의자신문조서 참조) 신고자로서 그 신고사실이 진실하다는 확신이 없는 상태에서 그 사실이 허위일 가능성을 알면서 타인인 정고소로 하여금 형사처분을 받게 할 목적으로 진실함의 확신이 없는 사실을 신고한 것입니다.

결국 피고인에게 무고의 범의는 인정될 것으로 생각됩니다.[13]

나. 공소시효가 완성된 범죄사실에 대한 무고[14]

타인으로 하여금 형사처분을 받게 할 목적으로 수사기관에 허위의 사실을 신고하였다고 하더라도, 그 신고된 범죄사실에 대한 공소시효가 완성되었음이 신고 내용 자체에 의하여 분명한 경우에는 수사기관의 직무를 그르치게 할 위험이 없어 무고죄가 성립하지 아니한다는 것이 판례의 태도입니다.*

> * 타인으로 하여금 형사처분을 받게 할 목적으로 공무소에 대하여 허위사실을 신고하였다고 하더라도, 신고된 범죄사실에 대한 공소시효가 완성되었음이 신고 내용 자체에 의하여 분명한 경우에는 형사처분의 대상이 되지 않는 것이므로 무고죄가 성립하지 아니한다(대법원 1994. 2. 8. 선고 93도3445 판결).

사문서위조죄의 공소시효는 7년이고(형법 제231조, 형사소송법 제249조 제4호), 정고소의 실제 범행일은 2008. 9. 10.이므로 피고인이 정고소를 고소한 2016. 8. 16. 당시에는 정고소의 범죄사실에 대한 공소시효가 이미 완성된 후입니다.

또한 피고인의 고소장 제출 직후 이루어진 피고인에 대한 피의자신문(실질은 고소인에 대한 참고인조사)에서 피고인은 수사기관에 대해 자신이 고소한 정고소의 범행일자를 2008. 9. 10.이라고 진술하고 있습니다(기록 제33쪽 피의자신문조서 참조).**

> ** 고소장 기재만으로는 공소시효가 미완성된 것이므로 무고죄 성립을 긍정하는 내용으로 답안 구성 역시 가능하다(대법원 1995. 12. 5. 95도1908 판결 참조). 그러나 대법원 1994. 2. 8. 선고 93도3445 판결과 같은 취지로 무고죄 성립을 부정한 대법원 1985. 5. 28. 선고 84도2919 판결 등의 사실관계를 살펴보면 판례는 고소장 기재뿐만 아니라 고소인에 대한 고소보충진술조서 등의 기재까지 참조하여 당해 국가기관의 직무를 그르치게 할 위험성을 판단하고 있다. 따라서 본 사안에서도 고소 직후 이루어진 피고인에 대한 피의자신문(이는 고소인에 대한 참고인조사의 실질을 가진다)의 기재 내용까지 참조하여 무고죄 성부를 판단하여야 한다.

[13] 변론요지서가 아닌 검토의견서이므로 피고인에게 불리한 내용에 대해서도 객관적으로 판단하여야 한다.

[14] 법률판단 쟁점의 경우 법리-사안의 검토-소결의 순서대로 목차를 구성한다.

결국 피고인의 정고소에 대한 고소는 신고된 범죄사실에 대한 공소시효가 완성되었음이 신고 내용 자체에 의하여 분명하여 형사처분의 대상이 되지 않는 것이므로 이 부분 공소사실에 대해서는 무고죄가 성립하지 아니합니다.

다. 소결

이 부분 공소사실에 대해서는 무죄가 선고되어야 합니다(형사소송법 제325조 전단).

4. 공무집행방해의 점

협박에서의 해악이 피해자 본인이 아닌 제3자의 법익을 침해하는 것을 내용으로 하는 경우에는 피해자와 제3자가 밀접한 관계가 있어 그 해악의 내용이 피해자 본인에게 공포심을 일으킬 만한 것이어야 한다는 것이 판례의 태도입니다.* 또한 형법 제136조 제1항의 공무집행방해죄는 '직무를 집행하는 공무원에 대하여 폭행 또는 협박한 자'에 대해 성립하는 범죄입니다.

> * 형법 제283조에서 정하는 협박죄의 성립에 요구되는 '협박'이라고 함은 일반적으로 그 상대방이 된 사람으로 하여금 공포심을 일으키기에 충분한 정도의 해악을 고지하는 것으로서, 그러한 해악의 고지에 해당하는지 여부는 행위자와 상대방의 성향, 고지 당시의 주변 상황, 행위자와 상대방 사이의 관계·지위, 그 친숙의 정도 등 행위 전후의 여러 사정을 종합하여 판단되어야 한다. 한편 여기서의 '해악'이란 법익을 침해하는 것을 가리키는데, 그 해악이 반드시 피해자 본인이 아니라 그 친족 그 밖의 제3자의 법익을 침해하는 것을 내용으로 하더라도 피해자 본인과 제3자가 밀접한 관계에 있어서 그 해악의 내용이 피해자 본인에게 공포심을 일으킬 만한 것이라면 협박죄가 성립할 수 있다(대법원 2012. 8. 17. 선고 2011도10451 판결).

이 부분 공소사실에서 피고인이 경위 김병휘에 대해 고지한 해악은 "정고소 이 자식, 만일 내가 이 사건으로 처벌되면 아는 동생을 시켜 집에 불을 질러 버리겠다."는 것입니다. 그런데 이는 위 경찰관 본인에 대한 것이 아니라 제3자인 정고소의 법익에 대한 해악을 고지한 것이고, 경찰관과 정고소가 판례 법리가 요구하는 '밀접한 관계'에 있다는 추가적인 사정은 전혀 존재하지 아니합니다. 따라서 피고인의 행위는 경찰관에 대한 협박이 되지 아니하고, 이러한 협박을 구성요건요소로 하는 공무집행방해죄 역시 성립하지 아니합니다.

결국 이 부분 공소사실에 대해서는 무죄가 선고되어야 합니다(형사소송법 제325조 전단).

5. 특정범죄가중처벌등에관한법률위반(도주치상)의 점

가. 특가법위반(도주치상)의 점에 대하여[15]

피고인은 교통사고를 낸 사실은 있으나, 도주를 하지는 아니하였습니다.

이 부분 공소사실에 대해 검사가 제출한 증거로는 피고인의 법정진술, 검사 작성 피고인에 대한 피의자신문조서(대질)의 진술기재, 사법경찰관 작성 피고인에 대한 피의자신

[15] 특가법위반(도주치상)의 점에 대해 도주사실을 부인하는 경우 역시 사실인정 쟁점에 대한 목차대로 답안을 기재한다. 다만 이 경우 증거능력 없는 증거 목차는 생략되는 경우가 많고, 증명력 검토 부분에서는 도주사실 인정에 대한 판례태도를 간단히 언급하고 그에 맞춰 답안을 구성한다.

문조서(제2회)·이을남에 대한 진술조서의 각 진술기재, 사법경찰리 작성 교통사고보고(실황조사서)·오생존 작성 진술서·압수조서 및 압수목록(블랙박스)·상해진단서·자동차등록원부·자동차종합보험가입사실증명서의 각 기재, 압수된 차량 블랙박스(증 제2호)의 현존이 있습니다.

교통사고를 내 사람을 상해에 이르게 한 자는 ① 사고 후 차량을 즉시 정차하고, ② 피해자에 대해 구호조치를 이행한 후, ③ 피해자에게 자신의 신원을 확인시켜주어야 합니다. 이러한 의무를 한 가지라도 이행하지 아니한 경우에는 특가법위반죄(도주치상)가 성립하고,*[16] 특히 구호조치 의무 이행과 관련하여 그 이행은 사고 운전자 본인이 아닌 타인을 통하여 할 수도 있다는 것이 판례의 입장입니다.**

[16] 도주사실 인정에 대한 판례 태도는 간단히 정리 후 암기하여 기재할 것을 추천한다.

> * 대법원 1997. 1. 21. 선고 96도2843 판결 등 참조
> ** [1] 특정범죄 가중처벌 등에 관한 법률 제5조의3 제1항 소정의 도주라 함은 사고 운전자가 피해자를 구호하는 등 도로교통법 제50조 제1항에 규정된 의무를 이행하기 이전에 사고현장을 이탈하여 사고야기자로서 확정될 수 없는 상태를 초래하는 경우라고 할 것이다. [2] 교통사고 당시 그 장소에는 이미 여러 건의 연쇄충돌사고가 발생하여 피고인의 사고신고 없이도 경찰관이 출동하여 조사하고 있었고, 피고인은 사고 발생 후 피고인 스스로는 피해자에 대한 구호조치를 취한 바는 없지만 피해자의 일행이 지나 가던 차량을 세워 피해자를 병원에 보내는 것을 보고 그에게 피고인의 이름과 전화번호를 사실대로 적어 주고 사고현장을 떠났다면 이러한 현장이탈은 위의 도주에 해당하지 아니한다고 본 사례(대법원 1992. 4. 10. 선고 91도1831 판결).

그러나 피고인은 ① 사고 후 즉시 정차하였고(기록 제37쪽 교통사고보고 참조), ② 사고 직후 동승자인 이을남이 112에 신고하고 피고인이 피해자를 택시에 태워 이을남으로 병원으로 데리고 가게 하여(오생존 작성 진술서의 기재, 사법경찰리 작성 이을남에 대한 진술조서 진술기재 참조) 구호조치 의무를 이행하였으며, ③ 차량 운전자의 처 나부인이 사고 직후 피고인의 인적사항을 출동한 경찰관에게 진술하여(기록 제37쪽 교통사고보고, 오생존 작성 진술서의 기재, 사법경찰리 작성 이을남에 대한 진술조서의 진술기재 참조) 신원확인의무 역시 이행하였습니다.[17]

[17] 아래에서 등장하는 교특법위반의 점에 대한 목차까지 고려하여 답안 분량을 조절하여야 한다.

결국 검사가 제출한 증거만으로는 피고인이 교통사고를 낸 후 도주한 사실이 인정하기에 부족하고 달리 이를 인정할 만한 증거 역시 없습니다.[18]

[18] 부족증거 등 설시는 문장 자체를 암기하여 활용·기재하도록 한다.

따라서 이 부분 공소사실에 대해서는 무죄가 선고되어야 합니다(형사소송법 제325조 후단).[19] 다만 피고인의 도주사실이 부정되더라도 축소사실은 교특법위반죄는 성립가능하고, 이러한 축소사실은 공소장변경 없이도 법원이 직권으로 인정가능하다는 것이 판례의 입장이므로,*** 아래에서는 교특법위반죄에 대해 살펴보도록 하겠습니다.[20][21]

[19] 축소사실이 성립하더라도 공소장에 기재된 범죄에 대해 무죄 판결이 선고되어야 한다는 결론을 누락하여서는 아니 된다.

[20] 이러한 축소사실에 대해 법원이 직권으로 인정가능하다는 것이 판례의 태도이므로 변호인 역시 직권 인정을 대비하여 축소사실에 대해서도 검토하여야 한다.

[21] 축소사실에 대한 직권인정이 가능하다는 판례의 태도는 연결쟁점으로서 간단히 언급하여야 한다.

> *** 법원은 공소사실의 동일성이 인정되는 범위 내에서 공소가 제기된 범죄사실에 포함된 보다 가벼운 범죄사실이 인정되는 경우에 심리의 경과에 비추어 피고인의 방어권행사에 실질적인 불이익을 초래할 염려가 없다고 인정되는 때에는 공소장이 변경되지 않았더라도 직권으로 공소장에 기재된 공소사실과 다른 범죄사실을 인정할 수 있고, 이와 같은 경우 공소가 제기된 범죄사실과 대비하여 볼 때 실제로 인정되는 범죄사실의 사안이 중대하여 공소장이 변경되지 않았다는 이유로 이를 처

벌하지 않는다면 적정절차에 의한 신속한 실체적 진실의 발견이라는 형사소송의 목적에 비추어 현저히 정의와 형평에 반하는 것으로 인정되는 경우라면 법원으로서는 직권으로 그 범죄사실을 인정하여야 한다(대법원 1999. 11. 9. 선고 99도3674 판결).

나. 교특법위반의 점에 대하여

교통사고를 일으킨 자가 종합보험에 가입된 경우에는 공소를 제기할 수 없으나(교특법 제4조 제1항 본문), 그 사고가 중앙선을 침범하여 일어난 것인 경우에는 예외적으로 처벌됩니다(같은 항 단서 제1호, 제3조 제2항 제2호, 도로교통법 제13조 제3항). 또한 판례는 피고인 차량이 넘어간 부분이 횡단보도로서 실제로 중앙선이 그어져 있지 아니하더라도, 반대차선으로 넘어들어 가 충돌사고가 발생한 경우 중앙선 침범에 해당한다는 입장입니다.*

* [1] 차선이 설치된 도로의 중앙선은 서로 반대방향으로 운행하는 차선이 접속하는 경계선에 다름 아니어서 차선을 운행하는 운전자로서는 특단의 사정이 없는 한 반대차선 내에 있는 차량은 이 경계선을 넘어 들어오지 않을 것으로 신뢰하여 운행하는 것이므로, 부득이한 사유가 없는데도 고의로 이러한 경계선인 중앙선을 넘어 들어가 침범당한 차선의 차량운행자의 신뢰에 어긋난 운행을 함으로써 사고를 일으켰다면 교통사고처리특례법 제3조 제2항 단서 제2호가 정한 처벌특례의 예외규정인 중앙선침범사고에 해당한다. [2] 피고인이 운전하던 차량이 신호등이 설치되어 있지 아니한 횡단보도를 통로로 하여 반대차선으로 넘어 들어가다 충돌사고가 발생한 경우, 그 횡단보도에 황색실선의 중앙선이 곧바로 이어져 좌회전이 금지된 장소인 점 등 사고경위에 비추어 피고인 차량이 넘어간 부분이 횡단보도로서 실제로 중앙선이 그어져 있지 아니하더라도 반대차선에서 오토바이를 운행하던 피해자의 신뢰에 크게 어긋남과 아울러 교통사고의 위험성이 큰 운전행위로서 사고발생의 직접적인 원인이 되었다고 보아 교통사고처리특례법 제3조 제2항 단서 제2호 소정의 중앙선침범사고에 해당한다고 한 사례(대법원 1995. 5. 12. 선고 95도512 판결).

이 부분 공소사실 역시 피고인이 횡단보도를 통해 반대차선으로 넘어가 반대차선 도로변에 있던 피해자를 충격한 것이어서 중앙선을 침범한 경우에 해당합니다(기록 제37쪽 교통사고보고 기재, 오생존 작성 진술서 기재, 사법경찰리 작성 이을남에 대한 진술조서 진술기재 참조). 따라서 비록 피해자가 종합보험에 가입되어 있더라도(자동차등록원부, 자동차종합보험가입증명서 기재 참조[22]), 피고인은 교특법위반죄로는 처벌될 수 있을 것으로 생각됩니다.

[22] 생략된 증거들을 기재함에는 기록 쪽수 기재는 생략하고 증거명칭만을 기재하면 족하다.

2017. 1. 11.

담당변호사 김변호 (인)

검토의견서 (45점)

사　건　2016고합1321 특정경제범죄가중처벌등에관한법률위반(사기) 등
피고인　이을남

II. 피고인 이을남에 대하여

1. 특정경제범죄가중처벌등에관한법률위반(사기)의 점[01][02]

가. 피고인 변소의 요지

피고인은 김갑동이 사기범행을 저지르는 줄 몰랐고 그에 가담한바 전혀 없습니다.

나. 검사 제출 증거

이 부분 공소사실에 대해 검사가 제출한 증거로는 피고인·김갑동·피해자 정고소·나부인의 각[03] 법정진술, 검사 작성 피고인·이을남에 대한 피의자신문조서(대질)의 각 진술기재, 사법경찰관 작성 피고인에 대한 피의자신문조서·김갑동에 대한 피의자신문조서(제1회)·피해자에 대한 진술조서의 각 진술기재, 피해자 작성 고소장·동업계약서·보이스펜·차량용 블랙박스·압수된 보이스펜과 차량용 블랙박스에 대한 각 압수조서 및 압수목록(보이스펜)·차용증·국민은행 계좌내역의 각 기재가 있습니다.

다. 증거능력 없는 증거

1) 사법경찰리 작성 김갑동에 대한 피의자신문조서(제1회)

위 조서는 당해 피고인인 피고인 이을남이 내용부인 취지로 증거 부동의하므로 증거능력 없습니다(형사소송법 제312조 제3항).

2) 증인 나부인의 법정진술 중 일부

증인 나부인의 법정진술 중 나부인이 김갑동에게 듣기로 피고인의 도움을 받아 정고소로부터 돈을 차용할 수 있었고 피고인이 그 대가로 수고비를 요구했다고 한 것을 들었다는 부분은 피고인 아닌 자의 공판기일에서의 진술이 피고인 아닌 타인의 진술을 그 내용으로 한 때이고, 원진술자인 김갑동이 이 사건 법정에 출석하고 있는 이상 증거능력이 없습니다(형사소송법 제316조 제2항).

3) 차량 블랙박스(증 제2호)와 압수조서 및 압수목록(블랙박스)

위 블랙박스는 형사소송법 제216조 제1항 제2호에 의해 압수되었으나 사후영장을 발부받지 아니하였습니다(제216조 제3항). 따라서 위 블랙박스는 위법한 절차에 의해 수집한 증거에 해당하여 증거능력이 없고(제308조의2), 이에 기초하여 수집한 2차 증거인 압수조서 및 압수목록(블랙박스) 역시 증거능력이 없습니다(독수의 과실이론).[04]

---

[01] 전형적인 사실인정 쟁점이다. 피고인 변소의 요지-검사제출 증거-증거능력 없는 증거-증명력 검토-부족증거 등 설시-소결론 순서대로 목차를 구성한다.

[02] 김갑동에 대한 검토의견서에서 검토한 특정경제범죄가중처벌등에관한법률위반(사기)가 아닌 형법상 사기죄가 성립한다는 논의를 먼저 추가검토할 수 있다. 이 경우 인용기재 정도로 간단히 기재하여야 할 것이다.

[03] 여러 개의 법정진술을 하나로 묶고 '각'으로 특정한다.

[04] 1차 증거는 위법수집증거로서 형사소송법 제308조의2에 의해 증거능력이 부정되고, 2차 증거는 위 제308조의2가 아닌 독수의 과실이론에 의해 증거능력이 부정된다. 이를 구별하여 답안에 기재하여야 한다.

4) 보이스펜(증 제1호)

위 압수된 보이스펜에 녹음된 대화는 대화자 중 일방인 김직원이 피고인과 대화한 것을 녹음한 것으로서 통신비밀보호법상 위법한 감청에는 해당하지 아니합니다.[05]

그러나 위 보이스펜은 피고인 아닌 자가 작성한 피고인의 진술을 기재한 서류(진술녹취서)에 해당하고, 이에 대해 그 성립의 진정함이 작성자인 김직원의 진술에 의해 공판준비 또는 공판기일에서 증명되지 아니하였으며(형사소송법 제313조 제1항, 송달불능으로 인한 증인신문 미실시), 위 김직원에 대한 송달불능 사유가 기록에서 구체적으로 확인되지 아니하여 제314조에 의한 예외 역시 인정되지 아니합니다.*[06]

> *[1] 직접주의와 전문법칙의 예외를 정한 형사소송법 제314조의 요건 충족 여부는 엄격히 심사하여야 하고, 전문증거의 증거능력을 갖추기 위한 요건에 관한 증명책임은 검사에게 있으므로, 법원이 증인이 소재불명이거나 그 밖에 이에 준하는 사유로 인하여 진술할 수 없는 때에 해당한다고 인정할 수 있으려면, 증인의 법정 출석을 위한 가능하고도 충분한 노력을 다하였음에도 불구하고 부득이 증인의 법정 출석이 불가능하게 되었다는 사정을 검사가 증명한 경우여야 한다. [2] 제1심 법원이 증인 갑의 주소지에 송달한 증인소환장이 송달되지 아니하자 갑에 대한 소재탐지를 촉탁하여 소재탐지 불능 보고서를 제출받은 다음 갑이 '소재불명'인 경우에 해당한다고 보아 갑에 대한 경찰 및 검찰 진술조서를 증거로 채택한 사안에서, 검사가 제출한 증인신청서에 휴대전화번호가 기재되어 있고, 수사기록 중 갑에 대한 경찰 진술조서에는 집 전화번호도 기재되어 있으며, 그 이후 작성된 검찰 진술조서에는 위 휴대전화번호와 다른 휴대전화번호가 기재되어 있는데도, 검사가 직접 또는 경찰을 통하여 위 각 전화번호로 갑에게 연락하여 법정 출석의사가 있는지 확인하는 등의 방법으로 갑의 법정 출석을 위하여 상당한 노력을 기울였다는 자료가 보이지 않는 사정에 비추어, 갑의 법정 출석을 위한 가능하고도 충분한 노력을 다하였음에도 부득이 갑의 법정 출석이 불가능하게 되었다는 사정이 증명된 경우라고 볼 수 없어 형사소송법 제314조의 '소재불명 그 밖에 이에 준하는 사유로 인하여 진술할 수 없는 때'에 해당한다고 인정할 수 없는데도, 이와 달리 보아 갑에 대한 경찰 및 검찰 진술조서가 형사소송법 제314조에 의하여 증거능력이 있는 것으로 인정한 원심판결에 법리오해의 위법이 있다고 한 사례(대법원 2013. 4. 11. 선고 2013도1435 판결).

결국 위 보이스펜의 증거능력은 부정됩니다(제310조의2).

라. 증명력 검토 - 피고인의 사기 범의 존재 여부

김갑동과 피해자는 피고인이 김갑동과 공모하여 피해자를 기망하여 금원을 편취한 것이라는 취지로 진술하고 있습니다.[07] 그러나 피고인은 김갑동의 피해자에 대한 사기범행에 가담하지 아니하였습니다. 이에 대해 재판장의 석명사항을 중심으로 살펴보도록 하겠습니다.[08]

1) 동업계약조건에 대한 피고인의 인식 여부[09]

김갑동은 박병서와 '한류공연장'을 함께 운영함에 있어 김갑동이 위 공연장의 운영비 7억 원을 먼저 조달함을 조건으로 박병서가 공연장 시설 일체를 제공하는 내용의 동업계약을 체결하였습니다(기록 제27쪽 동업계약서 참조). 그러나 ① 피고인은 김갑동이 피해자에게 돈을 빌려달라며 동업계약서를 보여줄 당시 그 동업계약서를 보지 못하였을 뿐만 아니라 당시 피해자가 피고인이 아닌 박병서에게 직접 전화를 걸어 계약 내용을 확인하였

[05] 변론요지서가 아닌 검토의 견서이므로 피해자에게 불리할 수 있는 내용 역시 간단히 검토한다.

[06] 기록에서 소재탐지촉탁 등을 통해 김직원의 소재를 탐지하였다는 등의 사정이 존재하지 아니하므로 제314조의 요건을 갖추지 못하였다.

[07] 신빙성 탄핵의 대상이 되는 피해자에게 가장 불리한 진술을 간단히 기재하도록 한다. 이러한 진술이 기재된 증거들을 이 부분에서 한꺼번에 적시할 수도 있다.

[08] 재판장의 석명사항을 활용하여 증명력 검토의 소목차를 구성하였다. 재판장의 석명사항은 쟁점을 추가하는 것이 아니라, 시험의 난이도를 낮추기 위해 출제자가 제시하는 힌트이다.

[09] 탄핵할 내용-근거('~점, ~점 등을 고려하면')-결론의 순서대로 내용을 구성한다. 근거가 되는 점들은 많이 찾아 기재할수록 득점에 유리하다.

다는 점(기록 제19쪽, 제45쪽 피의자신문조서 참조), ② 김갑동이 피고인에게는 동업계약서를 보여주지도 않았고, 동업계약 내용에 대해 설명을 한 적도 없다는 점(기록 제47쪽 피의자신문조서), ③ 피고인은 집갑동과의 사이에 김갑동의 공연장 시설완비를 선행조건으로 하여 5억 원의 투자계약을 체결하였고(기록 제21쪽 투자약정서 등 참조), 이러한 투자계약은 피고인의 투자금 외에는 공연장 운영비를 조달할 능력이 없는 김갑동이 박병서와 체결한 동업계약 조건과 사실상 양립할 수 없는 것인 점 등을 고려하면, 결국 피고인은 범행 당시 김갑동과 박병서 사이의 동업계약 조건에 대해 인식하지 못하였다 할 것입니다. 즉 피고인이 공연장 사업에 실제 돈을 투자하지 아니한 것은 김갑동이 피해자를 속여 돈을 빌리는 것을 도와주기 위해 투자를 가장했기 때문이 아니라, 김갑동이 약정에 따른 사업준비를 완료하지 아니하여 투자를 하지 않은 것에 불과합니다.

[10] 탄핵대상이 되는 진술에 대해 피고인에게 유리한 다른 해석이 가능한 경우에는 이에 대해 구체적으로 적시한다.

2) 피고인의 김갑동에 대한 수고비 요구 여부

김갑동은 피고인이 먼저 수고비를 얘기하며 강원랜드에 가자고 하여 거기서 수고비 명목으로 도박자금 1천만 원을 피고인에게 교부한 것이라고 진술하고 있으나(기록 제48쪽 피의자신문조서 참조), 이에 대해서는 김갑동 스스로 이 사건 법정에서 위 진술과 달리 강원랜드는 자신이 먼저 가자고 한 것이고 피고인은 그저 따라갔을 뿐이라고 번복하고 있어 그 진술의 일관성이 없습니다(기록 제18쪽 참조). 또한 김갑동이 피해자로부터 교부받은 금원은 4억 원으로 상당한 고액임에도 불구하고, 자신이 공동정범이라 주장하는 피고인에게 수고비 명목으로 1천만 원에 불과한 소액만을 교부한다는 것은 경험칙에 반한다 할 것입니다. 결국 피고인은 김갑동에 대해 수고비를 요구한 적이 없습니다.

3) 범행수익 배분 여부

김갑동은 피해자로부터 교부받은 4억 원 중 3억 5천만 원은 개인적으로 사용했고, 4천만 원은 자신의 도박자금으로 사용하였으며, 1천만 원은 피고인에게 교부했다고 진술하고 있을 뿐이고(기록 제48쪽 피의자신문조서), 위 1천만 원 외에 김갑동이 피고인에게 편취금을 배분하였다는 사정은 존재하지 아니합니다. 또한 위 1천만 원은 김갑동이 먼저 가자고 한 강원랜드를 따라간 피고인에게 도박자금 명목으로 교부한 것에 불과하여, 이는 김갑동의 사기범행과 관련된 수익의 분배가 아니라, 그와 무관하게 김갑동이 피고인에게 '크게 한 턱 쏜 것'에 불과하다 할 것입니다. 결국 피고인은 김갑동으로부터 범행수익의 배분을 받지 아니하였습니다.

[11] 탄핵대상 진술에 대해 다른 해석이 가능할 경우에는 이에 대해 적시한다.

마. 부족증거 등 설시

나머지 증거들만으로는 이 부분 공소사실을 인정하기에 부족하고 달리 이를 인정할 만한 증거가 없습니다.

[12] 부족증거 등 설시는 답안에 기재할 문장을 그대로 암기하여 기재한다.

바. 소결

이 부분 공소사실에 대해서는 무죄가 선고되어야 합니다(형사소송법 제325조 후단).

2. 부정수표단속법위반의 점

가. 수표번호 아가0121212 수표에 관하여

부수법 제2조 제1항의 죄는 수표를 발행하거나 작성한 자가 그 수표를 회수한 경우 또는 회수하지 못하였더라도 수표 소지인의 명시적 의사에 반하는 경우 공소를 제기할 수 없습니다(부수법 제2조 제4항). 또한 수표 발행인이 수표 금액 상당의 금원을 수표소지인 앞으로 변제공탁하여 수표소지인이 이를 수령하였다는 사정만으로는 부수법 제2조 제4항에서 정하는 공소제기를 할 수 없는 사유에 해당하지 아니한다는 것이 판례의 태도입니다.*[13]

> * 피고인이 발행하여 그 소지인이 제시기일 내에 지급을 위한 제시를 하였으나 무거래로 지급되지 아니한 당좌수표의 액면금액 상당의 돈을 수표소지인 앞으로 변제공탁하여 수표소지인이 이를 수령하였다는 것은, 부정수표단속법 제2조 제4항에서 공소제기를 할 수 없는 사유로 규정하고 있는 수표를 발행한 자가 수표를 회수한 경우, 수표소지인의 명시한 의사에 반하는 경우 중 어느 것에도 해당된다고 볼 수 없다(대법원 1994. 10. 21. 선고 94도789 판결).

[13] 부수법 규정과 함께 그에 대한 판례 해석론을 함께 적시하여야 한다.

따라서 이 부분 공소사실에 대해 피고인이 수표 금액 상당액을 공탁하고 수표소지인인 정고소[14]가 이를 수령하였다고 하더라도 그것만으로는 부수법 제2조 제4항의 수표회수를 인정할 수 없어, 이 부분 공소사실에 대해서는 유죄판결이 선고 가능합니다.

[14] 정고소는 특경법위반(사기)의 공소사실에서는 피해자에 해당하므로 '피해자' 또는 '피해자 정고소'라고 기재하여야 한다. 그러나 사회적 법익에 대한 죄인 부수법위반의 공소사실의 경우에는 피해자가 아니므로 '피해자 정고소'가 아닌 '정고소'라고 기재하여야 한다.

나. 수표변호 아가01212122 수표에 관하여

앞서 살펴본 부수법 제2조 제4항은 같은 조 제2항 및 제3항의 죄를 반의사불벌죄로 규정한 취지라는 것이 판례의 태도입니다.**[15]

> ** 부정수표단속법 제2조 제4항은 수표를 발행하거나 작성한 자가 그 수표를 회수한 경우 수표소지인이 처벌을 희망하지 아니하는 의사표시를 한 것과 마찬가지로 보아 같은 조 제2항 및 제3항의 죄를 이른바 반의사불벌죄로 규정한 취지라고 해석함이 상당하므로 부도수표가 제1심판결 선고 후 회수된 경우 그 회수는 효력이 없다(대법원 1994. 5. 10. 선고 94도475 판결).

[15] 부수법 제2조 제4항의 규정 내용은 앞서 가항에서 기재하였으므로 기재를 생략한다.

이 부분 공소사실에 대해서는 수표소지인인 김갑동이 공소제기일 2016. 10. 21.[16] 후인 2016. 12. 27. 이 사건 법정에서 피고인의 처벌을 원치 않는다는 의사를 표시하였습니다(기록 제18쪽).[17]

[16] 공소제기일을 적시함에 있어서는 증거거시를 따로 하지 아니한다.

[17] 친고죄에서 고소의 취소나 반의사불벌죄에서 처벌불원의 의사표시가 있었음을 기재할 때에는 항상 그 일자를 공소제기일과 비교하여 적시하여야 하고, 그러한 의사표시가 기재된 증거를 함께 적시하여야 한다.

결국 피고인에 대해서는 피해자의 명시한 의사에 반하여 죄를 논할 수 없는 사건에 대해여 공소제기 후 처벌을 희망하는 의사표시가 철회된 경우이므로 공소기각의 판결이 선고되어야 합니다(형사소송법 제327조 제6호).

2017. 1. 11.

담당변호사 이변호 (인)

 MEMO

# 2018년 제7회
변호사시험 형사법 기록형

2018년도 제7회 변호사시험 문제

시험과목	형사법(기록형)

응시자 준수사항

1. 시험 시작 전 문제지의 봉인을 손상하는 경우, 봉인을 손상하지 않더라도 문제지를 들추는 행위 등으로 문제 내용을 미리 보는 경우 그 답안은 영점으로 처리됩니다.

2. 시험시간 중에는 휴대전화, 스마트워치 등 무선통신 기기나 전자계산기 등 전산기기를 지녀서는 안 됩니다.

3. 답안은 흑색 또는 청색 필기구(사인펜이나 연필 사용 금지) 중 한 가지 필기구만을 사용하여 답안 작성란(흰색 부분) 안에 기재하여야 합니다.

4. 답안지에 성명과 수험번호 등을 기재하지 않아 인적사항이 확인되지 않는 경우에는 영점으로 처리되는 등 불이익을 받게 됩니다. 특히 답안지를 바꾸어 다시 작성하는 경우, 성명 등의 기재를 빠뜨리지 않도록 유의하여야 합니다.

5. 답안지에는 문제 내용을 쓸 필요가 없으며, 답안 이외의 사항을 기재하거나 밑줄 기타 어떠한 표시도 하여서는 안 됩니다. 답안을 정정할 경우에는 두 줄로 긋고 다시 써야 하며, 수정액·수정테이프 등은 사용할 수 없습니다.

6. 시험 종료 시각에 임박하여 답안지를 교체했더라도 시험 시간이 끝나면 그 즉시 새로 작성한 답안지를 회수합니다.

7. 시험 시간이 지난 후에는 답안지를 일절 작성할 수 없습니다. 이를 위반하여 **시험 시간이 종료되었음에도 불구하고 계속 답안을 작성할 경우 그 답안은 영점으로 처리됩니다.**

8. 답안은 답안지의 쪽수 번호 순으로 써야 합니다. **배부된 답안지는 백지 답안이라도 모두 제출**하여야 하며, **답안지를 제출하지 아니한 경우 그 시간 시험과 나머지 시험에 응시할 수 없습니다.**

9. 지정된 시각까지 지정된 시험실에 입실하지 않거나 시험관리관의 승인 없이 시험 시간 중에 시험실에서 퇴실한 경우, 그 시간 시험과 나머지 시간의 시험에 응시할 수 없습니다.

10. 시험 시간 중에는 어떠한 경우에도 문제지를 시험실 밖으로 가지고 갈 수 없고, 그 시험 시간이 끝난 후에는 문제지를 시험장 밖으로 가지고 갈 수 있습니다.

[01] 가장 먼저 작성하여야 할 서면의 종류를 확인한다. 구체적으로 '누가' '누구에게' 제출하는 서면인지를 확인하여야 한다. 이에 따라 답안에서 사용할 어투뿐만 아니라 검토하여야 할 쟁점까지 달리하게 된다.

검토의견서는 변호인이 회사 내부적으로 대표변호사에게 보고하는 서면이므로 경어체를 사용하거나 '~할 것임'이라는 방식으로 답안을 작성하여야 하고, 피고인에게 유리한 내용뿐만 아니라 불리한 내용에 대하여도 객관적 입장에서 검토하여야 한다.

변론요지서는 변호인이 법원에 제출하는 서면이므로 경어체를 사용하여야 하고, 피고인에게 가장 유리한 결론으로 쟁점을 검토하여야 한다.

[02] 기록 답안은 판례의 태도를 기준으로 답안을 작성함을 원칙으로 한다. 사례형 답안과 달리 견해 대립이나 일반론을 기재할 필요 없이 판례 결론에 따른 사안검토 위주로 작성한다.

판례의 태도에 반하는 견해를 바탕으로 피고인에 대한 무죄 등을 주장하는 예외적인 경우에는 판례 태도부터 적시한 후 변론내용을 기재하도록 한다.

[03] 축약기재를 할 수 있다고 명시하고 있으므로 이에 따라 답안에서 해당 법명은 축약기재한다. 다만 명시된 법명이 아닌 다른 법명은 축약기재하여서는 아니 된다.

[04] 제7회 시험에서는 재판장의 석명사항이 등장하지 아니한다.

[05] 기재 생략된 증거라도 쟁점을 검토함에 있어 필요한 경우가 있다.

【문 제】

피고인 김갑동에 대해서는 법무법인 율현 담당변호사 박변호가 객관적인 입장에서 대표변호사에게 보고할 검토의견서를, 피고인 이을남에 대해서는 변호사 민변호의 입장에서 변론요지서를 작성하되, 다음 쪽 검토의견서 및 변론요지서 양식 중 <u>본문 Ⅰ, Ⅱ 부분만 작성하시오.</u>

【작성 요령】

1. 학설·판례 등의 견해가 대립되는 경우, 한 견해를 취할 것. 단, 대법원 판례와 다른 견해를 취하여 의견을 제시하고자 하는 경우에는 대법원 판례의 취지를 적시할 것.
2. 증거능력이 없는 증거는 실제 소송에서는 증거로 채택되지 않아 증거조사가 진행되지 않지만, 이 문제에서는 시험의 편의상 증거로 채택되어 증거조사가 진행된 것을 전제하였음. 따라서 필요한 경우 증거능력에 대하여도 논할 것.
3. 법률명과 죄명에서 「폭력행위 등 처벌에 관한 법률」은 '폭처법'으로, 「여신전문금융업법」은 '여전법'으로 줄여서 기재하여도 무방함.

【주의 사항】

1. 쪽 번호는 편의상 연속되는 번호를 붙였음.
2. 조서, 기타 서류에는 필요한 서명, 날인, 무인, 간인, 정정인이 있는 것으로 볼 것.
3. 증거목록, 공판기록 또는 증거기록 중 '생략'이라고 표시된 부분에는 법에 따른 절차가 진행되어 그에 따라 적절한 기재가 있는 것으로 볼 것.
4. 공판기록과 증거기록에 첨부하여야 할 일부 서류 중 '생략' 표시가 있는 것, '증인선서서'와 수사기관의 조서(진술서 포함)에 첨부하여야 할 '수사과정확인서'는 적법하게 존재하는 것으로 볼 것.
5. 송달이나 접수, 통지, 결재가 필요한 서류는 모두 적법한 절차를 거친 것으로 볼 것.

【검토의견서 양식】

검토의견서 (50점)

사 건   2017고합2428 준특수강도 등
피고인   김갑동

Ⅰ. 피고인 김갑동에 대하여
  1. 모욕의 점
  2. 절도교사의 점
  3. 장물취득의 점
  4. 여신전문금융업법위반의 점
  5. 사기의 점
※ 평가제외사항
  - 공소사실의 요지, 정상관계, 피고인 김갑동에 대한 폭력행위등처벌에관한법률위반(공동폭행) 부분 (답안지에 기재하지 말 것)

2018. 1. 10.

담당변호사   박변호 ㉑

【변론요지서 양식】

변론요지서 (50점)

사 건   2017고합2428 준특수강도 등
피고인   이을남

위 사건에 관하여 피고인 이을남의 변호인 변호사 민변호는 다음과 같이 변론합니다.

다   음

Ⅱ. 피고인 이을남에 대하여
  1. 준특수강도의 점
  2. 폭력행위등처벌에관한법률위반(공동폭행)의 점
  3. 야간주거침입절도의 점
※ 평가제외사항
  - 공소사실의 요지, 정상관계 (답안지에 기재하지 말 것)

2018. 1. 10.

위 피고인의 변호인
변호사   민변호 ㉑

서울중앙지방법원 제10형사부 귀중

---

[06] 양식에서 주어진 답안 목차 그대로 답안을 작성한다. 특히 정상관계 등 평가제외사항에 대해서는 답안에서 언급하지 않고, 기록을 읽는 과정에서도 가볍게 넘어가도록 한다.

[07] 양식의 목차와 공소장의 공소사실 기재 등을 참고하여 메모의 피고인과 죄명란을 기재한다.

[08] 피고인 김갑동에 대한 폭처법위반(공동폭행) 부분은 답안 기재에서 제외되었다. 따라서 피고인 이을남의 폭처법위반(공동폭행) 부분에 대해서만 검토하도록 한다.

			미결구금	
		구속만료		
서울중앙지방법원	최종만료		
구공판 **형사제1심소송기록**	대행갱신 만료		

기일 1회기일	사건번호	2017고합2428	담임	형사10부	주심	다
12/14 A10						
12/28 P3	사건명	가. 준특수강도 나. 폭력행위등처벌에관한법률위반(공동폭행) 다. 모욕 라. 절도교사 마. 장물취득 바. 여신전문금융업법위반 사. 사기 아. 야간주거침입절도				
	검 사	최정훈		2017형제151352호		
	피고인	1. 나.다.라.마.바.사. 김갑동 2. 가.나.아. 이을남				
	공소제기일	2017. 11. 10.				
	변호인	사선 법무법인 율현 담당변호사 박변호(피고인 김갑동) 사선 변호사 민변호(피고인 이을남)				

확 정	
보존종기	
종결구분	
보 존	

완결 공람	담임	과장	국장	주심판사	재판장	원장

[09] 기록표지에서는 공소제기일만 체크하여 메모한다.
추가적으로 왼쪽 상단에서 기일이 몇 번 열렸는지(시험에서는 2회가 일반적이다), 구속된 피고인이 있는지(구속된 피고인에 대해서는 피고인란에 '구속'이라는 박스표시가 붙는다) 등을 가볍게 확인할 수 있다.

[10] 체크할 내용이 없는 서면은 보지 않고 빠르게 넘기도록 한다.

접 수 공 람	과 장	국 장	원 장
	㊞	㊞	㊞

공 판 준 비 절 차

회 부 수명법관 지정 일자	수명법관 이름	재 판 장	비 고

법정외에서 지정하는 기일

기일의 종류	일 시				재 판 장	비 고
1회 공판기일	2017.	12.	14.	10:00	㊞	

– 5 –

서울중앙지방법원

목 록

문 서 명 칭	장 수	비 고
증거목록	7	검사
공소장	10	
현행범인체포서	(생략)	피고인 이을남
구속영장청구서(판사기각)	(생략)	피고인 이을남
피의자석방보고	(생략)	피고인 이을남
변호인선임서	(생략)	피고인 김갑동
변호인선임서	(생략)	피고인 이을남
영수증(공소장부본 등)	(생략)	피고인 김갑동
영수증(공소장부본 등)	(생략)	피고인 이을남
영수증(공판기일통지서)	(생략)	변호사 박변호
영수증(공판기일통지서)	(생략)	변호사 민변호
국민참여재판 의사 확인서(불희망)	(생략)	피고인 김갑동
국민참여재판 의사 확인서(불희망)	(생략)	피고인 이을남
의견서	(생략)	피고인 김갑동
의견서	(생략)	피고인 이을남
공판조서(제1회)	13	
공판조서(제2회)	15	
증인신문조서	17	장동근
증인신문조서	18	서중기
증인신문조서	19	김갑서
증인신문조서	20	나행복
증거신청서	21	변호사 박변호
약식명령등본	22	

- 6 -

[11] 가장 먼저 공소장변경허가신청서가 있는지 체크한다. 허가신청이 있는 경우 그 다음 기일의 공판조서를 펼쳐 법원의 허가여부를 체크하여야 하고, 허가된 경우라면 공소장변경허가신청서를 펼쳐 변경된 공소사실을 확인하여야 한다. 공소사실이 변경된 경우 기존 공소장의 공소사실이 아닌 변경된 공소사실대로 기록을 읽고 메모를 시작하여야 한다.

그 다음 제1회 공판기일과 제2회 공판기일 사이에 제출된 증거가 있는지 확인한다. 공판단계에서 제출되는 합의서 등은 면소판결 등과 관련하여 중요한 증거가 된다.

추가로 공판기일은 몇 차례 열렸는지 신청된 증인은 몇 명인지 등을 확인할 수도 있다.

[12] 피고인 이을남은 현행범인으로 체포된 후 수임판사의 구속영장 기각결정에 따라 석방되었다.

[13] 약식명령등본이 등장하는 순간 제326조 제1호 면소판결 사유 검토가 쟁점이 됨을 예상할 수 있다.

[14] 증거목록에서는 검찰단계와 경찰단계를 구별하여 표시한 후, 각 증거에 대한 증거의견을 체크하고, 전문법칙 예외요건에 따라 증거능력이 부정되는 증거들을 체크하도록 한다.

[15] 사경 작성 장동근·강동환·나행복에 대한 각 진술조서에 대해 피고인들이 증거부동의하고 있다. 따라서 검사가 장동근 등을 각각 증인으로 신청하였고, 이에 따라 출석한 장동근 등이 공판기일에서 위 조서를 열람한 후 실질적 진정성립을 인정하였다. 따라서 위 조서들은 모두 증거능력이 인정된다.

[16] 사경 작성 피의자신문조서에 대해 피고인 김갑동은 내용부인, 피고인 이을남은 내용부인 취지로 증거부동의 하였다. 따라서 위 조서는 김갑동은 물론 이을남에 대해서도 증거능력이 부정된다(각 형사소송법 제312조 제3항).

[17] 고소장이 제출된 경우 그 고소인에 대한 진술조서는 항상 이어서 등장한다.

[18] 진술조서에 대해 증거부동의 하는 경우에는 그 참고인을 증인으로 신청하게 된다. 당해 참고인이 증인으로 출석하여 공판정에서 그 진술조서에 대한 진정성립을 인정하는 경우에는 진술조서의 증거능력이 인정된다(형사소송법 제312조 제4항).

다만 위 고소장 및 진술조서의 경우 피고인 김갑동과 공동피고인인 이을남에 대한 것이고, 위 고소장 및 진술조서는 피고인 김갑동이 이을남에 대해 범한 모욕죄에 대한 것이다. 따라서 이을남은 공범 아닌 공동피고인에 해당하고, 이을남이 위 고소장 등에 대해 공판기일에서 실질적 진정성립을 인정하기 위해서는 피고인 지위가 아닌 증인의 지위에서 진술할 것이 요구된다.

그러나 기록상 이을남에 대해 별도의 증인신청 자체가 이루어지지 아니하였으므로 위 고소장 및 진술조서는 증거능력이 부정된다.

[19] 뒤에서 살펴보는 바와 같이 SD카드의 증거능력이 부정되는 이상(형사소송법 제313조 제1항), SD카드에 녹음된 진술을 기재한 서류인 녹취서 역시 증거능력이 부정된다.

[20] 김갑서 진술조서는 김갑서가 공판기일에 증인으로 출석하고 있으나, 증언거부권을 행사함에 따라 증거능력이 부정된다(형사소송법 제312조 제4항).

증 거 목 록 (증거서류 등)

2017고합2428

① 김갑동
② 이을남

신청인 : 검사

2017형제151352호

순번	증거방법					참조사항 등	신청기일	증거의견		증거결정		증거조사기일	비고
	작성	쪽수(수)	쪽수(증)	증거명칭	성명			기일	내용	기일	내용		
1	사경	25		진술조서	장동근		1	1	① × ② ×				
2	〃	26		진술조서	강동환		1	1	① ○ ② ○				
3	〃	27		진술조서	나행복		1	1	② ×				
4	〃	28		피의자신문조서(1회)	이을남		1	1	② ○				
5	〃	30		수사보고(현행범인 체포 경위)			1	1	② ○				
6	〃	31		압수조서 및 압수목록(커터 칼, 던힐 담배)			1	1	② ○				
7	〃	(생략)		합의서	나행복		1	1	① ○	(생략)	(생략)		
8	〃	32		피의자신문조서(1회)	김갑동		1	1	① ○○○× ② ×				
9	〃	34		피의자신문조서(2회)	이을남	(생략)	1	1	② ○ ① ○				
10	〃	36		진술조서	주진모		1	1	① ○				
11	〃	37		고소장	이을남		1	1	① ×				
12	〃	(생략)		진술조서	이을남		1	1	① ×				
13	〃	(생략)		압수조서 및 압수목록(SD카드, 녹취서)			1	1	① ○				
14	〃	38		녹취서			1	1	① ×				
15	〃	39		진술조서	김갑서		1	1	① ×				
16	〃	40		피의자신문조서(2회)	김갑동		1	1	① ○ ② ○				

※ 증거의견 표시 : 피의자신문조서 : 인정 ○, 부인 ×
  (여러 개의 부호가 있는 경우, 적법성/실질성립/임의성/내용의 순서임)
  - 기타 증거서류 : 동의 ○, 부동의 ×
  - 진술이 특히 신빙할 수 있는 상태 하에서 행하여졌다는 점 부인 : "특신성 부인"(비고란 기재)
※ 증거결정 표시 : 채 ○, 부 -
※ 증거조사 내용은 제시, 낭독(내용고지, 열람)

증 거 목 록 (증거서류 등)
2017고합2428

2017형제151352호

① 김갑동
② 이을남
신청인 : 검사

순번	증거방법				참조사항 등	신청기일	증거의견		증거결정		증거조사기일	비고
	작성	쪽수(수)	쪽수(증)	증거명칭	성명			기일	내용	기일	내용	
17	사경	42		진술조서	이동수		1	1	① ○ ② ○			
18	〃	43		피의자신문조서 (3회)	이을남		1	1	② ○ ① × ① ○			공소사실 2의 나.항 부분 / 나머지 부분
19	〃	(생략)		문자메시지 캡처 사진	김갑동		1	1	① ○			
20	〃	(생략)		문자메시지 캡처 사진	이을남		1	1	① ○			
21	〃	45		피의자신문조서 (3회)	김갑동		1	1	① ○			
22	〃	(생략)		진술서	한성민		1	1	① ○			
23	〃	47		진술조서	서중기		1	1	① ×	(생략)		
24	〃	(생략)		조회회보서	김갑동	(생략)	1	1	① ○			
25	〃	(생략)		조회회보서	이을남		1	1	② ○			
26	〃	(생략)		SD카드 (증 제3호)			1	1	① ×			
27	검사	48		피의자신문조서 (대질)	김갑동		1	1	① ○ ② ○			공소사실 2의나.항 부분 / 나머지 부분
					이을남		1	1	② ○ ① × ① ○			
28	〃	(생략)		통신사실확인자료	이을남		1	1	① ○			
29	〃	(생략)		가족관계증명서			1	1	② ○			
30	〃	(생략)		주민등록등본	이을남		1	1	② ○			
31	〃	(생략)		주민등록등본	이동수		1	1	② ○			

※ 증거의견 표시 - 피의자신문조서 : 인정 ○, 부인 ×
 (여러 개의 부호가 있는 경우, 적법성/실질성립/임의성/내용의 순서임)
 - 기타 증거서류 : 동의 ○, 부동의 ×
 - 진술이 특히 신빙할 수 있는 상태 하에서 행하여졌다는 점 부인 : "특신성 부인"(비고란 기재)
※ 증거결정 표시 : 채 ○, 부 ×
※ 증거조사 내용은 제시, 낭독(내용고지, 열람)

- 8 -

[21] 사경 작성 피고인 이을남에 대한 제3회 피의자신문조서 중 공소사실 2의 나.항 부분에 대해 당해 피고인인 김갑동이 내용부인 취지로 증거부동의하고 있으므로 위 부분은 증거능력이 부정된다(형사소송법 제312조 제3항). 피의자신문조서 전체가 아니라 비고란에 기재된 진술 부분에 대해서만 증거능력이 부정됨에 주의를 요한다.

[22] 사경 작성 서중기에 대한 진술조서에 대해 피고인 김갑동이 증거부동의하고 있으나, 그 원진술자인 서중기가 공판기일에 증인으로 출석하여 실질적 진정성립을 인정하였으므로 증거능력이 인정된다(형사소송법 제312조 제4항).

[23] 압수된 SD카드는 김갑서가 자신과 피고인 김갑동과 사이의 대화를 녹음한 것으로서 형사소송법 제313조 제1항에서 정하는 진술기재서류에 해당한다. 그러나 그 작성자인 김갑서가 공판기일에서 증언거부권을 행사하여 실질적 진정성립을 인정하지 아니하였으므로 증거능력이 부정된다.

[24] 대질신문조서의 경우 그 신문의 대상인 피고인들이 자신의 진술부분과 상대방의 진술부분을 구별하여 각각 증거동의를 한다. 위 조서 중 공소사실 2의 나.항 부분에 대해 피고인 김갑동이 증거부동의하고 있으나, 그 원진술자인 이을남이 그 조서에 대해 증거동의하고 있고, 이는 실질적 진정성립을 인정하는 취지로 해석되므로 위 부분은 증거능력이 인정된다(형사소송법 제312조 제4항). 공소사실 2의 나.항 부분에 대해 김갑동과 이을남은 공범인 공동피고인의 관계에 있으므로 별도의 증인신문절차가 아닌 피고인 지위에서 한 증거의견 진술만으로도 실질적 진정성립을 인정할 수 있다.

[25] 서류에 대한 증거목록 다음에는 증인과 물건에 대한 증거목록이 등장한다. 아직 공소장을 읽지 아니한 단계에서는 각 증인이 어떤 공소사실에 관련된 것인지 알 수 없으므로 간단히 실시여부만 체크하도록 한다. 실시여부 즉, 철회되었거나 미실시된 증인이 존재하는 경우 해당 내용은 증거조사기일란에 표시된다.

[26] 김갑서의 경우 증인으로 채택되어 공판기일에 출석은 하였으나, 증언거부권을 행사하였음에 주의를 요한다. 특히 증언거부권을 행사하였다는 사정만으로 형사소송법 제314조의 원진술자 진술불능 요건을 인정하지 아니하는 판례의 태도를 누락하여서는 아니 된다.

[27] 검사가 제출한 증거목록 다음에 피의자측이 제출한 증거목록이 등장한다. 피의자측이 제출한 증거는 쟁점 검토에 있어서 중요한 증거가 됨이 일반적이다.

[28] 약식명령 등본이 존재함은 공판기록 목록에서 이미 확인한 바 있다. 기판력에 따른 면소판결 쟁점을 누락하여서는 아니 된다.

증거목록 (증인 등)
2017고합2428
2017형제151352호
① 김갑동
② 이을남
신청인: 검사

증거방법	쪽수(공)	입증취지 등	신청기일	증거결정 기일	증거결정 내용	증거조사기일	비고
증인 장동근	17	생략	1	1	생략	2017. 12. 28. 15:00 (실시)	
증인 서중기	18		1	1		2017. 12. 28. 15:00 (실시)	
증인 김갑서	19		1	1		2017. 12. 28. 15:00 (증언거부)	
증인 나행복	20		1	1		2017. 12. 28. 15:00 (실시)	
커터 칼 1개 (증 제1호)			1	1		2017. 12. 28. 15:00 (실시)	

※ 증거결정 표시: 채 ○, 부 ×

[이하 증거목록 미기재 부분은 생략]

증거목록 (증거서류 등)
2017고합2428
2017형제151352호
① 김갑동
② 이을남
신청인: 피고인 및 변호인

순번	증거방법 작성	증거방법 쪽수(수)	증거방법 쪽수(공)	증거방법 증거명칭	증거방법 성명	참조사항 등	신청기일	증거의견 기일	증거의견 내용	증거결정 기일	증거결정 내용	증거조사기일	비고
1			22	약식명령 등본		생략	2	2	○	생략			① 신청
2													

[이하 증거목록 미기재 부분은 생략]

※ 증거의견 표시 - 피의자신문조서: 인정 ○, 부인 ×
  (여러 개의 부호가 있는 경우, 적법성/실질성립/임의성/내용의 순서임)
  - 기타 증거서류: 동의 ○, 부동의 ×
  - 진술이 특히 신빙할 수 있는 상태하에서 행하여졌다는 점 부인: "특신성 부인"(비고란 기재)
※ 증거결정 표시: 채 ○, 부 ×
※ 증거조사 내용은 제시, 낭독(내용고지, 열람)

서울중앙지방검찰청

2017. 11. 10.

사건번호 2017년 형제151352호
수 신 자 서울중앙지방법원   발 신 자
                                  검   사   최정훈 최정훈 (인)

제   목   공소장
          아래와 같이 공소를 제기합니다.

I. 피고인 관련사항

1. 피 고 인   김갑동 (72****-1******), 45세
             직업 상업, 010-****-****
             주거 서울 서초구 서초대로2길, 102동 106호(서초동, 푸른아파트)
             등록기준지 서울 관악구 신림동 335
   죄   명   사기, 폭력행위등처벌에관한법률위반(공동폭행), 모욕, 절도교사,
             장물취득, 여신전문금융업법위반
   적용법조   형법 제347조 제1항, 폭력행위 등 처벌에 관한 법률 제2조 제2항 제
             1호, 형법 제260조 제1항, 제311조, 제329조, 제362조 제1항, 여신전문
             금융업법 제70조 제1항 제3호, 형법 제31조 제1항, 제37조, 제38조
   구속여부   불구속
   변 호 인   법무법인 율현(담당변호사 박변호)

2. 피 고 인   이을남 (72****-1******), 45세
             직업 상업, 010-****-****
             주거 서울 강남구 강남대로11길, 2동 301호(역삼동, 하나아파트)
             등록기준지 서울 영등포구 문래동 358
   죄   명   준특수강도, 폭력행위등처벌에관한법률위반(공동폭행), 야간주거
             침입절도
   적용법조   형법 제335조, 제334조 제2항, 제1항, 폭력행위 등 처벌에 관한
             법률 제2조 제2항 제1호, 형법 제260조 제1항, 제330조, 제37조,
             제38조
   구속여부   불구속
   변 호 인   변호사 민변호

- 10 -

---

[29] 공소장은 공판조서와 함께 기록의 핵심이다.
공소장에서 I. 피고인 관련사항과 III. 첨부서류는 보지 않아도 무방하고, II. 공소사실을 꼼꼼하게 읽도록 한다.

[30] I. 피고인 관련사항에서는 적용법조에서 공범관계나 죄수와 관련된 규정을 추가적으로 확인할 수 있다.
형법 제31조 제1항을 통해 피고인 김갑동이 이을남에 대한 교사범임을 확인할 수 있고, 제37조·제38조를 통해 김갑동이 범한 범죄들을 검사가 실체적 경합관계에 있다고 판단하여 기소하였음을 알 수 있다.
문제에서 죄수관계 등이 쟁점으로 등장하는 경우에는 적용법조 부분을 체크할 필요가 있다.

Ⅱ. 공소사실

1. 피고인들의 공동범행

피고인들은 2017. 6. 8. 23:10경 서울 강남구 도곡로8길에 있는 아르미르 주점에서, 그곳 룸에서 술을 마시고 있던 피해자 장동근(44세) 일행이 떠든다는 이유로 그 룸에 찾아가 시비가 되어 피고인 김갑동은 손으로 피해자의 손목을 잡아 비틀고, 주먹으로 가슴을 수회 때리고, 피고인 이을남은 피해자의 멱살을 잡고 뺨을 수회 때렸다. 계속하여 위 주점 화장실에서 피고인 김갑동은 옆에서 욕설을 하면서 위세를 가하고, 피고인 이을남은 손으로 피해자를 밀어 넘어뜨리고, 발로 다리 등을 수회 밟았다.

이로써 피고인들은 공동하여 피해자에게 폭행을 가하였다.

2. 피고인 김갑동

가. 모욕

피고인은 2017. 2. 11.경 서울 송파구 송파대로7길에 있는 갈채 주점에서, 김갑서 등과 술을 마시다가 이들이 지켜보고 있는 가운데, "이을남은 천하의 싸가지 없는 놈이고, 개새끼다."라고 욕설을 하여 공연히 피해자 이을남을 모욕하였다.

나. 절도교사

피고인은 2017. 6. 20. 21:00경 서울 서초구 서초중앙로6길에 있는 서중기의 집에서 이을남에게 이동수의 돈을 훔쳐 오라는 취지로 지시하여 이을남으로 하여금 절도 범행을 할 것을 마음먹게 하였다. 이을남은 위 지시에 따라 2017. 6. 25. 22:00경 서울 강남구 청담로5길에 있는 피해자 이동수의 주거지 책상에 있던 지갑 안에서 피해자 소유인 현금 100만 원과 BC카드 1장을 가지고 나와 이를 절취하였다.

이로써 피고인은 이을남으로 하여금 피해자의 재물을 절취하도록 교사하였다.

다. 장물취득

피고인은 2017. 6. 26.경 서울 서초구 서초대로1길에 있는 서초반점에서, 이을남이 제3의 나.항과 같이 훔쳐온 피해자 이동수 소유인 BC카드 1장을 장물인 정을 알면서 건네받아 장물을 취득하였다.

라. 여신전문금융업법위반, 사기

피고인은 2017. 6. 28. 19:00경 서울 강남구 강남대로에 있는 피해자 한성민이 운영하는 축제 주점에서 술을 마시더라도 술값을 지불할 의사나 능력이 없었음에도 제2의 다.항과 같이 취득한 BC카드를 마치 정당한 사용권자인 것처럼 가장하여 이에 속은 피해자로부터 술과 안주 합계 15만 원 상당을 제공받은 후 위 BC카드로 결제하여 도난당한 신용카드를 사용하고, 동액 상당의 재산상의 이익을 취득하여 이를 편취하였다.

3. 피고인 이을남

가. 준특수강도

피고인은 2017. 6. 8. 23:50경 서울 강남구 도곡로8길에 있는 피해자 나행복(40세)이 운영하는 행복슈퍼마켓에서, 감시가 소홀한 틈을 이용하여 그곳 담배판매대에 있던 피해자 소유인 시가 6,000원 상당의 던힐 담배 1갑을 주머니에 넣고 슈퍼 밖으로 나오다가 이를 발견하고 뒤따라온 피해자가 담배값을 내라고 하면서 피고인의 옷을 잡자 체포를 면탈할 목적으로 흉기인 커터 칼(칼날길이 9cm)을 꺼내어 피해자를 향해 휘두르고 주먹으로 피해자의 얼굴을 수회 때려 폭행을 가하였다.

나. 야간주거침입절도

피고인은 2017. 6. 25. 22:00경 서울 강남구 청담로5길에 있는 피해자 이동수의 주거지에 이르러 출입문을 통하여 위 주거지 안방에 침입하여 그곳 책상에 있던 지갑 안에서 피해자 소유인 현금 100만 원과 BC카드 1장을 가지고 나와 이를 절취하였다.

Ⅲ. 첨부서류

1. 현행범인체포서 1통 (첨부 생략)
2. 구속영장청구서(판사기각) 1통 (첨부 생략)
3. 피의자석방보고 1통 (첨부 생략)
4. 변호인선임서 2통 (첨부 생략)

---

[37] 절취한 카드를 사용한 경우 여신전문금융업법위반죄와 사기죄가 모두 성립하고, 양 죄는 실체적 경합범 관계에 있다. 실체적 경합범의 경우 공소사실을 따로 기재함이 원칙이나 위 죄들과 같이 사실관계가 대부분 겹치는 범죄의 경우 예외적으로 함께 기재하기도 한다.

[38] 절도범이 체포면탈 목적으로 위험한 물건인 커터 칼을 휴대한 채 피해자를 폭행함으로써 준강도죄가 성립한 사안이다. 공소사실 기재만으로는 쟁점을 찾기에 부족하므로 뒤의 기록을 읽으면서 쟁점을 찾아야 한다.

[39] 피고인 김갑동의 교사에 의해 범한 범죄이다.

[40] 제1회 공판조서에서 검사의 모두진술 부분까지는 읽지 않고 넘어가도 무방하다.

서울중앙지방법원

공 판 조 서

제 1 회
사　　　건　2017고합2428 준특수강도 등
재판장 판사　박동우　　　　　　　　　기　일：　2017. 12. 14. 10:00
판　　　사　임지은　　　　　　　　　장　소：　제422호 법정
판　　　사　홍광범　　　　　　　　　공개 여부：　공개
법원사무관　한지은　　　　　　　　　고 지 된
　　　　　　　　　　　　　　　　　　다음기일：　2017. 12. 28. 15:00

피 고 인　　1. 김갑동　2. 이을남　　　　　　　　　　　　각 출석
검　　사　　류태용　　　　　　　　　　　　　　　　　　　출석
변 호 인　　법무법인 율현 담당변호사 박변호 (피고인 1을 위하여)　출석
　　　　　　변호사 민변호 (피고인 2를 위하여)　　　　　　　　출석

재판장
　　피고인들은 진술을 하지 아니하거나 각개의 물음에 대하여 진술을 거부할
　　수 있고, 이익되는 사실을 진술할 수 있음을 고지
재판장의 인정신문
　　성　　　명：　1. 김갑동　　2. 이을남
　　주민등록번호：　각 공소장 기재와 같음
　　직　　　업：　　　　〃
　　주　　　거：　　　　〃
　　등록기준지：　　　　〃
재판장
　　피고인들에 대하여
　　주소의 변동 등이 있을 때에는 이를 법원에 보고할 것을 명하고 소재가 확
　　인되지 않는 때에는 피고인들의 진술 없이 재판할 경우가 있음을 경고
검　사
　　공소장에 의하여 공소사실, 죄명, 적용법조 낭독

- 13 -

피고인 김갑동
    공소사실 1항은 주점 룸에서는 피해자를 폭행한 사실이 있으나, 주점 화장실에서는 피해자를 폭행한 적 없고, 2의 가.항은 이을남을 모욕한 적이 없으며, 2의 나.항은 절도를 교사한 적 없고, 가사 교사를 했다 하더라도 절취 전에 만류했으며, 나머지 공소사실은 모두 인정한다고 진술
피고인 이을남
    공소사실 1항은 주점 룸에서는 피해자를 폭행한 적 없고 말렸을 뿐이고, 3의 가.항은 커터 칼을 휘두른 적은 없고, 나머지 공소사실은 모두 인정한다고 진술
피고인 김갑동의 변호인
    피고인 김갑동을 위하여 유리한 변론을 함(변론기재는 생략)
피고인 이을남의 변호인
    피고인 이을남을 위하여 유리한 변론을 함(변론기재는 생략)
재판장
    증거조사를 하겠다고 고지
증거관계 별지와 같음(검사, 변호인)
재판장
    각 증거조사 결과에 대한 의견을 묻고 권리를 보호함에 필요한 증거조사를 신청할 수 있음을 고지
소송관계인
    별 의견 없다고 각각 진술
재판장
    변론 속행

2017. 12. 14.

법 원 사 무 관   한지은 ㊞

재판장   판 사   박동우 ㊞

- 14 -

[41] 제1회 공판기일에서의 피고인의 공소사실에 대한 인부진술은 기록에서 가장 중요한 부분이다. 여기서 피고인이 인정하는 공소사실에 대해서는 법률판단 쟁점이, 부인하는 공소사실에 대해서는 사실인정 쟁점이 각각 문제된다.
피고인의 공소사실 인정여부와 함께 부인 또는 일부부인하는 경우에는 그 취지까지 메모한다.
제1회 공판조서에 기재된 피고인의 공소사실 부인취지는 사실인정 쟁점에 대한 답안 기재시 '피고인 변소의 요지' 목차에 그대로 기재하여도 무방하다.

[42] 폭처법위반(공동폭행)의 경우 김갑동과 이을남이 모두 자신들의 단독범행임을 주장하고 있다(김갑동은 룸에서, 이을남은 화장실에서 각각 단독폭행). 따라서 피고인들이 공동으로 피해자를 폭행하였는지에 대한 사실인정 쟁점이 문제된다. 공동폭행사실이 인정되지 아니할 경우 축소사실로서 폭행죄 검토를 누락하지 않도록 주의를 요한다.
모욕죄의 경우 모욕사실을 인정할 수 있는지에 대한 사실인정 쟁점이, 절도교사의 경우 교사사실 인정여부에 대한 사실인정 및 교사사실을 인정하는 경우라도 공범관계에서의 이탈을 인정할 수 있는지 여부에 대한 법률판단 쟁점이 각각 문제된다.
이을남의 준특수강도의 경우 커터 칼을 휘두른 적이 없다고 일부 부인하고 있으므로, 위험한 물건을 휴대하였는지에 대한 사실인정 쟁점이 문제된다. 역시 위 사실이 인정되지 아니할 경우 축소사실로서 준강도죄 검토를 누락하지 않도록 주의를 요한다.

[43] 실제 소송에서는 피고인이 인부진술을 한 후 피고인의 변호인이 다시 인부진술을 한다. 그러나 최근 변호사시험에서는 변호인의 진술부분이 생략되고 있다.

서울중앙지방법원

공 판 조 서

제 2 회

사 건	2017고합2428 준특수강도 등		
재판장 판사	박동우	기 일 :	2017. 12. 28. 15:00
판 사	임지은	장 소 :	제422호 법정
판 사	홍광범	공개 여부 :	공개
법원사무관	한지은	고지된 다음기일 :	2018. 1. 11. 15:00

피 고 인	1. 김갑동 2. 이을남	각 출석
검 사	류태용	출석
변 호 인	법부법인 율현 담당변호사 박변호 (피고인 1을 위하여)	출석
	변호사 민변호 (피고인 2를 위하여)	출석
증 인	장동근, 서중기, 김갑서, 나행복	각 출석

재판장
    전회 공판심리에 관한 주요 사항의 요지를 공판조서에 의하여 고지
소송관계인
    변경할 점이나 이의할 점이 없다고 진술
재판장
    출석한 증인 장동근, 서중기, 김갑서, 나행복을 별지와 같이 신문하다.
증거관계 별지와 같음(검사, 변호인)
재판장
    압수된 커터 칼(증 제1호)에 대한 압수수색영장이 사후에 발부된 사실이 없음을 확인하다.
재판장
    각 증거조사 결과에 대한 의견을 묻고 권리를 보호함에 필요한 증거조사를 신청할 수 있음을 고지
소송관계인
    별 의견 없으며 달리 신청할 증거도 없다고 각각 진술
재판장
    증거조사를 마치고 피고인신문을 하겠다고 고지
검 사
    피고인 이을남에게

- 15 -

[44] 제2회 공판조서에서는 가장 먼저 피고인이 기존에 진술한 내용 등을 변경하였거나 기존에 진행된 절차에 대해 이의를 제기하였는지 여부를 체크한다. 예컨대 피고인이 제1회 공판기일에서 부인한 공소사실에 대해 번의하여 인정하는 경우 제2회 공판조서 첫 부분에 해당 내용이 등장한다.

[45] 압수된 커터 칼에 대해 사후영장이 미발부되었음을 적시하고 있다. 이에 따라 위 칼의 증거능력이 부정된다(형사소송법 제217조 제2항, 제3항).

[46] 피고인신문에서는 쟁점과 직접 관련된 중요한 내용이 등장한다.

문 (증거목록 순번 11, 12, 18, 27을 제시, 열람케 하고) 피고인은 고소장 등을 직접 작성하였고, 수사기관에서 사실대로 진술하고 진술한 대로 기재되어 있음을 확인한 다음 서명, 날인하였는가요.

답 예, 그렇습니다.

문 (증거목록 순번 14, 26을 제시, 열람케 하고) 피고인이 제출한 SD카드와 녹취서이지요.

답 예, 그렇습니다.

문 피고인은 김갑동이 "이을남은 천하의 싸가지 없는 놈이고, 개새끼다."라고 말했다는 사실을 어떻게 알게 되었는가요.

답 직접 듣지는 못했고, 저는 김갑서로부터 전해 들었습니다.

문 김갑동이 피고인에게 돈을 훔쳐오라는 말을 하였나요.

답 예, 저는 김갑동의 지시를 받고 돈을 훔쳤습니다. 2017. 6. 20. 21:00경 친구인 서중기 집에서 서중기와 함께 있는 자리에서 김갑동이 합의금이 필요한데 부자인 이동수의 돈을 훔쳐오라고 말했습니다. 그 후에 서중기와 함께 술을 마시기도 했습니다.

피고인 이을남의 변호인

(피고인 이을남에게 유리한 사항 신문. 신문사항 생략)

피고인 김갑동의 변호인

피고인 이을남에게

문 김갑동이 절도범행을 말리지 않았나요.

답 범행 전에 "지난 번 한 말은 잊어라. 니가 돈을 다 마련하지 않더라도 내가 분담할 돈을 마련할 수 있을 것 같다."라고 김갑동이 저에게 문자메시지를 보낸 적은 있습니다.

재판장

피고인신문을 마쳤음을 고지

재판장

변론 속행(변론 준비를 위한 검사, 변호인들의 요청으로)

2017. 12. 28.

법 원 사 무 관 한지은 [인]

재판장 판 사 박동우 [인]

- 16 -

[47] 절도교사와 관련된 증거인 증거목록 순번 18, 27 증거의 경우 피고인지위에서 한 이을남의 실질적 진정성립 인정 진술만으로 증거능력을 인정할 수 있다. 그러나 모욕과 관련된 증거인 순번 11, 12, 증거의 경우 증인의 지위가 아닌 피고인 지위에서 한 실질적 진정성립 진술로써는 증거능력을 인정할 수 없다.

[48] 압수된 SD카드는 진술기재서류에 해당하고, 형사소송법 제313조 제1항에 따라 작성자인 김갑서의 실질적 진정성립을 요건으로 증거능력을 인정할 수 있다.

[49] 모욕죄에 있어 이을남은 피고인 김갑동과 공범 아닌 공동피고인의 지위에 있다. 따라서 증인이 아닌 피고인 지위에서 한 법정진술은 증거능력이 바로 부정된다. 이를 형사소송법 제316조에서 정하는 전문진술로 포섭하지 않도록 주의를 요한다.

[50] 피고인 김갑동이 부인하고 있는 절도교사에 대해 피고인 김갑동과 피고인 이을남의 진술이 불일치하고 있다. 피고인 김갑동의 절도교사의 점에 대한 사실인정 쟁점에서 이와 같은 이을남의 진술이 신빙성 탄핵의 대상이 된다.

[51] 절도교사사실이 인정됨을 전제로 공범관계 이탈을 인정할 수 있는지 문제된다. 그러나 이와 같이 단순히 범행을 만류하는 문자메시지를 보냈다는 사정만으로 이탈을 인정하기는 어렵다고 생각된다.

서울중앙지방법원
증인신문조서 (제2회 공판조서의 일부)

사 건   2017고합2428 준특수강도 등
증 인 이 름   장동근
       생년월일 및 주거 (생략)

재판장
　증인에게 형사소송법 제148조 또는 제149조에 해당하는가의 여부를 물어 이에 해당하지 아니함을 인정하고, 위증의 벌을 경고한 후 별지 선서서와 같이 선서를 하게 하였다.

검사
문 (증거목록 순번 1을 제시, 열람케 하고) 증인은 수사기관에서 사실대로 진술하고 진술한 대로 기재되어 있음을 확인한 다음 서명, 날인하였는가요.
답 예, 그렇습니다.
문 김갑동이 합의를 위해 증인을 찾아왔을 때, 김갑동이 이을남도 주점 룸에서 증인의 멱살을 잡고 뺨을 때렸다고 이야기한 바 있지요.
답 이을남도 함께 저의 멱살을 잡고, 뺨도 때렸다고 김갑동이 분명히 말했습니다.

피고인 이을남의 변호인
문 증인은 김갑동과 이을남이 같이 증인을 폭행했다고 했는데, 사실인가요.
답 지금 생각해보니 김갑동이 먼저 저희 룸에 들어와 저를 폭행하였고, 잠시 후에 이을남이 들어와서 욕을 하면서 손으로 저의 몸을 뒤로 밀쳤습니다. 주점 화장실에서는 이을남이 손으로 밀어 넘어뜨리고 발로 다리 등을 밟았고, 김갑동은 옆에 있긴 했지만, 욕설을 하였는지는 기억이 나지 않습니다. 김갑동이 계속 저를 노려봐서 김갑동도 폭행에 가담하지 않을까 걱정한 바 있습니다.
문 피고인들에 대한 처벌을 원하는가요.
답 처벌을 원하지 않습니다.

피고인 김갑동의 변호인
(피고인 김갑동에 유리한 사항 신문. 신문사항 생략)

　　　　　　　　　　　　2017. 12. 28.

　　법 원 사 무 관 　한지은 ㉑
　　재판장 판 사 　박동우 ㉑

- 17 -

서울중앙지방법원
증인신문조서 (제2회 공판조서의 일부)

사　건　2017고합2428　준특수강도 등
증　인　이　름　　서중기
　　　　생년월일 및 주거 (생략)

재판장
　　증인에게 형사소송법 제148조 또는 제149조에 해당하는가의 여부를 물어 이에 해당하지 아니함을 인정하고, 위증의 벌을 경고한 후 별지 선서서와 같이 선서를 하게 하였다.

검사
문　(증거목록 순번 23을 제시, 열람케 하고) 증인은 수사기관에서 사실대로 진술하고 진술한 대로 기재되어 있음을 확인한 다음 서명, 날인하였는가요.
답　예, 그렇습니다.
(경찰 진술조서와 동일한 내용으로 증인 신문. 신문사항 생략)
피고인 김갑동의 변호인
문　증인은 혹시 당시에 술에 취한 상태였기 때문에 제대로 기억하지 못하는 것은 아닌가요.
답　그렇지 않습니다. 제가 분명히 기억하는 대로 진술한 것입니다.

2017. 12. 28.

법 원 사 무 관　　한지은 ㊞
재판장 판 사　　박동우 ㊞

- 18 -

[55] 사경 작성 서중기 진술조서에 대한 실질적 진정성립 인정 진술이다. 증거목록을 읽는 단계에서 이미 확인한 바 있다.

[56] 경찰 진술조서와 동일한 내용의 증인신문이 이루어졌으므로 이 부분 공소사실에 대한 검사 제출 증거에 서중기의 법정진술도 포함된다.

서울중앙지방법원
증인신문조서 (제2회 공판조서의 일부)

사　　건　　2017고합2428 준특수강도 등
증　인　이　름　　김갑서
　　　생년월일 및 주거 (생략)

재판장

증인에게 형사소송법 제148조 또는 제149조에 해당하는가의 여부를 물은바 증인이 피고인 김갑동과 사촌 관계에 있다고 진술하고 가족관계증명서의 제출로 소명하므로, 전자에 해당함을 인정하고 증언을 거부할 수 있음을 설명하자 증인은 증언을 거부하였다.
(증인이 제출한 가족관계증명서의 내용은 김갑동의 부(父)는 김현수, 김갑서의 부(父)는 김현철, 김현수와 김현철의 부(父)는 김호문이라는 내용임)

2017. 12. 28.

법원사무관　　한지은 ㊞
재판장 판사　　박동우 ㊞

[57] 김갑서의 증언거부권을 행사하고 있고, 그가 제출한 가족관계증명서의 내용에 따라 위 거부권행사가 정당함을 알 수 있다. 증언거부권을 행사함에 따라 증언이 이루어지지 아니하였으므로 김갑서 진술조서에 대한 실질적 진정성립 또한 인정되지 아니하고, 증언거부권을 행사하였다는 사정만으로 형사소송법 제314조의 원진술자 진술불능 요건을 인정하지 않는 것이 판례의 태도이므로 위 진술조서는 증거능력이 부정된다 (제312조 제4항).

서울중앙지방법원
증인신문조서 (제2회 공판조서의 일부)

사 건   2017고합2428 준특수강도 등
증 인 이 름   나행복
        생년월일 및 주거 (생략)

재판장
　증인에게 형사소송법 제148조 또는 제149조에 해당하는가의 여부를 물어 이에 해당하지 아니함을 인정하고, 위증의 벌을 경고한 후 별지 선서서와 같이 선서를 하게 하였다.

검사
문　(증거목록 순번 3을 제시, 열람케 하고) 증인은 수사기관에서 사실대로 진술하고 진술한 대로 기재되어 있음을 확인한 다음 서명, 날인하였는가요.
답　예, 그렇습니다.
문　증인은 강남구 도곡로8길에 있는 행복슈퍼마켓에서 강도를 당한 적 있지요.
답　예, 2017. 6. 8. 23:50경 제가 운영하는 행복슈퍼마켓에 이을남이 들어와서 몰래 담배 1갑을 주머니에 넣고 나가기에 제가 따라가서 담배값을 달라고 하면서 옷을 잡았습니다.
문　그때 피고인이 주머니에서 커터 칼을 꺼내어 휘둘렀고, 주먹으로 증인의 얼굴을 수회 때리고 도망을 갔지요.
답　주먹으로 저의 얼굴을 수회 때린 것은 사실입니다. 하지만, 당시 뭔가 휘두른 것 같은데 그것이 칼이었는지는 모르겠습니다.
문　수사기관에서는 날카로운 칼 같은 것을 휘둘렀다고 진술하지 않았는가요.
답　제가 그 당시에는 당황하여 그렇게 진술을 하였는데, 지금 생각해 보니 칼 같은 것은 못 본 것 같습니다.

피고인 이을남의 변호인
문　당시 피고인이 커터 칼을 휘두른 적은 없었던 것이지요.
답　그런 것 같습니다.

2017. 12. 28.

법 원 사 무 관   한지은 ㉙
재판장 판 사   박동우 ㉙

- 20 -

[58] 사경 작성 나행복 진술조서에 대한 실질적 진정성립 인정 진술이다. 증거목록을 읽는 단계에서 이미 확인한 바 있다.

[59] 준특수강도의 피해자 나행복이 수사기관에서와 달리 이을남이 그를 폭행할 당시 칼을 휘두르지 않았다는 취지로 진술하고 있다. 이와 같이 피해자의 진술의 일관성이 없다는 점 등을 위 나행복의 수사단계에서 진술의 신빙성을 탄핵하는 근거로 기재하여야 한다.

[60] 증거신청서에서는 접수일자 등만 간단히 확인하고, 첨부된 약식명령등본을 자세히 읽도록 한다.

증 거 신 청 서

사 건   2017고합2428 준특수강도 등
피고인   김갑동

위 사건에 관하여 피고인 김갑동의 변호인은 피고인의 이익을 위하여 다음 증거서류를 증거로 신청합니다.

다 음

1. 약식명령등본 1부. 끝.

2017. 12. 27.

피고인 김갑동의 변호인
변호사   박변호 ㊞

서울중앙지방법원 제10형사부 귀중

서 울 중 앙 지 방 법 원
약 식 명 령

사　　건　　2017고약7777 사기 등

2017. 11. 10. 확정
서울중앙지방검찰청
검찰주사보 배수지 ㊞

피 고 인　　김갑동
　　　　　　(인적사항 생략)

주 형 과　　피고인을 벌금 2,000,000(이백만)원에 처한다.
부수처분　　피고인이 위 벌금을 납입하지 않는 경우 금 100,000원을 1일로 환산한
　　　　　　기간 피고인을 노역장에 유치한다.
　　　　　　피고인에 대하여 위 벌금에 상당한 금액의 가납을 명한다.

범죄사실　　별지 기재와 같다.

적용법령　　형법 제347조 제1항, 여신전문금융업법 제70조 제1항 제3호, 형법 제
　　　　　　37조, 제38조, 제70조 제1항, 제69조 제2항, 형사소송법 제334조 제1항

검사 또는 피고인은 이 명령등본을 송달받은 날로부터 7일 이내에 정식재판을 청구할 수 있습니다.

2017. 10. 20.

등본임.
2017. 11. 15.
서울중앙지방검찰청
검찰주사보 한가인 ㊞

판 사　이 영 호

(별지)

범 죄 사 실

피고인은 2017. 6. 28. 21:00경 서울 강남구 강남대로에 있는 피해자 임재영 운영의 갈대주점에서, 술값을 지불할 의사나 능력이 없었음에도 불구하고 공소외 이동수가 도난당한 BC카드를 소지하고 있음을 기화로 이를 정당하게 사용할 수 있는 것처럼 가장하고, 이에 속은 피해자로부터 술과 안주 합계 20만 원 상당을 제공받은 후 BC카드로 결제하여 도난당한 신용카드를 사용하고, 동액 상당의 재산상의 이득을 취득하여 이를 편취하였다.

- 22 -

[63] 수사기록표지 등은 읽지 않고 넘어가도 무방하다.

			제 1 책
			제 1 권

서울중앙지방법원

증거서류등(검사)

사건번호	2017고합2428	담임	형사 10부	주심	다
	20 노		부		
	20 도		부		

사건명	가. 준특수강도 나. 폭력행위등처벌에관한법률위반(공동폭행) 다. 모욕 라. 절도교사 마. 장물취득 바. 여신전문금융업법위반 사. 사기 아. 야간주거침입절도

검 사	최정훈	2017년 형제151352호

피고인	1. 나.다.라.마.바.사. **김갑동** 2. 가.나.아. **이을남**	

공소제기일	2017. 11. 10.		
1심 선고	20 . .	항소	20 . .
2심 선고	20 . .	상고	20 . .
확 정	20 . .	보존	

- 23 -

	제 1 책	
	제 1 권	

구공판	서울중앙지방검찰청
	증 거 기 록

검 찰	사건번호	2017년 형제151352호	법원	사건번호	2017년 고합2428호
	검 사	최정훈		판 사	

피 고 인	1. 나.다.라.마.바.사. **김갑동** 2. 가.나.아. **이을남**

죄 명	가. 준특수강도 나. 폭력행위등처벌에관한법률위반(공동폭행) 다. 모욕 라. 절도교사 마. 장물취득 바. 여신전문금융업법위반 사. 사기 아. 야간주거침입절도

공소제기일	2017. 11. 10.		
구 속	각 불구속	석 방	
변 호 인			
증 거 물	있음		
비 고			

- 24 -

[64] 법정에서와 달리 김갑동과 이을남이 함께 자신을 폭행하였다고 진술하고 있다. 이미 법정진술에서 주요 내용을 확인하였으므로 가볍게 읽도록 한다.

진 술 조 서

성　　　명 : 장 동 근
주민등록번호, 직업, 주거, 등록기준지, 직장주소, 연락처 (각 생략)

위의 사람은 피의자 김갑동, 이을남에 대한 폭력행위등처벌에관한법률위반(공동폭행) 피의사건에 관하여 2017. 6. 9. 서울강남경찰서 수사과 사무실에 임의 출석하여 다음과 같이 진술하다.

[피의자와의 관계, 피의사실과의 관계 등(생략)]

문　진술인은 언제, 어디에서, 누구로부터 폭행을 당했는가요.

답　2017. 6. 8. 23:10경 서울 강남구 도곡로8길에 있는 아르미르 주점에서 김갑동, 이을남으로부터 폭행을 당했습니다.

문　폭행을 당한 경위는 어떠한가요.

답　그날 친구인 강동환과 함께 그곳 룸에서 술을 마시고 있었는데, 갑자기 김갑동과 이을남이 문을 열고 들어와 제가 계속 떠들었다는 이유로 김갑동은 욕을 하며 손목을 잡아 비틀고, 주먹으로 저의 가슴을 때렸고, 이을남도 이에 가세하여 저의 멱살을 잡고 뺨을 수회 때렸습니다. 그래서 저와 강동환이 룸을 나와 주점 화장실 쪽으로 피했는데, 김갑동과 이을남이 계속 화장실로 따라와, 이을남이 "참 싸가지 없는 놈"이라고 욕설을 하면서 손으로 저를 밀어 넘어뜨리고, 발로 다리 등을 밟았고, 그때 김갑동도 옆에서 욕설을 하며 여차하면 폭행에 가담할 듯이 하였습니다.

문　김갑동, 이을남의 연락처는 어떠한가요.

답　아르미르 주점 주인에게 연락(010-33**-22**)하면 알 수 있을 것입니다.

문　이상의 진술은 사실인가요.

답　예. 사실대로 진술하였습니다.

위의 조서를 진술자에게 열람하게 하였던바, 진술한 대로 오기나 증감·변경할 것이 전혀 없다고 말하므로 간인한 후 서명날인하게 하다.

진술자　장 동 근 (인)

2017.　6.　9.

서울강남경찰서

사법경찰리　경사　김 경 사 (인)

- 25 -

진 술 조 서

성　　　명 : 강동환
주민등록번호, 직업, 주거, 등록기준지, 직장주소, 연락처 (각 생략)

위의 사람은 피의자 김갑동, 이을남에 대한 폭력행위등처벌에관한법률위반(공동폭행) 피의사건에 관하여 2017. 6. 9. 서울강남경찰서 수사과 사무실에 임의 출석하여 다음과 같이 진술한다.

[피의자와의 관계, 피의사실과의 관계 등(생략)]

문　진술인은 폭행 사건을 목격한 적이 있지요.
답　있습니다. 2017. 6. 8. 23:10경 서울 강남구 도곡로8길에 있는 아르미르 주점에서 저의 친구인 장동근이 폭행당하는 것을 목격했습니다.
문　그 경위는 어떠한가요.
답　당시 친구인 장동근과 위 주점 룸에서 술을 마시고 있었는데, 김갑동이 룸으로 찾아와 다짜고짜 주먹으로 장동근을 때렸습니다. 그래서 제가 만류하여 잠시 두 사람이 떨어졌습니다. 잠시 후 이을남이 룸으로 찾아왔고, 그때 다시 김갑동과 장동근이 욕을 하며 싸우려는데, 이을남이 장동근의 몸을 잡은 사실이 있습니다. 그 후 주점 주인인 주진모 등의 만류로 룸에서의 폭행이 끝난 후 룸에서 이야기를 하다가 저와 장동근은 귀가하려고 주점을 나오면서 출입구 쪽에 있는 화장실로 갔는데, 김갑동과 이을남이 화장실에 들어와 이을남이 장동근에게 싸가지 없다고 욕을 하며 손으로 밀어 넘어뜨린 후, 발로 다리 등을 밟았는데, 제가 적극적으로 말리는 바람에 더 이상 폭행을 당하지는 않았습니다.
문　주점 화장실에서는 김갑동이 피해자 장동근을 폭행하지 않았는가요.
답　주점 화장실에서 김갑동은 폭행을 하지 않았습니다.
문　이상의 진술은 사실인가요.
답　예. 사실대로 진술하였습니다.

위의 조서를 진술자에게 열람하게 하였던바, 진술한 대로 오기나 증감·변경할 것이 전혀 없다고 말하므로 간인한 후 서명날인하게 하다.

　　　　　진술자　　강 동 환　㊞

　　　　　2017. 6. 9.
　　　　　서울강남경찰서
　　　　　사법경찰리　경사　김 경 사　㊞

[65] 주점 룸에서는 김갑동만이 피해자를 폭행하였을 뿐 이을남은 피해자를 폭행한 바 없다는 취지로, 화장실에서는 역시 이을남만이 피해자를 폭행하였다는 취지로 각각 진술하고 있다. 이는 피해자의 수사단계에서의 진술에 대한 신빙성 탄핵의 자료가 된다.

진 술 조 서

성 명 : 나행복	
주민등록번호, 직업, 주거, 등록기준지, 직장주소, 연락처 (각 생략)	

위의 사람은 피의자 이을남에 대한 준특수강도 피의사건에 관하여 2017. 6. 9. 서울강남경찰서 형사과 사무실에 임의 출석하여 다음과 같이 진술하다.

[피의자와의 관계, 피의사실과의 관계 등(생략)]

문 진술인은 강도 피해를 당한 적이 있지요.

답 예, 있습니다. 제가 서울 강남구 도곡로8길에서 행복슈퍼마켓을 운영하고 있는데, 2017. 6. 8. 23:50경 피의자가 슈퍼에 들어오더니 몰래 담배 1갑을 주머니에 넣고 나가기에 제가 뒤따라가서 담배값을 달라고 하면서 옷을 잡았는데, 피의자가 주머니에서 날카로운 칼 같은 것을 꺼내더니 저를 향해서 휘둘렀고, 주먹으로 저의 얼굴을 수회 때리고 도망갔습니다.

문 그래서 어떻게 하였는가요.

답 저는 경찰에 신고를 하였습니다. 10분 후에 경찰관이 출동을 했는데, 그 경찰관과 같이 주변을 찾아보았으나 피의자가 보이지 않았습니다. 그래서 저는 다시 슈퍼로 돌아와서 장사를 하다가 집에 귀가하기 위해서 택시 승강장으로 갔는데 그곳에 피의자가 서있는 것을 발견하였습니다. 제가 다시 경찰관에게 신고를 하였고, 경찰관이 출동하여 피의자를 체포하였습니다.

문 피의자로부터 폭행을 당했다고 했는데, 병원에는 갔는가요.

답 달리 다친 바는 없어 병원에 갈 필요는 없습니다.

문 이상의 진술은 사실인가요.

답 예. 사실대로 진술하였습니다.

위의 조서를 진술자에게 열람하게 하였던바, 진술한 대로 오기나 증감·변경할 것이 전혀 없다고 말하므로 간인한 후 서명날인하게 하다.

진술자 나 행 복 [인]

2017. 6. 9.

서울강남경찰서

사법경찰리 경사 이 나 경 [인]

– 27 –

[66] 법정에서의 진술과 달리 피고인 이을남이 칼을 꺼내어 휘둘렀다는 취지로 진술하고 있다.

[67] 범행 후 10분 후에 경찰관이 출동하였으나 피의자를 발견하지 못하였고, 그 후 피해자가 귀갓길에 피고인을 발견하여 다시 출동한 경찰관이 피의자를 체포하였다는 점에서 피고인이 현행범인에 해당하지 아니함을 알 수 있다. 현행범인이 아니고 준현행범인으로 볼 만한 사정 또한 존재하지 아니하는 피의자를 현행범으로 체포한 것은 위법한 체포에 해당한다.

피 의 자 신 문 조 서

> 피 의 자 : 이 을 남
>
> 위의 사람에 대한 준특수강도 피의사건에 관하여 2017. 6. 9. 서울강남경찰서 형사과 사무실에서 사법경찰관 경위 김상사는 사법경찰리 경사 이나경을 참여하게 하고, 아래와 같이 피의자임에 틀림없음을 확인하다.

문 피의자의 성명, 주민등록번호, 직업, 주거, 등록기준지 등을 말하십시오.
답 성명은 이을남(李乙南)
    주민등록번호, 직업, 주거, 등록기준지, 직장주소, 연락처 (각 생략)

사법경찰관은 피의사건의 요지를 설명하고 사법경찰관의 신문에 대하여 「형사소송법」 제244조의3에 따라 진술을 거부할 수 있는 권리 및 변호인의 참여 등 조력을 받을 권리가 있음을 피의자에게 알려주고 이를 행사할 것인지 그 의사를 확인하다.

[진술거부권 및 변호인 조력권 고지하고 변호인 참여 없이 진술하기로 함(생략)]

이에 사법경찰관은 피의사실에 관하여 다음과 같이 피의자를 신문하다.

[피의자의 범죄전력, 경력, 학력, 가족·재산 관계 등(생략)]

문 피의자는 남의 물건을 훔친 적이 있는가요.
답 예, 있습니다.
문 언제, 어디에서 훔쳤는가요.
답 2017. 6. 8. 23:50경 서울 강남구 도곡로8길에 있는 행복슈퍼마켓에서 담배 1갑을 훔쳤습니다.
문 그 경위는 어떠한가요.
답 제가 그날 행복슈퍼마켓 근처에 있는 술집에서 김갑동과 술을 마시다가 나와서 혼자 집으로 가던 중에 담배를 사기 위해 위 슈퍼에 들어갔는데, 카운터에 주인이 없었고 담배판매대에 담배가 보이기에 욕심이 생겨서 던힐 담배 1갑을 주머니에 넣고 슈퍼를 나왔습니다. 제가 걸어가고 있었는데, 언제 따라왔는지 슈퍼주인이 저의 뒤에서 담배값을 내라고 하면서 저의 옷을 붙잡기에 저는 도망을 가기 위해서 주먹을 수회 휘둘러 슈퍼주인의 얼굴을 때린 후 도망갔습니다.

- 28 -

[68] 수사기록, 특히 피의자신문조서는 쟁점과 관련된 부분만을 찾아서 빨리 읽도록 한다.

[69] 피고인 이을남은 피해자를 주먹으로 폭행하였다고 진술하고 있을 뿐, 커터 칼을 휘두른 적은 없다는 취지로 일관되게 진술하고 있다.

[70] 피고인 이을남은 피해자를 폭행할 당시 위험한 물건인 커터 칼을 소지하고 있었다는 사실 자체는 인정된다. 따라서 위 칼을 범행에 사용할 의도 아래 소지한 것이 아니라는 점에 대한 검토가 필요하다.

문　그 후에 어떻게 되었는가요.
답　도망을 가서 슈퍼 근처에 있는 빌라 옥상에서 숨어 있다가 약 40분이 지난 후에 이제는 쫓아오지 않을 것이라고 생각이 되어 옥상에서 내려와 귀가를 위해서 택시승강장에서 택시를 기다리고 있었는데 경찰관이 와서 저를 체포했습니다.
문　피의자는 피해자에게 칼을 휘둘렀지요.
답　저는 칼을 휘두른 적이 없습니다. 허공에 주먹을 휘두른 적이 있을 뿐입니다.
문　슈퍼주인은 피의자가 주머니에서 날카로운 칼 같은 것을 꺼내어 휘둘렀다고 하는데 사실이 아닌가요.
답　저는 칼을 휘두른 적이 없습니다.
(이때, 사법경찰관은 압수한 커터 칼을 제시하며)
문　이것이 당시 사용하였던 커터 칼이 아닌가요.
답　아닙니다. 저는 칼을 휘두른 적이 없습니다.
문　당시 커터 칼을 가지고 있던 이유는 무엇인가요.
답　평소 택배 포장물을 개봉하는 등 업무에 필요하여 가지고 다니던 것입니다.
문　처음부터 담배를 훔치기 위해서 슈퍼에 들어갔던 것은 아닌가요.
답　그런 것은 아닙니다. 담배를 사기 위해서 들어갔다가 아무도 없는 것 같아서 갑자기 욕심이 생겨서 담배를 훔치게 된 것입니다. 죄송합니다.
문　피해자와 합의를 하였는가요.
답　아직 하지 않았는데, 합의하도록 하겠습니다.
문　이상의 진술에 대하여 이의나 의견이 있나요.
답　**없습니다.**

위의 조서를 진술자에게 열람하게 하였던바, 진술한 대로 오기나 증감·변경할 것이 전혀 없다고 말하므로 간인한 후 서명무인하게 하다.

진술자　김갑동　(부인)

2017. 6. 9.

서울강남경찰서
사법경찰관　경위　김상사 ㊞
사법경찰리　경사　이나경 ㊞

서 울 강 남 경 찰 서

2017. 6. 9.

제 2017-(생략)호
수 신 : 경 찰 서 장
참 조 : 형 사 과 장
제 목 : 수사보고(현행범인 채포 경위)

     2017. 6. 8. 23:50경 서울 강남구 도곡로8길에 있는 행복슈퍼마켓 주인 나행복이 강도피해를 입었다고 신고를 하여 위 행복슈퍼마켓에 출동하여 나행복으로부터 피해 진술을 청취한 후 성명불상의 피의자를 찾기 위하여 주변을 수소문하였으나 피의자를 발견할 수 없어 귀소하였음.

     2017. 6. 9. 00:30경 재차 위 나행복이 피의자를 발견하였다고 신고하여 서울 강남구 도곡로12길 1(도곡동) 소재 택시승강장에 출동하여 그곳에서 택시를 기다리고 있던 피의자에게 피의사실의 요지 등을 고지하고 변명의 기회를 제공한 후 피의자를 준특수강도의 현행범인으로 체포하고, 채포현장에서 피의자가 가지고 있던 커터 칼 1개와 던힐 담배 1갑을 압수한 후 당서 형사과 사무실로 피의자를 인치하였음. 끝.

[체포이유 고지/통지 등 절차 준수, 서식 생략]

경로	지 휘 및 의 견	구 분	결 재	일 시
경위	생략	기안	생략	생략

[71] 시간적·장소적 접착성이 부정되어 현행범인에 해당하지 아니하는 피고인 이을남을 현행범인으로 체포한 것은 위법하고, 이에 기초하여 이루어진 체포현장에서의 압수 역시 위법하다. 따라서 압수된 커터 칼은 위법수집증거로서 증거능력이 부정된다(형사소송법 제308조의2).

[72] 압수된 커터 칼이 위법수집 증거로서 증거능력이 부정되는 이상, 위 칼에 기초하여 수집한 2차 증거인 압수조서 및 압수목록 역시 증거능력이 부정된다.

압 수 조 서

피의자 이을남에 대한 준특수강도 피의사건에 관하여 2017. 6. 9. 00:30경 서울 강남구 도곡로12길 1(도곡동) 소재 택시승강장에서 사법경찰관 경위 김상사는 사법경찰리 경사 이나경을 참여하게 하고 별지 목록의 물건을 다음과 같이 압수하다.

압 수 경 위

2017. 6. 9. 00:30경 서울 강남구 도곡로12길 1(도곡동) 소재 택시승강장에서 피의자 이을남을 준특수강도의 현행범인으로 체포하면서, 위 체포현장에서 준특수강도 범행에 사용된 것으로 보이는 커터 칼 1개와 피해품인 던힐 담배 1갑을 증거물로 사용하기 위하여 형사소송법 제216조 제1항 제2호에 의하여 영장없이 압수하다.

참여인	성 명	주민등록번호	주 소	서명 또는 날인
			(기재 생략)	

2017년 6월 9일

서울강남경찰서 형사과
사법경찰관 경위 김 상 사 (인)
사법경찰리 경사 이 나 경 (인)

압 수 목 록

번호	품 명	수량	소지자 또는 제출자	소유자	경찰의견	비고
1	커터 칼 (칼날길이 9cm)	1개	이을남(인적사항 생략)	이을남	압수	
2	던힐 담배	1갑	"	나행복	환부	

[73] 앞서 찾은 쟁점에 필요한 내용 위주로 발췌하여 읽도록 한다.

피 의 자 신 문 조 서

피의자 : 김 갑 동

 위의 사람에 대한 폭력행위등처벌에관한법률위반(공동폭행) 피의사건에 관하여 2017. 6. 15. 서울강남경찰서 형사과 사무실에서 사법경찰관 경위 김상사는 사법경찰리 경사 이나경을 참여하게 하고, 아래와 같이 피의자임에 틀림없음을 확인하다.

문 피의자의 성명, 주민등록번호, 직업, 주거, 등록기준지 등을 말하십시오.
답 성명은 김갑동(金甲東)
 주민등록번호, 직업, 주거, 등록기준지, 직장주소, 연락처 (각 생략)

 사법경찰관은 피의사건의 요지를 설명하고 사법경찰관의 신문에 대하여「형사소송법」제244조의3에 따라 진술을 거부할 수 있는 권리 및 변호인의 참여 등 조력을 받을 권리가 있음을 피의자에게 알려주고 이를 행사할 것인지 그 의사를 확인하다.

[진술거부권 및 변호인 조력권 고지하고 변호인 참여 없이 진술하기로 함(생략)]

이에 사법경찰관은 피의사실에 관하여 다음과 같이 피의자를 신문하다.

[피의자의 범죄전력, 경력, 학력, 가족·재산 관계 등(생략)]

문 피의자는 다른 사람을 때린 적이 있지요.
답 있습니다.
문 언제, 어디에서 폭행을 하였는가요.
답 2017. 6. 8. 23:10경 서울 강남구 도곡로8길에 있는 아르미르 주점에서 피해자 장동근을 폭행한 적이 있습니다.
문 그 경위는 어떠한가요.
답 아르미르 주점 홀에서 친구인 이을남과 함께 술을 마시고 있었는데, 룸에서 술을 마시고 있던 피해자 장동근 일행이 너무 시끄럽게 떠들어서 저와 이을남이 그 룸에 찾아가 저는 손으로 장동근의 손목을 잡아 비틀고, 주먹으로 장동근의 가슴을 수회 때렸습니다.

- 32 -

[74] 이을남의 진술과 달리 주점 룸에서도 이을남이 김갑동과 함께 피해자를 폭행하였다는 취지로 진술하고 있다. 따라서 답안에서는 이러한 김갑동의 진술에 대해서도 그 신빙성을 탄핵하여야 한다.

[75] 이을남의 진술과 같이 주점 화장실에서는 김갑동 자신은 폭행에 가담하지 아니하였다는 취지로 진술하고 있다.

문 같이 갔던 이을남도 피해자를 폭행하였는가요.

답 제가 장동근을 때렸을 때 이을남도 합세하여 장동근의 멱살을 잡고 빰을 수회 때렸습니다.

문 그 후에 어떻게 하였는가요.

답 위와 같이 룸에서 장동근을 때린 후에 주위의 만류로 일단락되고, 그 후 약 20분 정도 더 술을 마시다가 이을남과 함께 화장실에 갔는데 그곳에서 장동근 일행과 다시 마주쳤습니다. 그러자 이을남은 화를 참지 못하고 욕설을 하면서 장동근을 밀어 넘어뜨린 후, 발로 다리 등을 수회 밟았습니다.

문 그때 피의자는 장동근을 때리지 않았는가요.

답 그곳에서는 저는 옆에서 욕을 하기는 했으나 장동근을 때린 적은 없습니다.

문 피해자와 합의를 하였는가요.

답 아직 하지 않았는데, 합의하도록 하겠습니다.

문 위 주점은 자주 가는 곳인가요.

답 예, 자주 가는 곳입니다. 피해자도 자주 오는 곳으로 알고 있습니다.

문 이상의 진술에 대하여 이의나 의견이 있나요.

답 없습니다.

위의 조서를 진술자에게 열람하게 하였던바, 진술한 대로 오기나 증감·변경할 것이 전혀 없다고 말하므로 간인한 후 서명무인하게 하다.

진술자 김 갑 동 (무인)

2017. 6. 15.

서울강남경찰서

사법경찰관 경위 김 상 사 ㊞

사법경찰리 경사 이 나 경 ㊞

- 33 -

피의자신문조서 (제2회)

> 피의자 : 이을남
>
> 위의 사람에 대한 폭력행위등처벌에관한법률위반(공동폭행) 피의사건에 관하여 2017. 6. 16. 서울강남경찰서 형사과 사무실에서 사법경찰관 경위 김상사는 사법경찰리 경사 이나경을 참여하게 하고, 피의자에 대하여 아래의 권리들이 있음을 알려주고 이를 행사할 것인지 그 의사를 확인하다.

[진술거부권 및 변호인 조력권 고지하고 변호인 참여 없이 진술하기로 함(생략)]

이에 사법경찰관은 피의사실에 관하여 다음과 같이 피의자를 신문하다.

문 피의자에게 준특수강도 사건이 있었는데, 그 사건은 어떻게 되었는가요.

답 체포되어 구속영장이 청구되었으나 제가 피해자와 합의를 하여 판사 기각으로 석방되었습니다.

문 피의자는 피해자 장동근을 폭행한 적이 있는가요.

답 예, 2017. 6. 8. 23:30경 서울 강남구 도곡로8길에 있는 아르미르 주점 화장실에서 피해자를 밀어 넘어뜨리고 발로 몇 번 밟은 사실이 있습니다.

문 당시의 경위에 대해서 설명하시오.

답 저는 2017. 6. 8. 23:10경 아르미르 주점 홀에서 친구인 김갑동과 함께 술을 마시고 있었는데, 그곳 룸에서 술을 마시고 있던 피해자 장동근 일행이 너무 시끄럽게 떠들자 김갑동이 못 참겠다며 그 룸으로 갔고, 저는 홀에 있었기에 그때 그곳에서 벌어진 상황은 모르지만, 김갑동이 돌아오지 않기에 제가 불안하여 그 룸에 갔더니 김갑동이 장동근을 계속 때리려고 하였습니다. 그래서 저는 김갑동을 밀치고 장동근의 몸을 잡아 싸움을 말렸습니다. 그 후 저와 김갑동은 그 주점 홀에서 계속 술을 마시며 이야기를 하다가 김갑동과 함께 주점 화장실에 갔습니다. 그곳에서 장동근 일행과 다시 마주쳤는데, 장동근이 노려보기에 화가 나서 제가 장동근을 밀어 넘어뜨리고, 발로 장동근의 다리 등을 밟았습니다.

[76] 이을남이 주점 룸에서 김갑동의 폭행에 가담하지 아니하였다는 진술이다. 이미 앞서 파악한 내용이므로 답안 기재에 필요한 표현 정도만 확인하고 빠르게 읽고 넘어가도록 한다.

문　장동근은 주점 룸에서도 피의자가 김갑동과 함께 와서 피해자 장동근의 멱살을 잡고 뺨을 수회 때렸다고 하는데, 사실이 아닌가요.

답　저는 그때 싸움을 말렸을 뿐 때린 적은 없습니다.

문　주점 화장실에서 김갑동은 장동근을 때리거나 욕을 하지 않았는가요.

답　주점 화장실에서는 김갑동이 장동근을 때리거나 욕을 한 적은 없습니다.

문　이상의 진술에 대하여 이의나 의견이 있나요.

답　없습니다.

위의 조서를 진술자에게 열람하게 하였던바, 진술한 대로 오기나 증감·변경할 것이 전혀 없다고 말하므로 간인한 후 서명무인하게 하다.

진술자 이 을 남 (무인)

2017. 6. 16.

서울강남경찰서

사법경찰관　경위　김 상 사 ㊞

사법경찰리　경사　이 나 경 ㊞

- 35 -

진 술 조 서

성　　　명 : 주 진 모
주민등록번호, 직업, 주거, 등록기준지, 직장주소, 연락처 (각 생략)

위의 사람은 피의자 김갑동, 이을남에 대한 폭력행위등처벌에관한법률위반(공동폭행) 피의사건에 관하여 2017. 6. 19. 서울강남경찰서 형사과 사무실에 임의 출석하여 다음과 같이 진술하다.

[피의자와의 관계, 피의사실과의 관계 등(생략)]

문　진술인은 아르미르 주점에서 발생한 폭행사건을 목격한 적 있지요.

답　예, 있습니다. 2017. 6. 8. 23:10경 제가 운영하는 아르미르 주점 룸 쪽에서 소란이 벌어져 룸에 갔더니 김갑동이 주먹으로 장동근의 가슴을 수회 때리고 있었고, 잠시 후 이을남도 룸에 들어와 김갑동을 밀치고, 장동근의 몸을 붙들며 만류하자, 장동근이 "왜 나만 잡느냐?"라며 이을남의 멱살을 잡자 이을남이 그 손을 떼어내며 뿌리쳤습니다.

문　그 후에 어떻게 되었는가요.

답　일단 룸에서 폭행이 끝난 후, 장동근 일행이 조금 더 룸에 있다가 계산을 끝내고 나갔고, 홀에 남아 얼마간 머물면서 술을 더 마시던 김갑동과 이을남도 화장실에 갔다가 장동근 일행과 마주쳐서 다시 폭행이 일어난 것으로 알고 있는데, 저는 그때 잠시 외출하는 바람에 그 장면을 보지는 못하였습니다.

문　진술인은 피의자들과 피해자를 잘 아는가요.

답　피의자들과 피해자는 모두 저희 가게에 자주 오는 단골 손님들입니다.

문　이상의 진술은 사실인가요.

답　예. 사실대로 진술하였습니다.

위의 조서를 진술자에게 열람하게 하였던바, 진술한 대로 오기나 증감·변경할 것이 전혀 없다고 말하므로 간인한 후 서명날인하게 하다.

진술자　　주 진 모 [인]

2017.　6.　19.
서울강남경찰서
사법경찰리　경사　　이 나 경 [인]

- 36 -

[77] 이을남의 진술과 같은 취지로 주점 룸에서 김갑동만이 피해자를 폭행하였다고 진술하고 있다. 이는 피해자 및 김갑동의 진술의 신빙성을 탄핵하는 근거자료가 된다. 주진모가 주점 운영자이고, 피고인들뿐만 아니라 피해자 역시 주점 단골손님이므로, 주진모는 객관적 지위에 있는 제3자에 해당한다.

[78] 피고인 김갑동의 모욕에 대한 고소는 그 범행일인 17. 2. 11.부터 6개월이 경과한 후인 17. 9. 18.에 있었다. 그러나 피해자인 이을남이 김갑동이 자신을 모욕하였다는 사실을 알게 된 것은 2017. 7. 16.이므로 위 고소는 피해자가 범인을 알게 된 날로부터 6개월이 경과하기 전에 이루어진 것으로서 적법·유효하다.
위와 같은 내용은 김갑동에 대한 변론요지서에서는 검토하지 않아야 하나, 객관적 지위에서 작성하는 검토의견서에서는 검토하여야 한다.

[79] 압수된 SD카드는 김갑서와 김갑동 사이의 대화를 대화자 중 일방인 김갑서가 녹음한 것임을 알 수 있다. 따라서 통신비밀보호법 위반은 문제되지 아니하고, 다만 작성자인 김갑서가 공판기일에서 실질적 진정성립을 인정하여야만 위 SD의 증거능력이 인정될 수 있다(형사소송법 제313조 제1항).

고 소 장

서울강남경찰서 접수인(1327호)(2017. 9. 18.)

고 소 인   이을남 (인적사항 생략)
피고소인   김갑동 (인적사항 생략)
죄   명   모욕

피고소인 김갑동은 저와 친구 사이입니다.
피고소인은 2017. 2. 11.경 서울 송파구 송파대로7길에 있는 갈채 주점에서 친구인 김갑서와 저와 친한 다른 주점 종업원들이 있는 가운데 "이을남은 천하의 싸가지 없는 놈이고, 개새끼다."라고 저를 욕하였습니다.
저의 친구 김갑서가 2017. 7. 16. 저의 생일 축하 자리에서 저에게 그 사실을 알려주어 알게 되었습니다.
자세한 내용은 김갑서에게 물어보면 알 수 있습니다. 그리고, 김갑서가 제게 준 SD카드와 녹취서를 제출할 예정입니다. SD카드는 김갑서가 저의 생일날 제게 준 것입니다. 김갑서는 2017. 7. 초순경 김갑동을 만나 이야기할 때 휴대폰으로 대화 내용을 녹음하여 SD카드에 저장하였는데, 그 내용을 보면 김갑동이 위 갈채 주점에서 저를 욕했던 사실을 인정하고 있습니다.
피고소인을 조사하여 엄벌해 주시기 바랍니다.

2017. 9. 18.
고소인   이 을 남 ㊞

서울강남경찰서장 귀중

[80] 압수된 SD카드의 증거능력이 부정되는 이상, SD카드에 수록된 진술을 그대로 기재한 것에 불과한 녹취서 역시 증거능력이 부정된다.

녹 취 서

...

(앞 부분 생략)

김갑서 : 야, 갑동아. 너 전에 갈채 주점에서 이을남 욕한 것 생각나?

김갑동 : 내가 무슨 욕을 했지?

김갑서 : 니가 을남이 욕했잖아, 싸가지.. 뭐라 했었는데...

김갑동 : 아.. 내가 이을남은 천하의 싸가지 없는 놈이고, 개새끼다라고 욕을 했었지.

김갑서 : 그때 왜 그런 욕을 했었지?

김갑동 : 을남이의 장사가 어려울 때 내가 돈도 빌려주고 도와주었는데 돈을 갚지도 않고 모른 척 하기에 화가 나서 그런 말을 했었지.

(이하 생략)

...

2017. 9. 11.
서울합동속기사무소 속기사 김연아 (인)

진 술 조 서

성　　　명 : 김갑서
주민등록번호, 직업, 주거, 등록기준지, 직장주소, 연락처 (각 생략)

위의 사람은 피의자 김갑동에 대한 모욕 피의사건에 관하여 2017. 9. 20. 서울 강남경찰서 형사과 사무실에 임의 출석하여 다음과 같이 진술하다.

[피의자와의 관계, 피의사실과의 관계 등(생략)]

문　진술인은 피의자가 2017. 2. 11.경 서울 송파구 송파대로7길에 있는 갈채 주점에서 이을남을 모욕하는 것을 들은 적이 있는가요.
답　예, 있습니다. 당시 피의자가 "이을남은 천하의 싸가지 없는 놈이고, 개새끼다."라고 욕을 했습니다.
문　위와 같이 김갑동이 욕을 한 이유는 무엇인가요.
답　이을남이 빌린 돈을 갚지 않아 화가 나서 욕설을 한 것으로 알고 있습니다.
문　위와 같이 이을남을 욕할 때 누가 있었는가요.
답　저 그리고 이을남을 잘 아는 그 주점 종업원들이 있었습니다.
(이때, 사법경찰관은 압수한 SD카드를 제시한 후)
문　위 SD카드는 진술인이 이을남에게 준 것인가요.
답　위 SD카드는 제가 2017. 7. 초순경 김갑동과 이야기할 때 몰래 녹음한 것인데, 김갑동은 이을남을 욕한 사실을 인정했습니다. 제가 녹음을 해서 이을남의 생일날에 김갑동이 욕한 사실을 알려주면서 이을남에게 전해 준 것입니다.
문　위와 같은 사실을 이을남에게 알려 준 이유는 무엇인가요.
답　최근 제가 종중재산 문제로 김갑동과 사이가 벌어졌고, 또 제가 이을남과 친한 사이이기 때문에 제가 녹음도 하고 알려 준 것입니다.
문　이상의 진술은 사실인가요.
답　**예. 사실대로 진술하였습니다.**

위의 조서를 진술자에게 열람하게 하였던바, 진술한 대로 오기나 증감·변경할 것이 전혀 없다고 말하므로 간인한 후 서명날인하게 하다.

　　　　　　　　　　　진술자　　김갑서　㊞
　　　　　　　　　　　2017. 9. 20.
　　　　　　　　　　　서울강남경찰서
　　　　　　　　　　　사법경찰관　경위　김상사　㊞

---

[81] 모욕죄에 있어서 피고인 김갑동이 욕을 했다는 진술 부분은 전문진술이 아닌 본래증거에 해당한다. 이를 전문진술로 포섭하지 않도록 주의를 요한다.

[82] 모욕죄의 구성요건요소인 공연성은 특별히 문제되지 아니함을 확인할 수 있다.

피 의 자 신 문 조 서 (제 2 회)

피 의 자 : 김 갑 동

위의 사람에 대한 모욕 피의사건에 관하여 2017. 9. 29. 서울강남경찰서 형사과 사무실에서 사법경찰관 경위 김상사는 사법경찰리 경사 이나경을 참여하게 하고, 피의자에 대하여 다시 아래의 권리들이 있음을 알려주고 이를 행사할 것인지 그 의사를 확인하다.

[진술거부권 및 변호인 조력권 고지하고 변호인 참여 없이 진술하기로 함(생략)]

이에 사법경찰관은 피의사실에 관하여 다음과 같이 피의자를 신문하다.

문 피의자는 이을남을 알고 있나요.
답 예, 알고 있습니다. 친구 사이입니다.
문 피의자는 이을남을 모욕한 적이 있는가요.
답 없습니다.
문 이을남은 피의자가 2017. 2. 11.경 서울 송파구 송파대로7길에 있는 갈채 주점에서 친구인 김갑서 등이 있는 가운데 "이을남은 천하의 싸가지 없는 놈이고, 개새끼다."라고 욕설을 하였다고 하는데, 사실이 아닌가요.
답 저는 그런 적이 없습니다.
문 당시 같이 있었던 김갑서도 피의자가 그렇게 욕을 했다고 하는데, 어떤가요.
답 사실이 아닙니다.
문 피의자는 2017. 7. 초순경 김갑서와 이야기를 하던 중에 위와 같이 욕설을 한 적이 있다는 취지로 인정을 한 적이 있지요.
답 없습니다.
문 이을남이 제출한 SD카드에는 피의자가 2017. 7. 초순경 김갑서와 이야기를 하던 중에 이을남에게 욕설을 한 적이 있음을 자인한 내용이 담겨있는데, 그래도 욕설한 사실이 없나요.
답 없습니다.
문 이상의 진술이 사실인가요.

– 40 –

[83] 피고인 김갑동은 모욕의 점에 대해서는 수사단계에서부터 일관되게 부인하고 있다. 따라서 이 부분 공소사실에 대해 검사가 제출한 증거에 피고인에 대한 사경 작성 피의자신문조서 진술기재는 포함되지 아니한다.

답 사실입니다.
문 참고로 더 할 말이 있는가요.
답 사실은 이을남이 남의 물건을 훔친 적이 있습니다. 그 사실을 알려드리겠습니다.
문 그게 무슨 말인가요.
답 이을남이 이동수의 신용카드를 훔친 것으로 알고 있습니다.
문 이동수는 누구인가요.
답 이을남의 친척으로 알고 있습니다.
문 허위 진술을 하는 것은 아닌가요.
답 아닙니다.

위의 조서를 진술자에게 열람하게 하였던바, 진술한 대로 오기나 증감·변경할 것이 전혀 없다고 말하므로 간인한 후 서명무인하게 하다.

진술자 김갑동 (무인)

2017. 9. 29.

서울강남경찰서
사법경찰관 경위 김상사 ㊞
사법경찰리 경사 이나경 ㊞

[84] 피고인 이을남의 야간주거침입절도의 점에 있어 피고인 이을남과 피해자 이동수가 친족관계에 있다는 점을 알 수 있다. 친족상도례 적용과 관련하여 이을남과 이동수가 어떠한 친족관계에 있는지(동거여부)를 추가로 확인해야 한다.

진 술 조 서

성　　　명 : 이 동 수	
주민등록번호, 직업, 주거, 등록기준지, 직장주소, 연락처 (각 생략)	

위의 사람은 피의자 김갑동에 대한 모욕 피의사건에 관하여 2017. 10. 2. 서울 강남경찰서 형사과 사무실에 임의 출석하여 다음과 같이 진술하다.

[피의자와의 관계, 피의사실과의 관계 등(생략)]

문　진술인은 신용카드를 도난당한 적 있지요.

답　예, 있습니다.

문　누가, 언제 훔쳐갔는가요.

답　이을남이 2017. 6. 25. 22:00경 서울 강남구 청담로5길에 있는 저의 집에 찾아 온 적이 있습니다. 그때 안방 책상 위에 있던 저의 지갑 안에서 현금 100만 원과 BC카드를 훔쳐갔습니다.

문　이을남이 돈도 훔쳐갔다는 말인가요.

답　예, 이을남이 저의 BC카드뿐만 아니라 현금 100만 원도 훔쳐갔습니다.

문　이을남이 그러한 사실을 인정하던가요.

답　이을남이 가고 난 후에 제가 돈과 카드가 없어진 것을 확인하고 이을남에게 물어보니 자기가 가져갔다고 인정했습니다. 그리고 이을남의 친구인 김갑동이 그 카드를 사용해서 수사기관에서 조사를 받은 것으로 알고 있습니다. BC카드는 제가 그때 돌려받았습니다.

문　이상의 진술은 사실인가요.

답　예. 사실대로 진술하였습니다.

위의 조서를 진술자에게 열람하게 하였던바, 진술한 대로 오기나 증감·변경할 것이 전혀 없다고 말하므로 간인한 후 서명날인하게 하다.

진술자　　이 동 수 ㊞

2017.　10.　2.

서울강남경찰서

사법경찰관　경위　　김 상 사 ㊞

－ 42 －

[85] 이을남과 이동수는 친족관계에 있고, 서로 집 주소가 달라 동거하지 않고 있음을 알 수 있다. 두 사람은 동거하지 않는 친족이므로 형법 제328조 제2항에 따라 이을남의 야간주거절도의 점은 친고죄에 해당한다.

피 의 자 신 문 조 서 (제 3 회)

피의자 : 이을남

위의 사람에 대한 야간주거침입절도 등 피의사건에 관하여 2017. 10. 4. 서울강남경찰서 형사과 사무실에서 사법경찰관 경위 김상사는 사법경찰리 경사 이나경을 참여하게 하고, 피의자에 대하여 다시 아래의 권리들이 있음을 알려주고 이를 행사할 것인지 그 의사를 확인하다.

[진술거부권 및 변호인 조력권 고지하고 변호인 참여 없이 진술하기로 함(생략)]

이에 사법경찰관은 피의사실에 관하여 다음과 같이 피의자를 신문하다.

문 피의자는 이동수를 알고 있지요.
답 예, 알고 있습니다.
문 피의자는 이동수의 현금과 BC카드를 훔친 적이 있는가요.
답 예, 있습니다. 2017. 6. 25. 22:00경 서울 강남구 청담로5길에 있는 이동수의 주거지에 침입하여 그곳 안방 책상에 있던 피해자 이동수의 지갑 안에서 현금 100만 원과 BC카드를 가지고 나왔습니다. 그러나 사실은 김갑동이 훔쳐오라고 시켜서 한 것입니다.
문 김갑동이 시켰다니 그게 무슨 말인가요.
답 2017. 6. 20. 21:00경 친구인 서중기 집에서 서중기, 김갑동과 함께 술을 마시기 전에 김갑동이 저에게 "폭행 사건 합의금이 필요하다. 청담동에 살고 있는 이동수가 부자라고 하지 않았느냐, 돈을 훔쳐와서 내 돈도 갚아라."라고 말하였습니다. 그 말을 듣고 제가 마지못해 "알겠다."라고 말하자, 김갑동이 저에게 "한잔하고 자신감을 가져라."라고 말하면서 서중기에게 5만 원을 주고 술을 사오라고 했습니다. 그 후 서중기가 술을 사러 나갔고, 저는 이동수에게 전화하여 조만간 찾아가겠다고 했습니다.
문 그 후 어떻게 되었는가요.
답 그 다음날 김갑동이 저에게 전화를 하여 "어제 내가 한 이야기를 잘 알아들었지, 필요한 게 있으면 말해라."라고 말했습니다. 그 후 2017. 6. 25.경 제가 김

[86] 피고인 김갑동의 피고인 이을남에 대한 절도교사사실에 대한 진술이다. 피고인 김갑동이 서중기와 함께 한 술자리에서 이을남에게 이동수에 대한 절취를 교사하였고 그 다음 날 김갑동이 이을남에게 전화를 하였다는 등 교사행위와 관련된 진술들을 구체적으로 확인하도록 한다.

갑동에게 전화를 하였는데 받지 않았고, 잠시 후 김갑동이 "지난번 한 말은 잊어라. 니가 돈을 다 마련하지 않더라도 내가 분담할 돈을 마련할 수 있을 것 같다."라고 문자메시지를 보냈습니다. 그래서 제가 김갑동에게 "이제 와서? 하라는 거야 뭐야, 이미 결심했다."라는 문자메시지를 보냈습니다.

문 훔친 현금과 BC카드는 어떻게 하였는가요.
답 현금은 제가 폭행 사건 피해자를 만나 합의금으로 주었고, BC카드는 2017. 6. 26.경 서울 서초구 서초대로1길에 있는 서초반점에서 김갑동에게 주었습니다.
문 김갑동에게 BC카드를 준 이유는 무엇인가요.
답 김갑동으로부터 빌린 돈을 갚지 못하고 있었는데, 김갑동이 BC카드를 달라고 해서 그래서 제가 BC카드를 김갑동에게 주었습니다.
문 김갑동에게 카드를 줄 때에 훔친 신용카드라는 것을 말하였는가요.
답 예, 제가 훔친 이동수의 BC카드라고 말했습니다.
문 이상의 진술에 대하여 이의나 의견이 있나요
답 **없습니다.**

위의 조서를 진술자에게 열람하게 하였던바, 진술한 대로 오기나 증감·변경할 것이 전혀 없다고 말하므로 간인한 후 서명무인하게 하다.

진술자 이 을 남 (무인)

2017. 10. 4.

서울강남경찰서
사법경찰관 경위 김 상 사 ㉠
사법경찰리 경사 이 나 경 ㉠

[87] 피고인이 김갑동이 교사행위 후 피고인 이을남에게 절도범행을 만류하는 취지의 문자메시지를 보냈으나, 이을남의 범행 결의를 적극적으로 해소하지는 못하였다는 점에서 김갑동의 공범관계 이탈을 인정할 수 없음을 알 수 있다.

[88] 피고인 김갑동이 피고인 이을남으로부터 훔친 신용카드를 건네받을 당시 장물인 점을 알고 있었다는 점에서 장물취득죄 구성요건해당성이 충분히 인정됨을 알 수 있다.

피 의 자 신 문 조 서 (제 3 회)

> 피 의 자 : 김갑동
>
> 위의 사람에 대한 절도교사 등 피의사건에 관하여 2017. 10. 25. 서울강남경찰서 형사과 사무실에서 사법경찰관 경위 김상사는 사법경찰리 경사 이나경을 참여하게 하고, 피의자에 대하여 다시 아래의 권리들이 있음을 알려주고 이를 행사할 것인지 그 의사를 확인하다.

[진술거부권 및 변호인 조력권 고지하고 변호인 참여 없이 진술하기로 함(생략)]

이에 사법경찰관은 피의사실에 관하여 다음과 같이 피의자를 신문하다.

문 피의자는 이을남에게 남의 돈을 훔쳐오라고 시킨 적이 있는가요.
답 그런 적 없습니다. 이을남이 거짓말을 하고 있습니다.
문 피의자는 2017. 6. 20.경 친구인 서중기의 집에서 술을 마신 적이 있지요.
답 예, 있습니다.
문 이을남의 진술에 의하면, 2017. 6. 20. 21:00경 서중기의 집에서 술을 마시기 전에 피의자가 "폭행사건 합의금이 필요하다. 청담동에 살고 있는 이동수가 부자라고 하지 않았느냐, 돈을 훔쳐와서 내 돈도 갚아라."라고 하여 이을남이 마지못해 승낙하자, 피의자가 이을남에게 "한잔하고 자신감을 가져라."라고 말하면서 서중기에게 5만 원을 주면서 술을 사오라고 했다고 하는데, 그런 적 없는가요.
답 그날 술을 마시기 전에 "이동수가 부자라고 했지."라고 말한 적은 있으나 술을 마시면서 다른 말을 하였는지에 대해서는 기억이 나지 않습니다.
문 그날 피의자가 5만 원을 서중기에게 주면서 술을 사오라고 시킨 적은 있나요.
답 없습니다. 제가 돈을 준 적은 없고, 서중기가 쓸데없는 말은 그만하고 술이나 마시자면서 술을 사왔습니다.
문 위와 같이 술을 마신 그 다음날 이을남에게 전화를 한 적이 있지요.
답 아닙니다. 전화한 기억이 없습니다.
문 당시 피의자가 전화를 해서 "어제 내가 한 이야기를 잘 알아들었지, 필요한 게 있으면 말해라."라고 이을남에게 말했다고 하는데, 사실이 아닌가요.
답 그런 적이 없고, 오히려 이을남이 2017. 6. 25. 21:00경 저에게 전화를 했으나 제가 받지 않고 이을남에게 "지난 번 한 말은 잊어라. 니가 돈을 다 마련하지

[89] 피고인 김갑동은 피고인 이을남의 진술과 달리 술 마신 다음 날 이을남에게 전화한 기억이 없다고 진술하고 있다. 그러나 뒤에 나오는 통신사실확인자료에 의하면 김갑동이 이을남에게 전화한 사실을 알 수 있다. 이는 결국 절도교사 관련 이을남의 진술을 더 믿을 만하다는 점에 대한 근거가 된다.

문 않더라도 내가 분담할 돈은 마련할 수 있을 것 같다."라고 문자메시지를 보내 범행을 만류하기도 했습니다.
문 폭행사건의 합의 관계는 어떠한가요.
답 이을남이 어디에서 구해왔는지 돈을 마련해 와 그 돈으로 합의를 한 것으로 알고 있습니다.
문 피의자는 이을남으로부터 BC카드를 받은 적이 있는가요.
답 예, 있습니다.
문 그것이 훔친 카드라는 것은 알고 있었는가요.
답 이을남이 이동수가 안 쓰는 카드를 훔쳐왔다고 하면서 지난번 저에게 빌린 돈을 못 갚아 미안하다면서 저에게 주었습니다.
문 BC카드를 어떻게 사용하였는가요.
답 2017. 6. 28. 19:00경 서울 강남구 강남대로에 있는 축제 주점에서 술과 안주를 먹고 계산하는 데 사용하였습니다.
문 그 이외에 사용한 적은 없는가요.
답 있습니다. 하지만 다른 곳에서 신용카드를 사용한 부분은 이미 처벌을 받았습니다.
문 당시 모두 같이 처벌을 받지 않은 이유는 무엇인가요.
답 축제 주점 부분은 수사기관에서 확인을 하지 않았던 것으로 알고 있습니다.
문 이상의 진술에 대하여 이의나 의견이 있나요.
답 **없습니다.**

위의 조서를 진술자에게 열람하게 하였던바, 진술한 대로 오기나 증감·변경할 것이 전혀 없다고 말하므로 간인한 후 서명무인하게 하다.

진술자 김갑동 (무인)

2017. 10. 25.

서울강남경찰서
사법경찰관 경위 김상사 ㊞
사법경찰리 경사 이나경 ㊞

- 46 -

[90] 폭행의 점에 대한 피해자의 처벌불원의사표시가 존재함을 알 수 있다.

[91] 피고인 김갑동 스스로 BC카드가 장물인 점을 알았다는 취지로 진술하고 있다.

[92] 여신전문금융업법위반 및 사기죄에 대한 기판력 쟁점은 앞서 약식명령등본에서 확인한 바 있다.

진 술 조 서

성   명 : 서 중 기
주민등록번호, 직업, 주거, 등록기준지, 직장주소, 연락처 (각 생략)

위의 사람은 피의자 김갑동에 대한 절도교사 피의사건에 관하여 2017. 10. 27. 서울강남경찰서 형사과 사무실에 임의 출석하여 다음과 같이 진술하다.

[피의자와의 관계, 피의사실과의 관계 등(생략)]

문 진술인은 김갑동, 이을남을 알고 있지요.
답 예, 알고 있습니다. 모두 친구 사이입니다.
문 진술인은 2017. 6. 20. 21:00경 진술인의 집에서 김갑동, 이을남과 술을 같이 마신 적이 있는가요.
답 예, 있습니다.
문 그때 김갑동이 무슨 말을 하던가요.
답 잘 기억이 나지 않습니다만, 술을 마시기 전에 김갑동이 "이을남과 같이 한 폭행사건의 합의금 때문에 돈이 필요하다. 이을남 친척인 이동수가 부자다."라는 이야기는 한 것 같습니다. 그러한 말을 한 후에 김갑동이 "오늘 기분 좋다. 한잔 하자."라고 하고, 저에게 5만 원을 주면서 술과 안주를 사오라 해서 사왔습니다.
문 이상의 진술은 사실인가요.
답 **예. 사실대로 진술하였습니다.**

위의 조서를 진술자에게 열람하게 하였던바, 진술한 대로 오기나 증감·변경할 것이 전혀 없다고 말하므로 간인한 후 서명날인하게 하다.

진술자   서 중 기 ㊞

2017. 10. 27.
서울강남경찰서
사법경찰관   경위   김 상 사 ㊞

[93] 절도교사 관련 피고인 이을남의 진술과 일부 일치하는 취지의 진술을 하고 있다.

피의자신문조서(대질)

성   명 : 김갑동
주민등록번호 : (생략)

위의 사람에 대한 폭력행위등처벌에관한법률위반(공동폭행) 등 피의사건에 관하여 2017. 11. 3. 서울중앙지방검찰청 802호 검사실에서 검사 최정훈은 검찰주사보 한효주를 참여하게 한 후, 아래와 같이 피의자임에 틀림없음을 확인하다.
주민등록번호, 직업, 주거, 등록기준지, 직장 주소, 연락처 (각 생략)

검사는 피의사실의 요지를 설명하고 검사의 신문에 대하여 「형사소송법」 제244조의3에 따라 진술을 거부할 수 있는 권리 및 변호인의 참여 등 조력을 받을 권리가 있음을 피의자에게 알려주고 이를 행사할 것인지 그 의사를 확인하다.

[진술거부권 및 변호인 조력권 고지하고 변호인 참여 없이 진술하기로 함(생략)]
[피의자의 병역, 학력, 가족관계, 재산 및 월수입, 건강상태 등(생략)]
이때 검사는 피의자 김갑동을 상대로 신문하다.

[모욕, 장물취득, 여신전문금융업법위반, 사기, 절도교사의 점]
(경찰 진술내용과 동일함, 신문사항 생략)

[폭력행위등처벌에관한법률위반(공동폭행)의 점]
문   피의자는 아르미르 주점 룸이나 화장실에서 장동근을 폭행한 적이 있지요.
답   주점 룸에서 장동근을 폭행한 적은 있으나, 주점 화장실에서는 장동근을 폭행한 적은 없습니다.
문   주점 룸에서는 이을남과 같이 장동근을 폭행하였는가요.
답   저는 주점 룸에서 장동근의 손목을 잡아 비틀고, 주먹으로 가슴을 수회 때렸습니다. 그러나 이을남은 싸움을 만류하였을 뿐 폭행에 가담한 적은 없습니다.
문   주점 화장실에서 이을남이 장동근을 폭행할 때 피의자도 욕하거나 가담했나요.
답   저는 이을남이 장동근을 폭행하는 것을 지켜봤을 뿐 욕설을 하지도 않았습니다.

이때 검사는 피의자 이을남을 입실하게 하다.
문   피의자의 성명, 주민등록번호, 직업, 등록기준지 등을 진술하세요.
답   성명은 이을남,

[94] 대질신문조서의 경우 형식적으로는 하나의 조서이나 피고인 김갑동 진술부분과 피고인 이을남 진술부분이 각각 별개의 검사 작성 피의자신문조서로 취급된다.
사법경찰단계 기록에서 다소 장황하게 기재된 사실관계나 쟁점들을 검찰단계 기록에서 정리하여 제시해주는 경우가 많다. 이에 따라 공판기록을 읽은 후 검찰기록부터 읽는 것도 기록시험에서 유효한 전략 중 하나이다.

[95] 대질신문을 하는 경우 피고인 이을남에 대해서도 진술거부권 고지가 필요하다.

(기타 인적사항 생략)

　검사는 피의사실의 요지를 설명하고 검사의 신문에 대하여 「형사소송법」 제244조의3에 따라 진술을 거부할 수 있는 권리 및 변호인의 참여 등 조력을 받을 권리가 있음을 피의자에게 알려주고 이를 행사할 것인지 그 의사를 확인하다.

[진술거부권 및 변호인 조력권 고지하고 변호인 참여 없이 진술하기로 함(생략)]

[피의자의 병역, 학력, 가족관계, 재산 및 월수입, 건강상태 등(생략)]

이때 검사는 피의자 이을남을 상대로 신문하다.

[준특수강도, 야간주거침입절도의 점]
(경찰 진술내용과 동일함, 신문사항 생략)

[폭력행위등처벌에관한법률위반(공동폭행)의 점]
문　피의자는 아르미르 주점 룸이나 화장실에서 장동근을 폭행한 적이 있지요.
답　주점 화장실에서 때린 적은 있으나, 주점 룸에서는 말렸을 뿐 때리지 않았습니다.
문　김갑동은 피해자를 폭행하거나 욕을 하였는가요.
답　주점 룸에서는 장동근을 폭행했습니다. 그러나 주점 화장실에서는 지켜보고 있었을 뿐 폭행한 적은 없고 욕을 하지도 않았습니다.

피의자들에게
문　조서에 진술한 대로 기재되지 아니하였거나 사실과 다른 부분이 있나요.
답　(김갑동) **없습니다.** (이을남) **없습니다.**

위의 조서를 진술자에게 열람하게 하였던바, 진술한 대로 오기나 증감·변경할 것이 전혀 없다고 말하므로 간인한 후 서명무인하게 하다.

　　　　　　　　　　　　　　　진술자　김갑동　(무인)
　　　　　　　　　　　　　　　　　　　이을남　(무인)

　　　　　　　2017. 11. 3.

　　　　　서울중앙지방검찰청
　　　　　검　　　사　최정훈　㊞
　　　　　검찰주사보　한효주　㊞

법원에 제출되어 있는 기타 증거들

※ 편의상 다음 증거서류의 내용을 생략하였으나, 법원에 증거로 적법하게 제출되어 있음을 유의하여 검토할 것.

○ 합의서
  - 이을남이 행복슈퍼마켓 주인 나행복과 합의를 하였다는 취지
○ 진술조서(이을남)
  - 김갑동을 모욕으로 고소한 후 작성된 피해자 진술조서(고소장 기재와 동일한 내용이며 조사과정에서 SD카드와 녹취서를 제출하였음)
○ 압수조서 및 압수목록(SD카드, 녹취서)
  - 김갑동의 모욕 혐의와 관련, 이을남이 관련 증거라고 하면서 임의로 제출한 SD카드와 녹취서를 영장없이 압수하였다는 취지
○ 문자메시지 캡처 사진 2장
  - 김갑동이 이을남에게 보낸 "지난 번 한 말은 잊어라. 니가 돈을 다 마련하지 않더라도 내가 분담할 돈을 마련할 수 있을 것 같다."라는 내용이 기재된 문자메시지 캡처 사진 1장
  - 이을남이 김갑동에게 보낸 "이제 와서? 하라는 거야 뭐야, 이미 결심했다."라는 내용이 기재된 문자메시지 캡처 사진 1장
○ 진술서(한성민)
  - 서울 강남구 강남대로에서 축제 주점을 운영하고 있는데, 김갑동이 2017. 6. 28. 19:00경 술과 안주 합계 15만 원 상당을 시켜 먹은 후 마치 자신의 것인 양 이동수의 BC카드로 결제하였다는 취지
○ 피고인들에 대한 각 조회회보서
  - 김갑동 : 서울중앙지방법원 2017. 10. 20. 사기죄 등 벌금 200만 원
  - 이을남 : 전과 없음
○ 통신사실확인자료
  - 2017. 6. 20. 21:10경 이을남이 이동수에게 전화한 사실, 2017. 6. 21. 10:00경 김갑동이 이을남에게 전화한 사실, 2017. 6. 25. 21:00경 이을남이 김갑동에게 전화한 사실 확인자료
○ 가족관계증명서(공소제기 후 검찰에 제출되어 법원에 추송한 서류)
  - 이을남의 부(父)는 이상수, 이동수의 부(父)는 이상종, 이상수와 이상종의 부(父)는 이용만인 사실
○ 주민등록등본(공소제기 후 검찰에 제출되어 법원에 추송한 서류)
  - 이을남 주소 : 서울 강남구 강남대로11길, 2동 301호(역삼동, 하나아파트)
  - 이동수 주소 : 서울 강남구 청담로5길, 3동 221호(청담동, 청담아파트)

- 50 -

[96] 생략된 증거라도 필요한 경우 답안에서 인용하여야 한다.

[97] 압수된 SD카드와 녹취서의 증거능력이 부정된다 하더라도 위 증거들이 위법수집증거가 아닌 이상 압수조서 및 압수목록의 증거능력은 인정된다. 따라서 위 압수조서 및 압수목록은 부족증거로 처리하여야 한다.

[98] 술 마신 다음 날 피고인 이을남에게 전화한 기억이 없다는 피고인 김갑동의 진술을 탄핵하는 근거자료가 된다.

[99] 피고인 이을남과 피해자 이동수는 사촌지간인 사실을 알 수 있다. 또한 이을남의 주소와 이동수의 주소가 서로 달라 두 사람이 동거하지 아니하는 친족관계임을 알 수 있다.
두 사람의 동거 여부는 형법 제328조 제1항이 아닌 제2항이 적용되는 것에 대한 중요한 사실이므로 답안에서 그에 대한 검토를 누락하여서는 아니 된다.

확 인 : 법무부 법조인력과장

공소제기일 - 17. 11. 10.　　[죄악: 폭처법, 여전법]

피고인	죄명	일시	장소	피해자	피해품	고소 기타	인정 및 부인취지	쟁점	+	증거	결론	비고
김갑동	(폭처법위반)⊙						음폭행 ○ 화장실 폭행 ×					[검토의견서]
	모욕	17.2.11.	감체주점	v.이을남		to. 감찰서 "전하의 싸가지~ 개새끼~" 17.9.18. 고소 17.7.16. 등음 from 감찰서	× - 모욕한적×	[사실] 모욕사실 인정여부 -친고죄 고소유효성 (고소기간)		v.범정진술(16), v.고소장(37), 진술조서-공범×공피범정진술 감찰서 진술조서(39)-증언거부 sd카드, 녹취서-동석범, 부축연거부 압수조서및목록 부족증거	추단무죄	
	절도교사	17.6.20. (17.6.25.)	시중기집 (v.이동수집)	to.이을남 (v.이동수)	(현금100 만원, BC 카드 1장		×-교사아니라도 절취전만류	[사실] 교사사실 인정여부 -공범관계이탈 -교사착오	just 부족하고 답함(45) but 시중기진술일지(47) 다음날 전화기야 ×(45) but 전화○ -통신사실확인자료(생략) 폭행함이금 도둘요·범행동기有(47)	감찰동 범정진술 사경피신(45), 검사피신(48) 이을남 범정진술(16), 사경피신(3회,43)-×(312조③) 서중기 범정진술(18), 사경진술조서(47)	유죄	공범관계이탈 × 교사착오-절도만 성립 (기소○)
	장물취득	17.6.26.	시초반점	v.이동수	BC카드 1장 취득		○	-공범장물취득 -장물진죄죄도례			유죄	장물성유지
	여전법위반	17.6.28.	축체주점		카드사용		○	약식명령(22) (포괄일죄)	약식명령(22)		면소	
	사기	17.6.28.	v.은영 축체주점	v.한성민	술과 안주 15만원 상당		○	약식명령-기판력 (별도피해자/실경)	약식명령(22)		유죄	
이을남	준특수강도	17.6.8.	행복슈퍼 마켓	v.나행복	넘혐담배 1갑(6천원 상당)		× -흉기커터 강취두름×	[사실] 특수? -소지의도× -준강도죽소사실	주먹○, 강취두름×(20)~v.임반성× 소지○, but 사용의도×(29) 현행범인×-공혜성×(27) 함의서(생략)	피고인 범정진술, 사경피신(28) 감갑동 범정진술, 사경피신(41) v.범정진술(20), 사경진술조서(27) 압수된 커터칼(증1)-현행범×, 사후영장× (29,30,31)	준특수강도-후단무죄	[변론요지서]
현행범 체포후 석방 (구속영장 기각)	폭처(공동폭행)(김)	17.6.8.					× -음혜서는 폭행× 답정을 뿐	[사실] 공동 폭행-처별불인	v.임판성×(25) 17.12.28. 처벌불인 를-(김)폭행,⊙)×-답정을 뿐 화장실-⊙폭행,(김)×-문여있×(17) 음⊙, 문장있을 뿐 26.32.34.36-) 주진모(객관적)진술×,⊙진술합지 (36)	피고인 범정진술(2회,34), 검피(대질,48) 감갑동 범정진술, 사경피신(32), 검피(대질,48) v.범정진술(17~31⑥②, 사경진술조서(25) 감동한 사경진술조서(26) 주진모 사경진술조서(36)	죽지-후단 무죄	피해자 진술 +감갑동진술 (33)도 답례대상 (음에서 공동○)
	폭처(공동폭행)(김)										폭행-공소 기각 (6호)	
	야주걸	17.6.25.	v.집	v.이동수	현금100 만원 BC카드 1장		○	친족상도례-동거× 친족	가족관계증명서(생략) 동거×-주소다름(생략)		공소기각 (2호)	

검토의견서 (50점)

사　건　　2017고합2428 준특수강도 등
피고인　　김갑동

I. 피고인 김갑동에 대하여

1. 모욕의 점

가. 피해자 이을남 고소의 유효성 - 고소기간 도과 여부[01]

모욕죄(형법 제311조)는 고소가 있어야 공소를 제기할 수 있고(제312조 제1항), 이러한 친고죄에 대하여는 범인을 알게 된 날로부터 6월을 경과하면 고소하지 못합니다(형사소송법 제230조 제1항).

이 부분 공소사실에 대한 피해자 이을남의 피고인에 대한 고소는 2017. 9. 18.에 이루어졌습니다. 이는 피해자가 2017. 7. 16. 김갑서로부터 자신에 대한 모욕사실을 전해 들어 피고인이 범인을 알게 된 날로부터 6월이 경과하기 전에 이루어진 것입니다.

결국 이 부분 공소사실에 대한 피해자의 고소는 적법·유효합니다.

나. 모욕사실 인정 여부

1) 피고인 변소의 요지

피고인은 피해자 이을남을 모욕한 적이 없다는 취지로 이 부분 공소사실을 부인하고 있습니다.

2) 검사 제출 증거

이 부분 공소사실에 대해 검사가 제출한 증거는 피해자 이을남의 법정진술, 사법경찰관 작성 피해자 이을남에 대한 진술조서, 사법경찰관 작성 김갑서에 대한 진술조서, 피해자 이을남 작성 고소장, 압수된 SD카드 및 녹취서, 위 SD카드 및 녹취서에 대한 압수조서 및 압수목록이 있습니다.

3) 증거능력 없는 증거

가) 피해자 이을남의 법정진술 중 일부

피해자 이을남이 제2회 공판기일에서 한 피해자가 김갑서로부터 피고인이 자신을 모욕한 사실을 전해 들었다는 취지의 진술 부분은, 이 부분 공소사실 모욕죄의 피해자에 불과한 이을남이 증인의 지위가 아닌 피고인의 지위에서 진술한 것이므로 증거능력이 부정됩니다.[02]

---

[01] 모욕죄는 친고죄이므로 피해자 고소의 유효성을 고소기간 도과여부와 관련하여 사실인정 쟁점에 앞서 간단히 검토한다.

[02] 공범 아닌 공동피고인에 대해 피고인신문의 형식으로 얻어낸 법정진술은 그 자체로 증거능력이 없고, 그를 증인으로 신문하여야 당해 피고인에 대하여 그 진술에 증거능력이 부여된다.

나) 피해자 이을남 작성 고소장, 사법경찰관 작성 피해자 이을남에 대한 진술조서

위 고소장 및 진술조서는 피고인이 증거로 함에 부동의하고 있고, 작성자 또는 원진술자인 피해자 이을남이 피고인신문 절차에서 피고인의 지위에서 실질적 진정성립을 인정하고 있을 뿐(기록 제16쪽 참조), 별도의 증인신문 절차에서 실질적 진정성립을 인정한 바 없습니다(형사소송법 제313조 제1항, 제312조 제4항).[03]

[03] 공범 아닌 공동피고인의 경찰진술은 제3자의 진술과 다를 바 없으므로 공동피고인이 피고인의 지위에서 진정성립 또는 내용을 인정하더라도 당해 피고인이 증거로 함에 동의하지 않는 한 공동피고인을 증인으로 신문하여 진정성립이 증명된 경우에 한하여 증거능력이 있다.

결국 위 고소장 및 진술조서는 증거능력이 부정됩니다(형사소송법 제310조의2).

다) 사법경찰관 작성 김갑서에 대한 진술조서

위 조서에 대해서는 피고인이 증거로 함에 부동의하고 있고, 그 원진술자인 김갑서가 이 사건 법정에 출석하였으나 증언을 거부하여 그에 대한 실질적 진정성립을 인정하지 아니하였으며(형사소송법 제312조 제4항), 원진술자가 증언을 거부하였다는 사정만으로 제314조에서 정하는 원진술자의 진술불능 요건을 인정하지 않는 것이 판례의 태도입니다.*

> * (전략) 증인에게 일정한 사유가 있는 경우 증언을 거부할 수 있는 권리를 보장하고 있다. 위와 같은 현행 형사소송법 제314조의 문언과 개정 취지, 증언거부권 관련 규정의 내용 등에 비추어 보면, <u>법정에 출석한 증인이 형사소송법 제148조, 제149조 등에서 정한 바에 따라 정당하게 증언거부권을 행사하여 증언을 거부한 경우는 형사소송법 제314조의 '그 밖에 이에 준하는 사유로 인하여 진술할 수 없는 때'에 해당하지 아니한다</u>(대법원 2012. 5. 17. 선고 2009도6788 전원합의체 판결).

결국 위 진술조서는 증거능력이 부정됩니다(형사소송법 제310조의2).

라) 압수된 SD카드 및 녹취서

위 SD카드는 대화자 중 일방인 김갑서가 자신과 피고인 김갑동 사이의 대화를 직접 녹음한 것으로 통신비밀보호법 제3조 또는 제14조 제1항을 위반하여 수집한 증거에는 해당하지 아니합니다.[04]

[04] 변론요지서와 달리 객관적 지위에서 작성하는 검토의견서이므로, 피고인에게 불리할 수 있는 쟁점에 대하여도 검토하여야 한다.

다만 이에 대해 피고인이 증거로 함에 부동의하고 있고, 그 작성자인 김갑서가 이 사건 법정에 출석하였으나 증언을 거부하여 그에 대한 실질적 진정성립을 인정하지 아니하였으며(형사소송법 제313조 제1항), 원진술자가 증언을 거부하였다는 사정만으로 제314조에서 정하는 원진술자의 진술불능 요건을 인정하지 않는 것이 판례의 태도입니다.

결국 위 압수된 SD카드는 증거능력이 부정되고, 그 SD카드에 수록되어 있는 진술을 기재한 서류인 압수된 녹취서 역시 같은 이유로 증거능력이 부정됩니다(형사소송법 제310조의2).**

> ** 법원이 녹음테이프에 대하여 실시한 검증의 내용이 녹음테이프에 녹음된 전화대화 내용이 녹취서에 기재된 것과 같다는 것에 불과한 경우 증거자료가 되는 것은 여전히 녹음테이프에 녹음된 대화 내용임에는 변함이 없으므로, 그와 같은 <u>녹음테이프의 녹음 내용이나 검증조서의 기재는 실질적으로는 공판준비 또는 공판기일에서의 진술에 대신하여 진술을 기재한 서류와 다를 바 없어서 형사소송법 제311조 내지 제315조에 규정한 것이 아니면 이를 유죄의 증거로 할 수 없다</u>(대법원 1996. 10. 15. 선고 96도1669 판결).

4) 소결

나머지 압수된 SD카드 및 녹취서에 대한 압수조서 및 압수목록은 위 압수물들에 대한 압수경위에 대한 것일 뿐 이 부분 공소사실을 입증하기에 부족하고, 달리 이 부분 공소사실을 입증할 만한 증거는 존재하지 아니합니다.[05]

결국 이 부분 공소사실에 대하여는 범죄사실의 증명이 없어 무죄판결이 선고되어야 합니다(형사소송법 제325조 후단).

2. 절도교사의 점

가. 교사사실의 인정 여부

1) 피고인 변소의 요지

피고인은 이을남에 대해 절도를 교사한 적이 없다는 취지로 이 부분 공소사실을 부인하고 있습니다.

2) 검사 제출 증거

이 부분 공소사실에 대해 검사가 제출한 증거는 피고인·이을남·서중기의 각 법정진술, 검사 작성 피의자에 대한 피의자신문조서. 사법경찰관 작성 이을남에 대한 제3회 피의자신문조서, 사법경찰관 작성 서중기에 대한 진술조서 등이 있습니다.

3) 증거능력 없는 증거

사법경찰관 작성 이을남에 대한 제3회 피의자신문조서 중 공소사실 2의 나.항 부분에 대하여는 피고인 김갑동이 내용부인 취지로 증거부동의하고 있으므로 증거능력이 없습니다(형사소송법 제312조 제3항).

4) 증명력 검토[06]

피고인은 이을남에게 절도를 교사한 적이 없다고 진술하고 있으나, 이을남은 피고인의 지시를 받고 돈을 훔쳤다고 진술하고 있습니다.[07]

그런데 ① 피고인은 2017. 6. 20. 21:00경 서중기의 집에서 이을남·서중기와 술을 마시는 자리에서 "이동수가 부자라고 했지."라고 말한 적은 있으나 다른 말을 하였는지에 대해 단순히 기억이 나지 않는다고 진술하고 있으나(기록 제45쪽 제3회 피의자신문조서 참조), 이을남은 당시 김갑동이 합의금이 필요한데 부자인 이동수의 돈을 훔쳐오라고 말했고, 그 후 서중기와 함께 술을 마시기도 했다고 진술하고 있으며(기록 제16쪽, 제43쪽 제3회 피의자신문조서 참조), 상대적으로 객관적 지위에 있는 제3자인 서중기 역시 위 일시에 김갑동이 "이을남과 같이 한 폭행사건의 합의금 때문에 돈이 필요하다. 이을남 친척인 이동수가 부자다"라는 이야기를 했다고 진술하는 등(기록 제47쪽 진술조서 참조) 교사 당시의 상황에 대해 이을남과 서중기의 진술이 구체적으로 일치하고 있는 점, ② 김갑동은 술을 마신 다음 날 이을남에게 전화를 한 기억이 없다고 진술하고 있으나(기록 제45쪽 제3회 피의자신

---

[05] 이 부분 공소사실에 대해 검사가 제출한 증거들 중 증거능력 없는 증거를 제외하면 압수조서 및 압수목록이 남는다. 이에 대한 부족증거 등 설시를 누락하지 않도록 주의를 요한다.

[06] 이 부분 공소사실에 대하여는 피고인 진술의 신빙성을 부정하여 유죄판결로 결론을 맺고 있으므로, '신빙성 탄핵'이 아닌 '증명력 검토'로 목차 표현을 기재하였다(신빙성 탄핵으로 기재하여도 무방하다).

[07] 증명력 검토의 내용은 항상 검토의 대상이 되는 증거(주로 진술) 기재로 시작한다.

문조서 참조), 이을남이 교사행위 후 다음 날 피고인이 전화를 하여 "어제 내가 한 이야기를 잘 알아들었지, 필요한 게 있으면 말해라."라고 말했다고 진술하고 있고(기록 제45쪽 제3회 피의자신문조서 참조), 통신사실확인자료에 의하면 2017. 6. 21. 10:00경 피고인이 이을남에게 전화한 사실과 같은 달 25. 21:00경 이을남이 피고인이게 전화한 사실을 각각 확인할 수 있는 점, ③ 피고인이 이을남에 대해 절도를 교사하지 않았다면, 굳이 2017. 6. 25.경 지난 번 한 말을 잊으라는 취지의 문자메시지를 보낼 이유가 없을 뿐만 아니라, 위 문자메시지의 답변으로 이을남이 피고인에게 이미 결심했다는 취지의 문자메시지를 보냈다는 사실까지 고려하면 피고인이 이을남에게 절도의 교사행위를 하였고 이에 따라 이을남이 절도범행을 결심하게 되었다고 봄이 사회통념에 부합한다는 점, ④ 이을남이 합의금을 지급한 폭행사건은 이을남과 피고인이 같이 범한 것으로서 피고인에게도 합의금을 지급할 의무가 있어 당장 돈이 필요한 피고인에게 이을남에 대해 절도를 교사할 동기가 존재한다는 점 등을 종합하려 고려하면, 피고인의 진술은 믿기 어렵고, 오히려 피고인이 자신에게 절도를 교사하였다는 취지의 이을남의 진술이 더 믿을 만하다 할 것입니다.[08]

[08] 증명력 검토의 구체적 내용은 ① (탄핵대상)진술 자체에 대한 내용, ② 진술과 다른 증거들과의 비교 및 ③ 진술의 동기 등 기타 그 밖의 사정으로 크게 나눌 수 있다.

5) 소결

결국, 피고인이 이을남에 대해 절도를 교사하였다는 사실은 인정될 수 있다 할 것입니다.

나. 공모관계에서의 이탈 인정 여부

판례는 교사범이 그 공범관계로부터 이탈하기 위해서는 피교사자가 범죄의 실행행위에 나아가기 전에 교사범에 의하여 형성된 피교사자의 범죄 실행의 결의를 해소하는 것이 필요하다고 판시하고 있습니다.*

> * 교사범이란 정범인 피교사자로 하여금 범죄를 결의하게 하여 그 죄를 범하게 한 때에 성립하는 것이고, 교사범을 처벌하는 이유는 이와 같이 교사범이 피교사자로 하여금 범죄 실행을 결의하게 하였다는 데에 있다. 따라서 <u>교사범이 그 공범관계로부터 이탈하기 위해서는 피교사자가 범죄의 실행행위에 나아가기 전에 교사범에 의하여 형성된 피교사자의 범죄 실행의 결의를 해소하는 것이 필요하고,</u> 이때 교사범이 피교사자에게 교사행위를 철회한다는 의사를 표시하고 이에 피교사자도 그 의사에 따르기로 하거나 또는 교사범이 명시적으로 교사행위를 철회함과 아울러 피교사자의 범죄 실행을 방지하기 위한 진지한 노력을 다하여 당초 피교사자가 범죄를 결의하게 된 사정을 제거하는 등 제반 사정에 비추어 객관적·실질적으로 보아 <u>교사범에게 교사의 고의가 계속 존재한다고 보기 어렵고 당초의 교사행위에 의하여 형성된 피교사자의 범죄 실행의 결의가 더 이상 유지되지 않는 것으로 평가할 수 있다면,</u> 설사 그 후 피교사자가 범죄를 저지르더라도 이는 당초의 교사행위에 의한 것이 아니라 새로운 범죄 실행의 결의에 따른 것이므로 교사자는 형법 제31조 제2항에 의한 죄책을 부담함은 별론으로 하고 <u>형법 제31조 제1항에 의한 교사범으로서의 죄책을 부담하지는 않는다</u>고 할 수 있다. 한편 교사범이 성립하기 위해 교사범의 교사가 정범의 범행에 대한 유일한 조건일 필요는 없으므로, 교사행위에 의하여 피교사자가 범죄 실행을 결의하게 된 이상 피교사자에게 다른 원인이 있어 범죄를 실행한 경우에도 교사범의 성립에는 영향이 없다(대법원 2012. 11. 15. 선고 2012도7407 판결).

피고인은 자신이 가사 이을남에게 교사를 했다 하더라도 절취 전에 만류했다고 주장하고 있고, 실제로 이을남에 대한 절도 교사행위가 있은 후 2017. 6. 25. "지난 번 한 말은 잊어라. 니가 돈을 다 마련하지 않더라도 내가 분담할 돈을 마련할 수 있을 것 같다."라고 이을남에게 문자메시지를 보낸 사실을 인정할 수 있습니다(기록 제16쪽). 그러나 이러한 문자메시지를 받은 이을남이 "이제 와서? 하라는 거야 뭐야, 이미 결심했다."라는 문자메시지를 보냈고, 실제로 이을남이 기존에 피고인의 교사행위에 의해 형성된 범행결의에 따라 피해자 이동수에 대하여 야간주거침입절도의 범행을 하였다는 점 등을 고려하면 피고인이 위와 같이 이을남에게 문자메시지를 보냈다는 사실만으로 피고인에 의하여 형성된 이을남의 범죄 실행의 결의를 해소하지 못하였다 할 것입니다.

결국 교사범인 피고인에게 이을남과의 공범관계에서의 이탈을 인정할 수 없습니다.

다. 교사의 착오[09]

피교사자가 교사내용을 초과하여 구성요건을 달리하나 공통적 요소를 포함하는 범죄를 실행한 양적 초과의 경우, 교사자는 초과부분에 대해서는 책임을 지지 않는 것이 원칙입니다.*

> *[1] 교사자가 피교사자에게 피해자를 "정신차릴 정도로 때려주라"고 교사하였다면 이는 상해에 대한 교사로 봄이 상당하다. [2] 교사자가 피교사자에 대하여 상해를 교사하였는데 피교사자가 이를 넘어 살인을 실행한 경우, 일반적으로 교사자는 상해죄에 대한 교사범이 되는 것이고, 다만 이 경우 교사자에게 피해자의 사망이라는 결과에 대하여 과실 내지 예견가능성이 있는 때에는 상해치사죄의 교사범으로서의 죄책을 지울 수 있다(대법원 1997. 6. 24. 선고 97도1075 판결).

[09] 검사가 야간주거침입절도의 교사가 아닌 단순절도의 교사로 기소하였으므로, 이 부분 공소사실에 대해 교사의 착오 쟁점은 크게 문제되지 아니한다. 간단하게만 검토하거나 아예 생략하여도 무방하다.

피교사자인 이을남은 피고인 김갑동이 단순절도를 교사하였음에도 불구하고, 이를 초과하여 야간주거침입절도를 범하였습니다. 따라서 피고인은 자신이 교사한 단순절도의 교사범의 죄책만을 부담할 뿐입니다.

이 부분 공소사실의 경우 위와 같은 점을 고려하여 야간주거침입절도가 아닌 단순절도의 교사범으로 공소제기된 것으로 생각됩니다.

라. 정범의 행위에 대한 친족상도례 적용과 공범의 처벌

이을남의 야간주거침입절도의 점에 대하여는 친족상도례(형법 제328조 제2항, 제344조)가 적용되어 이을남에 대하여는 공소기각 판결(형사소송법 제327조 제2호)이 선고될 것입니다. 그러나 이을남에게 야간주거침입절도죄가 성립하는 이상, 피고인 김갑동에게 절도죄의 교사범은 성립할 수 있습니다(제한종속형식).

마. 소결

이 부분 공소사실에 대하여는 유죄판결이 선고될 것으로 생각됩니다.

3. 장물취득의 점[10]

장물죄가 성립하기 위해서는 본범의 행위는 적어도 구성요건에 해당하고 위법해야 하나, 본범에게 처벌조건이나 소추조건은 요하지 아니하므로 본범에 대한 공소시효가 완성된 경우나 친족상도례가 적용되는 경우에도 장물성은 인정됩니다.

[10] 전형적인 법률판단 쟁점이므로 판례 등 법리부터 설시 한 후 사안검토를 하도록 한다.

또한 판례는 장물범의 본범이 자기의 범죄에 의하여 영득한 물건에 대하여 장물죄는 성립하지 아니하나, 자기의 범죄라 함은 공동정범과 합동범을 포함하는 정범자에 한정된다고 판시하여 교사범의 경우에는 본범이 취득한 장물을 취득할 경우 장물범이 성립할 수 있다는 취지로 판시하고 있습니다.*

> * 장물죄는 타인(본범)이 불법하게 영득한 재물의 처분에 관여하는 범죄이므로 자기의 범죄에 의하여 영득한 물건에 대하여는 성립하지 아니하고 이는 불가벌적 사후행위에 해당하나 여기에서 자기의 범죄라 함은 정범자(공동정범과 합동범을 포함한다)에 한정되는 것이므로 평소 본범과 공동하여 수차 상습으로 절도 등 범행을 자행함으로써 실질적인 범죄집단을 이루고 있었다 하더라도, 당해 범죄행위의 정범자(공동정범이나 합동범)로 되지 아니한 이상 이를 자기의 범죄라고 할 수 없고 따라서 그 장물의 취득을 불가벌적 사후행위라고 할 수 없다(대법원 1986. 9. 9. 선고 86도1273 판결).

이 부분 공소사실의 경우 정범인 이을남과 피해자 이동수와 동거하지 아니하는 친족관계에 있어 친족상도례에 대한 형법 제328조 제2항이 적용됩니다. 그러나 이을남은 야간주거침입절도죄의 구성요건해당성과 위법성은 인정되므로, 이을남이 피해자 이동수로부터 절취한 BC카드의 장물성은 인정되고, 피고인은 이을남의 야간주거침입절도의 점에 대한 정범이 아닌 교사범에 해당하므로 위와 같은 장물을 취득할 경우 장물범이 성립할 수 있습니다.

결국 이 부분 공소사실에 대하여는 유죄판결이 선고될 것이라 생각됩니다.

4. 여전법위반의 점[11]

[11] 확정판결의 기판력에 의한 면소판결 사례이다. ① 확정판결의 존재, ② 확정판결의 범죄사실과 이 부분 공소사실의 동일성 판단 및 ③ 기판력의 시적 범위 판단 순서대로 답안을 구성한다. 공소사실 동일성 판단과 관련하여 여전법위반죄의 죄수관계에 대한 판례태도를 추가로 기재하여야 하였다.

판례는 절취한 카드로 가맹점들로부터 물품을 구입하겠다는 단일한 범의를 가지고 그 범의가 계속된 가운데 동종의 범행인 신용카드 부정사용행위를 동일한 방법으로 반복하여 행한 경우, 피고인에게는 여전법위반죄의 포괄일죄가 성립한다고 판시하고 있습니다.**

> ** [1] 신용카드를 절취한 후 이를 사용한 경우 신용카드의 부정사용행위는 새로운 법익의 침해로 보아야 하고 그 법익침해가 절도범보다 큰 것이 대부분이므로 위와 같은 부정사용행위가 절도범행의 불가벌적 사후행위가 되는 것은 아니다. [2] 단일하고 계속된 범의 하에 동종의 범행을 동일하거나 유사한 방법으로 일정 기간 반복하여 행하고 그 피해법익도 동일한 경우에는 각 범행을 통틀어 포괄일죄로 볼 것이다. [3] 피고인은 절취한 카드로 가맹점들로부터 물품을 구입하겠다는 단일한 범의를 가지고 그 범의가 계속된 가운데 동종의 범행인 신용카드 부정사용행위를 동일한 방법으로 반복하여 행하였고, 또 위 신용카드의 각 부정사용의 피해법익도 모두 위 신용카드를 사용한 거래의 안전 및 이에 대한 공중의 신뢰인 것으로 동일하므로, 피고인이 동일한 신용카드를 위와 같이 부정사용한 행위는 포괄하여 일죄에 해당하고, 신용카드를 부정사용한 결과가 사기죄의 구성요건에 해당하고 그 각 사기죄가 실체적 경합관계에 해당한다고 하여도 신용카드부정사용죄와 사기죄는 그 보호법익이나 행위의 태양이 전혀 달라 실체적 경합관계에 있으므로 신용카드 부정사용행위를 포괄일죄로 취급하는데 아무런 지장이 없다고 한 사례(대법원 1996. 7. 12. 선고 96도1181 판결).

피고인은 2017. 10. 20. 서울중앙지방법원에서 사기죄 및 여전법위반죄로 벌금 200만 원의 약식명령을 발령받았고, 그 약식명령은 2017. 11. 10. 확정되었습니다(기록 제22쪽 약식명령 등본 참조).

위 확정된 약식명령 중 여전법위반죄에 대한 범죄사실은 피고인이 2017. 6. 28. 갈대 주점에서 이동수가 도난당한 BC카드를 사용하여 술과 안주 값 20만 원을 결제하였다는 점이고, 이 부분 공소사실은 피고인이 2017. 6. 28. 축제주점에서 역시 이동수가 도난당한 BC카드를 사용하여 술과 안주 값 15만 원을 결제하였다는 것입니다. 이러한 카드 사용행위는 피고인이 이을남으로부터 건네받은 이동수로부터 절취한 카드로 가맹점들로부터 물품을 구입하겠다는 단일범의를 가지고 동종의 범행을 동일 방법으로 반복하여 행한 것에 해당하며, 포괄일죄의 관계에 있습니다.

또한 이 부분 공소사실 범행은 위 확정된 약식명령이 발령된 2017. 10. 20. 이전인 2017. 6. 28.에 범한 것입니다.[12]

[12] 동일성 판단과 별도로 기판력의 시적 범위 판단을 누락하지 않도록 주의한다.

결국 위 확정된 약식명령의 기판력은 이 부분 공소사실에 대하여도 미친다 할 것이므로, 이 부분 공소사실에 대하여는 면소판결이 선고되어야 합니다(형사소송법 제326조 제1호).

5. 사기의 점

판례는 절취한 신용카드를 사용하여 가맹점주를 속이고 그에 속은 점주로부터 주류 등을 제공받아 취득한 경우 신용카드부정사용죄와 별도로 사기죄가 성립하고 이 경우 여전법위반죄와 달리 피해자인 가맹점주별로 사기죄가 별도로 성립하고 이러한 사기죄들은 포괄일죄가 아닌 실체적 경합범 관계에 있다고 판시하고 있습니다.*

* 위 96도1181 판결 참조.

피고인에 대하여는 위 4.항 기재와 같이 확정된 약식명령이 존재합니다.

위 확정된 약식명령의 중 사기죄의 범죄사실은 피고인이 2017. 6. 28. 피해자 임재영이 운영하는 갈대 주점에서 술값을 지불할 의사나 능력 없이 위 임재영을 기망하여 술과 안주 값 20만 원 상당의 재산상 이득일 취득하였다는 것이고, 이 부분 공소사실은 피고인이 2017. 6. 28. 피해자 한성민이 운영하는 축제 주점에서 술값을 지불할 의사나 능력이 없었음에도 자신이 BC카드의 정당한 사용권자인 것처럼 기망하여 이에 속은 피해자로부터 술과 안주 값 15만 원 상당의 재산상 이익을 취득하였다는 것이므로, 위 확정된 약식명령의 범죄사실과 이 부분 공소사실의 사기범행은 범행 일시와 피해자가 달라 별도의 사기죄에 해당하고 양 죄는 실체적 경합범 관계에 있습니다. 위 각 사기죄가 실체적 경합범 관계에 있는 이상 위 확정된 약식명령의 기판력은 이 부분 공소사실에는 미치지 아니합니다.[13]

[13] 확정된 약식명령 사기죄의 피해자와 이 부분 공소사실의 피해자가 다른 사람이므로 위 뒤 사기죄는 별개의 범죄에 해당한다. 따라서 위 약식명령의 기판력은 이 부분 공소사실에는 미치지 아니한다.

결국 이 부분 공소사실에 대하여는 유죄판결이 선고될 것이라 생각됩니다.

2018. 1. 10.

담당변호사 박변호 [인]

변론요지서 (50점)

사 건   2017고합2428 준특수강도 등
피고인   이을남

위 사건에 관하여 피고인 이을남의 변호인 변호사 민변호는 다음과 같이 변론합니다.

다 음

Ⅱ. 피고인 이을남에 대하여

1. 준특수강도의 점

가. 피고인 변소의 요지[01]

피고인은 피해자를 폭행할 당시 위험한 물건인 커터 칼을 휘두른 사실이 없습니다.

나. 검사 제출 증거[02]

이 부분 공소사실에 대해 검사가 제출한 증거는 피고인·김갑동·피해자의 각 법정진술, 사법경찰관 작성 피고인에 대한 피의자신문조서, 사법경찰관 작성 김갑동에 대한 피의자신문조서, 사법경찰관 작성 피해자에 대한 진술조서, 수사보고(현행범인 체포 경위), 압수된 커터 칼(증 제1호), 압수조서 및 압수목록(커터 칼, 던힐 담배)이 있습니다.

다. 증거능력 없는 증거

1) 압수된 커터 칼(증 제1호)[03]

위 칼은 사법경찰관이 2017. 6. 9. 00:30경 피고인을 준특수강도의 현행범인으로 체포하면서, 위 체포현장에서 이 부분 공소사실인 준특수강도 범행에 사용된 것으로 보이는 커터 칼을 증거물로 사용하기 위하여 형사소송법 제216조 제1항 제2호에 의하여 영장 없이 압수한 것입니다.

그러나 피고인에 대한 현행범체포는 피고인 김갑동이 범행종료 후 도주하여 40분이 경과한 시점에 범행장소로부터 떨어진 택시승강장에서 이루어진 것입니다. 따라서 피고인에 대한 현행범인 체포는 그 요건으로서 범죄의 현재성 및 시간적 접착성을 갖추지 못한 것으로서 위법하고(형사소송법 제211조), 이를 기초로 한 체포현장에서의 압수 역시 위법합니다.

또한 체포현장에서의 압수의 경우 수사기관이 그 압수한 물건을 계속 압수할 필요가 있는 경우에는 지체 없이 체포한 때부터 48시간 이내에 압수수색영장을 청구하여야 하고(제217조 제2항), 압수·수색영장을 발부받지 못한 때에는 압수한 물건을 즉시 반환하여야 합니다(같은 조 제3항). 그러나 위 압수된 커터 칼(증 제1호)에 대한 압수·수색영장이 사후에 발부된 사실이 없음에도 불구하고, 위 칼을 즉시 반환하지 아니하였음은 기록상 명백합니다.[04]

---

[01] 피고인 변소의 요지 내용은 제1회 공판조서의 피고인 인부진술 등을 참고하여 간단하게 기재한다.

[02] 검사 제출 증거를 별도 목차로 구성하지 아니하여도 무방하다. 다만 검사 제출 증거 목차를 별도로 구성하지 아니하는 경우, 부족증거 등 목차에서 부족증거들을 개별적으로 적시하여야 한다.

[03] 중요증거인 압수된 커터 칼 등의 증거능력 관련, 현행범 체포의 위법성과 체포현장에서 압수의 위법성을 각각 검토하여야 한다.

[04] 사후영장이 미발부된 사실 등을 인정함에 있어 '기록상 명백하다'라는 표현을 사용한다.

결국 압수된 커터 칼은 위법하게 수집한 증거에 해당하므로 증거능력이 부정됩니다(형사소송법 제308조의2).

2) 압수조서 및 압수목록(커터 칼, 던힐 담배)[05]

위 조서는 위 1)항에서 살펴 본 위법수집증거인 압수된 커터 칼에 기초하여 수집한 2차 증거에 해당하므로 증거능력이 역시 부정됩니다(독수의 과실이론).

라. 신빙성 탄핵 등

피해자 나행복은 수사단계에서 피고인이 자신을 폭행할 당시 날카로운 칼 같은 것을 꺼내어 자신을 향해 휘둘렀다고 진술하고 있습니다(기록 제27쪽 진술조서 참조). 그러나 ① 피해자가 공판단계에서는 위 수사단계에서의 진술과 달리 폭행 당시 피고인이 커터 칼을 휘두른 적이 없었다는 취지로 진술하여 자신의 수사단계에서의 진술을 번복하고 있는 점, ② 피고인 스스로 수사단계에서 폭행 당시 커터 칼을 가지고 있었다고 진술하고 있으나, 이는 평소 택배 포장물을 개봉하는 등 업무에 필요하여 가지고 다니던 것에 불과하다는 점(기록 제29쪽 피의자신문조서 참조) 등을 고려하면 피해자의 위와 같은 진술은 믿을 수 없습니다.[06]

마. 부족증거 등

나머지 증거들만으로는 피고인이 피해자를 폭행할 당시 위험한 물건인 커터 칼을 사용하였다는 점이나 그러한 커터 칼을 피고인이 범행에 사용할 의도 아래 휴대하였다는 점 등을 인정하기에 부족하고, 달리 이를 인정할 만한 증거가 없습니다.[07]

바. 소결

이 부분 공소사실에 대하여는 무죄판결이 선고되어야 합니다(형사소송법 제325조 후단).[08]

2. 폭처법위반(공동폭행)의 점

가. 폭처법위반(공동폭행)의 점에 대하여

1) 피고인 변소의 요지

이 부분 공소사실 범행 당시 김갑동은 주점 룸에서 피해자를 단독으로 폭행하였고, 피고인은 주점 화장실에서 피해자를 폭행하였을 뿐입니다. 즉, 피고인은 김갑동과 공동하여 피해자를 폭행하지 아니하였습니다.

2) 검사 제출 증거

이 부분 공소사실에 대해 검사가 제출한 증거는 피고인·김갑동·피해자의 각 법정진술, 사법경찰관 작성 피고인에 대한 피의자신문조서, 사법경찰관 작성 김갑동에 대한 피의자신문조서, 피해자·강동환에 대한 각 사법경찰관 작성 진술조서가 있습니다.

---

[05] 별도로 목차를 나누지 않고 압수된 칼의 결론 부분에 추가하는 방식으로 기재할 수도 있다.

[06] 역시 신빙성 탄핵의 대상이 되는 증거(주로 진술)부터 특정한 후, 구체적인 신빙성 탄핵의 근거들을 ① (탄핵대상)진술 자체에 대한 내용, ② 진술과 다른 증거들과의 비교 및 ③ 진술의 동기 등 기타 그 밖의 사정 등의 내용으로 나누어 기재한다.

[07] 피고인이 커터 칼을 범행현장에 가져간 사실 자체는 인정된다. 다만 그 칼을 범행에 사용할 의도가 없어 준특수강도죄가 성립하지 아니할 뿐이다. 이와 같은 내용을 사용할 의도가 인정되지 아니한다는 사실인정 쟁점으로 따로 검토할 수도 있다.

[08] 이 부분 공소사실에 대하여 축소사실인 준강도죄는 성립 가능하다. 그러나 변론요지서의 성격을 고려할 때 답안에서 관련논의(유죄결론)은 생략함이 타당하다.

3) 증거능력 없는 증거

가) 사법경찰관 작성 김갑동에 대한 제1회 피의자신문조서

위 조서에 대하여는 피고인이 내용부인 취지로 증거부동의하고 있으므로 증거능력이 없습니다(형사소송법 제312조 제3항).

나) 피해자의 법정진술 중 일부

피해자의 법정진술 중 김갑동이 피고인도 함께 피해자의 멱살을 잡고, 뺨도 때렸다고 말하는 것을 들었다는 부분은 피고인 아닌 자의 공판기일에서의 진술이 피고인 아닌 자의 진술을 내용으로 하는 전문진술에 해당합니다. 그러나 그 원진술자인 김갑동이 피고인으로서 이 사건 법정에 출석하고 있는 이상 필요성 요건을 갖추지 못하여 위 진술부분은 증거능력이 없습니다(형사소송법 제316조 제2항).

4) 신빙성 탄핵[09]

[09] 문제 사실관계상 주점 룸에서의 폭행과 화장실에서의 폭행을 나누어 검토함이 답안을 작성함에 있어 용이하다.

가) 주점 룸 안에서의 범행에 대하여

피해자와 김갑동은 각각 수사단계에서 이을남이 범행장소인 주점 룸에서 김갑동과 함께 자신의 멱살을 잡고 뺨을 때렸다는 취지로 진술하고 있습니다. 그러나 ① 피해자 스스로 공판단계에서 위와 같은 내용은 피해자가 직접 경험한 것이 아니라, 김갑동이 말한 것을 들은 것에 불과하다고 진술하고 있는 점, ② 피해자는 공판단계에서 위와 같은 자신의 진술을 바로 번복하여 김갑동이 먼저 룸에서 자신을 폭행하였고, 잠시 후 피고인이 들어와서 욕을 하면서 손으로 자신의 몸을 뒤로 밀쳤다고 진술하는 등 그 진술의 일관성이 없는 점, ③ 김갑동 역시 경찰단계에서는 주점 룸 안에서 피고인도 함께 피해자의 멱살을 잡고 뺨을 수회 때렸다고 진술하다가 검찰단계에서는 피고인은 주점 룸 안에서는 자신을 말리기만 했을 뿐 피해자를 때린 사실은 없다고 진술하는 등 그 진술의 일관성이 없는 점, ④ 객관적인 지위에 있는 목격자인 주점 운영자 주진모는 범행 당시 김갑동이 피해자를 수회 때리고 있었고, 잠시 후 룸안으로 들어 온 피고인이 김갑동을 밀치고 피해자의 몸을 붙들며 만류하였으며, 피해자가 피고인의 멱살을 잡자 피고인이 이를 뿌리친 것에 불과하다는 등 피고인의 변소와 일치하는 취지로 진술하고 있는 점 등을 모두 고려하면 피해자와 김갑동의 위 진술은 믿을 수 없습니다.

나) 주점 화장실에서의 범행에 대하여

피해자는 수사단계에서는 피고인이 화장실에서 폭행 당시 김갑동이 욕설을 하며 폭행에 피고인과 함께 가담할 것처럼 행동하였다고 진술하고 있습니다. 그러나 ① 피해자는 공판단계에서는 김갑동이 옆에 있기는 하였으나 욕설을 하였는지 자체를 기억하지 못한다고 하여 그 진술의 일관성이 없는 점, ② 김갑동은 자신이 주점 화장실에서는 피해자를 폭행한 바 없다고 진술하고 있는 점, ③ 김갑동이 화장실에서 피고인이 피해자를 폭행할 당시 옆에 서 있었다는 사정만으로 이를 피고인과 공동하여 폭행하였다고 볼 수 없는 점 등을 고려하면 위 진술을 믿을 만하지 못하다 할 것입니다.

5) 부족증거 등

이 부분 공소사실 중 피고인이 김갑동과 공동하여 피해자를 폭행하였다는 부분에 대하여는 나머지 증거들만으로는 인정할 수 없고, 달리 이를 인정할 만한 증거가 없습니다.

6) 소결

이 부분 공소사실에 대하여는 범죄의 증명이 없어 무죄판결이 선고되어야 합니다(형사소송법 제325조 후단). 다만 이에 대해 형법상 단순폭행죄(제260조 제1항)는 성립 가능하고, 이러한 축소사실에 대하여 법원은 검사의 공소장변경 없이도 직권으로 인정할 수 있으므로, 아래에서 이에 대해 검토하도록 하겠습니다.[10]

나. 폭행의 점에 대하여

폭행죄는 피해자의 명시한 의사에 반하여 공소를 제기할 수 없습니다(형법 제260조 제3항).

피해자는 이 사건 공소제기 후인 2017. 12. 28. 이 사건 법정에 출석하여 피고인에 대하여 처벌을 원하지 않는다는 의사를 표시하였습니다(기록 제17쪽 참조).[11]

결국 이 부분 공소사실에 대하여는 공소기각 판결이 선고되어야 합니다(형사소송법 제327조 제6호).

3. 야간주거침입절도의 점

직계혈족, 배우자, 동거친족, 동거가족 또는 그 배우자 간 이외의 친족 간에 야간주거침입절도죄를 범한 때에는 고소가 있어야 공소를 제기할 수 있습니다(형법 제344조, 제328조 제2항, 제1항).

피고인과 이 부분 공소사실 피해자 이동수는 동거하지 않는 사촌지간이므로(가족관계증명서, 주민등록등본 참조), 이 부분 공소사실은 위 규정에서 정하는 상대적 친고죄에 해당합니다. 그러나 피해자 이동수가 피고인을 고소하였다는 사정은 기록상 존재하지 아니합니다.[12]

결국 이 부분 공소사실은 공소제기의 절차가 법률의 규정에 위반하여 무효인 때에 해당하므로 공소기각 판결이 선고되어야 합니다(형사소송법 제327조 제2호).

2018. 1. 10.

위 피고인의 변호인

변호사 민변호 ㊞

서울중앙지방법원 제10형사부 귀중

---

[10] 폭처법위반(공동폭행)의 점에 대해서는 후단무죄판결이 선고되어야 함을 적시한 후, 축소사실로서 폭행죄만이 성립 가능하나 이에 대한 피해자의 처벌불원의사표시가 있어 공소기각판결이 선고되어야 함을 차례로 검토하여야 한다. 다만 연결쟁점으로서 (공소장변경 없는) 축소사실에 대한 직권인정 논의를 누락하지 않도록 주의한다.

[11] 피해자의 처벌불원 의사표시가 이 사건 공소제기 전에 있었는지 후에 있었는지에 대한 설시를 빠뜨리지 않아야 한다.

[12] 피고인과 피해자가 단순히 친족지간임을 설시함에 그쳐서는 아니 되고, 두 사람이 동거하지 않는 관계에 있다는 사실까지 검토하여야 한다. 이에 대한 직접 증거는 생략증거 부분에 등장한다.

 MEMO

2019년 제8회
변호사시험 형사법 기록형

2019년도 제8회 변호사시험 문제

시험과목	형사법(기록형)

응시자 준수사항

1. 시험 시작 전 문제지의 봉인을 손상하는 경우, 봉인을 손상하지 않더라도 문제지를 들추는 행위 등으로 문제 내용을 미리 보는 경우 그 답안은 영점으로 처리됩니다.

2. 시험시간 중에는 휴대전화, 스마트워치 등 무선통신 기기나 전자계산기 등 전산기기를 지녀서는 안 됩니다.

3. 답안은 흑색 또는 청색 필기구(사인펜이나 연필 사용 금지) 중 한 가지 필기구만을 사용하여 답안 작성란(흰색 부분) 안에 기재하여야 합니다.

4. 답안지에 성명과 수험번호 등을 기재하지 않아 인적사항이 확인되지 않는 경우에는 영점으로 처리되는 등 불이익을 받게 됩니다. 특히 답안지를 바꾸어 다시 작성하는 경우, 성명 등의 기재를 빠뜨리지 않도록 유의하여야 합니다.

5. 답안지에는 문제 내용을 쓸 필요가 없으며, 답안 이외의 사항을 기재하거나 밑줄 기타 어떠한 표시도 하여서는 안 됩니다. 답안을 정정할 경우에는 두 줄로 긋고 다시 써야 하며, 수정액·수정테이프 등은 사용할 수 없습니다.

6. 시험 종료 시각에 임박하여 답안지를 교체했더라도 시험시간이 끝나면 그 즉시 새로 작성한 답안지를 회수합니다.

7. 시험시간이 지난 후에는 답안지를 일절 작성할 수 없습니다. 이를 위반하여 **시험시간이 종료되었음에도 불구하고 계속 답안을 작성할 경우 그 답안은 영점으로 처리됩니다.**

8. 답안은 답안지의 쪽수 번호 순으로 써야 합니다. **배부된 답안지는 백지 답안이라도 모두 제출**하여야 하며, **답안지를 제출하지 아니한 경우 그 시간 시험과 나머지 시험에 응시할 수 없습니다.**

9. 지정된 시각까지 지정된 시험실에 입실하지 않거나 시험관리관의 승인 없이 시험시간 중에 시험실에서 퇴실한 경우, 그 시간 시험과 나머지 시간의 시험에 응시할 수 없습니다.

10. 시험시간 중에는 어떠한 경우에도 문제지를 시험실 밖으로 가지고 갈 수 없고, 그 시험시간이 끝난 후에는 문제지를 시험장 밖으로 가지고 갈 수 있습니다.

【문 제】

피고인 김갑동에 대해서는 법무법인 최고 담당변호사 정의호가 대표변호사에게 보고할 검토의견서를, 피고인 이을남에 대해서는 변호인 변호사 강변호의 보석허가청구서를 작성하되, 다음 쪽 검토의견서 양식 중 **본문 Ⅰ, Ⅱ, Ⅲ, Ⅳ 부분** 및 보석허가청구서 양식 중 **본문 Ⅰ, Ⅱ 부분만 작성하시오.**

【작성 요령】

1. 학설·판례 등의 견해가 대립되는 경우, 한 견해를 취할 것. 단, 대법원 판례와 다른 견해를 취하여 의견을 제시하고자 하는 경우에는 대법원 판례의 취지를 적시할 것
2. 증거능력이 없는 증거는 실제 소송에서는 증거로 채택되지 않아 증거조사가 진행되지 않지만, 이 문제에서는 시험의 편의상 증거로 채택되어 증거조사가 진행된 것으로 전제하였음. 따라서 필요한 경우 증거능력에 대하여도 논할 것
3. 법률명과 죄명에서 「성폭력범죄의 처벌 등에 관한 특례법」은 '성폭법'으로, 「아동·청소년의 성보호에 관한 법률」은 '아청법'으로, 「특정범죄 가중처벌 등에 관한 법률」은 '특가법'으로 줄여서 기재하여도 무방함

【주의 사항】

1. 쪽 번호는 편의상 연속되는 번호를 붙였음
2. 조서, 기타 서류에는 필요한 서명, 날인, 무인, 간인, 정정인이 있는 것으로 볼 것
3. 증거목록, 공판기록 또는 증거기록 중 '생략'이라고 표시된 부분에는 법에 따른 절차가 진행되어 그에 따라 적절한 기재가 있는 것으로 볼 것
4. 공판기록과 증거기록에 첨부하여야 할 일부 서류 중 '생략' 표시가 있는 것, '증인선서서'와 수사기관의 조서(진술서 포함)에 첨부하여야 할 '수사과정확인서'는 적법하게 존재하는 것으로 볼 것
5. 송달이나 접수, 통지, 결재가 필요한 서류는 모두 적법한 절차를 거친 것으로 볼 것

---

[001] 검토의견서는 변호인이 내부적으로 대표변호사에게 보고하는 서면이므로 경어체나 '~할 것임'이라는 표현을 사용하여 답안을 작성하여야 하고, 피고인에게 유리한 내용뿐만 아니라 불리한 내용까지도 객관적 입장에서 검토하여야 한다.
보석허가청구서의 경우 먼저 필요적 보석의 제외사유(형사소송법 제95조)부터 판단한 후, 제외사유가 존재하는 경우 임의적 보석(제96조)을 청구하는 방식으로 답안을 작성하여야 한다.

[002] 기록 답안은 판례 태도를 기준으로 작성함을 원칙으로 한다. 일반론을 기재할 필요 없이 판례 키워드와 그에 따른 사안검토 위주로 기재한다. 다만, 판례 태도에 반하는 견해를 바탕으로 무죄 등을 주장하는 경우도 있음에 주의를 요한다.

[003] 축약기재가 가능함을 명시하고 있으므로 답안에서 해당 법명은 축약기재한다. 다만 명시된 법령 이외의 법명은 별도의 축약기재 설시 후 축약기재하여야 한다.

[004] 생략된 증거라 하더라도 답안 작성시 인용 검토하여야 하는 경우도 있다.

【검토의견서 양식】

검토의견서 (40점)

사 건   2018고합1947 성폭력범죄의처벌등에관한특례법위반(특수준강간) 등
피고인   김갑동
  I. 사기의 점
  II. 횡령의 점
  III. 특정범죄가중처벌등에관한법률위반(보복협박등)의 점
  IV. 상습존속폭행의 점
  ※ 평가제외사항
    - 공소사실의 요지, 정상관계(답안지에 기재하지 말 것)

2019. 1. 9.

담당변호사 정의호 ㊞

[005] 양식에서 주어진 목차 그대로 답안을 작성한다. 이을남과의 공동범행에 대하여 목차에서 생략하고 있으므로, 이 부분 공소사실에 대하여는 이을남과 관련해서만 검토하면 된다.

[006] 평가제외사항에 대해서는 답안지에 기재하지 아니할 뿐만 아니라, 문제를 검토하는 과정에서도 가볍게 보도록 한다.

【보석허가청구서 양식】

보석허가청구서 (60점)

사 건   2018고합1947 성폭력범죄의처벌등에관한특례법위반(특수준강간) 등
피고인   이을남
청구인   변호인 변호사 강변호

  위 사건에 관하여 피고인 이을남은 현재 서울구치소에 수감 중인바, 피고인의 변호인은 아래와 같이 피고인에 대한 보석을 청구합니다.

청구취지
피고인 이을남의 보석을 허가한다.
라는 결정을 구합니다.

청구이유
  I. 보석사유의 존재 (15점)
  II. 공소사실에 대한 변론 (45점)
  ※ 유죄가 인정되는 공소사실에 대하여는 간략하게 정상변론을 할 것
  ※ 평가제외사항
    - 공소사실의 요지, 보석조건에 관한 의견, 보석허가청구서에 첨부할 서류(답안지에 기재하지 말 것)

2019. 1. 9.

피고인의 변호인 변호사 강변호 ㊞

서울중앙지방법원 제12형사부 귀중

[007] 필요적 보석청구와 임의적 보석청구를 먼저 구별하여야 한다. 특히 형사소송법 제95조 제1호 또는 제2호 사유가 주로 문제된다.
제95조 각호의 제외사유를 기준으로 기록을 검토한 후 역시 제외사유를 소목차로 구성하여 답안을 작성한다. 필요한 경우 보석사유에 대한 별도의 메모를 할 수도 있다.

[008] 정상변론은 형법 제51조(양형의 조건) 각호를 기준으로 기록 검토 후 답안을 작성하면 된다. 역시 필요한 경우 정상변론에 대한 별도의 메모를 할 수도 있다.

[009] 이번 시험에서는 보석조건에 관한 의견을 평가 대상에서 제외하였으나, 다음 시험에서는 출제가능한 내용이므로 추가적으로 정리할 필요가 있다.

기록내용 시작

구속만료	2019. 1. 13.	미결구금
최종만료	2019. 5. 13.	
대행 갱신 만료		

서울중앙지방법원
형사제1심소송기록

구공판

기일 1회 기일	사건번호	2018고합1947	담임	제12부	주심	다
12/13 A10						
12/27 P2	사건명	가. 성폭력범죄의처벌등에관한특례법위반(특수준강간) 나. 아동·청소년의성보호에관한법률위반(준강간) 다. 특정범죄가중처벌등에관한법률위반(보복협박등) 라. 사기 마. 횡령 바. 상습존속폭행 사. 출판물에의한명예훼손				
	검 사	서윤재		2018형제171539호		
	피고인	구속 1. 가.나.다.라.마.바. 김갑동 구속 2. 가.나.사. 이을남				
	공소제기일	2018. 11. 14.				
	변호인	사선 법무법인 최고 담당변호사 정의호(피고인 김갑동) 사선 변호사 강변호(피고인 이을남)				

확 정	
보존종기	
종결구분	
보 존	

완결 공람	담임	과장	국장	주심판사	재판장	원장

[010] 기록표지에서는 공소제기일을 체크하여 메모한다.
추가적으로 왼쪽 상단에서 공판기일이 몇 번 열렸는지(변호사시험의 경우 2회가 일반적이다)를 확인할 수 있다.

[011] 김갑동과 이을남 모두 구속기소되었고, 두 사람이 가항(성폭법위반)과 나항(아청법위반)의 범죄를 공동(또는 합동)으로 범하였음을 확인할 수 있다.

[012] 체크할 내용이 없는 서면은 보지 않고 빠르게 넘기도록 한다.

접 수 공 람	과 장 ㊞	국 장 ㊞	원 장 ㊞

공 판 준 비 절 차

회 부 수명법관 지정 일자	수명법관 이름	재 판 장	비 고

법정 외에서 지정하는 기일

기일의 종류	일 시	재 판 장	비 고
1회 공판기일	2018. 12. 13. 10:00	㊞	

- 5 -

서울중앙지방법원

목 록		
문 서 명 칭	장 수	비 고
증거목록	8	검사
증거목록	10	피고인 및 변호인
공소장	11	
변호인선임서	(생략)	피고인 김갑동
변호인선임서	(생략)	피고인 이을남
영수증(공소장부본 등)	(생략)	피고인 김갑동
영수증(공소장부본 등)	(생략)	피고인 이을남
영수증(공판기일통지서)	(생략)	변호사 정의호
영수증(공판기일통지서)	(생략)	변호사 강변호
국민참여재판 의사 확인서(불희망)	(생략)	피고인 김갑동
국민참여재판 의사 확인서(불희망)	(생략)	피고인 이을남
의견서	(생략)	피고인 김갑동
의견서	(생략)	피고인 이을남
공판조서(제1회)	15	
공판조서(제2회)	17	
증인신문조서	19	나병녀
증인신문조서	20	강지연
증인신문조서	21	박수련
증인신문조서	22	최미자
공소장변경허가신청	23	검사
영수증(공소장변경허가신청서부본)	(생략)	변호사 정의호
증거신청서	24	변호사 정의호
증거신청서	26	변호사 강변호

- 6 -

[013] 공판기록목록에서는 가장 먼저 공소장변경허가신청서가 있는지를 체크한다. 허가신청서가 있는 경우 그 다음 공판기일에서의 허가여부를 체크한 후 허가결정이 있는 경우 변경(또는 추가·철회)된 내용을 확인하도록 한다.

[014] 검사의 공소장변경허가신청만이 존재하고, 그에 대한 법원의 결정은 확인되지 아니한다. 따라서 검사의 위 신청에 대한 법원의 결정 여부에 대한 검토가 쟁점으로 추가됨을 알 수 있다.

[015] 피고인 측이 공판단계에서 제출한 증거는 피고인에게 유리한 증거로써 답안을 작성함에 있어 중요한 기록으로 작용한다.

[016] 체포영장이나 긴급체포서 등이 존재하지 아니하고, 구속영장이 미체포피의자용인 점 등을 고려하면 피고인들은 체포 없이 바로 구속된 경우임을 알 수 있다. 다만 이번 기록을 포함한 변호사시험 기록에서 피고인의 체포·구속 관계서류는 중요한 기록은 아니므로 간단히만 보고 넘어가도 무방하다.

서울중앙지방법원

목 록 (구속관계)		
문 서 명 칭	장 수	비 고
구속영장(피의자심문구인용)	(생략)	피고인 김갑동
구속영장(피의자심문구인용)	(생략)	피고인 이을남
구속영장(미체포피의자용)	(생략)	피고인 김갑동
구속영장(미체포피의자용)	(생략)	피고인 이을남
피의자수용증명	(생략)	피고인 김갑동
피의자수용증명	(생략)	피고인 이을남

증거목록 (증거서류 등)

2018고합1947

2018형제171539호

① 김갑동
② 이을남
신청인 : 검사

순번	작성	쪽수(수)	쪽수(증)	증거명칭	성명	참조사항 등	신청기일	증거의견 기일	증거의견 내용	증거결정 기일	증거결정 내용	증거조사기일	비고
1	사경	29		진술조서	나병녀		1	1	① ○ ② ×				
2	〃	(생략)		문자메시지 사진			1	1	① ○ ② ×				
3	〃	31		피의자신문조서	김갑동		1	1	① ○ ② ×				
4	〃	34		피의자신문조서	이을남		1	1	② ○○○× ① ○				
5	〃	37		진술조서	강지연		1	1	① ○ ② ×				
6	〃	38		고소장	윤동민		1	1	① ○				
7	〃	(생략)		영수증 사본		(생략)	1	1	① ○	(생략)			
8	〃	39		고소장	박수련		1	1	① ×				
9	〃	(생략)		임대차 계약서 사본			1	1	① ○				
10	〃	(생략)		채권양도 계약서 사본			1	1	① ○				
11	〃	(생략)		진술조서	윤동민		1	1	① ○				
12	〃	(생략)		진술조서	박수련		1	1	① ×				
13	〃	41		진술조서	최미자		1	1	① ×				
14	〃	42		피의자신문조서(제2회)	김갑동		1	1	① ○				
15	〃	44		진술서	나병녀		1	1	② ○				

※ 증거의견 표시 - 피의자신문조서 : 인정 ○, 부인 ×
  (여러 개의 부호가 있는 경우, 적법성/실질성립/임의성/내용의 순서임)
  - 기타 증거서류 : 동의 ○, 부동의 ×
  - 진술이 특히 신빙할 수 있는 상태하에서 행하여졌다는 점 부인 : "특신성 부인"(비고란 기재)
※ 증거결정 표시 : 채 ○, 부 ×
※ 증거조사 내용은 제시, 낭독(내용고지, 열람)

- 8 -

[017] 증거목록에서는 검찰단계와 경찰단계를 구별하여 표시한 후, 각 증거에 대한 증거의견란을 체크하고, 전문법칙 예외요건에 따라 증거능력이 부정되는 증거들을 검토하도록 한다.

[018] 나병녀·강지연·박수련·최미자에 대한 진술조서와 박수련 작성 고소장에 대하여 피고인이 증거부동의하고 있으므로, 각각 제312조 제4항 또는 제313조 제1항에 따라 그 원진술자 또는 진술자의 공판기일에서의 실질적 진정성립 인정이 필요하다. 이들에 대하여는 별도의 증인신문이 실시되었고(증인목록에서 체크), 그 증인신문 절차에서 각 서류들에 대한 진정성립이 인정되었으므로(증인신문조서에서 체크) 모두 증거능력이 인정된다.

[019] 사경 작성 김갑동에 대한 피신조서에 대하여 당해 피고인인 이을남이 내용부인 취지로 증거부동의하였고, 사경 작성 이을남에 대한 피신조서 역시 당해 피고인인 김갑동이 내용부인하고 있으므로 각각 증거능력이 부정된다(형사소송법 제312조 제3항).

[020] 피해자의 고소장이 등장하는 경우 그에 대한 진술조서는 대부분 바로 이어서 등장하고, 위 두 서류에 대한 증거동의나 부동의 의사표시는 일반적으로 일치한다.

[021] 검사 작성 피신조서(대질) 진술기재 중 김갑동 진술부분에 대하여 피고인 이을남이 증거부동의하고 있으나, 그 원진술자인 김갑동이 그 조서에 대하여 증거동의함으로써 실질적 진정성립 또한 인정하고 있으므로, 그 증거능력이 인정된다(형사소송법 제312조 제4항).

만약 이번 기록과 달리 증거능력이 부정되는 경우, 부동의한 부분을 특정하여 검토하여야 함에 주의를 요한다.

[022] 홍중재의 진술이 기재된 수사보고이므로 피고인 아닌 자의 진술을 기재한 서류에 해당한다. 그 원진술자인 홍중재에 대한 증인신문이 미실시 되었으므로(증인목록에서 체크) 일단 증거능력이 부정된다(형사소송법 제313조 제1항). 다만 뒤에서 살펴보는 바와 같이 위 수사보고서에는 원진술자인 홍중재의 자필 또는 서명·날인 누락으로 인하여 증거능력이 부정된다.

증거목록 (증거서류 등)

2018고합1947

① 김갑동
② 이을남

2018형제171539호

신청인 : 검사

순번	증거방법 작성	쪽수(수)	쪽수(중)	증거명칭	성명	참조사항등	신청기일	증거의견 기일	내용	증거결정 기일	내용	증거조사기일	비고
16	사경	45		게시물			1	1	② ○				
17	〃	46		피의자신문조서 (제2회)	이을남		1	1	② ○				
18	〃	(생략)		조회회보서	김갑동		1	1	① ○				
19	〃	(생략)		조회회보서	이을남		1	1	② ○				
20	검사	47		피의자신문조서 (대질)	김갑동		1	1	① ○ ② ×	(생략)			
					이을남		1	1	② ○ ① ○				
21	〃	49		수사보고 (참고인 홍중재 진술청취)		(생략)			① × ② ×				
22	〃	(생략)		통신사실확인자료			1	1	① ○				
23	〃	(생략)		가족관계증명서			1	1	① ○				
24	〃	(생략)		주민등록등본			1	1	① ○ ② ○				

※ 증거의견 표시 : 피의자신문조서 : 인정 ○, 부인 ×
  (여러 개의 부호가 있는 경우, 적법성/실질성립/임의성/내용의 순서임)
  - 기타 증거서류 : 동의 ○, 부동의 ×
  - 진술이 특히 신빙할 수 있는 상태하에서 행하여졌다는 점 부인 : "특신성 부인"(비고란 기재)
※ 증거결정 표시 : 채 ○, 부 ×
※ 증거조사 내용은 제시, 낭독(내용고지, 열람)

증거목록 (증인 등)							

2018고합1947
① 김갑동
② 이을남
2018형제171539호
신청인 : 검사

증거방법	쪽수(공)	입증취지 등	신청기일	증거결정		증거조사기일	비고
				기일	내용		
증인 나병녀	19	생략	1	1	생략	2018. 12. 27. 14:00 (실시)	
증인 강지연	20		1	1		2018. 12. 27. 14:00 (실시)	
증인 박수련	21		1	1		2018. 12. 27. 14:00 (실시)	
증인 허머자	22		1	1		2018. 12. 27. 14:00 (실시)	
증인 홍중재			1	1		2018. 12. 27. 14:00 2차 기일 철회, 취소	

※ 증거결정 표시 : 채 ○, 부 ×
[이하 증거목록 미기재 부분은 생략]

[023] 서류에 대한 증거목록 다음에는 증인과 물증에 대한 증거목록이 등장한다. 아직 공소장을 읽지 아니한 단계에서는 각 증인 등이 어떤 공소사실과 관련된 것인지 자체를 알 수 없으므로 간단히 실시여부 등만을 체크한다.
실제로 홍중재에 대하여는 증인신문이 실시되지 아니하였음을 알 수 있다(증거조사기일에서 체크).

증거목록 (증거서류 등)
2018고합1947
① 김갑동
② 이을남
2018형제171539호
신청인 : 피고인 및 변호인

순번	증거방법				참조사항 등	신청기일	증거의견		증거결정		증거조사기일	비고
	작성	쪽수(수)	쪽수(공)	증거명칭	성 명			기일	내용	기일	내용		
1			25	약식명령등본		생략		생략		생략			① 신청
2			생략	처벌불원서	허머자								① 신청
3			생략	공탁서									② 신청
4			생략	주민등록등본									② 신청
5			생략	재직증명서									② 신청

[이하 증거목록 미기재 부분은 생략]

※ 증거의견 표시 - 피의자신문조서 : 인정 ○, 부인 ×
　　　　　　　　(여러 개의 부호가 있는 경우, 적법성/실질성립/임의성/내용의 순서임)
　　　　　　 - 기타 증거서류 : 동의 ○, 부동의 ×
　　　　　　 - 진술이 특히 신빙할 수 있는 상태하에서 행하여졌다는 점 부인 : "특신성 부인"(비고란 기재)
※ 증거결정 표시 : 채 ○, 부 ×
※ 증거조사 내용은 제시, 낭독(내용고지, 열람)

[024] 검사가 제출한 증거목록 다음에는 피고인 측이 제출한 증거목록이 등장한다. 피고인이 제출한 증거들은 쟁점검토에 있어 피고인에게 유리한 증거들로 작용함이 일반적이다.

[025] 약식명령 등본은 기판력(면소판결), 처벌불원서는 친고죄나 반의사불벌죄(공소기각판결), 공탁서 등은 정상관계 쟁점과 각각 관련된 증거임을 예상할 수 있다.

서울중앙지방검찰청

2018. 11. 14.

사건번호   2018년 형제171539호
수 신 자   서울중앙지방법원   발 신 자
                                          검 사   서윤재   서윤재 (인)

제 목   공소장
          아래와 같이 공소를 제기합니다.

Ⅰ. 피고인 관련사항

1. 피 고 인   김갑동 (84****-1******), 34세
               직업 회사원, 010-****-****
               주거 서울특별시 서초구 방배로2길, 301호(방배동, 태원오피스텔)
               등록기준지 경기도 파주시 신곡로 335

     죄 명   성폭력범죄의처벌등에관한특례법위반(특수준강간), 아동·청소년의
               성보호에관한법률위반(준강간), 특정범죄가중처벌등에관한법률위반
               (보복협박등), 사기, 횡령, 상습존속폭행

     적용법조   성폭력범죄의 처벌 등에 관한 특례법 제4조 제3항, 제1항, 형법
               제299조, 아동·청소년의 성보호에 관한 법률 제7조 제4항, 제1항,
               특정범죄 가중처벌 등에 관한 법률 제5조의9 제2항, 제1항, 형법 제
               283조 제1항, 제347조 제1항, 제355조 제1항, 제264조, 제260조 제2항,
               제1항, 제30조, 제40조, 제37조, 제38조

     구속여부   2018. 10. 27. 구속
     변 호 인   법무법인 최고(담당변호사 정의호)

2. 피 고 인   이을남 (86****-1******), 32세
               직업 회사원, 010-****-****
               주거 서울특별시 동작구 노량진로21, 106호(노량진동, 미래연립)
               등록기준지 경기도 남양주시 경춘로 145

     죄 명   성폭력범죄의처벌등에관한특례법위반(특수준강간), 아동·청소년의
               성보호에관한법률위반(준강간), 출판물에의한명예훼손

     적용법조   성폭력범죄의 처벌 등에 관한 특례법 제4조 제3항, 제1항, 형법
               제299조, 아동·청소년의 성보호에 관한 법률 제7조 제4항, 제1항,

- 11 -

형법 제309조 제2항, 제1항, 제307조 제2항, 제30조, 제40조, 제37조, 제38조
구속여부　2018. 10. 27. 구속
변 호 인　변호사 강변호

Ⅱ. 공소사실

[범죄전력]

　　피고인 김갑동은 2017. 4. 25. 서울중앙지방법원에서 폭행죄로 벌금 30만 원의 약식명령을 발령받고, 2018. 2. 23. 같은 법원에서 폭행죄로 벌금 100만 원의 약식명령을 발령받고, 2018. 5. 16. 같은 법원에서 상습폭행죄로 벌금 200만 원의 약식명령을 발령받아 확정되었다.

[범죄사실]

1. 피고인들의 공동범행

　　피고인들은 2018. 10. 8. 19:00경 서울 서초구 방배로4길에 있는 비어호프 주점에서 인터넷 채팅 사이트를 통해 알게 된 아동·청소년인 피해자 나병녀(여, 18세)와 술을 마시다가, 같은 날 22:00경 피해자가 술에 취하여 몸을 제대로 가누지 못하자 위 주점 근처에 있는 블루문 모텔로 데리고 갔다.

　　피고인들은 2018. 10. 8. 22:30경 서울 서초구 방배로5길에 있는 위 블루문 모텔 608호에서 술에 취해 잠들어 항거불능 상태에 있는 피해자를 순차로 간음하기로 공모하고, 피해자의 하의를 벗기고 차례로 1회씩 간음하였다.

　　이로써 피고인들은 합동하여 항거불능 상태에 있는 아동·청소년인 피해자를 간음하였다.

2. 피고인 김갑동

가. 사기

　　피고인은 2018. 3. 1. 박수련에게 피고인이 임차한 서울 서초구 방배로2길에 있는 태양오피스텔 103호의 임대인인 피해자 윤동민에 대한 5,000만 원의 임대차보

[028] 공소사실은 주체·공범·일시·장소·동기·피해자(품)·수단·행위및결과 등을 중심으로 꼼꼼하게 읽으면서 메모하고, 공소사실만으로 쟁점이나 그에 대한 결론까지 알 수 있는 경우에는 해당 내용(쟁점 및 결론)을 바로 메모하도록 한다.

[029] 피고인 김갑동에게 유사한 폭행 관련 전과가 수개 존재함을 알 수 있다.

[030] 공소사실은 피고인들의 공동범행부터 묶어서 기재한 후 단독범행을 피고인별로 시간순으로 기재함이 원칙이다.

[031] 피고인들이 성폭법위반(특수준강간)과 아청법위반(준강간)을 각각 공동으로 범하였고, 양 죄는 각각 상상적 경합관계에 있음을 알 수 있다.

보증금반환채권을 양도하였다.

그럼에도 피고인은 피해자에게 위와 같은 채권양도 사실을 고지하지 아니하고 이를 숨긴 채, 2018. 3. 15. 서울 서초구 방배로2길에 있는 태광부동산 중개업소에서 피해자에게 "이삿짐을 다 옮겼으니 이제 보증금을 돌려 달라."라고 말을 하여 이에 속은 피해자로부터 즉석에서 임대차보증금반환 명목으로 5,000만 원을 받았다.

이로써 피고인은 피해자를 기망하여 재물의 교부를 받았다.

나. 횡령

피고인은 2018. 3. 15. 서울 서초구 방배로2길에 있는 태광부동산 중개업소에서 위 가.항과 같이 임대인 윤동민으로부터 임대차보증금 5,000만 원을 반환받아 임대차보증금반환채권의 양수인 피해자 박수련을 위하여 보관하던 중, 2018. 3. 16. 피고인이 거주할 원룸의 임대차보증금 등으로 임의로 소비하여 이를 횡령하였다.

다. 특정범죄가중처벌등에관한법률위반(보복협박등)

피고인은 2018. 10. 16. 16:00경 서울 서초구 서초중앙로 157에 있는 서울중앙지방법원 주차장에서 이전에 사실혼 관계에 있던 피해자 박수련(여, 34세)이 피고인을 상대로 손해배상을 청구한 사건과 관련하여 피고인의 외도 장면을 촬영한 사진을 법원에 자료로 제출한 것에 대한 보복의 목적으로 "소송하는 것은 좋은데 사건과 관계없는 사진까지 제출해서 나를 나쁜 사람으로 만들 필요 있냐. 나도 참을 만큼 참았다. 이제는 밤길 무사히 다닐 생각하지 마라."라고 말하여 피해자를 협박하였다.

이로써 피고인은 자기의 재판과 관련하여 자료제출에 대한 보복의 목적으로 피해자를 협박하였다.

라. 상습존속폭행

피고인은 상습으로, 2018. 10. 20. 23:00경 서울 강남구 반포대로12 203호에 있는 피고인의 어머니인 피해자 최미자(57세)의 집에서 피해자로부터 아직도 정신을 못 차리고 경찰서에 들락거리고 있냐는 핀잔을 듣게 되자 이에 화가 나 양손으로 피해자의 양쪽 어깨를 밀쳐서 바닥에 넘어뜨려 폭행하였다.

3. 피고인 이을남

피고인은 2018. 10. 22. 10:00경 서울 동작구 노량진로21 미래연립 106호에 있는 피고인의 집에서 컴퓨터를 이용하여 "이 아파트에 살고 있는 나병녀는 고교 시절부터 남자들을 유혹해서 성관계를 맺고 이를 미끼로 합의금을 받기 위해서 고소를 일삼았는데, 최근에도 계속 그와 같은 짓을 하고 있다. 이 아파트 사는 남자들도 조심해라."라는 내용의 글을 작성하여 A4 용지로 출력한 후, 같은 날 11:00경 피해자 나병녀가 사는 서울 강남구 남부순환로122 우림아파트 단지 내에 있는 게시판 10곳에 부착하였다.

이로써 피고인은 비방할 목적으로 공연히 허위 사실을 적시하여 출판물에 의하여 피해자의 명예를 훼손하였다.

Ⅲ. 첨부서류

1. 구속영장(피의자심문구인용) 2통 (첨부 생략)
2. 구속영장(미체포피의자용) 2통 (첨부 생략)
3. 변호인선임서 2통 (첨부 생략)
4. 피의자수용증명 2통 (첨부 생략)

[037] A4 용지 출력물은 출판물에 해당하지 아니한다. 따라서 출판물에 의한 명예훼손의 점에 대하여는 전단무죄판결이 선고되어야 한다. 다만, 축소사실인 허위사실적시 명예훼손은 성립가능하다.

[038] 제1회 공판조서에서 검사의 모두진술 부분까지는 읽지 않고 넘어가도 무방하다.

서 울 중 앙 지 방 법 원

공 판 조 서

제 1 회

사　　　건　2018고합1947 성폭력범죄의처벌등에관한특례법위반(특수준강간) 등
재판장 판사　이동헌　　　　　　기　　일 :　2018. 12. 13. 10:00
　　　　판사　김진희　　　　　　장　　소 :　제312호 법정
　　　　판사　정세영　　　　　　공개 여부 :　공개
법원사무관　김초원　　　　　　　고 지 된
　　　　　　　　　　　　　　　　다음기일 :　2018. 12. 27. 14:00

피 고 인　　1. 김갑동　　2. 이을남　　　　　　　　　각 출석
검　　사　　서윤수　　　　　　　　　　　　　　　　출석
변 호 인　　법무법인 최고 담당변호사 정의호 (피고인 1을 위하여)　출석
　　　　　　변호사 강변호 (피고인 2를 위하여)　　　　출석

재판장
　　피고인들은 진술을 하지 아니하거나 각개의 물음에 대하여 진술을 거부할 수 있고, 이익되는 사실을 진술할 수 있음을 고지
재판장의 인정신문
　　성　　　명 : 1. 김갑동　　2. 이을남
　　주민등록번호 : 각 공소장 기재와 같음
　　직　　　업 :　　〃
　　주　　　거 :　　〃
　　등록기준지 :　　〃
재판장
　　피고인들에 대하여
　　주소의 변동 등이 있을 때에는 이를 법원에 보고할 것을 명하고 소재가 확인되지 않는 때에는 피고인들의 진술 없이 재판할 경우가 있음을 경고
검　사
　　공소장에 의하여 공소사실, 죄명, 적용법조 낭독

- 15 -

피고인 김갑동
　　공소사실 2의 나.항과 관련하여, 반환받은 보증금은 박수련의 소유가 아니라고 생각하고, 당시 박수련의 승낙도 받아서 사용하였습니다. 나머지 공소사실은 모두 인정합니다.
피고인 이을남
　　공소사실 1항과 관련하여, 저는 나병녀를 간음한 사실이 없고, 김갑동이 간음한 사실도 몰랐습니다. 공소사실 3항은 인정합니다.
피고인 김갑동의 변호인
　　피고인 김갑동을 위하여 유리한 변론을 함(변론기재는 생략)
피고인 이을남의 변호인
　　피고인 이을남을 위하여 유리한 변론을 함(변론기재는 생략)
재판장
　　증거조사를 하겠다고 고지
증거관계 별지와 같음(검사, 변호인)
재판장
　　각 증거조사 결과에 대한 의견을 묻고 권리를 보호함에 필요한 증거조사를 신청할 수 있음을 고지
소송관계인
　　별 의견 없다고 각각 진술
재판장
　　변론 속행

2018. 12. 13.

법 원 사 무 관　　　김초원 ㊞

재판장　판 사　　　이동헌 ㊞

― 16 ―

[039] 제1회 공판기일에서의 피고인의 인부진술은 기록에서 가장 중요한 내용이다. 피고인이 인정하는 공소사실에 대하여는 사실인정 쟁점은 문제되지 않고, 부인하는 공소사실에 대하여는 그 부인취지를 중심으로 사실인정이 문제된다.

각각의 공소사실에 대하여 인정여부와 함께 부인하는 경우 그 취지까지 메모하도록 한다. 답안작성 시 부인취지는 '피고인 변소의 요지'에 그대로 기재하게 된다.

[040] 피고인 김갑동의 횡령에 대하여는 채권양도인이 변제받은 채무금의 소유권 귀속(법률판단쟁점)과 피해자 박수련의 승낙유무(사실인정쟁점)이 각각 문제된다.

[041] 피고인 이을남은 피해자 나병녀에 대한 간음 사실 자체를 부인하고 있는바, 이에 대한 사실인정쟁점이 문제된다. 특히 김갑동이 간음 등 사실을 인정하고 있는바, 무죄변론을 위하여 김갑동의 진술 등을 탄핵하여야 함을 바로 알 수 있다.

[042] 실제 소송절차에서는 피고인의 모두진술 후 변호인의 모두진술이 이루어진다. 다만 최근 변호사시험에서는 변호인의 모두진술 부분은 생략되고 있다.

서울중앙지방법원

공 판 조 서

제 2 회
사　　건　2018고합1947 성폭력범죄의처벌등에관한특례법위반(특수준강간) 등
재판장 판사　이동헌　　　　　　　　기　　일：　2018. 12. 27. 14:00
　　　　판사　김진희　　　　　　　　장　　소：　제312호 법정
　　　　판사　정세영　　　　　　　　공개 여부：　공개
법원사무관　김초원　　　　　　　　　고 지 된
　　　　　　　　　　　　　　　　　　다음기일：　2019. 1. 17. 15:00

피 고 인　　1. 김갑동　　2. 이을남　　　　　　　　　각 출석
검　　사　　서윤수　　　　　　　　　　　　　　　　　출석
변 호 인　　법무법인 최고 담당변호사 정의호 (피고인 1을 위하여)　출석
　　　　　　변호사 강변호 (피고인 2를 위하여)　　　　　　출석
증　　인　　나병녀, 강지연, 박수련, 최미자　　　　　　　　각 출석
증　　인　　홍중재　　　　　　　　　　　　　　　　　　　불출석

재판장
　　전회 공판심리에 관한 주요 사항의 요지를 공판조서에 의하여 고지
소송관계인
　　변경할 점이나 이의할 점이 없다고 진술
재판장
　　증거조사를 하겠다고 고지
출석한 증인 나병녀, 강지연, 박수련, 최미자를 별지와 같이 신문
재판장
　　피고인신문을 하겠다고 고지
검　사
피고인 김갑동에게
문　(증거목록 순번 3, 20을 제시하여, 열람하게 하고) 피고인은 수사기관에서 사실대로 진술하고 진술한 대로 기재된 것을 확인하고 서명, 무인하였는가요.
답　예, 그렇습니다.
피고인 이을남의 변호인
피고인 김갑동에게
문　피고인은 이을남과 술자리나 모텔에 가기 전에 나병녀를 성폭행하자는 말을 한 적이 있나요.

[043] 제1회 이후의 공판조서에서는 가장 먼저 피고인이 기존 제1회 공판절차에서 진술한 내용 등을 변경하였거나, 기존 진행 절차에 대한 이의를 제기하였는지 여부를 체크하여야 한다. 예컨대 피고인이 제1회 공판기일에서 부인하였던 공소사실에 대하여 번의하여 인정하는 경우에는 제1회에서 잡았던 사실인정 쟁점을 더 이상 논의할 필요가 없어지게 된다.

[044] 제1회 공판조서에서 검사의 모두진술 부분까지는 읽지 않고 넘어가도 무방하다.

[045] 제1회 공판조서에서 검사의 모두진술 부분까지는 읽지 않고 넘어가도 무방하다.

답 직접적으로 그런 말을 한 적은 없습니다.
문 피고인은 모텔에서 이을남에게 술을 더 사오라고 시킨 사실이 있나요.
답 예, 있습니다.
문 피고인은 이을남이 술을 사러 모텔 밖으로 나갔을 때 나병녀를 간음한 것은 아닌가요.
답 잘 기억이 안 납니다.
문 이을남은 피고인과 함께 모텔에서 술을 마시면서 유럽 축구리그 생중계를 보다가 샤워를 하러 갔다는데 그런 사실이 있나요.
답 예, 맞습니다. 그 말을 들으니 생각이 나는데, 이을남이 축구 광팬이라 전반전까지 보고 휴식 시간 15분 사이에 샤워를 하고 나와서 후반전 시작부터 다시 함께 봤던 기억이 납니다.
문 사건 발생 이후에라도 이을남이 피고인에게 자신도 나병녀를 간음했다거나 피고인이 간음하는 것을 알았다고 말을 한 적이 있나요.
답 저한테 그런 말을 하지는 않았습니다.

재판장
　　피고인신문을 마쳤음을 고지
증거관계 별지와 같음(검사, 변호인)
재판장
　　각 증거조사 결과에 대한 의견을 묻고 권리를 보호함에 필요한 증거조사를 신청할 수 있음을 고지
소송관계인
　　별 의견 없다고 각각 진술
재판장
　　변론 속행(변론 준비를 위한 검사, 변호인들의 요청으로)

2018. 12. 27.

법 원 사 무 관　　김초원 ㊞
재판장 판 사　　이동헌 ㊞

---

[046] 피고인 이을남 입장에서 신빙성 탄핵의 근거로 삼을 수 있는 주장 내용을 질문을 통해 정리해주고 있다. 즉, 공모사실에 대한 김갑동 등의 진술을 탄핵하면서 김갑동의 단독범행임을 변론방향으로 삼을 것을 제시해주고 있는 것이다.

[047] 수사기록에서 배치되는 이와 진술이 등장할 것을 예상할 수 있다.

[048] 기록상 피고인이 피해자에 대한 간음 사실을 인정한 내용은 전혀 존재하지 아니한다. 김갑동 역시 이러한 사실을 들은바 없다는 내용 역시 무죄변론에 있어 신빙성 탄핵의 근거가 된다.

서울중앙지방법원
증인신문조서 (제2회 공판조서의 일부)

사　　건　　2018고합1947　성폭력범죄의처벌등에관한특례법위반(특수준강간) 등
증　인　이　름　　나병녀
　　　생년월일 및 주거 (생략)

재판장
　　증인에게 형사소송법 제148조 또는 제149조에 해당하는가의 여부를 물어 이에 해당하지 아니함을 인정하고, 위증의 벌을 경고한 후 별지 선서서와 같이 선서를 하게 하였다. 다음에 신문할 증인들은 재정하지 아니하였다.

검사
문　(증거목록 순번 1을 제시하여, 열람하게 하고) 증인은 수사기관에서 사실대로 진술하고 진술한 대로 기재된 것을 확인하고 서명, 날인하였는가요.
답　예, 그렇습니다.
문　피고인 이을남도 자고 있던 증인을 간음했다는 것인가요.
답　예, 얼핏 남자 두 명이 제 몸 위에 올라와서 성폭행을 한 것 같은 기억이 납니다. 다음 날 피고인들에게 따졌을 때 이을남도 사과를 했습니다. 그리고 사건 발생 이후 홍중재가 저한테 전화를 해서 "이을남으로부터 김갑동이 충동질하는 바람에 김갑동과 함께 사고를 쳤다는 말을 들었다."라고 분명히 말했습니다.

피고인 이을남의 변호인
문　증인은 성폭행을 당한 상황이 기억나는 것처럼 진술하는데, 그 기억이 틀림없나요.
답　예, 그날 일을 계속 생각하다 보니 이제는 기억이 납니다.
문　당시 피고인 이을남이 어떤 말을 하면서 사과를 하였다는 것인가요.
답　이을남이 특별히 무슨 말을 한 것은 아니고, 그냥 고개만 숙이고 있었던 것 같습니다.

2018. 12. 27.

법원사무관　　김초원 ㊞
재판장 판사　　이동헌 ㊞

[049] 사경 작성 나병녀에 대한 진술조서에 대한 원진술자 나병녀의 공판기일에서의 실질적 진정성립 인정진술이다. 따라서 위 조서는 형사소송법 제312조 제4항에 따라 증거능력이 인정된다. 이는 증거목록 검토단계에서 이미 체크하였어야 한다.

[050] 김갑동의 진술과 함께 피고인 나병녀의 진술 역시 피고인 이을남의 무죄변론에 있어 신빙성 탄핵의 대상이 됨을 알 수 있다.

[051] '얼핏', '것 같은'이라는 표현을 통해 피해자가 피고인 이을남이 간음했다고 진술하는 것은 추측에 불과함을 알 수 있다. 범행 다음날 피해자에게 피고인 이을남이 사과를 했다는 진술은 그 진실 여부를 확인할 필요가 있다.

[052] '홍중재가 이을남의 범행에 대한 진술을 들었다고 피해자 나병녀에서 진술한 내용을 나병녀가 다시 법정에서 진술하고 있는 바, 이는 재전문진술에 해당하여 증거능력이 부정된다.
답안 작성시 나병녀의 법정진술 중 홍중재의 진술을 들었다는 부분만을 특정하여 그 부분만의 증거능력을 부정하여야 한다.

[053] 시간이 흐를수록 범행당시에 대한 기억은 불명확해지는 것이 경험칙에 합치한다. 즉, 범행 이후 피해자의 진술이 오히려 구체화되고 있다는 것은 그 피해자 진술의 신빙성을 탄핵할 수 있는 근거가 된다.

[054] 앞서 피고인 이을남이 피해자에게 사과하였다고 진술하였으나, 단순히 고개를 숙이고 있었을 뿐 명시적인 자인진술은 없었음을 확인할 수 있다.

서울중앙지방법원
증인신문조서 (제2회 공판조서의 일부)

사　건　2018고합1947　성폭력범죄의처벌등에관한특례법위반(특수준강간) 등
증　인　이　름　강지연
　　　　생년월일 및 주거 (생략)

재판장
　증인에게 형사소송법 제148조 또는 제149조에 해당하는가의 여부를 물어 이에 해당하지 아니함을 인정하고, 위증의 벌을 경고한 후 별지 선서서와 같이 선서를 하게 하였다. 다음에 신문할 증인들은 재정하지 아니하였다.

검사
문　(증거목록 순번 5를 제시하여, 열람하게 하고) 증인은 수사기관에서 사실대로 진술하고 진술한 대로 기재된 것을 확인하고 서명, 날인하였나요.
답　예, 그렇습니다.
문　증인은 사건 당일에 모텔에서 무슨 일이 있었는지 알고 있나요.
답　예, 다음 날 나병녀로부터 김갑동과 이을남에게 성폭행을 당했다고 들었습니다.
피고인 이을남의 변호인
문　술자리를 마치고 나왔을 때 나병녀가 이을남 쪽으로 쓰러질 뻔한 사실이 있지요.
답　예, 나병녀가 이을남 쪽으로 쓰러질 뻔하면서 이을남의 옷에 나병녀의 립스틱이 묻기도 하였습니다.

　　　　　　　　　　　2018. 12. 27.

　　　　　법원사무관　　김초원 ㊞
　　　　　재판장 판사　　이동헌 ㊞

- 20 -

[055] 사경 작성 강지연에 대한 진술조서에 대한 원진술자 강지연의 공판기일에서의 실질적 진정성립 인정 진술이다. 따라서 위 조서는 형사소송법 제312조 제4항에 의하여 증거능력이 인정된다.

[056] 피고인 아닌 자(강지연)의 공판기일에서의 피고인 아닌 자(나병녀)의 진술을 내용으로 하는 전문진술이다. 그 원진술자인 나병녀가 이 사건 법정에 증인으로 출석하고 있으므로 필요성 요건을 갖추지 못하여 증거능력이 부정된다(형사소송법 제316조 제2항). 이와 같이 증거능력이 부정되는 증거는 결론과 근거규정까지 체크 후 메모하도록 한다.

[057] 피고인 이을남의 옷에 묻은 피해자 나병녀의 립스틱 자국은 간음행위를 통해 생긴 것이 아니라, 단순히 피해자가 쓰러질 뻔하면서 생긴 것임을 알 수 있다.

서울중앙지방법원
증인신문조서 (제2회 공판조서의 일부)

사 건   2018고합1947 성폭력범죄의처벌등에관한특례법위반(특수준강간) 등
증 인 이 름   박수련
      생년월일 및 주거 (생략)

재판장
증인에게 형사소송법 제148조 또는 제149조에 해당하는가의 여부를 물어 이에 해당하지 아니함을 인정하고, 위증의 벌을 경고한 후 별지 선서서와 같이 선서를 하게 하였다. 다음에 신문할 증인은 재정하지 아니하였다.

검사
문 (증거목록 순번 8, 12를 제시하여, 열람하게 하고) 증인은 사실대로 작성하여 서명, 날인하고, 수사기관에서 사실대로 진술하고 진술한 대로 기재된 것을 확인하고 서명, 날인하였는가요.
답 예, 그렇습니다.
문 피고인 김갑동은 2018. 3. 15. 증인에게 전화를 걸어 윤동민으로부터 돌려받은 보증금의 사용에 대해 허락을 받았다고 하는데 그런 사실이 있나요.
답 아닙니다. 제가 2018. 3. 1. 김갑동을 만나서 채권을 양도받을 때 3. 14.에 이사한다는 말을 들었는데, 그 후 김갑동이나 윤동민으로부터 연락이 없어서 이사예정일로부터 일주일 정도 지나 제가 김갑동에게 전화를 했습니다.

피고인 김갑동의 변호인
문 증인이 피고인 김갑동에게 허락을 했는데, 기억을 못 하는 것 아닌가요.
답 그것은 아닙니다. 당시 제가 김갑동에게 돈을 빌려줄 이유가 없었습니다.
문 증인은 지금도 피고인 김갑동에 대한 처벌을 바라나요.
답 협박도 당해서 화가 많이 나긴 했는데, 구속까지 된 모습을 보니 너무 측은한 생각이 듭니다. 더 이상 제가 당한 일들에 대해서 김갑동의 처벌을 바라지 않습니다.

2018. 12. 27.

법원사무관   김초원 ㊞
재판장 판사 이동헌 ㊞

[058] 증인신문조서를 읽기 전 공소사실 메모 등을 통해 해당 증인이 어떤 공소사실에 대한 어떤 지위에 있는 사람인지를 확인부터 한다.

[059] 박수련 작성 고소장과 사경 작성 박수련에 대한 진술조서에 대한 그 작성자 또는 원진술자 박수련의 공판기일에서의 실질적 진정성립 인정 진술이다. 따라서 위 고소장은 형사소송법 제313조 제1항에 따라, 진술조서는 제312조 제4항에 따라 각각 증거능력이 인정된다.

[060] 제1회 공판조서 인부진술을 통해 파악한 횡령의 점에 대한 쟁점검토에 필요한 내용이다. 피해자 박수련이 피고인 김갑동에서 변제금에 대한 사용승낙을 하지 않았음을 알 수 있다.

[061] 뒤에서 언급되는 사정이긴 하나, 피고인 김갑동의 진술과 달리 2018. 3. 1.부터 같은 달 21. 경까지는 피해자 나병녀와 피고인 사이에 연락이 없었음을 알 수 있다. 이는 피고인 진술의 신빙성을 떨어뜨리는 사정으로서 검토의견서상 해당 공소사실에 대하여 유죄결론이 나옴을 예상할 수 있다.

[062] 피해자는 계속하여 피고인에 대하여 채무금 사용에 대한 승낙을 하지 않았다는 취지로 진술하고 있다.

[063] 피해자의 처벌불원의 의사표시가 존재한다. 친족상도례를 검토하여야 한다. 특히 "제가 당한 일'들'"이라고 진술하고 있어 이는 횡령의 점뿐만 아니라 협박의 점에 대한 의사표시이기도 하다. 횡령의 점에 대하여는 피고인 김갑동과 피해자는 사실혼 관계에 불과하여 친족상도례는 적용되지 아니하나, 축소사실로서 협박의 점에 대하여는 처벌불원의 의사표시로서 공소기각판결 결론 검토가 가능하다.

서울중앙지방법원
증인신문조서 (제2회 공판조서의 일부)

사 건　2018고합1947　성폭력범죄의처벌등에관한특례법위반(특수준강간) 등
증 인　이　름　최미자
　　　　생년월일 및 주거 (생략)

재판장
　증인에게 형사소송법 제148조 또는 제149조에 해당하는가의 여부를 물어 전자에 해당함을 인정하고 증언을 거부할 수 있음을 설명하였으나, 그 거부권을 행사하지 아니하므로 위증의 벌을 경고한 후 별지 선서서와 같이 선서를 하게 하였다.

검사
문　(증거목록 순번 13을 제시하여, 열람하게 하고) 증인은 수사기관에서 사실대로 진술하고 진술한 대로 기재된 것을 확인하고 서명, 날인하였는가요.
답　예, 그렇습니다.
문　2018. 10. 20. 이후에도 피고인이 술에 취해서 증인을 때린 사실이 있었나요.
답　예, 구속되기 이틀 전 저녁 19:00경에도 집에 찾아와서 잔소리 좀 그만하라고 하면서 발로 제 허벅지를 걷어찬 적이 있습니다.
문　구속되기 이틀 전이라면 2018. 10. 25.을 말하는 것인가요.
답　예, 그렇습니다.

피고인 김갑동의 변호인
문　증인은 아들을 용서할 생각이 없나요.
답　조금 고민을 해 봐야 할 것 같습니다.

2018. 12. 27.

법원사무관　김초원 ㊞
재판장 판사　이동헌 ㊞

[064] 사경 작성 최미자에 대한 진술조서에 대한 원진술자의 공판기일에서의 실질적 진정성립 인정이다. 따라서 위 조서는 형사소송법 제312조 제4항에 의하여 증거능력이 인정된다.

[065] 피고인 김갑동의 폭행습벽에 대한 진술이다.

[066] 피해자 최미자의 처벌불원의 의사표시는 아직 존재하지 아니한다. 처벌과 관련된 피해자의 의사표시는 조서 마지막 부분에 등장함이 일반적이다.

[067] 제2회 공판기일 이후 검사의 공소장변경허가신청서가 제출되었고, 이에 대한 수소법원의 결정은 기록상 존재하지 아니한다. 따라서 그 결정여부에 대하여 검토의견서에서 검토하여야 한다.

[068] 추가하는 공소사실이 기존 상습존속폭행의 공소사실과 동일한 습벽의 발현에 의한 것임을 알 수 있다. 추가적인 사정이 없는 한 동일성이 인정될 것이다.

서울중앙지방검찰청
(02-530-5567)

제2019-4호   2019. 1. 3.
수신   서울중앙지방법원   발신   서울중앙지방검찰청
제목   공소장변경허가신청   검사 서 윤 수 ㊞
귀원 2018고합1947호 피고인 김갑동에 대한 상습존속폭행

                      ■ 추가
피고사건의 공소장을 다음과 같이   □ 철회   하고자 합니다.
                      □ 변경

다음

공소사실 2. 라.항에
  "피고인은 상습으로, 2018. 10. 25. 19:00경 서울 강남구 반포대로12 203호에 있는 피고인의 어머니인 피해자 최미자의 집에서 피해자에게 잔소리 좀 그만하라고 소리치면서 발로 피해자의 허벅지 부위를 1회 걷어차 폭행하였다."
를 추가함. (인)

증 거 신 청 서

사 건 2018고합1947 성폭력범죄의처벌등에관한특례법위반(특수준강간) 등
피고인 김갑동

위 사건에 관하여 피고인 김갑동의 변호인은 피고인의 이익을 위하여 다음 증거서류를 증거로 신청합니다.

다 음

1. 약식명령등본 1부
1. 처벌불원서(최미자) 1부(생략) [피고인 김갑동에 대한 처벌불원, 인감증명서 첨부]

2019. 1. 4.

피고인 김갑동의 변호인
법무법인 최고 담당변호사 정의호 ㊞

서울중앙지방법원 제12형사부 귀중

---

[069] 공판절차에서 피고인 측이 제출하는 증거는 쟁점검토에 있어 유리한 증거로 작용함이 대부분이다.

[070] 약식명령 등본은 기판력(면소판결) 쟁점과, 처벌불원서는 소송조건(공소기각판결) 쟁점과 관련된 증거이다.

[071] 상습존속폭행은 반의사불벌죄가 아니므로 피해자의 처벌불원의사표시는 소송조건에 영향을 주지 아니한다.

[072] 약식명령이나 판결문 등본 등이 등장하는 경우 그 확정여부 및 확정일자를 먼저 체크한다. 선고일자는 서면에 기재되어 있지만, 확정여부 및 확정일자는 별도의 수사보고서에 기재되어 있거나 약식명령 등본 등 우측 상단에 도장(변호사시험 기록에서는 네모박스 형식으로 기재됨)에 기재되어 있다.

[073] 확정판결의 죄명을 체크하여야 한다. 기판력이 문제되는 공소사실이 상습범으로서 포괄일죄이므로, 그 확정판결 역시 상습범으로 처단되었어야 그 확정판결의 기판력이 공소사실에 미칠 수 있다는 것이 판례의 태도이다.
만약 기록과 달리 상습폭행이 아닌 단순폭행으로 처벌된 경우라면 기판력을 검토하면 아니 된다.

[074] 전과와 관련된 서면에서는 [일시-법원-죄명-형량-선고일자]는 기본으로 체크하여 전과 관련 답안 작성시 빠짐없이 기재하여야 한다.

[075] 확정된 약식명령의 기판력 기준시점인 발령일자를 체크하여야 한다.

[076] 확정된 약식명령의 범죄사실을 기판력이 문제되는 공소사실과 구체적으로 비교하여 기판력 관련 객관적 동일성(기본적 사실관계 동일성) 판단을 하여야 한다. 상습범의 경우 동일한 습벽의 발현임을 검토하면 충분하고, 이에 대한 설시는 이미 피해자의 진술 등을 통해서도 등장한 바 있다.

서울중앙지방법원
약식명령

2018. 11. 19. 확정
서울중앙지방검찰청
검찰주사 서봉미 ㉑

사 건   2018고약463083 상습폭행

피 고 인   김갑동
          (인적사항 생략)

주형과   피고인을 벌금 3,000,000(삼백만)원에 처한다.
부수처분   피고인이 위 벌금을 납입하지 않는 경우 금 100,000원을 1일로 환산한 기간 위 피고인을 노역장에 유치한다.
          피고인에 대하여 위 벌금에 상당한 금액의 가납을 명한다.

범죄사실   별지 기재와 같다.

적용법령   형법 제264조, 제260조 제1항, 제70조 제1항, 제69조 제2항, 형사소송법 제334조 제1항

검사 또는 피고인은 이 명령등본을 송달받은 날로부터 7일 이내에 정식재판을 청구할 수 있습니다.

2018. 10. 23.

판 사   문 경 희

등본임.
2018. 12. 28.
서울중앙지방검찰청
검찰주사 허담비 ㉑

(별지)   **범 죄 사 실**

   피고인은 상습으로, 2018. 9. 15. 서울 서초구 방배로2길 301호에 있는 피고인의 집에서 사촌동생인 피해자 김순진이 피고인에게 "술 좀 제발 그만 마시고 정신 좀 차려라."라고 훈계한다는 이유로 화가 나 오른 손바닥으로 피해자의 왼쪽 뺨을 1회 때리고 발로 넘어진 피해자의 몸을 수회 걷어차 폭행하였다.

- 25 -

증 거 신 청 서

사 건   2018고합1947   성폭력범죄의처벌등에관한특례법위반(특수준강간) 등

피고인   이을남

위 사건에 관하여 피고인 이을남의 변호인은 피고인의 이익을 위하여 다음 증거서류를 증거로 신청합니다.

다 음

1. 공탁서 1부(생략)   [출판물에의한명예훼손 관련 2019. 1. 3. 나병녀를 피공탁자로 하여 공탁자 이을남이 300만 원을 공탁]
1. 주민등록등본 1부(생략) [주소 : 서울특별시 동작구 노량진로21 미래연립 106호, 세대주 : 이을남, 세대원 : 이수완(父), 유장숙(母)]
1. 재직증명서 1부(생략) [성명 : 이을남, 직장명 : 팔성전자 주식회사, 재직기간 : 2015. 3. 2.~ 현재]

2019. 1. 4.

피고인 이을남의 변호인

변호사   강변호 ㉿

서울중앙지방법원 제12형사부 귀중

[077] 정상관계 검토에 필요한 서류들이다. 형법 제51조의 양형조건을 기준으로 분류하면서 검토·메모한다. 공탁서는 범행 후의 정황(제4호), 주민등록 등본과 재직증명서 범인의 연령·성행·지능·환경(제1호)와 관련된 서류이다. 피해자와 합의는 되지 아니하였으나 피해금을 공탁하였다는 점, 부모님과 함께 거주하고 있다는 점, 2015. 3. 2. 이후 한 직장에서 근속하고 있다는 점 등을 정상관계 검토에서 증거서류와 함께 기재한다.

[078] 수사기록표지 등은 읽지 않고 넘어가도 무방하다.
공판기록은 모든 기록을 꼼꼼하게 읽으면서 체크하여야 하나, 수사기록은 공판기록에서 파악한 쟁점 내용 등을 바탕으로 필요한 부분만을 꼼꼼하게 읽는 방식으로 완급조절을 하면서 읽도록 한다.

| 제 | 1 | 책 |
| 제 | 1 | 권 |

서울중앙지방법원
증거서류등(검사)

사건번호	2018고합1947	담임	제 12부	주심	다
	20 노		부		
	20 도		부		

사건명	가. 성폭력범죄의처벌등에관한특례법위반(특수준강간) 나. 아동·청소년의성보호에관한법률위반(준강간) 다. 특정범죄가중처벌등에관한법률위반(보복협박등) 라. 사기 마. 횡령 바. 상습존속폭행 사. 출판물에의한명예훼손

검 사	서윤재	2018년 형제171539호

피고인	구속 1. 가.나.다.라.마.바.	**김갑동**
	구속 2. 가.나.사.	**이을남**

공소제기일	2018. 11. 14.		
1심 선고	20 . .	항소	20 . .
2심 선고	20 . .	상고	20 . .
확 정	20 . .	보존	

- 27 -

			제 1 책	
			제 1 권	

구공판	서울중앙지방검찰청 증 거 기 록			
검 찰	사건번호	2018년 형제171539호	법원	사건번호	2018년 고합1947호
	검 사	서윤재		판 사	
피 고 인	구속 1. 가.나.다.라.마.바 **김갑동** 구속 2. 가.나.사. **이을남**			
죄 명	가. 성폭력범죄의처벌등에관한특례법위반(특수준강간) 나. 아동·청소년의성보호에관한법률위반(준강간) 다. 특정범죄가중처벌등에관한법률위반(보복협박등) 라. 사기 마. 횡령 바. 상습존속폭행 사. 출판물에의한명예훼손			
공소제기일	2018. 11. 14.			
구 속	1. 2018. 10. 27. 구속 2. 2018. 10. 27. 구속		석 방	
변 호 인	1. 법무법인 최고 담당변호사 정의호 2. 변호사 강변호			
증 거 물				
비 고				

진 술 조 서

성　　　명 : 나병녀
주민등록번호, 직업, 주거, 등록기준지, 직장주소, 연락처 (각 생략)

　위의 사람은 피의자 김갑동, 이을남에 대한 성폭력범죄의처벌등에관한특례법위반(특수준강간) 등 피의사건에 관하여 2018. 10. 12. 서울방배경찰서 형사과 사무실에 임의 출석하여 다음과 같이 진술하다.

[피의자와의 관계, 피의사실과의 관계 등(생략)]

문　진술인은 현재 미성년자인가요.
답　예, 제가 1999년 12월 31일생이라 아직 만 19세가 안되었습니다. 고등학교는 올해 2월에 졸업을 했는데, 지금은 재수를 하고 있습니다.
문　진술인은 언제, 어디에서, 누구로부터 성폭행을 당했는가요.
답　2018. 10. 8. 서울 서초구 방배로5길에 있는 모텔에서 김갑동, 이을남으로부터 성폭행을 당했습니다.
문　사건이 발생한 날 어떻게 김갑동, 이을남을 만나게 되었나요.
답　김갑동은 작년 수능 시험을 마치고 연말에 채팅 사이트를 통해 처음 연락하게 되었습니다. 한동안 채팅만 하다가 올해 들어 가끔 만나서 밥도 먹고, 술도 마시고 하는 사이로 지냈습니다. 그날도 김갑동과 김갑동의 후배인 이을남, 저와 제 친구 강지연이 19:00경부터 방배동에 있는 비어호프라는 주점에서 만나서 술을 마시게 되었습니다.
문　성폭행을 당하게 된 경위가 어떻게 되나요.
답　사실 그날 다들 술을 많이 마셨고 저는 만취한 상태였기 때문에 정확하게 기억은 나지 않습니다. 그런데 김갑동, 이을남이 저를 근처 모텔로 데리고 간 것 같고, 다음 날 아침에 눈을 떠 보니 제 바지가 벗겨져 있었고 팬티만 입고 있었습니다. 일어나 보니 김갑동이 옆에서 자고 있어서 나한테 무슨 짓을 한 것이냐고 따졌는데 자기가 술에 취해서 실수했다고 하였습니다.
문　모텔의 구조나, 다음 날 아침 상황을 좀 더 자세히 설명할 수 있나요.
답　나중에 나올 때 보니 블루문이라는 모텔의 608호였습니다. 그곳에는 침대가 있는 방과 거실이 하나씩 있었는데, 제가 눈을 떠 보니 저와 김갑동은 침대에 누워 있었고, 이을남은 거실에 있는 쇼파에서 자고 있었습니다. 그런데 음부 쪽에 느낌이 이상해서 보니 남성의 정액 같은 것이 있었습니다. 제가 바지를 입은 다음 소리를 쳐서 김갑동이 먼저 깨어났고 제가 항의를 하니 미안하다고 하였습니다. 그 다음 이을남이 일어났는데 옷에 제 립스틱이 묻어 있는 것을

---

[079] 피해자 나병녀는 1999. 12. 31.생으로 범행 당시인 2018. 10.경에는 이미 19세에 도달하였으므로 아청법의 적용대상이 되는 '아동·청소년'에 해당하지 아니한다(전단무죄).
이하 기록에서는 성폭법위반에 대한 사실인정 쟁점 위주로 기록을 읽도록 한다.

[080] 시간절약을 위해 공판기록에서 파악한 사실관계와 중복되는 내용들은 빠르게 넘기면서 기록을 읽어야 한다.

[081] 피해자 스스로 범행당시 상황이 기억이 잘 나지 않는다고 진술하고 있다. 또한 범행 다음날 김갑동은 옆에서 자고 있었고, 범행에 대한 자인도 하였지만, 피고인 이을남의 간음사실을 직접적으로 증명할만한 사정은 수사단계에서도 등장하지 아니한다.

[082] 피고인 이을남의 옷에 피해자의 립스틱이 묻어 있는 것은, 술에 취한 피해자가 쓰러질 뻔 하면서 묻은 것에 불과하다는 사정은 공판기록에서 확인한 바 있다.

보아 이을남도 성폭행한 것이 분명하여 제가 어떻게 이럴 수 있냐고 따지니 미안하다고 하였습니다. 저는 그 상황에서 어떻게 해야 할지를 몰라서 일단은 모텔을 빠져 나왔습니다.

문 그 사건 이후 김갑동이나 이을남으로부터 연락이 온 사실이 있나요.
답 예, 김갑동이 저한테 몇 번 전화를 했는데 제가 받지를 않자 "잠든 모습이 너무 예뻐서 실수했다. 만나서 이야기하자."라는 문자 메시지를 보내왔습니다. 이을남은 저도 그날 처음 본 사람인데 따로 연락이 오거나 하지는 않았습니다. [083] 피고인 이을남은 범행 후 피해자에 대하여 범행에 대한 자인이나 사과를 한 바 없다.

문 경찰서에는 오늘 처음 신고하는 것인가요.
답 예, 신고를 하면 부모님도 아시게 되고 일이 복잡해질 것 같아서 신고를 할지 말지 며칠 동안 고민을 했습니다. 그래도 제가 신고하지 않으면 다른 피해자가 또 생길 수도 있겠다는 생각이 들어서 용기를 내었습니다.

문 혹시 당시 입었던 속옷을 현재 보관하고 있나요.
답 제가 처음부터 신고할 생각이었으면 속옷도 보관을 하였을 텐데, 그것까지는 생각을 못하고 다시는 그 속옷을 입고 싶은 생각이 없어서 바로 버렸습니다. [084] 강간 범행에서 중요한 증거인 속옷이 증거로서 확보되지 아니하였다는 점 역시 무죄변론의 근거가 될 수 있다.

문 그날 함께 술을 마셨던 친구 강지연과는 연락을 해 보았나요.
답 예, 그런데 지연이는 그날 모텔로 같이 오지는 않았다고 합니다. 자기도 술에 많이 취해서 그냥 집에 갔다고 합니다.

문 이상의 진술은 사실인가요.
답 **예, 사실대로 진술하였습니다.**

위의 조서를 진술자에게 열람하게 하였던바, 진술한 대로 오기나 증감·변경할 것이 전혀 없다고 말하므로 간인한 후 서명 날인하게 하다.

진술자   나 병 녀 ㉑

2018. 10. 12.

서울방배경찰서
사법경찰리   경사   면 하 경 ㉑

- 30 -

피 의 자 신 문 조 서

> 피 의 자 : 김갑동
>
> 위의 사람에 대한 성폭력범죄의처벌등에관한특례법위반(특수준강간) 등 피의사건에 관하여 2018. 10. 15. 서울방배경찰서 형사과 사무실에서 사법경찰관 경위 김강호는 사법경찰리 경사 민하경을 참여하게 하고, 아래와 같이 피의자임에 틀림없음을 확인하다.

문 피의자의 성명, 주민등록번호, 직업, 주거, 등록기준지 등을 말하십시오.
답 성명은 김갑동(金甲東)
    주민등록번호, 직업, 주거, 등록기준지, 직장주소, 연락처 (각 생략)

사법경찰관은 피의사건의 요지를 설명하고 사법경찰관의 신문에 대하여 「형사소송법」 제244조의3에 따라 진술을 거부할 수 있는 권리 및 변호인의 참여 등 조력을 받을 권리가 있음을 피의자에게 알려주고 이를 행사할 것인지 그 의사를 확인하다.

[진술거부권 및 변호인 조력권을 고지하고 변호인 참여 없이 진술하기로 함(생략)]

이에 사법경찰관은 피의사실에 관하여 다음과 같이 피의자를 신문하다.

[피의자의 범죄전력, 경력, 학력, 가족·재산 관계 등(생략)]

문 피의자는 2018. 10. 8. 술에 만취해 잠든 피해자 나병녀를 간음한 사실이 있나요.
답 (한숨을 쉬며) 예, 있습니다.
문 피의자는 피해자의 나이와 생일을 알고 있나요.
답 작년 연말에 처음 연락을 주고받았을 때 고3이라고 하였고, 조금 있으면 생일이 된다는 말을 들었습니다. 올해는 재수를 한다고 했고 그런 것으로 알고 있습니다.
문 피의자는 피해자가 고등학생인지 알면서도 연락하고 만났다는 것인가요.
답 처음에는 호기심에 연락하게 되었는데, 올해 초에 고등학교를 졸업했다고 해서 이제는 성인이라는 생각이 들어서 자연스럽게 만났던 것입니다.
문 피해자는 고등학교를 졸업하였더라도 아직 만 19세가 되지 않은 미성년자인데, 미성년자를 만취하도록 만들어서 성관계를 하였다는 것인가요.
답 죄송합니다.

[085] 피해자는 아청법의 적용대상이 아님을 반복해서 진술해주고 있다.

문 피의자는 2018. 10. 8.에 이을남과 함께 피해자를 만나서 술을 마셨지요.
답 그렇습니다. 이을남은 동네 후배인데, 제가 나병녀와 집 근처 방배로4길에 있는 비어호프에서 19:00경에 만나기로 했다는 이야기를 듣더니 자기도 가고 싶다고 해서 함께 만나게 되었습니다. 나병녀도 그날 친구 한 명을 데리고 나왔습니다.
문 술을 마신 후 모텔로 가게 된 경위는 어떻게 되나요.
답 22:00경에 1차를 마치고 2차를 어디로 갈지 이야기를 하였는데, 나병녀의 친구는 집에 가겠다고 하며 먼저 택시를 타고 갔습니다. 그 후 저와 이을남은 술에 취한 나병녀를 일단 모텔로 데려가서 재우고 모텔에서 술을 마시기로 했습니다.
문 모텔에 들어가서는 어떤 일이 있었나요.
답 블루문 모텔 608호로 들어가서 일단 나병녀를 방에 있는 침대에 눕혔고, 저희는 거실에서 술을 마시며 TV를 보았습니다. 제가 22:30경에 나병녀가 잘 자는지 보려고 방에 들어갔는데, 자고 있는 나병녀를 보니 갑자기 성관계가 하고 싶어져서 나병녀의 바지를 벗기고 성관계를 하게 되었습니다. 그 후에 저는 다시 거실로 나왔고, 대기하고 있던 이을남이 방 안으로 들어가서 나병녀와 성관계를 한 것입니다.

[086] 술을 마신 후 모텔을 갈 당시만 해도 간음 등에 대한 공모는 존재하지 아니하였음을 알 수 있다.

문 피의자와 이을남은 처음부터 피해자를 술에 취하도록 만들어서 모텔로 데려간 다음 간음하기로 했던 것은 아닌가요.
답 그런 것은 아니었는데 술에 취하다 보니 실수를 하게 된 것입니다. 이을남은 처음부터 그런 생각이 있어서 술자리에 함께 가자고 한 것일 수는 있습니다.
문 그렇다면 피의자와 이을남은 모텔에 들어간 이후에 피해자를 간음하기로 했다는 것인가요.
답 예, 그렇습니다. 모텔에 들어가서 누가 먼저라고 할 것 없이 둘 다 동일한 생각을 하게 된 것 같습니다.

[087] 김갑동이 피고인 이을남 역시 자신과 함께 피해자 나병녀를 간음하였다는 취지로 진술하고 있는바, 이러한 김갑동의 진술이 무죄변론에 있어 신빙성 탄핵 대상이 되는 진술에 해당한다.

문 피의자가 피해자를 간음할 때나 이을남이 피해자를 간음할 때 서로 그 장면을 보지는 않았나요.
답 예, 다른 사람이 성관계하는 것을 일부러 보고 있을 필요는 없어서 보지는 않았습니다. 한 명이 방에 들어가 있는 동안 다른 사람은 거실에서 TV를 보면서 혹시 종업원이 오거나 하지는 않는지 상황을 봐 주게 되었습니다.
문 피의자와 이을남이 차례로 간음을 한 이후에는 어떻게 하였나요.
답 이을남이 다시 거실로 나와서 같이 술을 더 마신 것 같은데, 나중에 어떻게 잠들었는지는 기억이 잘 안 납니다.
문 다음 날 아침에 일어났을 때에는 어떤 상황이었나요.

[088] 김갑동은 피고인 이을남의 범행을 직접 목격한 바 없고, 단순히 추측을 하고 있을 뿐이다.

[089] 이을남도 미안하다고 했다는 것 역시 김갑동의 추측에 불과하다.

답 저는 방에 있는 침대에서 나병녀 옆에 누워 있었고, 이을남은 거실 쇼파에서 자고 있었습니다. 나병녀가 화를 내면서 저한테 무슨 짓을 했냐고 따졌고 제가 술 취해서 실수했다고 하면서 사과를 했습니다. 이을남도 미안하다고 했던 것 같습니다.
문 피해자와 합의는 하였나요.
답 합의할 생각은 있는데, 나병녀가 계속 연락을 피하고 있습니다.
문 이상의 진술에 대하여 이의나 의견이 있나요.
답 **제 잘못을 반성하고 사실대로 모두 말했으니 선처를 바랍니다.**

위의 조서를 진술자에게 열람하게 하였던바, 진술한 대로 오기나 증감·변경할 것이 전혀 없다고 말하므로 간인한 후 서명 무인하게 하다.

진술자 **김 갑 동** (무인)

2018. 10. 15.

서울방배경찰서
사법경찰관 경위 **김 강 호** ㉑
사법경찰리 경사 **면 하 경** ㉑

피 의 자 신 문 조 서

피 의 자 : 이 을 남

위의 사람에 대한 성폭력범죄의처벌등에관한특례법위반(특수준강간) 등 피의사건에 관하여 2018. 10. 16. 서울방배경찰서 형사과 사무실에서 사법경찰관 경위 김강호는 사법경찰리 경사 민하경을 참여하게 하고, 아래와 같이 피의자임에 틀림없음을 확인하다.

문 피의자의 성명, 주민등록번호, 직업, 주거, 등록기준지 등을 말하십시오.
답 성명은 이을남(李乙南)
    주민등록번호, 직업, 주거, 등록기준지, 직장주소, 연락처 (각 생략)

사법경찰관은 피의사건의 요지를 설명하고 사법경찰관의 신문에 대하여「형사소송법」제244조의3에 따라 진술을 거부할 수 있는 권리 및 변호인의 참여 등 조력을 받을 권리가 있음을 피의자에게 알려주고 이를 행사할 것인지 그 의사를 확인하다.

[진술거부권 및 변호인 조력권을 고지하고 변호인 참여 없이 진술하기로 함(생략)]

이에 사법경찰관은 피의사실에 관하여 다음과 같이 피의자를 신문하다.

[피의자의 범죄전력, 경력, 학력, 가족·재산 관계 등(생략)]

문 피의자는 김갑동과 함께 2018. 10. 8. 22:30경 서울 서초구 방배로5길에 있는 블루문 모텔 608호에서 술에 만취해 자고 있는 나병녀를 간음한 사실이 있나요.
답 아닙니다. 그날 김갑동, 나병녀를 만나서 술을 마시고 모텔에도 가기는 했지만 제가 나병녀를 간음하지는 않았고, 김갑동이 간음했는지는 모르겠습니다.
문 피의자가 김갑동, 나병녀와 함께 술자리를 하게 된 경위는 무엇인가요.
답 김갑동이 평소에 자기가 나이 어린 여자애를 만난다고 자랑처럼 이야기를 했었는데, 그날도 그 여자애와 만나서 술을 마시기로 했다고 하였습니다. 그래서 호기심에 저도 한번 같이 만나면 안 되겠냐고 물어보니 그러자고 해서 갔고, 나병녀도 강지연이라는 친구를 데리고 나왔습니다.
문 그러면 피의자도 나병녀가 미성년자라는 사실을 알았다는 것인가요.

[090] 피고인 이을남은 경찰·검찰 수사단계에서부터 이 사건 공판단계에 이르기까지 일관되게 범행을 부인하고 있다.

답	예, 술자리에서 물어보니 둘 다 올해 2월에 고등학교를 졸업했는데, 아직 생일이 안 지나서 만 19세가 안 되었다는 말을 듣긴 했습니다.
문	술자리에서는 어떤 이야기를 주고받았나요.
답	특별한 말은 없었고, 주로 요즘 뜨고 있는 영화, 드라마나 연예인들 이야기를 했습니다. 나병녀는 고등학교 다닐 때 사귀던 남학생들에 대한 이야기도 했는데, 나이 차이가 있는 오빠들을 만나는 게 더 좋다는 말을 하였습니다.
문	피의자, 김갑동, 나병녀, 강지연은 술을 어느 정도 마셨나요.
답	김갑동은 술을 잘 마시는 편이고, 저와 여자애들은 그렇게 잘 마시는 편이 아닌데, 게임을 하면서 소주와 맥주를 섞어서 많이 마셨습니다.
문	술자리를 마친 이후에 집으로 가지 않은 이유는 무엇인가요.
답	우선 강지연을 택시에 태워서 보냈고, 그 다음 나병녀도 보내려고 했는데, 김갑동이 한 잔 더 하자고 하였습니다. 그래서 제가 나병녀는 술에 많이 취해서 더 마실 상황도 아닌 것 같다고 하니, 김갑동이 그러면 술을 사서 모텔로 가서 나병녀를 재우고 우리끼리 더 마시자고 하였습니다.
문	모텔에 들어가서는 무슨 일이 있었나요.
답	일단 나병녀를 침대에 눕혔고, 저와 김갑동은 거실에서 술을 더 마셨습니다.
문	피의자와 김갑동은 나병녀가 자고 있는 방 안으로 들어가지 않았나요.
답	제가 김갑동과 TV로 축구를 보다가 술을 좀 깨기 위해서 방 안쪽에 있는 화장실에 들어가서 샤워를 하고 나오기는 했습니다. 김갑동이 방에 들어갔는지는 사실 기억이 잘 안나는데, 화장실이 방 안쪽에 있어서 소변을 보려고 간 것 같기도 하고 잘 모르겠습니다.
문	피의자는 샤워만 하고 다시 거실 쪽으로 나왔다는 것인가요.
답	예, 그렇습니다. 제가 샤워하러 방에 잠시 들어갔다가 나오는 동안 나병녀는 이불을 덮은 상태에서 계속 자고 있었고, 저는 다시 거실로 나와서 김갑동과 술을 마셨던 것으로 기억합니다.
문	피의자와 김갑동은 언제까지 술을 마셨나요.
답	술에 많이 취해서 시간은 기억이 잘 안 나는데 제가 먼저 거실에 있는 쇼파에 쓰러져서 잠이 든 것 같습니다.
문	피의자가 잠에서 깨었을 때는 어떤 상황이었나요.

[091] 아청법 적용대상 쟁점을 반복해서 등장시켜주고 있다. 이 정도면 기존에 쟁점을 못 찾았더라도 반복되는 표현을 보고 관련 쟁점을 의심해봤어야 한다.

[092] 김갑동이 자신의 범행 후 피고인 이을남도 피해자가 있는 방 안으로 들어가 간음을 하였다고 진술하고 있으나, 피고인은 단순히 그 방 안에 있는 화장실에서 샤워를 했을 뿐임을 알 수 있다.

답 다음 날 아침에 시끄러운 소리가 나서 일어났습니다. 제가 일어났을 때 나병녀가 김갑동에게 소리를 치며 무슨 짓을 한 것이냐고 따지고 있었고, 김갑동이 미안하다고 하면서 나병녀를 달래고 있었습니다. 저는 뭔가 분위기가 심상치 않다는 생각이 들긴 했는데 끼어들 상황도 아니라서 가만히 있었습니다.
문 피의자도 나병녀에게 사과를 하지 않았나요.
답 김갑동이 사고를 친 것 같았고, 저도 책임이 있다고 생각해서 미안하다고 하였습니다.
문 피해자와 합의는 하였는가요.
답 피해를 입었다니 죄송하긴 한데, 제가 합의해야 하는 상황인지 모르겠습니다.
문 이상의 진술에 대하여 이의나 의견이 있나요.
답 **없습니다.**

위의 조서를 진술자에게 열람하게 하였던바, 진술한 대로 오기나 증감·변경할 것이 전혀 없다고 말하므로 간인한 후 서명 무인하게 하다.

진술자 이 을 남 (무인)

2018. 10. 16.

서울방배경찰서
사법경찰관 경위 김 강 호 ㉖
사법경찰리 경사 먼 하 경 ㉖

[093] 피고인 이을남이 피해자에게 사과를 하긴 하였으나, 이는 김갑동의 범행에 대한 사과 취지에 불과하였다. 다만 이는 피고인에게 불리한 내용이므로 변론요지서 등 피고인을 위한 서면에서는 기재를 생략해야 되는 내용이다.

진 술 조 서

성   명 : 강지연
주민등록번호, 직업, 주거, 등록기준지, 직장주소, 연락처 (각 생략)

위의 사람은 피의자 김갑동, 이을남에 대한 성폭력범죄의처벌등에관한특례법위반(특수준강간) 등 피의사건에 관하여 2018. 10. 17. 서울방배경찰서 형사과 사무실에 임의 출석하여 다음과 같이 진술하다.

[피의자와의 관계, 피의사실과의 관계 등(생략)]

문 진술인은 이 사건이 발생한 날 술자리에서 먼저 집으로 간 것인가요.
답 술자리가 거의 마치는 분위기라서 저는 먼저 택시를 타고 간 것이었습니다. 조금 걱정이 되긴 했지만 피의자들이 나병녀를 자기들이 알아서 잘 챙기겠다고 해서 믿고 간 것입니다.
문 그 이후에 피해자 나병녀와 연락을 하지는 않았나요.
답 그 다음 날 오후에 나병녀가 전화를 해서 전날 밤 일을 이야기해 주었습니다.
문 피해자가 진술인에게 전화를 해서 무슨 이야기를 하였나요.
답 울면서 이야기를 했는데, 피의자들이 모텔로 데리고 가서 자고 있는 사이에 강간을 했다고 말했습니다. 경찰에 신고를 해야할지 고민이 된다고 했는데, 제가 선뜻 뭐라고 말을 해 줄 수도 없어서 잘 생각해 보라고만 하였습니다.
문 혹시 술자리에서 피의자들의 행동에 의심되는 부분은 없었나요.
답 게임을 하면서 저희한테 조금 부담스럽게 스킨십을 하려고 했습니다. 자기들끼리 귓속말을 하는 것도 보았는데, 그때 범행을 하기로 계획한 것 같습니다.
문 이상의 진술은 사실인가요.
답 예, 사실대로 진술하였습니다.

위의 조서를 진술자에게 열람하게 하였던바, 진술한 대로 오기나 증감·변경할 것이 전혀 없다고 말하므로 간인한 후 서명 날인하게 하다.

진술자   강 지 연   ㊞

2018. 10. 17.

서울방배경찰서

사법경찰리 경사   면 하 경   ㊞

---

[094] 피해자 나병녀의 진술을 내용으로 하는 전문진술이 기재된 조서이다. 그 원진술자인 피해자가 이 사건 법정에 출석하고 있는 이상 증거능력이 부정된다(형사소송법 제316조 제2항, 제312조 제4항).
답안에서는 앞서 공판기록에서 살펴본 강지연의 법정진술(전문진술)과 함께 증거능력을 검토하도록 한다.

고 소 장

서울방배경찰서 접수인(1327호)(2018. 10. 18.)

고 소 인   윤동민 (인적사항 생략)
피고소인   김갑동 (인적사항 생략)
죄   명   사기

고소인은 서울 서초구 방배로2길에 있는 태양오피스텔 103호를 피고소인에게 임대해 줬던 사람입니다.

고소인은 2018. 3. 15. 피고소인과 임대차 기간이 종료되어 피고소인에게 임대차보증금 5,000만 원을 반환하고 영수증을 받았습니다. 그런데 알고 보니 2018. 3. 1. 피고소인은 이미 박수련에게 위 보증금반환채권을 양도했기 때문에 보증금을 받을 아무런 권리가 없는 상태였습니다.

그러나 피고소인은 고소인에게 채권양도 통지를 하지 않고, 마치 자기가 보증금반환채권을 그대로 가지고 있는 것처럼 행세하면서 "이삿짐을 다 옮겼으니 이제 보증금을 돌려 달라."라고 하였습니다. 고소인은 보증금반환채권이 박수련에게 양도되었다는 사실을 알았다면 피고소인에게 돈을 주지 않았을 텐데, 피고소인이 이를 알려주지 않아 속아서 보증금 5,000만 원을 피고소인에게 주게 된 것입니다.

고소인은 피고소인과 박수련이 둘 사이에서 이 문제를 잘 처리할 것으로 생각했는데, 피고소인이 박수련에게 돈을 주지 않고 협박까지 해서 문제를 더 크게 만들었고, 박수련이 피고소인을 고소한다고 하여 저도 함께 고소를 하게 되었습니다.

첨부 서류 : 영수증 사본(김갑동) 1부(생략)

2018. 10. 18.
고소인   윤 동 민 ㉞

서울방배경찰서장 귀중

---

[095] 앞서 살펴본 공판기록에서 파악한 쟁점 등에 추가하여 검토할 내용은 존재하지 아니한다. 이러한 서면은 혹시 추가되거나 충돌되는 내용이 없는지 위주로 빠르게 읽고 넘어가도록 한다.

고 소 장

서울방배경찰서 접수인(1328호)(2018. 10. 18.)

고 소 인   박수련 (인적사항 생략)
피고소인   김갑동 (인적사항 생략)
죄   명   횡령, 보복협박

1. 횡령

고소인은 피고소인과 2년간 사실혼 관계에 있다가 2018. 2.경부터 사실혼 관계를 정리한 사이입니다. 작년 말부터 올해 들어서까지 피고소인이 계속 어린 여학생이나 다른 여자들을 만나고 다니는 것을 보고 더 이상은 피고소인과 살 수 없겠다는 생각이 들어서 헤어지기로 하였습니다. 그래서 저는 함께 살던 오피스텔을 나와서 2018. 2.경부터 아는 언니집에서 지내고 있습니다.

그 후 제가 피고소인에게 임대차보증금에 사용하라고 빌려준 돈 5,000만 원을 돌려받기 위해 2018. 3. 1. 방배역 쪽에 있는 혜세 커피숍에서 피고소인을 만났습니다. 그때 피고소인은 고소인에게 임대인 윤동민으로부터 돌려받을 5,000만 원의 임대차보증금반환채권을 양도하였고, 임대인 윤동민에게 채권양도 사실을 알려주기로 하였습니다.

임대차 계약 기간이 종료되고 피고소인이 이사를 한 것 같았는데도 임대인 윤동민이 고소인에게 보증금을 받아가라는 말을 한동안 하지 않아서 연락을 해 보니 이미 피고소인이 보증금을 받아갔다는 말을 들었습니다. 그래서 피고소인에게 연락을 해 보니 피고소인은 잠시 급하게 돈이 필요해서 자기가 임대차보증금을 받아서 썼다고 하면서 금방 다시 갚아 주겠다고 하였습니다.

그래서 고소인은 몇 달 동안 피고소인이 돈을 돌려주기를 기다렸으나, 피고소인은 차일피일 미루기만 하고 돈을 돌려줄 생각을 하지 않아서 결국 피고소인을 상대로 손해배상을 청구하는 소송을 진행하게 되었습니다.

---

[096] 피고인 김갑동과 피해자 박수련은 사실혼 관계에 있었다는 사실은 앞서 파악한 바 있다. 변제금의 사용에 대한 승낙과 관련된 사실관계는 여기서도 등장하지 아니한다.

2. 보복협박

고소인은 2018. 10. 16. 서울중앙지방법원 주차장에서 피고소인을 상대로 한 손해배상청구 사건(서울중앙지방법원 2018가단3256) 재판을 마치고 나와서 잠시 피고소인과 이야기를 하게 되었는데, 피고소인이 저한테 "소송하는 것은 좋은데, 사건하고 관계없는 사진까지 제출해서 나를 나쁜 사람으로 만들 필요 있냐. 나도 참을 만큼 참았다. 이제는 밤길 무사히 다닐 생각하지 마라."라고 말을 하면서 저를 협박하였습니다.

제가 소송을 하고 싶어서 한 것도 아니고 피고소인 때문에 어쩔 수 없이 하고 있는데 피고소인이 소송에서도 거짓말을 많이 하고 있습니다. 그래서 판사님한테 피고소인이 어떤 사람인지 알려드려야 할 것 같아서 피고소인의 외도 장면을 찍은 사진을 참고자료로 제출한 것이었습니다.

피고소인은 욱하면 불같이 화를 내는 성격인데 실제로 저한테 보복을 할까 봐 너무 무섭고 걱정이 되어서 잠이 오지 않습니다.

피고소인을 조사하여 다시는 이런 죄를 저지르지 않도록 엄벌해 주시기 바랍니다.

첨부 서류 : 임대차 계약서 사본(김갑동, 윤동민) 1부(생략)
　　　　　　채권양도 계약서 사본(김갑동, 박수련) 1부(생략)

2018. 10. 18.
고소인　박 수 련 ㉑

서울방배경찰서장 귀중

[097] 민사재판과 관련된 범행이므로 특가법의 적용대상이 아니됨은 앞서 검토한 바 있다.

진 술 조 서

성   명 : 최미자
주민등록번호, 직업, 주거, 등록기준지, 직장주소, 연락처 (각 생략)

위의 사람은 존속폭행 등 피의사건에 관하여 2018. 10. 22. 서울방배경찰서 형사과 사무실에 임의 출석하여 다음과 같이 진술하다.

[피의자와의 관계, 피의사실과의 관계 등(생략)]

문   진술인은 아들 김갑동한테 폭행을 당했다고 경찰에 신고를 한 사실이 있지요.
답   예, 그렇습니다.
문   언제, 어디에서 폭행을 당했다는 것인가요.
답   2018. 10. 20. 23:00경 서울 강남구 반포대로12 203호에 있는 저의 집에서 술에 취한 아들 김갑동이 저를 폭행했습니다.
문   아들인 김갑동이 진술인을 폭행한 이유가 무엇인가요.
답   김갑동이 술버릇이 나쁩니다. 그래서 술만 마시면 폭력적인 행동을 좀 합니다. 그날도 밖에서 술을 많이 마시고 집에 찾아왔는데, 제가 잔소리를 했더니 갑자기 제 어깨를 밀쳐서 넘어뜨렸습니다. 경찰에 신고를 안 하면 혹시라도 어떤 일이 생길지 몰라서 일단 신고를 했던 것입니다.
문   이전에도 피의자 김갑동이 진술인을 폭행한 일이 있나요.
답   비슷한 일이 몇 번 있었고, 신고를 했다가 차마 아들을 처벌해달라고 할 수 없어서 없던 일로 해 달라고 한 적도 있습니다. 그런데 이번에는 정신을 차리도록 처벌해주시기 바랍니다.
문   이상의 진술은 사실인가요.
답   예, 사실대로 진술하였습니다.

위의 조서를 진술자에게 열람하게 하였던바, 진술한 대로 오기나 증감·변경할 것이 전혀 없다고 말하므로 간인한 후 서명 날인하게 하다.

진술자   최미자 ㊞
2018. 10. 22.

서울방배경찰서
사법경찰리   경사   면하경 ㊞

[098] 피고인 김갑동의 폭행의 습벽에 대한 내용이다.

[099] 피해자의 진술을 내용으로 하는 서면에서는 그 처벌관련 의사표시 내용을 습관적으로 체크하도록 한다. 다만 피해자 최미자는 수사단계에서의 의사표시와 달리 공판단계에서 피고인 김갑동에 대한 처벌불원의 의사를 표시하였다.

피 의 자 신 문 조 서 (제 2 회)

> 피 의 자 : 김 갑 동
> 위의 사람에 대한 사기 등 피의사건에 관하여 2018. 10. 22. 서울방배경찰서 형사과 사무실에서 사법경찰관 경위 김강호는 사법경찰리 경사 민하경을 참여하게 하고, 피의자에 대하여 아래의 권리들이 있음을 알려주고 이를 행사할 것인지 그 의사를 확인하다.

[진술거부권 및 변호인 조력권을 고지하고 변호인 참여 없이 진술하기로 함(생략)]

이에 사법경찰관은 피의사실에 관하여 다음과 같이 피의자를 신문하다.

문   피의자는 2018. 3. 1. 이미 임대차보증금반환채권을 박수련에게 양도한 상태에서 윤동민에게 채권양도 사실을 통지하지 않은 채 2018. 3. 15. 보증금 5,000만 원을 돌려받은 사실이 있나요.

답   예, 그렇습니다. 제가 미처 채권양도 통지를 못한 상태에서 일단 돌려받았는데, 당시에는 박수련한테 전달만 해 주면 문제가 없겠다고 생각을 했습니다.

문   피의자는 윤동민으로부터 돌려받은 보증금을 박수련에게 주었나요.

답   제가 2018. 3. 15. 방배로2길에 있는 태광부동산 중개업소에서 보증금을 돌려받고 박수련에게 전화를 해서 급하게 쓸 일이 있다고 사정을 말하고 허락을 받았습니다. 그리고 채권양도통지를 하지 않은 상태에서 일단 받은 돈을 썼더라도 갚아주면 되는 것 아닌지 모르겠습니다.

문   피의자가 박수련에게 전화를 걸어 허락을 받았다는 날이 2018. 3. 15.이 맞나요.

답   예, 보증금을 돌려받은 날 전화를 했습니다.

문   돌려받은 보증금 5,000만 원은 어디에 사용하였나요.

답   제가 새로 원룸을 구했는데, 2018. 3. 16. 원룸 보증금으로 3,000만 원을 사용했고, 은행에서 빌린 돈을 갚는 데 2,000만 원을 사용하였습니다.

문   피의자는 2018. 10. 16. 16:00경 서울중앙지방법원 주차장에서 피해자 박수련에게 "소송하는 것은 좋은데, 사건하고 관계없는 사진까지 제출해서 나를 나쁜

- 42 -

[100] 이 부분 공소사실에 대해서는 이미 쟁점과 결론을 다 찾았으므로 역시 추가되거나 변경되는 내용 위주로 빠르게 찾아 읽으면서 넘어가도록 한다.

[101] 피고인 김갑동이 2018. 3. 15. 피해자 박수련으로부터 변제금의 사용승낙을 받았다고 진술하고 있다. 그러나 이는 뒤에서 등장하는 통신사실 확인자료(생략증거)와 배치된다.

문 사람으로 만들 필요 있냐. 나도 참을 만큼 참았다. 이제는 밤길 무사히 다닐 생각하지 마라."라고 말한 사실이 있나요.
답 정확히 기억은 안 나는데 그와 비슷한 말을 하긴 했습니다.
   제가 박수련에게 5,000만 원을 못 돌려주고 있는 상태라서 소송을 하는 것은 이해할 수 있습니다. 그런데 그 소송 과정에서 사건과 별로 관계도 없는 사진을 자료로 제출해서 화가 나서 그렇게 한 것입니다.
문 우리나라 사법질서가 유지되도록 하려면 재판 중에 자료를 제출하였다는 이유로 협박하는 행위는 엄정하게 처벌받아야 할 것으로 보이는데 어떤가요.
답 실제로 그렇게 할 생각이 있어서 그런 말을 한 것은 아니었는데 죄송합니다.
문 피의자는 2018. 10. 20. 23:00경 피의자의 어머니인 피해자 최미자의 집에서 어머니를 밀쳐서 넘어뜨린 사실이 있나요.
답 예, 있습니다. 제가 성폭행 사건으로 조사를 받고 스트레스를 받아서 친구들과 술을 마시고 어머니 집에 찾아갔는데, 어머니가 아직도 정신을 못 차리고 경찰서에 들락거리고 있냐고 핀잔을 하는 바람에 화가 나서 실수를 했습니다.
문 이상의 진술에 대하여 이의나 의견이 있나요.
답 **없습니다.**

위의 조서를 진술자에게 열람하게 하였던바, 진술한 대로 오기나 증감·변경할 것이 전혀 없다고 말하므로 간인한 후 서명 무인하게 하다.

진술자 김갑동 (무인)

2018. 10. 22.
서울방배경찰서
사법경찰관 경위 김강호 ㊞
사법경찰리 경사 면하경 ㊞

진 술 서

성 명   나병녀 (인적사항 생략)

1. 저는 지난번에 성폭행 피해와 관련하여 조사를 받은 사실이 있는데, 그 이후에 이을남이 제가 살고 있는 아파트에 저를 모함하는 글을 붙여서 다시 경찰에 신고하게 되었습니다.

1. 이을남은 2018. 10. 22. 11:00경에 제가 살고 있는 서울 강남구 남부순환로 122 우린아파트 동별 게시판 10곳에 제가 성폭행을 당했다고 거짓 신고를 한 것처럼 글을 써서 붙여 두었습니다.

1. 어머니가 밖에 나갔다가 들어오시면서 아파트 우리 동 입구 게시판에 제 이름이 들어간 이상한 게시물을 보고 떼어 왔다고 하시면서 저에게 보여 주셔서 알게 되었고, 아파트 관리사무실에 가서 사정을 말하고 CCTV를 돌려 보아 이을남이 한 짓이라는 것을 확인하였습니다.

1. 붙어 있던 게시물은 당일 바로 떼어 내어 본 사람이 거의 없을 것 같습니다.

1. 게시물을 증거로 하나 가지고 있는데 제출하겠습니다.

2018. 10. 23.
진술인   나 병 녀 ⑪

[102] 게시물이 게시 당일 바로 떼어져 본 사람이 거의 없다는 사정은 정상변론에서 피해의 정도와 관련하여 활용할 수 있다.

[103] 공소장이나 실제 명예훼손 발언이 기재된 서면의 내용을 확인하여, 단순한 모욕이 아닌 명예훼손의 사실적시가 있었음을 확인할 수 있다.

경 고

이 아파트에 살고 있는 나병녀는 고교 시절부터 남자들을 유혹해서 성관계를 맺고 이를 미끼로 합의금을 받기 위해서 고소를 일삼았는데, 최근에도 계속 그와 같은 짓을 하고 있다. 이 아파트 사는 남자들도 조심해라.

2018. 10. 22.

나병녀 피해자 대표

피 의 자 신 문 조 서 (제 2 회)

> 피 의 자 : 이 을 남
> 위의 사람에 대한 출판물에의한명예훼손 등 피의사건에 관하여 2018. 10. 24. 서울방배경찰서 형사과 사무실에서 사법경찰관 경위 김강호는 사법경찰리 경사 민하경을 참여하게 하고, 피의자에 대하여 아래의 권리들이 있음을 알려주고 이를 행사할 것인지 그 의사를 확인하다.

[진술거부권 및 변호인 조력권을 고지하고 변호인 참여 없이 진술하기로 함(생략)]

이에 사법경찰관은 피의사실에 관하여 다음과 같이 피의자를 신문하다.

(사법경찰관은 나병녀가 제출한 게시물을 피의자에게 제시하면서)

문 피의자는 이와 같은 게시물을 만들어서 붙인 사실이 있나요.

답 예, 제가 쉬는 날인 2018. 10. 22. 10:00경 억울한 마음에 집에서 컴퓨터로 작성하여 출력한 후, 나병녀의 아파트로 찾아가 게시판 10곳에 붙였습니다.

문 실제 나병녀가 고교시절부터 남자들을 유혹해서 성관계를 맺고 합의금을 받기 위해 고소를 한 적이 있나요.

답 술자리에서 나병녀가 고등학생 때 남자친구 사귄 이야기를 했던 것이 기억이 나서 그냥 제가 지어낸 것입니다. [104] 발언한 내용이 허위사실임을 확인할 수 있다.

문 이상의 진술에 대하여 이의나 의견이 있나요.

답 **없습니다.**

위의 조서를 진술자에게 열람하게 하였던바, 진술한 대로 오기나 증감·변경할 것이 전혀 없다고 말하므로 간인한 후 서명 무인하게 하다.

진술자 이 을 남 (무인)

2018. 10. 24.

서울방배경찰서
사법경찰관   경위   김 강 호 ㊞
사법경찰리   경사   민 하 경 ㊞

[105] 경찰단계 기록에서 다소 장황하게 기재된 사실관계나 쟁점들을 검찰단계 기록에서 정리하여 제시해주는 경우가 많다. 따라서 공판기록을 읽은 후 검찰기록부터 읽고 경찰단계 기록을 읽는 것도 유효한 수험전략이 될 수 있다.

피의자신문조서(대질)

성   명 : 김갑동
주민등록번호 : (생략)

위의 사람에 대한 성폭력범죄의처벌등에관한특례법위반(특수준강간) 등 피의사건에 관하여 2018. 11. 5. 서울중앙지방검찰청 1003호 검사실에서 검사 서윤재는 검찰주사보 황보영을 참여하게 한 후, 아래와 같이 피의자임에 틀림없음을 확인하다.
직업, 주거, 등록기준지, 직장주소, 연락처 (각 생략)

검사는 피의사실의 요지를 설명하고 검사의 신문에 대하여 「형사소송법」 제244조의3에 따라 진술을 거부할 수 있는 권리 및 변호인의 참여 등 조력을 받을 권리가 있음을 피의자에게 알려주고 이를 행사할 것인지 그 의사를 확인하다.

[진술거부권 및 변호인 조력권을 고지하고 변호인 참여 없이 진술하기로 함(생략)]
[피의자의 병역, 학력, 가족관계, 재산 및 월수입, 건강상태 등(생략)]

[사기, 횡령, 특정범죄가중처벌등에관한법률위반(보복협박등), 상습존속폭행의 점]
(경찰 진술내용과 동일함, 신문사항 생략)

[성폭력범죄의처벌등에관한특례법위반(특수준강간), 아동·청소년의성보호에관한법률위반(준강간)의 점]

문 피의자는 이을남과 함께 술에 취해 자고 있던 피해자 나병녀를 간음한 사실을 인정하나요.
답 예, 그렇습니다. 모텔에 들어간 후 제가 방에서 나병녀를 간음하는 동안 이을남은 거실에서 대기하고 있었습니다. 그 후 제가 간음을 하고 방에서 나와 이을남과 TV로 축구를 보고 있다가, 이을남이 샤워를 한다고 방으로 들어가서 30~40분 후에 나왔습니다. 그때 이을남도 당연히 간음을 했다고 봅니다.
문 이을남도 피해자 나병녀가 미성년자인 것은 알았나요.
답 예, 제가 이전에 말을 해 주었고, 술자리에서도 나이 이야기가 있었으니 이을남도 나병녀가 미성년자라는 것은 알았을 것입니다.

이때 검사는 피의자 이을남을 입실하게 하다.
문 피의자의 성명, 주민등록번호, 직업, 등록기준지 등을 진술하세요.
답 성명은 이을남, (기타 인적사항 생략)

검사는 피의사실의 요지를 설명하고 검사의 신문에 대하여 「형사소송법」 제244조

[106] 김갑동은 피고인 이을남이 30~40분 동안 샤워를 하러 들어갔을 때 간음한 것이라고 진술하였으나, 법정에서는 축구 시청 중 하프타임 15분 동안 샤워를 하러 갔다 왔다고 진술하고 있다. 이렇게 진술의 일관성이 없다는 점은 신빙성 탄핵의 주요 근거가 된다. 김갑동은 피고인 이을남이 단순히 일정 시간 동안 피해자 나병녀가 있는 방 안에 들어갔다 나왔다는 사실만을 진술하고 있을 뿐이다. 이에 대해 피고인 이을남은 그 당시 방 안 화장실에서 샤워를 하고 나왔다고 진술하고 있다.

[107] 대질신문조서의 경우 형식적으로는 하나의 조서이나 피고인 김갑동 진술부분과 피고인 이을남 진술부분이 각각 별개의 조서로 취급된다.

- 47 -

의3에 따라 진술을 거부할 수 있는 권리 및 변호인의 참여 등 조력을 받을 권리가 있음을 피의자에게 알려주고 이를 행사할 것인지 그 의사를 확인하다.

[진술거부권 및 변호인 조력권을 고지하고 변호인 참여 없이 진술하기로 함(생략)]

[피의자의 병역, 학력, 가족관계, 재산 및 월수입, 건강상태 등(생략)]

[출판물에의한명예훼손의 점]

(경찰 진술내용과 동일함, 신문사항 생략)

[성폭력범죄의처벌등에관한특례법위반(특수준강간), 아동·청소년의성보호에관한법률위반(준강간)의 점]

문 피의자는 김갑동과 합동하여 술을 마시고 자고 있던 미성년자인 피해자 나병녀를 간음한 사실을 인정할 수 없다는 것인가요.

답 예, 인정할 수 없습니다. 저는 김갑동이 했는지도 보지 못했는데, 나병녀가 성폭행을 당했다고 하고 김갑동도 자기가 했다고 하니 김갑동이 나병녀를 성폭행했나보다 생각하는 것입니다.

문 그렇다면 피의자가 피해자 나병녀에게 미안하다고 한 이유는 무엇인가요.

답 김갑동이 미안하다고 하였지 제가 나병녀에게 미안하다고 말을 한 사실은 없습니다.

[108] 피해자에 대한 사과여부에 대해 피고인 이을남의 진술이 경찰단계 진술과 일부 배치된다. 이러한 내용은 피고인에게 불리한 점이므로 변론요지서 등에서는 굳이 적시하지 않도록 한다.

피의자들에게

문 조서에 진술한 대로 기재되지 아니하였거나 사실과 다른 부분이 있나요.

답 (김갑동) **없습니다.** (이을남) **없습니다.**

위의 조서를 진술자에게 열람하게 하였던바, 진술한 대로 오기나 증감·변경할 것이 전혀 없다고 말하므로 간인한 후 서명무인하게 하다.

진술자 **김 갑 동** (무인)

이 을 남 (무인)

2018. 11. 5.

서울중앙지방검찰청

검 사 **서 윤 재** ㊞

검찰주사보 **항 보 영** ㊞

– 48 –

서울중앙지방검찰청

주임검사

수신   검사 서윤재
제목   수사보고(참고인 홍중재 진술청취)

피의자들에 대한 성폭력범죄의처벌등에관한특례법위반(특수준강간) 등 사건 수사 중 피해자 나병녀로부터 김갑동의 후배로 이전에 몇 번 만난 적이 있는 홍중재가 이 사건에 대해 알고 있다는 정보를 입수하여 홍중재에게 출석을 요구하였으나, 해외 출장으로 출석할 수 없다고 하여 위 사건에 대하여 알고 있는 내용을 확인한바, 다음과 같이 진술을 청취하였기에 이를 보고합니다.

다 음

○ 2018. 10. 10. 친구인 이을남이 다급하게 전화를 하여 만났더니 "김갑동과 함께 술에 취해서 뻗은 나병녀를 건드려서 나병녀가 신고할 것 같은데 합의를 보려면 어떻게 해야 하나. 네가 나보다는 나병녀하고 잘 아니까 잘 좀 해결되게 도와달라."라고 말한 적이 있습니다.
○ 저도 바쁘고 남 일에 깊이 끼어들고 싶지 않아서 나병녀에게 전화만 한 번 해 봤는데, 합의가 될 분위기가 아니라서 이을남한테는 어렵겠다는 말만 해 주었습니다.
○ 그 밖에 그 사건에 대하여 알고 있는 바는 없고, 지금 필리핀에 와 있는데, 사업 준비 중으로 조만간 귀국하기는 어렵습니다.

2018. 11. 9.

위 보고자 검찰주사보   황 보 영

[109] 피고인 아닌 자인 홍중재의 진술이 기재된 서류이나, 그 원진술자인 홍중재의 자필 또는 서명·날인이 존재하지 아니하여 증거능력이 부정된다(형사소송법 제313조 제1항). 전제요건을 갖추지 못하여 증거능력이 부정되는 이상 제314조를 보충적으로 검토하지 않도록 주의를 요한다.

법원에 제출되어 있는 기타 증거들

※ 편의상 다음 증거서류의 내용을 생략하였으나, 법원에 증거로 적법하게 제출되어 있음을 유의하여 검토할 것

○ 문자메시지 사진
- 김갑동이 2018. 10. 10. 나병녀에게 보낸 "잠든 모습이 너무 예뻐서 실수했다. 만나서 이야기 하자." 라는 내용의 문자메시지

○ 영수증 사본(김갑동)
- 김갑동이 2018. 3. 15. 윤동민으로부터 임대차보증금 5,000만 원을 돌려받은 내용

○ 임대차 계약서 사본(김갑동, 윤동민)
- 2016. 3. 16. 임대인 윤동민, 임차인 김갑동, 임대차보증금 5,000만 원, 계약기간 2년으로 태양오피스텔 103호에 대한 임대차계약을 체결한 내용

○ 채권양도 계약서 사본(김갑동, 박수련)
- 2018. 3. 1. 김갑동의 윤동민에 대한 5,000만 원의 임대차보증금반환채권을 박수련에게 양도하고, 김갑동이 윤동민에게 채권양도 통지를 하기로 약정한 내용

○ 진술조서(윤동민)
- 윤동민이 김갑동을 사기로 고소한 후 작성된 진술조서(고소장 기재와 동일)

○ 진술조서(박수련)
- 박수련이 김갑동을 횡령 등으로 고소한 후 작성된 진술조서(고소장 기재와 동일)

○ 조회회보서
- 김갑동 : 서울중앙지방법원 2017. 4. 25. 폭행죄 벌금 30만 원
  서울중앙지방법원 2018. 2. 23. 폭행죄 벌금 100만 원
  서울중앙지방법원 2018. 5. 16. 상습폭행죄 벌금 200만 원
  서울중앙지방검찰청 2018. 9. 28. 상습폭행죄 처분미상
- 이을남 : 전과 없음

○ 통신사실 확인자료
- 2018. 3. 1. 이후 3. 20.까지 김갑동과 박수련은 서로 전화한 사실이 없고, 2018. 3. 21. 12:10경 박수련이 김갑동에게 전화한 사실(통신사실 확인자료 제공요청허가서로 확인)

○ 가족관계증명서
- 김갑동의 모(母)는 최미자

○ 주민등록등본
- 나병녀의 주민등록번호는 991231-2******

---

[110] 생략된 증거라도 필요한 경우 쟁점에 대한 근거로써 답안에서 검토하여야 한다.

[111] 피고인 이을남은 기존에 전과 없는 초범이다. 이러한 사정은 정상변론에서 활용 가능하다.

[112] 피해자 박수련의 사용승낙에 대한 피고인 김갑동의 진술과 배치되는 내용이다. 이를 사정 등을 통해 피고인 김갑동의 횡령의 점은 유죄임을 알 수 있다.

[113] 피고인 김갑동과 피해자 최미자는 직계존속 관계임을 확인할 수 있다.

[114] 아청법 적용대상에 대한 쟁점 관련 내용이다.

확 인 : 법무부 법조인력과장

2019년 제8회 변호사시험 형사법 기록형 — CH 02 메모예시

공소제기일 - 19. 11. 14.　　[죄약: 성폭법, 아청법, 특가법]

피고인	죄명	공소사실 일시	공소사실 장소	공소사실 피해자	피해품	고소 기타	인정 및 부인취지	쟁점	증거 +	증거 -	결론	비고
김갑동	(성폭법/아청법위반) 이											[검토보고서]
박병식 전과多	사기	18.3.1. 18.3.15.	태양 오피스텔 태광 부동산	박수견 (양수인) v.운동민 (임차인)	5천 보증금 반환채권 양도 후 변제받		○	채권양도인 변제받은-사기×				
	횡령	18.3.5. 18.3.16.		v.박수견 (양수인)	변제받은 5천		x-v.소유 x/v.승낙 有	보관자지위?-○ [사실]승낙유무 사실×- 친족상도례×	v.승낙, 범죄출이유×(21) 금전별요.for보증금(39) 전화걸어사용하라반.(42) but 기록×(통신사실확인자료)	피고인 법정진술 v. 법정진술(21)		
	특가 (보복협박)	18.10.16. 16:00	서울 중앙지법 주차장	v.박수견		for 집보증금	○	형사소송×/민사소송 축소사실 협박	18.12.27. 처벌불원(21)		추단무죄 공소기각(6호)	
	상습 손괴특수 +(추가)	18.10.20. 23:00	v.집	v.최미자		양손 밑집	○		약식명령(상습폭행)-18.10.23. 발령/18.11.19. 확정(25)	v. 법정진술(22)	면소(1호)	
	공소장변경 신청	18.10.25.	v.집	v.최미자				허가없는상태 -허가?-×	18.10.23. 발령 약식명령- 불단/동일성×-> 공소장변경×/추가기소要		기간설정 (불허)	
이을남	성폭 (특수 준강간) 집	18.10.8. 19:00~ 22:00~ 22:30	비어호프 주점 불루문 모텔	v.나병녀 (여,18세)			x-간음 x,간음도 모름	18세-아청? -> (아청법 제2조①)	(갑)직접답. v. 15분사이(18)vs.30분(32). 바로간음vs.3-40분자리비움(47). 공모사실無. (갑)단독범행가능성大 v. 공판단계-이에기억(시간지날수록 구체화), 사과×(변복, cf.30p)(19) 강지인-립스틱은남아있지반사문.(20) 수사->공판-계속불일치	피고인 사경피신(34). 검사피신(대질)(47) (갑)법정진술(18), 사경피신(31) v. 법정진술(19) - 재전문, 진술조서(29) - 전문진술(316조2) 강지인 법정진술(20) - 전문진술(316조②), 진술조서(37) - 전문진술기재조사 수사보고(총중제)(49), 문자메시지 사진	추단무죄	[보석허가청 구서] 유죄-정상변 론
	아청(준 강간) 집	18.10.8.							99.12.31생(29), 주민등록본		추단무죄	
	출. 명예훼손	18.10.22. 10:00-11:00	피고인 집	v.나병녀	"이 아파트~ A4용지 10곳 부착	A4용지->출판물× 축소사실 허 명예훼손	○		[정상변론] 피해금융탄/보모동거/제적증명(26) 초범, 3년근속, 우발범행, 반성		전단무죄 유죄	

515

형법 제51조 양형의 조건	내용	비고
제1호 범인의 연령·성행·지능·환경	초범, 32세 청년, 성실근속근무	p26
제2호 피해자에 대한 관계		
제3호 범행의 동기·수단·결과	성폭력범죄 오인 억울, 우발적, 게시기간 단기(바로 뗌)	p44
제4호 범행 후의 정황	피해금액 공탁, 합의노력, 자백, 반성	p26

형사소송법 제95조 제외사유	판단	비고
제1호 10년 이상	O - 무기징역 또는 5년 이상의 징역	필요적x/임의적o
제2호 누범·상습범	(초범) 누범x, 상습범x	
제3호 죄증인멸·염려	수사상당부분 완료o, 증거확보o, 명예훼손은 자백o	
제4호 도망·도망염려	회사원 2015.3.2.~현재까지 근속(재직증명서) 주소지 부모님(이수완,유장숙)함께 거주	p26
제5호 주거부정		
제6호 위해우려 등	피해금액 공탁o	p26

검토의견서 (40점)

사 건　2018고합1947 성폭력범죄의처벌등에관한특례법위반(특수준강간) 등
피고인　김갑동

I. 사기의 점[01]

판례는 채권양도 통지 전에는 채무자가 채권자에게 채무금을 반환하면 유효한 변제가 되는 것이고, 채권자가 채권양도사실을 밝히지 아니하고 채무금을 채무자로부터 수령하였다 하여 기망수단을 써서 채무자를 착오에 빠뜨려 그 대금을 편취한 것이라 할 수 없다는 입장입니다.[02]

이 부분 공소사실과 같이 피고인이 임대차보증금반환채권을 박수련에게 양도한 후 그 사실을 피해자 윤동민에게 고지하지 아니하고 변제 명목으로 5천만 원을 수령하였다 하더라도, 이를 기망수단을 써서 피해자를 착오에 빠뜨려 금원을 편취한 것이라 할 수 없습니다.*

> * 채무자는 채권자로부터 채권의 양도통지를 받지 않은 이상 채무금은 원래의 채권자에게 반환할 의무가 있는 것이므로, 채권양도 통지 전에는 그 채무자가 채권자에게 그 채무금을 반환하면 유효한 변제가 되는 것이고 채권자에 대하여 위 채무금의 지급을 거부할 권리를 유보하고 양수인에게만 지급해야 할 특별한 사정이 없는 한 채무자로서는 양수인이 채무의 지급을 구한다 하더라도 이를 거부할 권리가 있으므로 채권자가 위 채권의 양도사실을 밝히지 아니하고 직접 위 외상대금을 수령하였다 하여 기망수단을 써서 채무자를 착오에 빠뜨려 그 대금을 편취한 것이라 할 수 없다(대법원 1984. 5. 9. 선고 83도2270 판결).

결국, 이 부분 공소사실은 범죄가 되지 아니하므로 무죄판결이 선고되어야 합니다(형사소송법 제325조 전단).

II. 횡령의 점

1. 반환받은 보증금의 소유자가 피해자인지 여부

판례는 채권양도인이 양도통지 전 채무자로부터 채권을 추심하여 금전을 수령한 경우, 그 변제는 유효하고 다만 그 금전은 양도인과 양수인 사이에서 양수인의 소유에 속하고, 양도인은 이를 양수인을 위하여 보관하는 지위에 있다는 입장입니다.[03]**

> ** [변경 전 판례] 채무자는 채권자로부터 채권의 양도통지를 받지 않은 이상 채무금은 원래의 채권자에게 반환할 의무가 있는 것이므로, 채권양도 통지 전에는 그 채무자가 채권자에게 그 채무금을 반환하면 유효한 변제가 되는 것이고 채권자에 대하여 위 채무금의 지급을 거부할 권리를 유보하고 양수인에게만 지급해야 할 특별한 사정이 없는 한 채무자로서는 양수인이 채무의 지급을 구한다 하더라도 이를 거부할 권리가 있으므로 채권자가 위 채권의 양도사실을 밝히지 아니하고 직접 위

---

[01] 피고인 이을남은 기존에 전과 없는 초범이다. 이러한 사정은 정상변론에서 활용 가능하다.

[02] 피고인 이을남은 기존에 전과 없는 초범이다. 이러한 사정은 정상변론에서 활용 가능하다.

[03] 출제 당시 판례 태도에 의하면 횡령죄가 성립하나, 변경된 판례(2017도3829)에 의하면 이 경우 횡령죄는 성립하지 아니한다. 따라서 변경된 판례태도에 따라 답안을 작성할 경우, 일단 피해자 승낙이 존재하지 않고, 친족상도례가 적용되지 아니함을 간단히 검토한 후, 판례에 의하면 횡령죄가 성립하지 아니함을 검토하게 된다(전단무죄).

> 외상대금을 수령하였다 하여 기망수단을 써서 채무자를 착오에 빠뜨려 그 대금을 편취한 것이라 할 수 없다(대법원 1984. 5. 9. 선고 83도2270 판결).
> [변경된 판례] 채권양도인이 채무자에게 채권양도 통지를 하는 등으로 채권양도의 대항요건을 갖추어 주지 않은 채 채무자로부터 채권을 추심하여 금전을 수령한 경우, 특별한 사정이 없는 한 금전의 소유권은 채권양수인이 아니라 채권양도인에게 귀속하고 채권양도인이 채권양수인을 위하여 양도 채권의 보전에 관한 사무를 처리하는 신임관계가 존재한다고 볼 수 없다. 따라서 채권양도인이 위와 같이 양도한 채권을 추심하여 수령한 금전에 관하여 채권양수인을 위해 보관하는 자의 지위에 있다고 볼 수 없으므로, 채권양도인이 위 금전을 임의로 처분하더라도 횡령죄는 성립하지 않는다(대법원 2022. 6. 23. 선고 2017도3829 전원합의체 판결).

이 부분 공소사실의 경우 피고인은 피해자 박수련에게 양도한 임대차보증금반환채권에 대한 양도통지가 있기 전 채무자로부터 채무금을 수령하였으므로 그 변제 자체는 유효합니다. 다만, 그 금전은 피해자 소유에 속하고 피고인은 이를 피해자를 위하여 보관하는 관계에 있습니다.

따라서 반환받은 보증금은 피해자 소유가 아니라는 피고인의 주장은 타당하지 아니합니다.

2. 피해자의 승낙 유무

피고인은 이 부분 공소사실 범행 당시 피해자의 승낙을 받아 금원을 사용하였다고 주장하고 있습니다.[04]

[04] 피해자 승낙이 존재하는지에 대한 사실인정 쟁점이다. 다만, 답안분량과 쟁점의 중요도 등을 고려하여 간단히 기재하였다.

그러나 ① 피해자 법정진술(기록 제21쪽) 및 진술서 기재(기록 제39쪽) 등에 의하면 피해자는 피고인에게 금원사용에 대한 승낙을 하지 않았고, 오히려 피고인이 급하게 돈이 필요해서 자기가 임대차보증금을 받아서 썼다고 얘기했다는 취지로 진술하고 있다는 점, ② 피고인은 경찰단계에서 피고인이 2018. 3. 15. 피해자에게 전화를 걸어 사용 허락을 받았다고 진술하고 있으나(기록 제42쪽, 사경 작성 피고인에 대한 피의자신문조서 진술기재 참조), 통신사실 확인자료에 의하면 2018. 3. 1. 이후 3. 20.까지 피고인과 피해자는 서로 전화한 사실이 없다는 점 등을 고려하면 위와 같은 피고인의 주장은 믿기 어렵습니다.[05]

[05] 피해자의 승낙이 존재한다는 사실을 인정하기 어렵다는 방식으로 기재할 수도 있다.

3. 친족상도례적용 여부

피해자는 2018. 12. 27. 이 사건 법정에서 피고인에 대한 처벌불원의 의사를 표시하였으나(기록 제21쪽 참조), 피고인과 피해자는 사실혼 관계에 불과하여 형법 제328조 제2항의 친족상도례는 적용될 수 없습니다.

4. 소결

결국 이 부분 공소사실에 대하여는 유죄판결이 선고될 것입니다.[06]

[06] 변론요지서와 달리 검토의견서에서는 유죄결론이 얼마든지 가능하므로, 객관적인 입장에서 쟁점을 검토하도록 한다.

Ⅲ. 특가법위반(보복협박등)의 점

1. 특가법위반(보복협박등)죄 성립 여부

특가법위반(보복협박등)죄가 성립하기 위해서는 자기 또는 타인의 '형사사건'의 수사 또는 재판과 관련하여 보복의 목적으로 협박죄를 범하여야 합니다.

이 부분 공소사실의 경우 피고인은 피해자 박수련이 피고인을 상대로 청구한 손해배상 사건과 관련하여 피고인을 협박한 것이고, 이는 형사가 아닌 '민사사건'에 대한 것임이 기록상 명백합니다.

결국 이 부분 공소사실은 범죄가 되지 아니하므로 무죄판결이 선고되어야 합니다(형사소송법 제325조 전단). 다만, 이 부분 공소사실에 대해 협박죄는 성립가능하고 이러한 축소사실에 대하여 판례는 검사의 공소장변경 없이 직권으로 인정할 수 있다는 입장이므로, 아래에서 협박죄에 대해 검토하도록 하겠습니다.[07]

[07] 축소사실에 대한 설시를 누락하지 않도록 주의한다. 축소사실로서 협박죄가 성립가능하고, 이러한 축소사실에 대하여 판례는 공소장변경 없이 직권으로 인정할 수 있다는 내용을 모두 기재하여야 한다.

2. 협박죄에 대하여

협박죄는 피해자의 명시한 의사에 반하여 공소를 제기할 수 없는 범죄입니다(형법 제283조 제3항).

이 부분 공소사실에 대해 피해자는 이 사건 공소제기 후인 2018. 12. 27. 피고인에 대한 처벌불원의 의사를 표시하였습니다(기록 제21쪽 참조).[08]

[08] 피해자의 처벌불원 의사표시가 공소제기 후에 이루어졌다는 내용 설시를 누락하여서는 아니 된다. 공소제기일자 기재는 답안에서 (기록상 명백하므로) 생략함이 일반적이다.

결국 이 부분 공소사실에 대하여는 공소기각판결이 선고될 것입니다(형사소송법 제327조 제6호).

Ⅳ. 상습존속폭행의 점

1. 2018. 10. 23. 발령 약식명령과의 관계

판례는 단순폭행, 존속폭행의 범행이 동일한 폭행 습벽의 발현에 의한 것으로 인정되는 경우, 그 중 법정형이 가장 중한 상습존속폭행죄에 나머지 행위를 포괄하여 하나의 죄만이 성립한다는 입장입니다.[09]*

[09] 일반적인 기판력 사례와 달리 상상적 경합이나 포괄일죄의 경우에는 해당 범죄의 죄수와 관련된 판례가 존재하는 경우 판례부터 기재한 후, 이 부분 공소사실 범죄와 확정판결의 범죄사실 역시 기재한 판례법리에 따라 상상적 경합이나 포괄일죄에 해당한다는 식으로 답안을 기재한다.

* 폭행죄의 상습성은 폭행 범행을 반복하여 저지르는 습벽을 말하는 것으로서, 동종 전과의 유무와 그 사건 범행의 횟수, 기간, 동기 및 수단과 방법 등을 종합적으로 고려하여 상습성 유무를 결정하여야 하고, 단순폭행, 존속폭행의 범행이 동일한 폭행 습벽의 발현에 의한 것으로 인정되는 경우, 그중 법정형이 더 중한 상습존속폭행죄에 나머지 행위를 포괄하여 하나의 죄만이 성립한다고 봄이 타당하다. 그리고 상습존속폭행죄로 처벌되는 경우에는 형법 제260조 제3항이 적용되지 않으므로, 피해자의 명시한 의사에 반하여도 공소를 제기할 수 있다(대법원 2018. 4. 24. 선고 2017도10956 판결).

피고인에 대하여 2018. 10. 23. 서울중앙지방법원에서 상습폭행죄로 약식명령이 발령되었고, 그 약식명령은 다음달 19. 확정되었습니다(기록 25쪽, 약식명령등본 참조).[10]

위 확정된 약식명령의 범죄사실은 피고인이 이 부분 공소사실 범행일시인 2018. 10. 20. 23:00과 근접한 2018. 9. 15. 동일한 피해자에 대하여 유사한 수단과 방법으로 폭행한 것입니다. 위 범죄사실과 이 부분 공소사실은 피고인의 동일한 폭행습벽의 발현에 의한 것이므로 양 자는 포괄일죄의 관계에 있습니다.[11]

따라서 2018. 10. 23. 발령된 위 확정된 약식명령의 기판력은 그 이전인 2018. 9. 15. 범한 이 부분 공소사실에 미치므로, 이 부분 공소사실에 대하여는 면소판결이 선고되어야 합니다(형사소송법 제326조 제1호).

2. 검사의 공소장변경신청에 대한 검토

이 부분 공소사실에 대해 검사는 피고인이 2018. 10. 25. 같은 피해자에게 범한 폭행사실을 추가하는 취지의 공소장변경을 신청하였습니다.[12]

판례는 포괄일죄로 공소제기된 범죄사실과 추가로 발견된 범죄사실 사이에 그 범죄사실들과 동일성이 인정되는 또 다른 범죄사실에 대한 유죄의 확정판결이 있는 때에는, 추가로 발견된 확정판결 후의 범죄사실은 공소제기된 범죄사실과 분단되어 동일성이 없는 별개의 범죄가 되므로 검사는 공소장변경절차에 의하여 확정판결 후의 범죄사실을 공소사실로 추가할 수는 없고 별개의 독립된 범죄로 공소를 제기하여야 한다는 입장입니다.*

> * 포괄일죄인 영업범에서 공소제기의 효력은 공소가 제기된 범죄사실과 동일성이 인정되는 범죄사실의 전체에 미치므로, 공판심리 중에 그 범죄사실과 동일성이 인정되는 범죄사실이 추가로 발견된 경우에 검사는 공소장변경절차에 의하여 그 범죄사실을 공소사실로 추가할 수 있다. 그러나 공소제기된 범죄사실과 추가로 발견된 범죄사실 사이에 그 범죄사실들과 동일성이 인정되는 또 다른 범죄사실에 대한 유죄의 확정판결이 있는 때에는, 추가로 발견된 확정판결 후의 범죄사실은 공소제기된 범죄사실과 분단되어 동일성이 없는 별개의 범죄가 된다. 따라서 이때 검사는 공소장변경절차에 의하여 확정판결 후의 범죄사실을 공소사실로 추가할 수는 없고 별개의 독립된 범죄로 공소를 제기하여야 한다(대법원 2017. 4. 28. 선고 2016도21342 판결).

앞서 살펴본 바와 같이 이 부분 공소사실 범행 이후 이 부분 공소사실과 포괄일죄 관계에 있는 상습폭행의 범죄사실에 대해 2018. 11. 19. 확정된 약식명령이 존재합니다. 따라서 위 약식명령 확정일인 2018. 11. 19. 이전인 2018. 10. 20.에 범한 이 부분 공소사실과 검사가 추가한 2018. 10. 25.자 상습폭행은 동일성이 없는 별개의 범죄에 해당합니다.

결국 위 검사의 공소장변경허가 신청은 부적법하므로, 법원은 이에 대해 기각결정을 할 것입니다.

2019. 1. 9.

담당변호사 정의호 ㊞

---

[10] 전과 기재는 일반적으로 [선고일-선고법원-죄명-형량-선고사실]을 기본으로 한다. 기판력 사안의 경우 위 기재에 [확정일자-확정사실]을 추가하고, 마지막으로 증거를 설시한다.

[11] 포괄일죄에 대한 설시를 누락하지 않도록 한다.

[12] 기록상 제2회 공판기일 이후 검사의 공소장변경신청에 대한 수소법원의 결정이 존재하지 아니한다. 따라서 검사의 위 신청에 대한 법원의 허가여부에 대하여 답안에서 검토하여야 한다.

보석허가청구서 (60점)

사　건　2018고합1947 성폭력범죄의처벌등에관한특례법위반(특수준강간) 등
피고인　이을남
청구인　변호인 변호사 김변호

위 사건에 관하여 피고인 이을남은 현재 서울구치소에 수감 중인바, 피고인의 변호인은 아래와 같이 피고인에 대한 보석을 청구합니다.

청구취지

피고인 이을남의 보석을 허가한다.[01]
라는 결정을 구합니다.

[01] 이번 시험에서는 청구취지 기재를 생략하고 있으나, 기본적으로 출제가능한 서면에 기재하여야 할 청구취지는 암기하도록 한다.

청구이유

Ⅰ. 보석사유의 존재 (15점)

피고인에게는 보석이 허가될 상당한 이유가 있습니다.[02]*

[02] 피고인에게는 형사소송법 제95조 제1호의 필요적 보석 제외사유가 존재한다. 따라서 필요적 보석이 아닌 임의적 보석 청구로 답안을 구성하여야 한다.

> * 형사소송법 제95조(필요적 보석) 보석의 청구가 있는 때에는 다음 이외의 경우에는 보석을 허가하여야 한다.
>   1. 피고인이 사형, 무기 또는 장기 10년이 넘는 징역이나 금고에 해당하는 죄를 범한 때
>   2. 피고인이 누범에 해당하거나 상습범인 죄를 범한 때
>   3. 피고인이 죄증을 인멸하거나 인멸할 염려가 있다고 믿을 만한 충분한 이유가 있는 때
>   4. 피고인이 도망하거나 도망할 염려가 있다고 믿을 만한 충분한 이유가 있는 때
>   5. 피고인의 주거가 분명하지 아니한 때
>   6. 피고인이 피해자, 당해 사건의 재판에 필요한 사실을 알고 있다고 인정되는 자 또는 그 친족의 생명·신체나 재산에 해를 가하거나 가할 염려가 있다고 믿을만한 충분한 이유가 있는 때

1. 피고인은 누범에 해당하는 죄나 상습범인 죄를 범하지 아니하였습니다.[03]

[03] 피고인에게 존재하는 제외사유를 제외한 나머지 제외사유는 그대로 활용하여 보석사유에 대한 목차를 구성한다.

피고인은 초범이므로 누범에 해당하지 않고, 이 사건 공소사실은 상습범에 해당하지 아니합니다.

2. 피고인은 죄증을 인멸하지 아니하였고, 피고인에게 죄증을 인멸할 염려도 존재하지 아니합니다.

이 사건 공소사실에 대해서는 이미 이루어진 수사과정에서 모든 증거가 확보된 상태이고, 특히 명예훼손의 점에 대하여는 법리적인 점을 다투는 외에 모두 자백하고 있습니다.

따라서 피고인이 죄증을 인멸하거나 인멸할 염려가 없습니다.

[04] 제95조 제4호(도주우려)와 제5호(주거부정) 사유는 같이 검토함이 일반적이다.

3. 피고인은 도망하지 아니하였고, 피고인에게 도망할 염려도 존재하지 아니하며, 주거 또한 분명합니다.[04]

피고인은 회사원으로서 2015. 3. 2.부터 현재에 이르기까지 같은 회사에서 성실하게 근무하고 있고(재직증명서 참조), 주소지에서 부모님(이수완, 유장숙)과 함께 거주하고 있습니다.

따라서 피고인은 도망하거나 도망할 염려가 없고, 주거 또한 분명합니다.

4. 피고인은 피해자, 이 사건의 재판에 필요한 사실을 알고 있다고 인정되는 자 또는 그 친족의 생명·신체나 재산에 해를 가하지 아니하였고 또한 이를 가할 염려가 있다고 믿을 만한 충분한 이유도 없습니다.

피고인은 앞서 살펴본 바와 같이 평범한 회사원이고, 피해자를 위하여 상당한 금액을 공탁하였고(공탁서 참조), 무죄를 다투는 범죄 외에 자신이 범한 범죄에 대해 자백하면서 깊이 반성하고 있습니다.

따라서 피고인에게 피해자 등의 생명·신체나 재산에 해를 가하거나 가할 염려가 존재하지 아니합니다.

II. 공소사실에 대한 변론 (45점)

[05] 전형적인 사실인정 쟁점이다. [피고인 변소의 요지-검사 제출 증거-증거능력 없는 증거-신빙성 탄핵-부족증거 등 설시-소결론] 순서대로 답안을 구성한다.

1. 성폭법위반(특수준강간)의 점에 대하여[05]

가. 피고인 변소의 요지

피고인은 피해자를 간음한 사실이 없고 김갑동이 간음한 사실도 몰랐습니다.

[06] 검사 제출 증거 목차를 생략하는 경우 부족증거에 대한 개별 설시가 필요하다.

나. 검사 제출 증거[06]

이 부분 공소사실에 대해 검사가 제출한 증거로는 김갑동·피해자·강지연의 각 법정진술, 검사 작성 피고인과 김갑동에 대한 피의자신문조서(대질), 사법경찰관 작성 피고인·김갑동에 대한 각 피의자신문조서, 사법경찰관 작성 피해자·강지연에 대한 각 진술조서, 검찰주사보 작성 수사보고(참고인 홍중재 진술청취), 문자메시지 사진 등이 있습니다.

[07] 증거능력 없는 증거는 증거별로 최대한 간결하게 기재한다. 다만 근거 규정 설시는 누락하여서는 아니 된다.

다. 증거능력 없는 증거[07]

1) 사경 작성 피고인에 대한 피의자신문조서

위 조서는 피고인이 내용을 부인하고 있으므로 증거능력이 없습니다(형사소송법 제312조 제3항).

[08] 사경 작성 피의자신문조서에 대한 직접적인 내용부인과 내용부인취지의 증거부동의는 구별하여 기재한다.

2) 사경 작성 김갑동에 대한 피의자신문조서

위 조서는 피고인이 내용 부인 취지로 증거부동의하고 있으므로 증거능력이 없습니다(형사소송법 제312조 제3항).[08]

3) 피해자의 법정진술 중 일부[09]

위 법정진술 중 홍중재가 자신에게 전화를 해서 "이을남으로부터 김갑동이 충동질하는 바람에 김갑동과 함께 사고를 쳤다는 말을 들었다."라고 말했다는 부분은 피고인의 진술을 내용으로 하는 재전문진술이므로 피고인이 증거동의하지 아니하는 한 증거능력이 부정됩니다(형사소송법 제310조의2).

4) 강지연의 법정진술 및 사경 작성 강지연에 대한 진술조서 진술기재 중 일부[10]

위 법정진술 및 진술기재 중 피해자로부터 김갑동과 피고인에게 성폭행을 당했다고 들었다는 부분은 피고인 아닌 자의 공판기일에서의 진술이 피고인 아닌 자의 진술을 내용으로 하는 전문진술 및 전문진술이 기재된 조서에 해당하고, 그 원진술자인 피해자가 이 사건 법정에 출석하여 증언하고 있으므로 필요성 요건을 충족하지 못하여 각각 증거능력이 없습니다(형사소송법 제316조 제2항, 제312조 제4항).

5) 수사보고서(참고인 홍중재 진술청취)

위 수사보고서의 기재 내용은 수사기관이 참고인 홍중재의 진술을 기재한 것으로서 피고인 아닌 자의 진술을 기재한 서류에 해당합니다. 그러나 위 서류에는 진술자인 홍중재의 서명 또는 날인이 없으므로[11] 증거능력이 없습니다(형사소송법 제313조 제1항 본문).

라. 신빙성 탄핵

(1) 피해자 진술에 대하여

피해자는 피고인이 김갑동과 함께 자신을 간음하였다는 취지로 진술하고 있습니다.[12] 그러나 ① 피해자가 경찰단계에서는 범행 다음날 피고인에게 범행사실을 추궁하자 피고인이 미안하다고 하였다라고 진술하고 있으나, 이 사건 법정에서는 피고인이 사과를 하지 않았다고 진술을 번복하고 있어 그 진술의 일관성이 없는 점, ② 피해자가 경찰단계에서는 자신이 만취한 상태여서 범행 당시 상황이 정확하게 기억나지 않는다고 진술하였다가 이 사건 법정에서는 범행 당시 상황이 구체적으로 기억이 난다고 하여 그 진술의 일관성이 없을 뿐만 아니라, 진술이 시간이 흐를수록 구체화 되고 있어 경험칙에 반한다는 점, ③ 범행 당시 피고인의 옷에 자신의 립스틱이 묻어 있는 것을 보고 피고인도 자신과 성관계 한 것이 틀림없다는 취지로 진술하고 있으나, 강지연의 법정진술에 의하면 범행당시 술자리를 마치고 나와 피해자가 쓰러질 뻔할 때 피고인의 옷에 립스틱이 묻은 것임을 알 수 있고, 강지연은 피해자의 친구로서 객관적 지위에 있는 자라는 점, ④ 간음행위를 구성요건요소로 하는 이 사건 범행에 대한 중요 증거인 속옷 등이 확보되지 아니한 점, ⑤ 피해자가 경찰단계에서부터 이 사건 법정에 이르기까지 피고인이 범행을 하였다는 진술은 객관적 근거 없는 주관적 추측에 불과한 점 등을 고려하면 위 피해자의 진술은 믿을 만하지 못합니다.

(2) 김갑동 진술에 대하여

김갑동은 자신이 피고인과 함께 피해자를 간음하였다고 진술하고 있습니다. 그러나

---

[09] 전체 진술의 증거능력을 부정하여서는 아니된다. 증거능력이 부정되는 진술 일부를 특정하여야 한다.

[10] 증인의 법정진술 중 전문진술이 등장하는 경우, 그 증인에 대한 참고인 진술조서에도 동일한 전문진술이 등장하는 경우가 일반적이다. 답안에서는 양자의 증거능력을 함께 검토할 수 있다. 다만 함께 검토시 표현과 규정 적시에 주의를 요한다.

[11] 진술기재서류에 대하여 서명이나 날인을 해야 하는 사람은 그 서류의 작성자가 아닌 원진술자이다. 따라서 홍종재의 서명 또는 날인이 없는 이상 증거능력이 부정된다. 형사소송법 제313조 제1항의 전제요건이 부정되는 이상 (실질적 진정성립에 대한 보충규정인) 제314조를 추가로 검토하여서는 아니된다.

[12] 신빙성 탄핵은 탄핵이 대상이 되는 진술부터 특정하여 기재한 후 그에 대한 탄핵의 근거들을 나열하고 그 대상 진술이 믿을만하지 못하다는 설시로 마무리한다. 탄핵의 근거는 많이 쓸수록 득점에 유리하다.

① 김갑동은 경찰단계에서는 자신이 피해자를 간음하고 거실로 나온 후 대기하던 이을남이 바로 들어가 피해자와 성관계를 하였다고 진술하였으나, 검찰단계에서는 피고인과 함께 축구를 보다가 피고인이 샤워한다고 방으로 들어가 성관계를 하였다는 취지로 진술하고 있어 그 진술의 일관성이 없는 점, ② 경찰단계에서는 피고인이 30~40분 동안 샤워를 하러 들어갔을 때 간음한 것이라고 진술하였으나, 이 사건 법정에서는 피고인은 축구 시청 중 하프타임 15분 동안 샤워를 하러 갔다 왔다고 진술하여 역시 그 진술의 일관성이 없는 점, ③ 김갑동의 진술에 의하더라도 김갑동과 피고인이 이 부분 공소사실 범행을 적극적으로 공모한 사실은 전혀 존재하지 아니하고, 김갑동의 범행 후에도 피고인과 피해자와의 성관계 유무에 대해 전혀 대화한 사실조차 없으며, 피고인이 피해자와 성관계 하는 장면을 보거나 소리를 듣지도 못한 점, ④ 김갑동은 피고인에게 술을 사오라고 시켜 피고인이 나갔다 왔다고 진술하고 있는바, 김갑동이 피고인과 차례로 피해자를 간음하였다기보다, 오히려 피고인이 술을 사러 나가 자리를 비운 동안 김갑동이 혼자서 피해자를 간음하였을 가능성이 높은 점 등을 고려하면 위 김갑동의 진술 역시 믿을 만 하지 못합니다.

마. 소결

나머지 증거들만으로는 이 부분 공소사실을 인정하기에 부족하고, 달리 이 부분 공소사실을 인정할 만한 증거도 없습니다.

이 부분 공소사실은 범죄의 증명이 없으므로 무죄판결이 선고되어야 합니다(형사소송법 제325조 후단).

2. 아청법위반(특수준강간)의 점에 대하여

아청법의 적용대상인 "아동·청소년"이란 19세 미만의 자를 말하나, 19세에 도달하는 연도의 1월 1일을 맞이한 자는 제외합니다(아청법 제2조 제1항).

이 부분 공소사실의 경우 피해자 나병녀는 1999. 12. 31.에 태어난 자이고(주민등록등본 참조), 이 사건 범행 당시인 2018. 10.에는 이미 19세에 도달하는 2018. 1. 1.을 맞이하였습니다. 따라서 피해자는 아청법의 적용대상인 "아동·청소년"에 해당하지 아니하고, 피해자가 아청법 적용대상임을 인정할만한 증거가 달리 없습니다.

결국 이 부분 공소사실에 대하여는 범죄의 증명이 없으므로 무죄판결이 선고되어야 합니다(형사소송법 제325조 후단).[13]

[13] 전단무죄 설시도 가능하다. 전단무죄와 후단무죄 결론이 겹치거나 판단이 모호한 경우에는 후단무죄로 설시함이 일반적이다.

3. 출판물에의한명예훼손의 점에 대하여

가. 출판물에의한명예훼손죄 성립 여부

판례는 형법 제309조 제1항에서 정하는 '기타 출판물'에 해당하지 위하여는 그것이 제본인쇄물이나 제작물에 같은 정도의 효용과 기능을 가지고 사실상 출판물로 유통·통용될 수 있는 외관을 가진 인쇄물로 볼 수 있어야 한다는 입장에서, 프린트된 A4 용지 7쪽

분량의 인쇄물이 위 '기타 출판물'에 해당하지 않는다고 판시한바 있습니다.*

> * [1] 형법이 출판물 등에 의한 명예훼손죄를 일반 명예훼손죄보다 중벌하는 이유는 사실적시의 방법으로서의 출판물 등의 이용이 그 성질상 다수인이 견문할 수 있는 높은 전파성과 신뢰성 및 장기간의 보존가능성 등 피해자에 대한 법익침해의 정도가 더욱 크다는 데 있는 점에 비추어 보면, 형법 제309조 제1항 소정의 '기타 출판물'에 해당한다고 하기 위하여는 그것이 등록·출판된 제본인쇄물이나 제작물은 아니라고 할지라도 적어도 그와 같은 정도의 효용과 기능을 가지고 사실상 출판물로 유통·통용될 수 있는 외관을 가진 인쇄물로 볼 수 있어야 한다. [2] 컴퓨터 워드프로세서로 작성되어 프린트된 A4 용지 7쪽 분량의 인쇄물이 형법 제309조 제1항 소정의 '기타 출판물'에 해당하지 않는다고 본 사례(대법원 2000. 2. 11. 선고 99도3048 판결).

이 부분 공소사실의 경우 피고인이 컴퓨터로 작성하여 출력한 A4 1쪽의 인쇄물은 출판물로 유통·통용될 수 있는 외관을 가진 인쇄물로 볼 수 없습니다.

이 부분 공소사실은 범죄가 되지 아니하여 무죄판결이 선고되어야 합니다(형사소송법 제325조 전단). 다만, 이 부분 공소사실에 대하여 형법 제307조 제2항의 명예훼손죄는 성립가능하고, 이러한 축소사실에 대하여 판례는 검사의 공소장변경신청 없이도 직권으로 인정할 수 있다는 입장입니다.[14]

[14] 축소사실에 대한 설시를 누락하지 않도록 주의한다.

결국 이 부분 공소사실에 대하여 형법 제307조 제2항의 허위사실적시 명예훼손죄 유죄판결은 선고될 수 있습니다.

나. 허위사실적시 명예훼손죄에 대한 정상변론[15]

[15] 정상변론은 형법 제51조의 양형조건을 기본적인 목차로 하여 답안을 구성한다.

① 피고인은 전과 없는 초범이고, 앞서 보석사유에서 살펴본 바와 같이 부모님과 함께 살면서 3년 넘게 한 직장에서 성실하게 근무하고 있는 32세의 평범한 청년인 점, ② 앞서 살펴본 바와 같이 피해자에 대하여 성폭법이나 아청법상 범죄를 저지른 바 없음에도 김갑동과 함께 범인으로 오인을 당하여 억울한 마음에서 우발적으로 범행을 저지른 것인 점, ③ 피고인이 게시한 A4 용지는 범행 당일 바로 떼어 내어 게시기간 자체가 매우 짧은 점, ④ 피해자를 피공탁자로 하여 300만 원을 공탁하고, 피해자와의 합의를 위해 노력하고 있는 점, ⑤ 피해자에 대한 이 부분 범행에 대해 자백하며 깊이 반성하고 있는 점 등 정상을 참작하시어 법이 허용하는 최대한의 선처를 하여 주시기 바랍니다.

2019. 1. 9.

피고인의 변호인 변호사 강변호 ㉞

서울중앙지방법원 제12형사부 귀중

 MEMO

2020년 제9회
변호사시험 형사법 기록형

2020년도 제9회 변호사시험 문제

시험과목	형사법(기록형)

응시자 준수사항

1. 시험 시작 전 문제지의 봉인을 손상하는 경우, 봉인을 손상하지 않더라도 문제지를 들추는 행위 등으로 문제 내용을 미리 보는 경우 그 답안은 영점으로 처리됩니다.

2. 시험시간 중에는 휴대전화, 스마트워치, 무선이어폰 등 무선통신기기나 전자계산기 등 전산기기를 지녀서는 안 됩니다.

3. 답안은 흑색 또는 청색 필기구(사인펜이나 연필 사용 금지) 중 한 가지 필기구만을 사용하여 답안 작성란(흰색 부분) 안에 기재하여야 합니다.

4. 답안지에 성명과 수험번호 등을 기재하지 않아 인적사항이 확인되지 않는 경우에는 영점으로 처리되는 등 불이익을 받게 됩니다. 특히 답안지를 바꾸어 다시 작성하는 경우, 성명 등의 기재를 빠뜨리지 않도록 유의하여야 합니다.

5. 답안지에는 문제 내용을 쓸 필요가 없으며, 답안 이외의 사항을 기재하거나 밑줄 기타 어떠한 표시도 하여서는 안 됩니다. 답안을 정정할 경우에는 두 줄로 긋고 다시 써야 하며, 수정액·수정테이프 등은 사용할 수 없습니다.

6. 시험 종료 시각에 임박하여 답안지를 교체했더라도 시험시간이 끝나면 그 즉시 새로 작성한 답안지를 회수합니다.

7. 시험시간이 지난 후에는 답안지를 일절 작성할 수 없습니다. 이를 위반하여 **시험시간이 종료되었음에도 불구하고 계속 답안을 작성할 경우 그 답안은 영점으로 처리됩니다.**

8. 답안은 답안지의 쪽수 번호 순으로 써야 합니다. **배부된 답안지는 백지 답안이라도 모두 제출**하여야 하며, **답안지를 제출하지 아니한 경우 그 시간 시험과 나머지 시험에 응시할 수 없습니다.**

9. 지정된 시각까지 지정된 시험실에 입실하지 않거나 시험관리관의 승인 없이 시험시간 중에 시험실에서 퇴실한 경우, 그 시간 시험과 나머지 시간의 시험에 응시할 수 없습니다.

10. 시험시간 중에는 어떠한 경우에도 문제지를 시험실 밖으로 가지고 갈 수 없고, 그 시험시간이 끝난 후에는 문제지를 시험장 밖으로 가지고 갈 수 있습니다.

[01] 검토의견서는 변호인이 내부적으로 대표변호사에게 보고하는 서면이므로 경어체나 '~할 것임'이라는 표현을 사용하여 답안을 작성하여야 하고(다만 변론요지서와 같이 경어체를 사용하여도 무방하다), 피고인에게 유리한 내용뿐만 아니라 불리한 내용까지도 객관적 입장에서 검토하여야 한다.

변론요지서는 변호인이 법원에 제출하는 서면이므로 경어체를 사용하여야 하고, 피고인에게 가장 유리한 결론으로 쟁점을 검토하여야 한다.

[02] 기록 답안은 판례 태도를 기준으로 작성함을 원칙으로 한다. 일반론을 기재할 필요 없이 판례 키워드와 그에 따른 사안검토 위주로 기재한다. 다만, 판례 태도에 반하는 견해를 바탕으로 무죄 등을 주장하는 경우도 있음에 주의를 요한다.

[03] 축약기재를 제한없이 사용하고 있으므로 답안작성시 최대한 활용하도록 한다. 다만, 전체 답안에서의 통일성은 유지하여야 한다.

[04] 기재가 생략된 증거라도 쟁점을 검토함에 있어 필요한 경우 인용하여야 한다.

【문 제】

피고인 김갑동에 대해서는 법무법인 로여스 담당변호사 구원혜가 객관적인 입장에서 대표변호사에게 보고할 검토의견서를, 피고인 이을남에 대해서는 변호인 변호사 류무재가 법원에 제출할 변론요지서를 작성하되, 다음 쪽 검토의견서 및 변론요지서 양식 중 <u>본문 Ⅰ, Ⅱ 부분만 작성하시오.</u>

【작성 요령】

1. 학설·판례 등의 견해가 대립되는 경우 한 견해를 취할 것. 단, 대법원 판례와 다른 견해를 취하여 의견을 제시하고자 하는 경우에는 대법원 판례의 취지를 적시할 것.
2. 증거능력이 없는 증거는 실제 소송에서는 증거로 채택되지 않아 증거조사가 진행되지 않지만, 이 문제에서는 시험의 편의상 증거로 채택되어 증거조사가 진행된 것으로 전제하였음. 따라서 필요한 경우 증거능력에 대하여도 논할 것.
3. 법률명과 죄명은 특정에 문제가 없는 한도에서 약칭할 수 있음.
   (예 정보통신망 이용촉진 및 정보보호 등에 관한 법률 → 정통망법, 여신전문금융업법 → 여전법)

【주의 사항】

1. 쪽 번호는 편의상 연속되는 번호를 붙였음.
2. 조서, 기타 서류에는 필요한 서명, 날인, 무인, 간인, 정정인이 있는 것으로 볼 것.
3. 증거목록, 공판기록 또는 증거기록 중 '생략'이라고 표시된 부분에는 법에 따른 절차가 진행되어 그에 따라 적절한 기재가 있는 것으로 볼 것.
4. 공판기록과 증거기록에 첨부하여야 할 일부 서류 중 '생략' 표시가 있는 것, '증인선서서'와 수사기관의 조서(진술서 포함)에 첨부하여야 할 '수사과정확인서'는 적법하게 존재하는 것으로 볼 것.
5. 송달이나 접수, 통지, 결재가 필요한 서류는 모두 적법한 절차를 거친 것으로 볼 것.

- 1 -

【검토의견서 양식】

검토의견서 (55점)

사 건 2019고합1997 상습절도 등

Ⅰ. 피고인 김갑동에 대하여
 1. 정보통신망이용촉진및정보보호등에관한법률위반(명예훼손)의 점
 2. 사자명예훼손의 점
 3. 상습절도의 점
 4. 건조물침입의 점
 5. 여신전문금융업법위반의 점
 6. 사기의 점
 ※ 평가제외사항
  - 공소사실의 요지, 정상관계(답안지에 기재하지 말 것)

2020. 1. 8.

담당변호사 구원혜 ㊞

[05] 양식에서 주어진 목차 그대로 답안을 작성한다. 평가제외사항에 관한 내용은 처음부터 생략하거나 빠르게 넘기면서 문제를 읽도록 한다.

[06] 양식의 목차와 공소장의 공소사실 기재 등을 참고하여 메모의 피고인과 죄명란을 기재한다.

【변론요지서 양식】

변론요지서 (45점)

사 건 2019고합1997 상습절도 등

Ⅱ. 피고인 이을남에 대하여
 1. 정보통신망이용촉진및정보보호등에관한법률위반(명예훼손)의 점
 2. 사자명예훼손의 점
 3. 장물취득의 점
 4. 사기방조의 점
 5. 횡령의 점
 ※ 평가제외사항
  - 공소사실의 요지, 정상관계, 전자금융거래법위반의 점(답안지에 기재하지 말 것)

2020. 1. 8.

피고인의 변호인 변호사 류무재 ㊞

서울중앙지방법원 제28형사부 귀중

[07] 김갑동의 상습절도와 대응될 수 있는 장물취득이 등장하였는바, 김갑동과 이을남이 본범과 장물범으로서 공범 아닌 공동피고인 관계에 해당하는지 여부를 확인하여야 한다.

기록내용 시작

		구속만료		미결구금	
	서울중앙지방법원	최종만료			
구공판	**형사제1심소송기록**	대행 갱신 만료			

기일 1회 기일	사건번호	2019고합1997	담임	제28부	주심	나
12/12 사10 12/26 P2	사건명	가. 상습절도 나. 사기 다. 사기방조 라. 여신전문금융업법위반 마. 횡령 바. 정보통신망이용촉진및정보보호등에관한법률위반(명예훼손) 사. 장물취득 아. 건조물침입 자. 전자금융거래법위반 차. 사자명예훼손				
	검 사	엄정혜		2019형제171539호		
	피고인	1. 가. 나. 라. 바. 아. 차. **김갑동** 2. 다. 마. 바. 사. 자. 차. **이을남**				
	공소제기일	2019. 11. 27.				
	변호인	사선　법무법인 로여스 담당변호사 구원혜(피고인 김갑동) 사선　변호사 류무재(피고인 이을남)				

확 정			완결 공람	담 임	과 장	주심 판사	재판장
보존종기							
종결구분							
보 존							

[08] 기록표지에서는 공소제기일을 체크하여 메모한다.
추가적으로 왼쪽 상단에서 공판기일이 몇 번 열렸는지(변호사시험의 경우 2회가 일반적이다)를 확인할 수 있다.

[09] 김갑동과 이을남이 사건명에 기재된 범죄 중 바. 정통망법위반(명예훼손)죄와 차. 사자명예훼손죄를 공동으로 하였음을 짐작할 수 있다.

[10] 체크할 내용이 없는 서면은 보지 않고 빠르게 넘기도록 한다.

공판준비절차

회 부 수명법관 지정 일자	수명법관 이름	재 판 장	비 고

법정외에서 지정하는 기일

기일의 종류	일 시	재 판 장	비 고
1회 공판기일	2019. 12. 12. 10:00	㉮	

서울중앙지방법원

목 록		
문 서 명 칭	장 수	비 고
증거목록	7	검사
증거목록	9	피고인 및 변호인
공소장	10	
긴급체포서	14	
구속영장청구서(판사기각)	(생략)	
피의자석방보고	(생략)	
변호인선임서	(생략)	피고인 김갑동
변호인선임서	(생략)	피고인 이을남
영수증(공소장부본 등)	(생략)	피고인 김갑동
영수증(공소장부본 등)	(생략)	피고인 이을남
영수증(공판기일통지서)	(생략)	변호사 구원혜
영수증(공판기일통지서)	(생략)	변호사 류무재
국민참여재판 의사 확인서(불희망)	(생략)	피고인 김갑동
국민참여재판 의사 확인서(불희망)	(생략)	피고인 이을남
의견서	(생략)	피고인 김갑동
의견서	(생략)	피고인 이을남
공판조서(제1회)	15	
공판조서(제2회)	18	
증인신문조서	20	고동창
증거신청서	21	변호사 구원혜

- 6 -

[11] 공판기록목록에서는 가장 먼저 공소장변경허가신청서가 있는지를 체크한다. 허가신청서가 있는 경우 그 다음 공판기일에서의 허가여부를 체크한 후 허가결정이 있는 경우 변경(또는 추가·철회)된 내용을 확인하여야 한다.
그 다음 공판단계에서 제출된 증거가 있는지 확인한다. 합의서 등이 제출된 경우 면소판결 등 결론을 검토함에 있어 중요한 증거가 됨이 일반적이다. 추가로 공판기일이 몇 차례 열렸는지, 증인신문이 실시된 증인은 몇 명인지 등을 가볍게 확인할 수 있다.

[12] 피고인 중 한 명(김갑동이나 이을남 중 누구인지는 목록만으로는 알 수 없다)이 긴급체포된 후 구속영장이 청구되었으나 수임판사가 영장기각결정을 하여 피의자가 석방되었음을 알 수 있다.

[13] 증거목록에서는 검찰단계와 경찰단계를 구별하여 표시한 후, 각 증거에 대한 증거의견란을 체크하고, 전문법칙 예외요건에 따라 증거능력이 부정되는 증거들을 검토하도록 한다.

[14] 김갑동에 대한 피신조서 중 공소사실 1의가.항 부분에 대하여 김갑동과 이을남은 공범인 공동피고인 관계에 있다. 따라서 당해피고인 이을남이 내용부인취지로 증거부동의하는 이상 증거능력이 부정된다(제312조 제3항).
그러나 공소사실 3의가.(2)항 부분에 대하여 김갑동과 이을남은 공범 아닌 공동피고인의 관계에 있다. 따라서 김갑동에 대하여 별도의 증인신문절차가 진행되지 아니한 이상(증거목록에서 체크) 김갑동이 피고인지위에서 실질적 진정성립을 인정하였더라도 증거능력은 부정된다(제312조 제4항).

[15] 고동창 진술조서 중 공소사실 1의가.항 부분에 대하여 이을남이 증거부동의하고 있으나, 고동창이 증인으로서 출석(증인목록에서 체크)하여 그 조서의 실질적 진정성립을 인정하고 있으므로(증인신문조서에서 체크) 증거능력이 인정된다(제312조 제4항).

증 거 목 록 (증거서류 등)

2019고합1997

① 김갑동
② 이을남
신청인 : 검사

2019형제171539호

순번	증거방법 작성	쪽수(수)	쪽수(증)	증거명칭	성명	참조사항등	신청기일	증거의견 기일	증거의견 내용	증거결정 기일	증거결정 내용	증거조사기일	비고
1	사경	25		신고서	김부친		1	1	① ○ ② ○				
2	〃	(생략)		수사보고(피의자특정보고)			1	1	① ○ ② ○				
3	〃	26		고소장	나부녀		1	1	① ○ ② ○				
4	〃	(생략)		게시글 출력물			1	1	① ○ ② ○				
5	〃	27		진술조서	나부녀		1	1	① ○ ② ○				
6	〃	(생략)		카카오톡 캡쳐 출력물			1	1	① ○ ② ○				
7	〃	(생략)		나부녀 가족관계증명서			1	1	① ○ ② ○				
8	〃	29		피의자신문조서	김갑동	(생략)	1	1	① ○ ② × ② ○	(생략)			공소사실 1의가.항, 3의가.(2)항 부분 나머지 부분
9	〃	(생략)		압수조서 및 압수목록(K3 페당점퍼, 태블릿)			1	1	① ○				
10	〃	33		진술조서	고동창		1	1	① ○ ② × ② ○				공소사실 1의가.항 부분 나머지 부분
11	〃	34		진술조서	주전자		1	1	① ○				
12	〃	35		진술조서	나이기		1	1	① ○				
13	〃	36		진술조서	고향미		1	1	① ○ ② ○				
14	〃	37		진술조서	김부친		1	1	① ○ ② ○				

※ 증거의견 표시 - 피의자신문조서 : 인정 ○, 부인 ×
 (여러 개의 부호가 있는 경우, 적법성/실질성립/임의성/내용의 순서임)
 - 기타 증거서류 : 동의 ○, 부동의 ×
 - 진술이 특히 신빙할 수 있는 상태하에서 행하여졌다는 점 부인 : "특신성 부인" (비고란 기재)
※ 증거결정 표시 : 채 ○, 부 ×
※ 증거조사 내용은 제시, 낭독(내용고지, 열람)

증 거 목 록 (증거서류 등)
2019고합1997

2019형제171539호

① 김갑동
② 이을남
신청인 : 검사

순번	증거방법 작성	쪽수(수)	쪽수(증)	증거명칭	성명	참조사항 등	신청기일	증거의견 기일	증거의견 내용	증거결정 기일	증거결정 내용	증거조사기일	비고
15	사경	(생략)		김갑동 가족관계증명서			1	1	① ○ ② ○				
16	〃	38		피해신고서	장호구		1	1	① ○ ② ○				
17	〃	(생략)		계좌송금내역			1	1	② ○				
18	〃	(생략)		압수조서 및 압수목록 (현금 400만 원, 체크카드)			1	1	② ○				
19	〃	39		피의자신문조서	이을남		1	1	① ○ ② ○○○×				공소사실 3의가.(2)항, 3의다.항 부분 나머지 부분
20	〃	42		압수조서 및 압수목록 (이메일 출력물)			1	1	① ○ ② ○				
21	〃	(생략)		이메일 출력물 (증 제5호)		(생략)	1	1	① ○ ② ○	(생략)			
22	검사	43		피의자신문조서 (대질)	김갑동		1	1	① ○ ② ×				공소사실 1의가.항, 3의가.(2)항 부분 나머지 부분
					이을남		1	1	② ○ ① ○ ② ○				
23	〃	46		피의자신문조서 (제2회)	이을남		1	1	② ○				
24	〃	48		판결등본			1	1	① ○				
25	〃	(생략)		조회회보서	김갑동		1	1	① ○				
26	〃	(생략)		조회회보서	이을남		1	1	② ○				

※ 증거의견 표시 - 피의자신문조서 : 인정 ○, 부인 ×
 (여러 개의 부호가 있는 경우, 적법성/실질성립/임의성/내용의 순서임)
 - 기타 증거서류 : 동의 ○, 부동의 ×
 - 진술이 특히 신빙할 수 있는 상태하에서 행하여졌다는 점 부인 : "특신성 부인" (비고란 기재)
※ 증거결정 표시 : 채 ○, 부 ×
※ 증거조사 내용은 제시, 낭독(내용고지, 열람)

- 8 -

[16] 이을남에 대한 피신조서 중 공소사실 3의가.(2)항,3의다.항 부분은 피고인이 내용부인하고 있으므로 증거능력이 부정된다(제312조 제3항).

[17] 김갑동에 대한 피신조서 중 공소사실 1의가.항 부분은 그 원진술자인 김갑동이 실질적 진정성립을 인정하고 있으므로(증거의견에서 증거동의로 체크) 증거능력이 인정된다(제312조 제4항).

그러나 공소사실 3의가.(2)항 부분에 대하여 김갑동과 이을남은 공범 아닌 공동피고인 관계에 있다. 따라서 김갑동에 대하여 별도의 증인신문이 실시되지 아니한 이상, 김갑동이 피고인지위에서 실질적 진정성립을 인정하였더라도 증거능력은 부정된다(제312조 제4항).

[18] 서류에 대한 증거목록 다음에는 증인과 물증에 대한 증거목록이 등장한다. 아직 공소장을 읽지 아니한 단계에서는 각 증인 등이 어떤 공소사실과 관련된 것인지 자체를 알 수 없으므로 간단히 실시여부 등만을 체크한다.

증 거 목 록 (증인 등)
2019고합1997

2019형제171539호

① 김갑동
② 이을남
신청인 : 검사

증거방법	쪽수(공)	입증취지 등	신청기일	증거결정 기일	증거결정 내용	증거조사기일	비고
K3 패딩점퍼 1개 (증 제1호)		생략	1	1	생략	2019. 12. 12. 10:00 (실시)	
태블릿 1대 (증 제2호)			1	1		2019. 12. 12. 10:00 (실시)	
현금 400만 원 (증 제3호)			1	1		2019. 12. 12. 10:00 (실시)	
국민은행 체크카드 1장 (증 제4호)			1	1		2019. 12. 12. 10:00 (실시)	
증인 고동창	20		1	1		2019. 12. 26. 14:00 (실시)	

※ 증거결정 표시 : 채 ○, 부 ×

[이하 증거목록 미기재 부분은 생략]

[19] 검사가 제출한 증거목록 다음에는 피고인 측이 제출한 증거목록이 등장한다. 피고인이 제출한 증거들은 쟁점검토에 있어 피고인에게 유리한 증거들로 작용함이 일반적이다.

[20] 나부녀(목록만으로는 어떤 공소사실에 대한 피해자인지 알 수 없다)의 합의서가 제출되었는바, 소송조건 관련 공소기각판결이 문제됨을 예상할 수 있다.

증 거 목 록 (증거서류 등)
2019고합1997

2019형제171539호

① 김갑동
② 이을남
신청인 : 피고인 및 변호인

순번	증거방법 작성	증거방법 쪽수(수)	증거방법 쪽수(공)	증거방법 증거명칭	증거방법 성 명	참조사항 등	신청기일	증거의견 기일	증거의견 내용	증거결정 기일	증거결정 내용	증거조사기일	비고
1			22	합의서	나부녀	생략	2	2	○	생략			① 신청
2													
3													
4													
5													

[이하 증거목록 미기재 부분은 생략]

※ 증거의견 표시 - 피의자신문조서 : 인정 ○, 부인 ×
  (여러 개의 부호가 있는 경우, 적법성/실질성립/임의성/내용의 순서임)
  - 기타 증거서류 : 동의 ○, 부동의 ×
  - 진술이 특히 신빙할 수 있는 상태하에서 행하여졌다는 점 부인 : "특신성 부인" (비고란 기재)
※ 증거결정 표시 : 채 ○, 부 ×
※ 증거조사 내용은 제시, 낭독(내용고지, 열람)

서울중앙지방검찰청

2019. 11. 27.

사건번호   2019년 형제171539호
수 신 자   서울중앙지방법원   발 신 자
                                 검   사   엄정혜 엄정혜 (인)
제   목   공소장
          아래와 같이 공소를 제기합니다.

접수
No. 24535
2019. 11. 27.
서울중앙지방법원
형사접수실

I. 피고인 관련사항

1. 피 고 인   김갑동 (89****-1******), 30세
             직업 무직, 010-****-****
             주거 서울 관악구 남부순환로 11, 301호(행운동, 행운아파트)
             등록기준지 대전 서구 둔산북로 37
   죄   명   상습절도, 사기, 여신전문금융업법위반, 정보통신망이용촉진및정
             보보호등에관한법률위반(명예훼손), 건조물침입, 사자명예훼손
   적용법조   형법 제332조, 제329조, 제347조 제1항, 여신전문금융업법 제70조 제1항
             제3호, 정보통신망이용촉진및정보보호등에관한법률 제70조 제2항,
             형법 제319조 제1항, 제308조, 제30조, 제37조, 제38조, 제39조 제1항
   구속여부   불구속
   변 호 인   법무법인 로어스(담당변호사 구원혜)

2. 피 고 인   이을남 (89****-1******), 30세
             직업 무직, 010-****-****
             주거 서울 동작구 노량진로 1, 103호(노량진동, 수산연립)
             등록기준지 대전 유성구 대학로 154
   죄   명   사기방조, 횡령, 정보통신망이용촉진및정보보호등에관한법률위반
             (명예훼손), 장물취득, 전자금융거래법위반, 사자명예훼손
   적용법조   형법 제347조 제1항, 제355조 제1항, 정보통신망이용촉진및정보
             보호등에관한법률 제70조 제2항, 형법 제362조 제1항, 전자금융
             거래법 제49조 제4항 제1호, 제6조 제3항 제1호, 형법 제308조,
             제30조, 제32조, 제37조, 제38조
   구속여부   불구속
   변 호 인   변호사 류무재

[21] 공소장은 공판조서와 함께 형사법 기록에서 가장 중요한 서면이다.
다만 피고인 관련사항과 첨부서류는 보지 않아도 무방하고, 공소사실을 메모하면서 꼼꼼하게 읽도록 한다.

[22] 피고인 관련사항 중 적용법조에서 공범관계나 죄수와 관련된 규정을 추가로 확인할 수 있다. 특히 죄수관계나 공범관계 등에 대한 쟁점이 문제될 때 이 부분을 참고하도록 한다.

[23] 공소사실은 주체·공범·일시·장소·동기·피해자(품)·수단·행위및결과 등을 중심으로 꼼꼼하게 읽으면서 메모하고, 공소사실만으로 쟁점이나 그에 대한 결론까지 알 수 있는 경우에는 해당 내용(쟁점 및 결론)을 바로 메모하도록 한다.

[24] 공소사실은 피고인들의 공동범행부터 묶어서 기재한 후 단독범행을 피고인별로 시간순으로 기재함이 원칙이다.

[25] 꼼꼼하게 정리하지 않았던 특별법 관련 공소사실이 출제될 경우, 공소장의 적용법조에서 적용규정을 확인 한 후, 해당 규정을 법전에서 찾아 읽어본 후 공소사실을 읽는 것을 추천한다.
정통망법상 명예훼손죄는 반의사불벌죄이고, 피해자 나부녀의 합의서가 증거목록에서 존재하였는 바, 공소기각판결이 문제됨을 알 수 있다.

[26] 사자명예훼손죄는 친고죄이다. 피해자는 망 채무왕이나, 고소권자는 피해자의 유족이다.

[27] 상습범의 경우 상습범을 구성하는 개별 범죄행위 별로 메모를 따로 하고, 쟁점을 행위별로 따로 검토하여야 한다.

[28] 각각의 공소사실의 절도범행이 비교적 경미하고, (4)항의 절도를 제외하면 그 수단 및 방법 등이 유사함을 알 수 있다.

II. 공소사실

[범죄전력]

피고인 김갑동은 2010. 5. 4. 서울중앙지방법원에서 절도죄로 벌금 500만 원을 선고받고, 2014. 7. 1. 서울중앙지방법원에서 야간주거침입절도죄로 징역 1년에 집행유예 2년을 선고받고, 2017. 11. 20. 서울중앙지방법원에서 상습절도죄로 징역 1년에 집행유예 2년을 선고받고 2017. 11. 28. 그 판결이 확정되어 현재 집행유예 기간 중이다.

[범죄사실]

1. 피고인들의 공동범행

가. 정보통신망이용촉진및정보보호등에관한법률위반(명예훼손)

피고인들은 공모하여, 2019. 11. 3. 12:00경 서울 관악구 남부순환로 11에 있는 피고인 김갑동의 주거지에서 사실은 피해자 나부녀가 행운아파트 부녀회 기금을 개인적으로 사용한 사실이 없음에도 불구하고 컴퓨터를 이용하여 행운아파트 부녀회 홈페이지 익명게시판에 '나부녀가 아파트 부녀회 기금 100만 원을 개인적으로 다 썼다' 는 내용의 글을 게시함으로써 사람을 비방할 목적으로 정보통신망을 통하여 공공연하게 거짓의 사실을 드러내어 피해자의 명예를 훼손하였다.

나. 사자명예훼손

피고인들은 공모하여, 2019. 11. 4. 15:00경 위 피고인 김갑동의 주거지에서 사실은 피해자 채무왕이 사망한 사실을 잘 알고 있음에도 100여 명이 있는 고등학교 동창생 카카오톡 대화방에 "필리핀에서 채무왕을 본 사람이 있다. 빚 때문에 한국에서 못 살고 해외에 가서 잘 먹고 잘 산다"라는 글을 게시함으로써 공연히 허위사실을 적시하여 사자인 피해자의 명예를 훼손하였다.

2. 피고인 김갑동

가. 상습절도

피고인은 아래와 같이 총 4회에 걸쳐 상습으로 피해자들의 재물을 절취하였다.

(1) 피고인은 2017. 11. 19. 12:00경 서울 관악구 관악로 20에 있는 피해자 나이기가 운영하는 등산복 매장 '히말라야' 앞에 이르러 마침 피해자가 매장 셔터문을 내리고 외출하는 것을 발견하고 그 틈을 이용해 셔터문을 들어 올려 매장 안으로 침입한 다음 그곳에 진열되어 있던 피해자 소유의 시가 50만 원 상당의 K3 패딩점퍼 1개를 들고 나와 이를 절취하였다.

(2) 피고인은 2017. 12. 24. 13:00경 서울 송파구 송파대로7길 119에 있는 피해자 고향미가 운영하는 '엄마손 식당' 에서 그곳 계산대 위에 놓여 있던 피해자 소유

의 농협은행 신용카드 1장과 시가 100만 원 상당의 캠코더 1대를 들고 나와 이를 절취하였다.

　　(3) 피고인은 2019. 10. 31. 10:00경 피고인의 주거지에서 안방 서랍에 있던 피해자 김부친 소유의 신한은행 신용카드 1장과 예금통장 1개를 꺼내어 가지고 나와 이를 절취하였다.

　　(4) 피고인은 2019. 10. 31. 12:00경 서울 서초구 효령로에 있는 신한은행 서초지점에 이르러 피해자 신한은행이 관리하는 현금자동지급기에 위 예금통장을 넣고 필요한 정보를 입력하여 예금 500만 원을 인출하고, 다시 위 김부친의 신용카드를 넣고 필요한 정보를 입력하여 현금서비스로 100만 원을 인출하여 합계 600만 원을 절취하였다.

　나. 건조물침입
　　피고인은 제2의 가.(1)항 기재와 같이 피해자 나이기가 관리하는 건조물에 침입하였다.

　다. 여신전문금융업법위반
　　피고인은 제2의 가.(4)항 기재와 같이 도난당한 신용카드를 사용하였다.

　라. 사기
　　피고인은 2019. 10. 10. 14:00경 서울 강남구 도곡로7길 114에 있는 피해자 주전자가 운영하는 삼성 디지털플라자 매장에서 사실은 태블릿을 구입할 의사가 없음에도 그곳 직원 어리숙에게 마치 이를 구입할 것처럼 거짓말하여 이에 속은 어리숙으로부터 시가 100만 원 상당의 태블릿 1대를 건네받음으로써 어리숙을 기망하여 피해자의 재물을 교부받았다.

3. 피고인 이을남
　가. 장물취득
　　(1) 피고인은 2017. 12. 24. 19:00경 서울 관악구 신림역 부근 '꼬꼬의 호프' 주점에서 김갑동으로부터 그가 제2의 가.(2)항 기재와 같이 절취한 피해자 고향미 소유의 농협은행 신용카드 1장을 그것이 장물이라는 사실을 알면서도 건네받아 장물을 취득하였다.

　　(2) 피고인은 2019. 10. 31. 19:00경 서울 강남구 강남대로18길에 있는 '강남스타일' 주점에서 김갑동으로부터 그가 제2의 가.(4)항 기재와 같이 절취한 현금 600만 원 중 200만 원을 그것이 장물이라는 사실을 알면서도 건네받아 장물을 취득하였다.

　나. 전자금융거래법위반

[29] 피해자의 이름이 김'부친'인 점에서 친족상도례가 문제됨을 예상할 수 있다. 물론 객관적 증거를 통해 확인하여야 한다.

[30] 상습절도를 구성하는 절도의 수단으로 주거침입이 이루어진 경우, 상습절도의 행위 안에 주거침입에 대한 평가가 포함되어 있을 경우(예컨대, 상습야간주거침입절도죄로 의율되는 경우)에는 주거침입죄가 별도로 성립하지 아니하나, 포함되어 있지 않은 경우에는 별도로 주거침입죄가 성립한다. 이번 기록의 경우에는 후자에 해당한다.

[31] 어리숙은 태블릿을 처분할 수 있는 사실상 지위에 있는 자이므로 (삼각)사기죄가 성립함에는 일단 문제가 없다고 판단된다.

[32] 별개의 장물취득 범죄이므로 따로 메모하여야 한다.

[33] 각각의 장물취득죄에 대응하는 김갑동의 절도행위와 연결시켜 메모하도록 한다. 특히 각각의 장물취득죄에 있어 이을남과 김갑동은 공범 아닌 공동피고인에 해당하고, 이를 증거능력 판단에 있어 고려하여야 한다.

[34] 전자금융거래법위반은 답안 기재시 생략 대상이므로 간단히만 읽고 넘어가도록 한다.

[35] 성명불상자 기재는 공소사실 특정과 관련하여서는 문제되지 아니한다.
협의의 공범(교사범, 방조범)의 공소사실 기재시 정범의 공소사실 역시 함께 기재함이 원칙이다.

[36] 사기방조 행위의 일환으로 제공한 계좌에 입금된 금원을 임의로 처분한 경우, 사기정범에 대한 횡령죄는 성립하지 아니한다는 것이 판례의 태도이다.
다만, 사기의 공범이 아닌 경우에는 입금한 사기피해자에 대한 횡령죄가 성립할 수 있다.

피고인은 2019. 11. 8. 15:00경 서울 중구 세종대로 2에 있는 서울역 인근 골목에서 성명불상자에게 피고인 명의의 국민은행 통장(계좌번호 생략) 1개와 위 계좌에 연결된 체크카드 1개를 30만 원을 받고 교부하여 전자금융거래에 관한 접근매체를 양도하였다.

다. 사기방조

피고인은 자신이 양도한 접근매체가 보이스피싱 사기 범죄에 이용될 것이라는 사실을 알면서 이를 돕기 위하여 제3의 나.항 기재와 같이 위 통장 및 체크카드를 위 성명불상자에게 양도하였다.

위 성명불상자는 2019. 11. 12. 12:00경 피해자 장호구에게 전화하여 검찰수사관을 사칭하면서 "당신 명의로 은행 계좌가 개설되어 범죄에 이용되었다. 명의가 도용된 것 같으니 추가 피해 예방을 위해 은행에 예치되어 있는 돈을 안전하게 보관하라"라고 거짓말을 하여 이에 속은 피해자로부터 2019. 11. 12. 12:15경 피고인 명의의 위 국민은행 계좌로 400만 원을 송금받았다.

이로써 피고인은 위 성명불상자가 위와 같이 사기 범행을 하는 것을 용이하게 하여 이를 방조하였다.

라. 횡령

피고인은 제3의 나.항 기재와 같이 양도한 통장에 돈이 입금되면 임의로 돈을 인출할 것을 마음먹고, 위 통장 계좌에 연결된 체크카드 1개를 추가로 발급받은 다음 문자알림서비스를 신청하였다.

피고인은 2019. 11. 12. 12:15경 '400만 원이 입금되었다'는 문자메시지를 받고, 2019. 11. 12. 12:30경 서울 관악구 남부순환로 75에 있는 국민은행 남부순환로점 현금자동지급기에서 위 체크카드를 이용하여 위 통장에 입금된 돈 400만 원을 마음대로 인출하였다.

이로써 피고인은 피해자 성명불상자를 위하여 보관하던 재물을 횡령하였다.

Ⅲ. 첨부서류

1. 긴급체포서 1통
2. 구속영장청구서(판사기각) 1통 (피고인 이을남, 2019. 11. 12. 영장 청구, 첨부 생략)
3. 피의자석방보고 1통 (피고인 이을남, 2019. 11. 13. 석방, 첨부 생략)
4. 변호인선임서 2통 (첨부 생략)

- 13 -

긴 급 체 포 서

제 2019-5432 호

피의자	성 명	이을남
	주민등록번호	89**** - 1****** (30세)
	직 업	무직
	주 거	서울 동작구 노량진로 1, 103호
변 호 인		

위 피의자에 대한 **사기방조** 등 피의사건에 관하여 「형사소송법」 제200조의3 제1항에 따라 동인을 아래와 같이 긴급체포함

2019. 11. 12.

서울관악경찰서

사법경찰관 경위 정 의 감 (인)

체포한 일시	2019. 11. 12. 13:00
체포한 장소	서울 관악구 남부순환로 75, 국민은행 남부순환로점 인근 노상
범죄사실 및 체포의 사유	<범죄사실> 피의자는 2019. 11. 8. 성명불상의 보이스피싱 범인에게 통장, 체크카드를 양도하고, 성명불상의 보이스피싱 범인이 2019. 11. 12. 피해자 장호구에게 전화하여 검찰수사관을 사칭하여 피의자 명의 계좌로 400만 원을 송금받음으로써 전자금융거래법위반 및 사기방조 <체포사유> 피해자의 112 신고에 따라 송금된 금원이 인출된 국민은행 남부순환로점 부근을 탐문하던 중 피의자를 우연히 발견하여 도망하거나 증거인멸의 우려가 있고 긴급을 요하여 체포영장을 받을 시간적 여유가 없어 긴급체포하였음
체포자의 관직 및 성명	서울관악경찰서 경위 정의감
인치한 일시	2019. 11. 12. 13:30
인치한 장소	서울관악경찰서 형사과
구금한 일시	2019. 11. 12. 14:00
구금한 장소	경찰서 유치장 내
구금을 집행한 자의 관직 및 성명	경찰서 유치장 근무 순경 안정봉

- 14 -

[37] 긴급체포서가 생략되지 않고 등장하고 있는 바, 긴급체포서 기재 내용이 답안 작성시 활용됨을 예상할 수 있다.
체포사유 및 범죄사실, 집행일시 등을 체크한다.

[38] 제1회 공판조서에서 검사의 모두진술 부분까지는 읽지 않고 넘어가도 무방하다.

서울중앙지방법원

공 판 조 서

제 1 회
사　　　건　2019고합1997 상습절도 등
재판장 판사　경복웅　　　　　　　　기　　일 : 2019. 12. 12. 10:00
　　　　판사　강하문　　　　　　　　장　　소 :　　　제312호 법정
　　　　판사　한강수　　　　　　　　공개 여부 :　　　　　　공개
법원사무관　서초원　　　　　　　　　고 지 된
　　　　　　　　　　　　　　　　　　다음기일 : 2019. 12. 26. 14:00

피 고 인　　1. 김갑동　2. 이을남　　　　　　　　　　각 출석
검　　사　　엄정혜　　　　　　　　　　　　　　　　　출석
변 호 인　　법무법인 로여스 담당변호사 구원혜 (피고인 1을 위하여)　출석
　　　　　　변호사 류무재 (피고인 2를 위하여)　　　　　출석

재판장
　　피고인들은 진술을 하지 아니하거나 각개의 물음에 대하여 진술을 거부할 수 있고 이익되는 사실을 진술할 수 있음을 고지
재판장의 인정신문
　　성　　　명 : 1. 김갑동　2. 이을남
　　주민등록번호 : 각 공소장 기재와 같음
　　직　　　업 :　　　〃
　　주　　　거 :　　　〃
　　등록기준지 :　　　〃
재판장
　　피고인들에 대하여
　　주소가 변동될 경우에는 이를 법원에 보고할 것을 명하고 소재가 확인되지 않는 때에는 피고인들의 진술 없이 재판할 경우가 있음을 경고
검　사
　　공소장에 의하여 공소사실, 죄명, 적용법조 낭독
피고인 김갑동
　　공소사실 제2의 가.(2)항의 캠코더는 얼굴이 찍혀 없애버릴 생각으로 가지고

- 15 -

[39] 제1회 공판기일에서의 피고인의 인부진술은 기록에서 가장 중요한 내용이다. 피고인이 인정하는 공소사실에 대하여는 사실인정 쟁점은 문제되지 않고, 부인하는 공소사실에 대하여는 그 부인취지를 중심으로 사실인정이 문제된다.
각각의 공소사실에 대하여 인정여부와 함께 부인하는 경우 그 취지까지 메모하도록 한다. 답안작성 시 부인취지는 '피고인 변소의 요지'에 그대로 기재하게 된다.

나와 바로 부숴 쓰레기통에 버렸고, 공소사실 제2의 가.(3)항의 신용카드와 예금통장은 사용한 후 바로 제자리에 갖다 놓은 사정을 참작해 달라고 진술하고, 나머지 공소사실은 모두 인정한다고 진술

피고인 이을남

공소사실 제1의 가.항과 관련하여 김갑동과 공모하거나 범행에 관여한 사실이 없고, 공소사실 제3의 가.(1)항과 관련하여 원래는 신용카드를 사용하고 김갑동에게 돌려줄 의사였던 점을 참작하여 달라고 진술하고, 공소사실 제3의 가.(2)항과 관련하여 김갑동이 아버지의 허락을 받고 인출하는 것으로 알았으며, 공소사실 제3의 다.항과 관련하여 통장과 체크카드가 인터넷 도박사이트 환전에 이용될 것으로 생각했을 뿐 보이스피싱 사기 범행에 이용될 것이라고는 전혀 생각하지 못했다고 진술하고, 나머지 공소사실은 모두 인정한다고 진술

피고인 김갑동의 변호인 변호사 구원혜

피고인 김갑동을 위하여 유리한 변론을 하다(변론기재는 생략)

피고인 이을남의 변호인 변호사 류무재

피고인 이을남을 위하여 유리한 변론을 하다(변론기재는 생략)

재판장

증거조사를 하겠다고 고지

증거관계 별지와 같음(검사, 변호인)

재판장

검사에게

2019. 11. 13. 15:00 압수된 이메일 출력물(증 제5호)에 대하여 사후영장이 청구되었는지 석명을 구하다

검사

2019. 11. 13. 20:00 사후압수수색영장을 청구하여 영장이 발부되었다고 석명

재판장

각 증거조사 결과에 대한 의견을 묻고 권리를 보호함에 필요한 증거조사를 신청할 수 있음을 고지

피고인 이을남 및 변호인 변호사 류무재

피고인 이을남에 대한 검찰 제2회 피의자신문 당시 변호인이 피고인의 옆에 앉아 조력하겠다고 강력히 요청했고 피고인 이을남 역시 그렇게 하고 싶다는 의사를 피력했으나, 검사가 변호인을 피고인 이을남 뒤에 앉게 하였는데, 당

[40] 캠코더는 불법영득의사가 부정되고(손괴죄는 성립 가능), 신용카드와 예금통장 역시 불법영득의사 관련 사용절도가 문제됨을 알 수 있다.

[41] 공소사실 제1의 가.항에 대하여는 공모사실의 인정여부, 제3의 가.(1)항에 대하여는 장물 '취득'사실의 인정여부, 제3의 가.(2)항에 대하여는 장물의 지정 인정여부, 제3의 다.항에 대하여는 역시 방조의 고의 인정여부가 각각 문제된다.

[42] 실제 소송절차에서는 피고인의 모두진술 후 변호인의 모두진술이 이루어진다. 다만 최근 변호사시험에서는 변호인의 모두진술 부분은 생략되고 있다.

[43] 영장주의 예외로서 압수된 이메일 출력물에 대하여 사후영장 발부는 문제되지 아니함을 알 수 있다. 앞서 등장한 긴급체포서와의 관계상 긴급체포시의 압수(제217조 제1항)가 문제될 것임을 예상할 수 있다.

[44] 피의자신문 참여권 관련 이을남에 대한 검찰 제2회 피신조서가 위법수집증거로서 증거능력이 부정됨을 알 수 있다.

시 검사실에는 피고인 이을남 외에 조사를 받는 사람이 전혀 없었고 공간이 충분했음에도 검사는 변호인을 피고인 이을남 뒤에 앉게 하였고, 그 때문에 피고인 이을남이 심리적으로 매우 위축된 상태에서 조사를 받았다고 진술하고, 그 외 별 의견 없다고 진술

검 사
　　피고인 이을남에 대한 검찰 제2회 피의자신문 당시 피고인 이을남의 변호인이 피고인 이을남의 뒤 쪽에 착석한 것은 사실이나, 이로 인하여 변호인의 조력을 받는 데 아무런 장애가 없었고 변호인의 변호권도 침해되었다고 볼 수 없다고 진술하고, 그 외 별 의견 없다고 진술

피고인 김갑동 및 변호인 변호사 구원혜
　　별 의견 없다고 진술

재판장
　　변론 속행

2019. 12. 12.

법 원 사 무 관　　　서초원 ㊞

재판장 판 사　　　경복웅 ㊞

서울중앙지방법원
공 판 조 서

제 2 회

사　　건　2019고합1997 상습절도 등
재판장 판사　경복웅　　　　　　　　기　　　일：　2019. 12. 26. 14:00
　　　　판사　강하문　　　　　　　　장　　　소：　　　제312호 법정
　　　　판사　한강수　　　　　　　　공개 여부：　　　　　　　공개
법원사무관　서초원　　　　　　　　　고 지 된
　　　　　　　　　　　　　　　　　　다음기일：　2020. 1. 16. 15:00

피 고 인　1. 김갑동　2. 이을남　　　　　　　　　　　각 출석
검　　사　엄정혜　　　　　　　　　　　　　　　　　　출석
변 호 인　법무법인 로여스 담당변호사 구원혜 (피고인 1을 위하여)　출석
　　　　　변호사 류무재 (피고인 2를 위하여)　　　　　출석
증　　인　고동창　　　　　　　　　　　　　　　　　　출석

재판장
　　전회 공판심리에 관한 주요 사항의 요지를 공판조서에 의하여 고지
소송관계인
　　변경할 점이나 이의할 점이 없다고 진술
재판장
　　증거조사를 하겠다고 고지
　　출석한 증인 고동창을 별지와 같이 신문
증거관계 별지와 같음(검사, 변호인)
재판장
　　각 증거조사 결과에 대한 의견을 묻고 권리를 보호함에 필요한 증거조사를
　　신청할 수 있음을 고지
피고인 김갑동 및 변호인 변호사 구원혜
　　제출한 합의서는 공소사실 제1항 관련이라고 진술하고, 그 외 별 의견 없다
　　고 진술
피고인 이을남 및 변호인 변호사 류무재
　　별 의견 없다고 진술
재판장
　　피고인 이을남의 변호인 변호사 류무재에게
　　피고인 이을남도 제1항 관련 합의를 하였는지에 관하여 석명을 구하다
피고인 이을남의 변호인 변호사 류무재

- 18 -

[45] 제1회 이후의 공판조서에서는 가장 먼저 피고인이 기존 제1회 공판절차에서 진술한 내용 등을 변경하였거나, 기존 진행 절차에 대한 이의를 제기하였는지 여부를 체크하여야 한다. 예컨대 피고인이 제1회 공판기일에서 부인하였던 공소사실에 대하여 번의하여 인정하는 경우에는 제1회에서 잡았던 사실인정 쟁점을 더 이상 논의할 필요가 없어지게 된다.

[46] 공소사실 제1항 관련이므로 정통망법위반과 사자명예훼손 모두에 대한 의사표시가 존재한다.

[47] 고소 취소 또는 처벌희망의 사표시 철회에 있어 주관적불가분 원칙 적용여부가 쟁점임을 알 수 있다.

합의를 하지 못하였다고 석명

재판장
　증거조사를 마치고 피고인신문을 하겠다고 고지
검　사
　피고인 김갑동에게
문　(증거목록 순번 8, 22를 제시, 열람하게 하고) 피고인은 수사기관에서 사실대로 진술하고 진술한 대로 기재된 것을 확인하고 서명무인하였나요.
답　예. 그렇습니다.
문　2019. 11. 3. 12:00경 피고인이 작성한 '나부녀가 아파트 부녀회 기금 100만 원을 개인적으로 다 썼다'는 취지의 글과 관련하여, 이을남도 관여한 부분이 있는가요.
답　지금 생각해 보니 제가 그 글을 쓸 때 혼자 있었고, 이을남은 나중에 온 것이 맞습니다. 다만, 그 전에 언젠가 이을남에게 그런 글을 쓰겠다고 말했을 때 이을남이 고개를 끄덕끄덕 하기에 저는 이을남도 제가 글을 올리는 데 동의했다고 생각했습니다.
문　피고인이 2019. 10. 31. 19:00경 이을남에게 200만 원을 교부할 때 아버지에게서 훔친 돈이라는 것을 말해 주었나요.
답　예. 아버지 돈을 훔쳐서 주는 것이라고 분명히 말해주었습니다.

피고인 이을남의 변호인 변호사 류무재
　피고인 이을남에게
문　피고인은 2019. 11. 8. 성명불상자에게 양도한 통장 등이 보이스피싱 사기 범죄에 이용될 수 있다는 것을 예상하였나요.
답　전혀 몰랐습니다.

재판장
　피고인신문을 마쳤음을 고지
재판장
　변론 속행(변론 준비를 위한 검사, 변호인들의 요청으로)

2019. 12. 26.

법 원 사 무 관　　서초원 ㊞

재판장 판 사　　경복웅 ㊞

[48] 김갑동과 이을남이 이을남의 장물취득의 점에 대하여는 공범 아닌 공동피고인 관계에 있으므로, 김갑동이 피고인 지위에서 피신조서들에 대하여 진정성립을 인정한 사정만으로는 증거능력을 인정할 수 없다.

[49] 정통망법위반의 점에 대하여는 김갑동과 이을남은 공범인 공동피고인 관계에 있으므로, 이 부분 진술의 증거능력은 인정된다. 다만, 신빙성 탄핵의 근거(수사단계 진술의 번복)로 활용된다.

[50] 이 부분 진술은 공범 아닌 공동피고인의 피고인 지위에서의 법정진술로서 증거능력이 부정된다. 답안 작성이 전체 법정진술이 아니라, 이 부분만을 특정하여 증거능력을 부정하여야 한다.

서울중앙지방법원
증인신문조서 (제2회 공판조서의 일부)

사　　건　　2019고합1997　상습절도 등
증　인　이　름　　　　고동창
　　　　　생년월일 및 주거 (생략)

재판장
　증인에게 형사소송법 제148조 또는 제149조에 해당하는가의 여부를 물어 이에 해당하지 아니함을 인정하고, 위증의 벌을 경고한 후 별지 선서서와 같이 선서를 하게 하였다.

검사
문　(증거목록 순번 10을 제시, 열람하게 하고) 증인은 수사기관에서 사실대로 진술하고 진술한 대로 기재된 것을 확인하고 서명무인하였는가요.
답　예, 그렇습니다.
문　피고인 김갑동이 어떤 경위로 2019. 11. 3. 행운아파트 부녀회 홈페이지 게시판에 글을 작성하게 되었다고 하던가요.
답　이을남이 자신에게 나부녀를 망신 주는 글을 올리자고 제안해서 그 제안에 따라 자신이 글을 올리게 되었다고 김갑동이 제게 말해 주었습니다.

피고인 이을남의 변호인
문　이을남은 글 작성과 게시에 관여한 사실이 없다고 주장하는데 어떤가요.
답　저는 김갑동의 말에 따라 이을남이 먼저 글을 올리자고 부추겼다고 생각했고, 실제 어떻게 된 것인지는 알 수 없습니다.

2019. 12. 26.

법원사무관　　서초원　㊞
재판장 판사　　경복웅　㊞

― 20 ―

[51] 증인신문조서를 읽기 전 공소사실 메모 등을 통해 해당 증인이 어떤 공소사실에 대한 어떤 지위에 있는 사람인지를 확인부터 한다.

[52] 사경 작성 고동창에 대한 진술조서에 대한 그 원진술자 고동창의 공판기일에서의 실질적 진정성립 인정 진술이다. 따라서 위 조서는 형사소송법 제312조 제4항에 의해 증거능력이 인정된다.

[53] 이을남이 부인하는 정통망법위반죄에 대하여 김갑동의 진술을 내용으로 하는 전문진술이다. 김갑동이 이 사건 법정에 출석하고 있는 이상 필요성 요건을 갖추지 못하여 증거능력이 부정된다(형사소송법 제316조 제2항).
고동창에 대한 진술조서 기재에도 같은 내용이 있음을 바로 확인하여 증거능력을 같이 부정하도록 한다.

[54] 고동창의 진술에는 이을남이 정통망법위반 행위에 대하여 김갑동과 공모하였는지 여부에 대한 내용은 포함되어 있지 않다.

증 거 신 청 서

사 건 2019고합1997 상습절도 등

피고인 김갑동

위 사건에 관하여 피고인 김갑동의 변호인은 피고인의 이익을 위하여 다음 증거 서류를 증거로 신청합니다.

다 음

1. 합의서 1부

2019. 12. 26.

2019. 12. 26. 법정접수
법원사무관 서 초 원

피고인 김갑동의 변호인

법무법인 로여스 담당변호사 구원혜 ㊞

서울중앙지방법원 제28형사부 귀중

- 21 -

[55] 합의서 작성일자와 그 합의서의 법원접수일자가 불일치하는 경우 후자가 의사표시일임에 주의를 요한다.

합의서

가해자 : 김갑동(인적사항 생략)

피해자 : 나부녀(인적사항 생략)

나부녀는 김갑동과 원만히 합의하였으므로 김갑동의 정보통신망이용촉진및정보보호등에관한법률위반(명예훼손) 및 사자명예훼손 사실에 대하여 어떠한 민·형사상의 책임도 묻지 않겠습니다.

별첨 : 인감증명서 1통 (생략)

2019. 12. 25.

피해자 나 부 녀 ㊞

[56] 피해자 나부녀는 직접적으로는 김갑동에 대하여만 처벌불원 및 고소취소의 의사표시를 하였다. 이을남에 대하여는 주관적 불가분의 원칙(형사소송법 제233조)이 문제된다.

	제 1 책
	제 1 권

[57] 수사기록표지 등은 읽지 않고 넘어가도 무방하다.
공판기록은 모든 기록을 꼼꼼하게 읽으면서 체크하여야 하나, 수사기록은 공판기록에서 파악한 쟁점 내용 등을 바탕으로 필요한 부분만을 꼼꼼하게 읽는 방식으로 완급조절을 하면서 읽도록 한다.

서울중앙지방법원
증거서류등(검사)

사건번호	2019고합1997	담임	제28부	주심	나
	20 노		부		
	20 도		부		

사건명	가. 상습절도 나. 사기 다. 사기방조 라. 여신전문금융업법위반 마. 횡령 바. 정보통신망이용촉진및정보보호등에관한법률위반(명예훼손) 사. 장물취득 아. 건조물침입 자. 전자금융거래법위반 차. 사자명예훼손
검 사	엄정혜 2019년 형제171539호
피 고 인	1. 가. 나. 라. 바. 아. 차. 김갑동 2. 다. 마. 바. 사. 자. 차. 이을남
공소제기일	2019. 11. 27.
1심 선고	20 . . 항소 20 . .
2심 선고	20 . . 상고 20 . .
확 정	20 . . 보존

			제 1 책
			제 1 권

구공판	서울중앙지방검찰청
	증 거 기 록

검 찰	사건번호	2019년 형제171539호	법원	사건번호	2019년 고합1997호
	검 사	엄정혜		판 사	

피 고 인	1. 가. 나. 라. 바. 아. 차. 김갑동 2. 다. 마. 바. 사. 자. 차. 이을남

죄 명	가. 상습절도 나. 사기 다. 사기방조 라. 여신전문금융업법위반 마. 횡령 바. 정보통신망이용촉진및정보보호등에관한법률위반(명예훼손) 사. 장물취득 아. 건조물침입 자. 전자금융거래법위반 차. 사자명예훼손

공소제기일	2019. 11. 27.

구 속		석 방	

변 호 인	1. 법무법인 로여스 담당변호사 구원혜 2. 변호사 류무재

증 거 물	

비 고	

신 고 서

성 명   김부친 (인적사항 생략)

1. 피해내역

금일 제가 직장에서 인터넷에 접속하여 제 명의로 된 신한은행 계좌의 거래내역을 확인하는 과정에서, 저도 모르는 사이에 2019. 10. 31. 12:00경 신한은행 계좌에서 현금 500만 원이 인출되었고, 그 직후 제 명의로 된 신한은행 신용카드에서 현금서비스로 100만 원이 인출된 사실을 확인하였습니다.

2. 경위 등 기타

위 피해사실을 확인하고 제 통장과 신용카드가 도난당한 것으로 생각하였으나, 집에 와서 찾아보니 통장과 신용카드가 그대로 있었습니다.
평소 제 집을 드나드는 사람의 소행일 것으로 생각됩니다. 꼭 잡아서 처벌해 주시기 바랍니다.

2019. 11. 4.

진술자   김부친 ㊞

서울관악경찰서장 귀중

---

[58] 현금을 인출한 것이 아니라 현금서비스를 받았으므로 여전법 위반죄 성립은 가능하다.

[59] 김갑동이 피해자 김부친 소유의 통장과 신용카드를 사용한 후 돌려두었음을 알 수 있다. 통장의 경우에는 절도죄가 성립할 수 있으나, 신용카드의 경우에는 절도죄가 성립하지 아니한다(불가벌적 사용절도).

고 소 장

서울관악경찰서 접수인(1327호)(2019. 11. 6.)

고 소 인   나부녀 (인적사항 생략)
피고소인   불상
죄   명   명예훼손

고소인은 2019. 1.경부터 현재까지 행운아파트 부녀회 회장을 맡고 있습니다.
피고소인은 2019. 11. 3. 행운아파트 부녀회 홈페이지 익명게시판에 '나부녀가 아파트 부녀회 기금 100만 원을 개인적으로 다 썼다'는 취지의 글을 게시하였습니다. 그러나 고소인은 부녀회 회장으로 있는 동안 단 한 푼의 공금도 임의로 사용한 사실이 없습니다. 그럼에도 피고소인은 위와 같은 허위의 글을 게시하여 고소인의 명예를 심대하게 훼손하였습니다.
익명게시판에 쓴 글로 글을 게시한 자의 인적사항은 정확히 알지 못하니 게시자를 찾아내 엄벌하여 주시기 바랍니다.

첨부 서류 : 게시글 출력물 1부 (생략)

2019. 11. 6.

고소인   나 부 녀 ⑪

서울관악경찰서장 귀중

[60] 정통망법위반의 점에 대한 피해자의 처벌희망의사표시이다. 다만, 앞서 공판기록에서 검토한 바와 같이 나부녀는 김갑동에 대하여 처벌희망의사표시를 철회하였다.

진 술 조 서

성   명 : 나부녀
주민등록번호, 직업, 주거, 등록기준지, 직장주소, 연락처 (각 생략)

위의 사람은 피의자 성명불상에 대한 정보통신망이용촉진및정보보호등에관한법률위반(명예훼손) 피의사건에 관하여 2019. 11. 6. 서울관악경찰서 형사과 사무실에 임의 출석하여 다음과 같이 진술하다.

[피의자와의 관계, 피의사실과의 관계 등 (생략)]

문 진술인은 어떤 피해를 입었는가요.
답 저는 행운아파트 부녀회장인데, 단 한 푼의 공금도 임의로 사용한 사실이 없음에도 누군가가 2019. 11. 3. 아파트 부녀회 홈페이지 익명게시판에 '나부녀가 아파트 부녀회 기금 100만 원을 개인적으로 다 썼다' 는 취지로 허위사실을 적시한 글을 게시하여 고소인의 명예가 훼손되었습니다.

문 혹시 의심 가는 사람이 있는가요.
답 김갑동이 죽은 남편 채무왕을 험담하고 다닌다고 합니다. 고등학교 동창생 100여 명이 있는 카카오톡 단체채팅방에 2019. 11. 4. 김갑동이 올린 글을 남편 친구인 고동창이 캡처하여 저에게 카카오톡으로 보내 주었는데, "필리핀에서 채무왕을 본 사람이 있다. 빚 때문에 한국에서 못 살고 해외에 가서 잘 먹고 잘 산다" 라는 내용이었습니다. 아무래도 게시판에 글을 쓴 것도 김갑동이 아닌가 의심됩니다. 카카오톡 대화방 글을 출력하여 왔으니 제출하겠습니다.

이때 고소인이 카카오톡 캡처 출력물을 임의로 제출하므로 이를 조서에 편철하기 위하여 제출받다.

문 채무왕은 언제 사망하였는가요.
답 2012. 2. 22. 저와 혼인신고하여 부부로 지내던 중 2016. 6. 25. 교통사고로 사망하였습니다. 가족관계증명서를 제출하도록 하겠습니다.

이때 고소인이 가족관계증명서를 임의로 제출하므로 이를 조서에 편철하기 위하여 제출받다.

문 더 하고 싶은 말이 있는가요.
답 저는 남편이 김갑동에게 채무가 있는지 없는지 전혀 모릅니다. 김갑동이 뜬금없이 남편이 죽은 다음에 찾아와 저에게 남편 대신에 돈을 갚으라고 하기에 제가 모르는 일이라고 했더니 저에게 앙심을 품고 위와 같이 게시판에 저를

[61] 나부녀는 사자명예훼손죄의 피해자 망 채무왕의 배우자로서 고소권자에 해당한다.

험담하고, 카카오톡으로도 죽은 남편을 험담한 것 같습니다. 두 가지 모두에 대해 엄히 처벌해 주십시오.
문 이상의 진술은 사실인가요.
답 **예. 사실대로 진술하였습니다.**

위의 조서를 진술자에게 열람하게 하였던바, 진술한 대로 오기나 증감·변경할 것이 전혀 없다고 말하므로 간인한 후 서명날인하게 하다.

진술자   **나 부 녀** ⑩

2019. 11. 6.

서울관악경찰서
사법경찰리   경사   **먼 주 경** ⑩

(첨부된 카카오톡 캡처 출력물, 나부녀의 가족관계증명서 각 1부 생략)

[62] 친고죄인 사자명예훼손죄에 있어 나부녀의 고소가 존재한다. 다만, 앞서 공판기록에서 검토한 바와 같이 나부녀는 김갑동에 대하여 고소를 취소하였다.

피 의 자 신 문 조 서

> 피의자 : 김갑동
>
> 위의 사람에 대한 상습절도 등 피의사건에 관하여 2019. 11. 7. 서울관악경찰서 형사과 사무실에서 사법경찰관 경위 정의감은 사법경찰리 경사 민주경을 참여하게 하고, 아래와 같이 피의자임에 틀림없음을 확인하다.

문 피의자의 성명, 주민등록번호, 직업, 주거, 등록기준지 등을 말하십시오.
답 성명은 김갑동
주민등록번호, 직업, 주거, 등록기준지, 직장주소, 연락처 (각 생략)

사법경찰관은 피의사건의 요지를 설명하고 사법경찰관의 신문에 대하여 「형사소송법」 제244조의3에 따라 진술을 거부할 수 있는 권리 및 변호인의 참여 등 조력을 받을 권리가 있음을 피의자에게 알려주고 이를 행사할 것인지 그 의사를 확인하다.

[진술거부권 및 변호인 조력권을 고지하고 변호인 참여 없이 진술하기로 함(생략)]

이에 사법경찰관은 피의사실에 관하여 다음과 같이 피의자를 신문하다.

[피의자의 범죄전력, 경력, 학력, 가족·재산 관계 등(생략)]

□ 2019. 10. 31. 상습절도, 여신전문금융업법위반 혐의에 대하여

문 신한은행 서초지점 ATM에서 확인한 CCTV에 따르면 김부친이 도난신고를 한 통장과 신용카드로 피의자가 600만 원을 인출한 것이 확인되는데 어떤 경위로 돈을 인출한 것인가요.
답 제가 2019. 6.경 고등학교 동창인 이을남으로부터 200만 원을 빌린 사실이 있습니다. 돈을 갚아야 하는데 보시다시피 제가 백수여서 갚지 못하고 있었습니다. 그런데 2019. 10.경 이을남이 돈을 갚으라고 심하게 독촉하여 할 수 없이 2019. 10. 31. 아버지가 출근한 뒤인 10:00경 아버지 방에 들어가 아버지의 신한은행 신용카드 1장과 예금통장 1개를 꺼내어 그것으로 돈을 인출한 것입니다.
문 구체적으로 어떻게 인출하였나요.
답 그날 12:00경 서울 서초구 효령로에 있는 신한은행 서초지점에 가서 평소 알고 있던 비밀번호를 이용하여 먼저 예금통장으로 500만 원을 인출하고, 더 이상 인출할 예금이 없어 신용카드의 현금서비스 기능을 이용하여 100만 원을 인출

하였습니다. 이렇게 인출한 600만 원 중 200만 원을 2019. 10. 31. 19:00경 서울 강남구 강남대로에 있는 '강남스타일'이라는 술집에서 이을남에게 주었습니다.
문 비밀번호는 어떻게 알았는가요.
답 제가 그 전에 아버지 심부름을 종종하였기 때문에 알고 있습니다.
문 이을남에게 갚은 돈이 훔친 돈이라는 것을 이야기했는가요.
답 예. 아버지 돈을 몰래 훔쳐서 주는 것이라고 이야기하였습니다.
문 훔친 신용카드와 통장은 어떻게 하였나요.
답 돈을 인출한 직후 아버지가 눈치 채지 못하도록 바로 제자리에 가져다 놓았습니다.

□ 정보통신망이용촉진및정보보호등에관한법률위반(명예훼손), 사자명예훼손 혐의에 대하여

문 피의자는 나부녀를 알고 있나요.
답 동창인 채무왕의 부인이며, 현재 제가 살고 있는 행운아파트 부녀회장입니다.
문 피의자는 2019. 11. 3. 12:00경 행운아파트 부녀회 홈페이지 익명게시판에 '나부녀가 아파트 부녀회 기금 100만 원을 개인적으로 다 썼다'는 내용의 글을 게시한 사실이 있는가요.
답 예. 그날 제가 저희 집에서 컴퓨터를 사용하여 게시한 것이 맞습니다.
문 나부녀가 부녀회 기금 100만 원을 개인적으로 쓴 것이 사실인가요.
답 그런 일이 있는지 없는지 모릅니다. 다만, 제가 나부녀의 남편인 채무왕에게 받을 돈이 많이 있었는데, 채무왕이 그 돈을 갚지 않고 사망했고, 나부녀는 남편 채무는 자신과 상관이 없다며 전혀 갚을 생각을 하지 않아 너무 화가 나 그런 글을 작성하였습니다.
문 범행은 혼자 한 것인가요.
답 고등학교 동창인 이을남의 제안으로 함께 하였습니다. 이을남도 채무왕에게 받을 돈이 많았는데, 저처럼 받지 못해 큰 스트레스를 받는 상황이었고, 2019. 11. 3. 이을남이 저에게 "화가 나서 못 참겠다. 개망신을 줘야겠다"라며 글을 쓰자고 하여 같이 글을 썼습니다.
문 피의자는 2019. 11. 4. 15:00경 고동창을 비롯한 100여 명의 고등학교 동창생들로 구성된 카카오톡 단체채팅방에 "필리핀에서 채무왕을 본 사람이 있다. 빚 때문에 한국에서 못 살고 해외에 가서 잘 먹고 잘 산다"라는 글을 게시한 사실이 있나요.
이때 사법경찰관은 기록에 편철된 카카오톡 캡처 출력물을 제시하다.

- 30 -

[63] 김갑동은 이을남에게 그에게 교부하는 현금이 장물이라는 점을 이야기하였다고 일관되게 진술하고 있다. 다만, 이러한 진술이 기재된 피신조서는 증거능력이 부정된다.

[64] 사경단계에서 김갑동은 이을남이 자신에게 먼저 범행을 제안하였다고 진술하고 있는바, 이는 앞서 살펴본 김갑동의 공판단계 진술은 물론 뒤에서 살펴볼 김갑동의 검찰단계 진술과도 배치된다.

[65] 이을남은 사자명예훼손의 점에 대하여는 인정하고 있으므로 이 부분 사건경위는 크게 신경쓰지 않아도 무방하다.

답 예. 그런 사실이 있습니다. 채무왕이 수년 전에 사망한 것은 잘 알고 있으나, 채무왕으로부터 돈을 받지 못한 것이 너무 억울해서 화가 났고, 죽어서라도 사람들에게 망신 좀 당해 보라는 생각에 지어내서 글을 쓴 것입니다.

문 카카오톡 글은 혼자 올린 것인가요.

답 이을남이 옆에서 제 휴대전화를 가지고 제가 불러주는 대로 입력한 후 올렸습니다. 카카오톡 글을 올리기 전 채무왕에게 감정이 좋지 않았던 이을남과 채무왕을 망신주기로 서로 이야기가 되었고, 이을남은 제 휴대전화로 제가 불러주는 대로 입력한 후 단체채팅방에 올린 것입니다.

□ 피의자의 다른 범죄 혐의에 대하여

문 피의자가 현재 입고 있는 옷은 K3 패딩점퍼로 꽤 비싸 보이는데, 피의자가 산 것인가요.

답 (이때 피의자는 묵묵부답하다)

문 피의자는 특별한 직업이 없다고 했지요.

답 예. 직장 구하기가 어려워 백수생활이 오래되니 살기 어렵습니다.

문 특별한 직업이 없는데 어떻게 이렇게 비싼 옷을 입고 있나요.

답 사실은 제가 2017. 11. 19. 12:00경 서울 관악구 관악로에 있는 '히말라야'라는 등산복 매장에서 훔친 것입니다.

문 훔친 경위를 말해 보세요.

답 우연히 '히말라야' 매장 앞을 지나가다가 매장 주인이 셔터문을 내리기만 하고 잠그지 않은 채 외출하는 것을 보았습니다. 추운데 마침 잘 되었다 싶어 셔터문을 살짝 들고 안으로 들어가서 앞 쪽에 놓인 패딩점퍼 1개를 들고 나왔습니다.

문 절도로 처벌받은 전력이 많은데, 또 훔친 물건이 있나요.

답 이번 기회에 전부 말씀드리겠습니다. 크리스마스 이브인 2017. 12. 24. 직장을 알아 보려 서울 송파구 쪽에 갔다가 송파대로에 있는 '엄마손 식당'이라는 곳에서 점심으로 김치찌개를 시켜 먹었습니다. 계산을 하고 나오려 할 때 무슨 일인지 주인 아주머니가 잠시 자리를 비워 없었고, 카운터 위에 농협은행 신용카드 1장이 보이기에 신용카드와 카운터 모서리에 있던 캠코더 1대를 집어 들고 나왔습니다.

문 신용카드 외에 캠코더는 왜 들고 나온 것인가요.

답 신용카드를 집어 드는 순간 카운터 모서리에서 캠코더 불빛이 깜박거리는 게

|문| 보였고, 제 얼굴이 다 찍혔을 것 같아 없애버리려고 함께 들고 나왔습니다.
|문| 훔친 물건은 어떻게 하였나요.
|답| 캠코더는 산산조각 내어 식당 부근 쓰레기통에 버렸습니다. 신용카드는 그날 저녁 19:00경 관악구 신림역 근처 호프집에서 저를 잘 따르는 친구 이을남을 만나 전동킥보드를 사오라고 시키며 주었는데, 이을남이 신용카드를 잃어버렸다고 합니다.
|문| 이을남은 신용카드가 훔친 것이라는 것을 알고 있었는가요..
|답| 예. 제가 훔친 것이라고 말해 주었습니다.
|문| 다른 범행을 저지른 것이 또 있나요.
|답| 2019. 10. 10. 14:00경 서울 강남구 도곡로에 있는 삼성 디지털플라자 매장에서 삼성 태블릿 1대를 들고 나온 사실이 있습니다.
|문| 어떻게 들고 나왔나요.
|답| 2019. 10. 10. 14:00경 위 삼성 매장 앞을 지나는데 태블릿 행사기간이라고 하는 플래카드가 보여 안으로 들어갔습니다. 돈 주고 살 생각은 없었지만 직원에게 최신형 태블릿을 사겠다며 한번 보여 달라고 했습니다. 직원이 태블릿을 주기에 건네받아 이것저것 눌러 보다가 마침 다른 손님이 직원을 불러 그 직원이 손님을 응대하는 동안 태블릿을 들고 나왔습니다.
|문| 이상의 진술에 대하여 이의나 의견이 있나요.
|답| **없습니다.**

위의 조서를 진술자에게 열람하게 하였던바, 진술한 대로 오기나 증감·변경할 것이 전혀 없다고 말하므로 간인한 후 서명무인하게 하다.

　　　　　　진술자 **김갑동** (무인)

　　　　　　　2019. 11. 7.

　　　　　　서울관악경찰서
　　　　　　사법경찰관 　경위　　**정의감** ㊞
　　　　　　사법경찰리 　경사　　**변주경** ㊞

[66] 캠코더에 대하여는 불법영득의사가 부정되어 손괴죄 성립만이 가능함을 알 수 있다. 다만, 위와 같이 불법영득의사가 부정됨을 이을남의 진술만으로 인정하여서는 아니되고, 별도의 독립된 증거(예컨대 피해자 진술 등)에 의하여 입증하면서 답안을 작성하여야 한다.

진 술 조 서

성 명 : 고 동 창
주민등록번호, 직업, 주거, 등록기준지, 직장주소, 연락처 (각 생략)

위의 사람은 피의자 김갑동 등에 대한 정보통신망이용촉진및정보보호등에관한법률위반(명예훼손) 등 피의사건에 관하여 2019. 11. 7. 서울관악경찰서 형사과 사무실에 임의 출석하여 다음과 같이 진술하다.

[피의자와의 관계, 피의사실과의 관계 등 (생략)]

문 진술인은 카카오톡 단체채팅방 내용을 나부녀에게 알려 준 적이 있나요.
답 예. 김갑동이 2019. 11. 4. 고등학교 동창생들로 구성된 카카오톡 단체채팅방에 "필리핀에서 채무왕을 본 사람이 있다. 빚 때문에 한국에서 못 살고 해외에 가서 잘 먹고 잘 산다"라는 글을 올렸는데, 죽은 친구를 험담하는 내용이라 제가 나부녀에게 위 내용을 캡처하여 보내 준 적이 있습니다.
문 진술인은 김갑동이 행운아파트 부녀회 홈페이지 익명게시판에 '나부녀가 아파트 부녀회 기금 100만 원을 개인적으로 다 썼다'는 취지의 글을 게재한 사실을 아는가요.
답 예. 제가 위 카카오톡 내용을 나부녀에게 보내 준 다음 김갑동에게 왜 죽은 친구를 험담하냐고 물어 본 적이 있습니다. 김갑동은 위 카카오톡 글은 이을남이 올린 것이라고 하면서, 부녀회 익명게시판에 올린 '나부녀가 아파트 부녀회 기금 100만 원을 사용했다'는 취지의 글도 이을남과 함께 쓴 것이라고 하더군요.
문 이상의 진술은 사실인가요.
답 예. 사실대로 진술하였습니다.

위의 조서를 진술자에게 열람하게 하였던바, 진술한 대로 오기나 증감·변경할 것이 전혀 없다고 말하므로 간인한 후 서명무인하게 하다.

진술자 고 동 창 (무인)

2019. 11. 7.

서울관악경찰서
사법경찰관 경위 정 의 감 ㊞

[67] 이을남의 정통망법위반의 점에 대하여 피고인 아닌 자인 김갑동의 전문진술이 기재된 조서에 해당하고, 그 원진술자인 김갑동이 피고인으로서 이 사건 법정에 출석하고 있는 이상 증거능력이 부정된다(형사소송법 제316조 제2항, 제312조 제4항).

진 술 조 서

성 명 : 주전자
주민등록번호, 직업, 주거, 등록기준지, 직장주소, 연락처 (각 생략)

위의 사람은 피의자 김갑동에 대한 상습절도 등 피의사건에 관하여 2019. 11. 8. 서울관악경찰서 형사과 사무실에 임의 출석하여 다음과 같이 진술하다.

[피의자와의 관계, 피의사실과의 관계 등(생략)]

문 진술인은 전자기기 매장을 운영하고 있는가요.
답 예. 서울 강남구 도곡로7길 114에서 삼성 디지털플라자 매장을 운영하고 있습니다.
문 진술인은 태블릿을 사기당한 사실이 있는가요.
답 예. 제가 운영하는 매장 직원이 속아서 제 소유의 판매 물건인 태블릿 1대를 손해 본 사실이 있습니다.
문 구체적인 경위가 어떻게 되는가요.
답 당시 태블릿 행사기간이었는데, 2019. 10. 10. 14:00경 저희 매장에 피의자가 들어와 직원인 어리숙에게 최신형 태블릿을 사겠다며 보여 달라고 해서 어리숙이 100만 원 짜리 최신형 태블릿을 건네주었다고 합니다. 피의자는 살 것처럼 태블릿을 이것저것 작동해 보다가 어리숙이 다른 손님을 응대하느라 잠시 정신이 팔린 사이 들고 나갔다고 하네요. 어제 경찰서로부터 연락을 받고 왔습니다.
문 피의자의 처벌을 원하는가요.
답 예. 처벌해 주십시오. 괘씸합니다.
문 이상의 진술은 사실인가요.
답 예. 사실대로 진술하였습니다.

위의 조서를 진술자에게 열람하게 하였던바, 진술한 대로 오기나 증감·변경할 것이 전혀 없다고 말하므로 간인한 후 서명날인하게 하다.

진술자 주 전 자 ㉞

2019. 11. 8.

서울관악경찰서
사법경찰리 경사 면 주 경 ㉞

[68] 이을남에 대하여 어리숙이 별도의 처분행위를 하지 않았음을 알 수 있다.

진 술 조 서

성   명 : 나이기
주민등록번호, 직업, 주거, 등록기준지, 직장주소, 연락처 (각 생략)

위의 사람은 피의자 김갑동에 대한 상습절도 등 피의사건에 관하여 2019. 11. 8. 서울관악경찰서 형사과 사무실에 임의 출석하여 다음과 같이 진술하다.

[피의자와의 관계, 피의사실과의 관계 등(생략)]

문   진술인은 등산복 매장을 운영하고 있는가요.
답   예. 서울 관악구 관악로 20에서 '히말라야'라는 상호로 등산복 매장을 운영하고 있습니다.
문   진술인은 절도 피해를 당한 사실이 있는가요.
답   예. 2017. 11. 19. 12:00경 저희 매장에 팔려고 전시해 두었던 시가 50만 원 상당의 K3 패딩점퍼 1개를 잃어버린 적이 있습니다.
문   어떻게 하다 잃어버린 것인가요.
답   원래 알바 청년이 오전에 나와 매장 관리를 하기로 했는데, 그날따라 알바 청년이 독감이 걸려 나오지 못해 제가 아침부터 매장을 보고 있었습니다. 12시가 다 되어 점심을 먹고 오려고 셔터문을 내리고 나갔다 왔는데, 그 사이 누군가 들어와서 패딩점퍼를 가져갔습니다. 식당이 바로 옆에 있어 금방 돌아올 수 있다고 생각해 셔터문을 잠그지 않았는데, 그 사이 가져간 것입니다.
문   피의자의 처벌을 원하는가요.
답   예. 처벌해 주십시오. 다시 생각하니 속이 쓰린데, 늦게라도 잡혀 다행입니다.
문   이상의 진술은 사실인가요.
답   **예. 사실대로 진술하였습니다.**

위의 조서를 진술자에게 열람하게 하였던바, 진술한 대로 오기나 증감·변경할 것이 전혀 없다고 말하므로 간인한 후 서명날인하게 하다.

진술자   나 이 기 ㉞

2019. 11. 8.

서울관악경찰서
사법경찰리   경사   먼 주 경 ㉞

진 술 조 서

성   명: 고향미
주민등록번호, 직업, 주거, 등록기준지, 직장주소, 연락처 (각 생략)

위의 사람은 피의자 김갑동에 대한 상습절도 등 피의사건에 관하여 2019. 11. 8. 서울관악경찰서 형사과 사무실에 임의 출석하여 다음과 같이 진술하다.

[피의자와의 관계, 피의사실과의 관계 등(생략)]

문 진술인은 무슨 일을 하는 사람인가요.
답 서울 송파구 송파대로7길 119에서 '엄마손 식당'을 운영하고 있습니다.
문 무슨 피해를 당하였나요.
답 2017. 12. 24. 13:00경 식당에 어떤 청년 1명이 김치찌개를 시켜 먹고 있었는데, 화장실이 급해 잠시 나갔다 온 사이 계산대 위에 놓아 두었던 농협은행 신용카드 1장과 계산대를 비추고 있던 캠코더 1대가 없어졌습니다.
문 피해품은 찾았는가요.
답 화장실에서 돌아온 후 피해를 확인하고 바로 밖으로 나와 근처를 찾아보다 혹시나 해서 식당 길 건너 쓰레기통을 뒤져 보니 완전히 부숴진 캠코더 조각들이 있었고, 농협은행 신용카드는 찾지 못했습니다. 그래서 바로 카드 분실신고를 하였습니다.
문 피해품은 얼마나 하는 물건인가요.
답 캠코더는 100만 원 정도 하는 물건입니다.
문 피의자의 처벌을 원하는가요.
답 예. 처벌해 주십시오. 괘씸합니다.
문 이상의 진술은 사실인가요.
답 **예. 사실대로 진술하였습니다.**

위의 조서를 진술자에게 열람하게 하였던바, 진술한 대로 오기나 증감·변경할 것이 전혀 없다고 말하므로 간인한 후 서명날인하게 하다.

진술자   고 향 미 ㊞

2019. 11. 8.

서울관악경찰서
사법경찰리   경사   민 주 경 ㊞

[69] 캠코더에 대하여 불법영득의사가 부정됨을 알 수 있다. 답안 작성시 피고인의 진술이 아닌 고향미의 진술기재 부분을 근거로 하여 관련 사실을 기재하여야 한다.

진 술 조 서

성　　명: 김부친
주민등록번호, 직업, 주거, 등록기준지, 직장주소, 연락처 (각 생략)

위의 사람은 피의자 김갑동에 대한 상습절도 등 피의사건에 관하여 2019. 11. 11. 서울관악경찰서 형사과 사무실에 임의 출석하여 다음과 같이 진술하다.

[피의자와의 관계, 피의사실과의 관계 등(생략)]

문　진술인은 예금계좌에서 누군가 몰래 돈을 인출했다고 신고한 사실이 있지요.
답　예. 제 돈이 저도 모르는 사이에 빠져나간 것을 2019. 11. 4. 발견하고 즉시 경찰서에 신고한 바 있습니다.
문　수사해 보니 김갑동이 빼간 것으로 밝혀졌는데, 김갑동과는 어떤 관계인가요.
답　제 아들입니다. 그날 집에 가서 확인해 보니 안방 서랍에 통장과 카드는 그대로 있는데 통장 잔액이 0원으로 되어 있어 누군가 아는 사람의 소행일 것이라고 추측은 하고 있었는데, 그게 아들놈이라니 갑갑합니다.
문　아들은 뭐라 하던가요.
답　그렇지 않아도 갑동이가 경찰 조사를 받고 와서 자기가 했다고 털어 놓더군요.
문　피의자의 처벌을 원하는가요.
답　아들의 처벌을 어떻게 원합니까. 그저 답답할 뿐이죠.
문　이상의 진술은 사실인가요.
답　예. 사실대로 진술하였습니다.

위의 조서를 진술자에게 열람하게 하였던바, 진술한 대로 오기나 증감·변경할 것이 전혀 없다고 말하므로 간인한 후 서명날인하게 하다.

　　　　　　　　　　　진술자　　김부친 ㊞

　　　　　　　　　　　2019. 11. 11.

　　　　　　　　　　　서울관악경찰서
　　　　　　　　　　　사법경찰리　경사　면주경 ㊞

---

[70] 예금통장에 대한 절도죄가 성립하나, 그 피해자와 피고인 사이에 직계혈족관계가 존재한다. 따라서 이 부분 공소사실에 대하여는 형법 제328조 제1항에 따라 형 면제 판결이 선고되어야 한다.

피 해 신 고 서

(보이스피싱 사기)

성 명   장호구(인적사항 생략)

1. 피해내역

  금일 12:00경 성명을 알 수 없는 사람이 제 휴대폰으로 전화를 하여 자신이 검찰수사관이라고 하면서 "당신 명의로 은행 계좌가 개설되어 범죄에 이용되었다. 명의가 도용된 것 같으니 추가 피해 예방을 위해 은행에 예치되어 있는 돈을 내가 지시하는 계좌로 송금하여 안전하게 보관하라"라고 말하였습니다. 제가 너무 놀라 그 사람이 말한 계좌로 400만 원을 송금하였습니다.

2. 경위 등 기타

  제가 일단 급한 마음에 시키는 대로 돈을 송금한 후 아들에게 전화하여 제게 일어난 일을 이야기했더니, 아들이 사기를 당한 것 같다며 당장 경찰에 신고하라고 하였습니다. 제가 이상한 생각이 들어 저에게 걸려온 번호로 다시 전화를 했으나 더 이상 전화를 받지 않아 곧바로 신고하였습니다.

첨   부 : 계좌송금내역 (생략)

2019. 11. 12.

진술자   장호구   ㉑

서울관악경찰서장 귀중

[71] 사기 피해자 진술 내용에 이을남이 범행에 가담하였음을 증명할 만한 내용은 포함되어 있지 아니하다.

피 의 자 신 문 조 서

> 피 의 자 : 이 을 남
> 위의 사람에 대한 사기방조 등 피의사건에 관하여 2019. 11. 12. 서울관악경찰서 형사과 사무실에서 사법경찰관 경위 정의감은 사법경찰리 경사 민주경을 참여하게 하고, 아래와 같이 피의자임에 틀림없음을 확인하다.

문 피의자의 성명, 주민등록번호, 직업, 주거, 등록기준지 등을 말하십시오.
답 성명은 이을남
    주민등록번호, 직업, 주거, 등록기준지, 직장주소, 연락처 (각 생략)

사법경찰관은 피의사건의 요지를 설명하고 사법경찰관의 신문에 대하여 「형사소송법」 제244조의3에 따라 진술을 거부할 수 있는 권리 및 변호인의 참여 등 조력을 받을 권리가 있음을 피의자에게 알려주고 이를 행사할 것인지 그 의사를 확인하다.

[진술거부권 및 변호인 조력권을 고지하고 변호인 참여 없이 진술하기로 함 (생략)]

이에 사법경찰관은 피의사실에 관하여 다음과 같이 피의자를 신문하다.

[피의자의 범죄전력, 경력, 학력, 가족·재산 관계 등 (생략)]

☐ 전자금융거래법위반, 사기방조, 횡령 혐의에 대하여

문 피의자는 피의자 명의 국민은행 통장(계좌번호 생략) 1개와 그 계좌에 연결된 체크카드 1개를 타인에게 양도한 사실이 있나요.
답 예. 2019. 11. 8. 서울역 근처에서 성명불상자를 만나 30만 원을 받고 제 명의 국민은행 통장, 통장 계좌와 연결된 체크카드를 교부한 사실이 있습니다.
문 그 경위가 어떻게 되나요.
답 2019. 11. 8. 인터넷으로 통장을 매수한다는 광고를 보고 연락을 해서 서울역 앞에서 만났고, 서울역 근처에 있는 국민은행에서 제 명의의 통장과 그 통장 계좌에 연결된 체크카드를 만든 후 성명불상자에게 30만 원을 받고 주었습니다. 성명불상자의 연락처나 인적사항은 현재 알지 못합니다.
문 2019. 11. 12. 해당 통장의 계좌로 피해자 장호구가 400만 원을 송금하였는데, 피의자는 양도한 통장이 이처럼 보이스피싱 사기 범행에 이용될 것이라는 것을 알고 있었는가요.

[72] 사기방조에 대한 정범이 누구인지 확인되지 아니하여 관련 증거가 등장하지 아니하고 있음을 알 수 있다.

- 39 -

문 답 그 점에 대하여 정말 죄송하게 생각하고 있습니다. 만연히 사기 범행에 이용될 수 있게 통장과 체크카드를 양도한 사실에 대하여는 많이 반성하고 있습니다.
문 400만 원이 입금된 것을 어떻게 확인하고 인출한 것인가요.
답 2019. 11. 8. 제 명의 통장과 체크카드를 만들 때 성명불상자에게 양도한 체크카드 외에 체크카드를 추가로 하나 더 만들어 놨습니다. 그리고 입출금 내역이 제 문자로 알림이 오도록 신청해 두었는데, 2019. 11. 12. 12:15경 400만 원이 입금되었다는 알림문자가 와서 2019. 11. 12. 12:30경 소지하고 있던 체크카드로 입금된 400만 원 전액을 인출했습니다.
문 피의자는 피의자 명의 통장을 성명불상자가 사용하도록 양도한 것인데, 그런 상황에서 400만 원을 인출한다는 것을 성명불상자로부터 허락을 받았는가요.
답 허락을 받지 않았습니다. 죄송합니다.

□ 장물취득 혐의에 대하여

문 피의자는 2017. 12. 24. 김갑동이 훔친 신용카드를 교부받은 사실이 있는가요.
답 예. 서울 관악구 신림역 부근에 있는 '꼬꼬의 호프'에서 2017. 12. 24. 19:00경 김갑동을 만났는데, 김갑동이 어디서 슬쩍 한 것이라며 농협은행 신용카드를 주었고, 그것으로 전동킥보드를 사다 달라고 하였습니다.
문 그래서 전동킥보드를 샀는가요.
답 전동킥보드를 사서 그 카드와 함께 김갑동에게 주기로 했는데, 그날 술을 너무 많이 마시는 바람에 카드를 잃어버려 킥보드를 사지 못했고, 카드도 김갑동에게 돌려주지 못했습니다. 그것 때문에 김갑동에게 엄청 욕을 먹었습니다.
문 또 피의자는 2019. 10. 31. 19:00경 김갑동이 훔친 200만 원을 교부받은 사실이 있는가요.
답 제가 2019. 6.경 김갑동에게 200만 원을 빌려주었는데, 김갑동이 차일피일 미루며 갚지 않기에 제가 돈을 갚으라고 강하게 독촉했습니다. 그러자 2019. 10. 31. 김갑동이 아버지 통장에서 몰래 빼왔다며 200만 원을 주었습니다.

□ 정보통신망이용촉진및정보보호등에관한법률위반(명예훼손), 사자명예훼손 혐의에 대하여

문 피의자는 2019. 11. 3. 12:00경 김갑동의 집에서 행운아파트 부녀회 게시판에 나부녀가 부녀회 기금 100만 원을 개인적으로 썼다는 취지의 글을 김갑동과 함께 게시한 사실이 있는가요.
답 나부녀가 부녀회 기금을 어떻게 썼는지 저는 전혀 알지 못합니다. 저는 김갑동이 글을 작성하거나 게시하는 데 아무런 관여를 하지 않았습니다.

- 40 -

[73] 이을남이 자신의 계좌에 송금된 사기피해금원을 인출하였다 하더라도 사기정범인 성명불상자에 대한 횡령죄는 성립하지 아니한다는 점은 앞서 이미 확인한 바 있다.

[74] 신용카드에 대한 취득사실이 인정되지 아니함을 알 수 있다. 물론 장물보관죄는 성립가능하나, 장물보관에 대한 무죄 등 변론이 불가능하므로 변론요지서에서는 보관죄와 관련된 논의를 기재하지 아니한다.

[75] 장물의 지정에 대한 이을남에게 불리한 진술내용이다. 무죄를 변론하는 답안에서는 별도로 적시하지 아니한다.

[76] 이을남은 정통망법위반의 점에 대하여는 사경단계에서부터 공판단계에 이르기까지 일관되게 부인하고 있다.

문　피의자는 2019. 11. 4. 15:00경 김갑동의 집에서 카카오톡 단체채팅방에 "필리핀에서 채무왕을 본 사람이 있다. 빚 때문에 한국에서 못 살고 해외에 가서 잘 먹고 잘 산다" 라는 글을 올린 사실이 있나요.

답　예. 그 부분은 제가 죽은 채무왕에게 화가 나서 그런 글을 올리기로 김갑동과 이야기를 하였고, 김갑동이 불러주는 내용을 김갑동의 휴대전화로 그대로 올린 것입니다. 이 부분은 죄송하게 생각합니다.

위의 조서를 진술자에게 열람하게 하였던바, 진술한 대로 오기나 증감·변경할 것이 전혀 없다고 말하므로 간인한 후 서명무인하게 하다.

진술자　이을남　(무인)

2019. 11. 12.

서울관악경찰서
사법경찰관　경위　정의감　㊞
사법경찰리　경사　민주경　㊞

압 수 조 서

피의자 이을남에 대한 전자금융거래법위반 및 사기방조 피의사건에 관하여 2019. 11. 13. 15:00경 서울 동작구 노량진로 1, 103호 피의자 이을남의 주거지에서 사법경찰관 경위 정의감은 사법경찰리 경사 민주경을 참여하게 하고 별지 목록의 물건을 다음과 같이 압수하다.

압 수 경 위

2019. 11. 12. 피의자 이을남을 전자금융거래법위반 및 사기방조 혐의로 긴급체포한 후 추가적인 증거자료가 있는지 확인하기 위해 2019. 11. 13. 15:00경 피의자 이을남과 함께 위 피의자 이을남의 주거지에 임하여 수색한바, 책상 위에서 피의자 김갑동이 피의자 이을남에게 발송한 이메일 출력물(발송일시 : 2019. 11. 4. 11:00, '나부녀가 아파트 부녀회 기금 100만 원을 임의로 사용하였다'는 취지의 글을 행운아파트 부녀회 홈페이지 게시판에 올렸다는 것을 알려주는 내용)이 발견되어 형사소송법 제217조 제1항에 의하여 긴급히 압수할 필요가 있어 영장 없이 압수하다.

참여인	성 명	주민등록번호	주 소	서명 또는 날인
		(기재 생략)		

2019년 11월 13일
서울관악경찰서 형사과
사법경찰관 경위 정 의 갑 (인)
사법경찰리 경사 민 주 경 (인)

압 수 목 록

번호	품 명	수량	소지자 또는 제출자	소유자	경찰의견	비고
1	이메일 출력물	1개	이을남(인적사항 생략)	이을남	(생략)	
2						

---

[77] 압수조서에서는 압수경위 내용을 꼼꼼하게 체크하여야 한다.

긴급체포 대상 피의사건은 전자금융거래법위반 및 사기방조이나, 그 긴급체포 후 이루어진 압수 대상 이메일 출력물은 정통망법위반에 대한 것이므로 위법한 별건압수이다.

또한 긴급체포한 19. 11. 12. 13:00경으로부터 24시간이 경과한 후인 다음날 15:00경 압수가 이루어졌으므로 역시 위법한 압수이다(형사소송법 제217조 제1항).

피의자신문조서(대질)

성   명 : 김갑동
주민등록번호 : (생략)

위의 사람에 대한 상습절도 등 피의사건에 관하여 2019. 11. 21. 서울중앙지방검찰청 1003호 검사실에서 검사 엄정해는 검찰주사보 기민철을 참여하게 한 후, 아래와 같이 피의자임에 틀림없음을 확인하다.
직업, 주거, 등록기준지, 직장주소, 연락처 (각 생략)

검사는 피의사실의 요지를 설명하고 검사의 신문에 대하여 「형사소송법」 제244조의3에 따라 진술을 거부할 수 있는 권리 및 변호인의 참여 등 조력을 받을 권리가 있음을 피의자에게 알려주고 이를 행사할 것인지 그 의사를 확인하다.

[진술거부권 및 변호인 조력권을 고지하고 변호인 참여 없이 진술하기로 함(생략)]

[상습절도, 건조물침입, 여신전문금융업법위반, 사기의 점]

('2019. 10. 31. 19:00경 이을남에게 200만 원을 주면서 아버지 돈을 몰래 훔쳐서 주는 것이라는 점을 이야기했다' 는 취지의 진술을 포함하여 경찰 진술내용과 동일함, 신문사항 생략)

[정보통신망이용촉진및정보보호등에관한법률위반(명예훼손), 사자명예훼손의 점]

문   피의자가 2019. 11. 3. 12:00경 행운아파트 부녀회 홈페이지 익명게시판에 '나부녀가 아파트 부녀회 기금 100만 원을 개인적으로 다 썼다' 는 글을 게시한 경위가 어떻게 되나요.

답   제가 이을남과 함께 있는 자리에서 화가 나서 부녀회 게시판에 글이라도 쓰자고 먼저 제안하자, 이을남도 그렇게 하는 것이 좋겠다고 하였고, 제가 글 내용을 이을남에게 상의하며 작성하여 게시한 것입니다.

문   2019. 11. 4. "필리핀에서 채무왕을 본 사람이 있다. 빚 때문에 한국에서 못 살고 해외에 가서 잘 먹고 잘 산다" 라는 카카오톡 단체채팅방 글도 피의자가 이을남과 함께 올린 것인가요.

답   예. 그렇습니다. 채무왕을 망신주기 위해 같이 글을 올리기로 이야기했고, 제가 불러주는 내용을 이을남이 제 휴대전화로 그대로 입력하여 올린 것입니다.

- 43 -

이때 검사는 피의자 이을남을 입실하게 하다.

문　피의자의 성명, 주민등록번호, 직업, 등록기준지 등을 진술하세요.
답　성명은 이을남 (기타 인적사항 생략)

　　검사는 피의사실의 요지를 설명하고 검사의 신문에 대하여 「형사소송법」 제244조의3에 따라 진술을 거부할 수 있는 권리 및 변호인의 참여 등 조력을 받을 권리가 있음을 피의자에게 알려주고 이를 행사할 것인지 그 의사를 확인하다.

[진술거부권 및 변호인 조력권을 고지하고 변호인 참여 없이 진술하기로 함(생략)]

[장물취득의 점]

문　피의자는 2019. 10. 31. 19:00경 김갑동으로부터 200만 원을 교부받은 사실이 있는가요.
답　예.
문　돈을 교부받을 당시 그 돈이 김부친으로부터 훔친 돈이라는 것을 알고 있었나요.
답　김갑동이 훔친 돈이라는 말을 전혀 한 사실이 없습니다. 저는 빌려준 돈을 받는다고만 생각했고, 김갑동이 훔쳐서 돈을 마련했다는 것을 알지 못했습니다.
(2017. 12. 24. 장물취득의 점은 경찰 진술내용과 동일함, 신문사항 생략)

[정보통신망이용촉진및정보보호등에관한법률위반(명예훼손), 사자명예훼손의 점]

문　피의자는 김갑동과 함께 2019. 11. 3. 부녀회 게시판에 글을 작성하고, 2019. 11. 4. 카카오톡 단체채팅방에 글을 게시한 사실이 있나요.
답　2019. 11. 4. 카카오톡에 올린 글은 제가 그런 글을 쓰기로 김갑동과 이야기를 한 후 김갑동이 불러주는 대로 휴대전화로 글을 입력하여 올린 것이 사실입니다. 그러나 2019. 11. 3. 김갑동이 글을 쓸 때는 저에게 어떤 상의를 하거나 동의를 구한 사실이 전혀 없습니다.
문　김갑동이 피의자에게 2019. 11. 4. 11:00에 발송한 이메일 출력물이 피의자의 주거지에서 발견되었는데 이는 어떻게 된 것인가요.
이때 검사는 압수된 이메일 출력물 제시하다.
답　김갑동이 글을 써서 게시한 후 다음날 저에게 그런 글을 썼다고 이메일을 보내준 것에 불과합니다. 이메일을 받고 출력해 놓은 것을 보관하고 있다가 이 사건으로 압수되었습니다.

[80] 이을남은 검찰단계에서부터 장물의 지정을 부인하고 있다.

피의자들에게
문 조서에 진술한 대로 기재되지 아니하였거나 사실과 다른 부분이 있나요.
답 (김갑동) **없습니다.** (이을남) **없습니다.**

위의 조서를 진술자에게 열람하게 하였던바, 진술한 대로 오기나 증감·변경할 것이 전혀 없다고 말하므로 간인한 후 서명무인하게 하다.

                        진술자   김갑동 (무인)
                                  이을남 (무인)

2019. 11. 21.

서울중앙지방검찰청

검   사   **엄정혜** ㊞
검찰주사보   **기면철** ㊞

# 피 의 자 신 문 조 서 (제 2 회)

성   명 : 이을남
주민등록번호 : (생략)

　위의 사람에 대한 사기방조 등 피의사건에 관하여 2019. 11. 22. 서울중앙지방검찰청 1003호 검사실에서 검사 엄정혜는 검찰주사보 기민철을 참여하게 한 후, 아래와 같이 피의자임에 틀림없음을 확인하다.
직업, 주거, 등록기준지, 직장주소, 연락처 (각 생략)

　검사는 피의사실의 요지를 설명하고 검사의 신문에 대하여 「형사소송법」 제244조의3에 따라 진술을 거부할 수 있는 권리 및 변호인의 참여 등 조력을 받을 권리가 있음을 피의자에게 알려주고 이를 행사할 것인지 그 의사를 확인하다.

진술거부권 및 변호인 조력권 고지 등 확인

> 1. 귀하는 일체의 진술을 하지 아니하거나 개개의 질문에 대하여 진술을 하지 아니할 수 있습니다.
> 1. 귀하가 진술을 하지 아니하더라도 불이익을 받지 아니합니다.
> 1. 귀하가 진술을 거부할 권리를 포기하고 행한 진술은 법정에서 유죄의 증거로 사용될 수 있습니다.
> 1. 귀하가 신문을 받을 때에는 변호인을 참여하게 하는 등 변호인의 조력을 받을 수 있습니다.

문　피의자는 위와 같은 권리들이 있음을 고지받았는가요.
답　**예. 고지를 받았습니다.**
문　피의자는 진술거부권을 행사할 것인가요.
답　**아닙니다.**
문　피의자는 변호인의 조력을 받을 권리를 행사할 것인가요.
답　**변호사와 함께 조사를 받을 것이며, 변호사가 제 옆에 앉기를 원합니다.**

이에 검사는 피의사실에 관하여 다음과 같이 피의자를 신문하다.
문　전회에 사실대로 진술하였는가요.
답　예.
문　피의자는 피의자 명의 국민은행 통장을 타인에게 양도한 사실이 있나요.
답　예. 2019. 11. 8. 서울역 근처에서 성명불상자를 만나 30만 원을 받고 제 명의

[81] 이 피신조서는 변호인의 피의자신문 참여권을 침해하여 증거능력이 부정됨은 앞서 검토한 바 있다.

문   국민은행 통장, 통장 계좌와 연결된 체크카드를 교부한 사실이 있습니다.
문   2019. 11. 12. 해당 통장의 계좌로 피해자 장호구가 400만 원을 송금하였는데, 피의자는 양도한 통장이 이처럼 보이스피싱 사기 범행에 이용될 것이라는 것을 알고 있었는가요.
답   보이스피싱 범죄 이야기를 많이 들어서 그런 범죄에 사용될 수 있다는 생각을 한 것은 사실입니다. 죄송하게 생각하고 있습니다.
문   입금된 400만 원은 어떻게 하였는가요.
답   제 명의 통장으로 들어온 것을 확인하고 전부 인출하였습니다.
문   그와 같이 인출한다는 것을 성명불상자로부터 허락받았는가요.
답   허락을 받지 않았고, 제가 임의로 인출한 것입니다.
문   더 하고 싶은 말이 있나요.
답   **변호인을 제 옆에 앉게 해 달라고 요청했으나, 검사님께서 옆이 아닌 뒤에 앉게 하였습니다.**

위의 조서를 진술자에게 열람하게 하였던바, 진술한 대로 오기나 증감·변경할 것이 전혀 없다고 말하므로 간인한 후 서명무인하게 하다.

　　　　　　　　　　　　진술자　이 을 남　　(무인)
　　　　　　　　　　　　변호인　류 무 재　　㊞

　　　　　　　　　　　　2019.　11.　22.

　　　　　　　　　　　　서울중앙지방검찰청

　　　　　　　　　　　　검　　사　언 정 혜　㊞
　　　　　　　　　　　　검찰주사보　기 면 철　㊞

서울중앙지방법원
판 결

2017. 11. 28. 항소기간 도과
2017. 11. 28. 확   정
서울중앙지방검찰청

사 건   2017고단54321 상습절도
피 고 인   김갑동 (89****-1******), 무직
         주거 서울 관악구 남부순환로 11, 301호(행운동, 행운아파트)
         등록기준지 대전 서구 둔산북로 37
검 사   박민규 (기소, 공판)
변 호 인   변호사 김용진
판결선고   2017. 11. 20.

주   문
피고인을 징역 1년에 처한다.
다만, 이 판결 확정일로부터 2년간 위 형의 집행을 유예한다.

이   유

범죄사실

  피고인은 상습으로 2017. 8. 12. 15:00경 서울 강남구 도곡동 401에 있는 롯데백화점 강남점 4층 피해자 남성복이 운영하는 남성의류 매장에서 시가 10만 원 상당의 청바지 1개를 집어가 절취하였다.

증거의 요지 (생략)

법령의 적용 (생략)

위 등본임
검찰주사 서혜민 ㊞

판사 이보형 ＿＿＿＿＿＿＿＿＿＿

- 48 -

---

[82] 확정판결의 판결문 등본 등이 등장하는 경우 그 확정여부 및 확정일자를 먼저 체크한다. 선고일자는 서면에 기재되어 있지만, 확정여부 및 확정일자는 별도의 수사보고서에 기재되어 있거나 등본의 우측 상단에 도장(변호사시험 기록에서는 네모박스 형식으로 기재됨)에 기재되어 있다.

[83] 확정판결의 죄명을 체크하여야 한다. 기판력이 문제되는 공소사실이 상습범으로서 포괄일죄이므로, 그 확정판결 역시 상습범으로 처단되었어야 그 확정판결의 기판력이 공소사실에 미칠 수 있다는 것이 판례의 태도이다.
만약 기록과 달리 상습절도가 아닌 단순절도로 처벌된 경우라면 기판력을 검토하면 아니 된다.

[84] 전과와 관련된 서면에서는 [일시-법원-죄명-형량-선고일자]는 기본으로 체크하여 전과 관련 답안 작성시 빠짐없이 기재하여야 한다.
특히 기판력의 기준시점인 사실심 판결선고일자를 정확히 체크하여야 한다.

[85] 확정된 판결의 범죄사실을 기판력이 문제되는 공소사실과 구체적으로 비교하여 기판력 관련 객관적 동일성(기본적 사실관계 동일성) 판단을 하여야 한다. 상습범의 경우 동일한 습벽의 발현임을 검토하면 충분하다.

[86] 생략된 증거라도 필요한 경우 쟁점에 대한 근거로써 답안에서 검토하여야 한다.
이번 시험에서는 생략증거들의 내용이 쟁점 검토에 직접적으로 활용되는 경우는 없었으나, 사안포섭시 검토되는 사실들의 인정근거로 기재하여야 하는 경우가 다수 존재하였다.

법원에 제출되어 있는 기타 증거들

※ 편의상 다음 증거서류의 내용을 생략하였으나, 법원에 증거로 적법하게 제출되어 있음을 유의하여 검토할 것

○ 2019. 11. 4.자 수사보고(피의자 특정 보고)
- 2019. 10. 31. 12:00경 신한은행 서초지점 ATM에서 김부친 명의 예금통장 등을 이용하여 금원을 인출한 자의 모습이 녹화된 CCTV 영상을 확인하고, 은행 직원 진술 청취 등을 통해 인출한 자의 인적사항이 김갑동임을 확인

○ 게시글 출력물(2019. 11. 6.자 나부녀 고소장 첨부 서류)
- '나부녀가 아파트 부녀회 기금 100만 원을 개인적으로 다 썼다' 는 내용

○ 카카오톡 캡처 출력물(2019. 11. 6.자 나부녀 진술조서 작성시 제출 서류)
- "필리핀에서 채무왕을 본 사람이 있다. 빚 때문에 한국에서 못 살고 해외에 가서 잘 먹고 잘 산다" 라는 내용

○ 나부녀 가족관계증명서(2019. 11. 6.자 나부녀 진술조서 작성시 제출 서류)
- 나부녀와 채무왕은 2012. 2. 22. 혼인했고, 채무왕이 2016. 6. 25. 사망한 사실

○ 2019. 11. 7.자 압수조서·압수목록
- 김갑동으로부터 소지하고 있던 K3 패딩점퍼 1개(증 제1호), 태블릿 1대(증 제2호)를 형사소송법 제218조에 따라 임의제출 받아 압수

○ 김갑동 가족관계증명서
- 김갑동은 김부친의 아들인 사실

○ 계좌송금내역(2019. 11. 12.자 장호구 피해신고서 첨부 서류)
- 2019. 11. 12. 12:15경 장호구 명의 기업은행 계좌에서 이을남 명의 국민은행 계좌로 400만 원 송금

○ 2019. 11. 12.자 압수조서·압수목록
- 이을남을 긴급체포할 때 이을남이 장호구로부터 송금받은 것을 인출한 돈이라며 제출한 현금 400만 원(증 제3호), 국민은행 체크카드 1장(증 제4호)을 형사소송법 제218조에 따라 임의제출 받아 압수

○ 2019. 11. 13. 압수된 이메일 출력물(증 제5호)
 - 2019. 11. 4. 11:00경 김갑동이 이을남에게 발송한 이메일, 김갑동이 '나부녀가 아파트 부녀회 기금 100만 원을 임의로 사용하였다'는 취지의 글을 행운아파트 부녀회 홈페이지 게시판에 올렸다는 것을 알려주는 내용

○ **피고인들에 대한 각 조회회보서**
 - 김갑동 : 서울중앙지방법원 2010. 5. 4. 절도 벌금 500만 원
　　　　　　서울중앙지방법원 2014. 7. 1. 야간주거침입절도 징역 1년 집행유예 2년
　　　　　　서울중앙지방법원 2017. 11. 20. 상습절도 징역 1년 집행유예 2년
 - 이을남 : 전과 없음

확 인 : 법무부 법조인력과장

공소제기일 - 19. 11. 27.　　※ 축약기재 제한 × 허용

피고인	죄명	공소사실 일시	공소사실 장소	공소사실 피해자	피해품	고소 기타	인정 및 부인취지	쟁점	증거 +	증거 -	결론	비고
김갑동(이)	정통망명예훼손	19.11.3. 12:00경		v.나부녀		부녀회 게시판 허위/비방목적	○	처벌불원의사표시	19.12.26. v.합의서제출(21)	v.고소장(26)	공소기각 (6호)	[검토의견서]
	사자명예훼손	19.11.4. 15:00경	피고인 집	v.근제무웅		가족대화 방/허위	○	배우자 나부녀-고소취소		v.진술조서-고소有(27)	공소기각 (5호)	
	상습절도(1)	17.12.24. 13:00	v.동산북 매장	C.나이기	k3페딩 점퍼		○	화장판결 기판력	17.11.20. 상습절도 확정판결(48)		면소(1호)	
(2)		17.12.24. 13:00	v.엄마손 식당		신용카드 1장, 캠코더 1대		△-캠코더 부쉐버림	캠코더-불법영득의사 신용카드-유죄?		v.진술조서(36)	캠코더-무죄 신용카드-유죄	캠코더-공소장변경(손괴)가능
(3)		19.10.31. 10:00	피고인 집	v.김부친	신용카드 1장, 예금통장 1개		△-사용후 제자리	카드-사용절도 통장-진축상도례	신고서-제자리(25)	피고인 법정진술 사경피신(29) v.신고서(25), 진술조서(37)	카드-무죄 00통장-형면제	
(4)		19.10.31. 12:00	v.신한은행		서비스 100만 인출 500만	훔친 김부친 신용카드 통장 사용	○	진축상도례 ×			유죄	
	전조물 침입	상습절도(1)					○	상습절도 포함× 상습절도 기판력×			유죄	
	여전법 위반	상습절도(4)					○	사용절도라도 여전법성립○			유죄	
	사기	19.10.10. 14:00	삼성디피 매장	v.주원전자 직원 어리숙	태블릿 1대		○	삼각사기-지위○ 처분행위×	처분행위×(32)	v.진술조서(34)	전단무죄	공소장변경 (절도)가능

공소제기일 - 19. 11. 27.   ※ 축약하기제 제한 x 허용

피고인	죄명	일시	장소	공소사실			인정 및 부인취지	쟁점	증거		결론	비고
				피해자	피해품	고소 기타			+	-		
이을남 甲	정통(명예) 훼손						x-공모 x, 관여 x	[사실] 공모여부 주관적불가분 x	甲춘자슴, 병시동의 x(19) vs. 면책인(30) vs. 甲제안(43) v., 고소장-모름(20)	甲범정진술, 사경파신(30), 검사피신(대질)(43) 고등창 병경진술(20) - 전문(3162) v. 고소장(26), 진술조서(27) 이메일출력물(42) - 사후영장○.24시간 x, 별건 압수조서 등 독수독과	후단무죄	[변론요지서]
甲	사자명예 훼손						○	주관적불가분			공소기각 (5호)	
甲- 공범 x 공동피 고인	장물취득 (1)	17.12.14. 19:00	포포의 호프	from 甲 (2)절도 v.고향미	신용카드		△-사용 후돌려줄 의사	[사실]취득 x 장물지정 ○	리턴트 사단려라부탁불과(40)	甲피고인 범정진술, 사경피신, 검사피신(대질) (43) - 312조④ x 검무진 진술조서	후단무죄	답안간단 기재 장물보관죄 (속소사실) 기재 x
	장물취득 (2)	19.10.31. 19:00	강남스 타일	from 甲 (4)절도 v.고향미	600中 200만원		x-v. 허 락有요인	[사실]장물지정?	물때빼앗다-이않? (40) vs. 물쳤다(44)	甲피고인 범정진술, 사경피신, 검사피신(대 질) - 312조④-증 x, 사경피신, 검사피신(46)-증 x	후단무죄	
	사기방조	19.11.12. 12:00		성명불상 자에게 양도	국민은행 통장,체 크카드	30만원 받고 교부	x-사기 몰랐	[사실]고의有?	전혀몰랐(19)(40) 직접증거無	피고인 사경피신(39), 검사피신(38) v. 장호구 피해신고서 계좌송금내역 등	후단무죄	
	횡령	19.11.12. 12:30		v.성명불 상 사자	사기금원 400만	양도계좌 인출	○	사기정범에 대한 횡령 x (보호가치 x) 장호구에 대한 횡령 ○ (but사기 조유죄 x)			전단무죄	장호구에 대한 횡령 ○ (if, 사기방조 유죄 x) →기재? x
성명불 상자	사기	19.11.12. 12:00		v.장호구	국민계좌 400송금	수사판 사정 보이스 피싱						

검토의견서 (55점)

사 건   2019고합1997 상습절도 등

I. 피고인 김갑동에 대하여

1. 정보통신망이용촉진및정보보호등에관한법률위반(명예훼손)의 점

정통망법위반(명예훼손)죄는 피해자가 구체적으로 밝힌 의사에 반하여 공소를 제기할 수 없는 반의사불벌죄입니다(정통망법 제70조 제3항).[01][02]

피해자 나부녀는 이 사건 공소제기 후인 2019. 12. 26. 이 부분 공소사실에 대한 처벌불원의 의사를 표시하였습니다(기록 제22쪽 합의서 참조).[03]

결국 이 부분 공소사실에 대하여는 공소기각 판결이 선고되어야 합니다(형사소송법 제327조 제6호).

2. 사자명예훼손의 점

사자명예훼손죄는 고소가 있어야 공소를 제기할 수 있는 친고죄이고(형법 제312조 제1항), 사자명예훼손죄에 대한 고소권자는 그 친족 또는 자손입니다(형사소송법 제227조).[04]

피해자 망 채무왕의 법률상 배우자인 나부녀(나부녀 가족관계증명서 참조)는 이 사건 공소제기 후인 2019. 26. 이 부분 공소사실에 대한 고소를 취소하였습니다(기록 제22쪽 합의서 참조).

결국 이 부분 공소사실에 대하여는 공소기각 판결이 선고되어야 합니다(형사소송법 제327조 제5호).

3. 상습절도의 점

가. 2017. 11. 19. 절도의 점에 대하여

피고인은 2017. 11. 20. 서울중앙지방법원에서 상습절도죄로 징역 1년·집행유예 2년의 형을 선고받았고, 그 판결은 2017. 11. 28. 항소기간 도과로 확정되었습니다(기록 제48쪽, 판결 등본 참조).[05]

위 확정판결의 범죄사실은 피고인이 상습으로 2017. 8. 12. 15:00경 남성의류 매장에서 청바지 1개를 절취하였다는 것이고, 이 부분 공소사실 역시 피고인이 같은 해 11. 19. 12:00경 등산복 매장에서 패딩점퍼 1개를 절취하였다는 것입니다. 위 사실들은 범행의 일시가 근접해 있고, 그 수단·방법이 유사하므로 모두 피고인의 동일한 절취습벽의 발현에 의한 것으로서 포괄일죄의 관계에 있습니다.[06]

---

[01] 축약기재를 제한없이 허용하고 있으므로 최대한 활용하도록 한다. 다만, 전체 답안에서의 통일성은 갖추어야 한다.

[02] [법리-사안검토-소결론] 순서대로 답안을 구성한다. 정통망법위반(명예훼손)죄가 반의사불벌죄라는 규정내용 설시를 누락하여서는 아니된다.

[03] 피해자 처벌불원의 의사표시가 공소제기 후라는 설시를 누락하지 않도록 주의를 요한다. 형사소송법 제327조 제2호가 아닌 제6호에 의한 공소기각판결이라는 점에 대한 검토내용이 된다.

[04] 사자명예훼손죄의 고소권자에 대한 형사소송법 제227조 규정까지 기재하여야 한 후 그 고소권자가 고소를 취소하였음을 적시하여야 한다.
역시 고소취소가 이 사건 공소제기 후임을 검토하여야 한다.

[05] 전과 기재는 일반적으로 [선고일-선고법원-죄명-형량-선고사실]을 기본으로 한다. 기판력 사안의 경우 위 기재에 [확정일자-확정사실]을 추가하고, 마지막으로 증거를 설시한다.

[06] 동일한 습벽의 발현에 의한 것으로서 포괄일죄의 관계에 있다는 검토가 기판력의 물적 범위에 대한 판단이 된다.

[07] 기판력의 시적범위 판단을 누락하지 않도록 주의한다.

또한 이 부분 공소사실 범행은 위 확정판결의 사실심 판결 선고일 2017. 11. 20. 이전 범행입니다.[07]

결국 이 부분 공소사실에 대하여는 면소판결이 선고되어야 합니다(형사소송법 제326조 제1호).

나. 2017. 12. 24. 절도의 점에 대하여

1) 캠코더 부분

절도죄가 성립하기 위해서는 절도의 고의뿐만 아니라 불법영득의사가 있어야 하고, 손괴목적으로 타인의 재물을 취거하여 손괴한 경우에는 영득행위의 적극적 요소를 결하여 손괴죄 성립은 별론으로 하고 절도죄는 성립하지 않는다는 것이 판례의 태도입니다.*

> * [1] 절도죄의 성립에 필요한 불법영득의 의사라 함은 권리자를 배제하고 타인의 물건을 자기의 소유물과 같이 그 경제적 용법에 따라 이용, 처분하려는 의사를 말한다. [2] 피고인이 살해된 피해자의 주머니에서 꺼낸 지갑을 살해도구로 이용한 골프채와 옷 등 다른 증거물들과 함께 자신의 차량에 싣고 가다가 쓰레기 소각장에서 태워버린 경우, 살인 범행의 증거를 인멸하기 위한 행위로서 불법영득의 의사가 있었다고 보기 어렵다고 한 사례(대법원 2000. 10. 13. 선고 2000도3655 판결).

피고인은 피해자 고향미 소유의 캠코더 1대를 취거하기는 하였습니다. 그러나 그 캠코더를 본래 목적으로 사용할 의사가 아니라 자신의 얼굴이 찍혀 없애버릴 생각으로 가지고 나왔고, 실제로 가지고 나와 바로 부숴 쓰레기통에 버렸습니다(기록 제36쪽, 진술조서 참조). 따라서 피고인에게는 절도죄 성립에 필요한 불법영득의사가 인정되지 아니합니다.

결국 이 부분 공소사실 중 캠코더 절취 부분에 대하여는 무죄판결이 선고될 것입니다(형사소송법 제325조 후단).

2) 신용카드 부분

이 부분 공소사실 중 신용카드를 절취한 부분에 대하여는 피고인이 공판기일에서 인정하고 있고 이에 대한 보강증거 또한 존재합니다.

[08] 하나의 공소사실에 대하여 일부 유죄 및 일부 무죄 결론이 경합하는 경우로서 주문에는 유죄결론만이 등장한다는 점에 대한 검토를 추가할 수도 있다. 다만, 이 부분 절도는 다시 포괄일죄인 상습절도를 구성함에 불과하고, 전체 상습절도의 점에 대하여는 주문에서 유죄판결이 선고될 것임을 고려하여 본 모범답안에서는 그 기재를 생략하였다.

따라서 이 부분에 대하여는 유죄판결이 선고될 것입니다.[08]

다. 2019. 10. 31. 절도의 점에 대하여

1) 신용카드 부분

판례는 신용카드를 훔쳐 일시사용 후 곧바로 반환한 경우에는 단순한 사용가치를 침해한 것에 불과하여 불법영득의사가 부정된다고 판시하였습니다.**

> ** [1] 타인의 재물을 점유자의 승낙 없이 무단사용하는 경우에 있어서 그 사용으로 인하여 물건 자체가 가지는 경제적 가치가 상당한 정도로 소모되거나 또는 사용 후 그 재물을 본래 있었던 장소가 아닌 다른 장소에 버리거나 곧 반환하지 아니하고 장시간 점유하고 있는 것과 같은 때에는 그 소유

권 또는 본권을 침해할 의사가 있다고 보아 불법영득의 의사를 인정할 수 있을 것이나, 그렇지 않고 그 사용으로 인한 가치의 소모가 무시할 수 있을 정도로 경미하고, 또한 사용 후 곧 반환한 것과 같은 때에는 그 소유권 또는 본권을 침해할 의사가 있다고 할 수 없어 불법영득의 의사가 있다고 인정할 수 없다. [2] 신용카드업자가 발행한 신용카드는 이를 소지함으로써 신용구매가 가능하고 금융의 편의를 받을 수 있다는 점에서 경제적 가치가 있다 하더라도, 그 자체에 경제적 가치가 화체되어 있거나 특정의 재산권을 표창하는 유가증권이라고 볼 수 없고, 단지 신용카드회원이 그 제시를 통하여 신용카드회원이라는 사실을 증명하거나 현금자동지급기 등에 주입하는 등의 방법으로 신용카드업자로부터 서비스를 받을 수 있는 증표로서의 가치를 갖는 것이어서, 이를 사용하여 현금자동지급기에서 현금을 인출하였다 하더라도 신용카드 자체가 가지는 경제적 가치가 인출된 예금액만큼 소모되었다고 할 수 없으므로, 이를 일시 사용하고 곧 반환한 경우에는 불법영득의 의사가 없다. [3] 여신전문금융업법 제70조 제1항 제3호는 분실 또는 도난된 신용카드를 사용한 자를 처벌하도록 규정하고 있는데, 여기서 분실 또는 도난된 신용카드라 함은 소유자 또는 점유자의 의사에 기하지 않고 그의 점유를 이탈하거나 그의 의사에 반하여 점유가 배제된 신용카드를 가리키는 것으로서, 소유자 또는 점유자의 점유를 이탈한 신용카드를 취득하거나 그 점유를 배제하는 행위를 한 자가 반드시 유죄의 처벌을 받을 것을 요하지 아니한다(대법원 1999. 7. 9. 선고 99도857 판결).

피고인은 2019. 10. 31. 피해자 김부친 소유의 신용카드 1장을 절취하였으나, 곧바로 그 신용카드를 제자리에 갖다 놓았습니다(기록 제25쪽, 신고서 참조). 따라서 피고인에게는 절도죄 성립에 필요한 불법영득의사가 인정되지 아니합니다.

결국 이 부분 공소사실에 대하여 절도죄는 무죄판결이 선고될 것입니다(형사소송법 제325조 후단). 다만 이 부분 공소사실에 대하여 손괴죄는 성립가능하고 이에 대한 검사의 공소장변경신청이 가능합니다(제298조 제1항).[09]

[09] 손괴죄는 절도죄에 대한 축소사실로 보기는 어렵다. 다만 그 기본적 사실관계의 동일성은 인정되어 공소장 변경은 가능한 것으로 판단되고, 검토의견서의 성격을 고려할 때 손괴죄로의 공소장 변경신청이 가능함을 간단히 기재하였다.

2) 예금통장 부분

가) 불법영득의사 인정 여부

판례는 타인의 예금통장을 무단사용하여 예금을 인출한 후 바로 예금통장을 반환하였다 하더라도, 예금통장 자체가 가지는 예금액증명기능의 경제적 가치에 대한 불법영득의사를 인정할 수 있으므로 절도죄가 성립한다고 판시하였습니다.*

* 예금통장은 예금채권을 표창하는 유가증권이 아니고 그 자체에 예금액 상당의 경제적 가치가 화체되어 있는 것도 아니지만, 이를 소지함으로써 예금채권의 행사자격을 증명할 수 있는 자격증권으로서 예금계약사실 뿐 아니라 예금액에 대한 증명기능이 있고 이러한 증명기능은 예금통장 자체가 가지는 경제적 가치라고 보아야 하므로, 예금통장을 사용하여 예금을 인출하게 되면 그 인출된 예금액에 대하여는 예금통장 자체의 예금액 증명기능이 상실되고 이에 따라 그 상실된 기능에 상응한 경제적 가치도 소모된다. 그렇다면 타인의 예금통장을 무단사용하여 예금을 인출한 후 바로 예금통장을 반환하였다 하더라도 그 사용으로 인한 위와 같은 경제적 가치의 소모가 무시할 수 있을 정도로 경미한 경우가 아닌 이상, 예금통장 자체가 가지는 예금액 증명기능의 경제적 가치에 대한 불법영득의 의사를 인정할 수 있으므로 절도죄가 성립한다(대법원 2010. 5. 27. 선고 2009도9008 판결).

피고인은 2019. 10. 31. 피해자 김부친 소유의 예금통장 1개를 절취하여 그 통장에서 현금 500만 원을 인출하였는바, 그 후 곧바로 반환하였다 하더라도 불법영득의사는 인정되어 절도죄는 성립할 수 있습니다.

나) 친족상도례 적용

절도죄는 직계혈족·배우자·동거친족·동거가족 또는 그 배우자간의 범죄일 경우에는 그 형을 면제하는 범죄입니다(형법 제344조, 328조 제1항).

피고인과 이 부분 공소사실의 피해자 김부친은 아버지와 아들 사이로서 직계혈족 관계에 있습니다(김갑동 가족관계증명서 참조).

결국 이 부분 공소사실에 대하여는 형을 면제하는 판결이 선고될 것입니다.

라. 2019. 10. 31. 절도의 점에 대하여[10]

판례는 절취한 신용카드를 사용하여 현금자동인출기에서 현금서비스를 받은 경우뿐만 아니라*, 현금을 인출한 경우**에도 현금자동지급기의 관리자에 대한 절도죄가 성립하며, 이러한 경우 절도죄의 피해자가 현금자동지급기의 관리자인 이상 행위자와 신용카드 소유자 사이에 친족관계에 있다는 사정만으로 친족상도례는 적용될 수 없다***는 것이 판례의 태도입니다.

[10] 현금자동인출기에서의 현금인출행위에 대한 친족상도례 적용과 관련하여 직접 판례가 존재하는바, 이에 대한 검토를 답안에서 기재함이 타당하다.

* [1] 신용카드회원이 대금결제를 위하여 가맹점에 신용카드를 제시하고 매출표에 서명하는 일련의 행위뿐 아니라 신용카드를 현금인출기에 주입하고 비밀번호를 조작하여 현금서비스를 제공받는 일련의 행위도 신용카드의 본래 용도에 따라 사용하는 것으로 보아야 한다. [2] 신용카드업법 제25조 제1항 소정의 부정사용이라 함은 도난·분실 또는 위조·변조된 신용카드를 진정한 카드로서 신용카드의 본래의 용법에 따라 사용하는 경우를 말하는 것이므로, 절취한 신용카드를 현금인출기에 주입하고 비밀번호를 조작하여 현금서비스를 제공받으려는 일련의 행위는 그 부정사용의 개념에 포함된다. [3] 상상적 경합관계에 있는 수죄 중 그 일부만이 유죄로 인정된 경우와 그 전부가 유죄로 인정된 경우와는 양형의 조건을 참작함에 있어서 차이가 생겨 선고형을 정함에 있어 차이가 있을 수 있으므로, 상상적 경합관계에 있는 수죄가 모두 유죄임에도 그 중 일부 죄를 무죄로 인정한 위법은 판결결과에 영향을 미친 것이다. [4] 피해자 명의의 신용카드를 부정사용하여 현금자동인출기에서 현금을 인출하고 그 현금을 취득까지 한 행위는 신용카드업법 제25조 제1항의 부정사용죄에 해당할 뿐 아니라 그 현금을 취득함으로써 현금자동인출기 관리자의 의사에 반하여 그의 지배를 배제하고 그 현금을 자기의 지배하에 옮겨 놓는 것이 되므로 별도로 절도죄를 구성하고, 위 양 죄의 관계는 그 보호법익이나 행위태양이 전혀 달라 실체적 경합관계에 있는 것으로 보아야 한다(대법원 1995. 7. 28. 선고 95도997 판결).

** 강도죄는 공갈죄와는 달리 피해자의 반항을 억압할 정도로 강력한 정도의 폭행·협박을 수단으로 재물을 탈취하여야 성립하므로, 피해자로부터 현금카드를 강취하였다고 인정되는 경우에는 피해자로부터 현금카드의 사용에 관한 승낙의 의사표시가 있었다고 볼 여지가 없다. 따라서 강취한 현금카드를 사용하여 현금자동지급기에서 예금을 인출한 행위는 피해자의 승낙에 기한 것이라고 할 수 없으므로, 현금자동지급기 관리자의 의사에 반하여 그의 지배를 배제하고 그 현금을 자기의 지배하에 옮겨 놓는 것이 되어서 강도죄와는 별도로 절도죄를 구성한다(대법원 2007. 5. 10. 선고 2007도1375 판결).

*** 컴퓨터 등 정보처리장치를 통하여 이루어지는 금융기관 사이의 전자식 자금이체거래는 금융기관 사이의 환거래관계를 매개로 하여 금융기관 사이나 금융기관을 이용하는 고객 사이에서 현실적인 자금의 수수 없이 지급·수령을 실현하는 거래방식인바, 권한 없이 컴퓨터 등 정보처리장치를 이용하여 예금계좌 명의인이 거래하는 금융기관의 계좌 예금 잔고 중 일부를 자신이 거래하는 다른

금융기관에 개설된 그 명의 계좌로 이체한 경우, 예금계좌 명의인의 거래 금융기관에 대한 예금반환 채권은 이러한 행위로 인하여 영향을 받을 이유가 없는 것이므로, 거래 금융기관으로서는 예금계좌 명의인에 대한 예금반환 채무를 여전히 부담하면서도 환거래관계상 다른 금융기관에 대하여 자금이체로 인한 이체자금 상당액 결제채무를 추가 부담하게 됨으로써 이체된 예금 상당액의 채무를 이중으로 지급해야 할 위험에 처하게 된다. 따라서 친척 소유 예금통장을 절취한 자가 그 친척 거래 금융기관에 설치된 현금자동지급기에 예금통장을 넣고 조작하는 방법으로 친척 명의 계좌의 예금 잔고를 자신이 거래하는 다른 금융기관에 개설된 자기 계좌로 이체한 경우, 그 범행으로 인한 피해자는 이체된 예금 상당액의 채무를 이중으로 지급해야 할 위험에 처하게 되는 그 친척 거래 금융기관이라 할 것이고, 거래 약관의 면책 조항이나 채권의 준점유자에 대한 법리 적용 등에 의하여 위와 같은 범행으로 인한 피해가 최종적으로는 예금 명의인인 친척에게 전가될 수 있다고 하여, 자금이체 거래의 직접적인 당사자이자 이중지급 위험의 원칙적인 부담자인 거래 금융기관을 위와 같은 컴퓨터 등 사용사기 범행의 피해자에 해당하지 않는다고 볼 수는 없으므로, 위와 같은 경우에는 친족 사이의 범행을 전제로 하는 친족상도례를 적용할 수 없다. [2] 손자가 할아버지 소유 농업협동조합 예금통장을 절취하여 이를 현금자동지급기에 넣고 조작하는 방법으로 예금 잔고를 자신의 거래 은행 계좌로 이체한 사안에서, 위 농업협동조합이 컴퓨터 등 사용사기 범행 부분의 피해자라는 이유로 친족상도례를 적용할 수 없다고 한 사례(대법원 2007. 3. 15. 선고 2006도2704 판결).

피고인은 절취한 김부친 소유의 신용카드를 사용하여 피고인과 친족관계가 존재하지 아니하는 피해자 신한은행이 관리하는 현금자동지급기에서 예금 500만 원과 현금서비스 100만 원, 총 600만 원을 인출하였습니다.

결국 이 부분 공소사실에 대하여는 유죄판결이 선고될 것입니다.

4. 건조물침입의 점

판례는 상습으로 단순절도를 범한 범인이 절도범행의 수단으로 주간에 주거침입을 한 경우에 그 주거침입행위의 위법성에 대한 평가가 상습절도의 구성요건적 평가에 포함되어 있다고 볼 수 없으므로, 주간 주거침입행위는 상습절도죄와 별개로 주거침입죄를 구성한다고 판시하였습니다.*

* 형법 제330조에 규정된 야간주거침입절도죄 및 형법 제331조 제1항에 규정된 특수절도(야간손괴침입절도)죄를 제외하고 일반적으로 주거침입은 절도죄의 구성요건이 아니므로 절도범인이 범행수단으로 주거침입을 한 경우에 주거침입행위는 절도죄에 흡수되지 아니하고 별개로 주거침입죄를 구성하여 절도죄와는 실체적 경합의 관계에 서는 것이 원칙이다. 또 형법 제332조는 상습으로 단순절도(형법 제329조), 야간주거침입절도(형법 제330조)와 특수절도(형법 제331조) 및 자동차 등 불법사용(형법 제331조의2)의 죄를 범한 자는 그 죄에 정한 각 형의 2분의 1을 가중하여 처벌하도록 규정하고 있으므로, 위 규정은 주거침입을 구성요건으로 하지 않는 상습단순절도와 주거침입을 구성요건으로 하고 있는 상습야간주거침입절도 또는 상습특수절도(야간손괴침입절도)에 대한 취급을 달리하여, 주거침입을 구성요건으로 하고 있는 상습야간주거침입절도 또는 상습특수절도(야간손괴침입절도)를 더 무거운 법정형을 기준으로 가중처벌하고 있다. 따라서 상습으로 단순절도를 범한 범인이 상습적인 절도범행의 수단으로 주간(낮)에 주거침입을 한 경우에 주간 주거침입행위의 위법성에 대한 평가가 형법 제332조, 제329조의 구성요건적 평가에 포함되어 있다고 볼 수 없다. 그러므로 형법 제332조에 규정된 상습절도죄를 범한 범인이 범행의 수단으로 주간에 주거침입을 한 경우 주간 주거침입행위는 상습절도죄와 별개로 주거침입죄를 구성한다. 또 형법 제332조에 규정된 상습절도죄를 범한 범인이 그 범행 외에 상습적인 절도의 목적으로 주간에 주거침입을 하였다가 절도에

이르지 아니하고 주거침입에 그친 경우에도 주간 주거침입행위는 상습절도죄와 별개로 주거침입죄를 구성한다(대법원 2015. 10. 15. 선고 2015도8169 판결).

피고인은 주간에 피해자 나이기가 관리하는 건조물에 침입하였는바, 설령 그 침입이 앞서 살펴본 피해자에 대한 절취행위의 수단으로 이루어졌다 하더라도 별개로 주거침입죄가 성립합니다.

또한 피고인에 대하여 2017. 11. 20. 선고된 상습절도 유죄판결의 범죄사실에는 주거침입행위에 대한 판단은 포함되어 있지 아니하므로 그 기판력이 이 부분 공소사실에는 미치지 아니합니다.[11]

[11] 앞에서 기재한 판례 법리에 맞춰 사안을 포섭하도록 한다.

결국 이 부분 공소사실에 대하여는 유죄판결이 선고될 것입니다.

5. 여신전문금융업법위반의 점

판례는 타인의 신용카드로 현금서비스를 받는 것도 신용기능이라는 신용카드 본래의 용법에 따른 사용에 해당하므로 여전법위반죄가 성립할 수 있고, 소유자로부터 신용카드를 절취한 자가 반드시 유죄의 처벌을 받지 않더라도 여전법위반죄는 성립할 수 있다고 판시하였습니다.*

* 위 99도857, 95도997 판결 참조

피고인은 절취한 김부친 명의의 신용카드를 사용하여 현금서비스를 받아 100만 원을 인출하였고, 이는 신용카드의 본래용법인 신용공여기능을 사용한 것입니다. 또한 앞서 살펴본 바와 같이 피고인이 신용카드를 절취한 행위가 사용절도에 해당하여 절도죄가 성립하지 아니하더라도 여전법위반죄 성립에는 영향을 주지 아니합니다.

결국 이 부분 공소사실에 대하여는 유죄판결이 선고될 것입니다.

6. 사기의 점

[12] 이 부분 공소사실은 책략절도와의 구별이 문제되는 삼각사기 사안이다. 권한설이 아닌 사실상 지위설인 판례의 태도에 의하면 절도죄가 아닌 사기죄 성립이 가능한바, 이에 대한 내용도 추가로 기재하였다.

판례는 사기죄가 성립하기 위해서는 범인의 기망에 따라 피해자가 착오로 재물에 대한 사실상의 지배를 범인에게 이전하는 처분행위가 있어야 하고, 이러한 처분행위가 존재하지 아니하는 경우에는 사기죄가 성립할 수 없다고 판시하였습니다.[12]** 이러한 처분행위가 존재하고 처분행위자와 피기망자가 동일한 경우, 처분행위자와 피해자가 일치하지 아니하더라도 사기죄는 성립가능합니다(이른바 삼각사기).**

** 사기죄에서 처분행위는, 행위자의 기망행위에 의한 피기망자의 착오와 행위자 등의 재물 또는 재산상 이익의 취득이라는 최종적 결과를 중간에서 매개·연결하는 한편, 착오에 빠진 피해자의 행위를 이용하여 재산을 취득하는 것을 본질적 특성으로 하는 사기죄와 피해자의 행위에 의하지 아니하고 행위자가 탈취의 방법으로 재물을 취득하는 절도죄를 구분하는 역할을 한다. 처분행위가 갖는 이러한 역할과 기능을 고려하면, 피기망자의 의사에 기초한 어떤 행위를 통해 행위자 등이 재물 또는

재산상의 이익을 취득하였다고 평가할 수 있는 경우라면, 사기죄에서 말하는 처분행위가 인정된다. 또한 재물에 대한 사기죄에 있어서 처분행위란, 범인의 기망에 따라 피해자가 착오로 재물에 대한 사실상의 지배를 범인에게 이전하는 것을 의미하므로, 외관상 재물의 교부에 해당하는 행위가 있었다고 하더라도, 재물이 범인의 사실상의 지배 아래에 들어가 그의 자유로운 처분이 가능한 상태에 놓이지 않고 여전히 피해자의 지배 아래에 있는 것으로 평가된다면, 그 재물에 대한 처분행위가 있었다고 볼 수 없다(대법원 2018. 8. 1. 선고 2018도7030 판결).

*** 책략절도와 사기죄 구별에 있어 사실상 지위설에 대한 논의를 추가할 수도 있다.

피고인은 2019. 10. 10. 14:00경 피해자 주전자가 운영하는 매장 직원인 어리숙에게 태블릿을 사겠다며 보여 달라고 하여 어리숙으로부터 태블릿을 건네받았을 뿐, 어리숙이 피고인에게 태블릿에 대한 사실상 지배를 이전하는 처분행위를 하였다는 사실을 인정할 만한 사정은 기록상 존재하지 아니합니다.[13]

결국 이 부분 공소사실에 대하여는 무죄판결이 선고될 것입니다(형사소송법 제325조 후단). 다만, 이 부분 공소사실에 대하여는 탈취죄인 절도죄는 성립할 수 있고, 이에 대하여 검사의 공소장변경신청이 가능합니다(제298조 제1항).[14]

2020. 1. 8.

담당변호사 구원혜 ㊞

[13] 어떤 사실이 부존재함을 검토하는 경우 "하지 않았다"는 단정적 표현보다는 "~사실을 인정할 만한 사정이 기록상 존재하지 아니한다"는 표현을 사용함이 일반적이다.

[14] 처분행위가 부존재하는 이상 (삼각)사기죄는 성립할 수 없고, 다만 이 부분 공소사실에 대하여 (책략)절도죄는 성립가능하고, 양자의 기본적 사실관계는 동일하다. 검토의견서의 성격을 고려하여 이에 대한 공소장변경신청이 가능함을 간단히 추가기재하였다.

변론요지서 (45점)

사 건   2019고합1997 상습절도 등

II. 피고인 이을남에 대하여

1. 정보통신망 이용촉진및정보보호등에관한법률위반(명예훼손)의 점[01]

가. 피고인 변소의 요지

피고인은 이 부분 공소사실 범행과 관련하여 김갑동과 공모하거나 김갑동의 범행에 관여한 사실이 없습니다.

나. 검사 제출 증거[02]

이 부분 공소사실에 대해 검사가 제출한 증거로는 김갑동·고동창의 법정진술, 검사 작성 김갑동에 대한 피의자신문조서(대질) 진술기재, 사경 작성 김갑동에 대한 피의자신문조서의 진술기재, 사경 작성 나부녀·고동창에 대한 각 진술조서의 진술기재, 피해자 나부녀 작성 고소장의 기재, 압수된 이메일 출력물(증 제5호)의 현존, 압수조서 및 압수목록(이메일 출력물)의 기재가 있습니다.

다. 증거능력 없는 증거

1) 사경 작성 김갑동에 대한 피의자신문조서 중 이 부분 공소사실 부분

위 조서 중 이 부분 공소사실 부분에 대하여는 당해 피고인인 이을남이 내용부인 취지로 증거부동의하고 있으므로 증거능력이 부정됩니다(형사소송법 제312조 제3항).[03]

2) 고동창의 법정진술 중 일부 및 사경 작성 고동창에 대한 진술조서 진술기재 중 일부[04]

위 진술 및 진술조서 진술기재 중 피고인이 고동창에게 피해자 나부녀를 망신 주는 글을 올리자고 제안해서 그 제안에 따라 글을 올리게 되었다고 김갑동이 자신에게 말해 주었다는 부분은 피고인 아닌 자의 공판기일에서의 진술이 피고인 아닌 타인의 진술을 내용으로 하는 전문진술 및 전문진술 기재 조서에 해당하고, 그 원진술자인 김갑동이 피고인으로서 이 사건 법정에 출석하고 있으므로, 증거능력이 부정됩니다(형사소송법 제316조 제2항, 제312조 제4항).

3) 압수된 이메일 출력물(증 제5호), 압수조서 및 압수목록(이메일 출력물)

검사 또는 사법경찰관은 긴급체포된 자가 소유·소지 또는 보관하는 물건에 대하여 긴급히 압수할 필요가 있는 경우에는 체포한 때부터 24시간 이내에 한하여 영장 없이 압수·수색 또는 검증을 할 수 있고, 이에 따라 압수한 물건을 계속 압수할 필요가 있는 경우에는 지체 없이 체포한 때부터 48시간 이내에 압수·수색영장을 청구하여야 합니다

---

[01] 형사소송법 제322조에서 규정하는 주관적 불가분의 원칙은 반의사불벌죄에는 적용되지 아니한다. 따라서 김갑동에 대한 피해자의 처벌희망의사표시는 피고인 이을남에 대한 이 부분 공소사실에는 영향을 주지 아니한다. 위와 같은 내용은 문제풀이 단계에서는 검토하여야 하나 변론요지서 답안에서는 그 기재를 생략한다.

[02] 검사 제출 증거 목차를 생략하는 경우 아래 부족증거 등 설시를 함에 있어 부족증거에 대한 개별설시가 필요하다.

[03] 사경 작성 피의자신문조서에 대한 직접적인 내용부인과 내용부인 취지의 증거부동의를 구별하여 답안에 기재한다.

[04] 법정진술 또는 조서의 진술기재 중 전문진술 기재 부분만을 특정하여 증거능력을 부정하여야 한다.
증인의 법정진술 중 전문진술이 등장하는 경우, 그 증인에 대한 참고인 진술조서에도 동일한 전문진술이 등장하는 경우가 일반적이다. 답안에서는 양자의 증거능력을 함께 검토할 수 있다. 다만 함께 검토시 표현과 규정 적시에 주의를 요한다.

(형사소송법 제217조 제1항, 제2항). 또한 이 경우에도 압수할 수 있는 것은 체포사유와 관련된 당해사건의 증거물이며, 별건의 증거를 발견한 때에는 임의제출을 구하거나 별도의 영장에 의하여 압수하여야 합니다.

압수된 이메일 출력물에 대하여 피고인에 대한 긴급체포 후 48시간 이내에 사후영장이 청구되기는 하였으나, 위 출력물은 피고인을 긴급체포한 2019. 11. 12. 13:00경부터 24시간이 경과한 후인 다음 날 15:00경에 이루어 졌으므로, 형사소송법 제217조 제1항의 요건을 갖추지 못하였습니다(기록 14쪽 긴급체포서, 제42쪽 압수조서 및 압수목록 참조). 또한 위 긴급체포의 사유가 된 범죄사실은 전자금융거래법위반 및 사기방조였으나, 압수된 이메일 출력물은 피고인의 정통망법위반(명예훼손)에 대한 것으로서 체포사유과 무관한 별건의 증거물에 해당합니다.

결국, 압수된 이메일 출력물(증 제5호)는 영장주의에 위반하여 위법한 절차에 의하여 수집한 증거물이므로 증거능력이 부정되고(형사소송법 제308조의2), 이에 기초하여 수집된 압수조서 및 압수목록(이메일 출력물) 역시 증거능력이 부정됩니다(독수의 과실이론).

라. 신빙성 탄핵 등

사경 작성 김갑동에 대한 피의자신문조서 진술기재 등에 의하면, 김갑동은 피고인이 먼저 제안하여 피해자 나부녀에 대하여 이 부분 공소사실 범행을 함께 하였다는 취지로 진술하고 있습니다. 그러나 ① 김갑동은 검찰단계에서는 자신이 피고인에게 범행을 먼저 제안하였다는 취지로 진술하여 그 진술의 일관성이 없는 점, ② 이 사건 법정에서는 범행 당시 자신 혼자 있었고, 피고인은 나중에 온 것에 불과하다고 하여 기존의 진술을 또 다시 번복하고 있는 점, ③ 피해자 나부녀는 김갑동을 범인으로 의심하고 있을 뿐 피고인을 범인으로 특정하고 있지 아니하고 있으며, 피고인이 범행에 가담하였다는 사실에 대하여는 김갑동의 진술 외에 다른 할 뿐만 아니라 김갑동의 진술 이외에는 피고인이 범행에 가담하였음을 직접적으로 뒷받침하는 증거가 전혀 존재하지 아니한다는 점 등을 고려하면, 위 김갑동의 진술은 믿을 만하지 못하고, 나머지 증거들만으로는 이 부분 공소사실을 입증하기에 부족하며, 달리 이를 인정할만한 증거가 존재하지 아니합니다.

마. 소결

이 부분 공소사실에 대하여는 무죄판결이 선고되어야 합니다(형사소송법 제325조 후단).

2. 사자명예훼손의 점

사자명예훼손죄는 고소가 있어야 공소를 제기할 수 있는 친고죄이고(형법 제312조 제1항), 친고죄의 공범 중 그 1인 또는 수인에 대한 고소 또는 그 취소는 다른 공범자에 대하여도 효력이 있습니다(주관적 불가분 원칙, 형사소송법 제322조).

피해자 나부녀는 이 사건 공소제기 후인 2019. 26. 이 부분 공소사실에 대하여 피고인과 공범관계에 있는 김갑동에 대한 고소를 취소하였고(기록 제22쪽 합의서 참조)[05], 이러한 고소취소는 피고인에 대하여도 효력이 있습니다.

[05] 고소취소의 의사표시가 이 사건 공소제기 후에 이루어졌다는 점에 대한 검토를 누락하지 않아야 한다.

결국 이 부분 공소사실에 대하여는 공소기각 판결이 선고되어야 합니다(형사소송법 제327조 제5호).

3. 장물취득의 점

가. 2017. 12. 24. 장물취득의 점에 대하여

장물취득죄에서 '취득'이라고 함은 점유를 이전받음으로써 그 장물에 대하여 사실상의 처분권을 획득하는 것을 의미하는 것이므로, 단순히 보수를 받고 본범을 위하여 장물을 일시 사용하거나 그와 같이 사용할 목적으로 장물을 건네받은 것만으로는 장물을 취득한 것으로 볼 수 없다는 것이 판례의 태도입니다.*

> * [1] 장물취득죄에서 '취득'이라고 함은 점유를 이전받음으로써 그 장물에 대하여 사실상의 처분권을 획득하는 것을 의미하는 것이므로, 단순히 보수를 받고 본범을 위하여 장물을 일시 사용하거나 그와 같이 사용할 목적으로 장물을 건네받은 것만으로는 장물을 취득한 것으로 볼 수 없다. [2] 법원은 공소사실의 동일성이 인정되는 범위 내에서 심리의 경과에 비추어 피고인의 방어권 행사에 실질적인 불이익을 초래할 염려가 없다고 인정되는 때에는, 공소장이 변경되지 않았더라도 직권으로 공소장에 기재된 공소사실과 다른 범죄사실을 인정할 수 있고, 이와 같은 경우 공소가 제기된 범죄사실과 대비하여 볼 때 실제로 인정되는 범죄사실의 사안이 가볍지 아니하여 공소장이 변경되지 않았다는 이유로 이를 처벌하지 않는다면 적정절차에 의한 신속한 실체적 진실의 발견이라는 형사소송의 목적에 비추어 현저히 정의와 형평에 반하는 것으로 인정되는 경우라면 법원으로서는 직권으로 그 범죄사실을 인정하여야 한다. [3] 공소제기된 장물취득의 점과 실제로 인정되는 장물보관의 범죄사실 사이에는 법적 평가에 차이가 있을 뿐 공소사실의 동일성이 인정되는 범위 내에 있으므로 따로 공소사실의 변경이 없더라도 법원이 직권으로 장물보관의 범죄사실을 유죄로 인정하여야 한다고 한 사례(대법원 2003. 5. 13. 선고 2003도1366 판결).

피고인은 김갑동으로부터 그가 훔친 신용카드를 교부받기는 하였으나, 그것은 김갑동이 전동킥보드를 사다달라며 부탁하면서 신용카드를 건네주자 김갑동을 위해 일시 사용할 목적으로 건네받은 것에 불과하여, 장물인 신용카드를 취득한 것으로 볼 수 없습니다(기록 32쪽 피의자신문조서 참조).

결국 이 부분 공소사실에 대하여는 무죄판결이 선고되어야 합니다(형사소송법 제325조 후단).[06]

[06] 이 부분 공소사실에 대하여는 축소사실인 장물보관죄 성립은 가능하다. 다만, 장물보관죄에 대한 무죄·면소·공소기각 등의 추가 쟁점이 존재하지 아니하는 바, 변론요지서의 성격을 기재하여 해당 부분 기재는 생략하였다.

[07] 사실인정 쟁점은 [피고인 변소의 요지-검사 제출 증거-증거능력 없는 증거-신빙성 탄핵-부족증거 등 설시-소결론] 순서대로 답안을 구성함이 일반적이다.
이 부분 공소사실의 경우 검사 제출 증거들 중 증거능력 없는 증거를 제외하고 나면 직접적으로 이 부분 공소사실을 뒷받침하는 증거가 존재하지 아니한다. 즉, 신빙성 탄핵의 대상이 존재하지 아니하는 바, 이 부분 설시를 생략하였다.

나. 2019. 10. 31. 장물취득의 점에 대하여

1) 피고인 변소의 요지[07]

피고인은 자신이 김갑동으로부터 건네받은 현금이 장물인 점을 알지 못하였습니다.

2) 검사 제출 증거

이 부분 공소사실에 대하여 검사가 제출한 증거는 피고인·김갑동의 각 법정진술, 검사 작성 피고인·김갑동에 대한 피의자신문조서(대질)의 진술기재, 사경 작성 피고인·김갑동에 대한 각 피의자신문조서의 진술기재, 사경 작성 김부친의 진술조서의 진술기재가 있습니다.

3) 증거능력 없는 증거

김갑동의 법정진술 중 자신이 범행 당시 피고인에게 200만 원을 교부할 때 훔친 돈이라는 것을 말해주었다는 부분은 공범 아닌 공동피고인의 피고인 지위에서 한 법정진술이므로 증거능력이 부정됩니다.

김갑동에 대한 검사 및 사경 작성 각 피의자신문조서 진술기재 중 이 부분 공소사실에 대한 부분에 대하여는 피고인이 증거부동의하고 있고, 각 조서의 실질적 진정성립에 대하여 그 원진술자인 김갑동이 피고인 지위에서 실질적 진정성립을 인정하고 있을 뿐(기록 제19쪽 참조), 별도의 증인신문절차에서 실질적 진정성립을 인정한 바 없습니다. 따라서 위 조서들은 증거능력이 부정됩니다(형사소송법 제312조 제4항).

사경 작성 피고인에 대한 피의자신문조서 중 이 부분 공소사실에 대한 부분은 피고인이 내용을 부인하고 있으므로 증거능력이 부정됩니다(형사소송법 제312조 제3항).

4) 부족증거 등 설시 및 소결

나머지 증거들만으로는 이 부분 공소사실을 인정하기에 부족하고, 달리 이를 인정할 만한 증거가 없습니다.[08]

[08] 부족증거 "등" 설시인바, 이 부분 공소사실을 인정할만한 증거가 "달리" "없음"까지 정확히 기재하여야 한다.

결국 이 부분 공소사실에 대하여는 무죄판결이 선고되어야 합니다(형사소송법 제325조 후단).

4. 사기방조의 점

피고인은 자신이 성명불상자에게 제공한 통장과 체크카드가 도박 사이트 환전에 이용될 것으로 생각했을 뿐 보이스피싱 사기 범행에 이용될 것이라는 점은 전혀 알지 못하였습니다.[09]

[09] 실제 답안 작성시 이와 같이 소목차 기재는 생략하여도 무방하다.

이 부분 공소사실에 대하여 검사가 제출한 증거로는 피고인의 법정진술, 검사 작성 피고인에 대한 제2회 피의자신문조서의 진술기재, 사경 작성 피고인에 대한 피의자신문조서의 진술기재, 피해자 장호구 작성 피해신고서, 압수된 현금 400만 원·체크카드의 각 현존 및 그에 대한 압수조서 및 압수목록의 기재, 계좌송금내역이 있습니다.

위 증거들 중 ① 사경 작성 피고인에 대한 피의자신문조서 중 이 부분 공소사실 부분에 대하여는 피고인이 내용부인하고 있으므로(형사소송법 제312조 제3항), ② 검사 작성 피고인에 대한 제2회 피의자신문조서는 그 신문 당시 변호인이 피고인의 옆에 앉아 조력하겠다고 강력히 요청했고 피고인 역시 그렇게 하고 싶다는 의사를 피력했으나, 검사가 변호인을 피고인 뒤에 앉게 하였는데, 당시 검사실에는 피고인 외에 조사를 받는 사람이 전혀 없었고 공간이 충분했음에도 검사는 변호인을 피고인 뒤에 앉게 하였고, 그 때문에 피고인이 심리적으로 매우 위축된 상태에서 조사를 받았는바, 이는 피의자의 피의자신문 시 변호인 참여권(형사소송법 제243조의2) 및 변호인의 변호권 등을 침해한 위법한 조치입니다.* 따라서 위 조서들은 위법한 절차에 의해 수집한 증거로서 증거능력이 부정됩니다(제308조의2).

* 변호인이 피의자신문에 자유롭게 참여할 수 있는 권리는 피의자가 가지는 변호인의 조력을 받을 권리를 실현하는 수단이므로 헌법상 기본권인 변호인의 변호권으로서 보호되어야 한다. 피의자신문에 참여한 변호인이 피의자 옆에 앉는다고 하여 피의자 뒤에 앉는 경우보다 수사를 방해할 가능성이 높아진다거나 수사기밀을 유출할 가능성이 높아진다고 볼 수 없으므로, 이 사건 후방착석요구행위의 목적의 정당성과 수단의 적절성을 인정할 수 없다. 이 사건 후방착석요구행위로 인하여 위축된 피의자가 변호인에게 적극적으로 조언과 상담을 요청할 것을 기대하기 어렵고, 변호인이 피의자의 뒤에 앉게 되면 피의자의 상태를 즉각적으로 파악하거나 수사기관이 피의자에게 제시한 서류 등의 내용을 정확하게 파악하기 어려우므로, 이 사건 후방착석요구행위는 변호인인 청구인의 피의자신문참여권을 과도하게 제한한다. 그런데 이 사건에서 변호인의 수사방해나 수사기밀의 유출에 대한 우려가 없고, 조사실의 장소적 제약 등과 같이 이 사건 후방착석요구행위를 정당화할 그 외의 특별한 사정도 없으므로, 이 사건 후방착석요구행위는 침해의 최소성 요건을 충족하지 못한다. 이 사건 후방착석요구행위로 얻어질 공익보다는 변호인의 피의자신문참여권 제한에 따른 불이익의 정도가 크므로, 법익의 균형성 요건도 충족하지 못한다. 따라서 이 사건 후방착석요구행위는 변호인인 청구인의 변호권을 침해한다(헌법재판소 2017. 11. 30. 선고 2016헌마503 결정).

[10] 이 부분 공소사실 역시 증거능력 없는 증거를 제외한 후에는 공소사실을 직접적으로 뒷받침하는 증거가 존재하지 아니한다. 따라서 신빙성 탄핵 부분을 생략하고 부족증거 등 설시만을 하였다.

증거능력이 부정되는 증거들을 제외한 나머지 증거들만으로는 이 부분 공소사실을 인정하기에 부족하고, 달리 이를 인정할만한 증거가 존재하지 아니합니다.[10]

결국 이 부분 공소사실에 대하여는 무죄판결이 선고되어야 합니다(형사소송법 제325조 후단).

5. 횡령의 점

가. 사기방조의 점이 무죄인 경우

판례는 계좌명의인이 전기통신금융사기 범인에게 계좌 등을 양도하였다 하더라도 그 계좌에 송금·이체된 돈이 그 범인에게 귀속되었다고 볼 수 없고 계좌명의인과 범인 사이의 관계는 횡령죄로 보호할 만한 가치 있는 위탁관계가 아니므로, 계좌명의인의 전기통신금융사기 피해 송금금원의 인출행위는 전기통신금융사기의 범인에 대한 관계에서는 횡령죄가 되지 않는다고 판시하였습니다.**

** [1] (전략) 계좌명의인은 피해자와 사이에 아무런 법률관계 없이 송금·이체된 사기피해금 상당의 돈을 피해자에게 반환하여야 하므로, 피해자를 위하여 사기피해금을 보관하는 지위에 있다고 보아야 하고, 만약 계좌명의인이 그 돈을 영득할 의사로 인출하면 피해자에 대한 횡령죄가 성립한다. 이때 계좌명의인이 사기의 공범이라면 자신이 가담한 범행의 결과 피해금을 보관하게 된 것일 뿐이어서 피해자와 사이에 위탁관계가 없고, 그가 송금·이체된 돈을 인출하더라도 이는 자신이 저지른 사기범행의 실행행위에 지나지 아니하여 새로운 법익을 침해한다고 볼 수 없으므로 사기죄 외에 별도로 횡령죄를 구성하지 않는다. 한편 계좌명의인의 인출행위는 전기통신금융사기의 범인에 대한 관계에서는 횡령죄가 되지 않는다. ① 계좌명의인이 전기통신금융사기의 범인에게 예금계좌에 연결된 접근매체를 양도하였다 하더라도 은행에 대하여 여전히 예금계약의 당사자로서 예금반환청구권을 가지는 이상 그 계좌에 송금·이체된 돈이 그 접근매체를 교부받은 사람에게 귀속되었다고 볼 수는 없다. 접근매체를 교부받은 사람은 계좌명의인의 예금반환청구권을 자신이 사실상 행사할 수 있게 된 것일 뿐 예금 자체를 취득한 것이 아니다. 판례는 전기통신금융사기 범행으로 피해자의 돈이 사기이용계좌로 송금·이체되었다면 이로써 편취행위는 기수에 이른다고 보고 있는

> 데, 이는 사기범이 접근매체를 이용하여 그 돈을 인출할 수 있는 상태에 이르렀다는 의미일 뿐 사기범이 그 돈을 취득하였다는 것은 아니다. ② 또한 계좌명의인과 전기통신금융사기의 범인 사이의 관계는 횡령죄로 보호할 만한 가치가 있는 위탁관계가 아니다. 사기범이 제3자 명의 사기이용계좌로 돈을 송금·이체하게 하는 행위는 그 자체로 범죄행위에 해당한다. 그리고 사기범이 그 계좌를 이용하는 것도 전기통신금융사기 범행의 실행행위에 해당하므로 계좌명의인과 사기범 사이의 관계를 횡령죄로 보호하는 것은 그 범행으로 송금·이체된 돈을 사기범에게 귀속시키는 결과가 되어 옳지 않다(대법원 2018. 7. 19. 선고 2017도17494 전원합의체).

피고인은 자신이 양도한 통장에 성명불상자 사기 범행의 피해자인 장호구가 입금한 400만 원을 인출하기는 하였으나, 앞서 살펴본 판례 법리에 비추어 볼 때 이는 피해자 성명불상자에 대한 횡령죄는 성립하지 아니합니다.[11]

결국 이 부분 공소사실에 대하여는 무죄판결이 선고되어야 합니다(형사소송법 제325조 전단).

나. 사기방조의 점이 유죄인 경우[12]

판례는 사기 피해자가 입금한 금원을 임의로 인출한 계좌명의인이 사기의 공범이라면 자신이 가담한 범행의 결과 피해금을 보관하게 된 것일 뿐이어서 입금자와 사이에 위탁관계가 없고, 그가 송금·이체된 돈을 인출하더라도 이는 자신이 저지른 사기범행의 실행행위에 지나지 아니하여 새로운 법익을 침해한다고 볼 수 없으므로 사기죄 외에 별도로 횡령죄를 구성하지 않는다고 판시하였습니다.*

* 위 2017도17494 판결 참조

따라서 설령 앞서 살펴본 피고인의 사기방조에 대하여 유죄판결이 선고될 경우라 할지라도, 피고인의 이 부분 공소사실에 대하여는 무죄판결이 선고되어야 합니다(형사소송법 제325조 전단).

2020. 1. 8.

피고인의 변호인 변호사 류무재 ⑩

서울중앙지방법원 제28형사부 귀중

---

[11] 이 부분 공소사실에 대하여는 사기의 정범인 성명불상자가 아닌 사기 피해자인 장호구에 대한 횡령죄 성립은 가능하고, 이에 대하여는 별도의 공소장변경 없이 법원이 직권으로 인정할 수 있다. 다만 이에 대하여는 별도의 유죄판결 이외의 검토가 불가능한바, 변론요지서의 성격을 고려하여 이러한 추가 논의 기재를 생략하였다.

[12] 이 부분 논의는 피해자 장호구에 대한 횡령죄 성부에 대한 것이다. 이 부분 공소사실이 장호구가 아닌 사기정범인 성명불상자에 대한 횡령죄에 대한 것임을 고려할 때, 이 부분 기재는 생략할 수도 있다.

2021년 제10회
변호사시험 형사법 기록형

2021년도 제10회 변호사시험 문제

| 시험과목 | 형사법(기록형) |

응시자 준수사항

1. 시험 시작 전 문제지의 봉인을 손상하는 경우, 봉인을 손상하지 않더라도 문제지를 들추는 행위 등으로 문제 내용을 미리 보는 경우 그 답안은 영점으로 처리됩니다.

2. 시험시간 중에는 휴대전화, 스마트워치, 무선이어폰 등 무선통신기기나 전자계산기 등 전산기기를 지녀서는 안 됩니다.

3. 답안은 흑색 또는 청색 필기구(수성펜이나 연필 사용 금지) 중 한 가지 필기구만을 사용하여 답안 작성란(흰색 부분) 안에 기재하여야 합니다.

4. 답안지에 성명과 수험번호 등을 기재하지 않아 인적사항이 확인되지 않는 경우에는 영점으로 처리되는 등 불이익을 받게 됩니다. 특히 답안지를 바꾸어 다시 작성하는 경우, 성명 등의 기재를 빠뜨리지 않도록 유의하여야 합니다.

5. 답안지에는 문제 내용을 쓸 필요가 없으며, 답안 이외의 사항을 기재하거나 밑줄 기타 어떠한 표시도 하여서는 안 됩니다. 답안을 정정할 경우에는 두 줄로 긋고 다시 써야 하며, 수정액·수정테이프 등은 사용할 수 없습니다.

6. 시험 종료 시각에 임박하여 답안지를 교체했더라도 시험시간이 끝나면 그 즉시 새로 작성한 답안지를 회수합니다.

7. 시험시간이 지난 후에는 답안지를 일절 작성할 수 없습니다. 이를 위반하여 **시험시간이 종료되었음에도 불구하고 계속 답안을 작성할 경우 그 답안은 영점으로 처리됩니다.**

8. 답안은 답안지의 쪽수 번호 순으로 써야 합니다. **배부된 답안지는 백지 답안이라도 모두 제출**하여야 하며, **답안지를 제출하지 아니한 경우 그 시간 시험과 나머지 시험에 응시할 수 없습니다.**

9. 지정된 시각까지 지정된 시험실에 입실하지 않거나 시험관리관의 승인 없이 시험시간 중에 시험실에서 퇴실한 경우, 그 시간 시험과 나머지 시간의 시험에 응시할 수 없습니다.

10. 시험시간 중에는 어떠한 경우에도 문제지를 시험실 밖으로 가지고 갈 수 없고, 그 시험시간이 끝난 후에는 문제지를 시험장 밖으로 가지고 갈 수 있습니다.

[01] 검토의견서는 변호인이 내부적으로 대표변호사에게 보고하는 서면이므로 경어체나 '~할 것임'이라는 표현을 사용하여 답안을 작성하여야 하고(다만 변론요지서와 같이 경어체를 사용하여도 무방하다), 피고인에게 유리한 내용뿐만 아니라 불리한 내용까지도 객관적 입장에서 검토하여야 한다.
변론요지서는 변호인이 법원에 제출하는 서면이므로 경어체를 사용하여야 하고, 피고인에게 가장 유리한 결론으로 쟁점을 검토하여야 한다.

[02] 기록 답안은 판례 태도를 기준으로 작성함을 원칙으로 한다. 일반론을 기재할 필요 없이 판례 키워드와 그에 따른 사안검토 위주로 기재한다. 다만, 판례 태도에 반하는 견해를 바탕으로 무죄 등을 주장하는 경우도 있음에 주의를 요한다.

[03] 답안 간 인용기재를 허용하고 있는바, 중복되는 내용이 등장함을 예상할 수 있다.

[04] 축약기재를 제한 없이 사용하고 있으므로 답안 작성 시 최대한 활용하도록 한다. 다만, 전체 답안에서의 통일성은 유지하여야 한다.

[05] 기재가 생략된 증거라도 쟁점을 검토함에 있어 필요한 경우 인용하여야 한다.

【 문 제 】

피고인 김갑동에 대해서는 법무법인 로 담당변호사 한검토가 객관적인 입장에서 대표변호사에게 보고할 검토의견서를, 피고인 김을남에 대해서는 변호인 변호사 명변론이 법원에 제출할 변론요지서를 각각 작성하되, 다음 쪽 검토의견서 및 변론요지서 양식 중 **본문 Ⅰ, Ⅱ 부분만 작성하시오.**

【 작성 요령 】

1. 학설·판례 등의 견해가 대립되는 경우 한 견해를 취할 것. 단, 대법원 판례와 다른 견해를 취하여 의견을 제시하고자 하는 경우에는 대법원 판례의 취지를 적시할 것.
2. **작성의 편의를 위하여 검토의견서에 기재한 내용은 변론요지서에서, 변론요지서에 기재한 내용은 검토의견서에서 각각 인용 가능함.**
3. 증거능력이 없는 증거는 실제 소송에서는 증거로 채택되지 않아 증거조사가 진행되지 않지만, 이 문제에서는 시험의 편의상 증거로 채택되어 증거조사가 진행된 것을 전제하였다. 따라서 필요한 경우 증거능력에 대하여도 논할 것.
4. 법률명과 죄명에서 '특정경제범죄 가중처벌 등에 관한 법률'은 '특경법'으로, '특정범죄 가중처벌 등에 관한 법률'은 '특가법'으로, '성폭력범죄의 처벌 등에 관한 특례법'은 '성폭법'으로, '형사소송법'은 '형소법'으로 줄여서 기재하여도 무방함.

【 주의 사항 】

1. 쪽 번호는 편의상 연속되는 번호를 붙였음.
2. 조서, 기타 서류에는 필요한 서명, 날인, 무인, 간인, 정정인이 있는 것으로 볼 것.
3. 증거목록, 공판기록 또는 증거기록 중 '생략'이라고 표시된 부분에는 법에 따른 절차가 진행되어 그에 따라 적절한 기재가 있는 것으로 볼 것.
4. 공판기록과 증거기록에 첨부하여야 할 일부 서류 중 '생략' 표시가 있는 것, '증인선서서'와 수사기관의 조서에 첨부하여야 할 '수사과정확인서'는 적법하게 존재하는 것으로 볼 것.
5. 송달이나 접수, 통지, 결재가 필요한 서류는 모두 적법한 절차를 거친 것으로 볼 것.

【 검토의견서 양식 】

검토의견서 (40점)

사　건　2020고합1234 특정경제범죄가중처벌등에관한법률위반(사기) 등
피고인　김갑동

Ⅰ. 피고인 김갑동에 대하여
 1. 사문서위조, 위조사문서행사의 점
 2. 특정경제범죄가중처벌등에관한법률위반(사기), 사기의 점
 3. 성폭력범죄의처벌등에관한특례법위반(카메라등이용촬영·반포등)의 점
※ 평가 제외 사항 - 공소사실의 요지, 정상관계 (답안지에 기재하지 말 것)

2021. 1. 6.

담당변호사　한검토 ㊞

[06] 양식에서 주어진 목차 그대로 답안을 작성한다. 평가제외사항에 관한 내용은 처음부터 생략하거나 빠르게 넘기면서 문제를 읽도록 한다.

[07] 양식의 목차와 공소장의 공소사실 기재 등을 참고하여 메모의 피고인과 죄명 란을 기재한다.

[08] 특경법위반(사기)의 점과 사기의 점이 한 항에서 같이 다루어지므로, 동일한 행위에 의한 것임을 예상할 수 있다. 다만, 공소사실 등을 참고할 때 피해자가 다른 별개의 죄이므로 메모지에는 따로 메모하도록 한다.

【 변론요지서 양식 】

변론요지서 (60점)

사　건　2020고합1234 특정경제범죄가중처벌등에관한법률위반(사기) 등
피고인　김을남

Ⅱ. 피고인 김을남에 대하여
 1. 특정경제범죄가중처벌등에관한법률위반(사기), 사기의 점
 2. 횡령의 점
 3. 특정범죄가중처벌등에관한법률위반(위험운전치상)의 점
※ 평가 제외 사항 - 공소사실의 요지, 정상관계 (답안지에 기재하지 말 것)

2021. 1. 6.

피고인의 변호인 변호사　명변론 ㊞

서울중앙지방법원 제10형사부 귀중

[09] 12. 7. 5. 횡령의 점과 20. 1. 28. 횡령의 점을 따로 메모하여야 한다.

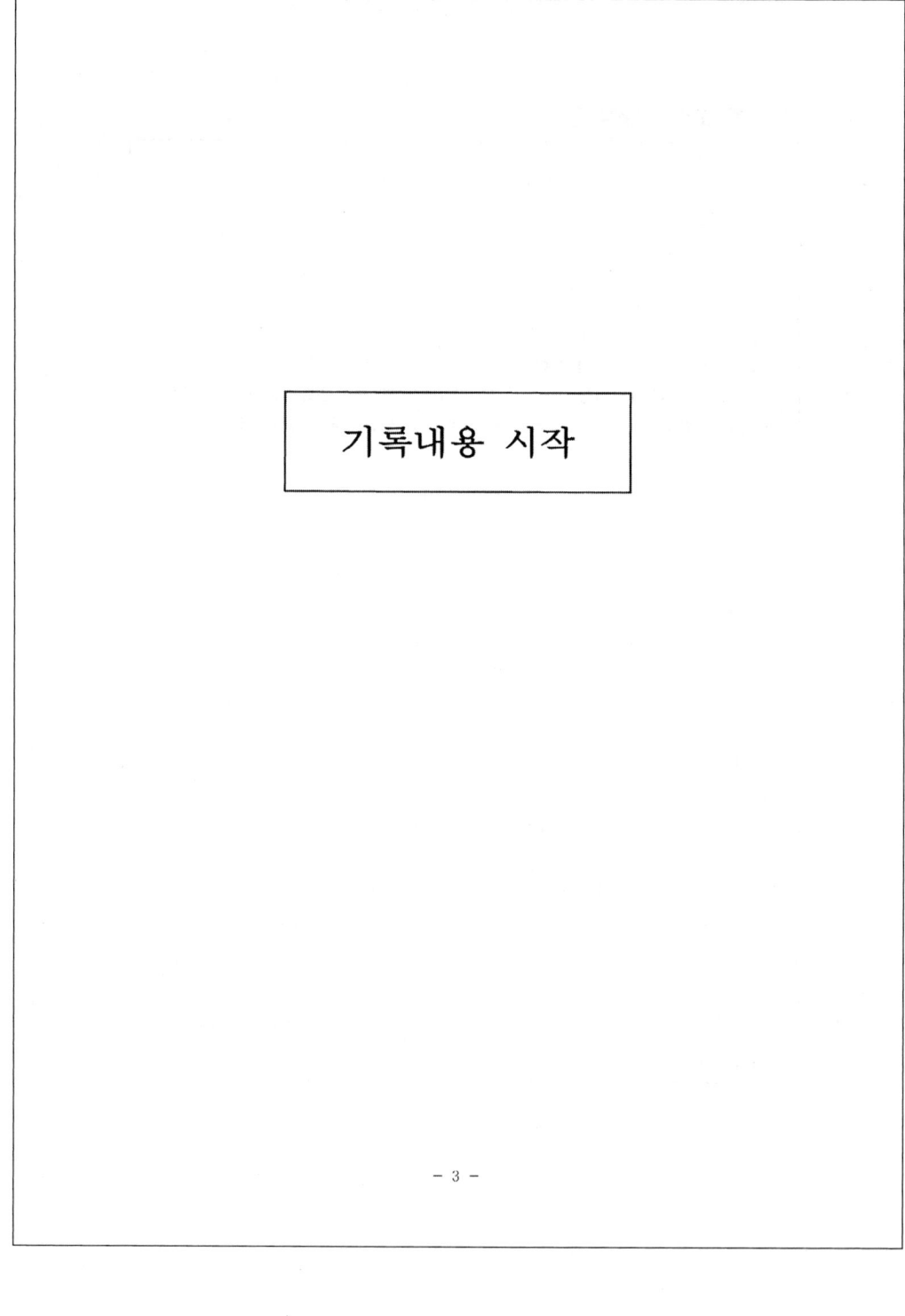

		구속만료	2021.1.29.	미결구금
서울중앙지방법원		최종만료	2021.5.29.	
구 공 판 **형 사 제1심 소 송 기 록**		대행 갱신 만 료		

기일 1회기일	사건번호	2020고합1234	담임	형사10부	주심	다
12/21 A10 1/4 P3	사 건 명	가. 특정경제범죄가중처벌등에관한법률위반(사기) 나. 특정범죄가중처벌등에관한법률위반(위험운전치상) 다. 사기 라. 성폭력범죄의처벌등에관한특례법위반(카메라등이용촬영·반포등) 마. 횡령 바. 사문서위조 사. 위조사문서행사				
	검 사	정의감		2020형제154321호		
	피 고 인	구속 1. 가.다.라.바.사.　　　　김갑동 　　　 2. 가.나.다.마.바.사.　　　김을남				
	공소제기일	2020. 11. 30.				
	변 호 인	사선　법무법인 토 담당변호사 한검토(피고인 김갑동) 사선　변호사 명변론(피고인 김을남)				

확 정	
보존종기	
종결구분	
보 존	

완결 공람	담 임	과 장	주 심 판 사	재판장

- 4 -

[10] 기록표지에서는 공소제기일을 체크하여 메모한다.
추가적으로 왼쪽 상단에서 공판기일이 몇 번 열렸는지(변호사시험의 경우 2회가 일반적이다)를 확인할 수 있다.

[11] 김갑동과 이을남이 특가법위반(사기), 사기, 사문서위조, 위조사문서행사의 공소사실을 공동으로 하였음을 예상할 수 있다.
또한 김갑동은 구속기소되었고, 김을남은 불구속기소되었음을 알 수 있다.

[12] 체크할 내용이 없는 서면은 보지 않고 빠르게 넘기도록 한다.

공판준비절차

회 부 수명법관 지정 일자	수명법관 이름	재 판 장	비 고

법정외에서 지정하는 기일

기일의 종류	일 시	재판장	비 고
1회 공판기일	2020. 12. 21. 10:00	㉘	

서울중앙지방법원

목 록		
문 서 명 칭	장 수	비 고
증거목록	7	검사
증거목록	10	피고인 및 변호인
공소장	11	
변호인선임서	(생략)	피고인 김갑동
변호인선임서	(생략)	피고인 김을남
영수증(공소장부본 등)	(생략)	피고인 김갑동
영수증(공소장부본 등)	(생략)	피고인 김을남
영수증(공판기일통지서)	(생략)	변호사 한검토
영수증(공판기일통지서)	(생략)	변호사 명변론
국민참여재판 의사 확인서(불희망)	(생략)	피고인 김갑동
국민참여재판 의사 확인서(불희망)	(생략)	피고인 김을남
의견서	(생략)	피고인 김갑동
의견서	(생략)	피고인 김을남
공판조서(제1회)	15	
증거신청서	17	변호사 명변론
공판조서(제2회)	20	
증인신문조서	23	김피해
증인신문조서	24	김손해

※ 구속관계 서류 목록은 생략

[13] 공판기록목록에서는 가장 먼저 공소장변경허가신청서가 있는지를 체크한다. 허가신청서가 있는 경우 그 다음 공판기일에서의 허가여부를 체크한 후 허가결정이 있는 경우 변경(또는 추가·철회)된 내용을 확인하여야 한다.
그 다음 공판단계에서 제출된 증거가 있는지 확인한다. 합의서 등이 제출된 경우 면소판결 등 결론을 검토함에 있어 중요한 증거가 됨이 일반적이다. 추가로 공판기일이 몇 차례 열렸는지, 증인신문이 실시된 증인은 몇 명인지 등을 가볍게 확인할 수 있다.

[14] 공판단계에서 제출된 증거서류는 답안을 작성함에 있어 중요한 증거일 가능성이 높다.

[15] 증거목록에서는 검찰단계와 경찰단계를 구별하여 표시한 후, 각 증거에 대한 증거의견란을 체크하고, 전문법칙 예외요건에 따라 증거능력이 부정되는 증거들을 검토하도록 한다.

[16] 김피해 작성 고소장과 김피해에 대한 진술조서는 피고인 김을남이 증거부동의하고 있으므로 각각 제313조 제1항 본문과 제312조 제4항의 요건을 갖추어야 증거능력이 인정된다. 그러나 김피해는 공판기일에 증인으로 출석하였으나 그 증언을 거부하였으므로(증인목록에서 확인) 위 서류들의 증거능력은 결국 부정된다.

[17] 김손해 작성 고소장과 김손해에 대한 진술조서 중 피고인 이을남이 증거부동의를 한 공소사실 1항 부분에 한하여 역시 각각 제313조 제1항 본문과 제312조 제4항의 요건을 갖추어야 증거능력이 인정된다. 이에 대해 김손해는 공판기일에 증인으로 출석하여 각 서류들에 대한 실질적 진정성립을 인정하였으므로(증인신문조서에서 확인) 위 서류들의 증거능력은 인정된다.

증 거 목 록 (증거서류 등)
2020고합1234

① 김갑동
② 김을남
신청인 : 검사

2020형제154321호

순번	증거방법					참조사항등	신청기일	증거의견		증거결정		증거조사기일	비고
	작성	쪽수(수)	쪽수(중)	증거명칭	성명			기일	내용	기일	내용		
1	사경	27		고소장	김피해	생략	1	1	① ○ ② ×	(생략)			
2	〃	28		투자확약서 사본			1	1	① ○ ② ○				
3	〃	(생략)		공사 현장 사진			1	1	① ○ ② ○				
4	〃	(생략)		계좌 송금 내역서	김피해		1	1	① ○ ② ○				
5	〃	(생략)		계좌 송금 내역서	김손해		1	1	① ○ ② ○				
6	〃	29		진술조서	김피해		1	1	① ○ ② ×				
7	〃	31		고소장	김손해		1	1	① ○ ② × ② ○				공소사실 1항 부분 나머지 부분
8	〃	(생략)		등기사항전부증명서			1	1	② ○				
9	〃	(생략)		등기사항전부증명서			1	1	② ○				
10	〃	(생략)		진술조서	김손해		1	1	① ○ ② × ② ○				공소사실 1항 부분 나머지 부분
11	〃	33		고소장	허두수		1	1	② ○				

※ 증거의견 표시 - 피의자신문조서 : 인정 ○, 부인 ×
  (여러 개의 부호가 있는 경우, 적법성/성립/임의성/내용의 순서임)
  - 기타 증거서류 : 동의 ○, 부동의 ×
  - 진술이 특히 신빙할 수 있는 상태 하에서 행하여졌다는 점 부인 : "특신성 부인"(비고란 기재)
※ 증거결정 표시 : 채 ○, 부 ×
※ 증거조사 내용은 제시, 내용고지

증거목록 (증거서류 등)

2020고합1234

2020형제154321호

① 김갑동
② 김을남

신청인: 검사

순번	증거방법 작성	쪽수(수)	쪽수(증)	증거명칭	성명	참조사항 등	신청기일	증거의견 기일	증거의견 내용	증거결정 기일	증거결정 내용	증거조사기일	비고
12	사경	(생략)		상해진단서	허두수		1	1	② ○				
13	〃	(생략)		진술조서	허두수		1	1	② ○				
14	〃	(생략)		수사보고 (관련사건 서류 첨부)			1	1	② ○				
15	〃	(생략)		주취운전자 적발보고서			1	1	② ○				
16	〃	(생략)		주취운전자 정황진술보고서		생략	1	1	② ○	(생략)			
17	〃	(생략)		교통사고보고 (실황조사서)			1	1	② ○				
18	〃	34		피의자신문조서	김을남		1	1	② ○ / ① ×				
19	〃	39		피의자신문조서	박병서		1	1	① ○ / ② ×				
20	〃	41		피의자신문조서	김갑동		1	1	① ○ / ② ×				
21	〃	44		압수조서, 압수목록(휴대전화)			1	1	① ○				
22	〃	45		피의자신문조서	김갑동		1	1	① ○				
23	〃	47		수사보고 (출력 사진 첨부 등)			1	1	① ○				
24	〃	(생략)		사진			1	1	① ○				
25	〃	(생략)		조회회보서	김갑동		1	1	① ○				
26	〃	(생략)		조회회보서	김을남		1	1	② ○				

※ 증거의견 표시 - 피의자신문조서: 인정 ○, 부인 ×
  (여러 개의 부호가 있는 경우, 적법성/성립/임의성/내용의 순서임)
  - 기타 증거서류: 동의 ○, 부동의 ×
  - 진술이 특히 신빙할 수 있는 상태 하에서 행하여졌다는 점 부인: "특신성 부인"(비고란 기재)
※ 증거결정 표시: 채 ○, 부 ×
※ 증거조사 내용은 제시, 내용고지

[18] 사경 작성 피고인 김을남에 대한 피의자신문조서에 대하여 공범인 피고인 김갑동이 내용부인 취지로 증거부동의하고 있으므로 위 조서의 증거능력은 부정된다(제312조 제3항).

[19] (박병서가 피고인 김을남과 공범으로 기소되었음을 공소사실에서 확인한 후) 공범에 대한 사경 작성 피의자신문조서에 대하여 당해 피고인 김을남이 증거부동의하고 있음으로 위 조서의 증거능력은 부정된다(제312조 제3항).

[20] 사경 작성 피고인 김갑동에 대한 피의자신문조서에 대하여 공범인 피고인 김을남이 내용부인 취지로 증거부동의하고 있으므로 위 조서의 증거능력은 부정된다(제312조 제3항).

[21] 검사 작성 피고인 김갑동에 대한 피신조서는 그 원진술자인 김갑동이 실질적 진정성립을 인정하고 있으므로(증거의견에서 증거동의로 체크) 증거능력이 인정된다(제312조 제4항).

마찬가지로 검사 작성 피고인 김을남에 대한 피의자신문조서 역시 원진술자 김을남이 실질적 진정성립을 인정하고 있으므로 그 증거능력이 인정된다(제312조 제4항).

증 거 목 록 (증거서류 등)
2020고합1234

2020형제154321호

① 김갑동
② 김을남
신청인 : 검사

순번	증거방법					참조사항등	신청기일	증거의견		증거결정		증거조사기일	비고
	작성	쪽수(수)	쪽수(증)	증거명칭	성명			기일	내용	기일	내용		
27	검사	48		피의자신문조서 (대질)	김갑동	(생략)	1	1	① ○ ② ×	(생략)			
					김을남		1	1	② ○ ① ×				
28	〃	(생략)		수사보고 (박병서 사망)			1	1	① ○ ② ○				
29	〃	(생략)		사망진단서	박병서		1	1	① ○ ② ○				
30	〃	(생략)		수사보고 (계좌추적결과 보고)			1	1	① ○ ② ○				
31	〃	(생략)		거래내역서 등			1	1	① ○ ② ○				
32	〃	(생략)		압수조서, 압수목록(카카오톡 메시지 사진)			1	1	① ○ ② ○				
33	〃	(생략)		수사보고 (카카오톡 메시지 사진 내용)			1	1	① ○ ② ○				
34	〃	(생략)		수사보고(가족관계증명서 확인 및 첨부)			1	1	① ○ ② ○				
35	〃	(생략)		가족관계증명서			1	1	① ○ ② ○				
36	〃	(생략)		가족관계증명서			1	1	① ○ ② ○				
37	〃	(생략)		가족관계증명서			1	1	① ○ ② ○				
38	〃	(생략)		가족관계증명서			1	1	① ○ ② ○				

※ 증거의견 표시 - 피의자신문조서 : 인정 ○, 부인 ×
　　　　　　　　　(여러 개의 부호가 있는 경우, 적법성/성립/임의성/내용의 순서임)
　　　　　　　- 기타 증거서류 : 동의 ○, 부동의 ×
　　　　　　　- 진술이 특히 신빙할 수 있는 상태 하에서 행하여졌다는 점 부인 : "특신성 부인"(비고란 기재)
※ 증거결정 표시 : 채 ○, 부 ×
※ 증거조사 내용은 제시, 내용고지

증거목록 (증인 등)

2020고합1234

① 김갑동
② 김을남

2020형제154321호 신청인 : 검사

증거방법	쪽수(공)	입증취지 등	신청기일	증거결정 기일	증거결정 내용	증거조사기일	비고
휴대전화 (증 제1호)		공소사실 2항	1	1	생략	2020. 12. 21. 10:00 (실시)	
카카오톡 메시지 사진(증 제2호)		공소사실 1항	1	1		2020. 12. 21. 10:00 (실시)	
증인 김피해	23	공소사실 1항	1	1		2021. 1. 4. 15:00 (증언거부)	
증인 김손해	24	공소사실 1항 및 3. 가항	1	1		2021. 1. 4. 15:00 (실시)	

※ 증거결정 표시 : 채 ○, 부 ×

[이하 증거목록 미기재 부분은 생략]

[22] 서류에 대한 증거목록 다음에는 증인과 물증에 대한 증거목록이 등장한다. 아직 공소장을 읽지 아니한 단계에서는 각 증인 등이 어떤 공소사실과 관련된 것인지 자체를 알 수 없으므로 간단히 실시여부 등만을 체크한다.

증거목록 (증거서류 등)

2020고합1234

① 김갑동
② 김을남

2020형제154321호 신청인 : 피고인 및 변호인

순번	증거방법 작성	쪽수(수)	쪽수(공)	증거명칭	성명	참조사항 등	신청기일	증거의견 기일	증거의견 내용	증거결정 기일	증거결정 내용	증거조사기일	비고
1			18	약식명령등본			2	2	○				②신청

[이하 증거목록 미기재 부분은 생략]

※ 증거의견 표시 - 피의자신문조서 : 인정 ○, 부인 ×
　(여러 개의 부호가 있는 경우, 적법성/성립/임의성/내용의 순서임)
　- 기타 증거서류 : 동의 ○, 부동의 ×
　- 진술이 특히 신빙할 수 있는 상태 하에서 행하여졌다는 점 부인 : "특신성 부인"(비고란 기재)
※ 증거결정 표시 : 채 ○, 부 ×
※ 증거조사 내용은 제시, 내용고지

[23] 검사가 제출한 증거목록 다음에는 피고인 측이 제출한 증거목록이 등장한다. 피고인이 제출한 증거들은 쟁점검토에 있어 피고인에게 유리한 증거들로 작용함이 일반적이다.

[24] 기판력에 따른 제326조 제1호 면소판결 여부가 문제됨을 예상할 수 있다.

서 울 중 앙 지 방 검 찰 청

2020. 11. 30.

사건번호   2020년 형제154321호
수 신 자   서울중앙지방법원   발 신 자
                                              검   사   정의감   정의감 (인)

제   목   공소장

아래와 같이 공소를 제기합니다.

I. 피고인 관련사항

1. 피 고 인   김갑동 (71****-1******), 49세
              직업   사업, 010-****-****
              주거   서울 서초구 서초중앙로6길 2, 3동 101호(서초동, 하늘아파트)
              등록기준지   경기 성남시 수정구 태평동 500

   죄   명   특정경제범죄가중처벌등에관한법률위반(사기), 사기, 성폭력범죄의 처벌등에관한특례법위반(카메라등이용촬영·반포등), 사문서위조, 위조사문서행사

   적용법조   형법 제231조, 제234조, 특정경제범죄 가중처벌 등에 관한 법률 제3조 제1항 제2호, 형법 제347조 제1항, 성폭력범죄의 처벌 등에 관한 특례법 제14조 제1항, 형법 제30조, 제37조, 제38조, 성폭력범죄의 처벌 등에 관한 특례법 제16조 제2항

   구속여부   2020. 11. 20. 구속
   변 호 인   법무법인 로(담당변호사 한검토)

2. 피 고 인   김을남 (75****-1******), 45세
              직업   사업, 010-****-****
              주거   서울 강남구 강남대로15길 1, 6동 901호(도곡동, 누리아파트)
              등록기준지   서울 도봉구 쌍문동 207

   죄   명   특정경제범죄가중처벌등에관한법률위반(사기), 특정범죄가중처벌등에관한법률위반(위험운전치상), 사기, 횡령, 사문서위조, 위조사문서행사

   적용법조   형법 제231조, 제234조, 특정경제범죄 가중처벌 등에 관한 법률 제3조 제1항 제2호, 형법 제347조 제1항, 형법 제355조 제1항, 특정범죄 가중처벌 등에 관한 법률 제5조의11 제1항, 형법 제30조, 제37조, 제38조

구속여부   불구속
변 호 인   변호사 명변론

Ⅱ. 공소사실

1. 피고인들과 박병서의 공동범행

가. 사문서위조

피고인들은 위조한 투자확약서를 이용하여 투자금 명목으로 금원을 편취하기로 박병서와 공모하여, 2020. 1. 18.경 피고인 김갑동은 서울 서초구 서초중앙로6길 2에 있는 피고인 김갑동의 집에서 행사할 목적으로 컴퓨터 한글 프로그램을 이용하여 '투자확약서', '1. 투자자: 엔젤 인베스트먼트 주식회사', '2. 확약 내용: 엔젤 인베스트먼트는 2020. 2. 29.까지 주식회사 만세금(대표이사 김을남)이 진행하는 속초시 분양형 호텔 개발 사업에 총 100억 원을 투자하고, 향후 주식회사 만세금의 위 분양형 호텔 완공 시 엔젤 인베스트먼트 주식회사가 그 분양 대행권을 취득할 것을 확인. (이하 생략) 주식회사 만세금 대표이사 김을남, 김갑동 귀하 2019. 12. 20.'이라는 내용의 엔젤 인베스트먼트 주식회사 명의의 '투자확약서'를 작성하여 출력한 후 그 하단의 '투자자 엔젤 인베스트먼트 주식회사 대표이사 김부호' 옆에 위 회사 명의의 법인인감을 날인하였다.

이로써 피고인들은 박병서와 공모하여, 권리의무에 관한 사문서인 '엔젤 인베스트먼트 주식회사' 명의의 '투자확약서' 1장을 위조하였다.

나. 위조사문서행사, 특정경제범죄가중처벌등에관한법률위반(사기), 사기

피고인들은 박병서와 공모하여, 피고인 김갑동은 2020. 1. 19.경 피고인 김을남과 박병서에게 1.가항과 같이 위조한 투자확약서와 허위의 호텔 개발 현장사진을 주면서 피해자 김피해, 김손해로부터 투자금 명목으로 금원을 편취할 것을 지시하고, 피고인 김을남은 같은 날 서울 서초구 서초대로12길 34에 있는 피해자 김피해의 집에서 사실은 피고인들이 부동산 개발 사업을 진행할 의사나 능력이 없음에도 불구하고 피해자들에게 '우리 회사에서 속초시 분양형 호텔 개발 사업을 진행 중인데 지금 기초 공사 단계이다. 다음 달 말일이 되면 큰 벤처투자업체로부터 100억 원이 유치되는데, 단기적으로 운영자금이 부족하다. 형들이 단기 운영자금으로 우리 회사에 8억 원만 빌려주면 3개월 안에 2배로 변제하겠다'고 말하면서

[27] 공소사실은 주체·공범·일시·장소·동기·피해자(품)·수단·행위및결과 등을 중심으로 꼼꼼하게 읽으면서 메모하고, 공소사실만으로 쟁점이나 그에 대한 결론까지 알 수 있는 경우에는 해당 내용(쟁점 및 결론)을 바로 메모하도록 한다.

[28] 공소사실은 피고인들의 공동범행부터 묶어서 기재한 후 단독범행을 피고인별로 시간순으로 기재함이 원칙이다.
김갑동과 김을남 및 박병서가 사문서위조 등 범행에 있어 공범 관계에 있음을 확인할 수 있다.

[29] 공소사실이 복잡한 경우 결구부터 읽는 것을 추천한다.

위와 같이 위조한 투자확약서와 허위의 호텔 개발 현장사진을 마치 진정하게 성립한 것처럼 제시하는 방법으로 거짓말하여, 같은 달 21. 이에 속은 피해자 김피해로부터 주식회사 만세금 명의의 국민은행 계좌로 3억 원을, 피해자 김손해로부터 같은 계좌로 5억 원을 각각 송금받았다.

이로써 피고인들은 박병서와 공모하여, 위조한 '투자확약서'를 마치 진정하게 성립한 것처럼 행사하고, 피해자들을 기망하여 피해자 김손해로부터 5억 원을, 피해자 김피해로부터 3억 원을 각각 교부받았다.

[30] 피해자 김손해에 대한 이득액은 5억이므로 김손해에 대하여는 특경법위반(사기), 피해자 김피해에 대한 이득액은 3억이므로 김피해에 대하여는 사기의 점으로 공소가 제기되었음을 알 수 있다.

2. 피고인 김갑동

피고인은 2020. 11. 10. 08:14경 서울 서초구 서초역 승강장에서, 피고인의 휴대전화에 내장된 무음 촬영 어플리케이션을 이용하여 피해자 성명불상(여, 20대 후반)의 치마 속 하체 부분을 몰래 찍었다.

이로써 피고인은 카메라를 이용하여 성적 욕망 또는 수치심을 유발할 수 있는 피해자의 신체를 촬영하였다.

3. 피고인 김을남

가. 횡령

(1) 2012. 7. 5. 횡령

피고인은 피해자 경주 김씨 대한공파 종중의 종손으로서 2006. 4. 1.경 피해자로부터 피해자 소유의 파주시 적성면 산 12 임야 80,000㎡를 명의신탁받아 보관하던 중, 2012. 7. 5.경 서울 강남구 일원로에 있는 일원부동산에서 나횡금에게 위 임야를 1억 원에 매도하고 같은 날 소유권이전등기를 마쳐 주었다.

이로써 피고인은 피해자의 재물을 횡령하였다.

[31] 공소제기일로부터 대략 5년 이전의 범행이 출제되는 경우 공소시효를 검토하여야 한다. 추가 또는 변경되는 사실이 없는 이상 이 부분 공소사실에 대하여 공소시효가 완성되었음을 바로 검토할 수 있다.

(2) 2020. 1. 28. 횡령

피고인은 2012. 7. 30.경 3.가.(1)항과 같이 임야를 매도한 1억 원으로 경기 양평군 양평읍 33 답 20,000㎡를 매수한 후 피고인 명의로 소유권이전등기를 마쳤다.

피고인은 피해자인 위 종중을 위하여 위 답을 보관하던 중 2020. 1. 28.경 서울 강남구 일원로에 있는 신한은행에서 위 답을 담보로 1억 원의 대출을 받으면서 같은 날 신한은행 명의의 채권최고액 1억 2,000만 원의 근저당권을 설정해 주었다.

이로써 피고인은 피해자의 재물을 횡령하였다.

[32] 2012. 7. 5. 횡령으로 인한 이득액으로 구매한 토지를 처분하였으므로 불가벌적 사후행위에 해당하여 전단무죄임을 바로 알 수 있다.

나. **특정범죄가중처벌등에관한법률위반(위험운전치상)**

　피고인은 2020. 9. 20. 21:00경 서울 서초구 동광로 881에 있는 하이마트 앞 편도 3차로를 혈중알콜농도 0.201%의 술에 취한 상태에서 20노1234호 무쏘 차량을 운전하여 서초역 쪽에서 고속터미널 쪽으로 시속 30㎞로 진행하던 중, 술에 취하여 정상적인 운전이 곤란한 상태에서 제동장치를 제대로 조작하지 못한 과실로 전방에 신호 대기로 정차하고 있던 30노1225호 포터 화물차량의 뒷부분을 들이받아 위 포터 화물차량에 타고 있던 피해자 허두수(45세)로 하여금 약 3주간의 치료를 요하는 요추부염좌 등의 상해를 입게 하였다.

Ⅲ. **첨부서류**

1. 현행범인체포서 1통(피고인 김갑동, 첨부 생략)
2. 피의자석방보고서 1통(피고인 김갑동, 2020. 11. 10. 석방, 첨부 생략)
3. 구속영장(피의자심문구인용) 1통(피고인 김갑동, 첨부 생략)
4. 구속영장(미체포피의자용) 1통(피고인 김갑동, 첨부 생략)
5. 변호인선임서 2통(첨부 생략)
6. 피의자수용증명 1통(피고인 김갑동, 첨부 생략)

[33] 이 부분 공소사실의 경우 피고인의 인정여부에 따라 쟁점이 상당부분 달라질 수 있으므로 제1회 공판기일에서의 인부진술 내용을 중요하게 체크하여야 한다.

[34] 제1회 공판조서에서 검사의 모두진술 부분까지는 읽지 않고 넘어가도 무방하다.

서울중앙지방법원

공 판 조 서

제 1 회

사　　　　건　2020고합1234 특정경제범죄가중처벌등에관한법률위반(사기) 등
재판장 판사　김공정　　　　　　　　　기　　일 : 2020. 12. 21. 10:00
　　　 판사　이바른　　　　　　　　　장　　소 : 제425호 법정
　　　 판사　정진실　　　　　　　　　공개 여부 : 공개
법원사무관 이무관　　　　　　　　　　고 지 된
　　　　　　　　　　　　　　　　　　 다음기일 : 2021. 1. 4. 15:00

피 고 인　　1. 김갑동　 2. 김을남　　　　　　　　각 출석
검　　사　　공평한　　　　　　　　　　　　　　　　출석
변 호 인　　법무법인 로 담당변호사 한검토 (피고인 1을 위하여)　출석
　　　　　　변호사 명변론 (피고인 2를 위하여)　　　출석

재판장
　　피고인들은 진술을 하지 아니하거나 각개의 물음에 대하여 진술을 거부할
　　수 있고, 이익 되는 사실을 진술할 수 있음을 고지
재판장의 인정신문
　　성　　　명 : 1. 김갑동　 2. 김을남
　　주민등록번호 : 각 공소장 기재와 같음
　　직　　　업 :　　　　　〃
　　주　　　거 :　　　　　〃
　　등록기준지 :　　　　　〃
재판장
　　피고인들에 대하여
　　주소의 변경 등이 있을 때에는 이를 법원에 보고할 것을 명하고 소재가 확
　　인되지 않는 때에는 피고인들의 진술 없이 재판할 경우가 있음을 경고
검　　사
　　공소장에 의하여 공소사실, 죄명, 적용법조 낭독

- 15 -

피고인 김갑동
    공소사실을 모두 인정한다고 진술
피고인 김을남
    공소사실 1항에 대해서는 김갑동이 투자확약서를 위조하고 허위의 호텔 개발 현장 사진을 만든 줄은 전혀 알지 못하였고, 김갑동의 지시대로 김피해와 김손해에게 단기운영자금을 빌려줄 것을 요청하고 투자확약서 등을 제시한 것은 사실이나 투자확약서 등이 허위라는 것을 전혀 알지 못하였으므로 김갑동의 범행에 가담한 것은 아니며, 공소사실 3항은 인정한다고 진술
피고인 김갑동의 변호인
    피고인 김갑동을 위하여 유리한 변론(변론기재는 생략)
피고인 김을남의 변호인
    피고인 김을남을 위하여 유리한 변론(변론기재는 생략)
재판장
    증거조사를 하겠다고 고지
증거관계 별지와 같음(검사, 변호인)
재판장
    각 증거조사 결과에 대한 의견을 묻고 권리를 보호함에 필요한 증거조사를 신청할 수 있음을 고지
소송관계인
    별 의견 없다고 각각 진술
재판장
    변론 속행

2020. 12. 21.

법 원 사 무 관   이무관 ㉞
재판장 판 사   김공정 ㉞

[35] 제1회 공판기일에서의 피고인의 인부진술은 기록에서 가장 중요한 내용이다. 피고인이 인정하는 공소사실에 대하여는 사실인정 쟁점은 문제되지 않고, 부인하는 공소사실에 대하여는 그 부인 취지를 중심으로 사실인정이 문제된다.
각각의 공소사실에 대하여 인정여부와 함께 부인하는 경우 그 취지까지 메모하도록 한다. 답안작성시 부인취지는 '피고인 변소의 요지'에 그대로 기재하게 된다.

[36] 피고인 김을남의 경우 특경법위반(사기) 및 사기에 대한 사실인정쟁점이 문제되고, 나머지 공소사실의 경우 법률판단쟁점(보강법칙 쟁점 제외)이 문제됨을 확인할 수 있다.
특히 김갑동의 특가법위반(위험운전치상)의 점 역시 김갑동이 인정하고 있으므로, 과실유무나 상해 결과 발생 등 사실인정과 관련된 쟁점들은 문제되지 아니한다.

증 거 신 청 서

사　건　2020고합1234　특경법위반(사기) 등
피고인　김을남

위 사건에 관하여 피고인 김을남의 변호인은 피고인의 이익을 위하여 다음 증거서류를 증거로 신청합니다.

다　　음

1. 약식명령등본 1부. 끝.

2020. 12. 30.

피고인 김을남의 변호인

변호사　명변론 ㊞

서울중앙지방법원 제10형사부 귀중

[37] 김을남의 변호인이 제출한 증거는 당연히 김을남에게 유리한 증거일 것이다.

서울중앙지방법원
약식명령

[2020. 12. 28. 확정
서울중앙지방검찰청
검찰주사보 배수지 ㉐]

사　건　　2020고약7777　도로교통법위반(음주운전), 도로교통법위반

피 고 인　　김을남
　　　　　　(인적사항 생략)

주 형 과　　피고인을 벌금 5,000,000(오백만)원에 처한다.
부수처분　　피고인이 위 벌금을 납입하지 않는 경우 금 100,000원을 1일로 환산한
　　　　　　기간 피고인을 노역장에 유치한다.
　　　　　　피고인에 대하여 위 벌금에 상당한 금액의 가납을 명한다.

범죄사실　　별지 기재와 같다.

적용법령　　도로교통법 제148조의2 제3항 제1호, 제44조 제1항, 도로교통법 제
　　　　　　151조, 형법 제37조, 제38조, 형사소송법 제334조 제1항

검사 또는 피고인은 이 명령등본을 송달받은 날로부터 7일 이내에 정식재판을 청구할 수 있습니다.

2020. 12. 7.

[등본임.
2020. 12. 30.
서울중앙지방검찰청
검찰주사보 한가인 ㉐]

판　사　　이 판 관

(별지)

범 죄 사 실

1. 도로교통법위반(음주운전)

피고인은 2020. 9. 20. 21:00경 서울 서초구 서초동에 있는 오발탄 음식점 앞에서 같은 구 동광로 881에 있는 하이마트 앞 도로에 이르기까지 약 300m 구간을 혈중알콜농도 0.201%의 술에 취한 상태로 20노1234호 무쏘 차량을 운전하였다.

- 18 -

[38] 약식명령 또는 판결문 등본이 등장하는 경우 일단 확정여부부터 체크하여야 하고, 추가로 [발령(선고)일-법원-죄명-형량-확정일자] 역시 기본적으로 체크하여야 한다.

[39] 특가법위반(위험운전치상)죄와 도로교통법위반(음주운전)죄는 실체적 경합관계라는 것이 판례 태도이므로, 위 음주운전에 대한 확정판결의 기판력은 위 위험운전치상에 미치지 아니한다.

[40] 특가법위반(위험운전치상)죄와 도로교통법위반죄는 상상적 경합관계라는 것이 판례 태도이므로, 위 도로교통법위반에 대한 확정판결의 기판력은 위 위험운전치상에 미치게 된다.

2. 도로교통법위반

피고인은 20노1234호 무쏘 차량의 운전업무에 종사하는 사람이다.

피고인은 2020. 9. 20. 21:00경 서울 서초구 동광로 881에 있는 하이마트 앞 편도 3차로를 서초역 쪽에서 고속버스터미널 쪽으로 시속 약 30km로 진행하게 되었다.

당시는 야간이므로 자동차 운전업무에 종사하는 사람에게는 속도를 줄이고 전방을 잘 살피면서 안전하게 운전하여 사고를 미리 방지하여야 할 업무상 주의의무가 있었다.

그럼에도 불구하고 제1항 기재와 같이 술에 취하여 이를 게을리한 채 제동장치를 제대로 조작하지 못한 과실로 전방에 신호 대기 중이던 피해자 조준구 운전의 30노1225호 포터 화물차량의 뒷부분을 들이받아 수리비 50만 원이 들도록 손괴하였다.

서울중앙지방법원
공 판 조 서

제 2 회
사　　　건　2020고합1234 특정경제범죄가중처벌등에관한법률위반(사기) 등
재판장 판사 김공정　　　　　　　　기　일 :　2021. 1. 4. 15:00
　　　　판사 이바른　　　　　　　　장　소 :　제425호 법정
　　　　판사 정진실　　　　　　　　공개 여부 :　　　　공개
법원사무관 이무관　　　　　　　　　고 지 된
　　　　　　　　　　　　　　　　　다음기일 :　2021. 1. 18. 15:00

피 고 인　　1. 김갑동　 2. 김을남　　　　　　　　각 출석
검　　사　　공평한　　　　　　　　　　　　　　　　출석
변 호 인　　법무법인 로 담당변호사 한검토 (피고인 1을 위하여)　출석
　　　　　　변호사 명변론 (피고인 2를 위하여)　　　　　　출석
증　　인　　김피해, 김손해　　　　　　　　　　　　각 출석

재판장
　　전회 공판심리에 관한 주요 사항의 요지를 공판조서에 의하여 고지
소송관계인
　　변경할 점이나 이의할 점이 없다고 진술
재판장
　　증거조사를 하겠다고 고지
출석한 증인 김피해, 김손해를 별지와 같이 신문
증거관계 별지와 같음(검사, 변호인)
재판장
　　각 증거조사 결과에 대한 의견을 묻고 권리를 보호하는 데에 필요한 증거조
　　사를 신청할 수 있음을 고지
소송관계인
　　별 의견 없으며 달리 신청할 증거도 없다고 각각 진술
재판장
　　증거조사를 마치고 피고인신문을 하겠다고 고지
검　　사
피고인 김갑동에게
문　(증거목록 순번 20, 27을 제시, 열람하게 하고) 피고인은 수사기관에서 사실
　　대로 진술하고 진술한 대로 기재된 것을 확인하고 서명 무인하였는가요.

[41] 제1회 이후의 공판조서에서는 가장 먼저 피고인이 기존 제1회 공판절차에서 진술한 내용 등을 변경하였거나, 기존 진행 절차에 대한 이의를 제기하였는지 여부를 체크하여야 한다. 예컨대 피고인이 제1회 공판기일에서 부인하였던 공소사실에 대하여 번의하여 인정하는 경우에는 제1회에서 잡았던 사실인정 쟁점을 더 이상 논의할 필요가 없어지게 된다.

[42] 이을남의 특경가법위반(사기) 및 사기 공소사실 관련 신빙성 탄핵의 근거들이 등장하고 있다.

[43] 김갑동 진술을 탄핵할 수 있는 근거이다.

[44] 김을남에 대한 범행수익의 배분이 존재하지 않음이 계속하여 등장하고 있다.

[45] 카카오톡 메시지 관련 김갑동의 진술과 김을남의 진술이 충돌하고 있다. 답안에서는 김을남에 대한 사실인정 쟁점을 검토하여야 하므로, 김을남의 입장에서 김갑동 진술의 신빙성을 탄핵할 수 있는 추가 증거를 찾아야 할 것이다.

답 예, 그렇습니다.
  [검찰 피의자신문조서와 동일한 내용으로 피고인 김갑동 신문(신문사항 생략)]
피고인 김갑동의 변호인
  [피고인 김갑동에게 유리한 사항 신문(신문사항 생략)]
피고인 김을남의 변호인
문 검찰 계좌 추적 결과에 의하면 김을남은 주식회사 만세금으로부터 2020. 1. 21. 300만 원을 송금받은 것 이외에는 돈을 받은 내역이 존재하지 않는데, 김을남에게 어떻게 범행 수익을 나눠 주었다는 것인가요.
답 300만 원은 김을남에게 급여로 준 것입니다. 2020. 1월 말에 제가 주식 투자를 위해서 회사 계좌에서 현금으로 인출했을 때 김을남에게 별도로 3,000만 원을 현금으로 주었습니다.
문 김을남에게 2020. 1. 1. 보낸 카카오톡 메시지를 보면 "현장 자금 압박 심각. 단기적 상황 타개책 필요"라고 되어 있는데, 이는 호텔 개발 공사자금이 부족하여 자금을 유치할 필요가 있다는 취지로 보낸 것이 아닌가요.
답 그렇지 않습니다. 김을남이 피해자들을 속여서 투자금을 유치할 때 회사 단기자금이 필요하다는 근거가 필요하니까 김을남에게 그런 근거를 마련해 주려고 김을남과 짜고 일부러 허위의 메시지를 만들어서 보낸 것입니다.
문 피고인은 김을남으로부터 송금받은 1억 원에 대한 추가적인 처벌을 면하기 위해서 처음부터 김을남과 공모하였다는 허위 주장을 하는 것이 아닌가요.
답 아닙니다. 그 1억 원은 김을남이 주식투자 수익을 늘리기 위해서 저에게 별도로 투자한 것이며, 호텔 개발 사업 투자금 명목으로 보낸 것이 아닙니다.
검 사
피고인 김을남에게
문 (증거목록 순번 18, 27을 제시, 열람하게 하고) 피고인은 수사기관에서 사실대로 진술하고 진술한 대로 기재된 것을 확인하고 서명 무인하였는가요.
답 예, 그렇습니다.
  [검찰 피의자신문조서와 동일한 내용으로 피고인 김을남 신문(신문사항 생략)]
피고인 김을남의 변호인
문 피고인은 김갑동으로부터 현금을 받은 적이 있는가요.
답 전혀 없습니다. 제가 회사 일에 관여한 것은 김갑동이 시키는 대로 피해자들에게 찾아가서 자금을 유치해 온 것 말고는 없으며, 2020. 1월 첫달 급여로 300만 원을 받은 것 말고는 돈을 받은 적이 없습니다.
문 김갑동은 1. 1.자 카카오톡 메시지는 피해자들에게 단기자금을 유치할 때 근거로 이용하라고 처음부터 피고인과 짜고 허위의 메시지를 보내 준 것이라고 주장하는데 어떤가요.
답 아닙니다. 저는 그 카카오톡 메시지를 피해자들에게 보여 준 적이 없습니다.

김갑동으로부터 1. 1. 카카오톡 메시지를 받고서, 때마침 제가 사촌 형들로부터 운영하던 사업체를 처분한 대금을 투자할 곳을 찾고 있다는 이야기를 들은 것이 기억나서 김갑동에게 말해 주었더니, 김갑동이 저에게 사촌 형들의 자금을 한번 유치해 보라고 지시하였습니다. 그래서 1. 3. 제가 사촌 형들에게 연락하게 된 겁니다.

문 피고인은 김갑동에게 주식 투자 명목으로 1억 원을 송금하였나요.
답 아닙니다. 2020. 1. 3. 김갑동이 투자확약서와 호텔 개발 현장 사진을 보여주면서 '2월말이 되면 엔젤 인베스트먼트 주식회사로부터 100억 원이 들어오는데 그러면 모든 문제가 해결된다. 그런데 지금 개발 현장에서 단기적으로 자금이 부족해서 100억 원이 들어오기 전에 사업이 무산될까 걱정이다. 일단 그때까지 사용할 단기자금 9억 원을 마련할 수만 있으면 원금의 2배를 갚아주더라도 괜찮으니 사촌 형들의 자금을 한번 유치해 보라'고 하기에 사촌 형들에게 연락하여 자금을 유치하였고, 그것으로도 부족해서 제가 종중 땅을 담보로 추가로 1억 원을 만들어 투자한 것입니다.

문 김갑동은 피고인, 박병서와 주식 투자 수익 약정을 하고, 그 투자 자금을 마련하기 위해서 처음부터 짜고 투자확약서를 위조하고, 피고인이 직극적으로 사촌 형들과 종중의 자금을 마련하여 투자한 것이라고 주장하는데 어떤가요.
답 투자확약서를 보시면 김갑동 이름이 적혀 있는데 그것은 저를 속이려고 한 것입니다. 만일 사촌 형들을 속이기 위해서 그것을 만들었다면, 제가 만세금 대표이사로 되어 있으니 투자확약서에 김갑동 이름을 쓸 이유가 없습니다. 김갑동은 사기 전과도 많고 음흉한 사람입니다.

문 음흉하다는 것이 무슨 의미인가요.
답 김갑동은 평소 지하철에서 여성들의 치마 속 사진을 찍고 다니고 저한테도 자랑하면서 그런 사진을 자주 보여 주었는데 이번 재판에 참고해서 꼭 중하게 처벌해 주십시오.

[피고인 김을남에게 기타 유리한 사항 신문(신문사항 생략)]
재판장
　　피고인신문을 마쳤음을 고지
재판장
　　변론 속행 (변론 준비를 위한 검사, 변호인들의 요청으로)

2021. 1. 4.

법 원 사 무 관　　이무관 ㊞
재판장 판 사　　김공정 ㊞

- 22 -

[46] 답안에서 신빙성 탄핵의 대상이 되는 김갑동 진술이 잘 정리돼 있다.

[47] 김을남은 김갑동의 성폭법위반(카메라등이용촬영)죄에 있어서는 공범 아닌 공동피고인에 해당한다. 따라서 이 진술 부분은 공범 아닌 공동피고인의 (피고인 지위에서 한) 법정진술이므로 증거능력이 부정된다. 답안 작성이 전체 법정진술이 아니라, 이 부분만을 특정하여 증거능력을 부정하여야 한다.

서울중앙지방법원
증인신문조서 (제2회 공판조서의 일부)

사　　건　　2020고합1234　특정경제범죄가중처벌등에관한법률위반(사기) 등
증　　인　　이　　름　　김피해
　　　　　　생년월일 및 주거 (생략)

재판장

증인에게 형사소송법 제148조 또는 제149조에 해당하는가의 여부를 물은바 증인이 피고인 김을남과 사촌 관계에 있다고 진술하고 가족관계증명서의 제출로 소명하므로, 전자에 해당함을 인정하고 증언을 거부할 수 있음을 설명하자 증인은 증언을 거부하였다.
(증인이 제출한 가족관계증명서의 내용은 김을남의 부(父)는 김현수, 김피해의 부(父)는 김현철, 김현수와 김현철의 부(父)는 김호문이라는 내용임)

2021. 1. 4.

법 원 사 무 관　　　이무관 ㊞
재판장 판 사　　　　김공정 ㊞

- 23 -

---

[48] 김피해의 진술과 기록 마지막에 첨부되어 있는 생략증거(각 가족관계증명서)를 통해 피고인들과 피해자들이 친족관계에 있음을 확인할 수 있는바, 추가로 동거여부를 확인하여야 한다. 동거하지 않는 친족인 경우 형법 제328조 제2항의 친족상도례가 적용됨에 따라 피해자들의 피고인들에 대한 고소 유무가 문제된다.

[49] 김피해가 공판기일에서 증언을 거부하였으므로 김피해 작성 고소장 및 김피해에 대한 진술조서의 증거능력은 결국 부정된다.

서울중앙지방법원
증인신문조서 (제2회 공판조서의 일부)

사 건   2020고합1234 특정경제범죄가중처벌등에관한법률위반(사기) 등
증 인   이 름   김손해
        생년월일 및 주거 (생략)

재판장
    증인에게 형사소송법 제148조 또는 제149조에 해당하는가의 여부를 물어 전자에 해당함을 인정하고 증언을 거부할 수 있음을 설명하였으나, 증언거부권을 행사하지 않겠다고 하므로 위증의 벌을 경고한 후 별지 선서서와 같이 선서하게 하였다.

검사
문   (증거목록 순번 7, 10을 제시, 열람하게 하고) 증인은 수사기관에서 사실대로 진술하고 진술한 대로 기재된 것을 확인하고 서명무인하였는가요.
답   예. 그렇습니다.
[구체적인 문답 내용은 고소장 및 진술조서 내용과 동일(생략)]

피고인 김을남의 변호인
문   피고인 김을남이 증인을 엔젤 인베스트먼트 주식회사가 입주해 있다는 빌딩에 데리고 가서 만세금에 투자할 회사라고 소개한 사실이 있는가요.
답   그런 사실은 없습니다. 동생인 김피해를 데리고 갔다는 이야기는 동생으로부터 들은 적이 있습니다.
문   증인이 송금한 돈의 변제기가 지난 후에 김피해와 함께 만세금으로 찾아갔을 때 피고인 김을남이 도주한 것은 아니지요.
답   예, 도주하지 않았습니다. 2020. 4. 22. 저희들이 사기를 당했다는 것을 알고 김을남을 찾아갔을 때 김을남은 김갑동의 연락처를 알려 주었지만, 그 연락처로는 김갑동과 연결되지 않자, 매우 당황하면서 미안해하였습니다. 저희는 김갑동을 직접 본 적이 없기 때문에 김을남이 사기를 쳤다고 생각하고 고소하였던 것입니다.

                    2021. 1. 4.

        법 원 사 무 관   이무관 ㊞
        재판장 판 사   김공정 ㊞

[50] 김손해 작성 고소장 및 김손해에 대한 진술조서의 증거능력이 인정됨을 확인할 수 있다.

[51] 김피해의 진술을 내용으로 하는 전문진술이고, 그 원진술자인 김피해가 증인으로서 이 사건 법정에 출석하고 있으므로 증거능력이 부정된다(제316조 제2항).

[52] 김을남 역시 김갑동의 사기 범행을 알지 못하다는 근거가 될 수 있다.

[53] 수사기록표지 등은 읽지 않고 넘어가도 무방하다.

				제 1	책
				제 1	권

서울중앙지방법원

증거서류등(검사)

사 건 번 호	2020고합1234	담임	제10부	주심	다
	20 노		부		
	20 도		부		

사 건 명	가. 특정경제범죄가중처벌등에관한법률위반(사기) 나. 특정범죄가중처벌등에관한법률위반(위험운전치상) 다. 사기 라. 성폭력범죄의처벌등에관한특례법위반(카메라등이용촬영·반포등) 마. 횡령 바. 사문서위조 사. 위조사문서행사

검 사	정의감	2020년 형제154321호

피 고 인	구속 1. 가.다.라.바.사.　　**김갑동** 　　　 2. 가.나.다.마.바.사.　**김을남**

공소제기일	2020. 11. 30.		
1심 선고	20 . .	항소	20 . .
2심 선고	20 . .	상고	20 . .
확 정	20 . .	보존	

- 25 -

					제 1 책
					제 1 권

구공판	서울중앙지방검찰청
	증 거 기 록

검 찰	사건번호	2020년 형제154321호	법원	사건번호	2020년고합1234호
	검 사	정의감		판 사	

피 고 인	구속	1. 가.다.라.바.사.	**김갑동**
		2. 가.나.다.마.바.사.	**김을남**

죄 명	가. 특정경제범죄가중처벌등에관한법률위반(사기) 나. 특정범죄가중처벌등에관한법률위반(위험운전치상) 다. 사기 라. 성폭력범죄의처벌등에관한특례법위반(카메라등이용촬영·반포등) 마. 횡령 바. 사문서위조 사. 위조사문서행사

공소제기일	2020. 11. 30.		
구 속	1. 구속 2. 불구속	석 방	
변 호 인	1. 법무법인 로 담당변호사 한검토 2. 변호사 명변론		
증 거 물	있음		
비 고			

[54] 공판기록은 모든 기록을 꼼꼼하게 읽으면서 체크하여야 하나, 수사기록은 공판기록에서 파악한 쟁점 내용 등을 바탕으로 필요한 부분만을 꼼꼼하게 읽는 방식으로 완급조절을 하면서 읽도록 한다.
특히 검찰단계 기록이 정리가 더 잘돼 있으므로, 검사 피신조서부터 읽는 것도 가능하다.

[55] 김피해가 김을남만을 고소하고 있다. 다만 이러한 고소가 적법·유효한 경우 형소법 제233조(주관적 불가분)에 따라 위 고소는 김갑동에 대하여도 효력이 미친다.

고 소 장

서울서초경찰서 접수인(1227호)(2020.10.3.)

고 소 인 김피해 (인적 사항 생략)
피고소인 김을남 (인적 사항 생략)
죄   명 사기 등

　피고소인 김을남은 주식회사 만세금의 대표이사입니다. 김을남은 2020. 1. 19. 서울 서초구 서초대로12길 34에 있는 고소인의 집에 찾아와서, 저와 저의 형 김손해에게 '우리 회사에서 속초시 분양형 호텔 개발 사업을 진행 중인데 지금 기초 공사 단계이다. 다음 달 말일이 되면 큰 벤처투자업체로부터 100억 원이 유치되는데 단기적으로 운영자금이 부족하다. 형들이 단기 운영자금으로 우리 회사에 8억 원만 빌려 주면 3개월 안에 2배로 변제하겠다'고 말하면서 허위의 엔젤 인베스트먼트 주식회사 명의로 된 100억 원짜리 투자확약서와 호텔 개발 현장 사진을 보여 주었습니다.
　저와 김손해는 그 말을 믿고 2020. 1. 21. 주식회사 만세금의 국민은행 법인계좌로 총 8억 원(김피해 3억 원, 김손해 5억 원)을 송금해 주었습니다.
　그런데 3개월의 변제기한이 되어도 김을남이 돈을 변제하지 않고 아무런 연락도 없어서, 여기저기 수소문해 보았더니 엔젤 인베스트먼트라는 회사는 존재하지도 않았고, 속초시 분양형 호텔 공사현장이라는 곳에는 엉뚱한 건물이 자리잡고 있다는 것을 알게 되었습니다. 김을남의 회사로 찾아가자 김을남은 자신은 만세금의 직원일 뿐이고 김갑동이 회사 사장이니 그에게 물어 보라고 하면서 김갑동의 연락처를 주었습니다만, 전화를 하여도 없는 번호라는 안내만 나오고 연락이 되지 않았습니다. 김을남의 변명은 믿을 수 없으니 김을남을 조사하여 엄벌해 주시기 바랍니다.

첨부: 투자확약서 사본 1부
　　　공사 현장 사진 1부(생략)
　　　계좌 송금 내역서 2장(김피해 송금 내역, 김손해 송금 내역 각 생략)

2020. 10. 3.
고소인 김 피 해 ㊞

서울서초경찰서장 귀중

[56] 고소일자를 체크하여야 하는바, 고소장에 기재된 날짜가 아니라 접수인에 나타나 있는 접수일이 고소일자임에 주의를 요한다.

투 자 확 약 서

1. 투자자

엔젤 인베스트먼트 주식회사

2. 확약 내용

엔젤 인베스트먼트는 2020. 2. 29.까지 주식회사 만세금(대표이사 김을남)이 진행하는 속초시 분양형 호텔 개발 사업에 총 100억 원을 투자하고, 향후 주식회사 만세금의 위 분양형 호텔 완공 시 엔젤 인베스트먼트 주식회사가 그 분양 대행권을 취득할 것을 확인함.

(이하 생략)

주식회사 만세금 대표이사 김을남, 김갑동 귀하

2019. 12. 20.

투자자   엔젤 인베스트먼트 주식회사 대표이사 김부호 | 법인 인감 |

[57] 김을남의 진술과 같이 만세금 대표이사로 김갑동도 포함되어 있다.

진 술 조 서

성   명: 김피해
주민등록번호, 직업, 주거, 등록기준지, 직장주소, 연락처 (각 생략)

위의 사람은 피의자 김을남에 대한 사기 등 피의사건에 관하여 2020. 10. 15. 서울서초경찰서 수사과 사무실에 임의 출석하여 다음과 같이 진술하다.

문 진술인이 피의자를 상대로 고소한 취지는 무엇인가요.
답 피의자가 가짜 투자확약서와 호텔 개발 공사 사진으로 저와 저의 형 김손해를 속이고 돈을 빌렸음에도 전혀 갚지 않아 8억 원을 편취하였으니 처벌해 달라는 취지입니다.

문 피의자와는 어떤 관계인가요.
답 김을남은 저희들과 사촌 관계에 있는 동생입니다. 김을남은 경주 김씨 대한공파 종중의 종손으로서 종중 총무도 맡고 있어서 저희 형제와는 매우 가까운 사이였습니다.

문 피의자로부터 속은 경위는 어떠한가요.
답 2020. 1. 3.경 김을남으로부터 연락이 와서 자신이 부동산개발업체인 주식회사 만세금의 대표이사로 일하게 되었는데, 저의 집에 찾아와서 부동산개발투자 문제로 상의를 하고 싶다고 하였습니다. 저와 제 형은 최근에 동업으로 운영하던 가게를 처분한 대금을 투자할 곳을 찾고 있던 차여서 그러자고 하였더니, 2020. 1. 19. 김을남이 저의 집으로 찾아와서 '우리 회사에서 속초시 분양형 호텔 개발 사업을 진행 중인데 지금 기초 공사 단계이다. 2월 말에 큰 벤처투자업체로부터 100억 원이 유치되는데 단기적으로 운영자금이 부족하다. 형들이 단기로 8억 원만 빌려 주면 3개월 안에 원금의 2배를 변제하겠다'고 말하고, 엔젤 인베스트먼트 주식회사 명의로 된 100억 원짜리 가짜 투자확약서와 호텔 개발 현장 사진을 보여주었습니다.

문 그래서 고소인은 자금을 얼마나 투자하였나요.
답 저와 김손해는 김을남의 말과 가짜 투자확약서의 내용을 믿고 2020. 1. 21. 만세금의 국민은행 법인계좌로 저는 3억 원을, 김손해는 5억 원을 각각 송금해 주었습니다.

문 고소인은 언제 사기를 당한 것을 알게 되었나요.
답 3개월의 변제기한이 되어가도 김을남이 연락도 하지 않고 돈도 변제하지 않아서 여기저기 알아보니, 엔젤 인베스트먼트라는 회사는 아예 존재하지 않는 허위의 회사였고, 속초시 분양형 호텔 공사 현장이라는 곳에는 엉뚱한 건물이 자리 잡고 있다는 것을 알게 되었습니다. 2020. 4. 22. 김손해와 함께 김을남의 회사로 문 찾아가자 김을남은 자신은 만세금의 직원일 뿐이고 김갑동이 회사 사장이니 그에게 물어 보라고 하면서 김갑동의 연락처를 주었는데, 전화를 하여도 없는 번호라는 안내만 나오고 연락할 방법이 없었습니다. 그날에서야 저와 김손해는 김을남이 가짜 투자확약서와 호텔 개발 사진으로 저희들을 속이고 8억 원을 사기쳤다는 것을 확실히 알게 된 것입니다.

문 피의자는 고소인을 속여서 8억 원을 송금받았다는 혐의를 인정하던가요.
답 김을남은 자신은 직원에 불과하고 만세금의 실제 사장인 김갑동의 지시에 따라서 저희들로부터 투자를 유치하였을 뿐 자신도 김갑동이 준 투자확약서와 공사현장 사진이 진짜라고 믿었다며 변명하였습니다. 김갑동도 저희들과 6촌 관계에 있다고 하던데, 저희는 잘 알지 못합니다.

문 피의자가 자신도 김갑동에게 속았다고 변명한다면 피의자가 고소인을 속였다고 인정할 다른 자료가 있는가요.
답 김을남은 저희들이 만세금에 돈을 송금하기 전인 2020. 1. 20. 저를 서울 강남구에 있던 40층짜리 빌딩 앞으로 데리고 가서, 엔젤 인베스트먼트가 그 건물 23층에서 25층까지를 전부 임대해서 사용하는 큰 회사라고 소개한 적이 있습니다. 그리고 제가 이 일이 사기라는 것을 알게 된 후 만세금을 찾아갔을 때 그곳 직원인 박병서를 만났는데, 박병서도 만세금은 김갑동과 김을남이 공동으로 운영하는 회사여서 김을남이 투자 확약과 공사가 허위라는 것을 모를 수 없다고 말했습니다.

문 이상의 진술은 사실인가요.
답 **예. 사실대로 진술하였습니다.**

위의 조서를 진술자에게 열람하게 하였던바, 진술한 대로 오기나 증감·변경할 것이 전혀 없다고 말하므로 간인한 후 서명날인하게 하다.

진술자   김 피 해 ㊞

2020. 10. 15.

서울서초경찰서
사법경찰관   경위   김 경 관 ㊞

[58] 김을남은 범행 이후 수사·공판단계에 이르기까지 일관되게 범행을 부인하고 있다.

[59] 김손해의 고소장은 20. 10. 26. 수사기관에 접수되었는바, 범인을 알게 된 날로부터 6개월이 도과하였다. 따라서 김손해에 대한 사기 등 범행에 대하여는 공소기각 판결이 선고되어야 한다.

[60] 횡령의 경우 피해자가 종중이므로 친족상도례는 문제되지 아니한다.

고 소 장
서울서초경찰서 접수인(1435호)(2020.10.26.)

고 소 인   김손해 (경주 김씨 대한공파 종중 회장, 기타 인적사항 생략)
피고소인   김을남 (인적 사항 생략)
죄   명   특정경제범죄가중처벌등에관한법률위반(사기), 횡령 등

1. 특정경제범죄가중처벌등에관한법률위반(사기) 등

　피고소인 김을남은 주식회사 만세금의 대표이사입니다. 김을남은 2020. 1. 19. 제 동생 김피해의 집에서 엔젤 인베스트먼트 주식회사 명의로 된 100억 원짜리 가짜 투자확약서와 호텔 개발 현장 사진을 보여 주면서 저희를 기망하여 저희로부터 2020. 1. 21. 만세금의 국민은행 법인계좌로 총 8억 원(김피해 3억 원, 김손해 5억 원)을 송금받아 편취하였습니다. 저희들은 2020. 4. 22. 비로소 모든 사기 행각을 분명히 알게 되었습니다. 상세한 내용은 제 동생 김피해가 먼저 제출한 고소장을 참조해 주시기 바랍니다. 이에 추가하여 최근 김을남이 만세금의 실제 사장이라고 말하던 김갑동과 연락이 되었는데, 김갑동은 저에게 '김을남이 주도적으로 사기를 처놓고 자신에게만 책임을 돌리고 있으니 억울하다. 지금 경찰에 가면 혼자 다 뒤집어 쓸 것 같아서 나가기 어렵다'는 말을 하였으니 수사에 참고해 주십시오.

2. 횡령

　고소인은 경주 김씨 대한공파 종중의 종손으로 종중 회장이며, 김을남은 같은 종손으로 종중 총무입니다. 김을남은 2006. 4. 1.부터 우리 종중 소유인 파주시 적성면 산 12 임야 80,000㎡를 명의신탁받아 김을남 명의로 보관하고 있던 중 2012. 7. 5. 종중에 전혀 말도 없이 나횡금에게 위 임야를 1억 원에 매도하고 같은 날 소유권이전등기를 마쳐 주었습니다.

　또한 위와 같이 종중 땅을 매도하여 받은 1억 원으로 2012. 7. 30.경 경기 양평군 양평읍 33 답 20,000㎡를 매수하여 피고소인 명의로 소유권이전등기하여 종중을 위해 보관하던 중 2020. 1. 28.경 서울 강남구 일원로에 있는 신한은행에 위 답을 담보로 1억 원의 대출을 받으면서 같은 날 1억 2,000만 원의 근저당권을 설정하였습니다.

　명의신탁받아 보관하고 있던 파주시 임야를 임의로 처분한 것은 횡령으로 처벌받아야 하며, 그 처분한 돈으로 매수한 양평 답은 당연히 종중 소유가 됨에도 김을남 명의로 소유권이전등기되어 있음을 기화로 종중 총회 결의 등의 절차 없이

단독으로 담보 대출을 받은 것은 명백히 횡령이 될 것입니다.

고소인은 김을남으로부터 부동산 개발 사기를 당한 것을 알게 되어 혹시 종중 부동산이 무사한지 알아보는 과정에서 종중 부동산을 위와 같이 횡령한 사실을 알게 되었으며, 종중 총회 결의를 거쳐 이 부분도 함께 고소하는 과정에서 같은 사기 피해자인 김피해보다 늦게 따로 고소하게 되었습니다.

김을남을 조사하여 다시는 이런 죄를 저지르지 않도록 엄벌해 주시기 바랍니다.

첨부 : 등기사항전부증명서(파주시 적성면 산 12 임야 80,000㎡) 1부(생략)
등기사항전부증명서(경기 양평군 양평읍 33 답 20,000㎡) 1부(생략)

2020. 10. 26.

고소인 김 손 해 ㊞

서울서초경찰서장 귀중

- 32 -

고 소 장

서울서초경찰서 접수인(1436호)(2020. 10. 26.)

고 소 인   허두수 (인적 사항 생략)
피고소인   김을남 (인적 사항 생략)
죄   명   특정범죄가중처벌등에관한법률위반(위험운전치상)

    고소인은 2020. 9. 20. 21:00경 서울 서초구 동광로 881에 있는 하이마트 앞 도로에서 신호 대기하고 있던 친구 조준구가 운전하던 30노1225호 포터 화물차량의 조수석에 탑승하였던 사람이고, 피고소인 김을남은 같은 날 20노1234호 무쏘 차량을 운전하다가 위 포터 화물차량을 충격하는 교통사고를 낸 사람으로 서로 친인척 관계는 없습니다.

    김을남은 신호 대기를 하고 있던 우리 차량을 갑자기 들이 받은 후 차에서 내려 사고를 내어 미안하다고 하면서 혹시 아프면 사고처리를 해 주겠다고 하며 인적 사항과 연락처를 알려 주었는데, 당시 김을남에게 술 냄새가 심하게 나고 비틀거리며 혀가 꼬여 말을 제대로 못하였습니다.

    당시 목격자들의 신고로 경찰이 출동하여 김을남을 음주측정하였고, 친구 조준구는 화물차가 부서져 사고 처리를 하며 남아 있었는데, 저는 당시에는 몸이 아프지 않아 바로 집으로 귀가하였습니다. 하지만 다음 날부터 허리가 아파 걷기가 어려워 2020. 9. 21.경부터 요추부 염좌 등의 병명으로 박화타 정형외과에서 3주간 입원 치료를 받게 되었습니다.

    그 후 치료비 등을 보상받기 위해 김을남에게 수차례 연락을 하였는데, 전화를 받지도 않고 병원에 찾아오지도 않아 피하는 느낌이 들어서 제 피해를 보상받고 싶어 고소하게 되었습니다. 교통사고를 내고도 모른 척하는 김을남을 처벌해 주세요.

첨부: 상해진단서(고소인에게 3주간의 입원 치료가 필요하다는 내용) 1부(생략)

2020. 10. 26.
고소인 허 두 수 ㉙

서울서초경찰서장 귀중

---

[61] 특가법위반(위험운전치상)의 점에 대하여 피고인이 부인한 경우라면 범행 당시 피고인의 상태가 음주로 인하여 정상적인 운전이 현저히 곤란한 상태였는지 여부 또는 피해자가 입은 상해결과에 대하여 상대적 상해개념을 적용할 수 있는지 여부 등이 문제될 수도 있으나, 피고인이 이 부분 공소사실에 대하여 인정한 이상 위 쟁점들은 더 이상 문제되지 아니한다.

[62] 교특법위반(치상)죄와 달리 특가법위반(위험운전치상)죄는 반의사불벌죄가 아니므로, 피해자의 피고인에 대한 처벌 관련 의사표시는 문제되지 아니한다.

피 의 자 신 문 조 서

> 피 의 자: 김을남
>
> 위의 사람에 대한 특정경제범죄가중처벌등에관한법률위반(사기) 등 피의사건에 관하여 2020. 10. 29. 서울서초경찰서 수사과 사무실에서 사법경찰관 경위 김경관은 사법경찰리 경사 양경사를 참여하게 하고, 아래와 같이 피의자임에 틀림없음을 확인하다.

문 피의자의 성명, 주민등록번호, 직업, 주거, 등록기준지 등을 말하십시오.
답 성명은 김을남(金乙男)
　　　주민등록번호, 직업, 주거, 등록기준지, 직장주소, 연락처 (각 생략)

　사법경찰관은 피의사건의 요지를 설명하고 사법경찰관의 신문에 대하여「형사소송법」제244조의3에 따라 진술을 거부할 수 있는 권리 및 변호인의 참여 등 조력을 받을 권리가 있음을 피의자에게 알려주고 이를 행사할 것인지 그 의사를 확인하다.

[진술거부권 및 변호인 조력권 고지하고 변호인 참여 없이 진술하기로 함(생략).]

이에 사법경찰관은 피의사실에 관하여 다음과 같이 피의자를 신문하다.

[피의자의 범죄전력, 경력, 학력, 가족·재산 관계 등(생략)]

[특정경제범죄가중처벌등에관한법률위반(사기), 사기, 사문서위조, 위조사문서행사의 점]
문 피의자는 고소인 김피해, 김손해를 알고 있나요.
답 예, 저의 사촌 형들로서 제가 일하는 주식회사 만세금에 자금을 투자한 사실이 있습니다.
문 어떤 경위로 고소인 김피해, 김손해로부터 자금을 유치한 것인가요.
답 2020. 1. 19. 서울 서초구 서초대로12길 34에 있는 김피해의 집으로 찾아가서 제가 김피해와 김손해에게 엔젤 인베스트먼트 주식회사 명의의 투자확약서와 호텔 개발 공사 현장 사진을 보여주면서 '주식회사 만세금이 속초시 분양형 호텔 개발 사업을 진행 중인데 지금 기초 공사 단계이다. 2월 말일이 되면 큰 벤처투자업체로부터 100억 원이 유치되는데 단기적으로 운영자금이 부족하다. 형들이 단기 운영자금으로 우리 회사에 8억 원만 빌려 주면 3개월 안에 원금의 2배를 변제하겠다'고 이야기하였습니다.

문	그래서 고소인들이 주식회사 만세금에 자금을 투자하였나요.
답	예, 김피해와 김손해는 2020. 1. 21. 주식회사 만세금의 국민은행 법인계좌로 총 8억 원(김피해 3억 원, 김손해 5억 원)을 송금해 주었습니다.
문	주식회사 만세금이 엔젤 인베스트먼트 주식회사로부터 100억 원의 투자 확약을 받고, 분양형 호텔 개발 공사를 진행하고 있었던 것이 사실인가요.
답	엔젤 인베스트먼트 주식회사는 실제로는 존재하지 않는 회사로서 투자확약서는 가짜이고, 주식회사 만세금이 호텔 개발 공사를 진행한 사실도 없습니다.
문	피의자는 그러한 사실을 알면서도 고소인들에게 거짓말을 한 것인가요.
답	저는 고소인들로부터 투자를 받을 당시에는 그러한 사실을 알지 못했습니다. 주식회사 만세금은 저의 6촌 형인 김갑동이 실제로 운영하는 회사이고 제가 운영하는 것이 아닙니다. 2019. 5월경 김갑동이 당시 실직하여 집에서 놀고 있던 저에게 연락하여 부동산개발업체인 만세금을 운영하는데 자신이 신용불량이 되어 대표이사 명의를 맡아 줄 사람이 필요하다고 하기에 제 이름을 빌려 준 것뿐입니다. 그러고는 별다른 왕래가 없다가 2019. 12월 말경에 김갑동이 저에게 연락해서 '만세금이 이제 속초 분양형 호텔 개발을 시작했는데 네가 만세금 대표이사로 되어 있으니 회사에서 손님들을 만날 때 나랑 같이 앉아 있기만 하면 매월 300만 원의 급여를 주겠다'고 하여 그때부터 회사로 출근하게 된 것입니다. 저로서는 자세한 회사 운영 상황을 알지 못하였기 때문에 투자확약서와 개발 현장 사진이 허위라는 것을 알지 못했습니다.
문	그렇다면 피의자는 어떻게 해서 가짜 투자확약서를 가지고 고소인들의 투자를 유치하게 된 것인가요.
답	2020. 1. 1.경 김갑동이 저에게 회사에 급하게 단기자금이 필요하다는 카카오톡 메시지를 보내서 김갑동과 만났습니다. 그 자리에서 김갑동이 2020. 2월 말에 큰 벤처투자회사에서 100억 원의 자금이 유치될 텐데 단기 운영자금이 부족해서 그때까지의 사업 진행에 차질이 생길 것 같아 걱정이라는 말을 하였습니다. 때마침 제가 작년 12월 말에 사촌 형들을 만났을 때 사업체를 처분한 대금을 새로 투자할 곳을 찾는다는 말을 들은 것이 기억나서 김갑동에게 이야기해 주었습니다. 그러자 2020. 1. 3. 김갑동은 엔젤 인베스트먼트의 투자확약서와 호텔 개발 공사 현장 사진을 저에게 보여 주면서 '이제 곧 100억 원이 공사 현장에 들어오면 원금의 2배를 갚아 줄 수 있으니 네가 그들을 만나서 3개월간 단기자금을 한번 빌려 보라'고 하여 김갑동이 시키는 대로 제가 사촌 형들에게 만나자고 제의하였고, 1. 19. 그들을 만나서 투자금을 요청하게 된 것입니다.

[63] 김을남은 일관되게 범행을 부인하고 있다. 김을남의 부인취지 진술과 배치되는 김갑동의 진술을 탄핵할 수 있는 내용을 찾으면서 읽어야 한다.

문 피의자가 김피해와 김손해에게 허위의 투자확약서와 공사 현장 사진을 보여주면서 직접 투자 요청을 한 점으로 볼 때, 피의자가 허위라는 것을 몰랐다는 변명은 믿기 어려운데, 피의자의 주장을 뒷받침할 만한 자료가 있는가요.

답 김피해와 김손해가 회사에 입금한 돈은 모두 김갑동과 박병서가 관리하였고 저는 만진 적도 없습니다. 김갑동이 단기자금으로 9억 원이 필요하다고 하였는데, 사촌 형들의 투자금이 8억 원밖에 되지 않아서 저도 김갑동이 원금의 2배를 갚아 주겠다는 감언이설을 믿고 2020. 1. 28.경 제가 관리하던 종중 땅을 담보로 제공하고 은행으로부터 1억 원을 대출 받아서 만세금의 호텔 개발 사업에 투자하였습니다. 김갑동은 사업이 잘되어 가고 있으니 믿고 있으면 큰돈을 벌게 된다고 하다가 갑자기 자취를 감추었고 저도 그때서야 호텔 개발 이야기가 모두 다 가짜였고 김갑동이 처음부터 사기를 친 것을 알게 된 것입니다.

문 주식회사 만세금의 직원은 피의자와 김갑동 외에 누가 있나요.

답 주식회사 만세금 본사에는 박병서가 있었습니다. 김갑동은 호텔 개발 현장에 현장 사무소가 있고 직원들이 100명 넘게 근무한다고 말하였는데, 제가 가 본 적은 없습니다. 박병서는 김갑동의 오른팔로 자금 관리를 모두 다 도맡아 하였습니다. 김갑동은 저와 박병서에게 함께 사촌 형들을 찾아가라고 지시하였는데, 박병서는 김피해의 집 앞에까지 가서는 갑자기 급한 볼 일이 생겼다고 하면서 가 버리는 바람에, 저 혼자 사촌 형들을 만난 것입니다. 이 건 범행은 김갑동과 박병서가 서로 짜고 저지른 게 분명합니다.

문 김피해는 회사 계좌로 돈을 송금하기 전에 피의자가 2020. 1. 20. 김피해를 서울 강남구에 있던 40층짜리 빌딩 앞으로 데리고 가서, 엔젤 인베스트먼트가 그 건물 23층에서 25층까지를 전부 임대해서 사용하는 큰 회사라고 소개한 적이 있다는데 어떤가요.

답 절대 아닙니다. 김피해가 평소 친하던 저로 인해 큰 손해를 입게 되자 화가 나서 사실을 허위로 부풀리고 있는 것입니다.

[횡령의 점]

문 피의자는 2012. 7. 5. 피의자 명의의 파주시 적성면 산 12 임야 80,000㎡를 나횡금에게 1억 원에 매도하여 소유권이전등기를 마쳐 준 사실이 있는가요.

답 예, 그렇습니다. 위 임야는 제가 총무로 있는 경주 김씨 대한공파 종중 소유의 임야로 2006. 4. 1.부터 제가 명의신탁받아 보관하고 있었는데, 곧 개발이 예상되는 양평 소재 답을 매수하기 위해 매도하게 되었습니다.

문 위 임야를 매도하는 과정에서 종중의 허락을 받은 사실이 있나요.

[64] 김갑동 외 박병서가 이 부분 공소사실 범행과 관련하여 중요한 인물로 등장한다. 그러나 박병서의 진술과 관련하여 (증거능력이 부정되는) 피의자신문조서 외에는 별다른 증거 자체가 기록상 존재하지 아니한다.

답 파주 임야는 주변 시세에 비하여 지가가 오르지 않고 가치가 없어 회장을 비롯한 종원들에게 이를 팔고 시세 상승 가능성이 있는 다른 토지를 매입하자고 설득하였으나 의견이 서로 달라 몇 년이 지났습니다. 그래서 제가 종중을 위한다는 마음으로 종중의 허락은 없었지만 매도하였습니다.

문 피의자는 위 파주 임야의 매도대금 1억 원으로 2012. 7. 30.경 경기 양평군 양평읍 33 답 20,000㎡를 매수하였나요.

답 그렇습니다. 예상대로 위 양평 답은 구입 후 지가가 상당히 올랐는데, 김갑동이 분양형 호텔 개발 투자로 단기 자금이 부족하다며 곧 100억 원이 들어오면 3개월 후에 원금의 2배를 갚아 주겠다고 하여 이를 담보로 대출을 받은 것입니다.

문 위 양평 답을 담보로 대출을 받는 과정에서 종중의 허락은 있었나요.

답 종중의 허락은 없었습니다만, 투자 후 큰 수익이 나면 종중을 위해 좋은 일이라고 생각해서 2020. 1. 28.경 서울 강남구 일원로에 있는 신한은행에 위 답을 담보로 제공하여 1억 2,000만 원의 근저당권을 설정하고 1억 원을 대출받아 김갑동에게 투자하였습니다.

문 종중의 재산을 처분하거나 담보로 제공하기 위해서는 종중 총회의 결의를 거치는 등 종중의 허락을 받지 않으면 횡령이 된다는 사실을 몰랐나요.

답 종중의 허락을 받지 않았다는 것은 잘못되었지만, 좋은 마음으로 한 일이라는 점을 참작해 주시기 바랍니다.

[특정범죄가중처벌등에관한법률위반(위험운전치상)의 점]

문 피의자는 2020. 9. 20. 21:00경 서울 서초구 동광로 881에 있는 하이마트 앞 편도 3차로에서 술에 취한 상태로 운전하다 사고를 낸 사실이 있나요.

답 예, 그렇습니다. 제가 20노1234호 무쏘 차량을 운전하여 서초역 쪽에서 고속터미널 쪽으로 시속 30㎞로 진행하던 중, 당시 술에 취하여 브레이크를 제대로 밟지 못하는 바람에 신호 대기 중인 피해자 허두수가 타고 있던 30노1225호 포터 화물차량의 뒷부분을 충격한 사실이 있습니다. 사고 후 바로 차에서 내려 포터 화물차량 운전자인 조준구와 피해자에게 다가가 죄송하다고 말씀드리고 저의 연락처와 인적 사항을 알려 주고 사고 처리를 해 주겠다고 하였습니다.

문 당시 피의자는 술에 많이 취하였나요.

답 사고 후 경찰이 출동하여 혈중알콜농도를 측정한 결과 0.201%였고 화물차량이 부서져서 얼마 전에 서초경찰서에서 조사를 받은 사실도 있습니다. 그날 모임이 있어 걸음을 제대로 걷지 못할 정도로 만취하여 브레이크를 제대로 밟지 못하였던 것은 사실입니다. 죄송합니다.

문 피해자는 사고 처리를 해 주겠다는 피의자에게 수차례 연락을 하였는데 이 전화를 받지 않은 이유는 무엇인가요.

답 제가 최근에 여러 사건이 있어 정신이 없어서 전화를 받지 못하였을 뿐 일부러 피해자의 연락을 피하려 했던 것은 아닙니다. 합의를 하도록 노력하겠습니다.

문 달리 할 말이 있는가요.

답 사기 건과 관련하여 현재 김갑동은 도망가서 연락도 안 되는데, 피해자인 제가 오히려 이렇게 시달리고 있습니다. 저는 평소 친하게 지낸 고소인들에게 좋은 조건으로 돈을 벌게 해 준다는 취지였는데 이렇게 되고 보니 죄송하고 억울합니다.

문 이상의 진술에 대하여 이의나 의견이 있나요.

답 **없습니다.**

위의 조서를 진술자에게 열람하게 하였던바, 진술한 대로 오기나 증감·변경할 것이 전혀 없다고 말하므로 간인한 후 서명무인하게 하다.

진술자 **김 을 남** (무인)

2020. 10. 29.

서울서초경찰서

사법경찰관 경위 **김 경 관** ㊞

사법경찰리 경사 **양 경 사** ㊞

- 38 -

[65] 사경 작성 박병서에 대한 피신조서는 당해 피고인 김을남이 내용부인 취지로 증거부동의하고 있으므로 그 증거능력이 부정된다. 박병서의 진술 관련 증거능력이 인정되는 다른 증거가 존재하지 아니하는 이상, 박병서의 진술은 신빙성 탄핵의 대상이 되지 아니한다(물론 위 조서의 증거능력이 인정되는 경우를 가정하여 검토할 수는 있다).

피 의 자 신 문 조 서

피 의 자: 박 병 서

위의 사람에 대한 특정경제범죄가중처벌등에관한법률위반(사기) 등 피의사건에 관하여 2020. 10. 30. 서울서초경찰서 수사과 사무실에서 사법경찰관 경위 김경관은 사법경찰리 경사 양경사를 참여하게 하고, 아래와 같이 피의자임에 틀림없음을 확인하다.

문 피의자의 성명, 주민등록번호, 직업, 주거, 등록기준지 등을 말하십시오.
답 성명은 박병서(朴丙西)
　　주민등록번호, 직업, 주거, 등록기준지, 직장주소, 연락처 (각 생략)

사법경찰관은 피의사건의 요지를 설명하고 사법경찰관의 신문에 대하여 「형사소송법」 제244조의3에 따라 진술을 거부할 수 있는 권리 및 변호인의 참여 등 조력을 받을 권리가 있음을 피의자에게 알려주고 이를 행사할 것인지 그 의사를 확인하다.

[진술거부권 및 변호인 조력권 고지하고 변호인 참여 없이 진술하기로 함(생략).]

이에 사법경찰관은 피의사실에 관하여 다음과 같이 피의자를 신문하다.

[피의자의 범죄전력, 경력, 학력, 가족·재산 관계 등(생략)]

문 피의자는 김을남이 김피해와 김손해를 속여 8억 원을 받은 사실을 알고 있나요.
답 예, 김을남이 허위의 투자확약서와 공사 현장 사진을 김피해와 김손해에게 보여주고 그들로부터 만세금의 국민은행 법인 계좌로 8억 원을 받은 것은 사실입니다. 제가 주식회사 만세금에서 자금 업무를 담당하고 있어서 그 사실을 잘 압니다.
이때 김피해의 고소장에 첨부된 투자확약서 사본 및 공사 현장 사진을 제시하고,
문 피의자도 위 투자확약서와 공사 현장 사진이 허위라는 것을 알고 있었나요.
답 예, 저도 알고 있었습니다. 투자확약서는 만세금을 실제로 운영하는 김갑동이 위조한 것이고, 공사 현장 사진도 다른 공사 현장을 찍어서 만든 것으로 압니다.
문 피의자도 이 건 사기 범행에 가담하였나요.
답 김갑동이 부동산 개발 자금이 필요하니 저와 김을남에게 돈 빌려 줄 곳을 알아보라고 지시를 하자, 김을남이 자기 사촌 형들인 김피해, 김손해가 여유 자금이 있다는 이야기를 꺼냈습니다. 그래서 그 돈을 사기 치기로 하고 김갑동이 2020. 1월 초에 가짜 투자확약서와 호텔 공사 현장 사진을 만든 다음, 김을남에게 그것을 이용해서 김피해 등과 접촉해 보라고 하였고, 2020. 1. 19. 저와 김을남에게 사촌 형들을 찾아가서 가짜 투자확약서 등을 보여주고 자금을 받아오라고 지시하였습니다. 그날 저와 김을

남이 가짜 투자확약서와 공사 현장 사진을 가지고 김피해를 찾아갔는데, 저는 김피해의 집 앞에서 마음이 약해져서 김을남에게 핑계를 대고 달아났습니다. 직접 김피해의 집에 들어가진 않았지만, 김갑동과 이 건 범행을 함께 하기로 한 것은 인정합니다.

문 피의자는 이 건 범행으로 어떤 이익을 취하였는가요.

답 김갑동은 2020. 1. 21.경 김을남의 사촌 형들로부터 회사 계좌로 8억 원을 입금받자, 저에게 수고했다면서 2020. 1. 28. 3,000만 원을 계좌로 송금해 주었습니다. 제가 알기로는 김을남도 그 정도는 받았을 것으로 알고 있습니다. 그 외에 따로 이익을 취한 것은 없습니다.

문 김을남은 주식회사 만세금의 명의상 대표이사일 뿐이고 실제로는 김갑동이 운영하고 있어서 자신은 엔젤 인베스트먼트의 투자확약서와 호텔 개발 공사가 허위라는 것을 알지 못했다고 변명하는데 그 주장이 사실인가요.

답 아닙니다. 김갑동이 실제로 회사를 운영한 것은 사실이지만, 김을남과 회사를 공동 운영한 것으로 알고 있습니다. 김을남이 자기 사촌 형들한테 여유 자금이 있다고 해서 이 일이 시작된 것이고, 김을남도 당연히 만세금이 아무런 호텔 공사도 하지 않고 있다는 것과 투자확약서가 가짜라는 것은 알고 있었습니다. 제가 알기로는 김을남이 김피해를 가짜 엔젤 인베스트먼트의 빌딩으로 데리고 가서 소개도 한 걸로 압니다.

문 김피해와 김손해가 회사 계좌로 입금한 돈은 어떻게 되었나요.

답 김갑동의 지시에 따라 수십 차례에 걸쳐 현금으로 인출하여 김갑동에게 주었습니다. 김갑동이 모두 들고 갔는데, 어디에 사용하였는지는 저도 모릅니다.

문 이상의 진술에 대하여 이의나 의견이 있나요.

답 없습니다. 제가 적극적으로 사기를 친 것은 아니지만, 결과적으로 피해를 끼친 것에 대해 죄송스럽게 생각합니다. 선처해 주시기 바랍니다.

위의 조서를 진술자에게 열람하게 하였던바, 진술한 대로 오기나 증감·변경할 것이 전혀 없다고 말하므로 간인한 후 서명무인하게 하다.

진술자 박 병 서 (무인)

2020. 10. 30.

서울서초경찰서

사법경찰관 경위 김 경 관 (인)

사법경찰리 경사 양 경 사 (인)

- 40 -

피 의 자 신 문 조 서

> **피 의 자: 김갑동**
> 위의 사람에 대한 특정경제범죄가중처벌등에관한법률위반(사기) 등 피의사건에 관하여 2020. 11. 16. 서울서초경찰서 수사과 사무실에서 사법경찰관 경위 김경관은 사법경찰리 경사 양경사를 참여하게 하고, 아래와 같이 피의자임에 틀림없음을 확인하다.

문   피의자의 성명, 주민등록번호, 직업, 주거, 등록기준지 등을 말하십시오.
답   성명은   김갑동(金甲東)
     주민등록번호, 직업, 주거, 등록기준지, 직장주소, 연락처 (각 생략)

사법경찰관은 피의사건의 요지를 설명하고 사법경찰관의 신문에 대하여 「형사소송법」 제244조의3에 따라 진술을 거부할 수 있는 권리 및 변호인의 참여 등 조력을 받을 권리가 있음을 피의자에게 알려주고 이를 행사할 것인지 그 의사를 확인하다.

[진술거부권 및 변호인 조력권 고지하고 변호인 참여 없이 진술하기로 함(생략).]

이에 사법경찰관은 피의사실에 관하여 다음과 같이 피의자를 신문하다.
문   피의자는 허위의 투자확약서와 공사 현장 사진을 이용하여 피해자 김피해와 김손해로부터 8억 원을 편취한 사실이 있는가요.
답   예, 그렇습니다. 다만, 김을남, 박병서와 함께 범행을 한 것입니다. 제가 잘못을 저지른 점에 대해서는 깊이 반성하고 있지만, 저만 책임을 져야 하는 문제는 아니라고 생각하고 있습니다.
문   피의자는 왜 그 같은 범행을 저지른 것인가요.
답   원래 저는 주식회사 만세금의 대표이사로 부동산 개발 사업을 해 오다가, 돈을 빌려서 투자했던 주식이 잘못되어 신용불량자가 되는 바람에 2019. 5월부터 6촌 동생인 김을남에게 대표이사를 맡아 줄 것을 부탁하여 만세금을 함께 운영해 왔습니다. 그 이후에도 부동산 개발을 위해 여기저기 뛰어다녔습니다만, 시도했던 사업이 다 실패해서 결국 회사 문을 닫아야 할 상황에 이르게 되었습니다. 그런데 2019. 12월경 소개받아서 알게 된 IT주식 작전 세력으로부터 작전에 필요한 돈 7억 원을 3개월만 투자하면 3배 이상의 수익을 보장한다는 이야기를 듣고 성공이 보장된 투자라는 생각이 들어서, 여기저기 7억 원을 빌릴 곳을 찾기 시작하였습니다. 그런데 2020. 1월 초에 김을남으로부터 김을남의 사촌 형들인 김피해와 김손해가 여유 자금을 가지고 있다는 말을 듣고 김을남에게 돈을 한번 빌려 보자고 하였더니, 김을남이 사촌 형들은 주식 투자 같은 건 할 리가 없다고 하기에, 제가 '그러면 만세금이 부동산 개발업체이니 속초시 분양형 호텔 개발을 추진하는 것처럼 투자확약서와 현장 사진을 만들어서 3개월만 돈을 빌렸다가 들키기 전에 원금의 2배를 갚아 주면 서로 좋은 일이 아니겠냐'고 제의하였습니다. 그랬더니 김을남도 한번 시도해 보자고 하여 이에 이르게 된 것입니다.

문 그러면 엔젤 인베스트먼트 주식회사의 투자확약서가 위조된 것인가요.
답 예, 김을남이 김피해의 집에 가서 보여 줄 투자확약서가 필요하다고 하여 김피해의 집에 가기 직전인 2020. 1. 18.경 저의 집에서 집에 있던 컴퓨터의 한글 프로그램을 이용하여 엔젤 인베스트먼트 주식회사의 투자확약서를 작성하여 제가 미리 만들어서 가지고 있던 법인 인감을 거기에 찍은 것입니다. 호텔 개발 공사 현장 사진은 서울 시내 호텔 신축 공사장에 가서 사진을 찍었습니다.
문 그래서 피의자가 위조한 투자확약서를 김을남에게 주어 그로 하여금 김피해와 김손해에게 행사하도록 지시하고, 그로 인해서 김피해와 김손해가 2020. 1. 21. 8억 원을 만세금의 회사 계좌로 송금하게 된 것인가요.
답 예, 모두 인정합니다.
이때 김피해의 고소장에 첨부된 투자확약서 사본 및 공사 현장 사진을 제시하고,
문 피의자가 만들었다는 것이 이 투자확약서와 공사 현장 사진이 맞는가요.
답 예, 엔젤 인베스트먼트 주식회사는 제가 그냥 지어낸 회사 명칭이고, 실제로 존재하는 회사도 아닙니다.
문 피해자들이 회사로 송금한 돈은 어떻게 하였나요.
답 몇 차례에 걸쳐 돈을 현금으로 인출하여 8억 원 중 7억 원은 소개받은 주식작전 세력에게 넘겨 주었는데, 나중에 연락이 되지 않고 그들 사무실에 가 보니 전혀 다른 업체가 들어와 있어서 사기를 당했다는 것을 알게 되었습니다. 나머지 1억 원은 김을남과 박병서에게 수고비 명목으로 각각 3,000만 원씩을 나눠 주었으며, 남은 4,000만 원은 개인적으로 여기저기 사용하였습니다.
문 김을남은 만세금의 명의상 대표이사에 불과하고 회사 일에는 전혀 관여하지 않아서 투자확약서와 공사 현장 사진이 가짜라는 것은 몰랐고, 피의자가 시키는 대로 피의자가 준 서류를 김피해와 김손해에게 제시하고 돈을 송금받았을 뿐이며, 피의자로부터 수고비를 받은 적이 없다고 하는데 어떤가요.

[66] 범행수익 배분과 관련하여 김갑동이 김을남에게 배분한 범행수익의 액수 등을 다시 확인할 수 있다.

[67] 투자 수익 약정과 관련하여 김갑동 진술 외 다른 객관적 증거가 존재하지 아니한다.

답 새빨간 거짓말입니다. 주식 투자 자금을 마련하기 위해서 처음부터 김을남, 박병서와 상의해서 가짜 투자확약서와 호텔 개발 현장 사진을 만들어서 준 것이며, 제가 김을남과 박병서에게 수고비를 나눠 주었습니다. 특히 김을남, 박병서와는 주식 투자 수익금을 4:3:3으로 나눈다는 투자 수익 약정도 하였습니다.

문 김을남은 피의자에게 속아 별도로 1억 원을 주었다고 하는데 어떤가요.

답 제가 김을남으로부터 2020. 1. 28. 1억 원을 받은 것은 사실이나, 이는 호텔 개발 투자금으로 받은 것이 아니라 주식 투자 명목으로 받은 것으로 모두 작전 세력에게 넘겨 주었습니다. 거기에 관해서는 박병서가 모든 경위를 잘 알고 있으니 그의 말을 들어보면 누구 말이 진실인지 알 수 있을 것입니다.

문 주식 작전 세력은 어떤 사람들인가요.

답 그들로부터 받았던 연락처는 모두 대포폰 번호였고 이름도 가명을 사용하고 있어서 이제는 연락도 안 되고 찾을 길이 없습니다. 그들이 쓰던 사무실도 이제는 없어져서 추적할 수도 없습니다. 저도 억울하고 분해서 미칠 지경입니다.

문 달리 할 말이 있는가요.

[68] 김갑동은 주식 투자 명목으로 범행수익을 전부 소비하였다고 진술하고 있으나, 이에 대한 객관적 증거 역시 존재하지 아니한다.

답 김을남으로부터 김피해와 김손해가 찾는다는 이야기를 전해 듣고 겁이 나 피해 있었는데, 그 사이에 김을남이 모든 책임을 저에게 미루는 바람에 불리한 처지에 놓이게 되어, 소환통보를 받고 진실을 밝히고자 오늘 출석하여 진술하게 되었습니다. 다만 저도 작전 세력에게 속아서 돈을 써 보지도 못했는데 저 혼자 처벌받는 것은 억울하고 분하니, 김을남도 꼭 같이 처벌해 주세요. 그리고 최근 카메라 촬영으로 현행범인체포되었다가 풀려난 적이 있는데, 그 사건도 같이 처리해 주시면 좋겠습니다.

문 이상의 진술에 대하여 이의나 의견이 있나요.

답 없습니다.

위의 조서를 진술자에게 열람하게 하였던바, 진술한 대로 오기나 증감·변경할 것이 전혀 없다고 말하므로 간인한 후 서명무인하게 하다.

　　　　　　　　　　　　　진술자　김갑동　(무인)

　　　　　　　　　　　　2020. 11. 16.
　　　　　　　　　　　　서울서초경찰서
　　　　　　　　　　　　사법경찰관 경위　김경관 ㊞
　　　　　　　　　　　　사법경찰리 경사　양경사 ㊞

압 수 조 서

피의자 김갑동에 대한 성폭력범죄의처벌등에관한특례법위반(카메라등이용촬영·반포등) 피의사건에 관하여 2020. 11. 10. 08:14경 서울 서초구 서초역 승강장에서 사법경찰관 경위 이경위는 사법경찰리 경사 이나경을 참여하게 하고 별지 목록의 물건을 다음과 같이 압수하다.

압 수 경 위

본직들이 2020. 11. 10. 08:14경 서울 서초구 서초역 승강장에서 지하철을 타려고 기다리고 있던 짧은 치마를 입은 20대로 보이는 여성(피해자는 지하철을 타고 이동을 하여 인적 사항을 파악하지 못하였음) 뒤에서 검정 상하의, 흰색 운동화를 착용한 40대 남성이 밀착하여 치마 속으로 휴대전화를 집어넣어 해당 여성의 신체를 몰래 촬영하는 것을 우연히 목격하였고,

이에 경찰관 신분을 밝히고 위 남성을 불러 세워 검문 이유를 설명하고 신분증을 제시하도록 하였는바, 김갑동(인적 사항 생략)임이 확인되어 범행을 추궁하였으나 김갑동이 계속 범행을 부인하여, 본직들이 김갑동에게 촬영한 사진을 확인하기 위하여 휴대전화를 넘겨 줄 것을 요구하였으나 김갑동이 이를 거부하여, 본직들은 피의사실의 요지, 체포의 이유와 변호인을 선임할 수 있음을 고지하고 변명의 기회를 준 후 김갑동을 현행범인으로 체포하였으며,

체포 후 다시 휴대전화를 임의로 제출할 것을 요구하자 그때서야 김갑동이 이에 응하여 휴대전화를 건네주기에, 본직들이 그 휴대전화의 최근 실행 프로그램을 통해 무음 촬영 어플리케이션 구동 사실을 확인하고 관련 폴더를 열어 보려 하였으나 잠겨 있어,

일단 김갑동이 임의로 제출한 휴대전화 1대를 영장 없이 압수하다.

참여인	성 명	주민등록번호	주 소	서명 또는 날인
		(기재 생략)		

2020년 11월 10일
서울서초경찰서 형사과
사법경찰관 경위 이 경 위 (인)
사법경찰리 경사 이 나 경 (인)

압 수 목 록

번호	품 명	수량	소지자 또는 제출자	소유자	경찰의견	비고
1	휴대전화	1대	김갑동(인적 사항 생략)	김갑동	(생략)	
2						

피 의 자 신 문 조 서

> 피 의 자 : 김갑동
>
> 위의 사람에 대한 성폭력범죄의처벌등에관한특례법위반(카메라등이용촬영·반포등) 피의사건에 관하여 2020. 11. 10. 서울서초경찰서 형사과 사무실에서 사법경찰관 경위 이경위는 사법경찰리 경사 이나경을 참여하게 하고, 아래와 같이 피의자임에 틀림없음을 확인하다.

문 피의자의 성명, 주민등록번호, 직업, 주거, 등록기준지 등을 말하십시오.
답 성명은 김갑동(金甲東)
주민등록번호, 직업, 주거, 등록기준지, 직장주소, 연락처 (각 생략)

사법경찰관은 피의사건의 요지를 설명하고 사법경찰관의 신문에 대하여 「형사소송법」 제244조의3에 따라 진술을 거부할 수 있는 권리 및 변호인의 참여 등 조력을 받을 권리가 있음을 피의자에게 알려주고 이를 행사할 것인지 그 의사를 확인하다.

[진술거부권 및 변호인 조력권 고지하고 변호인 참여 없이 진술하기로 함(생략).]

이에 사법경찰관은 피의사실에 관하여 다음과 같이 피의자를 신문하다.

[피의자의 범죄전력, 경력, 학력, 가족·재산 관계 등(생략)]

문 피의자는 지하철역 내에서 다른 사람을 몰래 촬영한 사실이 있나요.
답 있습니다.
문 언제, 어디에서 촬영을 하였는가요.
답 2020. 11. 10. 08:14경 서울 서초구 서초역 승강장에서 미니스커트를 입은 20대 후반 여성의 치마 속을 제가 가지고 있던 휴대전화에 있는 무음 촬영 어플리케이션으로 몰래 사진 촬영한 사실이 있습니다.
문 그 경위는 어떠한가요.
답 지하철을 기다리던 중 호기심에 촬영을 하게 되었습니다.
문 그러고 난 뒤에 어떻게 되었나요.
답 갑자기 경찰관들이 나타나서 제 범행을 다 봤다면서 휴대전화를 보여 달라고 하여

- 45 -

	겁이 나서 보여 주지 않았는데, 제가 자꾸 휴대전화를 보여 주지 않으려고 하니까 저에게 변호인선임권 등을 고지해 주며 현행범인으로 체포한다고 하였습니다.
문	그리고 피의자는 범행에 사용한 휴대전화를 임의로 제출하였지요.
답	체포한 다음 아무런 설명도 없이 휴대전화를 내놓으라고 하여 어쩔 수 없이 제출하게 되었습니다.
문	피의자가 사용한 무음 촬영 어플리케이션 관련 폴더에 비밀번호가 설정되어 있어 확인이 어렵던데요.
답	(몹시 당황하여) 비밀번호를 꼭 말해야 하나요... 비밀번호는 0987입니다.

이때 본직은 금일 압수한 휴대전화에 피의자가 불러 주는 비밀번호를 입력하여 관련 폴더를 확인한 결과, 2020. 11. 10. 08:14경 치마 속 팬티를 입고 있는 여성의 하체가 촬영되어 있는 사진 1장을 발견하여 이를 출력 후 별도의 수사보고서로 편철하다.

문	방금 피의자의 휴대전화에서 피의자와 함께 확인한 사진이 피의자가 금일 촬영한 것이 맞나요.
답	네. 죄송합니다.
문	피해자와 합의를 하였는가요.
답	피해자가 누구인지 몰라 아직 합의를 못했습니다.
문	이상의 진술에 대하여 이의나 의견이 있나요.
답	**없습니다.**

위의 조서를 진술자에게 열람하게 하였던바, 진술한 대로 오기나 증감·변경할 것이 전혀 없다고 말하므로 간인한 후 서명무인하게 하다.

진술자 김갑동 (무인)

2020. 11. 10.

서울서초경찰서
사법경찰관 경위 이경위 ㉑
사법경찰리 경사 이나경 ㉑

[70] 휴대전화를 압수함에 있어 제출의 임의성에 의심이 있고, 이에 대하여 기록상 추가적인 입증내용이 존재하지 아니한다. 따라서 제출의 임의성을 부정하여 위법한 임의제출물 압수로 평가할 수 있다.
이에 따라 압수된 휴대전화기는 위법수집증거배제법칙에 따라, 그에 따라 수집된 사진 등 증거들은 독수의 과실이론에 따라 각각 증거능력이 부정됨이 원칙이다.

서 울 서 초 경 찰 서

2020. 11. 10.

제2020-(생략)호
수 신: 경 찰 서 장
참 조: 형 사 과 장
제 목: 수사보고(출력 사진 첨부 등)

　　　피의자 김갑동에 대한 피의자신문 도중 무음 촬영 어플리케이션 관련 폴더 비밀번호를 고지받고 압수된 휴대전화 저장 정보를 다시 탐색하여 2020. 11. 10. 08:14경 치마 속 팬티를 입고 있는 여성의 하체가 촬영되어 있는 사진 1장을 발견하여 이를 출력하였고,
　　　피의자신문 종료 후 피의자를 석방하였음. 끝.

[첨부: 사진(생략)]

경로	지휘 및 의견	구분	결재	일시
경위 이경위	생략	기안	생략	생략
경감 장경감	생략	결재	생략	생략

피의자신문조서(대질)

성   명: 김갑동
주민등록번호: (생략)

위의 사람에 대한 특정경제범죄가중처벌등에관한법률위반(사기) 등 피의사건에 관하여 2020. 11. 24. 서울중앙지방검찰청 703호 검사실에서 검사 정의감은 검찰주사 김참여를 참여하게 한 후, 아래와 같이 피의자임에 틀림없음을 확인하다.
주민등록번호, 직업, 주거, 등록기준지, 직장 주소, 연락처 (각 생략)

검사는 피의사실의 요지를 설명하고 검사의 신문에 대하여 「형사소송법」제244조의3에 따라 진술을 거부할 수 있는 권리 및 변호인의 참여 등 조력을 받을 권리가 있음을 피의자에게 알려주고 이를 행사할 것인지 그 의사를 확인하다.

[진술거부권 및 변호인 조력권 고지하고 변호인 참여하여 진술하기로 함(생략).]

[피의자의 병역, 학력, 가족 관계, 재산 및 월수입, 건강 상태 등(생략)]

[성폭력범죄의처벌등에관한특례법위반(카메라등이용촬영·반포등)의 점]
변호인과 상의해 봤는데 자신이 잘못한 것이 맞으니 모두 인정하기로 하였다면서 사법경찰관 작성 피의자신문조서의 기재 내용과 동일하게 진술(기재 생략)

이때 검사는 피의자 김갑동을 퇴실하게 하고 피의자 김을남을 입실하게 하다.
문   피의자의 성명, 주민등록번호, 직업, 등록기준지 등을 진술하세요.
답   성명은 김을남
      (기타 인적 사항 생략)

검사는 피의사실의 요지를 설명하고 검사의 신문에 대하여 「형사소송법」제244조의3에 따라 진술을 거부할 수 있는 권리 및 변호인의 참여 등 조력을 받을 권리가 있음을 피의자에게 알려주고 이를 행사할 것인지 그 의사를 확인하다.

[진술거부권 및 변호인 조력권 고지하고 변호인 참여하여 진술하기로 함(생략)]

[피의자의 병역, 학력, 가족 관계, 재산 및 월수입, 건강 상태 등(생략)]

[횡령, 특정범죄가중처벌등에관한법률위반(위험운전치상)의 점]

- 48 -

[71] 경찰단계 기록에서 다소 장황하게 기재된 사실관계나 쟁점들을 검찰단계 기록에서 정리하여 제시해주는 경우가 많다. 따라서 공판기록을 읽은 후 검찰기록부터 읽고 경찰단계 기록을 읽는 것도 유효한 수험전략이 될 수 있다.

[72] 대질신문조서의 경우 김갑동의 진술부분과 김을남의 진술부분을 구별하여 증거능력을 검토하여야 한다.

사법경찰관 작성 피의자신문조서 기재와 동일하게 진술(기재 생략)
이때 검사는 피의자 김갑동을 입실하게 하고 아래와 같이 김을남과 대질신문하다.

[특정경제범죄가중처벌등에관한법률위반(사기), 사기, 사문서위조, 위조사문서행사의 점]

김갑동에게

문　피의자는 김을남과 박병서와 함께 투자확약서를 위조하고 이를 이용하여 피해자 김피해, 김손해를 속여서 8억 원을 송금받은 사실을 인정하는가요.
답　예, 그렇습니다.
문　그 구체적인 범행 경위에 관하여 진술하여 보시오.
답변 내용은 사법경찰관 작성 피의자신문조서 기재와 동일(기재 생략)

김을남에게

문　방금 피의자가 들은 것과 같이 김갑동은 IT주식 작전 투자를 위하여 자금이 필요하던 차에 피의자로부터 피해자 김피해, 김손해의 자금 이야기를 전해 듣고, 처음부터 피의자, 박병서와 함께 피해자들로부터 금원을 편취하기로 공모하고, 김갑동이 투자확약서를 위조하고 호텔 개발 현장 사진을 허위로 만든 후 이것을 피의자에게 전달하여, 피의자와 박병서로 하여금 피해자들을 속이게 하여 피해자들의 돈을 송금받은 것이라고 주장하는데 어떤가요.
답　모두 거짓말입니다. 김갑동은 제 돈 1억 원 부분에 대해서 책임을 지지 않으려고 거짓말을 하고 있는 것입니다.
문　피의자는 김갑동이 추진하던 주식 투자를 위하여 1억 원을 김갑동에게 교부하고, 피해자들을 속여서 자금을 송금받기로 김갑동과 공모한 것이 아닌가요.
답　전혀 아닙니다. 저는 김갑동이 주식 투자를 한다는 말은 처음 들었습니다. 그런 허황한 곳에다 투자하려고 제가 종중 땅까지 담보로 잡혀서 돈을 대겠습니까. 김갑동과 투자 수익 약정을 맺은 적도 없습니다.
문　김갑동은 피해자들로부터 돈을 편취한 후 피의자와 박병서에게 수고비 명목으로 각각 3,000만 원씩 나눠 주었다고 주장하는데 어떤가요.
답　제가 김갑동으로부터 받은 것은 첫달 급여로 받은 300만 원이 전부이며 3,000만 원이나 되는 돈을 받은 적이 없습니다. 그동안 김갑동과 주고받은 메시지를 찾아보고 혹시 저에게 유리한 자료가 발견되면 제출하도록 하겠습니다.

김갑동에게

문　피의자는 주식 투자로 돈을 사용하였다는 자료가 있는가요.
답　7억 원 모두 현금으로 지급하여 지금으로서는 제출할 자료를 찾을 수가 없습니다.

[73] 김갑동 진술의 신빙성을 탄핵함에 있어, 그 진술의 동기에 대한 내용이다.

문　박병서도 주식 투자 수익 약정 관련 이야기는 한 적이 없는데 어떤가요.
답　박병서가 왜 말하지 않았는지 모르겠지만 제 이야기는 모두 진실입니다.
문　김을남은 피의자로부터 3,000만 원을 받은 적이 없다고 하는데 어떤가요.
답　3,000만 원인지는 정확히 모르겠습니다만, 김피해 돈이 들어온 다음 날 박병서와 함께 각각 2,000만 원은 확실히 보내 주었습니다.
문　피의자는 투자 수익 약정서를 제출할 수 있는가요.
답　김을남은 친척이고 서로 믿었기에 구두로 약정하였습니다.
문　피의자의 주장에 부합하는 자료가 또 있는가요.
답　만세금의 대표이사인 김을남이 어떻게 엔젤 인베스트먼트의 투자확약서와 공사 현장 사진이 허위라는 것을 모를 수가 있겠습니까. 김을남은 저에게 김피해와 김손해가 여유 자금이 있으니 가짜 투자확약서를 만들어서 한탕 해 보자고 먼저 제의하였습니다. 김을남은 주식으로 한몫 잡으려고 적극적으로 사기를 쳐 놓고서 이제 와서 혼자 처벌을 면하기 위해서 저에게만 책임을 미루는 것입니다. 제가 김을남에게 김피해를 강남 빌딩가로 데려가서 엔젤 인베스트먼트가 실제로 존재하는 것처럼 확신을 시키라고 말한 적도 있는데 틀림없이 제가 시킨 대로 했을 겁니다. 그리고 박병서가 이 모든 사정을 잘 알고 있으니 그에게 물어 보면 누가 진실을 말하는지 결국에는 다 드러나게 될 것입니다.

피의자들에게
문　조서에 진술한 대로 기재되지 아니하였거나 사실과 다른 부분이 있나요.
답　(김갑동) **없습니다.** (김을남) **없습니다.**

위의 조서를 진술자에게 열람하게 하였던바, 진술한 대로 오기나 증감·변경할 것이 전혀 없다고 말하므로 간인한 후 서명무인하게 하다.

진술자　김갑동 (무인)
변호인　한건토 (인)
진술자　김을남 (무인)
변호인　명변호 (인)

2020. 11. 24.

서울중앙지방검찰청
검　　사　정의감 ㉑
검찰주사　김참여 ㉑

[74] 김갑동이 김을남 등에게 교부한 수익금원의 액수에 있어 정당한 이유 없이 진술이 번복되고 있다.

[75] 생략된 증거라도 필요한 경우 쟁점에 대한 근거로써 답안에서 검토하여야 한다.

[76] 김갑동에게만 사기전과가 다수 존재한다.

법원에 제출되어 있는 기타 증거들

※ 편의상 다음 증거서류의 내용을 생략하였으나, 법원에 증거로 적법하게 제출되어 있음을 유의하여 검토할 것.

○ 진술조서(김손해)
 - 김손해가 김을남을 특정경제범죄가중처벌등에관한법률위반(사기) 등으로 고소한 후 작성된 진술조서(고소장 기재와 동일)

○ 진술조서(허두수)
 - 허두수가 김을남을 특정범죄가중처벌등에관한법률위반(위험운전치상)으로 고소한 후 작성된 진술조서(고소장 기재와 동일)

○ 수사보고(관련 사건 서류 첨부)
 - 피의자 김을남이 2020. 9. 20. 21:00경 서울 서초구 동광로 881에 있는 하이마트 앞 도로에서 혈중알콜농도 0.201%의 술에 취한 상태로 20노1234호 무쏘 차량을 운전하여 교통사고를 내었다는 취지의 별건 기록 주취운전자 적발보고서, 주취운전자 정황진술보고서, 교통사고보고(실황조사서)를 각 사본하여 첨부

○ 조회회보서
 - 김갑동: 서울중앙지방법원 2005. 3. 8. 사기죄 징역 6월 집행유예 1년
   서울중앙지방법원 2014. 6. 2. 사기죄 징역 1년
 - 김을남: 서울중앙지방검찰청 2020. 11. 20. 도로교통법위반(음주운전)죄 등 처분미상

○ 수사보고(박병서 사망)
 - 피의자 박병서가 2020. 11. 22. 교통사고로 사망하였음을 확인하고 박병서가 사망하였다는 취지의 사망진단서를 첨부

○ 수사보고(계좌추적결과 보고)
 • 압수수색검증영장(금융계좌추적용)을 발부받아 금융기관에 집행하여 거래내역서 등으로 아래 내용을 확인하였음.
 - 2020. 1. 21. 김피해로부터 3억 원, 김손해로부터 5억 원이 각각 주식회사 만세금의 국민은행 계좌로 송금
 - 2020. 1. 21. 위 만세금의 계좌에서 김을남의 신한은행 계좌로 300만 원 송금
 - 2020. 1. 28. 김을남이 위 만세금의 계좌로 1억 원을 송금

- 51 -

- 2020. 1. 28. 위 만세금의 계좌에서 박병서의 국민은행 계좌로 3,000만 원 송금
- 2020. 2. 5.~ 2. 29. 주식회사 만세금의 위 계좌에서 잔액이 전액 현금으로 인출
- 그 외 본 건 관련 특이 거래 내역 없음[압수수색검증영장(금융계좌추적용)은 적법하게 발부, 거래내역서 등 첨부].

○ 압수조서, 압수목록(카카오톡 메시지 사진)
- 김을남이 임의로 제출한 휴대전화 카카오톡 메시지의 화면 사진을 압수

○ 수사보고(카카오톡 메시지 사진 내용)
- 2020. 1. 1. 김갑동이 김을남에게 '현장 자금 압박 심각. 단기적 상황 타개책 필요' 라는 내용의 카카오톡 메시지를 전송하였음.

○ 수사보고(가족관계증명서 확인 및 첨부)
- 김갑동과 김을남은 6촌 혈족 관계, 김갑동과 김손해, 김피해는 각각 6촌 혈족 관계, 김을남과 김손해, 김피해는 각각 4촌 혈족 관계, 김피해와 김손해는 친형제 관계에 있음을 확인하는 가족관계증명서 4부 첨부

확 인 : 법무부 법조인력과장

2021년 제10회 변호사시험 형사법 기록형

공소제기일 - 20. 11. 30.   ※ 검토의견서/변론요지서 각각 인용기재 가능   ※ 특경법/특가법/성폭법/형소법

피고인	죄명	일시	공소사실 장소	피해자	피해품	고소 기타	인정 및 부인취지	쟁점	증거 +	증거 -	결론	비고
김갑동	사문서 위조	20.1.8.	김갑동 집	(주)엔젤인베스트 -실재x	투자확인서		○	실제x명의인 위조		실재x(29)(34)	유죄	[검토의견서]
	위조 사문서 행사	20.1.19.-20.1.21.				to.김갑동 to.박병서 to.김피해, 김손해	○	아는자(공범)에 대한 행사	박병서-아는 자(공범)(39)	김을남 - 모름(21) 김피해, 김손해 - 모름	박.-후단무죄 나머지-유죄	
(김을남, 박병서 -공범)	특경 (사기)	20.1.19.-20.1.21.		v. 김손해	5억	x.but 김을남 고소-기간x	○	친족상도례-상대적친고죄-주관적불분x/ 고소기간x(상경 재판적x but피해자異)			공소기각 (2호)	
	사기			v. 김피해	3억	x.but 김을남 고소	○	----고소 기간o		20.10.3. 고소(27)	유죄	
	성폭 (카메라)	20.11.10.	서초역 승강장	v. 성명불상	치마속 하체부분 촬영		○	[사실인정] 보강법칙-적용x	휴대전화제출-임의성x(46)	피고인법정진술(16) 김을남법정진술(22)->증x(316조2항) 휴대전화화(증1), 임수조서임수경위(44). 피신(45), 수사보고(47), 사진 -> 증x(위수증 독수독과) but 임수경위한 증o(예외, 전문증거)	유죄	

공소제기일 - 20. 11. 30.   ※ 검토의견서/변론요지서 각각 인용가제 가능   ※ 특경법/특가법/성폭법/형소법

피고인	죄명	일시	장소	피해자	피해품	고소기타	인정 및 부인취지	쟁점	+	증거	결론	비고
김을남	특경(사기)	"	"	"	"	v.고소	x-위조 허위인식 x, 가담x	고소기간	친고죄(각자족관계증명서, v.범정진술) 20.4.22. 범인을 게됨(24)→ 20.10.26. 고소장제출(32)	-	공소기각 (2호)	추가 추단무죄
김갑동, 박병서-공범	사기	"	"	"	"		[자실인정] x -"		3천배돈x, 3배급여, 현금?, 카독보르준적x, 확약서명의(21), 담향(24) 김갑동-주도, 주식상전세내외교부 확인x(42) 교부-금액예베복, 투자수익약정-구두볼 파, 박병서도 두을고있음but사람(50) 김갑동-사기전과2개(조회회보서), 동기 등	피고인-법정진술(21),사경피신(34), 검사피신(48) 김갑동-법정진술(21),사경피신(48) v.김순혜-법정진술(24)→증x(316조 2항),고소장(31),진출조서 v.김피혜-고소장(27),진술조서(29) 박병서-피신조서(39)-증x(312조3항) 투자확약서사본(28),수사보고(카독), 압수조서.목록(카독),수사보고(카독)		
	횡령1	12.7.5.		v.종종	임야	06.4.1. 명의신탁	○	공소시효-완성	5년이하징역or1천5백이하벌금(355조 1항)-7년(4호)→2019.7.4.		면소(3호)	
	횡령2	20.1.28.		v.종종	답	근저당권 설정	○	불가벌적사후행위				
	특가(위 협)	20.9.20.		30노1225 v.허두수	3주상해	0.201%	○	기판력-상정	약식명령(17)-20.12.7.발령-20.12.28. 확정 음주-실경/과실손괴-상경→기판력o		면소(1호)	

검토의견서

사 건   2020고합1234 특정경제범죄가중처벌등에관한법률위반(사기) 등
피고인   김갑동

I. 피고인 김갑동에 대하여

1. 사문서위조, 위조사문서행사의 점

가. 사문서 위조의 점에 대하여

판례는 행사할 목적으로 작성된 문서가 일반인으로 하여금 당해 명의인의 권한 내에서 작성된 문서라고 믿게 할 수 있을 정도의 형식과 외관을 갖추고 있으면 그 명의인이 실재하지 않는 허무인이거나 또는 문서의 작성일자 전에 이미 사망하였다고 하더라도 문서위조죄가 성립하며, 이는 공문서뿐만 아니라 사문서의 경우에도 마찬가지라고 판시하였습니다.*

> * 문서위조죄는 문서의 진정에 대한 공공의 신용을 그 보호법익으로 하는 것이므로 행사할 목적으로 작성된 문서가 일반인으로 하여금 당해 명의인의 권한 내에서 작성된 문서라고 믿게 할 수 있는 정도의 형식과 외관을 갖추고 있으면 문서위조죄가 성립하는 것이고, 위와 같은 요건을 구비한 이상 그 명의인이 실재하지 않는 허무인이거나 또는 문서의 작성일자 전에 이미 사망하였다고 하더라도 그러한 문서 역시 공공의 신용을 해할 위험성이 있으므로 문서위조죄가 성립한다고 봄이 상당하며, 이는 공문서뿐만 아니라 사문서의 경우에도 마찬가지라고 보아야 한다(대법원 2005. 2. 24. 선고 2002도18 전원합의체 판결).

피고인 김갑동이 위조한 문서의 명의인인 엔젤 인베스트먼트 주식회사는 실재하지 아니하는 회사입니다(기록 제29쪽 사법경찰관 작성 김피해에 대한 진술조서, 제34쪽 사법경찰관 작성 김을남에 대한 피의자신문조서 진술기재 등 참조). 그러나 위 판례 법리에 의하면 피고인 김갑동이 위조한 투자확약서가 일반인으로 하여금 진정한 문서라고 믿게 할 수 있는 정도의 형식과 외관을 갖춘 이상[01] 그 명의인의 실재와 무관하게 사문서위조죄가 범죄가 성립할 수 있습니다.

결국 이 부분 공소사실에 대하여는 유죄판결이 선고될 것으로 예상됩니다.

나. 위조사문서행사의 점에 대하여

1) 박병서 및 김을남에 대한 행사의 점[02]

판례는 그 문서가 위조·변조·허위작성되었다는 정을 아는 공범자등에게 제시·교부하는 경우 등에 있어서는 행사죄가 성립할 여지가 없으나,** 간접정범을 통한 위조문서행사범행에 있어 도구로 이용된 자라고 하더라도 문서가 위조된 것임을 알지 못하는 자에게 행사한 경우에는 위조문서행사죄가 성립한다고 판시하였습니다.***

[01] 명의인이 실재하지 않는 경우이고 진정문서로서 형식과 외관을 갖추지 아니하는 경우라면 위조죄가 성립하지 아니한다. 따라서 진정한 문서라고 믿게 할 수 있는 정도의 형식과 외관을 갖추었다는 검토가 필요하다.

[02] 행사의 대상별로 행사여부에 대한 결론을 달리하므로, 나누어 검토하여야 한다.

> ** 위조, 변조, 허위작성된 문서의 행사죄는 이와 같은 문서를 진정한 것 또는 그 내용이 진실한 것으로 각 사용하는 것을 말하는 것이므로, 그 문서가 위조, 변조, 허위작성되었다는 정을 아는 공범자 등에게 제시, 교부하는 경우등에 있어서는 행사죄가 성립할 여지가 없다(대법원 1986. 2. 25. 선고 85도2798 판결).
>
> *** 위조문서행사죄에 있어서 행사는 위조된 문서를 진정한 것으로 사용함으로써 문서에 대한 공공의 신용을 해칠 우려가 있는 행위를 말하므로 그 행사의 상대방에는 아무런 제한이 없고, 다만 문서가 위조된 것임을 이미 알고 있는 공범자 등에게 행사하는 경우에는 위조문서행사죄가 성립할 수 없으나, 간접정범을 통한 위조문서행사범행에 있어 도구로 이용된 자라고 하더라고 문서가 위조된 것임을 알지 못하는 자에게 행사한 경우에는 위조문서행사죄가 성립한다(대법원 2012. 2. 23. 선고 2011도14441 판결).

박병서는 자신이 교부받은 투자확약서가 피고인 김갑동이 위조한 것임을 이미 알고 있었습니다(기록 제39쪽 사법경찰관 작성 박병서에 대한 피의자신문조서 진술기재 참조). 그러나 김다(변론요지서 II. 1. 나.항 참조).

따라서 이 부분 공소사실 중 박병서에 대한 행사의 점에 대하여는 무죄판결(형소법 제325조 후단), 김을남에 대한 행사의 점에 대하여는 유죄판결이 각각 선고될 것으로 예상됩니다.

2) 김손해 및 김피해에 대한 행사의 점

피고인 김갑동은 박병서와 공모하여 김손해 및 김피해에 대하여 위조사문서를 행사하였고, 위조의 정을 모르는 김을남을 교사하여 역시 김손해 등에 대하여 위조사문서를 행사하게 하였습니다.

따라서 이 부분 공소사실 중 김손해 및 김피해에 대한 각 행사의 점에 대해서도 유죄판결이 선고될 것으로 예상됩니다.

2. 특정경제범죄가중처벌등에관한법률위반(사기), 사기의 점

가. 특경법위반(사기)의 점에 대하여

직계혈족·배우자·동거친족·동거가족 또는 그 배우자간의 형법 제347조의 죄는 그 형을 면제하고, 그 이외의 친족간에 위 죄를 범한 때에는 고소가 있어야 공소를 제기할 수 있으며(형법 제354조, 제328조), 이러한 친족상도례는 특경법 제3조 제1항 위반죄에도 그대로 적용된다는 것이 판례의 입장입니다.*

> * 형법 제361조, 제328조의 규정에 의하면, 직계혈족, 배우자, 동거친족, 동거가족 또는 그 배우자간의 횡령죄는 그 형을 면제하여야 하고 그 외의 친족 간에는 고소가 있어야 공소를 제기할 수 있는 바, 형법상 횡령죄의 성질은 '특정경제범죄 가중처벌 등에 관한 법률'(이하 '특경법'이라고 한다) 제3조 제1항에 의해 가중 처벌되는 경우에도 그대로 유지되고, 특경법에 친족상도례에 관한 형법 제361조, 제328조의 적용을 배제한다는 명시적인 규정이 없으므로, 형법 제361조는 특경법 제3조 제1항 위반죄에도 그대로 적용된다(대법원 2013. 9. 13. 선고 2013도7754 판결).

친고죄의 공범 중 그 1인 또는 수인에 대한 고소 또는 그 취소는 다른 공범자에 대하여도 효력이 있습니다(형사소송법 제233조). 피고인 김갑동과 피해자 김손해는 동거하지 않는 사촌 관계입니다(각 가족관계증명서 기재, 피해자 김손해의 법정진술 등 참조). 이 부분 공소사실에 대하여 피해자 김손해 피고인 김갑동을 고소하였다는 사정은 기록상 존재하지 아니하고, 피고인 김갑동과 공범 관계에 있는 김을남에 대한 피해자의 고소는 고소기간을 도과하여 유효하지 아니합니다(변론요지서 II. 1. 가.항 참조).[03]

[03] 문제에서 인용기재가 가능하다고 하였으므로 이러한 인용기재는 최대한 활용하여야 한다.

또한 한 개의 범죄사실의 일부분에 대한 고소는 그 범죄사실 전부에 대하여 효력이 발생합니다. 이러한 고소의 객관적 불가분 원칙은 상상적 경합에 있어서는 각 부분이 모두 친고죄이고, 피해자가 같을 때에만 적용됩니다. 피고인 김갑동의 피해자 김손해에 대한 특경법위반(사기)의 점과 피해자 김피해에 대한 사기의 점은 하나의 기망행위에 의한 것으로 상상적 경합(형법 제40조) 관계에 있으나 그 피해자가 동일하지 아니하므로 위 객관적 불가분 원칙이 적용되지 아니하여, 김피해의 사기의 점에 대한 고소의 효력은 이 부분 공소사실에는 미치지 아니합니다.

따라서 이 부분 공소사실은 친고죄임에도 불구하고 피해자의 고소 없이 제기되었으므로 공소제기의 절차가 법률의 규정에 위반하여 무효인 때에 해당하여, 공소기각 판결이 선고될 것으로 예상됩니다(형사소송법 제327조 제2호).

나. 사기의 점에 대하여

앞서 살펴본 바와 같이 이 부분 공소사실 범행 역시 친고죄에 해당합니다(형법 제354조, 제328조). 피해자 김피해는 2020. 10. 3. 김을남에 대하여 적법·유효하게 고소를 하였고(기록 제27쪽 고소장 기재 참조), 피고인 김갑동과 공범 관계에 있는 김을남에 대한 고소는 피고인에게도 효력이 있습니다(고소의 주관적 불가분 원칙).

따라서 이 부분 공소사실에 대하여는 유죄판결이 선고될 것으로 예상됩니다.

3. 성폭력범죄의처벌등에관한특례법위반(카메라등이용촬영·반포등)의 점

가. 검사 제출 증거[04]

이 부분 공소사실에 대하여 검사는 피고인·김을남의 각 법정진술, 압수된 휴대전화(증 제1호), 압수조서·압수목록(휴대전화), 사법경찰관 작성 피고인 김갑동에 대한 피의자신문조서, 사법경찰관 작성 수사보고(출력 사진 첨부 등), 사진이 있습니다.

[04] 일반적인 사실인정(후단무죄) 검토 답안과 달리, 자백보강법칙에 따른 후단무죄를 검토하는 답안이다. 따라서 검사 제출 증거 – 증거능력 없는 증거 – 자백보강법칙(독립성) 검토 순서대로 답안을 기재한다.

나. 증거능력 없는 증거

1) 김을남의 법정진술 중 일부

김을남의 법정진술 중 "김갑동은 평소 지하철에서 여성들의 치마 속 사진을 찍고 다니고 저한테도 자랑하면서 그런 사진을 자주 보여 주었다"는 부분은 피고인 김갑동의 이 부분 공소사실에 있어 공범 아닌 공동피고인인 김을남의 피고인 지위에서[05] 한 법정진술이므로 증거능력이 없습니다.

[05] 별도로 증인신문절차를 거치지 아니하였다는 표현을 추가할 수도 있다.

2) 압수된 휴대전화(증 제1호)

수사기관은 피의자 기타인의 유류한 물건이나 소유자·소지자 또는 보관자가 임의로 제출한 물건을 영장없이 압수할 수 있습니다(형소법 제218조). 그러나 이러한 임의제출물 압수가 적법하기 위해서는 소유자 등의 제출에 임의성이 있어야 합니다.

검사가 제출한 압수된 휴대전화(증 제1호)는 피고인 김갑동이 현행범으로 체포되는 현장에서 사법경찰관·리가 피고인을 범행으로 추궁하는 과정에서 휴대전화를 넘겨 줄 것을 요구하였으나 피고인이 이를 거부하였고, 그 후 사법경찰관·리가 피고인을 현행범인으로 체포하는 과정에서 다시 휴대전화기 제출을 요구하여 피고인이 제출함에 따라 영장없이 압수한 것입니다. 그러나 피고인은 그 당시 수사기관으로부터 휴대전화기 제출과 관련된 아무런 설명을 듣지 못하였고, 수사기관이 자신을 체포하는 과정에서 휴대전화를 내놓으라고 하여 어쩔 수 없이 제출하게 된 것입니다.[06]

[06] 임의제출물 압수(형사소송법 제218조)에 있어 제출의 임의성에 의심이 있다는 검토이다.

즉, 위 압수된 휴대전화는 제출자인 피고인 김갑동의 자유의사에 반하여 압수된 것이고, 피고인이 임의로 그 휴대전화기를 제출하였다는 사정은 기록상 존재하지 아니합니다.

거능력이 없습니다(형사소송법 제308조의2).

3) 압수조서·압수목록(휴대전화)(압수경위란 기재 진술을 제외한 나머지 부분), 피의자신문조서, 수사보고, 사진의 증거능력

위 증거들은 모두 위법하게 수집된 휴대전화(증 제1호)에 기초하여 수집된 2차 증거에 해당하므로 증거능력이 없습니다(독수의 과실이론).

4) 압수조서 중 압수경위란에 기재된 진술 부분

판례는 위법수집증거에 의하여 획득한 2차적 증거라 하더라도, 절차에 따르지 아니한 증거수집과 2차적 증거수집 사이의 인과관계 희석 또는 단절 여부를 중심으로 예외적인 경우는 유죄 인정의 증거로 사용할 수 있다고 판시하고 있습니다.*[07]

[07] 출제의 근거가 된 판례(2019도13290)에서는 압수조서의 압수경위란에 기재된 목격자로서의 진술부분이 위법하게 수집된 휴대전화기와 별개의 독립된 증거에 해당하여 증거능력이 인정된다고 간단하게 검토하고 있다. 그러나 답안에서는 이에 대한 법리적인 검토, 즉 위법수집증거에 기초하여 수집된 증거임에도 증거능력이 인정되는 이유에 대한 검토가 필요하다. 본 해설에서는 이를 독수의 과실이론으로 검토하였다(물론 이에 대하여는 인과관계 희석 또는 단절을 인정할만한 구체적인 근거가 부족하다는 비판이 가능하다).

> * [1] 기본적 인권보장을 위하여 압수수색에 관한 적법절차와 영장주의의 근간을 선언한 헌법과 이를 이어받아 실체적 진실 규명과 개인의 권리보호 이념을 조화롭게 실현할 수 있도록 압수수색절차에 관한 구체적 기준을 마련하고 있는 형사소송법의 규범력은 확고히 유지되어야 한다. 그러므로 헌법과 형사소송법이 정한 절차에 따르지 아니하고 수집한 증거는 기본적 인권보장을 위해 마련된 적법한 절차에 따르지 않은 것으로서 원칙적으로 유죄 인정의 증거로 삼을 수 없다. 수사기관의 위법한 압수수색을 억제하고 재발을 방지하는 가장 효과적이고 확실한 대응책은 이를 통하여 수집한 증거는 물론 이를 기초로 하여 획득한 2차적 증거를 유죄 인정의 증거로 삼을 수 없도록 하는 것이다. [2] 다만, 법이 정한 절차에 따르지 아니하고 수집한 압수물의 증거능력 인정 여부를 최종적으로 판단함에 있어서는, 실체적 진실 규명을 통한 정당한 형벌권의 실현도 헌법과 형사소송법이 형사소송 절차를 통하여 달성하려는 중요한 목표이자 이념이므로, 형식적으로 보아 정해진 절차에 따르지 아니하고 수집한 증거라는 이유만을 내세워 획일적으로 그 증거의 증거능력을 부정하는 것 역시 헌법과 형사소송법이 형사소송에 관한 절차 조항을 마련한 취지에 맞는다고 볼 수 없다. 따라서 수사기관의 증거수집 과정에서 이루어진 절차 위반행위와 관련된 모든 사정 즉, 절차 조항의 취지와 그 위반의

내용 및 정도, 구체적인 위반 경위와 회피가능성, 절차 조항이 보호하고자 하는 권리 또는 법익의 성질과 침해 정도 및 피고인과의 관련성, 절차 위반행위와 증거수집 사이의 인과관계 등 관련성의 정도, 수사기관의 인식과 의도 등을 전체적·종합적으로 살펴 볼 때, 수사기관의 절차 위반행위가 적법절차의 실질적인 내용을 침해하는 경우에 해당하지 아니하고, 오히려 그 증거의 증거능력을 배제하는 것이 헌법과 형사소송법이 형사소송에 관한 절차 조항을 마련하여 적법절차의 원칙과 실체적 진실 규명의 조화를 도모하고 이를 통하여 형사사법 정의를 실현하려 한 취지에 반하는 결과를 초래하는 것으로 평가되는 예외적인 경우라면, 법원은 그 증거를 유죄 인정의 증거로 사용할 수 있다고 보아야 한다. 이는 적법한 절차에 따르지 아니하고 수집한 증거를 기초로 하여 획득한 2차적 증거의 경우에도 마찬가지여서, 절차에 따르지 아니한 증거수집과 2차적 증거수집 사이 인과관계의 희석 또는 단절 여부를 중심으로 2차적 증거수집과 관련된 모든 사정을 전체적·종합적으로 고려하여 예외적인 경우에는 유죄 인정의 증거로 사용할 수 있다(대법원 2007. 11. 15. 선고 2007도3061 전원합의체 판결).

위 압수경위란 기재 역시 위법하게 수집된 압수된 휴대전화기(증 제1호)에 기초하여 수집된 증거이긴 하나, 위 기재 부분은 단순한 압수물의 압수경위를 설명하는 것에 그치지 아니하고 범행 현장을 직접 목격한 사람의 진술이 담긴 것이라는 점 등을 고려할 때 위법한 1차 증거 수집과의 인과관계의 희석 또는 단절을 인정할 수 있습니다.

또한 위 압수경위란에 기재된 진술 부분은 피고인 김갑동이 이 부분 공소사실과 같은 범행을 저지르는 현장을 직접 목격한 이경위와 이나경의 진술이 담긴 것으로서 형소법 제312조 제5항에서 정한 '피고인이 아닌 자가 수사과정에서 작성한 진술서'에 해당하고, 이에 대하여 피고인이 증거로 함에 동의한 이상 이 부분 공소사실을 인정하기 위한 증거로 사용될 수 있습니다(제318조).*

---

* 피고인이 지하철역 에스컬레이터에서 휴대전화기의 카메라를 이용하여 성명불상 여성 피해자의 치마 속을 몰래 촬영하다가 현행범으로 체포되어 성폭력범죄의 처벌 등에 관한 특례법 위반(카메라등이용촬영)으로 기소된 사안에서, 피고인은 공소사실에 대해 자백하고 검사가 제출한 모든 서류에 대하여 증거로 함에 동의하였는데, 그 서류들 중 체포 당시 임의제출 방식으로 압수된 피고인 소유 휴대전화기(이하 '휴대전화기'라고 한다)에 대한 압수조서의 '압수경위'란에 '지하철역 승강장 및 게이트 앞에서 경찰관이 지하철범죄 예방·검거를 위한 비노출 잠복근무 중 검정 재킷, 검정 바지, 흰색 운동화를 착용한 20대가량 남성이 짧은 치마를 입고 에스컬레이터를 올라가는 여성을 쫓아가 뒤에 밀착하여 치마 속으로 휴대폰을 집어넣는 등 해당 여성의 신체를 몰래 촬영하는 행동을 하였다'는 내용이 포함되어 있고, 그 하단에 피고인의 범행을 직접 목격하면서 위 압수조서를 작성한 사법경찰관 및 사법경찰리의 각 기명날인이 들어가 있으므로, 위 압수조서 중 '압수경위'란에 기재된 내용은 피고인이 범행을 저지르는 현장을 직접 목격한 사람의 진술이 담긴 것으로서 형사소송법 제312조 제5항에서 정한 '피고인이 아닌 자가 수사과정에서 작성한 진술서'에 준하는 것으로 볼 수 있고, 이에 따라 휴대전화기에 대한 임의제출절차가 적법하였는지에 영향을 받지 않는 별개의 독립적인 증거에 해당하여, 피고인이 증거로 함에 동의한 이상 유죄를 인정하기 위한 증거로 사용할 수 있을 뿐 아니라 피고인의 자백을 보강하는 증거가 된다고 볼 여지가 많다는 이유로, 이와 달리 피고인의 자백을 뒷받침할 보강증거가 없다고 보아 무죄를 선고한 원심판결에 자백의 보강증거 등에 관한 법리를 오해하거나 필요한 심리를 다하지 아니한 잘못이 있다고 한 사례(대법원 2019. 11. 14. 선고 2019도13290 판결).

[08] 자백보강법칙은 자유심증주의에 대한 제한(예외)이므로, 증거능력에 대한 검토 후 검토하는 것이 타당하다.

다. 자백보강법칙 등 검토[08]

이 부분 공소사실에 대하여는 피고인이 자백하고 있고, 이에 대하여 증거능력 있고 독립한 보강증거인 압수조서 중 '압수경위'란에 기재된 이경위와 이나경의 진술이 존재합니다.

따라서 이 부분 공소사실에 대하여는 자백보강법칙(형소법 제310조)가 적용되지 아니하여 유죄판결이 선고될 것으로 예상됩니다.

2021. 1. 6.

담당변호사　한검토　(인)

변론요지서

사 건 2020고합1234 특정경제범죄가중처벌등에관한법률위반(사기) 등
피고인 김을남

II. 피고인 김을남에 대하여

1. 특정경제범죄가중처벌등에관한법률위반(사기), 사기의 점

가. 특경법위반(사기)의 점에 대하여

검토의견서 I. 2. 가.항에서 살펴본 바와 같이[01] 이 부분 공소사실에 대하여는 형법 제328조 의 친족상도례가 적용되고, 피고인 이을남은 피해자 김손해와 동거하지 않는 사촌 관계입니다(각 가족관계증명서 기재, 피해자 김손해의 법정진술 등 참조).

> [01] 문제에서 인용기재가 가능하다고 하였으므로, 적극적으로 이를 활용하도록 한다.

친고죄에 대하여는 범인을 알게 된 날로부터 6월을 경과하면 고소하지 못하고, 다만 고소할 수 없는 불가항력의 사유가 있는 때에는 그 사유가 없어진 날로부터 기산합니다(형소법 제230조 제1항). 피해자 김손해는 이 부분 공소사실 범행 이후 적어도 2020. 4. 22. 김을남의 진술 등을 통해 위 범행의 범인이 피고인 김갑동이라는 점을 알게 되었습니다(기록 제24쪽 김손해의 법정진술 등 참조).[02] 따라서 위와 같이 범인을 알게 된 날로부터 6월이 경과하여 같은 해 10. 26.에 이루어진 피해자의 피고인에 대한 고소는 고소기간을 도과하여 적법·유효하지 아니합니다.

> [02] 구체적으로 피해자가 범인을 안날이 언제인지부터 기재한 후, 그로부터 6개월이 도과하였음을 검토하여야 한다.

또한 피고인에 대한 김피해의 사기의 점에 대한 고소의 효력은 이 부분 공소사실에는 미치지 아니합니다(검토의견서 I. 2. 가.항 참조).

따라서 이 부분 공소사실은 공소제기의 절차가 법률의 규정에 위반하여 무효인 때에 해당하여, 공소기각 판결이 선고되어야 합니다(형소법 제327조 제2호).

설령 이 부분 공소사실에 대하여 면소판결이 선고되지 아니하더라도, 아래에서 살펴보는 바와 같이 이 부분 공소사실에 대하여는 사기의 점과 마찬가지로 무죄판결이 선고되어야 합니다(형소법 제325조 후단).

나. 특경법위반(사기) 및 사기의 점에 대하여

1) 피고인 변소의 요지

피고인은 김갑동이 투자확약서를 위조하고 허위의 호텔 개발 현장 사진을 만든 줄은 전혀 알지 못하였고, 투자확약서 등이 허위라는 것을 전혀 알지 못하였으므로 김갑동의 피해자들에 대한 범행에 가담하지 아니하였습니다.

2) 검사 제출 증거

이 부분 공소사실에 대해 검사가 제출한 증거는 피고인 김을남·김갑동·피해자 김손해·피해자 김피해의 각 법정진술, 검사 작성 피고인 및 김갑동에 대한 피의자신문조서(대질), 사경 작성 피고인 및 김갑동에 대한 각 피의자신문조서, 피해자 김손해 및 피해자 김피해 작성 각 고소장, 사경 작성 피해자 김손해 및 김피해에 대한 각 진술조서, 사경 작성 박병서에 대한 피의자신문조서, 투자확약서 사본, 공사 현장 사진, 각 계좌 송금 내역서, 수사보고서(계좌추적결과 보고), 압수조서·압수목록(카카오톡 메시지 사진), 수사보고(카카오톡 메시지 사진 내용)이 있습니다.

3) 증거능력 없는 증거

가) 피해자 김손해의 법정진술 중 일부

피해자 김손해의 법정진술 중 김을남이 피해자 김피해를 엔젤 인베스트 주식회사가 입주해 있다는 빌딩에 데리고 갔다는 이야기를 김피해로부터 들었다는 부분은 피고인 아닌 자의 진술을 내용으로 하는 전문진술에 해당합니다. 그리고 그 원진술자인 김피해가 증인으로서 이 사건 법정에 출석하고 있는 이상 증거능력이 부정됩니다(형소법 제316조 제2항).

나) 피해자 김피해 작성 고소장 중 일부, 사법경찰관 작성 김피해에 대한 진술조서 중 일부

[03] 피고인 김을남이 증거부동의한 부분은 공소사실 1항 부분에 한정되므로, 증거능력 역시 이 부분에 한하여 검토하여야 한다.

위 고소장 및 진술조서 중 공소사실 1항 부분[03]에 대하여는 피고인이 증거로 함에 부동의하였고, 그 원진술자 김피해가 이 사건 법정에 출석하였으나 증언을 거부하여 그에 대한 실질적 진정성립을 인정하지 아니하였습니다(형소법 제313조 제1항 본문, 제312조 제4항). 또한 원진술자가 증언을 거부하였다는 사정만으로는 형소법 제314조에서 정하는 필요성 요건이 인정되지 아니할 뿐만 아니라, 피고인이 위와 같은 증언거부권 행사를 초래하였다는 등의 특별한 사정 또한 기록상 존재하지 아니합니다.*

> * 수사기관에서 진술한 참고인이 법정에서 증언을 거부하여 피고인이 반대신문을 하지 못한 경우에는 정당하게 증언거부권을 행사한 것이 아니라도, 피고인이 증인의 증언거부 상황을 초래하였다는 등의 특별한 사정이 없는 한 형사소송법 제314조의 '그 밖에 이에 준하는 사유로 인하여 진술할 수 없는 때'에 해당하지 않는다고 보아야 한다. 따라서 증인이 정당하게 증언거부권을 행사하여 증언을 거부한 경우와 마찬가지로 수사기관에서 그 증인의 진술을 기재한 서류는 증거능력이 없다. 다만 피고인이 증인의 증언거부 상황을 초래하였다는 등의 특별한 사정이 있는 경우에는 형사소송법 제314조의 적용을 배제할 이유가 없다. 이러한 경우까지 형사소송법 제314조의 '그 밖에 이에 준하는 사유로 인하여 진술할 수 없는 때'에 해당하지 않는다고 보면 사건의 실체에 대한 심증 형성은 법관의 면전에서 본래증거에 대한 반대신문이 보장된 증거조사를 통하여 이루어져야 한다는 실질적 직접심리주의와 전문법칙에 대하여 예외를 정한 형사소송법 제314조의 취지에 반하고 정의의 관념에도 맞지 않기 때문이다(대법원 2019. 11. 21. 선고 2018도13945 전원합의체 판결).

[04] 진술조서 진술기재 중 박병서 진술이 기재되어 있는 부분에 대하여 전문진술 기재 조서에 대한 증거능력을 따로 검토할 수도 있다.

따라서 위 고소장 및 진술조서* 중 공소사실 1항 부분은 각각 증거능력이 부정됩니다(형소법 제310조의2).[04]

다) 사법경찰관 작성 박병서에 대한 피의자신문조서

위 조서는 피고인 김갑동에 대한 공범인 박병서에 대한 사법경찰관 작성 피의자신문조서에 해당합니다. 따라서 당해 피고인 김갑동이 위 조서에 대하여 내용부인 취지로 증거부동의하는 이상 위 조서는 증거능력이 부정됩니다(형소법 제312조 제3항).

라) 사법경찰관 작성 김갑동에 대한 피의자신문조서

위 조서는 당해 피고인 김을남이 내용부인 취지로 증거부동의하고 있으므로 증거능력이 부정됩니다(형소법 제312조 제3항).

4) 신빙성 탄핵 등

김갑동은 투자확약서를 위조하고 호텔 개발 현장 사진을 허위로 만든 후 이것을 피고인 김을남에게 전달하여, 피고인과 박병서로 하여금 피해자들을 속이게 하여 피해자들의 돈을 송금받았으며, 그에 따른 범행 수익 중 3,000만 원을 피고인에게 현금으로 배분하였다는 취지로 진술하고 있습니다.[05]

[05] 박병서의 진술은 그 진술이 기재된 박병서에 대한 피의자신문조서의 증거능력을 부정한 이상 신빙성 탄핵의 대상이 되지 아니한다.

그러나 ① 계좌거래내역에 의하면 박병서에게만 3,000만 원이 송금된 내역이 있을 뿐이고 피고인에게는 300만 원만이 입금된 점, ② 위 입금된 300만 원은 범행수익의 배분이 아닌 급여로 받은 것에 불과한 점, ③ 김갑동이 위조한 투자확약서를 피해자들을 속이기 위해 만들었다면 피고인이 만세금 대표이사로 되어 있으니 확약서에 김갑동의 이름을 쓸 이유가 없고, 결국 이는 피고인을 속이려고 위조한 것이라는 점, ④ 김갑동은 2020. 1. 1.자 카카오톡 메시지는 피해자들에게 단기자금을 유치할 때 근거로 이용하라고 처음부터 피고인과 짜고 허위의 메시지를 보내 준 것이라고 주장하나, 피고인은 그 카카오톡 메시지를 피해자들에게 보여 준 적이 없다는 점, ⑤ 피해자들이 사기를 당했다는 것을 알고 피고인을 찾아왔을 때 피고인이 김갑동과 연락이 되지 않자 매우 당황하면서 미안해하였던 점, ⑥ 김갑동은 경찰 단계에서는 본인이 먼저 피해자들에게 돈을 빌려보자고 제의하였고 피고인과 박병서에게 3,000만 원씩을 나눠주었다고 진술하였으나, 검찰 단계에서는 피고인이 범행을 먼저 제의하였고 피고인과 박병서에게 2,000만 원씩을 보내주었다고 진술하여 정당한 이유 없이 그 진술을 번복하여 일관성이 없는 점, ⑦ 김갑동은 피고인 및 박병서와 투자 수익 약정을 체결하였다고 진술하고 있으나, 박병서도 주식 투자 수익 약정 관련 이야기는 한 적이 없고 그 약정의 존재 역시 기록상 확인되지 아니하는 점, ⑧ 김갑동이 스스로 위조한 투자확약서를 피고인에게 주어 그로 하여금 피해자들에게 행사하도록 지시하고, 그로 인하여 피해자들이 피해금을 송금하게 하는 등 그 범행을 김갑동이 단독으로 주도하였다는 점, ⑨ 공범인 박병서에게는 3,000만 원을 계좌이체 방식으로 교부하였으나, 이을남에게는 현금으로 교부한 300만 원과 별도로 굳이 3,000만 원을 현금으로 전달하였다는 것은 경험칙에 반한다는 점, ⑩ 김갑동이 범행 수익을 소비한 것으로 생각되는 주식 투자금 사용과 관련된 자료가 존재하지 아니하는 점, ⑪ 범행 전반에 개입하여 모든 사정을 잘 알고 있을 박병서가 사망하여 그의 진술이 제대로 확보되지 아니하고 있는 점, ⑫ 김갑동은 기존에도 사기죄로 처벌받은 전력이 있고, 범행 당시 사업에 실패하고 신용불량자가 되는 등 경제적 어려움을 겪고 있어 사기 범행을 위한 동기가 분명하게 존재하며, 그 범행의 책임 전가를 위하여 허위의 진술을 하고 있을 가능성이 높은 점 등을 고려할 때 위 김갑동의 진술은 믿을 만하지 못하고, 나머지 증거들만으로는 이 부분 공소사실을 인정하기 부족하고 달리 인정할만한 증거가 없습니다.

5) 소결

따라서 이 부분 공소사실에 대하여는 범죄사실의 증명이 없으므로 무죄판결이 선고되어야 합니다(형소법 제325조 전단).

2. 횡령의 점[06]*

[06] 출제 당시 판례 태도에 의하면 횡령죄가 성립하나, 변경된 판례(2017도3829)에 의하면 이 경우 횡령죄는 성립하지 아니한다. 따라서 변경된 판례태도에 따라 답안을 작성할 경우, 2012. 7. 5. 횡령의 점에 대하여는 변경된 판례에 따라 전단무죄판결과 공소시효 완성을 이유로 한 면소판결 결론을 각각 검토하여야 하고, 2020. 1. 28. 횡령의 점에 대하여는 변경된 판례에 따라 전단무죄판결을 검토하여야 한다.

* [변경 전 판례] 채무자는 채권자로부터 채권의 양도통지를 받지 않은 이상 채무금은 원래의 채권자에게 반환할 의무가 있는 것이므로, 채권양도 통지 전에는 그 채무자가 채권자에게 그 채무금을 반환하면 유효한 변제가 되는 것이고 채권자에 대하여 위 채무금의 지급을 거부할 권리를 유보하고 양수인에게만 지급해야 할 특별한 사정이 없는 한 채무자로서는 양수인이 채무의 지급을 구한다 하더라도 이를 거부할 권리가 있으므로 채권자가 위 채권의 양도사실을 밝히지 아니하고 직접 위 외상대금을 수령하였다 하여 기망수단을 써서 채무자를 착오에 빠뜨려 그 대금을 편취한 것이라 할 수 없다(대법원 1984. 5. 9. 선고 83도2270 판결).

[변경된 판례] 채권양도인이 채무자에게 채권양도 통지를 하는 등으로 채권양도의 대항요건을 갖추어 주지 않은 채 채무자로부터 채권을 추심하여 금전을 수령한 경우, 특별한 사정이 없는 한 금전의 소유권은 채권양수인이 아니라 채권양도인에게 귀속하고 채권양도인이 채권양수인을 위하여 양도채권의 보전에 관한 사무를 처리하는 신임관계가 존재한다고 볼 수 없다. 따라서 채권양도인이 위와 같이 양도한 채권을 추심하여 수령한 금전에 관하여 채권양수인을 위해 보관하는 자의 지위에 있다고 볼 수 없으므로, 채권양도인이 위 금전을 임의로 처분하더라도 횡령죄는 성립하지 않는다(대법원 2022. 6. 23. 선고 2017도3829 전원합의체 판결).

가. 2012. 7. 5. 횡령의 점에 대하여

횡령죄의 법정형은 5년 이하의 징역 또는 1천 500만 원 이하의 벌금이므로(형법 제355조 제1항), 그 공소시효 기간은 7년입니다(형소법 제249조 제1항 제4호).

이 부분 공소사실 범행은 피고인 김을남이 나횡금에게 소유권이전등기를 마쳐 준 2012. 7. 5.로부터 7년이 경과한 2019. 7. 4. 공소시효가 완성되었고, 2020. 11. 30. 제기된 이 부분 공소는 공소시효 완성 후 제기되었음이 역수상 명백합니다.

따라서 이 부분 공소사실에 대하여는 면소판결을 선고되어야 합니다(형소법 제326조 제3호).

나. 2020. 1. 28. 횡령의 점에 대하여

판례는 횡령행위의 완료 후에 행하여진 횡령물의 처분행위는 그것이 그 횡령행위에 의하여 평가되어 버린 것으로 볼 수 있는 범위 내의 것이라면 새로운 법익의 침해를 수반하지 않은 이른바 불가벌적 사후행위로서 별개의 범죄를 구성하지 않는다고 판시하였습니다.**

** [1] 횡령죄는 상태범이므로 횡령행위의 완료 후에 행하여진 횡령물의 처분행위는 그것이 그 횡령행위에 의하여 평가되어 버린 것으로 볼 수 있는 범위 내의 것이라면 새로운 법익의 침해를 수반하지

> 않은 이른바 불가벌적 사후행위로서 별개의 범죄를 구성하지 않는다. [2] 피고인이 명의신탁받아 보관 중이던 토지를 임의로 매각하여 이를 횡령한 경우에 그 매각대금을 이용하여 다른 토지를 취득하였다가 이를 제3자에게 담보로 제공하였다고 하더라도 이는 횡령한 물건을 처분한 대가로 취득한 물건을 이용한 것에 불과할 뿐이어서 명의신탁 토지에 대한 횡령죄와 별개의 횡령죄를 구성하지 않는다고 한 사례(대법원 2006. 10. 13. 선고 2006도4034 판결).

이 부분 공소사실에 있어 피고인 김을남이 근저당권을 설정한 답(畓)은 위 가.항에서 살펴본 바와 같이 피고인 김을남이 자신이 경주 김씨 대한공파 종중으로부터 명의신탁받은 임야를 임의로 매각하여 횡령한 후, 그 매각대금을 이용하여 다른 토지를 취득하였다가 이를 제3자에게 담보로 제공한 것입니다. 즉, 이는 횡령한 물건을 처분한 대가로 취득한 물건을 이용한 것에 불과할 뿐이어서 명의신탁 임야에 대한 횡령죄와 별개의 횡령죄를 구성하지 아니합니다.

따라서 이 부분 공소사실에 대하여는 무죄판결이 선고되어야 합니다(형소법 제325조 전단).

3. 특정범죄가중처벌등에관한법률위반(위험운전치상)의 점

피고인에 대하여는 2020. 12. 7. 서울지방법원에서 도로교통법위반죄로 벌금 500만원의 약식명령이 발령되었고, 그 약식명령은 같은 달 28. 확정되었습니다(기록 18쪽 약식명령 등본 참조).

판례는 음주 또는 약물의 영향으로 정상적인 운전이 곤란한 상태에서 자동차를 운전하여 사람을 상해에 이르게 함과 동시에 다른 사람의 재물을 손괴한 때에는 특가법위반(위험운전치사상)죄 외에 업무상과실 재물손괴로 인한 도로교통법 위반죄가 성립하고, 위 두 죄는 1개의 운전행위로 인한 것으로서 상상적 경합관계에 있다고 판시하였습니다.*

> * [1] 음주 또는 약물의 영향으로 정상적인 운전이 곤란한 상태에서 자동차를 운전하여 사람을 상해에 이르게 함과 동시에 다른 사람의 재물을 손괴한 때에는 특정범죄가중처벌 등에 관한 법률 위반(위험운전치사상)죄 외에 업무상과실 재물손괴로 인한 도로교통법 위반죄가 성립하고, 위 두 죄는 1개의 운전행위로 인한 것으로서 상상적 경합관계에 있다. [2] 자동차 운전면허 없이 술에 취하여 정상적인 운전이 곤란한 상태에서 차량을 운전하던 중 전방에 신호대기로 정차해 있던 화물차의 뒷부분을 들이받아 그 화물차가 밀리면서 그 앞에 정차해 있던 다른 화물차를 들이받도록 함으로써, 피해자에게 상해를 입게 함과 동시에 위 각 화물차를 손괴하였다는 공소사실에 대하여, 유죄로 인정되는 각 범죄 중 도로교통법 위반(음주운전)죄와 도로교통법 위반(무면허운전)죄 상호간만 상상적 경합관계에 있고 특정범죄가중처벌 등에 관한 법률 위반(위험운전치사상)죄와 각 업무상과실 재물손괴로 인한 도로교통법 위반죄는 실체적 경합관계라고 본 원심판결에 죄수관계에 관한 법리를 오해한 위법이 있다고 한 사례(대법원 2010. 1. 14. 선고 2009도10845 판결).

위 확정된 약식명령의 범죄사실과 이 부분 공소사실은 모두 2020. 9. 20. 21:00경 피고인 김을남이 혈중알콜농도 0.201%의 술에 취한 상태로 20노1234호 무쏘 차량을 운전하는 과정에서 과실로 피해자 조준구가 운전하는 30노1225호 포터 화물차량 뒷부분을 들이받은 행위로 인한 것으로서 상상적 경합관계에 있습니다.

따라서 위 확정된 약식명령의 기판력은 이 부분 공소사실에도 미치므로, 이 부분 공소사실에 대하여는 면소판결이 선고되어야 합니다(형소법 제326조 제1호).

2021. 1. 6.

피고인의 변호인 변호사 명변론 ㊞

서울중앙지방법원 제10형사부 귀중

2022년 제11회
변호사시험 형사법 기록형

2022년도 제11회 변호사시험 문제

시험과목	형사법(기록형)

응시자 준수사항

1. 시험 시작 전 문제지의 봉인을 손상하는 경우, 봉인을 손상하지 않더라도 문제지를 들추는 행위 등으로 문제 내용을 미리 보는 경우 그 답안은 영점으로 처리됩니다.

2. 시험시간 중에는 휴대전화, 스마트워치, 무선이어폰 등 무선통신기기나 전자계산기 등 전산기기를 지녀서는 안 됩니다.

3. 답안은 흑색 또는 청색 필기구(수성펜이나 연필 사용 금지) 중 한 가지 필기구만을 사용하여 답안 작성란(흰색 부분) 안에 기재하여야 합니다.

4. 답안지에 성명과 수험번호 등을 기재하지 않아 인적사항이 확인되지 않는 경우에는 영점으로 처리되는 등 불이익을 받게 됩니다. 특히 답안지를 바꾸어 다시 작성하는 경우, 성명 등의 기재를 빠뜨리지 않도록 유의하여야 합니다.

5. 답안지에는 문제 내용을 쓸 필요가 없으며, 답안 이외의 사항을 기재하거나 밑줄 기타 어떠한 표시도 하여서는 안 됩니다. 답안을 정정할 경우에는 두 줄로 긋고 다시 써야 하며, 수정액·수정테이프 등은 사용할 수 없습니다.

6. 시험 종료 시각에 임박하여 답안지를 교체했더라도 시험시간이 끝나면 그 즉시 새로 작성한 답안지를 회수합니다.

7. 시험시간이 지난 후에는 답안지를 일절 작성할 수 없습니다. 이를 위반하여 **시험시간이 종료되었음에도 불구하고 계속 답안을 작성할 경우 그 답안은 영점으로 처리됩니다.**

8. 답안은 답안지의 쪽수 번호 순으로 써야 합니다. **배부된 답안지는 백지 답안이라도 모두 제출**하여야 하며, **답안지를 제출하지 아니한 경우 그 시간 시험과 나머지 시험에 응시할 수 없습니다.**

9. 지정된 시각까지 지정된 시험실에 입실하지 않거나 시험관리관의 승인 없이 시험시간 중에 시험실에서 퇴실한 경우, 그 시간 시험과 나머지 시간의 시험에 응시할 수 없습니다.

10. 시험시간 중에는 어떠한 경우에도 문제지를 시험실 밖으로 가지고 갈 수 없고, 그 시험시간이 끝난 후에는 문제지를 시험장 밖으로 가지고 갈 수 있습니다.

[01] 검토의견서는 변호인이 내부적으로 대표변호사에게 보고하는 서면이므로 경어체나 '~할 것임'이라는 표현을 사용하여 답안을 작성하여야 하고(다만 변론요지서와 같이 경어체를 사용하여도 무방하다), 피고인에게 유리한 내용분만 아니라 불리한 내용까지도 객관적 입장에서 검토하여야 한다. 변론요지서는 변호인이 법원에 제출하는 서면이므로 경어체를 사용하여야 하고, 피고인에게 가장 유리한 결론으로 쟁점을 검토하여야 한다.

[02] 기록 답안은 판례 태도를 기준으로 작성함을 원칙으로 한다. 일반론을 기재할 필요 없이 판례 키워드와 그에 따른 사안검토 위주로 기재한다. 다만, 판례 태도에 반하는 견해를 바탕으로 무죄 등을 주장하는 경우도 있음에 주의를 요한다.

[03] 답안 간 인용기재를 허용하고 있는바, 중복되는 내용이 등장함을 예상할 수 있다.

[04] 축약기재를 일정부분 허용하고 있으므로 답안기재시 최대한 활용하여야 한다.

[05] 이번 기록의 공소제기일은 2021. 11. 30.이므로 개정 전 형사소송법 제312조 제1항이 적용된다. 따라서 공범인 공동피고인에 대한 피의자신문조서의 증거능력 등에 대하여 기존 논의대로 검토하면 충분하다(이는 개정법에 대한 대법원 판례태도가 정립되지 아니한 상황에서 당연한 출제라 생각된다).

[06] 기재가 생략된 증거라도 쟁점을 검토함에 있어 필요한 경우 인용하여야 한다.

【 문 제 】

피고인 김갑동에 대해서는 변호인 변호사 김변호가 법원에 제출할 변론요지서를, 피고인 이을녀에 대해서는 법무법인 율 담당변호사 한검토가 객관적인 입장에서 대표 변호사에게 제출할 검토의견서를 각각 작성하되, 다음 쪽 변론요지서 및 검토의견서 양식 중 **본문 Ⅰ, Ⅱ 부분만** 작성하시오.

【 작성 요령 】

1. 학설·판례 등의 견해가 대립되는 경우 한 견해를 취할 것. 단, 대법원 판례와 다른 견해를 취하여 의견을 제시하고자 하는 경우에는 대법원 판례의 취지를 적시할 것.
2. **작성의 편의를 위하여 필요한 경우 변론요지서에 기재한 내용은 검토의견서에서, 검토의견서에 기재한 내용은 변론요지서에서 각각 인용 가능함.**
3. 증거능력이 없는 증거는 실제 소송에서는 증거로 채택되지 않아 증거조사가 진행되지 않지만, 이 문제에서는 시험의 편의상 증거로 채택되어 증거조사가 진행된 것을 전제하였음. 따라서 필요한 경우 증거능력에 대하여도 논할 것.
4. 법률명과 죄명에서 '교통사고처리특례법'은 '교특법'으로 '도로교통법'은 '도교법'으로 '형사소송법'은 '형소법'으로 줄여서 기재하여도 무방함.
5. 검사가 작성한 피의자신문조서의 증거능력에 관한 경과조치 및 구 형사소송법
   - 형사소송법 부칙 제1조의2 ② 제312조제1항의 개정규정 시행(2022. 1. 1.) 전에 공소제기된 사건에 관하여는 종전의 규정에 따른다.
   - 구 형사소송법 제312조(검사 또는 사법경찰관의 조서 등) ① 검사가 피고인이 된 피의자의 진술을 기재한 조서는 적법한 절차와 방식에 따라 작성된 것으로서 피고인이 진술한 내용과 동일하게 기재되어 있음이 공판준비 또는 공판기일에서의 피고인의 진술에 의하여 인정되고, 그 조서에 기재된 진술이 특히 신빙할 수 있는 상태하에서 행하여졌음이 증명된 때에 한하여 증거로 할 수 있다.

【 주의 사항 】

1. 쪽 번호는 편의상 연속되는 번호를 붙였음.
2. 조서, 기타 서류에는 필요한 서명, 날인, 무인, 간인, 정정인이 있는 것으로 볼 것.
3. 증거목록, 공판기록 또는 증거기록 중 '생략'이라고 표시된 부분은 법에 따른 절차가 진행되어 그에 따라 적절한 기재가 있는 것으로 볼 것.
4. 공판기록과 증거기록에 첨부하여야 할 일부 서류 중 '생략' 표시가 있는 것, '증인선서서'와 수사기관의 조서에 첨부하여야 할 '수사과정확인서'는 적법하게 존재하는 것으로 볼 것.
5. 송달이나 접수, 통지, 결재가 필요한 서류는 모두 적법한 절차를 거친 것으로 볼 것.

- 1 -

【 변론요지서 양식 】

변론요지서 (45점)

사 건 2021고합1234 살인 등
피고인 김갑동

Ⅰ. 피고인 김갑동에 대하여
  1. 살인의 점
  2. 업무상배임의 점
  3. 절도의 점

※ 평가 제외 사항 - 공소사실의 요지, 정상관계 (답안지에 기재하지 말 것)

2022. 1. 12.
피고인의 변호인 변호사 김변호 ㊞

서울중앙지방법원 제11형사부 귀중

【 검토의견서 양식 】

검토의견서 (55점)

사 건 2021고합1234 살인 등
피고인 이을녀

Ⅱ. 피고인 이을녀에 대하여
  1. 살인교사의 점
  2. 사기미수의 점
  3. 무고의 점
  4. 모욕의 점
  5. 교통사고처리특례법위반(치상) 및 도로교통법위반(무면허운전)의 점

※ 평가 제외 사항 - 공소사실의 요지, 정상관계 (답안지에 기재하지 말 것)

2022. 1. 12.
담당 변호사 한검토 ㊞

---

[07] 양식에서 주어진 목차 그대로 답안을 작성한다. 평가제외사항에 관한 내용은 처음부터 생략하거나 빠르게 넘기면서 문제를 읽도록 한다.

[08] 양식의 목차와 공소장의 공소사실 기재 등을 참고하여 메모의 피고인과 죄명란을 기재한다.

[09] 김갑동의 살인의 점에 대한 기재내용을 이을남의 살인교사의 점에서 인용기재함을 예상할 수 있다.

[10] 교특법위반(치상)과 도교법위반(무면허운전)을 하나의 목차에서 다루고 있으나, 메모 단계에서는 구별하여야 한다.

		구속만료	2022.1.29.	미결구금
		최종만료	2022.5.29.	
	서울중앙지방법원	대행갱신 만료		

구 공판 형사제1심소송기록

기일 1회기일	사건번호	2021고합1234	담임	형사11부	주심	나
12/21 A10 1/4 P3	사건명	가. 살인 나. 살인교사 다. 사기미수 라. 업무상배임 마. 절도 바. 무고 사. 모욕 아. 교통사고처리특례법위반(치상) 자. 도로교통법위반(무면허운전)				
	검 사	김수호		2021형제654321호		
	피고인	구속 1. 가.다.라.마 김갑동 2. 나.다.바.사.아.자. 이을녀				
	공소제기일	2021. 11. 30.				
	변호인	사선 변호사 김변호(피고인 김갑동) 사선 법무법인 을 담당 변호사 한검토(피고인 이을녀)				

확 정	
보존종기	
종결구분	
보 존	

	담임	과장	주심판사	재판장
완결 공람				

[11] 기록표지에서는 공소제기일을 체크하여 메모한다.

추가적으로 왼쪽 상단에서 공판기일이 몇 번 열렸는지(변호사시험의 경우 2회가 일반적이다)를 확인할 수 있다.

[12] 피고인들이 사기미수 범행을 공동으로 하였음을 예상할 수 있다.

또한 김갑동은 구속기소, 이을녀는 불구속기소되었음을 알 수 있다.

[13] 체크할 내용이 없는 서면은 보지 않고 빠르게 넘기도록 한다.

공 판 준 비 절 차

회 부 수명법관 지정 일자	수명법관 이름	재 판 장	비 고

법정외에서 지정하는 기일

기일의 종류	일 시				재 판 장	비 고
1회 공판기일	2021.	12.	21.	10:00	㊞	

- 5 -

서울중앙지방법원

목 록

문 서 명 칭	장 수	비 고
증거목록	7	검사
증거목록	10	검사, 피고인 및 변호인
공소장	11	
변호인선임서	(생략)	피고인 김갑동
변호인선임서	(생략)	피고인 이을녀
영수증(공소장부본 등)	(생략)	피고인 김갑동
영수증(공소장부본 등)	(생략)	피고인 이을녀
영수증(공판기일통지서)	(생략)	변호사 김변호
영수증(공판기일통지서)	(생략)	변호사 한검토
국민참여재판 의사 확인서(불희망)	(생략)	피고인 김갑동
국민참여재판 의사 확인서(불희망)	(생략)	피고인 이을녀
의견서	(생략)	피고인 김갑동
의견서	(생략)	피고인 이을녀
공판조서(제1회)	15	
증거신청서	17	변호사 김변호
공판조서(제2회)	19	
증인신문조서	22	김경위
증인신문조서	24	박목격
증인신문조서	25	이사원
증인신문조서	27	김운수

※ 구속관계 서류 목록은 생략

[14] 공판기록목록에서는 가장 먼저 공소장변경허가신청서가 있는지를 체크한다. 허가신청서가 있는 경우 그 다음 공판기일에서의 허가여부를 체크한 후 허가결정이 있는 경우 변경(또는 추가·철회)된 내용을 확인하여야 한다.

그 다음 공판단계에서 제출된 증거가 있는지 확인한다. 피고인 김갑동의 변호인이 제1회 공판기일 후 제2회 공판기일 전 제출한 증거는 김갑동에게 유리한 증거로 검토된다.

추가로 공판기일이 몇 차례 열렸는지, 증인신문이 실시된 증인은 몇 명인지 등을 가볍게 확인할 수 있다.

[15] 시험기록의 특성상 증인의 이름에서 그 지위를 유추할 수 있다[김경위는 수사기관(사경), 박목격은 사실인정 관련 범행 목격자, 이사원은 누군가가 운영하는 사업체의 직원 등].

[16] 증거목록에서는 검찰단계와 경찰단계를 구별하여 표시한 후, 각 증거에 대한 증거의견란을 체크하고, 전문법칙 예외요건에 따라 증거능력이 부정되는 증거들을 검토하도록 한다.

증 거 목 록 (증거서류 등)
2021고합1234

2021형제654321호

① 김갑동
② 이을녀
신청인 : 검사

순번	증거방법 작성	쪽수(수)	쪽수(중)	증거명칭	성명	참조사항등	신청기일	증거의견 기일	내용	증거결정 기일	내용	증거조사기일	비고
1	사경	30		고소장	최고객		1	1	② ○				
2	〃	(생략)		민원출력물	이을녀		1	1	② ○				
3	〃	31		진술조서	최고객		1	1	② ○				
4	〃	(생략)		고소장	나소학		1	1	① ○				
5	〃	(생략)		진술조서	나소학		1	1	① ○				
6	〃	(생략)		수사보고(검시조서 및 사망진단서 첨부)		생략	1	1	① ○ ② ○	(생략)			
7	〃	(생략)		- 검시조서			1	1	① ○ ② ○				
8	〃	(생략)		- 사망진단서			1	1	① ○ ② ○				
9	〃	(생략)		수사보고(오순진 사망 관련 비상정차대 위치 사진 첨부 및 설명)			1	1	① ○ ② ○				
10	〃	32		진술조서	박목격		1	1	① ○ ② ×				
11	〃	33		피의자신문조서	김갑동		1	1	① ○ ② ×				
12	〃	(생략)		압수조서 (2021. 10. 29.자)			1	1	① ○				
13	〃	(생략)		압수목록 (2021. 10. 29.자)			1	1	① ○				
14	〃	(생략)		진술조서	고은아		1	1	② ○				
15	〃	(생략)		상해진단서	고은아		1	1	② ○				

※ 증거의견 표시 - 피의자신문조서 : 인정 ○, 부인 ×
　(여러 개의 부호가 있는 경우, 적법성/성립/임의성/내용의 순서임)
　- 기타 증거서류 : 동의 ○, 부동의 ×
　- 진술이 특히 신빙할 수 있는 상태 하에서 행하여졌다는 점 부인 : "특신성 부인"(비고란 기재)
※ 증거결정 표시 : 채 ○, 부 ×
※ 증거조사 내용은 제시, 내용고지

[17] 박목격에 대한 진술조서는 피고인 이을녀가 증거부동의하고 있으나, 그 원진술자인 박목격이 제2회 공판기일에 출석하여 그 조서의 실질적 진정성립 등을 인정하고 있으므로 증거능력이 인정된다(형소법 제312조 제4항). 증거능력이 인정되는 이상 이후 답안에서 (증거능력과 관련하여서는) 검토할 필요 없다.

[18] 사경 작성 피고인 김갑동에 대한 피의자신문조서는 당해 피고인 이을녀가 내용부인 취지로 증거부동의하고 있으므로 증거능력이 부정된다(형소법 제312조 제3항). 증거능력이 부정되므로 문제지에 체크한 후 답안작성시 이 부분 내용을 검토한다.

증 거 목 록 (증거서류 등)
2021고합1234

2021형제654321호

① 김갑동
② 이을녀
신청인 : 검사

순번	증거방법					참조사항등	신청기일	증거의견		증거결정		증거조사기일	비고
	작성	쪽수(수)	쪽수(증)	증거명칭	성명			기일	내용	기일	내용		
16	〃	(생략)		교통사고실황조사서 및 사고현장 사진		생략	1	1	② ○	(생략)			
17	〃	(생략)		자동차운전면허대장			1	1	② ○				
18	〃	(생략)		피의자 이을녀의 운전면허증 앞·뒷면 사본			1	1	② ○				
19	〃	(생략)		수사보고(운전면허 취소 통지 및 공고 확인)			1	1	② ○				
20	〃	(생략)		자동차종합보험 가입사실 증명원			1	1	② ○				
21	〃	37		피의자신문조서(2회)	김갑동		1	1	① ○○○× ② ×				
22	〃	38		수사보고(피의자 김갑동 긴급체포 경위 등)	경위 김경위		1	1	① ○				
23	〃	39		압수조서 (2021. 11. 10.자)	경위 김경위		1	1	① ○ ② ○				
24	〃	39		압수목록 (2021. 11. 10.자)	경위 김경위		1	1	① ○ ② ○				
25	〃	40		피의자신문조서	이을녀		1	1	② ○ ① ○				
26	〃	(생략)		수사보고 (피의자 김갑동의 업무상배임 수사경과)			1	1	① ○				

※ 증거의견 표시 - 피의자신문조서 : 인정 ○, 부인 ×
  (여러 개의 부호가 있는 경우, 적법성/성립/임의성/내용의 순서임)
  - 기타 증거서류 : 동의 ○, 부동의 ×
  - 진술이 특히 신빙할 수 있는 상태 하에서 행하여졌다는 점 부인 : "특신성 부인"(비고란 기재)
※ 증거결정 표시 : 채 ○, 부 ×
※ 증거조사 내용은 제시, 내용고지

[19] 사경 작성 피고인 김갑동에 대한 피의자신문조서(2회)는 피고인 김갑동은 내용부인, 피고인 이을녀는 내용부인 취지로 증거부동의하고 있으므로 각각 증거능력이 부정된다(형소법 제312조 제3항).

[20] 검사 작성 김갑동에 대한 피신조서는 피고인 이을녀가 증거부동의하고 있으나, 그 원진술자인 김갑동이 실질적 진정성립을 인정하고 있으므로(증거의견에서 증거동의로 체크) 증거능력이 인정된다(제312조 제4항).

증 거 목 록 (증거서류 등)

2021고합1234

① 김갑동
② 이을녀

2021형제654321호

신청인 : 검사

순번	증거방법 작성	쪽수(수)	쪽수(중)	증거명칭	성명	참조사항등	신청기일	증거의견 기일	증거의견 내용	증거결정 기일	증거결정 내용	증거조사기일	비고
27	검사	44		피의자신문조서 (대질)	김갑동		1	1	① ○ ② ×				
					이을녀		1	1	② ○ ① ○				
28	〃	47		수사보고 (계좌추적결과 보고)			1	1	① ○ ② ○				
29	〃	(생략)		수사보고(피의자 김갑동 살인 관련 119 신고 내역 확인)			1	1	① ○ ② ○		(생략)		
30	〃	(생략)		수사보고[한화생명보험㈜에 대한 보험금청구인 확인불가]		생략	1	1	① ○ ② ○				
31	〃	(생략)		범죄경력자료조회 회보서	김갑동		1	1	① ○				
32	〃	(생략)		범죄경력자료조회 회보서	이을녀		1	1	② ○				

※ 증거의견 표시 - 피의자신문조서 : 인정 ○, 부인 ×
  (여러 개의 부호가 있는 경우, 적법성/성립/임의성/내용의 순서임)
  - 기타 증거서류 : 동의 ○, 부동의 ×
  - 진술이 특히 신빙할 수 있는 상태 하에서 행하여졌다는 점 부인 : "특신성 부인"(비고란 기재)
※ 증거결정 표시 : 채 ○, 부 ×
※ 증거조사 내용은 제시, 내용고지

증거목록 (증인 등)

2021고합1234

① 김갑동
② 이을녀

2021형제654321호   신청인: 검사

증거방법	쪽수(공)	입증취지 등	신청기일	증거결정 기일	증거결정 내용	증거조사기일	비고
가방 1개 (증 제1호)		공소사실 1의 다항	1	1	생략	2021. 12. 21. 10:00 (실시)	
메모리카드 1개 (증 제2호)		공소사실 1의 가항, 2의 가항	1	1		2021. 12. 21. 10:00 (실시)	
증인 김경위	22	공소사실 1의 가항, 2의 가항	1	1		2022. 1. 4. 15:00 (실시)	
증인 박목격	24	공소사실 1의 가항, 2의 가항	1	1		2022. 1. 4. 15:00 (실시)	

※ 증거결정 표시: 채 ○, 부 ×   [이하 증거목록 미기재 부분은 생략]

증거목록 (증거서류 등)

2021고합1234

① 김갑동
② 이을녀

2021형제654321호   신청인: 피고인 및 변호인

순번	증거방법				참조사항 등	신청기일	증거의견		증거결정		증거조사기일	비고
	작성	쪽수(수)	쪽수(공)	증거명칭 성명			기일	내용	기일	내용		
1			18	판결문 등본	(생략)	2	2	○	생략			①신청
2			(생략)	임대차계약서	(생략)	2	2	○				②신청
3			25	이사원	(생략)	1	1	○				①신청
4			27	김운수	(생략)	1	1	○				①신청

[이하 증거목록 미기재 부분은 생략]

※ 증거의견 표시 - 피의자신문조서: 인정 ○, 부인 ×
                 (여러 개의 부호가 있는 경우, 적법성/성립/임의성/내용의 순서임)
               - 기타 증거서류: 동의 ○, 부동의 ×
               - 진술이 특히 신빙할 수 있는 상태 하에서 행하여졌다는 점 부인: "특신성 부인"(비고란 기재)
※ 증거결정 표시: 채 ○, 부 ×
※ 증거조사 내용은 제시, 내용고지

[21] 검사가 제출한 증거목록 다음에는 피고인 측이 제출한 증거목록이 등장한다. 피고인이 제출한 증거들은 쟁점검토에 있어 피고인에게 유리한 증거들로 활용된다.

[22] 기판력에 따른 제326조 제1호 면소판결 여부가 문제됨을 예상할 수 있다.

[23] 공소장은 공판조서와 함께 형사법 기록에서 가장 중요한 서면이다.
다만 피고인 관련사항과 첨부서류는 보지 않아도 무방하고, 공소사실을 메모하면서 꼼꼼하게 읽도록 한다.

서울중앙지방검찰청

2021. 11. 30.

사건번호 2021년 형제654321호
수 신 자 서울중앙지방법원   발 신 자
                              검 사 김수호 김수호 (인)
제   목 공소장
         아래와 같이 공소를 제기합니다.

I. 피고인 관련사항

1. 피 고 인 김갑동 (63****-1******), 58세
            직업 대표이사, 010-****-****
            주거 서울 서초구 서초대로1길 2, 101호
            등록기준지 서울 중랑구 면목동 321
   죄   명 살인, 사기미수, 업무상배임, 절도
   적용법조 형법 제250조 제1항, 제352조, 제347조 제1항, 제356조, 제355조 제2항, 제329조, 제30조, 제37조, 제38조
   구속여부 2021. 11. 11. 구속
   변 호 인 변호사 김변호

2. 피 고 인 이을녀 (67****-2******), 54세
            직업 보험설계사, 010-****-****
            주거 서울 강남구 강남대로67길 5, 108동 101호(샛별아파트)
            등록기준지 서울 노원구 상계동 999
   죄   명 살인교사, 사기미수, 무고, 모욕, 교통사고처리특례법위반(치상), 도로교통법위반(무면허운전)
   적용법조 형법 제250조 제1항, 제352조, 제347조 제1항, 제156조, 제311조, 교통사고처리특례법 제3조 제1항, 제2항 단서 제7호, 제9호, 형법 제268조, 도로교통법 제152조 제1호, 제43조, 형법 제30조, 제31조 제1항, 제40조, 제37조, 제38조
   구속여부 불구속
   변 호 인 법무법인 율(담당변호사 한검토)

[24] 피고인 관련사항 중 적용법조에서 공범관계나 죄수와 관련된 규정을 추가로 확인할 수 있다.
이을녀의 경우 교특법 제3조 제2항 단서 제7호와 제9호가 같이 기재되어 있음을 볼 때, 무면허운전과 보도침범의 위반행위가 동시에 존재함을 알 수 있다.

II. 공소사실

1. 피고인 김갑동

   가. 살인

   피고인은 2010. 1.경부터 피해자 오순진(여, 55세)과 사실혼 관계에 있으면서 2013. 1.경부터는 피해자의 친구인 이을녀와는 내연관계에 있었다.

   피고인은 2013. 6. 20.경 서울 서초구 강남대로 581에 있는 피고인이 대표이사로 있는 미래주식회사 사무실에서, 이을녀로부터 피해자 오순진 명의로 생명보험계약을 체결해달라는 부탁을 받자 이에 동의하였고, 이을녀는 피해자의 승낙 없이 한화생명보험(주)를 통하여 피해자를 피보험자로, 수익자를 피고인으로 하여 피보험인인 피해자가 사망할 경우 1억 원의 보험금을 피고인이 지급받을 수 있는 보험계약을 체결하였으며, 그 이후부터 2019. 12. 31.경까지 피해자를 피보험자로, 피고인을 수익자로 하는 최대 약 49억 원에 달하는 생명보험 계약을 9개 보험회사와 체결하였다.

   이후 이을녀는 2021. 7. 초순경 서울 강남구 강남대로67길 5, 108동 101호(샛별아파트)에 있는 자신의 주거지에서 피고인에게, 피해자가 사망하면 보험금을 50억 원 정도 받을 수 있으니 피해자를 죽여서 보험금을 받아 함께 외국으로 도망가자는 취지로 말하여 피고인에게 피해자의 살해를 교사하였다.

   이에 피고인은 위와 같은 이을녀의 교사에 따라 보험금을 받기 위해 2021. 8. 23. 03:41경 대구 북구에 있는 경부고속도로 하행 방면 360㎞ 지점에서, 자신은 안전벨트를 착용하고 조수석에 탑승한 피해자는 안전벨트를 착용하지 않은 상태로 스타렉스 승합차를 운전하여 가다가 위 경부고속도로 하행선 5차로 중 5차로로 운행하면서 5차로 우측 비상정차대에 정차된 8톤 화물차의 후미 좌측 부분을 위 스타렉스 승합차의 전면 우측 부분으로 고의로 추돌하여 그 자리에서 피해자를 저혈량성 쇼크 등으로 사망하게 하여 살해하였다.

   나. 업무상배임

   피고인은 2010년경부터 지금까지 서울 서초구 강남대로 581에 있는 대형 슈퍼마켓 운영을 목적으로 하는 피해자 미래주식회사의 대표이사로 근무하는 자로, 위 피해자를 위하여 정당하게 자금을 집행하여야 할 업무상 임무가 있었다.

   피고인은 2021. 2. 7. 15:00경 위 피해자의 사무실에서, 위와 같이 피해자를 위하여 피해자의 자금을 정당하게 집행하여야 할 업무상 임무가 있음에도 불구하고, 500만 원 상당의 소모품 및 야식비 등을 지출한 사실이 없음에도 허위로 기

[25] 공소사실은 주체·공범·일시·장소·동기·피해자(품)·수단·행위및결과 등을 중심으로 꼼꼼하게 읽으면서 메모하고, 공소사실만으로 쟁점이나 그에 대한 결론까지 알 수 있는 경우에는 해당 내용(쟁점 및 결론)을 바로 메모하도록 한다.

[26] 정범의 공소사실을 기재하는 경우 교사범의 교사행위에 대한 기재가 항상 먼저 등장한다.

[27] 업무상배임과 함께 사기 역시 성립하고, 양 죄는 상상적 경합 관계에 있음을 바로 파악할 수 있다.

재한 소모품, 야식비 등 경비 지급 요청서를 경리 담당 직원에게 제시한 후 500만 원을 교부받아 같은 금액 상당의 재산상 이익을 취득하고, 피해자에게 같은 금액 상당의 재산상 손해를 가하였다.

다. 절도

피고인은 2021. 8. 27. 14:00경 서울 서초구 서초대로1길 2, 101호에 있는 피고인과 오순진이 동거하던 주거지에서, 사망한 오순진 소유이던 아파트에 대하여 피고인 자신의 소유권을 주장하기 위해 오순진의 상속인인 피해자 나소학(오순진의 아들) 소유의 위 아파트 등기필증 등 부동산 소유권이전등기 관련 서류가 들어 있던 시가 100만 원 상당의 가방을 몰래 가지고 가 이를 절취하였다.

2. 피고인 이을녀

가. 살인교사

피고인은 2021. 7. 초순경 서울 강남구 강남대로67길 5, 108동 101호(샛별아파트)에 있는 자신의 주거지에서, 위 1의 가항과 같이 김갑동에게 피해자가 사망하면 보험금을 50억 원 정도를 받을 수 있으니 피해자를 죽여서 보험금을 받아 함께 외국으로 도망가자고 말하여 김갑동에게 피해자를 살해할 것을 마음먹게 하고, 김갑동으로 하여금 위 1의 가항과 같이 피해자를 살해하도록 하여 살인을 교사하였다.

나. 무고

피고인은 2021. 3. 7. 14:00경 위 샛별아파트에서, 평소 보험계약 문제로 다툼이 있던 대학교수인 최고객에게 원한을 품고 최고객이 재직하고 있는 사립대학인 명문대학교에서 징계처분을 받게 할 목적으로, 국민권익위원회에서 운영하던 범정부 국민포털인 국민신문고에 최고객의 정교수 승진이 허위 경력증명서에 기한 것이므로 정교수 승진을 취소하는 징계가 이루어져야 한다는 내용의 민원서를 게시하였다. 그러나 사실 최고객의 정교수 승진은 허위 경력증명서에 기한 것이 아니었다.

이로써 피고인은 최고객으로 하여금 형사처분 또는 징계처분을 받게 할 목적으로 허위의 사실을 신고하여 무고하였다.

다. 모욕

피고인은 2021. 3. 7. 14:00경 위 샛별아파트에서, 위와 같이 국민권익위원회에서 운영하던 범정부 국민포털인 국민신문고에 누구나 볼 수 있도록 민원서를 게시하면서 그 내용에 피해자 최고객을 "도둑놈, 죽일놈"이라고 지칭하여 공연히 피해자를 모욕하였다.

라. 교통사고처리특례법위반(치상), 도로교통법위반(무면허운전)

피고인은 서울54노1234호 아반떼 승용차의 운전업무에 종사하는 자이다.

피고인은 2020. 7. 8. 21:00경 자동차운전면허를 받지 아니하고, 위 승용차를 운전하여 서울 서초구 법원로 123에 있는 우리은행 서초지점 앞 도로에 이르러 건물 지하주차장으로 진입하기 위하여 보도를 통해 진행하게 되었다.

이러한 경우 운전업무에 종사하는 사람에게는 일시 정지하여 통행하는 보행자가 없는 것을 확인하고 운전하여야 할 업무상 주의의무가 있었다.

그럼에도 불구하고 피고인은 이를 게을리 한 채 자동차운전면허를 받지 아니하고, 보도를 침범하여 운전한 과실로 마침 보도를 통행하던 피해자 고은아(여, 29세)를 미처 발견하지 못하고 위 승용차의 앞 범퍼 부분으로 피해자의 왼쪽 다리 부분을 들이받아 바닥에 넘어지게 함으로써 피해자로 하여금 약 4주간의 치료를 요하는 우측 대퇴부골절상을 입게 하였다.

3. 피고인들의 공동범행

피고인들은 공모하여 2013. 6. 20.경 서울 서초구 강남대로 581에 있는 미래주식회사 사무실에서, 위 1의 가항과 같이 오순진의 동의 없이 피고인 이을녀가 오순진으로 행세하며 피해자 한화생명보험(주)을 기망하여 생명보험계약을 체결하고, 오순진이 사망하자 2021. 9. 5.경 위 사무실에서, 피해자 한화생명보험(주)의 보험금지급담당 직원인 서한화에게 오순진에 대한 생명보험금 1억 원을 청구하였다. 그러나 사실은 피고인 이을녀가 오순진의 승낙을 받지 않고 체결한 보험계약이었고, 피고인 김갑동의 과실에 의해 교통사고가 발생한 것이 아니라 오순진에 대한 생명보험금을 받기 위해 오순진을 고의로 살해한 것이었기 때문에 피고인들이 유효하게 보험금을 지급받을 수 없었다.

이로써 피고인들은 피해자 한화생명보험(주)을 속이고 동액 상당의 보험금을 편취하려고 하였으나 피해자가 거절하여 그 뜻을 이루지 못하고 미수에 그쳤다.

Ⅲ. 첨부서류

1. 긴급체포서 1통(피고인 김갑동, 첨부 생략)
2. 구속영장(체포된피의자용) 1통(피고인 김갑동, 첨부 생략)
3. 구속기간 연장 결정서 1통(피고인 김갑동, 첨부 생략)
4. 변호인선임서 2통(첨부 생략)
5. 피의자수용증명 1통(피고인 김갑동, 첨부 생략)

---

[32] 무면허운전과 보도침범을 모두 부정하는 식으로 논증에 성공할 경우, 이 부분 공소사실에 대하여 공소기각판결 선고가 가능하다. 따라서 사고 당시 보도침범 상황 등에 대한 기록을 꼼꼼하게 읽어야 한다.

[33] 일반적으로 공동범행을 먼저 기재하나, 이번 기록의 경우 시간순서대로 마지막에 기재하였다. 피고인들의 공동범행이나 답안에서는 이을녀에 대한 검토의견서에서만 기재하므로, 메모 역시 이을녀 위주로 하도록 한다.

[34] 제1회 공판조서에서 검사의 모두진술 부분까지는 읽지 않고 넘어가도 무방하다.

서울중앙지방법원

공판조서

제 1 회

사 건	2021고합1234 살인 등		
재판장 판사	김공평	기 일 :	2021. 12. 21. 10:00
판사	이진실	장 소 :	제425호 법정
판사	박정의	공개 여부 :	공개
법원사무관	정사무	고 지 된	
		다음기일 :	2022. 1. 4. 15:00

피고인 1. 김갑동   2. 이을녀   각 출석
검 사   이명검   출석
변호인   변호사 김변호 (피고인 1을 위하여)   출석
        법무법인 율 담당 변호사 한검토 (피고인 2를 위하여) 출석

재판장
　피고인들은 진술을 하지 아니하거나 각개의 물음에 대하여 진술을 거부할 수 있고, 이익되는 사실을 진술할 수 있음을 고지
재판장의 인정신문
　성　　　명 : 1. 김갑동   2. 이을녀
　주민등록번호 : 각 공소장 기재와 같음
　직　　　업 :   〃
　주　　　거 :   〃
　등록기준지 :   〃
재판장
　피고인들에 대하여
　주소의 변경 등이 있을 때에는 이를 법원에 보고할 것을 명하고 소재가 확인되지 않는 때에는 피고인들의 진술 없이 재판할 경우가 있음을 경고
검 사
　공소장에 의하여 공소사실, 죄명, 적용법조 낭독

- 15 -

피고인 김갑동
    공소사실 1의 가항에 대해서는 오순진을 고의로 살해한 사실은 없고, 나머지 공소사실에 대해서는 모두 인정한다고 진술
피고인 이을녀
    공소사실 2의 가항에 대해서는 오순진에 대한 살인을 교사한 사실이 없고, 3항에 대해서는 김갑동이 단독으로 보험금을 청구한 것으로 자신과는 관련이 없으며, 2의 라항에 대해서는 운전면허가 적법하게 취소된 것은 인정하지만 면허취소 사실 자체를 알지 못하였고, 나머지 공소사실에 대해서는 모두 인정한다고 진술
피고인 김갑동의 변호인
    피고인 김갑동을 위하여 유리한 변론(변론기재는 생략)
피고인 이을녀의 변호인
    피고인 이을녀를 위하여 유리한 변론(변론기재는 생략)
재판장
    증거조사를 하겠다고 고지
증거관계 별지와 같음(검사, 변호인)
재판장
    각 증거조사 결과에 대한 의견을 묻고 권리를 보호함에 필요한 증거조사를 신청할 수 있음을 고지
소송관계인
    별 의견 없다고 각각 진술
재판장
    변론 속행

2021. 12. 21.

법 원 사 무 관   정사무 ㊞

재판장 판 사   김공평 ㊞

- 16 -

[35] 피고인 김갑동은 오순진에 대한 살해한 사실을 부인하고 있으므로 이에 대하여만 사실인정쟁점이 문제된다. 따라서 이 부분 공소사실에 대하여는 기록을 꼼꼼하게 읽으면서 증거메모를 세부적으로 하여야 한다.
반면, 나머지 공소사실은 인정하고 있으므로 나머지 공소사실에 대하여는 증거메모를 꼼꼼히 할 필요는 없고, 쟁점 도출 및 그에 대한 사안포섭에 필요한 부분 위주로 기록을 읽어야 한다.

[36] 오순진에 대한 살인교사 및 김갑동과의 사기미수, 무면허운전에 대한 사실인정이 각각 문제된다. 다만 교통사고 관련 범죄의 경우 일반적인 법률판단 쟁점과 마찬가지로 법리 기재 및 그에 대한 사안 검토 등으로 답안을 간단하게 기재함이 일반적이다.

증 거 신 청 서

사 건 2021고합1234 살인 등

피고인 김갑동

위 사건에 관하여 피고인 김갑동의 변호인은 피고인의 이익을 위하여 다음 증거서류를 증거로 신청합니다.

다 음

1. 판결문등본 1부. 끝.

2021. 12. 30.

피고인 김갑동의 변호인

변호사 김변호 ㊞

서울중앙지방법원 제11형사부 귀중

[37] 김갑동의 변호인이 제출한 증거는 당연히 김갑동에게 유리한 증거일 것이다.

서울중앙지방법원
판 결

2021. 11. 28. 항소기간 도과
2021. 11. 28. 확　　정
서울중앙지방검찰청

사　　건　　2021고단543210 사기
피 고 인　　김갑동 (63****-1******)
　　　　　　주거 서울 서초구 서초대로1길 2, 101호
등록기준지　서울 중랑구 면목동 321
검　　사　　정다운 (기소, 공판)
변 호 인　　변호사 김용진
판결선고　　2021. 11. 20.

주　　문

피고인을 징역 8월에 처한다.
다만, 이 판결 확정일로부터 2년간 위 형의 집행을 유예한다.

이　　유

범죄사실
　피고인은 대형 슈퍼마켓 운영을 목적으로 하는 피해자 미래주식회사의 대표이사이다.
　피고인은 2021. 2. 7. 15:00경 서울 서초구 강남대로 581에 있는 피해자 미래주식회사 사무실에서, 사실은 500만 원 상당의 소모품이나 야식비를 사용한 사실이 없음에도 불구하고 그러한 사실이 있는 것처럼 허위로 기재한 소모품, 야식비 등 경비 지급 요청서를 피해자의 경리 담당 직원에게 제시하고 이에 속은 동인으로부터 경비 명목으로 500만 원을 교부받아 이를 편취하였다.

증거의 요지 (생략)

위 등본임
검찰주사 박기웅 ㊞

법령의 적용 (생략)

판사 박사령 ＿＿＿＿＿＿＿＿＿＿＿

서울중앙지방법원

공 판 조 서

제 2 회

사 건	2021고합1234 살인 등		
재판장 판사	김공평	기 일:	2022. 1. 4. 15:00
판사	이진실	장 소:	제425호 법정
판사	박정의	공개 여부:	공개
법원사무관	정사무	고 지 된 다음기일:	2022. 1. 18. 15:00

피 고 인	1. 김갑동 2. 이을녀	각 출석
검 사	이명검	출석
변 호 인	변호사 김변호 (피고인 1을 위하여)	출석
	법무법인 율 담당변호사 한검토 (피고인 2를 위하여)	출석
증 인	김경위, 박목격, 이사원, 김운수	각 출석

재판장
    전회 공판심리에 관한 주요 사항의 요지를 공판조서에 의하여 고지
소송관계인
    변경할 점이나 이의할 점이 없다고 진술
재판장
    증거조사를 하겠다고 고지
출석한 증인 김경위, 박목격, 이사원, 김운수를 별지와 같이 신문
증거관계 별지와 같음(검사, 변호인)
재판장
    각 증거조사 결과에 대한 의견을 묻고 권리를 보호하는 데에 필요한 증거조
    사를 신청할 수 있음을 고지
소송관계인
    별 의견 없으며 달리 신청할 증거도 없다고 각각 진술
재판장
    증거조사를 마치고 피고인신문을 하겠다고 고지
검 사
피고인 김갑동에게

[40] 제1회 이후의 공판조서에서는 가장 먼저 피고인이 기존 제1회 공판절차에서 진술한 내용 등을 변경하였거나, 기존 진행 절차에 대한 이의를 제기하였는지 여부를 체크하여야 한다. 예컨대 피고인이 제1회 공판기일에서 부인하였던 공소사실에 대하여 번의하여 인정하는 경우에는 제1회에서 잡았던 사실인정 쟁점을 더 이상 논의할 필요가 없어지게 된다.

문 (증거목록 순번 11, 27을 제시, 열람하게 하고) 피고인은 수사기관에서 사실대로 진술하고, 진술한대로 기재된 것을 확인하고 서명, 무인하였지요.
답 예, 그렇습니다.
문 피고인은 경찰 2회 조사에서 피해자 오순진을 살해한 사실을 자백하였지요.
답 예, 제가 경찰조사에서 자백한 사실은 있지만 경찰관이 잠을 재우지 않고 수사를 진행하여 강압에 못 이겨 허위로 자백한 것입니다.
문 그리고 피고인은 검찰조사에서는 상피고인 이을녀가 2021. 9. 5.경 보험금 청구에 대해 알고 있었을 것이라는 취지로 진술하였지요.
답 예, 그렇게 진술하였는데 그건 제가 경황이 없어서 착각을 한 것 같습니다.
문 그렇다면 피고인 혼자 2021. 9. 5.경 보험금을 청구하였다는 것인가요.
답 예, 그렇습니다. 검찰수사에서 강압이 있었던 것은 아니지만 제가 조사받을 때 정신이 없어서 착오로 진술하였습니다. 한화생명보험과 관련하여 이을녀가 오순진 동의없이 보험계약을 체결한 것은 맞지만 보험금 청구에는 관여한 것이 없습니다.
문 피고인이 평균 월 900만 원 상당의 보험료를 납부하고 있던데, 통상과 다르게 이렇게 많은 보험에 가입한 이유가 있나요.
답 보험의 목적도 있지만 보험을 담보로 대출을 받거나 만기 시에 적립금 전부가 환급되는 예금·적금의 성격도 있어서 다수의 보험을 가입한 것입니다.

[그 외 검찰 피의자신문조서와 동일한 내용으로 피고인 김갑동 신문(신문사항 및 답변내용 생략)]

피고인 김갑동의 변호인
문 경찰에서 피고인의 휴대전화와 노트북을 조사해보았지만 미리 범행을 계획하거나 충돌방법 등에 대한 검색을 한 것은 전혀 발견되지 않았지요.
답 예, 그렇습니다. 제가 그런 것을 검색한 적도 없고 검색할 이유도 없습니다.

[피고인 김갑동에게 유리한 사항 신문(신문사항 및 답변내용 생략)]

검 사
피고인 이을녀에게
[검찰 피의자신문조서와 동일한 내용으로 피고인 이을녀 신문(신문사항 및 답변내용 생략)]

피고인 이을녀의 변호인
문 피고인이 김갑동에게 오순진이 죽었으면 좋겠다라는 말을 한 것은 단순한 희망사항을 표현한 것에 불과할 뿐 실제 김갑동이 오순진을 살해한다는 것을 생각하지도 못하였지요.
답 예, 저는 오순진에게 질투심을 느껴 김갑동에게 위와 같이 말을 한 것은 맞지만 정말로 김갑동이 오순진을 살해한다는 것은 예상하지 못하였습니다. 그리고 제가 아는 김갑동은 오순진을 살해할 만한 사람이 되지도 못합니다.

[41] 경찰 2회 피신조서에 대한 증거능력 관련 쟁점이다. 다만, 뒤에서 살펴보는 바와 같이 제309조에 따른 증거능력 부정은 인정되기 어렵고, 이러한 사정은 피고인 진술의 특신상태 부정에 대한 근거가 된다.

[42] 검찰단계 진술에 대한 번복 진술이다. 김갑동 진술의 신빙성을 탄핵하는 근거가 된다.

[43] 다수의 보험계약 체결이 살해의 동기가 아닌 단순한 투자목적 등임을 확인할 수 있다.

[44] 김갑동에 대한 무죄논증의 근거가 된다.

[45] 이을녀의 살인교사에 대한 무죄논증의 결론으로 활용할 수 있다.

[46] 이을녀의 사기미수에 대한 무죄논증의 근거이다.

[47] 이을녀의 도교법위반(무면허운전)에 대한 고의가 부정됨을 확인할 수 있다. 물론 이에 배치되는 내용들을 비교하여 검토하여야 한다.

[48] 재판장(출제자)가 적극적으로 김갑동의 살인의 점에 대한 쟁점을 기재하여 주고 있다. 재판장이 정리하고 있는 검사 주장에 대한 탄핵이 김갑동 변론요지서의 핵심 내용이 된다.

특히 재판장이 범행동기, 범행방법, 사망 전후 상황을 중심으로 간접사실을 탄핵할 변론요지서를 제출할 것을 명시적으로 요구하고 있으므로 이에 대한 논의를 누락할 경우 큰 감점 대상이다.

문 피고인이 오순진 명의로 한화생명보험(주)과 보험계약을 체결하면서 오순진의 동의를 받지 않은 것은 사실이지만 김갑동이 생명보험금을 청구하는 것은 알지 못하였지요.
답 예, 그렇습니다.
문 피고인은 정기적성검사를 받지 않으면 운전면허가 취소된다는 사실을 몰랐지요.
답 예, 전혀 몰랐습니다.
문 피고인은 운전면허 취소 관련 통지를 받거나 공고를 본 적이 있나요.
답 아니요, 제가 2019. 11. 4. 신림동에서 현재의 샛별아파트로 이사를 왔는데 아직 전입신고를 하지 않아서 통지서가 예전에 살던 곳으로 간 것 같습니다.
[피고인 이을녀의 변호인이 '서울 강남구 강남대로67길 5, 108동 101호(샛별아파트)에 대하여, 2019. 11. 4. 임대인 박주인, 임차인 이을녀, 임대차보증금 5,000만 원, 월차임 50만 원, 임대차기간 2019. 11. 4. ~ 2022. 11. 3.로 계약한 임대차계약서'를 증거로 제출(첨부생략)]
[피고인 이을녀에게 기타 유리한 사항 신문하고 동일한 취지로 답변함(신문사항 및 답변 생략)]
재판장
　　피고인신문을 마쳤음을 고지
재판장
검사에게
문 살인의 점에 있어 거액의 보험금 수령이 예상되는 금전적 이득, 피해자와 피고인들의 관계, 김갑동과 피해자의 결과발생의 차이 등으로 살인의 고의가 있었다는 취지인가요.
답 예, 그렇습니다. 자세한 의견을 차회 개진하겠습니다.
피고인 김갑동의 변호인에게
[살인의 점에 관한 검사의 주장을 고려하여 범행동기, 범행방법, 사망 전후 상황 등을 포함한 간접사실을 탄핵할 변론요지서 제출을 요구]
재판장
　　변론 속행 (변론 준비를 위한 검사, 변호인들의 요청으로)

2022. 1. 4.

법 원 사 무 관　　정사무 ㊞

재판장　판　사　　김공평 ㊞

서울중앙지방법원
증인신문조서 (제2회 공판조서의 일부)

사 건 2021고합1234 살인 등
증 인 이 름 김경위
       생년월일 및 주거 (생략)

재판장
 증인에게 형사소송법 제148조 또는 제149조에 해당하는가의 여부를 물어 이에 해당하지 아니함을 인정하고, 위증의 벌을 경고한 후 별지 선서서와 같이 선서를 하게 하였다. 다음에 신문할 증인들은 재정하지 아니하였다.

검사
문 증인은 2021. 11.경 피고인 김갑동의 살인 혐의에 대해 수사를 진행하였지요.
답 예, 저는 서울서초경찰서 수사과 소속 경위 김경위로 2021. 8.경부터 2021. 11.경까지 피고인 김갑동의 살인 혐의에 대해 수사를 진행하였습니다.
문 증인이 2021. 11. 9. 피고인 김갑동에 대한 경찰 2회 피의자 신문시 피고인 김갑동이 자신의 살인 범행을 자백하였을 때 조사한 경찰관인가요.
답 예, 그렇습니다. 제가 경사 이경사를 참여하게 하고 조사를 진행하였습니다.
문 당시 피고인 김갑동이 어떤 말을 하였나요.
답 한화생명보험(주) 관계자로부터 관련 자료를 팩스로 받아서 제가 살펴보니 보험계약서에 서명된 '오순진'의 글씨체와 보험설계사인 '이을녀'의 글씨체가 너무 유사하여 2021. 11. 9. 10:00경 그 자료 및 정황증거 등을 모두 종합해서, 사안이 중하고 피고인 김갑동이 외국으로 도주할 수도 있다고 판단되어 긴급체포의 필요성이 있어 같은 시간 피고인 김갑동을 긴급체포하였습니다. 그리고 나서 그날 오전 11:00경부터 피고인에 대한 조사를 진행하였는데 처음에는 피고인 김갑동이 범행을 부인하였으나 계속 증거를 들이대며 조사를 하자 피고인 김갑동이 오순진을 살해한 범행을 모두 인정하였습니다.
문 당시 피고인 김갑동이 자유로운 분위기에서 임의로 진술한 것이 맞는가요.
답 예, 당시 피고인 김갑동이 고개를 숙이면서 반성하는 태도로 "제가 오순진을 죽인 것이 사실입니다"라고 말하였습니다.
문 피고인 김갑동은 당시 증인이 밤샘조사를 진행하면서 심리적으로 압박하여 허위로 진술하였다고 하는데 아닌가요.

[49] 사경 작성 김갑동에 대한 피신조서의 증거능력이 부정되고, 그 조사 당시 참여했던 조사자의 (피고인의 진술을 내용으로 하는) 전문진술이다. 앞서 피고인이 공판기일에서 진술한 내용과 아래에서 조사 당시 상황에 대한 김경위의 진술을 고려할 때, 위 진술의 특신상태를 부정하여 증거능력을 부정할 수 있다(형소법 제316조 제1항).

답 그날 피고인을 긴급체포한 후 조사를 진행하는 과정에서 조사하는 분량이 많아 밤샘 조사가 진행된 것은 사실이지만 피고인 김갑동에게 겁을 주거나 압박을 한 사실은 전혀 없습니다.

문 어쨌든 피해자 오순진은 본 건 사고가 직접원인이 되어 현장에서 즉사하였지요.

답 예, 맞습니다.

피고인 김갑동의 변호인

문 증인은 2021. 11. 9. 10:00경 피고인 김갑동을 살인 혐의 등으로 긴급체포하고 곧바로 조사를 진행하였지요.

답 예, 그렇습니다.

문 오전 11:00경부터 조사가 진행되어 충분한 시간이 있었을 것으로 보이는데 굳이 밤샘조사를 진행한 이유는 무엇인가요.

답 한화생명보험(주)으로부터 받은 자료를 분석하는데 일부 시간이 소요되었고, 피고인이 처음에는 살인 범행 등을 부인하여 이에 대해 많은 추궁을 하였으며 피고인의 살인 동기 등에 대한 충분한 수사를 진행하다보니 밤샘 조사를 하게 되었습니다.

문 밤샘 조사에 대해 피고인의 동의를 받은 사실은 있는가요.

답 피고인 김갑동에게 동의를 받지는 않았지만 조사를 하면서 겁을 주거나 심리적으로 압박한 사실은 없습니다.

2022. 1. 4.

법 원 사 무 관 정사무 ㊞

재판장 판 사 김공평 ㊞

서울중앙지방법원
증인신문조서 (제2회 공판조서의 일부)

사　　건　　2021고합1234 살인 등
증　인　이　름　　박목격
　　　　　　　　생년월일 및 주거 (생략)

재판장
　　증인에게 형사소송법 제148조 또는 제149조에 해당하는가의 여부를 물어 이에 해당하지 아니함을 인정하고, 위증의 벌을 경고한 후 별지 선서서와 같이 선서를 하게 하였다. 다음에 신문할 증인들은 재정하지 아니하였다.

검사
문　(증거목록 순번 10을 제시, 열람하게 하고) 피고인은 수사기관에서 사실대로 진술하고 진술한 대로 기재된 것을 확인하고 서명 무인하였는가요.
답　예, 그렇습니다.
문　증인은 2021. 9. 초순경 김갑동이 괴롭다면서 술을 마시자고 하여 함께 술을 마셨는데 김갑동이 증인에게 "2021. 7. 초순경 이을녀가 '오순진을 죽이고 보험금 50억 원을 받아 같이 외국으로 도망가자'고 말하였다"고 하는 것을 들은 사실이 있지요.
답　예, 그런 말을 들었습니다.

피고인 김갑동의 변호인
문　피고인이 위와 같은 이을녀의 말에 따라 오순진을 죽였다고 하던가요.
답　아니요, 그런 말은 없었습니다.
문　피고인이 이을녀로부터 그런 말을 들었다는 것 뿐이지요.
답　예, 그렇습니다.

2022. 1. 4.

법원사무관　　정사무　㊞
재판장 판사　　김공평　㊞

[50] 사경 작성 박목격에 대한 진술조서의 실질적 진정성립 등을 인정하는 진술이다(형소법 제312조 제4항).

[51] 이 부분 진술은 ① 김갑동의 살인의 점에 대하여는 재전문진술에 해당하여 증거능력이 바로 부정되나, ② 이을녀의 살인교사의 점에 대하여는 전문진술에 해당하여 (원진술자 김갑동이 피고인으로서 이 사건 법정에 출석하고 있으므로) 증거능력이 부정된다(형소법 제316조 제2항).

전문진술이 등장하는 경우 해당 진술자에 대한 진술조서에서 전문진술 기재가 존재하는지 여부를 함께 체크한다. 이번 기록에도 박목격에 대한 진술조서에 동일한 내용의 진술이 기재되어 있고, 이는 이을녀에 대하여 전문진술 기재 조서에 해당한다(역시 증거능력 부정, 제316조 제2항, 제312조 제4항).

[52] 피고인 측이 신청한 증인이므로 피고인에게 유리한 내용이 주로 기재되어 있다.

서울중앙지방법원
증인신문조서 (제2회 공판조서의 일부)

사　　건　　2021고합1234 살인 등
증　　인　　이　름　　이사원
　　　　　　생년월일 및 주거 (생략)

재판장
　증인에게 형사소송법 제148조 또는 제149조에 해당하는가의 여부를 물어 이에 해당하지 아니함을 인정하고, 위증의 벌을 경고한 후 별지 선서서와 같이 선서를 하게 하였다. 다음에 신문할 증인은 재정하지 아니하였다.

피고인 김갑동의 변호인
문　증인은 2010년경부터 지금까지 피고인 김갑동이 운영하는 대형슈퍼마켓 운영을 목적으로 하는 미래주식회사의 종업원으로 근무를 하고 있지요.
답　예, 그렇습니다. 저는 김갑동 사장님이 운영하는 미래주식회사의 직원으로 2010년경부터 지금까지 근무를 하고 있습니다.
문　피고인 김갑동은 어떤 사람인가요.
답　사장님은 아주 좋은 분이십니다. 직원들을 가족처럼 챙겨주시고 진심으로 사랑해주셔서 제가 10년 이상을 함께 근무하고 있는 것입니다.
문　미래주식회사의 수입 및 재정상황 등은 어떤가요.
답　미래주식회사가 운영하는 마트의 규모가 상당히 크고 원룸 밀집 지역이라 월 매출이 10억 원 이상 되는 것으로 알고 있고, 사장님은 월급으로 1,700만 원 정도를 받고 있어서 제가 알기로는 마트 운영이 잘 되고 있습니다.
문　증인은 피고인 김갑동이 보험계약을 체결하는 과정을 본 적이 있나요.
답　예, 저희 사장님이 마음이 약해서 친구로 보이는 이을녀라는 분이 자주 와서 보험가입을 요청하여 몇 번 보험에 가입을 하였고, 이을녀 말고 다른 보험설계사 두, 세분도 계속 마트에 와서 보험을 하나 들어 달라고 하여 가족들 명의로 보험을 몇 개 든 것으로 알고 있습니다. 제 처도 보험 일을 하는데 사장님께 부탁해서 사장님의 친척도 생명보험을 체결한 사실도 있습니다.
문　보통 보험설계사와 친하지 않으면 보험 가입을 꺼리는 편인데 피고인 김갑동은 어떠했나요.

[53] 범행의 동기와 관련하여 재력가인 김갑동이 보험금을 위해 피해자를 살해할 이유가 없음을 알 수 있다.

| 답 | 사장님이 정이 많으셔서 다른 사람 부탁을 쉽게 거절하지 못하십니다. 그래서 보험가입이 상당히 많았던 것으로 기억합니다. 또 사장님은 보험의 목적도 있지만 보험담보대출이나 만기 환급식으로 예금, 적금 목적으로도 가족들을 포함하여 보험료로 월 900만 원 이상 지출한 것으로 알고 있습니다. |

| 문 | 증인은 2021. 8. 23. 03:41경 대구 북구에 있는 경부고속도로에서 발생한 교통사고로 오순진이 사망한 사실을 알고 있나요. |

| 답 | 예, 알고 있습니다. 그 날 새벽 일찍 사장님이 부산에 있는 거래처 관계자를 만나 납품을 받아야 해서 가시다가 교통사고가 나서 사모님 오순진이 사망한 것으로 알고 있습니다. |

검사

문	증인이 피고인 김갑동의 마트에서 근무한 기간이 10년이 넘는가요.
답	예, 거의 10년 넘게 근무하고 있습니다.
문	증인은 범행 당일 피고인 김갑동이 새벽 일찍 처인 오순진을 태우고 부산에 있는 거래처로 간 이유를 알고 있는가요.
답	제가 알기로는 원래는 사장님 혼자 갈 예정이었는데 사모님도 당일 아침에 부산에서 다른 사람을 만난다고 하며 출발 직전에 같이 가겠다고 따라나서서 함께 간 것으로 알고 있습니다.
문	증인이 피고인 김갑동과의 친분 때문에 경험하지도 않은 사실을 진술하거나, 피고인 김갑동에게 유리하게 과장하여 진술하는 것은 아닌가요.
답	그런 것은 전혀 아닙니다. 저희 사장님의 원래 성품과 마트의 수익 등에 대해 있는 그대로 진술하였습니다.

2022. 1. 4.

법 원 사 무 관   정사무 ㉞

재판장 판 사   김공평 ㉞

[54] 다수의 보험계약 체결 역시 살인과는 무관함을 알 수 있다.

[55] 범행 관련 사고는 피고인이 회사업무 관련 운전 중 일어났음을 알 수 있고, 피해자의 동승은 피고인이 의도한 바가 아니라는 점을 무죄논증의 근거로 사용할 수 있다.

[56] 범행 관련 사고가 피고인이 고의로 일으킨 것이 아니라 졸음 운전으로 인한 과실에 의한 것임을 알 수 있다.

또한 피고인도 크게 다쳤을 수 있는 사고를 피고인이 고의로 일으키지 않았을 것이라는 논증 역시 가능하다.

서울중앙지방법원

증인신문조서(제2회 공판조서의 일부)

사　　건　2021고합1234　살인 등
증　　인　이　　름　　김운수
　　　　　생년월일 및 주거 (생략)

재판장

증인에게 형사소송법 제148조 또는 제149조에 해당하는가의 여부를 물어 이에 해당하지 아니함을 인정하고, 위증의 벌을 경고한 후 별지 선서서와 같이 선서를 하게 하였다.

피고인 김갑동의 변호인

문　증인은 2021. 8. 23. 03:41경 대구 북구 경부고속도로 하행 방면에서 피고인이 운전하던 스타렉스의 뒤를 따라 진행하던 중 교통사고를 목격하였지요.

답　예, 그렇습니다.

문　당시 비정상적인 운행이 있던가요.

답　충돌이 있기 전부터 앞에서 진행하던 스타렉스가 속도를 줄이지 않고 가끔씩 차선을 밟고 하더라고요. 그래서 제가 졸음운전을 하나보다 싶어 바로 추월하지 못하고 경적도 한 번 울린 적이 있었습니다. 그런데 왼쪽으로 도는 커브길에서 스타렉스가 핸들을 제대로 틀지 못했는지 비상정차대쪽으로 벗어나더라고요. 하필이면 거기 비상정차대에 대형 화물차가 있어서...... 제가 목격하고 차를 세운 다음 119에 신고했습니다. 2톤 정도의 스타렉스 승합차 앞부분이 승용차보다 짧아서 8톤 정도의 대형 화물차 아래로 한참이나 밀려 들어갔습니다. 저는 운전자와 동승자 모두 사망했을 것 같다고 생각했고 구급차가 오는 것을 보고는 현장을 떠났습니다.

검사

문　당시 어둡고 고속으로 진행하던 중이라서 증인이 자세히 목격하기는 어렵지 않았나요.

답　그렇지는 않습니다. 앞 차와 거리가 멀지 않았고 사고가 이례적이라 기억을 합니다.

2022. 1. 4.

법 원 사 무 관　　정사무 ㊞

재판장　판 사　　김공평 ㊞

- 27 -

	제 1 책
	제 1 권

서울중앙지방법원
증거서류등(검사)

사건번호	2021고합1234	담임	제11부		나
	20 노		부	주심	
	20 도		부		

사건명	가. 살인 나. 살인교사 다. 사기미수 라. 업무상배임 마. 절도 바. 무고 사. 모욕 아. 교통사고처리특례법위반(치상) 자. 도로교통법위반(무면허운전)

검 사	김수호	2021년 형제654321호

피고인	구속 1. 가.다.라.마 2. 나.다.바.사.아.자.	**김갑동** **이을녀**

공소제기일	2021. 11. 30.	
1심 선고	20 . .	항소	20 . . .
2심 선고	20 . .	상고	20 . . .
확 정	20 . .	보존	

[57] 수사기록표지 등은 읽지 않고 넘어가도 무방하다.

공판기록은 모든 기록을 꼼꼼하게 읽으면서 체크하여야 하나, 수사기록은 공판기록에서 파악한 쟁점 내용 등을 바탕으로 필요한 부분만을 꼼꼼하게 읽는 방식으로 완급조절을 하면서 읽도록 한다.

특히 검찰단계 기록이 정리가 더 잘돼 있으므로, 검사 피신조서부터 읽는 것도 가능하다.

					제 1 책
					제 1 권

구공판	서울중앙지방검찰청 증 거 기 록				
검 찰	사건번호	2021년 형제654321호	법원	사건번호	2021고합1234
	검 사	김수호		판 사	
피 고 인	구속 1. 가.다.라.마 2. 나.다.바.사.아.자.			**김갑동** **이을녀**	
죄 명	가. 살인 나. 살인교사 다. 사기미수 라. 업무상배임 마. 절도 바. 무고 사. 모욕 아. 교통사고처리특례법위반(치상) 자. 도로교통법위반(무면허운전)				
공소제기일	2021. 11. 30.				
구 속	1. 구속 2. 불구속			석 방	
변 호 인	1. 변호사 김변호 2. 법무법인 율 담당변호사 한검토				
증 거 물	있음				
비 고					

- 29 -

고 소 장

서초경찰서 접수인(1327호)(2021. 9. 13.)

고 소 인   최 고 객 (인적사항 생략)
피고소인   이 을 녀 (인적사항 생략)
죄   명   무고 및 모욕

1. 저는 사립학교 법인인 명문대학교의 교수로 이을녀와는 보험계약 건으로 알게 되었는데, 제가 이을녀를 통해 가입한 보험계약에 문제가 있어 이을녀와 다툼이 있던 중에 이을녀가 저에게 원한을 품고 제가 교수로 재직하던 대학교에서 징계처분을 받게 할 목적으로, 2021. 3. 7. 14:00경 국민권익위원회에서 운영하던 범정부 국민포털인 국민신문고에 저의 정교수 승진이 허위 경력증명서에 기한 것이므로 정교수 승진을 취소하는 징계가 이루어져야 한다는 내용으로 민원을 제기하여 저를 무고하였습니다.

2. 또한 2021. 3. 7. 14:00경 국민권익위원회에서 운영하던 범정부 국민포털인 국민신문고에 위와 같이 민원을 제기하면서 저를 "도둑놈, 죽일놈"이라고 지칭하여 공연히 저를 모욕하였습니다.

3. 피고소인에 대한 강력한 처벌을 원합니다.

첨부 서류 : 민원 출력물 1부 (생략)

2021. 9. 13.

고소인 최 고 객 ㊞

서울서초경찰서장 귀중

[58] 고소인, 피고소인, 고소일자, 고소범행 등을 체크한다. 특히 고소일자는 고소장에 기재된 일자가 아니라 접수인에 찍혀 있는 일자임에 주의를 요한다.

고소범행 일자가 2021. 3. 7.인데, 고소일자가 2021. 9. 13.이므로 고소기간 도과여부를 체크하여야 한다.

[59] 고소장 다음에는 항상 고소인에 대한 진술조서(고소보충조서)가 등장한다. 범행 관련 내용은 진술조서 위주로 파악하도록 한다.

고소기간이 도과하였음을 확인할 수 있고, 이에 따라 이 부분 공소사실에 대한 결론이 공소기각판결(형소법 제327조 제2호)임을 바로 도출할 수 있다.

진 술 조 서

성 명 : 최 고 객	
주민등록번호, 직업, 주거, 등록기준지, 직장주소, 연락처 (각 생략)	

위의 사람은 피의자 이을녀에 대한 무고, 모욕 피의사건에 관하여 2021. 9. 15. 서울서초경찰서 수사과 사무실에 임의 출석하여 다음과 같이 진술하다.

[피의자와의 관계, 피의사실과의 관계 등(생략)]

문 진술인은 어떤 피해를 입었는가요.

답 저는 사립학교 법인 명문대학교의 교수인데 이을녀를 통해 가입한 보험에 문제가 있어 서로 다툼이 생겨 이을녀가 저에게 원한을 품고, 저에게 대학교에서 징계 처분을 받게 하려고 2021. 3. 7. 국민권익위원회 국민신문고에 저의 정교수 승진이 허위 경력증명서에 기한 것이라는 내용을 게시하여 저를 무고하였습니다.

문 진술인은 다른 피해도 입었는가요.

답 예, 이을녀가 위와 같은 허위의 사실을 적시한 민원을 제기하면서 저를 "도둑놈, 죽일놈"이라고 지칭하여 공연히 저를 모욕하였습니다.

문 진술인은 이을녀의 민원 내용을 언제 알게 되었나요.

답 이을녀가 민원을 제기한 다음 날인 2021. 3. 8. 동료 교수로부터 저에 대한 글이 국민권익위원회 국민신문고에 올라와 있다는 말을 듣고 그 날 내용을 확인하여 알게 되었습니다.

문 이을녀의 처벌을 원하는가요.

답 허위로 민원을 제기하고 저를 도둑놈으로 만들었으니 엄히 처벌해 주세요.

문 이을녀와 친인척 관계는 있는가요.

답 없습니다.

문 이상의 진술은 사실인가요.

답 예, 사실대로 진술하였습니다.

위의 조서를 진술자에게 열람하게 하였던바, 진술한 대로 오기나 증감·변경할 것이 전혀 없다고 말하므로 간인한 후 서명날인하게 하다.

진술자 최 고 객 (인)

2021. 9. 15.

서울서초경찰서

사법경찰관 경위 김 경 위 (인)

- 31 -

진 술 조 서

성   명 : 박목격
주민등록번호, 직업, 주거, 등록기준지, 직장주소, 연락처 (각 생략)

위의 사람은 피의자 김갑동에 대한 사기 등 피의사건에 관하여 2021. 10. 15. 서울서초경찰서 수사과 사무실에 임의 출석하여 다음과 같이 진술하다.

문 진술인은 피의자 김갑동, 이을녀와 어떤 관계인가요.
답 예, 저는 피의자 김갑동, 이을녀 둘 다를 알고 지내는 지인입니다.
문 진술인이 금일 당서에 출석하여 진술하는 이유는 무엇인가요.
답 예, 제가 피해자 오순진이 사망한 후에 피의자 김갑동과 술을 마셨는데 그 때 피의자 김갑동이 말하기를 "이을녀가 나에게 오순진을 죽이고 보험금을 받아 외국으로 도망가자고 하였다"고 저에게 말하여 그에 대해 진술하고자 합니다.
문 당시 상황을 구체적으로 진술할 수 있는가요.
답 예, 저는 김갑동과 사업상 친하게 지내는 사이로 2021. 9. 초순경 김갑동이 오순진이 죽어서 괴롭다면서 술을 마시자고 하여 함께 술을 마셨는데 김갑동이 저에게 이야기하기를 "2021. 7. 초순경 이을녀가 '오순진을 죽이고 보험금 50억 원을 받아 같이 외국으로 도망가자'고 말했는데 일이 이렇게 되었다"고 하였습니다.
문 이을녀가 김갑동에게 오순진을 죽이라고 시켰다는 말인가요.
답 예, 그렇습니다. 이을녀가 돈이 필요하다고 하면서 그렇게 말했다고 저에게 말하였습니다.
문 이상의 진술은 사실인가요.
답 **예, 사실대로 진술하였습니다.**

위의 조서를 진술자에게 열람하게 하였던바, 진술한 대로 오기나 증감·변경할 것이 전혀 없다고 말하므로 간인한 후 서명날인하게 하다.

진술자   박목격 ㉠

2021. 10. 15.

서울서초경찰서
사법경찰관   경위   김경위 ㉠

[60] 김갑동은 박목격의 진술조서에 대하여 증거동의하였으므로, 이 부분 증거능력에 대하여는 이을녀에 대하여만 검토한다.

피 의 자 신 문 조 서

피 의 자 : 김 갑 동

위의 사람에 대한 살인 등 피의사건에 관하여 2021. 10. 29. 서울서초경찰서 수사과 사무실에서 사법경찰관 경위 김경위는 사법경찰리 경사 이경사를 참여하게 하고, 아래와 같이 피의자임에 틀림없음을 확인하다.

문 피의자의 성명, 주민등록번호, 직업, 주거, 등록기준지 등을 말하십시오.
답 성명은 김갑동(金甲東)
주민등록번호, 직업, 주거, 등록기준지, 직장주소, 연락처 (각 생략)

사법경찰관은 피의사건의 요지를 설명하고 사법경찰관의 신문에 대하여 「형사소송법」 제244조의3에 따라 진술을 거부할 수 있는 권리 및 변호인의 참여 등 조력을 받을 권리가 있음을 피의자에게 알려주고 이를 행사할 것인지 그 의사를 확인하다.

[진술거부권 및 변호인 조력권을 고지하고 변호인 참여 없이 진술하기로 함(생략)]

이에 사법경찰관은 피의사실에 관하여 다음과 같이 피의자를 신문하다.

[피의자의 범죄전력, 경력, 학력, 가족·재산 관계 등(생략)]

[살인, 사기미수의 점]
문 피의자는 오순진을 알고 있나요.
답 예, 오순진은 제가 전 처와 사별한 후 저와 2010년경부터 함께 살고 있는 사람으로 혼인신고만 하지 않았을 뿐 실질적인 처입니다. 오순진은 이혼을 하고 혼자 살고 있었는데 2010년경 우연히 사업상 이유로 만나 친해지게 되었고 이후 마음이 맞아 혼인신고를 하지 않고 함께 살고 있는 사이입니다.
문 피의자는 오순진과 함께 차량을 타고 이동하다 사고가 나서 오순진이 사망한 사실이 있는가요.
답 예, 그런 사실이 있습니다. 2021. 8. 23. 새벽경 오순진과 함께 제 스타렉스 승합차를 타고 가다가 대구 근처에서 비상정차대에 정차되어 있던 화물차를 미처 발견하지 못하고 들이받아 오순진은 그 자리에서 사망하였고, 저도 약간 다쳤습니다.
문 위 교통사고로 오순진만 사망한 이유는 무엇인가요.
답 당일 제가 새벽에 운전을 하면서 졸음이 너무 많이 와서 잠깐 존 것 같습니다. 그래서 실수로 고속도로 비상정차대에 정차되어 있던 화물차를 발견하지

[61] 앞에서 검토했던 졸음운전 관련 내용을 다시 한번 확인할 수 있다.

- 33 -

문 못하고 제 스타렉스 오른쪽 부분으로 위 화물차를 들이받아 조수석에 타고 있던 오순진이 사망하였습니다. 그런데 당시 무슨 이유인지는 모르겠지만 오순진이 안전벨트를 하지 않아 그 자리에서 사망을 하였고, 저도 다쳐서 병원으로 후송되었습니다.

문 피의자는 어떤 상처를 입었나요.
답 저는 다행히 안전벨트를 하고 있었고 조수석 쪽만 화물차를 들이받아, 그 충격으로 사고 즉시 뇌진탕을 입어 정신을 잃었지만 운전대를 잡고 있던 팔 쪽만 다쳐 치료를 받고 곧바로 퇴원을 하였습니다. 사고 후에 듣기로는 제가 뇌진탕으로 정신을 잃고 있자 주변을 지나가던 화물차 기사가 119에 신고를 하여 제가 병원으로 후송되었다고 하였습니다.

문 피의자가 새벽 경에 사실혼 관계에 있는 처를 차에 태우고 운전한 이유는 무엇인가요.
답 그때는 여름이라 해가 일찍 떠서 업무를 빨리 시작하는데 당일 새벽 일찍 부산에 있는 거래처 관계자를 만나 납품을 받기 위해 새벽에 차를 운행한 것이었고, 원래는 저 혼자 부산에 갈 예정이었는데 제 처인 오순진도 당일 아침에 제 거래처 인근에서 다른 사람을 만난다고 하며 같이 가겠다고 따라나서서 함께 가게 된 것입니다.

[62] 역시 앞에서 검토했던 내용이므로 표현 정도만 추가로 정리한다.

문 피의자가 오순진에 대해서 생명보험에 가입하고 이를 청구한 사실이 있는가요.
답 예, 오순진의 친구인 이을녀가 보험설계사라서 이을녀의 부탁으로 오순진에 대한 생명보험을 몇 개 들어놓았고, 오순진이 사망하여 제가 2021. 9. 5.경 보험금 청구를 하였으나 보험회사에서 지급을 거절하여 받지는 못하였습니다.

문 어떤 이유로 보험회사에서 보험금 지급을 거절하였나요.
답 사실 이을녀의 부탁으로 2013년경 오순진에 대해 한화생명 보험을 가입하기는 하였지만 오순진의 허락 없이 이을녀가 오순진인 것처럼 하여 한화생명 보험에 가입한 것이어서 보험회사에서 이를 알고 보험금을 지급해주지 않았습니다. 다만 한화생명 보험 계약 건 외에는 오순진의 동의를 받아 2013년경부터 2019년경까지 1년에 1~2건 등 보험금 총액 49억 정도의 9개의 보험계약을 체결하였습니다.

[63] 보험계약 체결 관련 내용을 확인한다.

문 피의자가 2013년경부터 계속하여 이을녀를 통해 오순진에 대한 생명보험을 10여개 가입하여 매월 500만 원 상당의 보험료를 납부하였고, 수익자를 오순진의 상속인이 아닌 피의자로 지정한 것은 사실인가요.

- 34 -

답	예, 그건 맞습니다. 제가 오순진에 대한 보험료를 납부하고 있었기 때문에 수익자를 저로 한 것입니다.
문	오순진이 사망하자마자 오순진 명의로 가입한 생명보험 중 하나인 한화생명보험(주)에 1억 원의 생명보험금 지급을 청구한 것도 사실인가요.
답	예, 사실입니다.
문	피의자는 이을녀로부터 오순진을 살해하라는 취지의 말을 들었나요.
답	예, 그런 사실이 있습니다.
문	언제, 어디에서 그런 말을 들었나요.
답	2021. 7. 초순경 이을녀의 집인 샛별아파트에서 그런 말을 들었습니다.
문	이을녀가 어떤 이유로 그런 말을 하였나요.
답	사실은 제가 오순진 몰래 이을녀와 2013년경부터 내연관계로 지내고 있는데, 이을녀가 저와 오순진 사이를 질투하여 위와 같은 말을 한 것 같습니다.
문	위와 같은 사정을 종합하면 피의자는 2013년경부터 이을녀와 공모하여 오순진 몰래 오순진 명의로 생명보험에 가입한 후 오순진을 고의로 살해하고 보험금을 편취하려 한 것으로 보이는데 아닌가요.
답	그건 절대 아닙니다. 저는 오순진을 사랑하고 있었습니다. 그렇기 때문에 오순진을 살해할 이유가 없고 사업도 잘 되고 있어서 돈도 크게 필요하지 않았습니다. 1억 원을 받으면 그 돈을 이을녀에게 주려고 했던 것입니다.

[업무상배임의 점]
문	피의자는 2021. 2. 7. 15:00경 서울 서초구 강남대로 581에 있는 미래주식회사 사무실에서 실제로 경비 등 500만 원을 사용하지 않았으면서도 그런 사실이 있다고 500만 원에 대한 지급을 청구한 후 수령하여 대표이사로서의 임무를 위배한 사실이 있는가요.
답	예, 그런 사실이 있습니다. 오순진이 급히 돈이 필요하다고 하여 그렇게 되었습니다. 죄송합니다.

[절도의 점]
문	피의자는 사실혼 관계에 있던 오순진이 사망하자 오순진 소유이던 아파트에 대하여 자신의 소유권을 주장할 목적으로 2021. 8. 27. 14:00경 서울 서초구 서초대로1길 2, 101호에 있는 피의자와 오순진이 동거하던 주거지에서 위 아파트 등기필증 등 이전등기 관련 서류가 들어 있던 시가 100만 원 상당의 가방 1개를 가지고 간 사실이 있나요.
답	예, 그렇습니다.

[64] 이을녀의 살인교사의 점에 대하여 신빙성 탄핵의 대상이 되는 진술이다.

[65] 이미 쟁점과 결론을 찾은 공소사실에 대한 내용은 빠르게 읽고 넘어가도록 한다.

문 위 서류와 가방은 누구 소유인가요.
답 위 서류와 가방은 생전 오순진 소유이고 오순진이 자신의 방 장롱 속에 감추어 둔 것입니다. 오순진이 사망하여 유일한 상속인인 오순진의 아들 나소학의 소유로 보이나, 제가 오순진과 동거하여 저에게도 어느 정도 권리가 있다고 생각하고 아파트에 대한 제 소유권을 주장하기 위해 가져간 것입니다. 현재까지는 나소학이 아파트에서 나가라고 요구한 적도 없고 평소에 다른 곳에 살고 있어 찾아오지도 않았으며, 오순진 사후에 등기서류나 가방을 달라고 한 적도 없습니다.
문 위 서류가 든 가방은 어디에 있나요.
답 오순진 아파트에서 나와서 현재는 이을녀 집에서 거주하고 있는데 등기서류 등을 사용할 기회가 있으면 바로 사용하기 위해서 제 차에 보관 중입니다.
문 위 등기필증 등이 들어 있는 가방을 제출할 수 있나요.
답 예, 제 차에 있어서 지금 제출하겠습니다.
(피의자가 제출한 등기필증 등이 들어 있는 가방을 임의 제출받다.)
문 이상의 진술에 대하여 이의나 의견이 있나요.
답 **없습니다.**

위의 조서를 진술자에게 열람하게 하였던바, 진술한 대로 오기나 증감·변경할 것이 전혀 없다고 말하므로 간인한 후 서명무인하게 하다.

진술자 김갑동 (무인)

2021. 10. 29.

서울서초경찰서
사법경찰관 경위 김경위 ㊞
사법경찰리 경사 이경사 ㊞

[66] 상속인인 피해자의 점유취득 여부에 대한 정확한 설시이다. 이 부분 기재를 답안 기재시 적극적으로 활용하도록 한다.

[67] 전문법칙에 따라 증거능력이 부정되는 조서이므로, 기재된 내용을 따로 탄핵할 필요는 없다.

피의자신문조서 (제2회)

피의자: 김갑동

위의 사람에 대한 살인 등 피의사건에 관하여 2021. 11. 9. 서울서초경찰서 수사과 사무실에서 사법경찰관 경위 김경위는 사법경찰리 경사 이경사를 참여하게 하고, 피의자에 대하여 아래의 권리들이 있음을 알려주고 이를 행사할 것인지 그 의사를 확인하다.

[진술거부권 및 변호인 조력권을 고지하고 변호인 참여 없이 진술하기로 함(생략)]

이에 사법경찰관은 피의사실에 관하여 다음과 같이 피의자를 신문하다.

문 피의자는 전회 오순진을 살해하였다는 사실로 경찰조사를 받은 사실이 있지요, 그때 모두 사실대로 진술하였나요.
답 예, 그렇습니다. 저는 오순진을 죽인 사실이 없습니다.
문 그런데 한화생명 보험을 오순진 모르게 체결한 것을 보면 피의자가 처음부터 오순진을 살해할 것을 생각하였고 이후 실제 살해한 것이 아닌가요.
답 (........고개를 푹 숙이며) 죄송합니다. 사실은 거짓으로 진술하였습니다.
문 무엇이 거짓이라는 것인가요.
답 제가 교통사고를 가장해서 오순진을 죽였습니다.
문 피의자가 전회와 달리 갑자기 살인 범행을 자백하는 이유는 무엇인가요.
답 제가 양심의 가책을 느껴 자백하는 것입니다.
문 피의자가 오순진을 어떻게 살해하였는지 자세히 진술해보세요.
답 당일 새벽에 스타렉스를 운전하고 가다가 커브길을 도는데 비상정차대에 화물차가 정차해 있어서 순간적으로 오순진을 죽여야겠다고 생각하고 들이받았습니다.
문 이상의 진술에 대하여 이의나 의견이 있나요.
답 **없습니다.**

위의 조서를 진술자에게 열람하게 하였던바, 진술한 대로 오기나 증감·변경할 것이 전혀 없다고 말하므로 간인한 후 서명무인하게 하다.

진술자 김갑동 (무인)
2021. 11. 10.
서울서초경찰서
사법경찰관 경위 김경위 ㊞
사법경찰리 경사 이경사 ㊞

[68] 김갑동의 살인의 점 등에 대한 부족증거에 해당한다.

서 울 서 초 경 찰 서

2021. 11. 10.

제2021-(생략)호
수 신 : 경 찰 서 장
참 조 : 수 사 과 장
제 목 : 수사보고(피의자 김갑동 긴급체포 경위 등)

    피의자 김갑동에 대한 1회 조사 후 한화생명보험(주) 직원인 서한화(010-****-****)에게 전화하여 오순진 사망 보험금 지급이 되지 않은 이유를 문의하니,

    서한화는 오순진이 사망하여 보험금을 지급하려고 하였으나, 보험계약서에 서명된 글씨체와 보험설계사인 이을녀의 글씨체가 너무나 유사하여 문제가 있는 것 같아서 지급이 보류된 상태라고 진술하였고,

    이에 서한화로부터 보험계약서를 팩스로 제출받아 확인해보니 보험계약서에 기재된 오순진의 서명과 이을녀의 필체가 육안으로 보아도 동일하며, 참고인 박목격의 진술 등을 종합할 때 피의자 김갑동이 보험금을 편취할 목적으로 오순진 명의로 생명보험계약을 체결한 후 오순진을 살해한 것으로 보여 지고, 피의자 김갑동이 외국으로 도망할 우려가 있다고 판단되어 피의자 김갑동을 어제(2021. 11. 9. 10:00) 피의자 김갑동이 현재 거주하고 있는 서울 강남구 강남대로67길 5, 108동 101호(샛별아파트) 이을녀의 거주지에서 살인죄로 긴급체포하였음을 수사보고합니다.

경로	지 휘 및 의 견	구 분	결 재	일 시
경위 김경위	생략	기안	생략	생략
경감 장경감	생략	결재	생략	생략

[69] 긴급체포 후 24시간이 경과한 후 압수하였고, 사후영장 또한 발부받지 아니하였다. 따라서 압수된 메모리카드는 위법수집증거에 해당하고, 이에 대한 압수조서 등은 독수의 과실에 해당하다.

압 수 조 서

피의자 김갑동에 대한 살인 등 피의사건에 관하여 2021. 11. 10. 12:00경 서울 강남구 강남대로67길 5, 108동 101호(샛별아파트)에 있는 피의자 김갑동의 현 거주지에서 사법경찰관 경위 김경위는 사법경찰리 경사 이경사를 참여하게 하고 별지 목록의 물건을 다음과 같이 압수하다.

압 수 경 위

본직들이 2021. 11. 9. 10:00경 피의자 김갑동을 피해자 오순진에 대한 살인 및 그로 인한 보험금지급 청구와 관련한 사기미수에 대해 각 피의사실의 요지, 체포의 이유와 변호인을 선임할 수 있음을 고지하고 변명의 기회를 준 후 김갑동을 긴급 체포하였으며, 경찰조사를 통해 피의자가 살인 범행을 자백하여 추가로 살인 범행과 관련한 증거물을 확보할 필요가 있다고 판단하여,

형사소송법 제217조 제1항의 규정에 의하여 2021. 11. 10. 12:00경 서울 강남구 강남대로67길 5, 108동 101호(샛별아파트)에 있는 피의자 김갑동의 현 거주지를 긴급압수수색하여 그 곳 안방 안 서랍에 있던 2021. 8. 23. 발생한 오순진에 대한 살인 관련 스타렉스 자동차 블랙박스 메모리 카드 1개(범행 전에 "안전벨트 안 했네"라는 피의자 김갑동의 진술이 녹음되어 있음)를 발견하여 영장 없이 압수하다.

참여인	성 명	주민등록번호	주 소	서명 또는 날인
			(기재 생략)	

2021년 11월 10일

서울서초경찰서 수사과
사법경찰관 경위 김 경 위 (인)
사법경찰리 경사 이 경 사 (인)

압 수 목 록

번호	품 명	수량	소지자 또는 제출자	소유자	경찰 의견	비고
1	메모리카드	1개	김갑동(인적 사항 생략)	김갑동	(생략)	
2						

피 의 자 신 문 조 서

> 피의자 : 이을녀
> 위의 사람에 대한 살인교사 등 피의사건에 관하여 2021. 11. 12. 서울서초경찰서 수사과 사무실에서 사법경찰관 경위 김경위는 사법경찰리 경사 이경사를 참여하게 하고, 아래와 같이 피의자임에 틀림없음을 확인하다.

문 피의자의 성명, 주민등록번호, 직업, 주거, 등록기준지 등을 말하십시오.
답 성명은 이을녀(李乙女)
 주민등록번호, 직업, 주거, 등록기준지, 직장주소, 연락처 (각 생략)

사법경찰관은 피의사건의 요지를 설명하고 사법경찰관의 신문에 대하여 「형사소송법」 제244조의3에 따라 진술을 거부할 수 있는 권리 및 변호인의 참여 등 조력을 받을 권리가 있음을 피의자에게 알려주고 이를 행사할 것인지 그 의사를 확인하다.

[진술거부권 및 변호인 조력권을 고지하고 변호인 참여 없이 진술하기로 함(생략)]

이에 사법경찰관은 피의사실에 관하여 다음과 같이 피의자를 신문하다.

[피의자의 범죄전력, 경력, 학력, 가족·재산 관계 등(생략)]

[살인교사, 사기미수의 점]

문 피의자는 오순진을 알고 있나요.
답 예, 제 친구이기도 하고 저와 내연관계에 있는 김갑동의 처입니다.
문 피의자는 김갑동에게 오순진을 살해하여 보험금을 받아 외국으로 떠나자고 한 사실이 있는가요.
답 제가 오순진을 살해하라는 말을 한 사실은 없습니다. 저는 오순진에 대한 질투심으로 김갑동에게 오순진이 죽었으면 좋겠다는 말은 하였지만 정말로 김갑동이 교통사고를 가장하여 오순진을 죽일 줄은 몰랐습니다.
문 피의자도 김갑동이 오순진을 살해한 것은 맞다는 취지로 진술하는 것인가요.
답 형사님이 정황상 그렇다고 하니 저는 그런 줄 아는 것입니다. 진실한 사실이 무엇인지는 저는 알지 못합니다.
문 피의자는 오순진 명의로 생명보험계약을 체결한 사실이 있는가요.
답 예, 그런 사실은 있습니다. 2013. 6. 20.경 제가 김갑동에게 보험을 좀 들어달라고 했는데 김갑동이 오순진은 보험을 별로 좋아하지 않으니 오순진 몰래 생명보험을 가입하라고 하여 제가 오순진 대신 서명하여 한화생명보험(주) 보험

[70] 이을녀의 살인교사의 점에 대한 무죄논증의 핵심내용이다.

에 가입한 후 이를 근거로 김갑동이 2021. 9. 5.경 한화생명보험(주)에 보험금을 청구하였다가 이 사단이 났다고 들었습니다.

문 그렇다면 피의자는 김갑동의 보험금 청구에 관여한 것은 없다는 말인가요.

답 제가 오순진 대신 생명보험 계약을 체결하고 가입자란에 '오순진'이라고 서명한 것이 잘못이라면 잘못인데 보험금 청구는 저와는 관계 없습니다.

문 2013년경 한화생명보험(주)에 보험을 체결한 이후에도 오순진에 대한 생명보험을 체결한 사실이 있는가요.

답 예, 김갑동이 저를 통해서 가입을 하기도 하였지만 다른 보험 설계사를 통해서도 오순진에 대한 생명보험을 든 것으로 알고 있습니다. 2013년경 한화생명보험 이외에는 모두 오순진의 동의를 받고 생명보험에 들었습니다.

[교통사고처리특례법위반(치상), 도로교통법위반(무면허운전)의 점]

문 피의자는 서울54노1234호 아반떼 승용차를 운전하지요.

답 예, 제 소유의 승용차입니다.

문 아반떼 승용차를 운전하다가 사고를 낸 사실이 있나요.

답 예, 2020. 7. 8. 21:00경 서울 서초구에 있는 우리은행 서초지점 앞에서 사고가 났습니다.

문 사고가 발생한 경위는 어떠한가요.

답 제가 우리은행 서초지점이 있는 건물 지하주차장에 차를 주차하기 위해서 보도 쪽으로 올라가 주차장 입구로 진행하던 중에 보행자를 발견하지 못하고 차로 치었습니다.

문 지하주차장으로 가기 위해서는 보도를 통과할 수 밖에 없었나요.

답 예, 지하주차장 입구가 건물 1층에 있어서 차도에서 보도로 올라가 통과하지 않으면 주차장으로 내려갈 수 없습니다.

문 차도와 보도는 경계가 명확한가요.

답 예, 보도가 차도보다 더 높고 연석선이 설치되어 있어서 경계가 확실히 구분됩니다.

문 보도가 차도보다 더 높은데 차가 차도에서 보도로 진입이 가능한가요.

답 예, 차도와 보도 사이에 철판으로 된 경사로가 있습니다. 그 경사로를 이용하면 보도로 올라갈 수 있습니다.

문 피의자는 운전 당시 면허취소 상태였지요.

답 사고가 나고 경찰이 출동해서 제 면허를 조회하더니 면허취소라고 하더라고요. 그런데 저는 면허가 취소된 사실을 전혀 몰랐습니다.

[71] 보험계약 체결에만 관여하고, 보험금 청구에는 관여하지 아니하였으므로 불가벌적 사기예비에 불과하다.

[72] 도교법 제13조 제1항 단서에 따른 허용되는 보도침범이다. 해당 내용은 도교법 규정 내용부터 확인하고 문제를 풀었어야 한다.

문	피의자는 정기적성검사를 기간 내에 받지 않아 면허가 취소되었던데 본인의 면허가 취소된 것을 몰랐다는 말인가요.
답	예, 정기적성검사를 받으라는 통지도 없었고, 솔직히 적성검사기간 자체도 잘 몰랐습니다.
문	피의자가 정기적성검사를 받지 않아 범칙금이 부과된 사실이 있나요.
답	제가 그런 통지를 받은 사실도 없습니다.
문	피의자는 1종 운전면허를 발급받았지요.
답	예, 그렇습니다.
문	피의자의 운전면허증 앞면에 적성검사기간이 2019. 6. 4.까지로 되어 있고, 뒷면에는 '적성검사를 기간 내에 받지 아니하면 범칙금이 부과되며, 1년이 지나면 운전면허가 취소됩니다.'라는 경고문구가 있는데도 몰랐다는 말인가요.
답	예, 면허증을 그렇게 자세히 보지 않아서 몰랐습니다.
문	정기적성검사기간 만료일인 2019. 6. 4.로부터 10개월이 경과되기 전인 2020. 1. 6. 조건부운전면허취소처분 결정통지서가 발송되었는데 소재불명(이사감)을 이유로 반송되었고, 이에 운전면허취소처분 사실이 14일간 공고된 이후 2020. 6. 22. 운전면허가 최종적으로 취소되었는데 전혀 몰랐다는 말인가요.
답	예, 지금 확인하니 면허취소 절차가 적법하게 취해진 사실은 맞지만, 제가 그 사실을 알지 못하여 운전을 했던 것입니다.
문	왜 그 사실을 알지 못하였나요.
답	제가 2년 전인 2019. 11. 4. 신림동에서 현재 살고 있는 샛별아파트로 이사했는데, 전입신고를 아직 하지 않아서 알지 못했습니다.
문	교통사고 이후 조사를 위해서 수차례 연락을 했는데 왜 연락이 되지 않았나요.
답	예, 제가 전화를 받지 못해서 죄송합니다.
문	과거에 정기적성검사를 받지 않아 면허취소가 된 경험이 있나요.
답	아니요, 없습니다.
문	본 건 교통사고로 인해 피해자가 전치 4주의 대퇴부골절상을 입었다고 진단서를 제출하였는데 이에 대해 인정하나요.
답	예, 피해자가 차에 치여서 우측으로 넘어져 우측 대퇴부골절상을 입었습니다. 죄송합니다.
문	피의자의 승용차는 종합보험에 가입되어 있나요.
답	예, 종합보험에 가입되어 있고 사고 후 즉시 보험회사에 사고접수 했습니다.

[73] 이을녀가 면허취소사실을 인식하지 못하였음을 확인할 수 있다.

[74] 도교법위반(무면허운전)에 대하여 무죄로 논증하고, (위법한) 보도침범을 부정하는 이상, 종합보험가입을 이유로 이 부분 공소사실에 대하여 공소기각판결(형소법 제327조 제2호)이 가능하다.

[무고의 점]

문 피의자는 평소 다툼이 있던 최고객에게 원한을 품고 최고객이 교수로 재직하던 사립학교법인인 명문대학에서 징계처분을 받게 할 목적으로 2021. 3. 7. 국민권익위원회에서 운영하던 범정부 국민포털인 국민신문고에 최고객의 정교수 승진이 허위 경력증명서에 기한 것이므로 정교수 승진을 취소하는 징계가 이루어져야 한다는 민원을 제기한 사실이 있나요.

답 예, 그렇습니다.

문 피의자는 최고객의 경력증명서가 허위라는 것을 입증할 증거가 있나요.

답 구체적인 증거는 없지만 최단기간 승진이라 경력증명서가 허위라고 제 나름대로 생각하여 민원을 제기한 것입니다.

[모욕의 점]

문 피의자는 2021. 3. 7. 국민권익위원회에서 운영하던 범정부 국민포털인 국민신문고에 제기한 위 민원에서 피해자 최고객을 "도둑놈, 죽일놈"이라고 표현하여 기재한 사실이 있나요.

답 예, 그렇습니다.

문 위 민원은 불특정 다수의 사람이 볼 수 있다는 사실을 알고 있었나요.

답 예, 누구나 볼 수 있는 것으로 최고객을 망신주기 위하여 그렇게 한 것입니다.

문 이상의 진술에 대하여 이의나 의견이 있나요.

답 없습니다.

위의 조서를 진술자에게 열람하게 하였던바, 진술한 대로 오기나 증감·변경할 것이 전혀 없다고 말하므로 간인한 후 서명무인하게 하다.

진술자 이 을 녀 (무인)

2021. 11. 12.

서울서초경찰서

사법경찰관 경위 김 경 위 ㊞

사법경찰리 경사 이 경 사 ㊞

- 43 -

피의자신문조서(대질)

성   명 : 김갑동
주민등록번호 : (생략)

위의 사람에 대한 살인 등 피의사건에 관하여 2021. 11. 14. 서울중앙지방검찰청 703호 검사실에서 검사 김수호는 검찰주사 이주사를 참여하게 한 후, 아래와 같이 피의자임에 틀림없음을 확인하다.
주민등록번호, 직업, 주거, 등록기준지, 직장 주소, 연락처 (각 생략)

검사는 피의사실의 요지를 설명하고 검사의 신문에 대하여 「형사소송법」 제244조의3에 따라 진술을 거부할 수 있는 권리 및 변호인의 참여 등 조력을 받을 권리가 있음을 피의자에게 알려주고 이를 행사할 것인지 그 의사를 확인하다.

[진술거부권 및 변호인 조력권을 고지하고 변호인 참여하여 진술하기로 함(생략)]

[피의자의 병역, 학력, 가족 관계, 재산 및 월수입, 건강 상태 등(생략)]

[살인 및 사기미수의 점]

문 피의자는 사실혼 관계에 있는 피해자 오순진을 교통사고를 가장하여 살해한 사실이 있는가요.
답 그런 사실이 없습니다. 경찰 조사에서는 경찰관들이 잠을 재우지 않고 밤샘조사를 하여 강압에 못 이겨 보험금을 받으려고 오순진을 교통사고로 죽였다고 허위로 진술하였으나 그것은 사실이 아닙니다.
문 경찰 제2회 피의자신문시에 밤샘조사 등이 이루어져 허위로 자백하였다는 것인가요.
답 예, 그렇습니다. 제가 월 수입이 1,700만 원 가량 되어 오순진 앞으로 약 월 500만 원의 보험료를 납입하고, 다른 가족들 명의로도 보험료를 월 400만 원 정도 납입하고 있습니다. 또 보험을 담보로 대출을 받아 다른 부동산을 구입하는 등 투자도 하고 있어 오순진을 살해할 만큼 돈이 필요하지도 않았고, 제가 정에 약해 이을녀 다른 보험설계사들의 보험가입 요청을 거절하지 못해 어쩔 수 없이 보험에 가입한 것입니다.
문 피의자는 경찰 2회 조사에서 사실은 커브길을 돌다가 8톤 화물차가 정차해 있어 그대로 들이받아 오순진을 살해하였다고 진술하였는데 사실이 아니라는 것인가요.

[75] 경찰단계 기록에서 다소 장황하게 기재된 사실관계나 쟁점들을 검찰단계 기록에서 정리하여 제시해주는 경우가 많다. 따라서 공판기록을 읽은 후 검찰기록부터 읽고 경찰단계 기록을 읽는 것도 유효한 수험전략이 될 수 있다.

[76] 경찰단계 기록부터 읽은 경우 대부분 이미 확인한 쟁점과 관련된 내용이므로 빠르게 읽고 넘어가도록 한다.

[77] 경찰단계 진술에 대한 번복 진술이다. 일관성이 부정된다고 하여 신빙성 탄핵의 근거가 된다.

답 예, 사실이 아닙니다. 사고 당시에 커브길에서 졸음운전으로 8톤 화물차를 미처 보지 못하고 속도를 줄이지 못해 실수로 들이받은 것이지 제가 일부러 오순진을 살해하기 위해 들이받은 것은 아닙니다. 제 말을 믿어 주시기 바랍니다.

문 피의자는 박목격에게 이을녀가 오순진을 살해하라고 교사하였다는 취지로 말한 사실이 있나요.

답 그런 말을 한 사실이 있는지 잘 기억이 나지 않습니다.

문 피의자는 2021. 8. 23.경 오순진이 사망하자 오순진에 대한 생명보험금을 한화생명보험(주)에 청구한 사실이 있는가요.

답 예, 오순진에 대한 보험금을 청구하였는데 보험사에서 보험계약서 상 오순진의 서명이 보험설계사인 이을녀의 글씨체와 동일하다는 이유로 보험금을 지급해 주지 않았습니다.

문 오순진이 실제 보험에 가입한 것은 맞는가요.

답 오순진이 보험 가입하는 것을 좋아하지 않아 오순진에게 이야기 하지 않고 제가 동의하여 이을녀가 오순진 명의로 생명보험에 가입하였기 때문에 오순진은 한화생명보험(주)의 보험가입 사실은 알지 못합니다.

문 이을녀가 보험금을 받으면 자신에게 달라고 한 사실이 있나요.

답 이을녀가 그런 말을 하지는 않았지만 이을녀의 경제상황을 고려해서 제가 이을녀에게 주려고 하였습니다.

이때 검사는 피의자 김갑동을 퇴실하게 하고 피의자 이을녀를 입실하게 하다.

문 피의자의 성명, 주민등록번호, 직업, 등록기준지 등을 진술하세요.

답 성명은 이을녀
(기타 인적 사항 생략)

검사는 피의사실의 요지를 설명하고 검사의 신문에 대하여 「형사소송법」제244조의3에 따라 진술을 거부할 수 있는 권리 및 변호인의 참여 등 조력을 받을 권리가 있음을 피의자에게 알려주고 이를 행사할 것인지 그 의사를 확인하다.

[진술거부권 및 변호인 조력권을 고지하고 변호인 참여하여 진술하기로 함(생략)]

[피의자의 병역, 학력, 가족 관계, 재산 및 월수입, 건강 상태 등(생략)]

[살인 및 사기 미수의 점]

이때 검사는 피의자 김갑동을 입실하게 하고 아래와 같이 이을녀와 대질신문하다.

이을녀에게

문 피의자는 박목격의 진술과 같이 피의자 김갑동에게 오순진을 죽이고 보험금을 받아 외국으로 가자고 한 사실이 있는가요.

답 제가 오순진을 죽이자고 한 사실은 없습니다. 저는 김갑동의 살인과는 아무런 관련이 없습니다.
문 피의자는 2013. 6. 20.경 오순진에 대한 생명보험계약을 체결하면서 오순진으로부터 동의를 받았는가요.
답 그때는 실적달성이 너무 급해서 사실 오순진의 허락 없이 김갑동의 동의만 받고 생명보험에 가입하였습니다. 다만 저는 2021. 9. 5.경 김갑동이 한화생명보험(주)에 보험금을 청구하는 것은 전혀 알지 못하였습니다.
문 피의자는 보험설계사로 장기간 근무하였는데, 보험설계사 부탁으로 가입하여 8년 가까이 유지해 온 생명보험의 피보험자가 사망하면 통상적으로 보험설계사를 통하여 보험금을 청구하는 것이 아닌가요.
답 꼭 그렇지는 않습니다. 보험설계사를 통할 수도 있고 직접 청구를 할 수도 있습니다.

김갑동에게
문 이을녀는 2021. 9. 5.경 보험금 청구에 대해서는 알지 못한다고 하는데 아닌가요.
답 이을녀도 보험금 청구를 알고 있었을 것입니다.

피의자들에게
문 조서에 진술한 대로 기재되지 아니하였거나 사실과 다른 부분이 있나요.
답 (김갑동) 없습니다. (이을녀) 없습니다.

위의 조서를 진술자에게 열람하게 하였던바, 진술한 대로 오기나 증감·변경할 것이 전혀 없다고 말하므로 간인한 후 서명무인하게 하다.

진술자 김갑동 (무인)
변호인 김변호 (인)
진술자 이을녀 (무인)
변호인 한검토 (인)

2021. 11. 14.

서울중앙지방검찰청
검　　사　　김수호 ㉞
검찰주사　　이주사 ㉞

[78] 이을녀의 사기미수와 관련하여 신빙성 탄핵의 대상이 되는 진술이다.

서울중앙지방검찰청

주임검사 ㊞

수신   검사 김수호
제목   수사보고(계좌추적결과보고)

[79] 김갑동이 투자목적으로 보험계약을 체결하였다는 점을 뒷받침하는 내용이다.

당 검사실에서 법원으로부터 피고인 김갑동에 대한 금융계좌추적용 압수수색영장을 적법하게 발부받아 계좌추적을 실시한 바, 피고인 김갑동은 자신의 계좌에 평균 잔액 2,000만 원 상당의 자금을 보유하고 있었고, 자금이 필요하면 기존에 가입한 보험을 담보로 대출을 받는 금융시스템을 수회 이용하였으며, 그 자금으로 부동산 등을 구입한 사실이 있음을 확인하였는 바 이에 수사보고합니다(아래 계좌추적 결과 발췌내용 참고).

명의자	일시	은행명	입금(원)	출금(원)	잔액(원)	적요
김갑동	2015. 1. 1.	하나	-	-	100,000,500	
〃	2015. 4. 4.	하나	4,000,000		150,000,700	보험담보대출
〃	2016. 5. 4.	하나		9,850,000	120,000,000	자동차대금결제
〃	2017. 1. 8.	하나		98,000,000	32,000,500	토지매수계약금
〃	2017. 6. 5.	신한		2,000,000	20,400,000	카드대금결제
〃	2018. 3. 2.	부산	9,000,000		9,012,000	보험담보대출
〃	2019. 1. 8.	대구	15,000,000		15,042,000	보험담보대출
〃	2020. 2. 1.	신한		800,000	15,000,542	카드대금결제
〃	2020. 3. 4.	신한	7,000,000		21,123,000	보험담보대출
〃	2020. 6. 2.	신한	17,000,000		22,000,600	월급
〃	2020. 7. 6.	신한	8,000,000		25,000,540	보험담보대출

2021. 11. 16.

위 보고자 검찰주사   이 주 사   ㊞

[80] 생략된 증거라도 필요한 경우 답안에서 인용·검토하여 기재한다

법원에 제출되어 있는 기타 증거들

※ 편의상 다음 증거서류의 내용을 생략하였으나, 법원에 증거로 적법하게 제출되어 있음을 유의하여 검토할 것.

○ 민원 출력물(2021. 9. 13.자 고소장에 첨부된 서류)
 - 2021. 3. 7. 14:00경 국민권익위원회에서 운영하던 범정부 국민포털인 국민신문고에 게시된 자료 출력물
 - 이을녀가 명문대학 교수인 피해자 최고객의 정교수 승진이 허위 경력증명서에 기한 것이므로 정교수 승진이 취소되는 징계가 이루어져야 한다는 것과 이을녀가 위 민원에서 피해자 최고객을 "도둑놈, 죽일놈"이라고 지칭한 내용

○ 고소장 및 진술조서(나소학)
 - 2021. 8. 27. 저녁경 어머니 오순진 사망 후 유품을 정리하기 위해 서울 서초구 서초대로1길 2. 101호 아파트를 찾아갔는데 아파트 등기필증 등 평소 어머니가 보관하고 있던 가방이 보이지 않아 곧바로 경찰에 고소를 하였다는 내용

○ 수사보고(검시조서 및 사망진단서 첨부)
 - 변사자 오순진에 대한 검사의 직접 검시 조서와 오순진이 2021. 8. 23. 03:41경 저혈량성 쇼크 등으로 사망하였다는 사망진단서를 각각 첨부하였다는 내용

○ 수사보고(오순진 사망 관련 비상정차대 위치 사진 첨부 및 설명)
 - 변사자 오순진의 사망과 관련하여 현장에 임하여 비상정차대 위치를 확인한 바, 대구 북구에 있는 경부고속도로 하행 360km 지점 5차로 우측에 있음을 확인하고 현장사진을 촬영하여 첨부하였다는 내용

○ 2021. 10. 29.자 압수조서·압수목록
 - 김갑동 조사 시, 망 오순진 소유이던 아파트 등기필증 등 관련 서류가 들어 있는 가방(증 제1호) 1개를 김갑동으로부터 임의로 제출받아 형사소송법 제218조에 따라 압수하였다는 내용

○ 진술조서(고은아)
 - 2020. 7. 8. 21:00경 서울 서초구 법원로 123에 있는 우리은행 서초지점 앞 보도를 걸어가던 중 갑자기 아반떼 승용차가 보도를 침범하여 자신을 충격하여 바닥에 넘어졌고, 신고를 받고 출동한 경찰관과 소방대원들이 현장을 정리하였고 곧바로 자신도 피해자 조사를 받았다는 내용

○ 상해진단서(고은아)
- 2020. 7. 8. 21:00경 발생한 교통사고로 피해자 고은아가 약 4주간의 치료를 요하는 우측 대퇴부골절상을 입었다는 내용

○ 교통사고실황조사서 및 사고현장 사진
- 2020. 7. 8. 21:00경 서울 서초구 법원로 123에 있는 우리은행 서초지점 앞에서 피의자 이을녀가 운전하는 서울54노1234호 아반떼 승용차가 보도를 통행하던 보행자 고은아를 충격하고, 사고 현장은 차도와 보도의 구분이 명백한 곳이며 지하주차장으로 진입하기 위해서는 보도를 횡단해야 하는 구조라는 내용

○ 자동차운전면허대장
- 2020. 6. 22. '정기적성검사 미필' 사유로 피의자 이을녀의 운전면허가 취소처분 되었다는 내용

○ 피의자 이을녀의 운전면허증 앞·뒷면 사본
- 앞면에 적성검사기간이 '2018. 12. 5. ~ 2019. 6. 4.'로 기재, 뒷면에 '적성검사를 기간 내에 받지 아니하면 범칙금이 부과되며, 1년이 지나면 운전면허가 취소됩니다.'라고 기재된 내용

[81] 이와 같은 기재가 있다는 사정만으로 무면허운전에 대한 인식이 있다고 볼 수 없다는 것이 판례이다.

○ 수사보고(운전면허취소 통지 및 공고 확인)
- 피의자 이을녀가 정기적성검사를 받지 아니하여 구 도로교통법 제93조 및 구 도로교통법 시행규칙 제93조, 제94조에 의해 정기적성검사기간 만료일인 2019. 6. 4.로부터 10개월이 경과되기 전인 2020. 1. 6. 조건부운전면허취소처분 결정통지서가 발송되었는데 소재불명(이사감)을 이유로 반송되었고,
- 이에 운전면허취소처분 사실이 14일간 공고된 이후 최종적으로 2020. 6. 22. 운전면허가 적법하게 취소되었음을 확인하고 통지서 사본, 반송 서면 사본, 공고문 사본을 첨부하였다는 내용

○ 자동차종합보험 가입사실 증명원
- 2020. 7. 8.경 교통사고 당시 서울54노1234호 아반떼 승용차가 자동차종합보험에 가입되어 있다는 내용

○ 수사보고(피의자 김갑동의 업무상배임 수사경과)
- 피의자 김갑동의 업무상 배임 사건과 관련하여 익명의 회사 관계자의 제보로 경찰수사가 시작되어 피의자 김갑동이 자백하고 관련 증거에 의해 혐의가 충분히 인정되므로 살인 사건 등과 병합 수사하였다는 내용

○ 수사보고(피의자 김갑동 살인 관련 119신고 내역 확인)
- 피의자 김갑동의 살인 혐의와 관련하여 2021. 8. 23. 새벽 경 고속도로 우측 바깥쪽 비상정차대에서 발생한 교통사고에 대한 119 신고 내역을 확인한 바, 당일 김갑동 운전의 스타렉스를 따라가던 화물차 운전자 김운수(010-****-****)가 현장을 목격하고 119 신고를 하였으며 이에 따라 소방대원이 출동하여 현장을 살펴본 바,
- 피해자 오순진은 안전벨트를 착용하지 않은 채 사망한 상태였고, 피의자 김갑동은 의식을 잃은 채 팔 부위에 상처가 있었으며 2톤 상당의 피의자 김갑동이 운전하던 스타렉스 승합차 조수석이 밀려 들어가 8톤 화물차 아래에 끼어 있었던 상태였다는 내용

○ 수사보고[한화생명보험㈜에 대한 보험금청구인 확인불가]
- 피의자 김갑동, 피의자 이을녀가 한화생명보험(주)에 보험금을 청구한 경위 등과 관련하여 진술이 불일치하여 한화생명보험(주)을 통해 확인해 본 바, 보험금 청구는 수익자가 할 수 있는 것으로 보험설계사인 이을녀가 보험금 청구에 관여하였는지 여부에 대해서는 전산 상으로 확인이 되지 않는다는 내용

○ 피고인들에 대한 각 범죄경력자료 조회회보서
- 김갑동 : 서울중앙지방법원 2021. 11. 20. 선고, 사기, 징역 8월 집행유예 2년
- 이을녀 : 전과 없음

[82] 이을녀는 초범이고, 김갑동에는 살인 등과 무관한 사기전과만이 존재한다.

확 인 : 법무부 법조인력과장

2022년 제11회 변호사시험 형사법 기록형 — CH 02 메모예시

공소제기일 - 21. 11. 30.   ※ 서신간 인용기재 가능   ※ 교특법/도교법/형소법   ※ 제312조 제1항 적용   ※ 식성-실인고의 간접사실 탄핵 ① 범행동기, ② 범행방법, ③ 사망 전후 상황 중심

피고인	죄명	일시	장소	공소사실 피해자	피해품	고소 기타	인정 및 부인취지	쟁점	증거 +	증거 −	결론	비고
김갑동	살인	21.8.23. 3:41	미래(주) 사무실	v.오순진 이을녀 (대면)	v.안전벨트/v.피고인o	생명보험多 보험금목적	x-살해x	[사실인정] 살해고의 경찰경향업?-. but특신상태 부정	① 사업운영/미납우랑(25), 평균900만보험료/많은보험(20)(44),도박음(44) ② 부산카페처/v.따나나섬(26),(갑)도다감(23)(27), just좋음 운전(27) ③ 검찰기로 전화일견x(20), only 사기전과(50),(이)얘기음x(24)	(갑)법정진술,사경피신(1회)(2회) (이)검찰피신(대질) 법정진술,사경피신(24),진술조서(32)- '재'전문 검찰쪽 범정진술(22) 각수사보고서(38)(47),메모리카드 (2호),(이)임수조사·목록(39)	추단무죄	[변론 요지서]
	일.베임	21.2.7. 15:00	v.사무실	v.미래(주)	500만원		○	상상적경합-기판력	판결문등본(18)		면소(1호)	
	절도	21.8.27. 14:00	오순진 주거지	v.나소환 (오순진子)	(등기서류) 가방	대형슈퍼 마켓운영-대표이사	○	상속인점유취득-타인점유	점유취득(35)(36)		추단무죄	점유이탈물 횡령 -›가제x
이을녀(갑)	살인 교사	21.7. 초순	(이)주거지	v.오순진 살해교사		사망보험금 받아도망	x-(갑) 단독범행	제한종속형식-무죄 [사실인정] 교사사실	단순희망(20) 검갑동 경찰(들)이-›검찰번복(46) (갑)청구사실있-›검찰벼뭇함(46) (이)초범,(갑)사기전과	(이)법정진술,사경피신,검찰피신(대질) (갑)법정진술,사경피신(1회)(2회) 각목 범정진술(24),진술조서 (32)-전문 수사보고서	추단무죄	[검토 의견서]
(갑)	사기 미수	13.6.20. 체결 21.9.5. 청구		v.한화생명 보험(주) 서한화 (직원)		실인교사x/계경면예(21)(46) 사망(이)기 함(40)(41)(50) (갑)청구사실있다(46)·번복(20)					추단무죄	
	무고	21.3.7. 14:00	샛별APT	교수 최고락 징계	국민신문고 사람대학	○	사립대학교 징계 -›무고o	실인교사x/계경면예(21)(46) 사망(이)기 함(40)(41)(50)		전단무죄	
	모욕	”	”	v.최고락	약주	"독독음,독일음~"	○	고소유효성- 고소기간	고소장(30)		공소기각 (2호)	
	교특 (치상)	20.7.8. 21:00	서초 우리은행~	v.고은아		보도침범 (9호)	무면허x 보도침범x 종합보험가입 특례	도교법 제13조 제1항 단서 지하주차장진임(41)(42) 종합보험(42)(양단)	21.9.13.고소/21.3.8. 합의됨(31)		공소기각 (2호)	
	도교 (무면허)	”					x-취소 사실인지 못함	[사실인정] 취소사실 인식	통지서 기존주소지(21)	적성검사(21)	추단무죄	사실인정 이나 간단 기재

변론요지서 (45점)

사　건　2021고합1234　살인 등
피고인　김갑동

I. 피고인 김갑동에 대하여

1. 살인의 점

가. 피고인 변소의 요지

피고인은 오순진을 고의로 살해한 사실이 없습니다.

나. 검사 제출 증거

이 부분 공소사실에 대해 검사는 피고인·이을남·김경위·박목격의 각 법정진술, 검사 작성 피고인과 이을녀에 대한 피의자신문조서(대질), 사법경찰관 작성 박목격에 대한 진술조서, 사법경찰관 작성 피고인·이을녀에 대한 각 피의자신문조서, 사법경찰관 작성 이을녀에 대한 피의자신문조서, 수사보고(피의자 김갑동 긴급체포 경위 등), 수사보고(검시조서 및 사망진단서 첨부), 압수된 메모리카드(증 제2호) 및 이에 대한 압수조서·압수목록, 수사보고(계좌추적결과보고) 등을 증거로 제출하였습니다.

다. 증거능력 없는 증거

1) 증인 김경위의 법정진술 중 피고인이 피해자를 살해한 범행을 모두 인정하는 것을 들었다는 부분은 피고인의 진술을 내용으로 하는 전문진술입니다. 그러나 위 피고인의 진술은 피고인의 동의 없이 잠을 재우지 않고 밤샘조사를 진행하면서 피고인을 심리적으로 압박하는 과정에서 이루어졌으므로, 특히 신빙할 수 있는 상태하에서 행하여 졌다고 볼 수 없어 증거능력이 없습니다(형소법 제316조 제1항).[01]

2) 증인 박목격의 법정진술 중 피고인이 김갑동으로부터 "오순진을 죽이고 보험금 50억 원을 받아 같이 외국으로 도망가자"고 말하는 것을 들었다는 부분은 재전문진술이므로 증거능력이 없습니다(형소법 제310조의2).

3) 사법경찰관 작성 피고인에 대한 피의자신문조서(2회)는 피고인이 내용을 부인하고 있으므로 증거능력이 없습니다(형소법 제312조 제3항).

4) 압수된 메모리카드(증 제2호)는 피고인을 긴급체포한 2021. 11. 9. 10:00으로부터 24시간이 경과한 다음 날 12:00 영장없이 압수한 것이므로 형소법 제217조 제1항의 요건을 갖추지 못하였고, 이에 대한 사후영장 또한 발부받지 아니하였습니다(같은 조 제2항).

[01] 형사소송법 제309조에 의한 증거능력이 부정됨을 먼저 주장한 후, 설령 제309조에 해당하지 않는다 하더라도 전문법칙 예외요건을 갖추지 못하였다는 방식의 검토 역시 가능하다. 다만, 문제 사실관계를 검토해볼 때 피고인의 경찰진술이 정상적인 판단능력을 잃을 정도라고 볼 수는 없다고 판단되어 해당 부분에 대한 검토는 하지 아니하였다.

따라서 위 메모리카드는 위법수집증거에 해당하여 증거능력이 부정되고(형소법 제308조의2), 이에 기초하여 수집한 압수조서(2021. 11. 10.자) 및 압수목록(2021. 11. 10.자) 역시 증거능력이 부정됩니다(독수의 과실이론).

라. 신빙성 탄핵 - 살인의 고의 부존재

검사는 이 부분 공소사실에 있어 거액의 보험금 수령이 예상되는 금전적 이득, 피해자와 피고인들의 관계, 김갑동과 피해자의 결과발생의 차이 등으로 살인의 고의가 있었다는 취지로 주장하고 있습니다. 이러한 검사의 주장을 고려하여 범행동기, 범행방법, 사망 전후 상황 등을 중심으로 검사의 주장에 대해 변론하겠습니다.[02][03]

1) 범행동기에 대하여

피고인은 2010년경부터 대형슈퍼마켓을 운영하고 있고, 마트의 규모가 상당히 크고 월 매출이 10억 원 이상 되며, 피고인 역시 월급으로 1,700만 원 정도를 받고 있을 뿐만 아니라, 보험을 담보로 대출을 받아 다른 부동산을 구입하는 등 투자도 하여 경제적으로 여유가 충분합니다. 따라서 피고인이 굳이 보험금을 노리고 살인이라는 중범죄를 범할 동기가 존재하지 아니합니다.

이을녀가 피해자 동의없이 피해자 명의로 가입한 보험은 한화생명보험 한 개에 불과하고 그 밖에 피해자의 동의를 받아 2013년경부터 2019년경까지 1년에 1~건 등 보험금 총액 49억 정도의 9개의 보험계약을 체결한 점, 피고인이 평소에 이을녀 외 다른 보험설계사의 부탁으로도 가족들 명의 등으로 보험을 몇 개 든 적도 있는 점, 보험금의 수익자를 피해자의 상속인이 아닌 피고인으로 지정한 것은 피고인이 피해자에 대한 보험료를 납부하고 있었기 때문에 불과한 점, 피고인은 통상과 다르게 평균 월 900만 원 상당의 보험료를 납부하여 왔으나 이는 보험을 담보로 대출을 받거나 만기 시에 적립금 전부가 환급되는 예금·적금의 성격도 있어서 다수의 보험을 가입한 것에 불과한 점 등을 고려하면, 피고인이 피해자 명의의 생명보험계약을 체결한 것은 피해자를 살해하여 그 생명보험금을 편취하려고 한 것이 아니라, 투자목적이나 지인들의 부탁에 따라 조금 많은 보험계약을 체결한 것에 불과합니다.

2) 범행방법에 대하여

이 부분 공소사실 범행 관련 교통사고 결과 피해자가 사망하였으나, 위 사고 당시 새벽 일찍 피고인이 부산에 있는 거래처 관계자를 만나 납품을 받아야 해서 운전하여 내려가던 중 졸음운전으로 사고가 발생한 것에 불과한 점, 사고 당시 피고인 혼자 부산으로 갈 예정이었고 피해자의 동승을 요구한 적도 없고, 피해자가 사고 당일 아침 부산에서 다른 사람을 만난다고 하며 출발 직전에 같이 가겠다고 따라나서 함께 간 것인 점, 사고 당시 충돌이 있기 전부터 피고인이 운전하던 스타렉스가 속도를 줄이지 않고 가끔씩 차선을 밟곤 했던 점, 뒤따르던 증인 김운수 역시 피고인이 졸음운전을 하는 것으로 의심되어 경적도 한 번 울린 적이 있는 점, 사고 결과 피고인 운전 차량이 대형 화물차 아래로 한참이나 밀려 들어갔고 그 결과 피고인 역시 크게 다쳤다는 점 등을 고려할 때 피고인은

---

[02] 본래 신빙성 탄핵의 대상이 되는 진술 등을 먼저 적시하는 것이 일반적이나, 이번 기록의 경우 직접적인 대립 당사자의 진술 등이 존재하지 아니하여, 제2회 공판기일의 재판장의 진술에서 정리된 검사측 주장 내용을 대신 기재하였다.

[03] 이하 신빙성 탄핵(증명력 검토)의 목차는 제2회 공판기일의 재판장의 변호인에 대한 석명사항 내용을 중심으로 구성하였다.

이 부분 공소사실 관련 교통사고를 피해자를 살해하기 위해 일부러 발생시킨 것이 아니라, 커브길에서 졸음운전으로 화물차를 미처 보지 못하고 속도를 줄이지 못해 실수로 발생시킨 사고에 불과합니다.

3) 사망 전후 상황에 대하여

수사기관이 피고인의 휴대전화와 노트북을 조사하였으나 피고인이 미리 범행을 계획하거나 충돌방법 등에 대한 검색을 한 것이 전혀 발견되지 아니한 점, 피고인에게는 재산범죄인 사기전과만 존재할 뿐 살인과 같은 강력범죄 전과는 전혀 존재하지 아니한 점 등을 고려하면 피고인에게 피해자에 대한 살해의 의사는 전혀 존재하지 아니합니다.

마. 부족증거 등 설시

나머지 증거들만으로는 이 부분 공소사실 범행에 대한 피고인의 고의를 인정하기에 부족하고, 달리 이를 인정할만한 증거가 없습니다.

바. 결론

이 부분 공소사실에 대하여는 범죄사실의 증명이 없으므로 무죄판결이 선고되어야 합니다(항소법 제325조 후단).

2. 업무상배임의 점

피고인에 대하여는 2021. 11. 20. 서울중앙지방법원에서 사기죄로 징역 8월 및 집행유예 2년의 유죄판결이 선고되고, 이는 2021. 11. 28. 항소기간 도과로 확정되었습니다(기록 제18쪽 판결문 등본 참조).

판례는 타인의 사무처리자가 본인을 기망하여 재산상 이익을 취득한 경우 배임죄와 사기죄가 각각 성립하고 양 죄는 상상적 경합이 되고,* 상상적 경합 관계의 경우에는 그중 1죄에 대한 확정판결의 기판력은 다른 죄에 대하여도 미친다고 판시하였습니다.**

---

* 업무상배임행위에 사기행위가 수반된 때의 죄수 관계에 관하여 보면, 사기죄는 사람을 기망하여 재물의 교부를 받거나 재산상의 이익을 취득하는 것을 구성요건으로 하는 범죄로서 임무위배를 그 구성요소로 하지 아니하고 사기죄의 관념에 임무위배 행위가 당연히 포함된다고 할 수도 없으며, 업무상배임죄는 업무상 타인의 사무를 처리하는 자가 그 업무상의 임무에 위배하는 행위로써 재산상의 이익을 취득하거나 제3자로 하여금 이를 취득하게 하여 본인에게 손해를 가하는 것을 구성요건으로 하는 범죄로서 기망적 요소를 구성요건의 일부로 하는 것이 아니어서 양 죄는 그 구성요건을 달리하는 별개의 범죄이고 형법상으로도 각각 별개의 장(章)에 규정되어 있어, 1개의 행위에 관하여 사기죄와 업무상배임죄의 각 구성요건이 모두 구비된 때에는 양 죄를 법조경합 관계로 볼 것이 아니라 상상적 경합관계로 봄이 상당하다 할 것이고, 나아가 업무상배임죄가 아닌 단순배임죄라고 하여 양 죄의 관계를 달리 보아야 할 이유도 없다(대판 2002.7.18. 2002도669).

** 상상적 경합은 1개의 행위가 수개의 죄에 해당하는 경우를 말한다(형법 제40조). 여기에서 1개의 행위란 법적 평가를 떠나 사회관념상 행위가 사물자연의 상태로서 1개로 평가되는 것을 의미한다. 그리고 상상적 경합 관계의 경우에는 그중 1죄에 대한 확정판결의 기판력은 다른 죄에 대하여도 미친다(대판 2017.9.21. 2017도11687).

위 확정판결의 범죄사실은 피고인이 이 부분 공소사실 범행과 같은 일시·장소에서 같은 피해자에 대하여 허위 내용의 경비 지급 요청서를 제시하여 500만 원을 편취하였다는 것이므로, 위 확정판결의 범죄사실과 이 부분 공소사실은 상상적 경합관계에 있습니다.[04]

[04] 상상적 경합 중 일부 범행에 대한 확정판결의 기판력이 미치는 경우, (포괄일죄의 경우와 달리) 기판력의 시적범위에 대한 검토는 별도로 할 필요가 없다.

따라서 위 확정판결의 기판력은 상상적 경합 관계에 있는 이 부분 공소사실에 대하여 미치므로, 이 부분 공소사실에 대하여는 면소판결이 선고되어야 합니다(형소법 제326조 제1호).

3. 절도의 점

판례는 절도죄에서 점유에 있어 민법 제193조는 적용되지 않고, 재물을 점유하는 소유자로부터 이를 상속받아 그 소유권을 취득하였다고 하더라도 상속인이 그 재물에 관하여 위에서 본 의미에서의 사실상의 지배를 가지게 되어야만 이를 점유하는 것으로서 그 때부터 비로소 상속인에 대한 절도죄가 성립할 수 있다고 판시하였습니다.*

> *[1] 절도죄란 재물에 대한 타인의 점유를 침해함으로써 성립하는 것이다. 여기서의 '점유'라고 함은 현실적으로 어떠한 재물을 지배하는 순수한 사실상의 관계를 말하는 것으로서, 민법상의 점유와 반드시 일치하는 것이 아니다. 물론 이러한 현실적 지배라고 하여도 점유자가 반드시 직접 소지하거나 항상 감수(監守)하여야 하는 것은 아니고, 재물을 위와 같은 의미에서 사실상으로 지배하는지 여부는 재물의 크기·형상, 그 개성의 유무, 점유자와 재물과의 시간적·장소적 관계 등을 종합하여 사회통념에 비추어 결정되어야 한다. 그렇게 보면 종전 점유자의 점유가 그의 사망으로 인한 상속에 의하여 당연히 그 상속인에게 이전된다는 민법 제193조는 절도죄의 요건으로서의 '타인의 점유'와 관련하여서는 적용의 여지가 없고, 재물을 점유하는 소유자로부터 이를 상속받아 그 소유권을 취득하였다고 하더라도 상속인이 그 재물에 관하여 위에서 본 의미에서의 사실상의 지배를 가지게 되어야만 이를 점유하는 것으로서 그때부터 비로소 상속인에 대한 절도죄가 성립할 수 있다. [2] 피고인이 내연관계에 있는 甲과 아파트에서 동거하다가, 甲의 사망으로 甲의 상속인인 乙 및 丙 소유에 속하게 된 부동산 등기권리증 등 서류들이 들어 있는 가방을 위 아파트에서 가지고 가 절취하였다는 내용으로 기소된 사안에서, 피고인이 甲의 사망 전부터 아파트에서 甲과 함께 거주하였고, 甲의 자식인 乙 및 丙은 위 아파트에서 전혀 거주한 일이 없이 다른 곳에서 거주·생활하다가 甲의 사망으로 아파트 등의 소유권을 상속하였으나, 乙 및 丙이 甲 사망 후 피고인이 가방을 가지고 가기까지 그들의 소유권 등에 기하여 아파트 또는 그곳에 있던 가방의 인도 등을 요구한 일이 전혀 없는 사정 등에 비추어, 피고인이 가방을 들고 나온 시점에 乙 및 丙이 아파트에 있던 가방을 사실상 지배하여 점유하고 있었다고 볼 수 없어 피고인의 행위가 乙 등의 가방에 대한 점유를 침해하여 절도죄를 구성한다고 할 수 없는데도, 이와 달리 보아 절도죄를 인정한 원심판결에 절도죄의 점유에 관한 법리오해 등의 위법이 있다고 한 사례(대판 2012.4.26. 2010도6334).

[05] 이 부분은 피해자들이 범행 당시 피해품에 대한 사실상의 지배를 가진 사실이 인정되는지 여부에 대한 검토이다. 따라서 법리 적용에 대한 사안포섭이 아니라, 증거관계를 검토하여 기록상 증거만으로는 위 사실을 인정하기에 부족하고 달리 없다는 방식으로 검토하여야 한다.

이 부분 공소사실의 경우 피해품인 가방은 망 오순진의 소유이고, 오순진이 자신의 방 장롱 속에 감추어 둔 것입니다. 오순진이 사망하여 유일한 상속인인 오순진의 아들 피해자 나소학의 소유로 보이나, 범행 당시 피해자가 피고인에게 아파트에서 퇴거할 것을 요구하지 아니한 점, 피해자가 평소에도 피고인과 망 오순진과는 다른 곳에 살고 있었고 찾아오지도 않았던 점, 망 오순진 사후 등기서류나 가방을 달라고 한 적도 없는 점 등을 고려하면, 피해자가 범행 당시 위 피해품에 관하여 사실상의 지배를 가지지 아니한 상태라 할 것이고, 피해자가 사실상의 지배를 가지게 되었다는 점에 대하여 달리 인정할 만한 증거가 없습니다.[05]

즉, 피고인은 피고인은 망 오순진 사망 후 자신이 단독으로 점유하고 있는 가방을 들고 나온 것에 불과하므로, 이 부분 공소사실에 대하여는 무죄판결이 선고되어야 합니다(형소법 제325조 후단).[06]

[06] 이 부분 공소사실에 대하여는 점유이탈물횡령죄(형법 제360조 제1항) 성부를 추가로 검토할 수 있으나, 변론요지서의 성격을 고려하면 이는 기재하지 않아야 한다.

2022. 1. 12.

피고인의 변호인 변호사 김변호 ㉠

서울중앙지방법원 제11형사부 귀중

검토의견서 (55점)

사 건   2021고합1234 살인 등
피고인   이을녀

II. 피고인 이을녀에 대하여

1. 살인교사의 점

가. 김갑동의 살인의 점

김갑동에 대한 변론요지서에서 살펴본 바와 같이,[01] 이 부분 공소사실 교사에 대한 정범인 김갑동의 살인의 점에 대하여는 무죄판결이 선고될 것입니다.

정범인 김갑동의 살인죄가 성립하지 아니하는 이상, 김갑동에게 살인을 교사하였다는 이 부분 공소사실에 대하여도 제한종속형식에 따라 무죄판결이 선고될 것입니다(형소법 제325조 후단).

나. 살인교사 사실 부존재

설령[02] 김갑동에게 살인죄가 인정된다 하더라도, 피고인은 피해에 대한 살인을 교사한 사실이 없습니다.

1) 검사 제출 증거

이 부분 공소사실에 대해 검사는 피고인·김갑동·김경위·박목격의 각 법정진술, 검사 작성 피고인과 이을녀에 대한 피의자신문조서(대질), 사법경찰관 작성 피고인에 대한 피의자신문조서, 사법경찰관 작성 김갑동에 대한 각 피의자신문조서, 수사보고(피의자 김갑동 긴급체포 경위 등) 등이 있습니다.

2) 증거능력 없는 증거

① 증인 박목격의 법정진술 및 박목격에 대한 사법경찰관 작성 진술조서 진술기재 중 김갑동으로부터 피고인이 김갑동에게 "오순진을 죽이고 보험금 50억 원을 받아 같이 외국으로 도망가자"고 말하는 것을 들었다는 부분은 피고인 아닌 자의 진술을 내용으로 하는 전문진술 및 전문진술 기재 조서이고, 그 원진술자 김갑동이 이 사건 법정에 피고인으로서 출석하고 있으므로 모두 증거능력 없습니다(형소법 제316조 제2항, 제312조 제4항).

② 사법경찰관 작성 김갑동에 대한 각 피의자신문조서는 피고인이 내용부인 취지로 증거부동의하고 있으므로 모두 증거능력 없습니다(형소법 제312조 제3항).

---

[01] 문제에서 서면간 인용기재가 가능하다고 하였으므로, 이를 적극적으로 활용하여야 한다.

[02] 이미 제한종속형식에 따라 살인교사죄가 성립하지 아니함을 검토하였으므로, '설령' 또는 '설사' 등의 표현을 기재하여 가정을 한 후, 추가로 교사사실에 대한 사실인정을 검토하여야 한다.

3) 신빙성 탄핵

김갑동은 경찰단계에서 피고인으로부터 피해자를 살해하라는 취지의 말을 들었다고 진술하고 있습니다. 그러나 김갑동은 검찰 및 공판단계에서는 피고인이 그런 말을 한 사실이 있는지 잘 기억이 나지 않는다고 진술하여 그 진술의 일관성이 없는 점, 피고인은 기존에 범죄를 범한 적 없는 평범한 시민이고·김갑동 역시 재산범죄인 사기전과만 존재할 뿐 살인과 같은 강력범죄 전과는 전혀 존재하지 아니하여 피해자를 살해할 만한 사람이 아니라는 점, 피고인이 피해자의 동의를 받지 아니하고 피해자 명의로 보험계약을 체결하였으나 김갑동이 생명보험금을 청구한 것은 전혀 알지 못하였다는 점 등을 고려하면 위 김갑동의 진술은 믿을 만하지 못하고, 피고인이 김갑동에게 피해자가 죽었으면 좋겠다는 말을 한 것은 단순한 희망사항을 표현한 것에 불과할 뿐 실제 김갑동이 피해자를 살해한다는 것은 예상치 못하였다 할 것입니다.

4) 부족증거 등 설시 및 소결

나머지 증거들만으로는 이 부분 공소사실을 인정하기에 부족하고, 달리 이를 인정할 만한 증거가 없습니다.

따라서 이 부분 공소사실에 대하여는 범죄의 증명이 없으므로 무죄판결이 선고되어야 합니다(형소법 제325조 후단).

2. 사기미수의 점

이 부분 공소사실 범행은 김갑동이 단독으로 보험금을 청구한 것으로, 피고인과는 관련이 없습니다.

이 부분 공소사실에 대하여 검사가 제출한 증거들 중 ① 증인 박목격의 법정진술 및 박목격에 대한 사법경찰관 작성 진술조서 진술기재 중 일부, ② 사법경찰관 작성 김갑동에 대한 각 피의자신문조서는 앞서 살펴본 바와 같이 증거능력이 부정됩니다.

판례는 타인의 사망을 보험사고로 하는 생명보험계약을 체결함에 있어 보험계약 체결 당시에 이미 보험사고가 발생하였음을 숨겼거나 고의로 보험사고를 일으키려는 의도를 가지고 보험계약을 체결한 경우와 같은 보험사고의 우연성과 같은 보험의 본질을 해칠 정도라고 볼 수 있는 특별한 사정이 없는 한, 제3자가 피보험자인 것처럼 가장하여 체결하는 등 하자 있는 보험계약을 체결한 행위만으로는 사기의 실행에 착수한 것으로 볼 수 없다고 판시하였습니다.[*]

---

[*] [1] 타인의 사망을 보험사고로 하는 생명보험계약을 체결함에 있어 제3자가 피보험자인 것처럼 가장하여 체결하는 등으로 그 유효요건이 갖추어지지 못한 경우에도, 보험계약 체결 당시에 이미 보험사고가 발생하였음에도 이를 숨겼다거나 보험사고의 구체적 발생 가능성을 예견할 만한 사정을 인식하고 있었던 경우 또는 고의로 보험사고를 일으키려는 의도를 가지고 보험계약을 체결한 경우와 같이 보험사고의 우연성과 같은 보험의 본질을 해칠 정도라고 볼 수 있는 특별한 사정이 없는 한, 그와

> 같이 하자 있는 보험계약을 체결한 행위만으로는 미필적으로라도 보험금을 편취하려는 의사에 의한 기망행위의 실행에 착수한 것으로 볼 것은 아니다. 그러므로 그와 같이 기망행위의 실행의 착수로 인정할 수 없는 경우에 피보험자 본인임을 가장하는 등으로 보험계약을 체결한 행위는 단지 장차의 보험금 편취를 위한 예비행위에 지나지 않는다. [2] 종범은 정범이 실행행위에 착수하여 범행을 하는 과정에서 이를 방조한 경우뿐 아니라, 정범의 실행의 착수 이전에 장래의 실행행위를 미필적으로 나마 예상하고 이를 용이하게 하기 위하여 방조한 경우에도 그 후 정범이 실행행위에 나아갔다면 성립할 수 있다(대판 2013.11.14. 2013도7494).

피고인은 오순진으로 행세하며 피해자 한화생명보험(주)과 생명보험계약을 체결하였습니다. 그러나 계약 체결 당시 오순진은 생존해 있었고, 앞서 살펴본 바와 같이 피고인은 김갑동에 대해 위 오순진에 대한 살해를 교사하지 아니하였으므로 피고인이 고의로 보험사고를 일으키려는 의도를 가지고 피해자와 계약을 체결하지 아니하였습니다.

또한 김갑동은 검찰단계에서 피고인이 이 부분 공소사실 범행 관련 보험금 청구에 대해서 알고 있었을 것이라고 진술하고 있습니다. 그러나 김갑동 역시 이 사건 법정에서 김갑동 혼자 2021. 9. 5.경 보험금을 청구하였고, 피고인이 오순진의 동의 없이 보험계약을 체결한 것은 맞지만 보험금 청구에는 관여하지 않았다고 진술하고 있는 점 등을 고려하면 피고인은 김갑동이 피해자에 대하여 생명보험금을 청구하는 것은 알지 못하였습니다.

따라서 피고인이 오순진 명의로 보험계약을 체결할 당시 보험사고의 구체적 발생 가능성을 예견할 만한 사정을 인식하고 있었거나 고의로 보험사고를 일으키려는 의도를 가지고 보험계약을 체결했다고 볼 수 없고, 피고인이 보험계약을 체결한 행위는 단지 장차의 보험금 편취를 위한 불가벌적 예비행위에 지나지 않습니다.[03]

[03] 사기의 실행의 착수가 부정되나, 사기의 예비는 인정될 수 있다. 다만, 형법상 사기죄는 예비·음모 처벌규정이 없어서 최종적으로 불가벌이다. 이에 대한 기재를 추가로 할 수도 있다.

따라서 이 부분 공소사실에 대하여는 무죄판결이 선고되어야 합니다(형소법 제325조 후단).

3. 무고의 점

판례는 사립학교 교원에 대한 학교법인 등의 징계처분은 형법 제156조의 '징계처분'에 포함되지 아니함을 전제로, 사립학교 교수로 하여금 징계처분을 받게 할 목적으로 국민신문고에 민원을 제기하였더라도 무고죄에 해당하지 않는다고 판시하였습니다.*

* [1] 형법 제156조는 타인으로 하여금 형사처분 또는 징계처분을 받게 할 목적으로 공무소 또는 공무원에 대하여 허위의 사실을 신고한 자를 처벌하도록 정하고 있다. 여기서 '징계처분'이란 공법상의 감독관계에서 질서유지를 위하여 과하는 신분적 제재를 말한다. 그런데 사립학교 교원은 학교법인 또는 사립학교경영자가 임면하고(사립학교법 제53조, 제53조의2), 그 임면은 사법상 고용계약에 의하며, 사립학교 교원은 학생을 교육하는 대가로 학교법인 등으로부터 임금을 지급받으므로 학교법인 등과 사립학교 교원의 관계는 원칙적으로 사법상 법률관계에 해당한다. 비록 임면자가 사립학교 교원의 임면에 대하여 관할청에 보고하여야 하고, 관할청은 일정한 경우 임면권자에게 해직 또는 징계를 요구할 수 있는 등(사립학교법 제54조) 학교법인 등에 대하여 국가 등의 지도·감독과 지원 및 규제가 행해지고, 사립학교 교원의 자격, 복무 및 신분을 공무원인 국·공립학교 교원에 준하여 보장하고 있지만, 이 역시 이들 사이의 법률관계가 사법상 법률관계임을 전제로 신분 등을 교육공무

> 원의 그것과 동일하게 보장한다는 취지에 다름 아니다. 따라서 학교법인 등의 사립학교 교원에 대한 인사권의 행사로서 징계 등 불리한 처분은 사법적 법률행위의 성격을 가진다. 한편 형벌법규의 해석은 엄격하여야 하고, 명문의 형벌법규의 의미를 피고인에게 불리한 방향으로 지나치게 확장해석하거나 유추해석하는 것은 죄형법정주의의 원칙에 어긋나는 것으로서 허용되지 않는다. 위와 같은 법리를 종합하여 보면, 사립학교 교원에 대한 학교법인 등의 징계처분은 형법 제156조의 '징계처분'에 포함되지 않는다고 해석함이 옳다. [2] 피고인이 사립대학교 교수인 피해자들로 하여금 징계처분을 받게 할 목적으로 국민권익위원회에서 운영하는 범정부 국민포털인 국민신문고에 민원을 제기한 사안에서, 피해자들은 사립학교 교원이므로 피고인의 행위가 무고죄에 해당하지 않음에도, 이와 달리 보아 유죄를 인정한 원심판결에 무고죄의 '징계처분'에 관한 법리를 오해한 잘못이 있다고 한 사례(대판 2014.7.24. 2014도6377).

이 부분 공소사실 역시 피고인이 사립대학인 명문대학 교수인 최고객이 대학교에서 징계처분을 받게 할 목적으로 국민권익위원회에서 운영하던 범정부 국민포털인 국민신문고에 민원서를 게시한 것이므로, 형법 제156조에서 정하는 타인으로 하여금 징계처분을 하게 할 목적으로 공무소 등에 대하여 허위의 사실을 신고한 때에 해당하지 아니합니다.

따라서 이 부분 공소사실에 대하여는 무죄판결이 선고되어야 합니다(형소법 제325조 전단).

4. 모욕의 점

모욕죄(형법 제311조)는 고소가 있어야 공소를 제기할 수 있고(제312조), 친고죄에 대하여는 범인을 알게 된 날로부터 6월을 경과하면 고소하지 못합니다(형소법 제230조 제1항 본문).

이 부분 공소사실에 대하여 피해자 최고객은 피고인이 국민신문고에 민원을 제기한 다음 날인 2021. 3. 8. 동료 교수로부터 범행 사실을 듣게 되어, 그날 바로 범인인 피고인을 알게 되었습니다(기록 제31쪽 진술조서 참조).[04] 따라서 2021. 9. 13. 피해자가 수사기관에 한 고소는 고소기간을 도과한 것으로 유효하지 아니합니다(기록 제30쪽 고소장 참조).

[04] 피해자가 범인을 구체적으로 안 날이 언제인지부터 구체적으로 검토한 후, 그로부터 6월이 도과하였음을 검토하여야 한다.

따라서 이 부분 공소사실은 공소제기의 절차가 법률의 규정을 위반하여 무효일 때에 해당하므로 공소기각판결이 선고되어야 합니다(형소법 제327조 제2호).

5. 교통사고처리특례법위반(치상) 및 도로교통법위반(무면허운전)의 점

가. 도교법위반(무면허운전)의 점에 대하여

판례는 관할 경찰당국이 운전면허취소처분의 통지에 갈음하는 적법한 공고를 거쳤다 하더라도, 그것만으로 운전자가 면허취소 사실을 알게 되었다고 단정할 수 없다는 입장에서, 운전면허증 앞면에 적성검사기간이 기재되어 있고, 뒷면 하단에 경고 문구가 있다는 점만으로 피고인이 정기적성검사 미필로 면허가 취소된 사실을 미필적으로나마 인식하였다고 추단하기 어렵다고 판시하였습니다.*

> * [1] 도로교통법 제109조 제1호, 제40조 제1항 위반의 죄는 유효한 운전면허가 없음을 알면서도 자동차를 운전하는 경우에만 성립하는, 이른바 고의범이므로, 기존의 운전면허가 취소된 상태에서 자동차를 운전하였더라도 운전자가 면허취소사실을 인식하지 못한 이상 도로교통법위반(무면허운전)죄에 해당한다고 볼 수 없고, 관할 경찰당국이 운전면허취소처분의 통지에 갈음하는 적법한 공고를 거쳤다 하더라도, 그것만으로 운전자가 면허가 취소된 사실을 알게 되었다고 단정할 수는 없으며, 이 경우 운전자가 그러한 사정을 알았는지는 각각의 사안에서 면허취소의 사유와 취소사유가 된 위법행위의 경중, 같은 사유로 면허취소를 당한 전력의 유무, 면허취소처분 통지를 받지 못한 이유, 면허취소 후 문제된 운전행위까지의 기간의 장단, 운전자가 면허를 보유하는 동안 관련 법령이나 제도가 어떻게 변동하였는지 등을 두루 참작하여 구체적·개별적으로 판단하여야 한다. [2] 운전면허증 앞면에 적성검사기간이 기재되어 있고, 뒷면 하단에 경고 문구가 있다는 점만으로 피고인이 정기적성검사 미필로 면허가 취소된 사실을 미필적으로나마 인식하였다고 추단하기 어렵다고 한 사례(대판 2004.12.10. 2004도6480).

이 부분 공소사실의 경우 피고인에 대한 운전면허취소 통지는 피고인의 소재불명을 이유로 반송되었으나, 이에 운전면허취소처분 사실이 적법하게 공지되었으며, 운전면허증에 적성검사기간과 경고문구가 적혀있기는 하였습니다.

그러나 피고인이 과거에 정기적성검사를 받지 않아 면허취소가 된 경험이 없는 점, 면허가 취소된 2020. 6. 22. 이후 비교적 짧은 기간인 2020. 7. 8. 이 부분 공소사실 범행이 이루어진 점 등을 고려할 때 위와 같은 사정만으로 피고인이 면허취소사실을 인식하였다고 인정하기에 부족하고, 달리 피고인이 면허취소사실을 인식하였다고 인정할 만한 증거가 존재하지 아니합니다.[05]

[05] 이 부분은 피고인이 자신에 대한 운전면허취소 사실을 인식한 사실이 인정되는지에 대한 검토이다. 따라서 증거관계를 검토하여 기록상 증거만으로는 위 사실을 인정하기에 부족하고 달리 없다는 방식으로 검토하여야 한다.

따라서 이 부분 공소사실에 대하여는 범죄사실의 증명이 없으므로 무죄판결이 선고될 것입니다(형소법 제325조 후단).

나. 교특법위반(치상)의 점에 대하여

1) 도교법 제13조 위반 여부

차마의 운전자는 보도와 차도가 구분된 도로에서는 차도로 통행하여야 하고, 다만, 도로 외의 곳으로 출입할 때에는 보도를 횡단하여 통행할 수 있습니다(도교법 제13조 제1항).

이 부분 공소사실을 범행은 피고인이 우리은행 서초지점이 있는 건물 지하주차장에 차를 주차하기 위해 보도쪽으로 올라가 주차장 입구로 진행하던 중 일어난 것이고, 지하주차장 입구가 건물 1층에 있어서 차도에서 보도로 올라가 통과하지 않으면 주차장으로 내려갈 수 없는 상황이었습니다.

[06] 도교법 제13조 제2항에 의한 일시정지 등 의무이행 여부를 추가로 검토할 수 있다

결국 이 부분 공소사실 범행은 도로 외의 곳인 지하주차장 출입을 위해 보도를 횡단하여 통행하던 중 일어난 것이므로, 도교법 제13조 제1항 단서에 따라 허용되는 통행방법에 해당합니다. 따라서 이 부분 공소사실 범행은 도교법 제13조 제1항에 위반하여 범한 것이 아닙니다.[06]

2) 교특법 제3조 제2항 단서 적용 여부

차의 운전자가 교통사고로 인하여 형법 제268조의 죄 중 업무상과실치상죄 등을 범한 경우라도, 운전자가 종합보험에 가입된 경우에는 공소를 제기할 수 없습니다(교특법 제4조 제1항 본문).

피고인은 이 부분 공소사실 범행 당시 자동차종합보험에 가입되어 있었습니다(자동차종합보험 가입사실 증명원). 또한 앞서 살펴본 바와 같이 피고인은 범행 당시 도교법 제43조 및 제13조 제1항을 위반하지도 아니하였으므로, 이 부분 공소사실에 대하여 교특법 제3조 제2항 단서는 적용되지 아니합니다.

3) 소결

이 부분 공소사실에 대하여는 공소제기의 절차가 법률의 규정을 위반하여 무효일 때에 해당하므로 공소기각판결이 선고되어야 합니다(형소법 제327조 제2호).

2021. 1. 6.

담당 변호사 한검토 ㉑

 MEMO

2023년 제12회
변호사시험 형사법 기록형

2023년도 제12회 변호사시험 문제

시험과목	형사법(기록형)

응시자 준수사항

1. 시험 시작 전 문제지의 봉인을 손상하는 경우, 봉인을 손상하지 않더라도 문제지를 들추는 행위 등으로 문제 내용을 미리 보는 경우 그 답안은 영점으로 처리됩니다.
2. 시험시간 중에는 휴대전화, 스마트워치, 무선이어폰 등 무선통신 기기를 비롯한 전자기기를 지녀서는 안 됩니다.
3. 답안은 흑색 또는 청색 필기구(수성펜이나 연필 사용 금지) 중 한 가지 필기구만을 사용하여 답안 작성란(흰색 부분) 안에 기재하여야 합니다.
4. 답안지에 성명과 수험번호 등을 기재하지 않아 인적사항이 확인되지 않는 경우에는 영점으로 처리되는 등 불이익을 받게 됩니다. 특히 답안지를 바꾸어 다시 작성하는 경우, 성명 등의 기재를 빠뜨리지 않도록 유의하여야 합니다.
5. 답안지에는 문제 내용을 쓸 필요가 없으며, 답안 이외의 사항을 기재하거나 밑줄 기타 어떠한 표시도 하여서는 안 됩니다. 답안을 정정할 경우에는 두 줄로 긋고 다시 써야 하며, 수정액·수정테이프 등은 사용할 수 없습니다.
6. 시험 종료 시각에 임박하여 답안지를 교체했더라도 시험시간이 끝나면 그 즉시 새로 작성한 답안지를 회수합니다.
7. 시험시간이 지난 후에는 답안지를 일절 작성할 수 없습니다. 이를 위반하여 **시험시간이 종료되었음에도 불구하고 계속 답안을 작성할 경우 그 답안은 영점으로 처리됩니다.**
8. 답안은 답안지의 쪽수 번호 순으로 써야 합니다. **배부된 답안지는 백지 답안이라도 모두 제출**하여야 하며, **답안지를 제출하지 아니한 경우 그 시간 시험과 나머지 시험에 응시할 수 없습니다.**
9. 지정된 시각까지 지정된 시험실에 입실하지 않거나 시험관리관의 승인 없이 시험시간 중에 시험실에서 퇴실한 경우, 그 시간 시험과 나머지 시간의 시험에 응시할 수 없습니다.
10. 시험시간 중에는 어떠한 경우에도 문제지를 시험실 밖으로 가지고 갈 수 없고, 그 시험시간이 끝난 후에는 문제지를 시험장 밖으로 가지고 갈 수 있습니다.

[01] 검토의견서는 변호인이 내부적으로 대표변호사에게 보고하는 서면이므로 경어체나 '~할 것임'이라는 표현을 사용하여 답안을 작성하여야 하고(다만 변론요지서와 같이 경어체를 사용하여도 무방하다), 피고인에게 유리한 내용뿐만 아니라 불리한 내용까지도 객관적 입장에서 검토하여야 한다. 변론요지서는 변호인이 법원에 제출하는 서면이므로 경어체를 사용하여야 하고, 피고인에게 가장 유리한 결론으로 쟁점을 검토하여야 한다.

[02] 기록 답안은 판례 태도를 기준으로 작성함을 원칙으로 한다. 일반론을 기재할 필요 없이 판례 키워드와 그에 따른 사안검토 위주로 기재한다. 다만, 판례 태도에 반하는 견해를 바탕으로 무죄 등을 주장하는 경우도 있음에 주의를 요한다.

[03] 축약기재를 일정부분 허용하고 있으므로 답안기재시 최대한 활용하여야 한다.

[04] 기재가 생략된 증거라도 쟁점을 검토함에 있어 필요한 경우 인용하여야 한다.

【 문 제 】

피고인 김갑동에 대해서는 변호사 김변호가 법원에 제출할 변론요지서를, 피고인 이을남에 대해서는 법무법인 율 담당변호사 한검토가 객관적인 입장에서 대표 변호사에게 제출할 검토의견서를 각각 작성하되, 다음 쪽 변론요지서 및 검토의견서 양식 중 **본문 Ⅰ, Ⅱ 부분만 작성하시오**.

【 작성 요령 】

1. 학설·판례 등의 견해가 대립되는 경우 한 견해를 취할 것. 단, 대법원 판례와 다른 견해를 취하여 의견을 제시하고자 하는 경우에는 대법원 판례의 취지를 적시할 것.
2. 증거능력이 없는 증거는 실제 소송에서는 증거로 채택되지 않아 증거조사가 진행되지 않지만, 이 문제에서는 시험의 편의상 증거로 채택되어 증거조사가 진행된 것을 전제하였음. 따라서 필요한 경우 증거능력에 대하여도 논할 것.
3. 법률명과 죄명에서 '특정경제범죄 가중처벌 등에 관한 법률'은 '특경법', '도로교통법'은 '도교법', '형사소송법'은 '형소법'으로 줄여서 기재하여도 무방함.

【 주의 사항 】

1. 쪽 번호는 편의상 연속되는 번호를 붙였음.
2. 조서, 기타 서류에는 필요한 서명, 날인, 무인, 간인, 정정인이 있는 것으로 볼 것.
3. 증거목록, 공판기록 또는 증거기록 중 '생략'이라고 표시된 부분에는 법에 따른 절차가 진행되어 그에 따라 적절한 기재가 있는 것으로 볼 것.
4. 공판기록과 증거기록에 첨부하여야 할 일부 서류 중 '생략' 표시가 있는 것, '증인선서서'와 수사기관의 조서에 첨부하여야 할 '수사과정확인서'는 적법하게 존재하는 것으로 볼 것.
5. 송달이나 접수, 통지, 결재가 필요한 서류는 모두 적법한 절차를 거친 것으로 볼 것.

【 변론요지서 양식 】

변론요지서 (50점)

사 건   2022고합1234 특정경제범죄가중처벌등에관한법률위반(배임) 등
피고인   김갑동

Ⅰ. 피고인 김갑동에 대하여
 1. 뇌물수수의 점
 2. 상습도박의 점
 3. 특정경제범죄가중처벌등에관한법률위반(배임)의 점

※ 유죄가 인정되는 공소사실에 대하여는 간략하게 정상변론을 할 것
※ 평가 제외 사항 - 공소사실의 요지(답안지에 기재하지 말 것)

2023. 1. 11.

피고인의 변호인 변호사 김변호 ㊞

서울중앙지방법원 제11형사부 귀중

【 검토의견서 양식 】

검토의견서 (50점)

사 건   2022고합1234 특정경제범죄가중처벌등에관한법률위반(배임) 등
피고인   이을남

Ⅱ. 피고인 이을남에 대하여
 1. 횡령의 점
 2. 도로교통법위반(무면허운전)의 점
 3. 특수폭행의 점
 4. 모욕의 점

※ 평가 제외 사항 - 공소사실의 요지, 정상관계, 뇌물공여의 점(답안지에 기재하지 말 것)

2023. 1. 11.

담당변호사 한검토 ㊞

[05] 양식에서 주어진 목차 그대로 답안을 작성한다. 평가제외사항에 관한 내용은 처음부터 생략하거나 빠르게 넘기면서 문제를 읽도록 한다.

[06] 양식의 목차와 공소장의 공소사실 기재 등을 참고하여 메모의 피고인과 죄명란을 기재한다.

[07] 상습도박과 같은 상습범의 경우 개개 행위별로 메모를 별도로 하여야 한다.

[08] 정상변론을 기재하여야 하는바, 김갑동에 대한 공소사실 중 일부에 대하여는 유죄결론임을 예상할 수 있다.

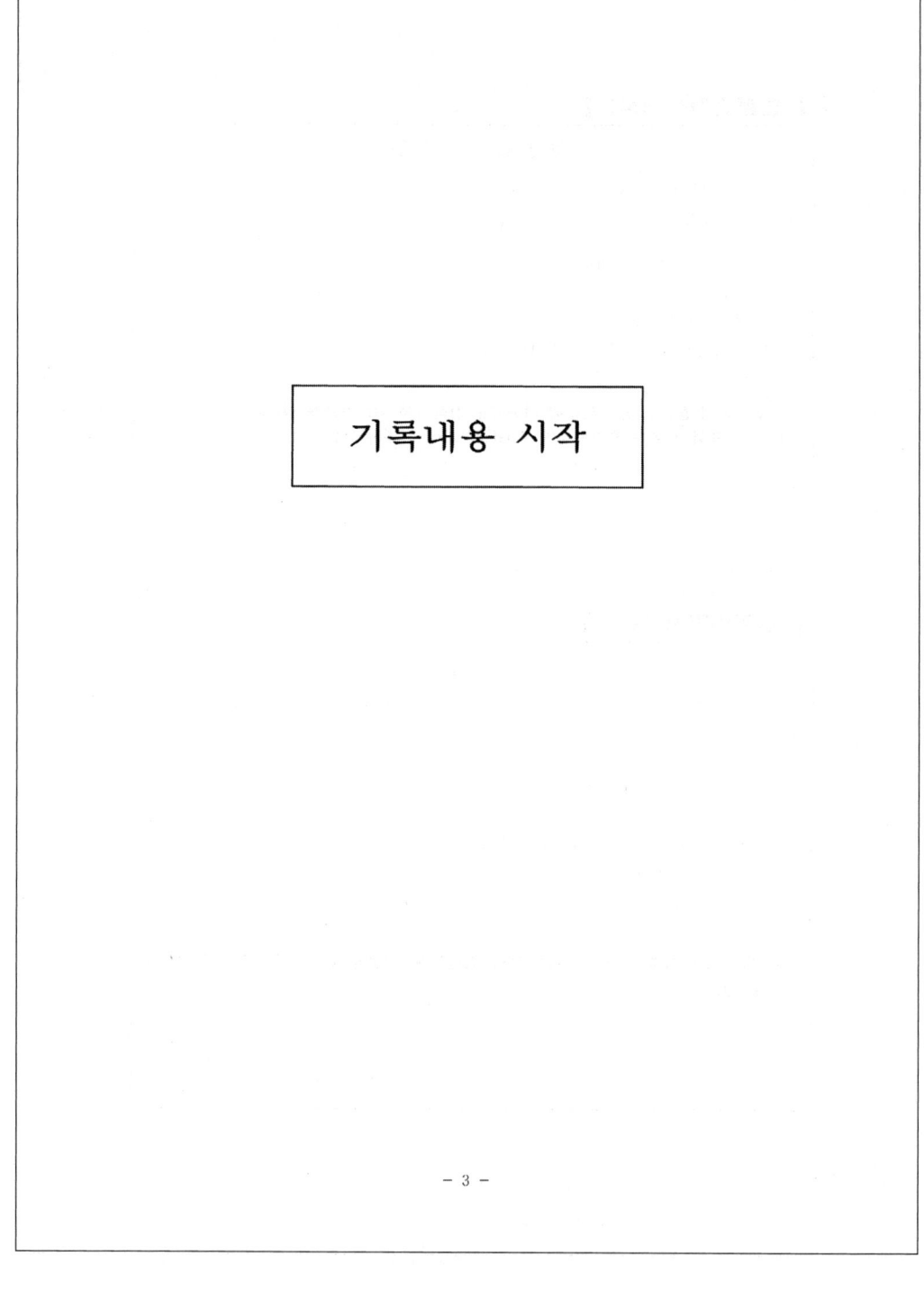

기일							
1회기일							
12/21 A10							
1/4 P3							

서울중앙지방법원

구공판 **형사제1심소송기록**

		미결구금	
구속만료			
최종만료			
대행 갱신 만료			

사건번호	2022고합1234	담임	형사11부	주심	나
사건명	가. 특정경제범죄가중처벌등에관한법률위반(배임) 나. 뇌물수수 다. 뇌물공여 라. 횡령 마. 특수폭행 바. 상습도박 사. 도로교통법위반(무면허운전) 아. 모욕				
검 사	임현진		2022형제54321호		
피고인	1. 가.나.바. 김갑동 2. 다.라.마.사.아. 이을남				
공소제기일	2022. 11. 30.				
변호인	사선 변호사 김변호(피고인 김갑동) 사선 법무법인 을 담당변호사 한검토(피고인 이을남)				

확 정	
보존종기	
종결구분	
보 존	

완결 공람	담 임	과 장	주 심 판 사	재판장

- 4 -

[09] 기록표지에서는 공소제기일을 체크하여 메모한다.
추가적으로 왼쪽 상단에서 공판기일이 몇 번 열렸는지(변호사시험의 경우 2회가 일반적이다)를 확인할 수 있다.

[10] 체크할 내용이 없는 서면은 보지 않고 빠르게 넘기도록 한다.

공 판 준 비 절 차

회 부 수명법관 지정 일자	수명법관 이름	재 판 장	비 고

법정외에서 지정하는 기일

기일의 종류	일 시	재 판 장	비 고
1회 공판기일	2022. 12. 21. 10:00	㊞	

서울중앙지방법원

목 록

문서명칭	장수	비고
증거목록	7	검사
증거목록	10	피고인 및 변호인
공소장	11	
변호인선임서	(생략)	피고인 김갑동
변호인선임서	(생략)	피고인 이을남
영수증(공소장부본 등)	(생략)	피고인 김갑동
영수증(공소장부본 등)	(생략)	피고인 이을남
영수증(공판기일통지서)	(생략)	변호사 김변호
영수증(공판기일통지서)	(생략)	변호사 한검토
국민참여재판 의사 확인서(불희망)	(생략)	피고인 김갑동
국민참여재판 의사 확인서(불희망)	(생략)	피고인 이을남
의견서	(생략)	피고인 김갑동
의견서	(생략)	피고인 이을남
공판조서(제1회)	15	
공소장변경허가신청서	17	검사 이채원
증거신청서	18	검사 이채원
증거신청서	19	변호사 한검토
공판조서(제2회)	20	
증인신문조서	24	김피해
증인신문조서	25	엄중한

- 6 -

[11] 공판기록목록에서는 가장 먼저 공소장변경허가신청서가 있는지를 체크하고, 공판단계에서 제출된 증거가 있는지 확인한다. 추가로 공판기일이 몇 차례 열렸는지, 증인신문이 실시된 증인은 몇 명인지 등을 가볍게 확인할 수 있다.

[12] 제1회 공판기일 후 검사의 공소장변경신청이 존재한다. 일단 제2회 공판조서에서 위 신청에 대한 허가 여부를 확인 한 후, 허가 결정이 있는 경우 허가신청서에서 변경된 공소사실을 확인하여 기존 공소장을 추가·수정하여 기록을 읽어야 한다.

[13] 공판단계에서 검사가 제출한 증거는 피고인에게 불리한 증거이고, 피고인 측이 제출한 증거는 피고인에게 유리한 증거이다.

[14] 증거목록에서는 검찰단계와 경찰단계를 구별하여 표시한 후, 각 증거에 대한 증거의견란을 체크하고, 전문법칙 예외요건에 따라 증거능력이 부정되는 증거들을 검토하도록 한다.

[15] 김피해 작성 진술서는 이을남이 증거부동의하였으나, 그 원진술자 김피해가 이 사건 법정에서 그 진술서의 진정성립 등을 인정하였으므로 증거능력이 인정된다(제312조 제4항).

[16] 전달통에 대한 진술조서는 김갑동이 증거부동의하였고, 이에 대해 전달통의 공판기일에서의 실질적 진정성립인정이 존재하지 아니하므로 일단 증거능력이 부정된다(제312조 제4항). 추가로 전달통에 대한 증인신문이 실시되지 아니한 사유를 확인하여 제314조 적용 여부를 검토하여야 한다.

[17] 사경 작성 이을남에 대판 피신조서는 김갑동은 내용부인 취지로 증거부동의, 이을남은 일부에 대해 내용부인하고 있으므로 모두 증거능력이 부정된다(제312조 제3항).

증 거 목 록 (증거서류 등)
2022고합1234

2022형제54321호

① 김갑동
② 이을남
신청인 : 검사

순번	증거방법				참조사항등	신청기일	증거의견		증거결정		증거조사기일	비고
	작성	쪽수(수)	쪽수(증)	증거명칭	성명			기일	내용	기일	내용	
1	사경	28		고소장	이대한		1	1	① ○			
2	〃	(생략)		등기사항전부증명서			1	1	① ○			
3	〃	(생략)		채권양도계약서 사본			1	1	① ○			
4	〃	(생략)		진술조서	이대한		1	1	① ○			
5	〃	(생략)		수사보고(인지경위)			1	1	② ○			
6	〃	29		진술서	김피해		1	1	② ×			
7	〃	(생략)		자동차운전면허대장(이을남)			1	1	① ○			
8	〃	30		고소장	이금옥 김소개		1	1	② ○			
9	〃	(생략)		진술조서	이금옥 김소개		1	1	② ○			
10	〃	(생략)		가족관계증명서		생략	1	1	② ○	(생략)		
11	〃	(생략)		주민등록등본			1	1	② ○			
12	〃	(생략)		첩보보고			1	1	① ○ / ② ○			
13	〃	31		진술조서	전달통		1	1	① × / ② ○			
14	〃	32		진정서	장동향		1	1	① ○			
15	〃	(생략)		진술조서	장동향		1	1	① ○			
16	〃	33		피의자신문조서	이을남		1	1	① × / ② ○○○× / ② ○			공소사실 3.다.항 부분
17	〃	36		압수조서			1	1	① ○ / ② ○			
18	〃	36		압수목록			1	1	① ○ / ② ○			
19	〃	(생략)		녹취록			1	1	① ○ / ② ○			

※ 증거의견 표시 - 피의자신문조서 : 인정 ○, 부인 ×
  (여러 개의 부호가 있는 경우, 적법성/성립/임의성/내용의 순서임)
  - 기타 증거서류 : 동의 ○, 부동의 ×
  - 진술이 특히 신빙할 수 있는 상태 하에서 행하여졌다는 점 부인 : "특신성 부인"(비고란 기재)
※ 증거결정 표시 : 채 ○, 부 ×
※ 증거조사 내용은 제시, 내용고지

증 거 목 록 (증거서류 등)
2022고합1234

2022형제54321호

① 김갑동
② 이을남
신청인 : 검사

순번	증거방법 작성	쪽수(수)	쪽수(증)	증거명칭	성명	참조사항 등	신청기일	증거의견 기일	증거의견 내용	증거결정 기일	증거결정 내용	증거조사기일	비고
20	사경	37		진술조서	김피해		1	1	② ×				
21	〃	38		수사보고(도박계좌거래내역 확인)			1	1	① ○				
22	〃	39		피의자신문조서	김갑동		1	1	① ○ / ② × / ② ○		(생략)		공소사실 1.항 부분
23	검사	42		수사보고(피해자 김피해 진술청취)			1	1	② ×				
24	〃	43		피의자신문조서(대질)	이을남 김갑동	생략	1	1	① × / ① ○ / ② × / ② ○				공소사실 1.항 ② 진술 부분 / 공소사실 1.항 ① 진술 부분
25	〃	46		수사보고(계좌거래내역, 통화내역 첨부)			1	1	① ○ / ② ○				
26	〃	(생략)		계좌거래내역			1	1	① ○ / ② ○				
27	〃	(생략)		통화내역			1	1	① ○ / ② ○				
28	〃	47		수사보고(약식명령 등본 첨부 및 도달일자 확인)			1	1	① ○				
29	〃	48		약식명령등본			1	1	① ○				
30	〃	(생략)		범죄경력자료 조회회보서	김갑동		1	1	① ○				
31	〃	(생략)		범죄경력자료 조회회보서	이을남		1	1	② ○				
32	〃	(생략)		고소장	김갑해		2	2	② ○				

※ 증거의견 표시 - 피의자신문조서 : 인정 ○, 부인 ×
   (여러 개의 부호가 있는 경우, 적법성/성립/임의성/내용의 순서임)
 - 기타 증거서류 : 동의 ○, 부동의 ×
 - 진술이 특히 신빙할 수 있는 상태 하에서 행하여졌다는 점 부인 : "특신성 부인"(비고란 기재)
※ 증거결정 표시 : 채 ○, 부 ×
※ 증거조사 내용은 제시, 내용고지

- 8 -

[18] 김피해에 대한 진술조서는 이을남이 증거부동의하였으나, 그 원진술자 김피해가 이 사건 법정에서 그 조서의 진정성립 등을 인정하였으므로 증거능력이 인정된다(제312조 제4항).

[19] 사경 작성 피고인 김갑동에 대한 피의자신문조서 중 공수사실 1.항 부분에 대하여는 이을남이 내용부인 취지로 증거부동의하고 있으므로 증거능력이 부정된다(제312조 제3항).

[20] 피해자 김피해의 진술을 기재한 서류인 수사보고에 대해서는 원진술자 김피해가 공판기일에서 별도로 진정성립 등을 인정한 바 없으므로 증거능력이 부정될 여지가 있으나(제313조 제1항), 후술하는 바와 같이 진술자인 김피해의 서명 또는 날인이 누락되어 증거능력이 부정된다(같은 항).

[21] 2020. 2. 4. 개정된 형사소송법이 적용되는 이번 기록의 경우, 검사 작성 공범인 공동피고인에 대한 피의자신문조서에 대하여도 제312조 제3항이 적용되고 당해피고인이 내용을 인정하여야 증거능력이 인정된다. 따라서 피고인들이 각각 공범인 공동피고인들의 진술 부분에 대해 내용부인취지로 증거부동의하고 있는 이상 각 부분은 모두 증거능력이 부정된다.

[22] 전달통에 대한 증인신문이 실시되지 아니하였는바, 전달통이 공판기일에 출석하지 아니하게 된 사유를 확인하여야 한다.

증 거 목 록 (증인 등)
2022고합1234

① 김갑동
② 이을남

2022형제54321호　　　　　　　　　　　　　　　　　신청인 : 검사

증 거 방 법	쪽수(공)	입증취지 등	신청기일	증거결정 기일	증거결정 내용	증거조사기일	비고
녹음파일 사본 (증 제1호)		(생략)	1	1		2022. 12. 21. 10:00 (실시)	
증인 김피해	24	(생략)	1	1	생 략	2023. 1. 4. 15:00 (실시)	
증인 전달통		(생략)	1	1		2023. 1. 4. 15:00 2회 기일 철회, 취소	

※ 증거결정 표시 : 채 ○, 부 ×

- 9 -

증 거 목 록 (증거서류 등)
2022고합1234

2022형제54321호

① 김갑동
② 이을남

신청인: 피고인 및 변호인

순번	증거방법				참조사항 등	신청기일	증거의견		증거결정		증거조사기일	비고
	작성	쪽수(수)	쪽수(공)	증거명칭	성명			기일	내용	기일	내용	
1		(생략)		판결문등본		(생략)	2	2	○		생략		②신청
2		(생략)		합의서		(생략)	2	2	○				②신청

[이하 증거목록 미기재 부분은 생략]

※ 증거의견 표시 - 피의자신문조서 : 인정 ○, 부인 ×
　　　　　　　　　(여러 개의 부호가 있는 경우, 적법성/성립/임의성/내용의 순서임)
　　　　　　　 - 기타 증거서류 : 동의 ○, 부동의 ×
　　　　　　　 - 진술이 특히 신빙할 수 있는 상태 하에서 행하여졌다는 점 부인 : "특신성 부인"(비고란 기재)
※ 증거결정 표시 : 채 ○, 부 ×
※ 증거조사 내용은 제시, 내용고지

증 거 목 록 (증인 등)
2022고합1234

2022형제54321호

① 김갑동
② 이을남

신청인: 피고인 및 변호인

증거방법	쪽수(공)	입증취지 등	신청기일	증거결정		증거조사기일	비고
				기일	내용		
증인 엄중한	25	(생략)	1	1	생략	2023. 1. 4. 15:00 (실시)	①신청
블랙박스 메모리카드 1개		(생략)	2	2		2023. 1. 4. 15:00 (실시)	②신청

※ 증거결정 표시 : 채 ○, 부 ×

[이하 증거목록 미기재 부분은 생략]

[23] 검사가 제출한 증거목록 다음에는 피고인 측이 제출한 증거목록이 등장한다. 피고인이 제출한 증거들은 쟁점 검토에 있어 피고인에게 유리한 증거들로 활용된다.

[24] 기판력에 의한 면소판결 선고 여부가 문제됨을 예상할 수 있다.

[25] 친고죄 또는 반의사불벌죄에 있어 공소기각판결 선고 여부가 문제됨을 예상할 수 있다.

[26] 피고인에게 유리한 내용의 증언을 확인하여야 한다. 주로 신빙성 탄핵의 근거로 활용될 것이다.

[27] 공소장은 공판조서와 함께 형사법 기록에서 가장 중요한 서면이다.
다만 피고인 관련사항과 첨부서류는 보지 않아도 무방하고, 공소사실을 메모하면서 꼼꼼하게 읽도록 한다.

[28] 피고인 관련사항 중 적용법조에서 공범관계나 죄수와 관련된 규정을 추가로 확인할 수 있다.

서울중앙지방검찰청

2022. 11. 30.

사건번호   2022년 형제54321호
수 신 자   서울중앙지방법원   발 신 자
                                   검 사 임현진 임현진 (인)

제 목   공소장
        아래와 같이 공소를 제기합니다.

I. 피고인 관련사항

1. 피 고 인   김갑동 (73****-1******), 49세
              직업 공무원, 010-****-****
              주거 서울 서초구 서초대로1번길 2, 서울빌라 505호
              등록기준지 경기 양평군 맑은물로10번길 9
   죄   명   특정경제범죄가중처벌등에관한법률위반(배임), 뇌물수수, 상습도박
   적용법조   특정경제범죄 가중처벌 등에 관한 법률 제3조 제1항 제2호, 형법 제355조 제2항, 제129조 제1항, 제246조 제2항, 제1항, 제37조, 제38조
   구속여부   불구속
   변 호 인   변호사 김변호

2. 피 고 인   이을남 (77****-1******), 45세
              직업 유흥주점업, 010-****-****
              주거 서울 강남구 강남대로67번길 5, 108동 101호(샛별아파트)
              등록기준지 경기 양평군 맑은물로5번길 8
   죄   명   뇌물공여, 횡령, 특수폭행, 도로교통법위반(무면허운전), 모욕
   적용법조   형법 제133조 제1항, 제129조 제1항, 제355조 제1항, 제261조, 제260조 제1항, 도로교통법 제152조 제1호, 제43조, 형법 제311조, 제37조, 제38조
   구속여부   불구속
   변 호 인   법무법인 율(담당변호사 한검토)

- 11 -

II. 공소사실

1. 피고인들의 범행

   가. 피고인 김갑동의 뇌물수수

   피고인은 서울 서초구청 식품위생국 위생과에 근무하면서 식품영업허가, 단속 등의 업무를 담당하는 공무원이다.

   피고인은 2022. 9. 15. 14:20경 서울 서초구 서초구청에 있는 피고인의 사무실에서 평소 알고 지내던 이을남으로부터 유흥업소 단속 정보를 제공해 달라는 청탁을 받으면서 이을남의 심부름으로 온 이을남의 운전기사인 전달통으로부터 현금 1,000만 원을 받았다.

   이로써 피고인은 공무원의 직무에 관하여 뇌물을 수수하였다.

   나. 피고인 이을남의 뇌물공여

   피고인은 위 가.항 기재 일시, 장소에서 김갑동에게 위와 같이 청탁하면서 그 사례금 명목으로 현금 1,000만 원을 교부하였다.

   이로써 피고인은 공무원의 직무에 관하여 뇌물을 공여하였다.

2. 피고인 김갑동

   가. 상습도박

   피고인은 2017. 3. 5. 서울중앙지방법원에서 도박죄로 벌금 50만 원의 약식명령을 받고, 2017. 11. 23. 서울중앙지방법원에서 상습도박죄로 벌금 300만 원의 약식명령을 받았다.

   1) 2017. 11. 18. 22:00경부터 24:00경까지 서울 서초구 서초대로1번길 2, 서울빌라 505호에 있는 피고인의 집에서 컴퓨터를 이용하여 인터넷 도박 게임 사이트인 타짜 사이트(www.tazza.com)에 회원번호(아이디 xxxxx)를 입력하여 접속한 다음, 휴대폰을 이용한 무통장 입금으로 합계 30만 원 상당의 게임 코인을 구입한 후 이를 이용하여 약 30회에 걸쳐 속칭 '포커'라는 도박을 하였다.

   2) 2017. 11. 25. 22:00경부터 24:00경까지 위 1)항의 장소에서, 같은 방법으로

[29] 뇌물수수 관련 뇌물과 관련된 직무 내용 등을 간단히 확인한다.

[30] 공판기일에 출석하지 아니한 전달통이 뇌물의 전달자로서 중요 인물에 해당함을 확인할 수 있다. 전달통에 대한 진술조서 등의 증거능력을 부정함으로써 후단 무죄판결이 선고될 가능성이 높다.

[31] (상습이 아닌 단순)도박죄로 확정된 약식명령의 기판력은 이 부분 공소사실에 미칠 여지가 없으나, 상습도박죄로 확정된 약식명령의 기판력은 이 부분 공소사실에 미칠 여지가 있다.
공소장에 확정사실이 기재되어 있지 아니하므로, 이 부분은 추가로 확인하여야 한다(확정되지 아니한 경우라면 일사부재리가 아닌 이중기소 지원칙 위반 여부가 쟁점이 됨).

[32] 2017.11.18. 범행에 대하여는 확정된 약식명령의 기판력이 미쳐서 면소판결이 선고될 것임을 알 수 있다. 추가로 확정된 약식명령 이전 범행이므로 이후 범행들과 분단되어 별개 범행이 되므로, 이 부분에 대하여는 별도로 공소시효 완성을 검토하면 공소시효 완성을 이유로도 면소판결이 선고됨을 확인할 수 있다.

[33] 2017. 11. 23. 이후 범행에 대하여는 확정된 약식명령의 기판력이 미치지 아니한다. 또한 이 부분 범행부터는 공소시효 완성 전 공소가 제기되었다.

합계 30만 원 상당의 게임 코인을 구입한 후 이를 이용하여 약 30회에 걸쳐 속칭 '포커'라는 도박을 하였다.

3) 2017. 12. 2. 22:00경부터 24:00경까지 위 1)항의 장소에서, 같은 방법으로 합계 30만 원 상당의 게임 코인을 구입한 후 이를 이용하여 약 30회에 걸쳐 속칭 '포커'라는 도박을 하였다.

4) 2017. 12. 5. 22:00경부터 24:00경까지 위 1)항의 장소에서, 같은 방법으로 합계 30만 원 상당의 게임 코인을 구입한 후 이를 이용하여 약 30회에 걸쳐 속칭 '포커'라는 도박을 하였다.

이로써 피고인은 상습으로 도박을 하였다.

나. 특정경제범죄가중처벌등에관한법률위반(배임)

[34] 피고인의 도박범행이 피고인의 집에서 인터넷 사이트에 접속하여 2시간 정도 포커게임을 한 것에 불과하고, 그에 사용된 금원 역시 30만 원 정도에 불과하다는 사정은 정상변론에서 활용할 수 있다.

피고인은 2022. 2. 1.경 피해자 이대한으로부터 6억 원을 차용하면서 전세권 설정등기가 마쳐져 있는 피고인의 주거지인 서울 서초구 서초대로1번길 2, 서울빌라 505호에 대한 전세보증금 반환채권 6억 원을 담보 목적으로 피해자에게 양도하고 채권양도 통지를 하기로 약정하였으므로, 위 빌라 임대인인 박주인에게 채권양도 통지를 하고 위 전세보증금 반환채권의 담보가치를 유지·보전하여야 할 임무가 있었다.

[35] 판례(2015도5184)의 태도에 의하면 채권양도담보계약에 있어 채무자에게 배임죄는 성립하지 아니한다.

그럼에도 불구하고 피고인은 위와 같은 임무에 위배하여 그 통지를 하지 않고 있던 중 2022. 2. 5.경 전부자로부터 다시 5억 원을 차용하면서 채무자를 피고인, 채권자를 전부자, 채권최고액을 5억 5,000만 원으로 하는 전세권근저당권 설정등기를 마쳤다.

이로써 피고인은 5억 원에 해당하는 재산상의 이익을 취득하고 피해자에게 같은 액수에 해당하는 손해를 가하였다.

3. 피고인 이을남

가. 횡령

피고인은 2022. 2. 6.경 서울 강남구 양원로 234에 있는 미래부동산 앞길에서

- 13 -

피해자 이금옥으로부터 '장마담에게 전달해 달라'는 부탁과 함께 1,500만 원을 건네받고, 2022. 2. 7.경 서울 서초구 서초대로 125에 있는 놀자유흥주점에서 김소개로부터 '이금옥이 장마담에게 전달해 주라고 하면서 나한테 맡긴 돈이 더 있다. 이것도 나 대신 장마담에게 전달해 달라'는 부탁과 함께 500만 원을 건네받았다.

이로써 피고인은 피해자를 위하여 2,000만 원을 보관하던 중 2022. 2. 9.경 피고인의 채무변제 등의 용도로 마음대로 소비하여 피해자의 재물을 횡령하였다.

[36] 2천만 원의 횡령금원 중 1,500만 원 부분과 500만 원 부분의 사실관계가 달리 출제되었으므로, 메모 등도 구별하여 하는 것을 추천한다.

나. 도로교통법위반(무면허운전)

피고인은 2022. 5. 30. 22:00경 서울 서초구 서초대로10번길 123에 있는 편도 1차로 도로에서 자동차운전면허의 효력이 정지된 상태로 피고인의 123나5678호 벤츠 승용차를 운전하였다.

[37] 도로교통법 제152조 제1호에 의하면 면허정지상태에서의 운전도 무면허운전에 해당한다.

다. 특수폭행

피고인은 2022. 5. 30. 22:05경 위 나.항의 장소에서 위 벤츠 승용차를 운전하던 중 술에 취한 상태로 갓길을 걸어가던 피해자 김피해(22세)를 발견하여 급제동을 하게 된 사실에 화가 나 피해자와 언쟁을 벌이다가 한 손에 위험한 물건인 골프채를 든 채 다른 손으로 피해자의 멱살을 잡아 흔들어 피해자를 폭행하였다.

[38] 특수폭행은 반의사불벌죄가 아니지만, 단순폭행은 반의사불벌죄이다.

라. 모욕

피고인은 2022. 8. 15. 20:30경 서울 강남구 강남대로12번길 34에 있는 강남한식 음식점에서 향우회 모임 참석자 장동향 등 15명이 듣고 있는 가운데 피해자 김갑동에게 "도박 전과자!"라고 말하여 공연히 피해자를 모욕하였다.

[39] 앞서 공소장변경이 된 것을 확인하였으므로, 명예훼손죄를 예비적 사실로 추가한 것을 전제로 공소사실을 분석하여야 한다.

III. 첨부서류

1. 변호인선임서 2통(첨부 생략)

[40] 제1회 공판조서에서 검사의 모두진술 부분까지는 읽지 않고 넘어가도 무방하다.

서 울 중 앙 지 방 법 원

공 판 조 서

제 1 회

사　　　건	2022고합1234 특정경제범죄가중처벌등에관한법률위반(배임) 등
재판장 판사	하정엽　　　　기　일 : 2022. 12. 21. 10:00
판사	김무성　　　　장　소 : 제425호 법정
판사	정우진　　　　공개 여부 : 공개
법원사무관	도준엽　　　　고 지 된
	다음기일 : 2023. 1. 4. 15:00

피 고 인　　1. 김갑동　 2. 이을남　　　　　　　　각 출석
검　　사　　이채원　　　　　　　　　　　　　　　　출석
변 호 인　　변호사 김변호 (피고인 1을 위하여)　　　출석
　　　　　　법무법인 율 담당변호사 한검토 (피고인 2를 위하여)　출석

재판장
　　피고인들은 진술을 하지 아니하거나 각개의 물음에 대하여 진술을 거부할
　수 있고, 이익되는 사실을 진술할 수 있음을 고지
재판장의 인정신문
　　성　　　명 : 1. 김갑동　　2. 이을남
　　주민등록번호 : 각 공소장 기재와 같음
　　직　　　업 : 〃
　　주　　　거 : 〃
　　등록기준지 : 〃
재판장
　　피고인들에 대하여
　　주소의 변경 등이 있을 때에는 이를 법원에 보고할 것을 명하고 소재가 확
　인되지 않는 때에는 피고인들의 진술 없이 재판할 경우가 있음을 경고
검　　사

- 15 -

공소장에 의하여 공소사실, 죄명, 적용법조 낭독
피고인 김갑동
　　공소사실 1.의 가.항에 대해서는 현금을 수수한 사실이 없고, 나머지 공소사
　　실에 대해서는 모두 인정하고 잘못을 뉘우친다고 진술
피고인 이을남
　　공소사실 3.의 다.항에 대해서는 골프채를 들고 있던 것은 아니고, 나머지 공
　　소사실에 대해서는 모두 인정한다고 진술
피고인 김갑동의 변호인
　　피고인 김갑동을 위하여 유리한 변론(변론 기재는 생략)
피고인 이을남의 변호인
　　피고인 이을남을 위하여 유리한 변론(변론 기재는 생략)
재판장
　　증거조사를 하겠다고 고지
증거관계 별지와 같음(검사, 변호인)
재판장
　　각 증거조사 결과에 대한 의견을 묻고 권리를 보호하는 데 필요한 증거조사
　　를 신청할 수 있음을 고지
소송관계인
　　별 의견 없다고 각각 진술
재판장
　　변론 속행

2022. 12. 21.

법 원 사 무 관　　도준엽 ㊞

재판장　판 사　　하정엽 ㊞

[41] 김갑동은 뇌물수수만을 부인하고 있으므로 이에 대한 사실인정이 쟁점이 된다. 나머지 공소사실은 모두 인정하고 있으므로 법리적인 쟁점을 추가로 찾아야 한다.

[42] 이을남은 위험한 물건인 골프채를 들고 있지 아니하였다고 부인하고 있다. 이것이 폭행은 인정함을 전제로 특수만을 부정하는 취지인지 추가로 확인하여야 하고, 이러한 경우 특수폭행은 후단 무죄이나 축소사실로서 폭행죄를 추가로 검토하여야 하는 결론을 예상할 수 있다.

[43] 공판기록목록을 검토하는 단계에서 이미 공소장변경신청이 허가되었음을 확인하였고, 이에 따라 공소장까지 변경하여 검토하였다.

[44] 변호인이 작성하는 서면에서는 주위적 사실과 예비적 사실을 모두 변론·검토하는 것이 원칙이다.

서울중앙지방검찰청
(02-530-3114)

제2022-111호 2022. 12. 23.
수신 서울중앙지방법원 발신 서울중앙지방검찰청
제목 공소장변경허가신청 검사 이 채 원 ㊞

귀원 2022고합1234호 피고인 이을남에 대한 모욕

■ 추가
피고사건의 공소장을 다음과 같이 □ 철회 하고자 합니다.
□ 변경

- 다 음 -

1. 죄명에
「예비적 죄명 : 명예훼손」을,
2. 적용법조에
「예비적 적용법조 : 형법 제307조 제1항」을,
3. 공소사실에
「예비적 공소사실 : 피고인은 2022. 8. 15. 20:30경 서울 강남구 강남대로12번길 34에 있는 강남한식 음식점에서 향우회 모임 참석자 장동향 등 15명이 듣고 있는 가운데 피해자 김갑동에 대하여 "저 놈은 상습도박죄로 처벌받은 전과자다." 라고 큰 소리로 말함으로써 공연히 사실을 적시하여 피해자의 명예를 훼손하였다.」를
각각 추가함 (인)

증 거 신 청 서

사 건 2022고합1234 특정경제범죄가중처벌등에관한법률위반(배임) 등
피고인 이을남

위 사건에 관하여 검사는 피고인 이을남에 대한 모욕과 관련하여 다음 서류를 증거로 신청합니다.

- 다 음 -

1. 2022. 12. 27.자 고소장(김갑동) 1부(생략) [이을남을 상대로, 이을남이 한 "도박 전과자!" 발언에 대하여 처벌하여 달라는 취지]

2022. 12. 28.

서울중앙지방검찰청

검사 이채원 ㊞

서울중앙지방법원 제11형사부 귀중

[45] 친고죄인 모욕죄에 대하여 공소제기 후 비로소 고소장이 접수되었다. 고소의 추완을 부정하는 판례태도에 의하면 이 부분 공소사실에 대하여는 공소기각판결이 선고되어야 한다(제327조 제2호).

증 거 신 청 서

사　건　2022고합1234 특정경제범죄가중처벌등에관한법률위반(배임) 등
피고인　이을남

위 사건에 관하여 피고인 이을남의 변호인은 피고인의 이익을 위하여 다음 증거 서류 등을 증거로 신청합니다.

- 다　　음 -

1. 판결문등본 1부(생략) [자동차운전면허정지처분에 대한 취소소송. 원고(이을남)가 혈중알코올농도 0.03% 이상의 술에 취한 상태에서 운전하였음을 전제로 하는 서울서초경찰서장의 위 운전면허정지처분은 사실오인의 위법이 있어 취소, 2022. 12. 1. 선고, 2022. 12. 20. 확정의 취지]
1. 합의서(김피해) 1부(생략) [피고인 이을남에 대한 처벌불원 취지, 인감증명서 첨부]
1. 블랙박스 메모리카드 1개 [피고인 이을남이 김피해와 마주 서서 잠시 언쟁하다가 피고인이 양손으로 김피해의 멱살을 잡아 흔드는 장면]

2022. 12. 30.

피고인 이을남의 변호인
법무법인 율 담당변호사　한검토 ㊞

서울중앙지방법원 제11형사부 귀중

---

[46] 이을남에 대한 면허정지처분이 취소되었으므로, 무면허운전의 공소사실에 대하여는 무죄판결이 선고되어야 한다(제325조 전단).

[47] 특수폭행의 축소사실에 대한 폭행의 점에 대하여 피해자의 처벌불원의 의사표시가 있으므로 공소기각판결이 선고되어야 한다 (제327조 제6호).

[48] 위험한 물건인 골프채를 휴대하지 아니하고, 맨손으로 멱살을 흔들었음에 불과하다. 특수폭행의 점에 대한 무죄논거가 된다.

서울중앙지방법원
공 판 조 서

제 2 회
사　　　　건　2022고합1234 특정경제범죄가중처벌등에관한법률위반(배임) 등
재판장 판사　하정엽　　　　　　　기　　일 : 2023. 1. 4. 15:00
　　　　판사　김무성　　　　　　　장　　소 : 제425호 법정
　　　　판사　정우진　　　　　　　공개 여부 : 공개
법원사무관　도준엽　　　　　　　　고 지 된
　　　　　　　　　　　　　　　　　다음기일 : 2023. 1. 18. 15:00

피 고 인　　1. 김갑동　2. 이을남　　　　　　　　　각 출석
검　　사　　이채원　　　　　　　　　　　　　　　　출석
변 호 인　　변호사 김변호 (피고인 1을 위하여)　　　출석
　　　　　　법무법인 율 담당변호사 한검토 (피고인 2를 위하여)　출석
증　　인　　김피해, 엄중한　　　　　　　　　　　　각 출석
　　　　　　전달통　　　　　　　　　　　　　　　　불출석

재판장
　　전회 공판심리에 관한 주요 사항의 요지를 공판조서에 의하여 고지
소송관계인
　　변경할 점이나 이의할 점이 없다고 진술
재판장
　　2022. 12. 23.자 공소장변경허가신청을 허가한다는 결정 고지
검　사
　　위 서면에 의하여 변경된 공소사실, 죄명 및 적용법조 낭독
피고인 이을남 및 변호인 법무법인 율 담당변호사 한검토
　　피고인이 그와 같이 말한 것은 사실이나, 김갑동에게 도박 전과가 있다는 사실은 그 자리에 있던 사람들이 모두 알고 있던 내용일 뿐만 아니라, 그 당시 피고인은 그렇게 말하더라도 법적으로 문제되지 않는다고 생각했다고 진술
검　사
　　증인 전달통은 현재 여행으로 해외 체류 중이어서 불출석하였으므로 증인신청을 철회한다고 진술
재판장

- 20 -

[49] 제1회 이후의 공판조서에서는 가장 먼저 피고인이 기존 제1회 공판절차에서 진술한 내용 등을 변경하였거나, 기존 진행 절차에 대한 이의를 제기하였는지 여부를 체크하여야 한다. 예컨대 피고인이 제1회 공판기일에서 부인하였던 공소사실에 대하여 번의하여 인정하는 경우에는 제1회에서 잡았던 사실인정 쟁점을 더 이상 논의할 필요가 없어지게 된다.

[50] 검사의 공소장변경신청에 대한 법원의 허가결정이 존재함을 확인할 수 있다.

[51] 명예훼손에 대한 추가 인부 진술이다. 명예훼손 공소사실을 인정하면서 그에 대한 법률의 착오(금지착오)를 주장하고 있다. 책임조각여부와 관련하여 그 착오에 정당한 이유가 존재하는지를 검토하여야 한다.

[52] 단순히 해외 체류 중이라는 사정만으로는 원진술자의 진술불능 요건을 인정할 수 없다(제314조, 제316조 제2항).

　　　　　증거조사를 하겠다고 고지
　　　　　출석한 증인 김피해, 엄중한을 별지 조서와 같이 신문
증거관계 별지와 같음(검사, 변호인)
재판장
　　　　　각 증거조사 결과에 대한 의견을 묻고 권리를 보호하는 데 필요한 증거조사
　　　　　를 신청할 수 있음을 고지
소송관계인
　　　　　별 의견 없으며 달리 신청할 증거도 없다고 각각 진술
재판장
　　　　　증거조사를 마치고 피고인신문을 하겠다고 고지
검　사
피고인 김갑동에게
문　　이을남으로부터 현금 1,000만 원을 받은 사실이 없다는 주장인가요.
답　　네, 그렇습니다.
[그 외 검찰 피의자신문조서와 동일한 내용으로 피고인 김갑동 신문 및 답변(신문 사항 및 답변 내용 생략)]
피고인 김갑동의 변호인
문　　이을남으로부터 케이크를 받은 날이 피고인의 생일인 것은 맞나요.
답　　네, 제 생일이었습니다.
[그 외 피고인 김갑동에게 유리한 사항 신문(신문 사항 및 답변 내용 생략)]
검　사
피고인 이을남에게
문　　피고인은 2022. 9. 15. 14:20경 서울 서초구 서초구청에 있는 김갑동의 사무실에서 피고인의 운전기사인 전달통을 통하여 현금 1,000만 원이 든 케이크 상자를 김갑동에게 전달한 사실이 있나요.
답　　네, 있습니다.
문　　전달통에게 무엇이라고 말하면서 일을 지시하였나요.
답　　현금이 들어 있으니 조심하라고 말했습니다.
문　　전달통이 김갑동에게 현금이 든 케이크 상자를 틀림없이 전달했나요.
답　　네, 전달통이 다녀온 뒤 제게 와서 "현금 상자를 잘 전달했습니다."라고 분명히 말했습니다.
문　　김갑동이 사례의 말을 전해 온 사실도 있나요.
답　　네, 3~4일 뒤 제게 전화를 걸어와서 "신경 써 줘서 고맙다."라고 말했습

[53] 답안 중 피고인 변소의 요지 내용으로 활용할 수 있는 표현이다.

[54] 김갑동의 뇌물수수에 있어 공범인 공동피고인 이을남의 법정진술이므로 증거능력은 인정된다.

[55] 공판기일에서 이을남의 진술이 전달통의 진술을 내용으로 하는 전문진술이다. 그 원진술자 전달통이 단순히 해외 체류 중이라는 사정만으로는 필요성 요건을 갖추지 못하여 증거능력이 부정된다(제316조 제2항).
추가로 수사서류에서 이을남에 대한 조서 등에 동일한 내용의 전문진술 기재가 존재하는지를 바로 확인하여야 한다(전문진술 기재조서, 역시 증거능력 부정).

니다. 제가 녹음도 해 놨습니다.
문 피고인은 왜 김갑동에게 현금을 전달했나요.
답 제가 서초구청 관내에서 유흥주점을 운영하고 있는데, 김갑동이 그 단속 업무를 담당하고 있었기 때문에 단속 정보를 제공해 달라고 부탁하면서 돈을 준 것입니다. 그런 취지의 메모를 현금 봉투 안에 넣었습니다.
문 피고인은 피해자 김피해를 폭행한 사실이 있나요.
답 네, 제가 피해자와 도로에서 언쟁을 하다가 피해자의 멱살을 잡아 흔든 사실이 있습니다.
문 피해자를 향해 골프채를 휘두르거나, 손에 든 채 피해자를 폭행한 사실이 있나요.
답 그러한 사실이 모두 없습니다.
문 현장에 골프채가 있었던 것은 맞나요.
답 골프연습장을 다녀오던 길이어서 조수석에 골프채를 두고 있었지만, 차에서 내리기 전에 잠깐 집었다 놓았을 뿐입니다. 피해자 폭행 시에는 골프채를 사용하지 않았습니다.
문 당시 운전면허의 효력이 정지되어 있었나요.
답 네, 운전 당시에 면허가 정지되어 있던 것은 사실입니다.
문 명예훼손과 관련하여, 모두 알고 있는 사실은 공개적으로 말해도 법적으로 문제되지 않는다고 생각한 이유가 있나요.
답 특별한 이유는 없고 저의 짐작입니다.
[그 외 검찰 피의자신문조서와 동일한 내용으로 피고인 이을남 신문 및 답변(신문 사항 및 답변 내용 생략)]
피고인 이을남의 변호인
문 피고인은 녹음파일 사본의 압수와 관련하여, 압수목록을 교부 받았나요.
답 아니요. 목록을 따로 받지는 못했습니다만, 저도 제출할 생각이 있던 파일이므로 목록은 따로 필요 없습니다.
문 피고인은 차 밖으로 골프채를 가지고 나온 사실이 전혀 없나요.
답 네, 그렇습니다.
[그 외 피고인 이을남에게 유리한 사항 신문(신문 사항 및 답변 내용 생략)]
피고인 김갑동의 변호인
문 피고인은 위 1,000만원을 언제 어떻게 마련한 것인가요.
답 다시 생각해 보니 김갑동에게 전달하기 며칠 전에 사무실 근처 신한은행에서 찾았던 것으로 기억합니다.

[56] 뇌물 교부 관련 청탁사실을 김갑동에게 따로 얘기한 적은 없고, 단순히 메모에 기재하여 봉투에 넣은 것에 불과하다. 이러한 메모 내용을 김갑동이 확인하였는지에 대해 추가로 확인하여야 한다.

[57] 폭행사실은 인정하고 있고, '특수'폭행 부분만을 부인하고 있다. 앞서 살펴본 바와 같이 특수폭행의 점에 대하여는 무죄, 폭행의 점에 대하여는 공소기각판결이 선고될 것이다.

[58] 면허정지처분 취소에 의한 무죄판결선고 결론은 이미 확인하였다.

[59] 단순한 짐작에 불과하므로 금지착오에 있어 정당한 이유를 인정할 수 없다.

[60] 압수목록을 교부받지 못하였으므로 그 압수절차는 위법하다(제219조, 제129조). 녹음파일 사본은 위법수집증거에 해당하여 증거능력이 부정되고(제308조의2), 추가로 2차 증거가 존재하는지 여부를 확인하여야 한다.

[61] 뇌물로 교부한 금원을 마련한 방법에 대한 내용이다. 뒤에서 살펴보는 바와 같이 수사단계에서의 진술에 대한 번복이다.

문	전달통에게 케이크 상자 안을 보여 주기도 했나요.
답	아니요. 보여 주지는 않았고, 전달통도 제게 받은 그대로 케이크 상자를 전달했다고 했습니다.
문	피고인은 최근 김갑동과 돈 문제로 갈등이 있었나요.
답	네, 그런 사실이 있습니다. 제가 김갑동에게 지난 봄 무렵 1,000만 원을 빌려주었는데 돌려받지 못하고 있습니다. 김갑동이 주식 등으로 돈을 탕진하는 것 같고, 몇 차례 변제를 요청했음에도 오히려 제게 면박을 주어서 말다툼을 좀 했습니다.
문	2022. 8. 15.경 향우회에서 김갑동을 만난 자리에서 김갑동을 향해 "저 놈은 상습도박죄로 처벌받은 전과자다." 라고 소리친 사실도 있나요.
답	네, 그런 사실이 있습니다.
문	그때도 채무 1,000만 원 문제로 말다툼을 하고 있었나요.
답	네, 사실입니다.
문	피고인은 김갑동에 대한 악감정을 갖고 1,000만 원을 전달했다고 거짓말하는 것 아닌가요.
답	그렇지 않습니다.
문	전달통은 계속 피고인의 운전기사로 일하고 있나요.
답	아닙니다. 무슨 이유에서인지 돈을 전달하라고 한 이틀 뒤에 돌연 퇴직했고, 그 일주일 뒤에 갑자기 못 보던 명품 시계를 차고 와서 남은 개인 물품을 찾아 갔습니다.

재판장
　피고인신문을 마쳤음을 고지
　변론 속행(변론 준비를 위한 검사, 변호인들의 요청으로)

2023. 1. 4.

　법 원 사 무 관　　도준엽 ㊞

　재판장　판 사　　하정엽 ㊞

[62] 빌려준 돈을 받지도 못한 상태에서 별도로 천만 원을 교부한다는 것은 경험칙에 반하는 사정이다.

[63] 범행 전 김갑동과 이을남의 관계에 대한 설시이다. 이을남이 김갑동에 대한 악감정으로 거짓진술을 할 가능성이 높음을 알 수 있다.

[64] 천만 원의 전달자인 전달통이 범행 직후 돌연 퇴직하였고, 명품 시계를 새로 차고 왔다는 사정을 바탕으로, 전달통이 금원을 김갑동에게 전달하지 않고 빼돌렸음을 유추할 수 있다.

서울중앙지방법원

증인신문조서 (제2회 공판조서의 일부)

사 건 2022고합1234 특정경제범죄가중처벌등에관한법률위반(배임) 등
증 인 이 름 김피해
         생년월일 및 주거 (생략)

재판장
증인에게 형사소송법 제148조 또는 제149조에 해당하는가의 여부를 물어 이에 해당하지 아니함을 인정하고, 위증의 벌을 경고한 후 별지 선서서와 같이 선서를 하게 하였다. 다음에 신문할 증인은 재정하지 아니하였다.

검사
문 (증거목록 순번 6, 20을 제시, 열람하게 하고) 증인은 수사기관에서 사실대로 작성하여, 서명, 날인하고, 수사기관에서 사실대로 진술하고, 진술한 대로 기재된 것을 확인하고 서명, 날인하였지요. [65]
답 네, 그렇습니다.
문 증인은 피고인 이을남으로부터 골프채로 폭행을 당한 사실이 있나요.
답 멱살을 잡고 흔드는 폭행을 당한 것은 맞지만, 골프채를 휘두르거나 들고 있었는지까지는 잘 모르겠습니다. [66]
문 경찰, 검찰에서는 골프채로 폭행을 당하였다는 취지로 진술하지 않았나요.
답 당시 제가 술에 취해 있었고, 다시 생각해 보니 잘 기억이 나지 않습니다. 그리고 이미 피고인과 합의하였고, 더 이상 관여하고 싶지 않습니다. [67]

피고인 이을남의 변호인
문 피고인과 합의하였다고 특별히 더 유리하게 진술하는 것은 아니지요.
답 그런 것은 아닙니다.

2023. 1. 4.

법 원 사 무 관   도준엽 ㊞

재판장 판 사   하정엽 ㊞

---

[65] 김피해 작성 진술서 및 김피해에 대한 진술조서의 진정성립 등을 인정하는 진술이다.

[66] 골프채 휴대에 대한 번복진술이다. 김피해 진술에 대한 신빙성 탄핵의 근거로 활용된다.

[67] 피해자의 처벌불원의사표시가 공소제기 전에 있었는지를 추가로 확인하여야 한다.

서울중앙지방법원
증인신문조서 (제2회 공판조서의 일부)

사 건 2022고합1234 특정경제범죄가중처벌등에관한법률위반(배임) 등
증 인 이 름 엄중한
       생년월일 및 주거 (생략)

재판장
 증인에게 형사소송법 제148조 또는 제149조에 해당하는가의 여부를 물어 이에 해당하지 아니함을 인정하고, 위증의 벌을 경고한 후 별지 선서서와 같이 선서를 하게 하였다.

피고인 김갑동의 변호인

문 증인은 피고인 김갑동의 동료 공무원인가요.
답 네, 현재 서울 서초구청의 김갑동 건너편 자리에서 일하고 있습니다.
[68] 피고인 김갑동 측이 신청한 증인이므로 피고인에게 유리한 내용이 주를 이룬다.

문 누군가가 2022. 9. 15. 14:20경 서초구청 사무실로 찾아와 김갑동에게 케이크 상자를 전달하는 것을 목격한 사실이 있나요.
답 네, 목격했습니다. 어떤 남성이 찾아와 김갑동에게 인사를 하면서 고향 후배인 이 아무개가 보냈다고 말하는 것을 들었습니다.
문 그 케이크 상자가 무엇이라고 생각하였나요.
답 누가 보아도 생일 케이크 상자였기 때문에, 제가 김갑동에게 생일이냐고 물었더니 맞다고 하므로, 저도 축하한다고 말했습니다.
문 김갑동이 현장에서 그 상자를 열어 보았나요.
답 저희와 나누어 먹을까 기대했으나, 열어 보지 않고 사무실 소파 테이블 위에 두었다가 그대로 집에 가져갔습니다. 그래서 내용물을 직접 보지 못했습니다.

[69] 김갑동이 케이크 상자 안에 있는 현금을 확인하지 아니하였고, 증인 역시 단순한 케이크 배달로밖에 생각하지 못하였다.

검사
문 상자 안에 돈이 들어 있을 것으로 의심이 되었나요.
답 아니요. 지인이 생일 케이크를 배달시켰다고 생각했을 뿐 그 안에 돈이 들어 있을 것이라는 생각은 하지 못했습니다.

2023. 1. 4.

법원사무관 도준엽 ㊞

재판장 판사 하정엽 ㊞

[70] 수사기록표지 등은 읽지 않고 넘어가도 무방하다.

	제	1	책
	제	1	권

서울중앙지방법원

증거서류등(검사)

사건번호	2022고합1234	담임	제11부	주심	나
	20 노		부		
	20 도		부		

사건명	가. 특정경제범죄가중처벌등에관한법률위반(배임) 나. 뇌물수수 다. 뇌물공여 라. 횡령 마. 특수폭행 바. 상습도박 사. 도로교통법위반(무면허운전) 아. 모욕

검 사	임현진	2022년 형제54321호

피고인	1. 가.나.바. 2. 다.라.마.사.아.	**김갑동** **이을남**

공소제기일		2022. 11. 30.	
1심 선고	20 . . .	항소	20 . . .
2심 선고	20 . . .	상고	20 . . .
확 정	20 . . .	보존	

- 26 -

					제 1 책
					제 1 권

구공판		서울중앙지방검찰청			
		증 거 기 록			
검 찰	사건번호	2022년 형제54321호	법원	사건번호	2022고합1234
	검 사	임현진		판 사	
피 고 인	1. 가.나.바. **김갑동** 2. 다.라.마.사.아. **이을남**				
죄 명	가. 특정경제범죄가중처벌등에관한법률위반(배임) 나. 뇌물수수 다. 뇌물공여 라. 횡령 마. 특수폭행 바. 상습도박 사. 도로교통법위반(무면허운전) 아. 모욕				
공소제기일	2022. 11. 30.				
구 속	1. 불구속 2. 불구속		석 방		
변 호 인	1. 변호사 김변호 2. 법무법인 율 담당변호사 한검토				
증 거 물	있음				
비 고					

고 소 장

서초경찰서 접수인(1127호)(2022. 5. 11.)

고 소 인   이 대 한 (인적 사항 생략)
피고소인   김 갑 동 (인적 사항 생략)
죄   명   배임

1. 고소인은 평소 알고 지내던 피고소인으로부터 급히 돈이 필요하다는 부탁을 받고, 2022. 2. 1.경 6억 원을 대여하면서 담보 목적으로, 전세권 설정등기가 마쳐져 있는 피고소인의 거주지인 서울빌라 505호에 대한 전세보증금 반환채권 6억 원을 양도받고 집주인에게 채권양도 통지를 해 주기로 피고소인과 약정하였습니다. 위 전세권은 존속기간이 2022. 7. 15.까지이고, 대여일 무렵 집주인으로부터 갱신 거절의 통지가 있어 존속기간 이후 소멸될 예정입니다.

2. 그런데 피고소인이 집주인에게 채권양도의 통지를 하지 않은 채, 2022. 2. 5. 전부자로부터 다시 5억 원을 차용하면서 위 전세권에 대하여 채권최고액을 5억 5,000만 원으로 하는 근저당권 설정등기를 마쳐 주었습니다.

3. 결국 피고소인은 고소인에게 채권양도를 하고, 그 집주인에게 양도 통지를 하여야 할 의무를 저버리고 전부자에게 전세권근저당권 설정등기를 마침으로써 5억 원 상당의 손해를 끼쳤으므로 배임으로 엄히 처벌하여 주시기 바랍니다.

첨부 : 1. 등기사항전부증명서 (생략)
      2. 채권양도계약서 사본 (생략)

2022. 5. 11.

고소인   이 대 한 ㊞

서울서초경찰서장 귀중

- 28 -

[71] 이미 무죄결론을 확인한 특경가법위반(배임)에 대한 내용이므로 간단히 확인만 하고 넘어가도록 한다.

진 술 서

성 명   김피해 (인적 사항 생략)

1. 저는 경찰의 요청으로 서울서초경찰서에 출석하여 다음과 같이 임의로 진술합니다.

1. 제가 2022. 5. 30. 22:00경 서울 서초구 서초대로10번길 123에 있는 도로 가장자리를 걸어가던 중 옆을 지나던 승용차 운전자인 피의자 이을남으로부터 골프채로 폭행을 당한 사실이 있습니다.

1. 당시 제가 술을 마셔 약간 취한 상태로 길을 가던 중, 제 옆을 가까이 지나던 피의자가 급제동을 하더니 경적을 크게 울리면서 조수석 창문을 열고 제게 뭐라고 욕설을 했습니다.

1. 그러더니 피의자가 조수석에서 골프채를 꺼내 들고 승용차에서 내려 제게 다가오더니, 저를 향해 골프채를 휘둘렀습니다.

1. 피의자를 엄벌에 처해 주세요.

            2022. 5. 31.
            진술인   김 피 해 ㊞

[72] 골프채 휴대 여부에 대한 진술이 이후 진술과 불일치하고 있다.

고 소 장

서초경찰서 접수인(1227호)(2022. 9. 2.)

고 소 인　1. 이 금 옥 (인적 사항 생략)
　　　　　2. 김 소 개 (인적 사항 생략)
피고소인　이 을 남 (인적 사항 생략)
죄　　 명　횡령

1. 고소인1 이금옥은 피고소인의 고모이고, 고소인2 김소개는 피고소인의 사회친구입니다.
2. 고소인1은 2022. 2. 6.경 서울 강남구 양원로 234 미래부동산 앞길에서 장마담에게 전달해 달라고 부탁하면서 피고소인에게 손가방에 담긴 1,500만 원을 맡겼습니다.
3. 고소인2는 고소인1로부터 장마담에게 전달해 달라면서 봉투에 담긴 500만 원을 건네받아 잠시 보관하고 있었는데, 마침 피고소인이 위 2.항과 같이 장마담에게 전달할 고소인1의 돈을 보관하고 있음을 알게 되어, 2. 7.경 서울 서초구 서초대로 125에 있는 피고소인의 주점에 찾아가 장마담에게 함께 전달해 달라고 부탁하면서 피고소인에게 봉투에 담긴 500만 원을 맡겼습니다.
4. 이렇게 피고소인은 위 돈 2,000만 원을 보관하게 되었음에도 이를 장마담에게 전달하지 않고, 2022. 2. 9.경 피고소인의 개인 채무 변제의 용도로 모두 소비하여 횡령하였습니다.
5. 고소인들은 2022. 2. 17.경 장마담으로부터 연락을 받고 즉시 피고소인을 추궁하여, 피고소인이 2,000만 원을 임의소비한 사정을 알게 되었습니다.
6. 이에 고소인들이 피고소인을 고소하니 엄히 처벌하여 주시기 바랍니다.

2022. 9. 2.

고소인　이 금 옥 ㊞
고소인　김 소 개 ㊞

서울서초경찰서장 귀중

― 30 ―

[73] 피해자 이금옥과는 친족관계가 인정되나, 보관자인 김소개와는 친족관계가 인정되지 아니한다. 따라서 500만 원 횡령 부분에 대하여는 친족상도례가 적용되지 아니한다(유죄판결).

[74] 피해자 이금옥은 2022. 2. 17.경 범인을 알게 되었고, 이로부터 6개월이 경과한 2022. 9. 2. 비로소 피해자를 고소하였으므로, 위 고소는 고소기간을 도과하였다(공소기각판결).

[75] 전달통에 대한 진술조서의 증거능력은 이미 부정하였으므로, 신빙성 탄핵의 근거 위주로 빠르게 확인하면 된다.

진 술 조 서

성 명 : 전 달 통
주민등록번호, 직업, 주거, 등록기준지, 직장 주소, 연락처 (각 생략)

위의 사람은 피의자 김갑동에 대한 뇌물수수 피의사건에 관하여 2022. 10. 14. 서울서초경찰서 수사과 사무실에 임의 출석하여 다음과 같이 진술하다.

[피의자와의 관계, 피의사실과의 관계 등(생략)]

문 진술인은 이을남과 어떤 관계인가요.
답 2021. 11. 1.경부터 이을남의 운전기사로 일 하였습니다.
문 진술인은 이을남의 지시를 받고, 피의자 김갑동에게 금품을 전달한 사실이 있나요.
답 네, 이을남이 제게 케이크 상자를 주면서 서울 서초구 서초구청에 있는 김갑동의 사무실에 찾아가 김갑동에게 전달하라고 지시하였습니다. 이을남은 "현금이 들어 있으니 조심하라." 라고 말했습니다.
문 진술인은 김갑동에게 실제로 현금이 든 케이크 상자를 전달했나요.
답 네, 2022. 9. 15. 14:20경 위 사무실로 찾아가 김갑동에게 케이크 상자를 직접 전달하였습니다. 김갑동은 별다른 반응 없이 "고맙다." 라고만 하면서 상자를 받았습니다.
문 케이크 상자 안에 실제로 현금이 들어 있었나요.
답 케이크 상자 안을 열어 보지는 않았습니다.
문 김갑동에게 전달하고, 이을남에게 그 결과를 보고하였나요.
답 바로 돌아가 이을남에게 "현금 상자를 확실히 전달했습니다." 라고 보고했습니다.
문 이상의 진술은 사실인가요.
답 **네, 사실대로 진술하였습니다.**

위의 조서를 진술자에게 열람하게 하였던바, 진술한 대로 오기나 증감·변경할 것이 전혀 없다고 말하므로 간인한 후 서명날인하게 하다.

진술자   전 달 통 ㉑

2022. 10. 14.

서울서초경찰서
사법경찰관   경위   김 경 위 ㉑

진 정 서

서초경찰서 접수인(1327호)(2022. 10. 16.)

진 정 인   장 동 향 (인적 사항 생략)
피진정인   이 을 남 (인적 사항 생략)
죄   명   모욕

1. 진정인은 피진정인의 동향 선배로 향우회 모임을 같이 하고 있고, 진정인은 위 모임의 회장입니다.
2. 피진정인은 2022. 8. 15. 20:30경 서울 강남구 강남대로12번길 34에 있는 강남 한식 음식점에서 향우회 모임 중 참석자인 김갑동을 모욕한 사실이 있습니다.
3. 피진정인과 김갑동은 과거에 친했는데, 이후 돈 문제 등으로 극도로 사이가 나빠져 있었고, 위 모임 때에도 언쟁을 하다가 참석자 15명이 듣는 가운데 피진정인이 김갑동에게 "도박 전과자!"라고 소리친 사실이 있습니다.
4. 김갑동이 도박에 빠져 처벌을 받았다는 것은 당시 참석자들이 모두 알고 있는 사실이었습니다.
5. 그러나 이 일로 향우회 내에서 패가 갈려 모임이 파탄이 날 상황에 처했고, 회장으로서 보다 못해 매듭을 짓고 모임을 살려 보고자 진정을 하게 되었습니다.
6. 피진정인의 행동을 살피시어 잘못이 있다면 응분의 책임을 물어 주시기 바랍니다.

2022. 10. 16.

진정인 장 동 향 ㊞

서울서초경찰서장 귀중

[76] 장동향은 적법한 고소권자가 아니므로, 장동향의 진정만으로는 친고죄 고소의 존재를 인정할 수 없다.

피의자신문조서

피의자 : 이을남

위의 사람에 대한 뇌물공여 등 피의사건에 관하여 2022. 10. 28. 서울서초경찰서 수사과 사무실에서 사법경찰관 경위 김경위는 사법경찰리 경사 이경사를 참여하게 하고, 아래와 같이 피의자임에 틀림없음을 확인하다.

문 피의자의 성명, 주민등록번호, 직업, 주거, 등록기준지 등을 말하십시오.
답 성명은 이을남(李乙男)

주민등록번호, 직업, 주거, 등록기준지, 직장 주소, 연락처 (각 생략)

사법경찰관은 피의사건의 요지를 설명하고 사법경찰관의 신문에 대하여 「형사소송법」 제244조의3에 따라 진술을 거부할 수 있는 권리 및 변호인의 참여 등 조력을 받을 권리가 있음을 피의자에게 알려주고 이를 행사할 것인지 그 의사를 확인하다.

[진술거부권 및 변호인 조력권을 고지하고 변호인 참여 없이 진술하기로 함(생략)]

이에 사법경찰관은 피의사실에 관하여 다음과 같이 피의자를 신문하다.

[피의자의 범죄전력, 경력, 학력, 가족·재산 관계 등(생략)]

[뇌물공여의 점]

문 피의자의 하는 일 및 김갑동과의 관계가 어떻게 되나요.
답 저는 유흥주점을 운영하고 있고, 김갑동은 향우회에서 만난 동향의 선배입니다.
문 피의자는 김갑동에게 금품을 제공한 사실이 있나요.
답 네, 그런 사실이 있습니다. 2022. 9. 15. 제 운전기사인 전달통을 통해, 서울서초구청 식품위생국 위생과에 근무하는 김갑동의 사무실에서 김갑동에게 현금 1,000만 원이 담긴 케이크 상자를 전달하였습니다.
문 현금을 제공한 이유는 무엇인가요.
답 제가 서초구청 관내에서 놀자유흥주점을 운영하는데, 김갑동에게 유흥주점 단속 정보를 미리 제공해 달라는 부탁을 하면서 현금을 제공했습니다. 그런 메모를 돈 봉투 안에 넣어서 보냈습니다.
문 현금 1,000만 원은 어떻게 마련하였나요.
답 주점에 비자금으로 보관하고 있던 현금 5만 원권 200장을 봉투 2개에 500만 원씩 나누어 넣고, 이를 케이크 상자에 담아 운전기사인 전달통에게 건넸습니다.
문 전달통에게는 무엇이라고 말하면서 지시하였나요.

[77] 이을남과 김갑동은 동향 선후배 사이이므로, 굳이 전달통을 통해 금원을 교부할 필요 없이 직접 전달할 수 있다.

[78] 교부한 금원을 마련한 경위에 대하여 진술이 번복되고 있다.

답	"전 기사! 김갑동 알지? 서초구청 김갑동 사무실에 찾아가서 김갑동에게 주고 와라. 안에 현금이 들었으니 조심하라."라고 말했습니다. 전달통은 다녀온 뒤 제게 "현금 상자를 확실히 전달했습니다."라고 보고를 했습니다.
문	김갑동이 현금을 받고 나서 무슨 회신이 있던가요.
답	네, 김갑동이 3 ~ 4일 뒤 제게 전화를 해서 "신경 써 줘서 고맙다."라고 말했습니다. 제가 당시 통화를 녹음해 두었습니다.

[79] 전달통의 진술을 내용으로 하는 전문진술이 기재된 조서이고, 그 원진술자 전달통이 해외 체류 중인 사정만으로는 필요성 요건을 인정할 수 없으므로 증거능력이 부정된다(제316조 제2항, 제312조 제4항).

[횡령의 점]

문	피의자는 이금옥과 김소개로부터 건네받은 2,000만 원을 2022. 2. 9.경 개인 채무 변제 등의 목적으로 임의로 사용한 사실이 있나요.
답	네. 그런 사실이 있습니다. 제가 운영하는 유흥주점이 코로나 사태로 경영난을 겪어 급히 사채를 빌린 적이 있었는데, 마침 2,000만 원을 받아 보관하던 중 그 돈을 제 사채 변제에 써 버렸습니다. 죄송합니다.
문	피의자가 왜 위 2,000만 원을 보관하게 되었나요.
답	2022. 2. 6.경 이금옥으로부터 '장마담에게 전달해 달라'는 부탁과 함께 손가방에 담긴 1,500만 원을 건네받고, 다음 날 김소개로부터 '이금옥이 장마담에게 전달해 주라고 하면서 나한테 맡긴 돈이 더 있다. 이것도 나 대신 장마담에게 전달해 달라'는 부탁과 함께 봉투에 담긴 500만 원을 건네받아서 2,000만 원을 보관하게 되었던 것입니다.
문	이금옥, 김소개, 장마담과의 관계는 어떻게 되나요.
답	이금옥은 명절 때 가끔 보는 제 고모이고, 김소개는 사회에서 알게 된 사이이고, 장마담은 저의 주점 직원입니다. 제가 장마담을 항상 만나니까 이금옥과 김소개가 대신 돈을 전달해 달라면서 제게 2,000만 원을 맡겼던 것입니다.

[80] 친족상도례 적용 여부 관련 이미 확인한 내용이다.

[특수폭행, 도로교통법위반(무면허운전)의 점]

문	피의자는 2022. 5. 30. 22:05경 서울 서초구 서초대로10번길 123 편도 1차로 도로에서 피해자 김피해를 골프채로 폭행한 사실이 있나요.
답	그때 피해자와 언쟁을 벌이다가 멱살을 잡아 흔든 적은 있지만, 골프채로 폭행한 사실은 없습니다.
문	그때 왜 피해자와 언쟁을 벌이게 되었나요.
답	제가 승용차를 운전하여 가고 있었는데, 피해자가 술에 취해 도로 한쪽에서 비틀거리면서 위험하게 걷다가 제 차에 부딪힐 뻔 했습니다. 그래서 제가 급제동하여 차를 세우고 항의를 했더니 피해자가 욕설을 하여 서로 언쟁하게 되었습니다.

[81] 위험한 물건 휴대 관련 이미 확인한 내용이다.

문 출동한 경찰에 의해 현장에서 피의자의 골프채가 발견되었지요.

답 네, 그것은 사실입니다. 골프연습장을 다녀오던 길이어서 차량 조수석에 골프채 3 ~ 4개를 두고 있었습니다. 화가 나서 그중 하나를 잠시 집어 들기는 했지만, 그대로 조수석에 내려두고 맨손으로 차에서 내려서 피해자와 실랑이를 했을 뿐입니다.

문 골프채를 집어 든 것도 사실이고, 이후 피해자를 폭행한 것도 사실 아닌가요.

답 그렇기는 합니다.

문 어찌되었든 피의자는 피해자를 폭행하는 과정에 골프채를 사용한 것으로 보이고 이는 특수폭행죄에 해당하는데 인정하나요.

답 수사관님이 그렇게 말씀하신다면 인정하겠습니다.

문 피의자는 당시 운전면허가 정지된 상태였나요.

답 네, 그렇습니다. 폭행 사건 때문에 출동한 경찰에 의해 적발되었습니다.

[모욕의 점]

문 피의자는 2022. 8. 15.경 피해자 김갑동이 참석한 향우회 모임 자리에서 다른 참석자들이 많은 가운데 피해자를 향해 "도박 전과자!" 라고 말한 사실이 있나요.

답 네, 그런 사실이 있습니다. 피해자와 채무 문제로 언쟁을 하다가 감정이 상한 나머지 그런 말을 하였습니다.

문 이상의 진술에 대하여 이의나 의견이 있나요.

답 없습니다.

위의 조서를 진술자에게 열람하게 하였던바, 진술한 대로 오기나 증감・변경할 것이 전혀 없다고 말하므로 간인한 후 서명무인하게 하다.

진술자 이 을 남 (무인)

2022. 10. 28.

서울서초경찰서

사법경찰관 경위 김 경 위 [인]

사법경찰리 경사 이 경 사 [인]

- 35 -

압 수 조 서

　　피의자 김갑동에 대한 뇌물수수 피의사건에 관하여 2022. 11. 10. 12:00경 서울 서초구 서초대로 125 지하에 있는 이을남의 놀자유흥주점에서 사법경찰관 경위 김경위는 사법경찰리 경사 이경사를 참여하게 하고 별지 목록의 물건을 다음과 같이 압수하다.

압 수 경 위

　　이을남이 김갑동으로부터 현금 제공에 대한 감사의 전화를 받았을 때 이를 녹음해 두었다고 하므로, 뇌물수수의 중요한 증거로 확보하여야 할 필요가 있다고 판단됨
　　이에 2022. 11. 9. 압수수색검증영장을 발부받고, 2022. 11. 10. 12:00경 이 영장에 의하여 이을남의 위 주점에서 이을남의 휴대전화에 저장되어 있는 2022. 9. 19.자 녹음파일 1개를 준비해 간 USB에 옮겨 담아 압수함(이을남의 사무실 팩스로 영장 전송하여 제시함)

[82] 영장의 원본이 아닌 사본을 교부한 것에 불과하므로 위법한 압수절차이다(제219조, 제118조).

참여인	성 명	주민등록번호	주 소	서명 또는 날인
	이을남		(기재 생략)	

2022. 11. 10.
서울서초경찰서 수사과
　사법경찰관　경위　김 경 위　(인)
　사법경찰리　경사　이 경 사　(인)

압 수 목 록

번호	품 명	수량	소지자 또는 제출자	소유자	경찰 의견	비고
1	녹음파일 사본	1개	이을남 (인적 사항 생략)	이을남	(생략)	

진 술 조 서

성　　　명 : 김 피 해
주민등록번호, 직업, 주거, 등록기준지, 직장 주소, 연락처 (각 생략)

위의 사람은 피의자 이을남에 대한 특수폭행 피의사건에 관하여 2022. 11. 10. 서울서초경찰서 수사과 사무실에 임의 출석하여 다음과 같이 진술하다.

[피의자와의 관계, 피의사실과의 관계 등(생략)]

문　진술인은 2022. 5. 30. 22:05경 서울 서초구 서초대로10번길 123에 있는 도로에서 피의자 이을남으로부터 폭행을 당한 일이 있지요.

답　네, 그런 사실이 있습니다.

문　그 경위가 어떠한가요.

답　그날 제가 술에 취한 채 위 도로 가장자리를 걸어가고 있었는데, 피의자의 승용차가 옆으로 가까이 지나가다가 급제동을 하고 경적을 크게 울리더니 피의자가 제게 뭐라고 나쁜 말을 하였습니다. 그래서 저도 말대꾸를 하였더니 피의자가 화가 났는지 조수석에서 골프채 하나를 집어 든 채 승용차에서 내려 제게 다가와 한손에는 골프채를 들고 다른 손으로는 제 멱살을 잡아 흔들었습니다.

[83] 골프채 휴대 관련 번복되고 있는 진술이다.

문　조수석에서 골프채를 집어 든 것은 어떻게 볼 수 있었던가요.

답　피의자가 저에게 나쁜 말을 하기 위해 조수석 창문을 내렸기 때문에 창문 안이 보였습니다.

문　상처를 입었나요.

답　멱살잡이를 당하였지만 다치지는 않았습니다.

문　피의자에 대한 처벌을 원하나요.

답　네, 처벌을 원합니다.

문　이상의 진술은 사실인가요.

답　**네, 사실대로 진술하였습니다.**

위의 조서를 진술자에게 열람하게 하였던바, 진술한 대로 오기나 증감·변경할 것이 없다고 말하므로 간인한 후 서명날인하게 하다.

진술자　　김 피 해 (인)

2022.　11.　10.

서울서초경찰서
사법경찰관　경위　　김 경 위 (인)

- 37 -

서 울 서 초 경 찰 서

2022. 11. 11.

제2022-(생략)호
수 신 : 경찰서장
참 조 : 수사과장
제 목 : 수사보고(도박 계좌거래내역 확인)

피의자 김갑동에 대한 상습도박 관련, 피의자의 동의를 받아 피의자가 인터넷 도박 사이트로 송금할 때 사용한 피의자의 계좌거래내역을 조회하여 아래와 같이 확인하였기에 보고합니다.

명의자	일시	은행명	입금(원)	출금(원)	잔액(원)	적요
김갑동	2017. 11. 18.	신한		300,000	(생략)	타짜(www.tazza.com)
〃	2017. 11. 25.	신한		300,000	〃	타짜(www.tazza.com)
〃	2017. 12. 2.	신한		300,000	〃	타짜(www.tazza.com)

경로	지휘 및 의견	구분	결재	일시
경위 김경위	생략	기안	생략	생략
경감 장경감	생략	결재	생략	생략

- 38 -

[84] 2017. 11. 18., 2017. 11. 25., 2017. 12. 2. 도박 범행들에 대한 보강증거로서 거래내역은 존재한다. 그러나 2017. 12. 5. 도박 범행에 대한 거래내역은 존재하지 아니하고, 별도로 보강할 증거가 기록상 존재하지 아니한다 (자백보강법칙, 후단무죄).

피 의 자 신 문 조 서

> 피 의 자 : 김 갑 동
>
> 위의 사람에 대한 특정경제범죄가중처벌등에관한법률위반(배임) 등 피의사건에 관하여 2022. 11. 11. 서울서초경찰서 수사과 사무실에서 사법경찰관 경위 김경위는 사법경찰리 경사 이경사를 참여하게 하고, 아래와 같이 피의자임에 틀림없음을 확인하다.

문 피의자의 성명, 주민등록번호, 직업, 주거, 등록기준지 등을 말하십시오.
답 성명은 김갑동(金甲東)

주민등록번호, 직업, 주거, 등록기준지, 직장 주소, 연락처 (각 생략)

사법경찰관은 피의사건의 요지를 설명하고 사법경찰관의 신문에 대하여 「형사소송법」 제244조의3에 따라 진술을 거부할 수 있는 권리 및 변호인의 참여 등 조력을 받을 권리가 있음을 피의자에게 알려주고 이를 행사할 것인지 그 의사를 확인하다.

[진술거부권 및 변호인 조력권을 고지하고 변호인 참여 없이 진술하기로 함(생략)]

이에 사법경찰관은 피의사실에 관하여 다음과 같이 피의자를 신문하다.

[피의자의 범죄전력, 경력, 학력, 가족·재산 관계 등(생략)]

[뇌물수수의 점]

문 피의자는 서울 서초구청에서 근무하는 공무원가요.
답 네, 그렇습니다. 서울 서초구청 식품위생국 위생과에서 식품영업허가, 단속 업무를 담당하고 있습니다.
문 피의자는 2022. 9. 15. 14:20경 피의자의 사무실로 찾아온 전달통을 통해 이을남이 보내온 현금 1,000만 원이 든 케이크 상자를 받은 사실이 있나요.
답 그런 사실이 없습니다. 그때 전달통이 와서 만났지만, 정말 이을남이 보낸 케이크 선물을 건네므로 받았던 것이지, 그 안에 현금은 없었습니다. 이을남이 거짓말을 하고 있습니다.
문 이을남이 거짓말을 한다고 생각하는 이유가 있나요.
답 이을남은 향우회에서 만나 알게 된 동향의 후배입니다. 제가 이을남으로부터 1,000만 원을 빌려 갚지 못하고 있는데, 제가 갚기 싫어 안 갚는 것이 아님에도 너무 저를 몰아세우면서 독촉을 해서 갈등이 있었고, 그 악감정 때문인

[85] 뇌물수수의 점에 대한 김갑동 무죄주장의 핵심 내용에 해당한다.

것 같습니다.
문 이을남으로부터 모욕을 당한 것도 이러한 이유 때문인가요.
답 맞습니다. 2022. 8. 15.경 향우회 모임 자리에서 이을남과 채무 문제로 언쟁을 벌이다가 "저 놈은 상습도박죄로 처벌받은 전과자다." 라는 말을 들어 모욕을 당하였습니다.
문 그러나 피의자는 공무원 신분으로 거액의 채무를 부담하는 등 금전적 어려움을 겪은 것을 보면, 단속 정보를 제공해 주기로 하고 이을남으로부터 돈을 받은 것 아닌가요.
답 그렇지 않습니다. 제가 비록 한때 도박에 빠져 살기도 했고, 주식에 빠져 돈을 탕진하기도 했으며, 제가 부양하는 노모가 큰 병에 걸려 거액의 병원비를 부담하기도 했던 것은 사실이지만, 그날은 케이크만 받았고 현금을 받은 사실이 없습니다.

[상습도박의 점]
문 피의자는 2017년 가을경 인터넷 도박을 한 사실이 있나요.
답 네, 그런 사실이 있습니다. 제가 2017. 11. 18., 2017. 11. 25., 2017. 12. 2., 2017. 12. 5. 제 집에서 총 4차례에 걸쳐 컴퓨터를 사용하여 인터넷 포커 도박을 한 사실이 있습니다.
문 구체적으로 어떤 방법으로 도박을 하였나요.
답 컴퓨터로 인터넷 도박 사이트인 타짜 사이트(www.tazza.com)에 회원번호(아이디 xxxxx)를 입력하여 접속한 다음, 휴대폰을 이용한 무통장 입금 방법으로 30만 원의 게임 코인을 구입하여 매번 약 30회씩 도박을 한 것입니다.
문 무통장 입금은 어느 계좌에서 하였나요.
답 주로 제 계좌에서 입금했고, 마지막 도박은 제 계좌에 잔고가 없어서 다른 사람의 계좌를 빌려서 입금했습니다.
문 누구의 계좌를 사용했나요.
답 누구의 계좌를 사용했는지는 지금 기억이 나지 않습니다.
문 피의자는 그 전에 이미 도박죄로 2차례 처벌을 받은 사실이 있나요.
답 네, 2017. 3.경 도박죄로 벌금 50만 원, 2017. 11.경 상습도박죄로 벌금 300만 원의 처벌을 받은 사실이 있습니다.
문 2차례 처벌을 받고도 도박을 반복하는 이유가 무엇인가요.

- 40 -

[86] 상습도박의 점에 대한 정상변론에 활용할 수 있는 내용이다.

[87] 2017. 12. 5. 도박 범행에 대한 보강증거가 존재하지 아니함을 표시해주고 있다.

답 죄송합니다. 그 당시는 제가 도박에 빠져서 자제가 잘 안됐습니다. 지금은 하지 않습니다.

[특정경제범죄가중처벌등에관한법률위반(배임)의 점]

문 피의자는 2022. 2. 1.경 피해자 이대한으로부터 돈을 차용하면서 담보로 전세보증금 반환채권을 피해자에게 양도하였음에도 양도 통지를 하지 않고, 2022. 2. 5.경 다시 전부자로부터 돈을 차용하면서 전부자에게 전세권에 근저당권을 설정해 준 사실이 있나요.

답 네, 있습니다. 이대한으로부터 6억 원을 차용하면서 전세권 설정등기가 이미 마쳐져 있던 제 거주지인 서울빌라 505호의 전세보증금 반환채권 6억 원을 이대한에게 담보로 양도하고 채권양도 통지를 하기로 약속해 놓고도, 양도 통지를 하지 않다가 전부자로부터 다시 5억 원을 차용하면서 위 전세권에 대하여 전부자를 채권자로, 채권최고액을 5억 5,000만 원으로 하는 전세권근저당권 설정등기를 마쳐 주었습니다.

문 이상의 진술에 대하여 이의나 의견이 있나요.

답 없습니다.

위의 조서를 진술자에게 열람하게 하였던바, 진술한 대로 오기나 증감·변경할 것이 전혀 없다고 말하므로 간인한 후 서명무인하게 하다.

진술자 김갑동 (무인)

2022. 11. 11.

서울서초경찰서
사법경찰관 경위 김경위 ㊞
사법경찰리 경사 이경사 ㊞

[88] 2017. 범행 이후 추가 범행을 하지 않았다는 사정은 정상변론에 활용할 수 있다.

서울중앙지방검찰청

주임검사
㊞

수신   검사 임현진
제목   수사보고(피해자 김피해 진술청취)

  피의자 이을남에 대한 특수폭행과 관련하여, 피해자 김피해의 진술을 전화로 청취하였습니다. 피해자 김피해의 진술 요지는 다음과 같습니다.

- 다　　음 -

○ 2022. 5. 30. 22:05경 서울 서초구 서초대로10번길 123에 있는 도로에서 피의자 이을남으로부터 폭행을 당하였음
○ 당시 본인이 위 도로 가장자리를 걸어가고 있었는데, 피의자의 승용차가 옆을 가까이 지나면서 급제동을 하고 경적을 크게 울리더니, 피의자가 뭐라고 시비를 걸었음
○ 본인이 말대꾸를 했더니, 피의자가 화가 났는지 골프채를 꺼내어 든 채 승용차에서 내려 다가와, 한 손에는 골프채를 들고 다른 손으로는 멱살을 잡아 흔든 사실이 있음

2022. 11. 14.

위 보고자 검찰주사   이 주 사   ㊞

[89] 원진술자인 김피해의 진정성립 인정 여부를 검토하기 전, 김피해의 서명 또는 날인이 존재하지 아니하므로 바로 증거능력이 부정되고(제313조 제1항), 이 경우 제314조는 검토하여서는 아니된다.

피의자신문조서(대질)

성   명 : 이을남
주민등록번호 : (생략)

위의 사람에 대한 뇌물공여 등 피의사건에 관하여 2022. 11. 15. 서울중앙지방검찰청 703호 검사실에서 검사 임현진은 검찰주사 이주사를 참여하게 한 후, 아래와 같이 피의자임에 틀림없음을 확인하다.

주민등록번호, 직업, 주거, 등록기준지, 직장 주소, 연락처 (각 생략)

검사는 피의사실의 요지를 설명하고 검사의 신문에 대하여 「형사소송법」제244조의3에 따라 진술을 거부할 수 있는 권리 및 변호인의 참여 등 조력을 받을 권리가 있음을 피의자에게 알려주고 이를 행사할 것인지 그 의사를 확인하다.

[진술거부권 및 변호인 조력권을 고지하고 변호인 참여하여 진술하기로 함(생략)]

[피의자의 병역, 학력, 가족 관계, 재산 및 월수입, 건강 상태 등(생략)]

[횡령, 도로교통법위반(무면허운전), 모욕의 점]
사법경찰관 작성 피의자신문조서 기재와 동일하게 진술(기재 생략)

[특수폭행의 점]

문   피의자는 2022. 5. 30. 22:05경 서울 서초구 도로에서 피해자 김피해를 골프채로 폭행한 사실이 있나요.

답   피해자의 멱살을 잡아 흔들어 폭행한 사실은 있습니다. 그러나 피해자를 폭행할 때 골프채를 휘두르거나 들고 있던 것은 아닙니다.

문   현장에서 골프채가 발견이 되었는데 사용한 사실이 없나요.

답   네, 제 승용차 조수석에 보관하고 있던 것인데, 차에서 내리기 전에 잠시 집어 들기는 했어도 내려 두고 차에서 내려 피해자에게 갔던 것입니다.

이때 검사는 피의자 이을남을 퇴실하게 하고 피의자 김갑동을 입실하게 하다.

문   피의자의 성명, 주민등록번호, 직업, 등록기준지 등을 진술하세요.

답   성명은 김갑동
     (기타 인적 사항 생략)

검사는 피의사실의 요지를 설명하고 검사의 신문에 대하여 「형사소송법」제244조의3에 따라 진술을 거부할 수 있는 권리 및 변호인의 참여 등 조력을 받을 권리가 있음을 피의자에게 알려주고 이를 행사할 것인지 그 의사를 확인하다.

- 43 -

[진술거부권 및 변호인 조력권을 고지하고 변호인 참여하여 진술하기로 함(생략)]
[피의자의 병역, 학력, 가족 관계, 재산 및 월수입, 건강 상태 등(생략)]
[상습도박, 특정경제범죄가중처벌등에관한법률위반(배임)의 점]
사법경찰관 작성 피의자신문조서 기재와 동일하게 진술(기재 생략)
[뇌물수수 및 뇌물공여의 점]
이때 검사는 피의자 이을남을 입실하게 하고 아래와 같이 피의자 김갑동과 대질 신문하다.

피의자 이을남에게

문 지금 하는 일, 김갑동과의 관계가 각각 어떻게 되나요.
답 현재 서초구청 관내에서 놀자유흥주점을 운영하고 있고, 김갑동은 사회에서 알게 된 동향의 선배입니다.
문 피의자는 2022. 9. 15. 14:20경 김갑동에게 현금 1,000만 원을 제공한 사실이 있나요.
답 네, 그런 사실이 있습니다. 현금 1,000만 원을 케이크 상자에 담은 뒤 제 운전기사인 전달통에게 주면서, 김갑동의 사무실로 찾아가 전달하라고 지시했습니다.
문 실제로 김갑동에게 현금이 전달되었나요.
답 네, 전달통에게 현금이 들어 있으니 조심하라고 말했고, 전달통도 김갑동을 만나고 온 뒤 잘 전달했다고 보고를 했습니다. 3 ~ 4일 뒤에는 김갑동으로부터 감사 전화를 받기도 했습니다.
문 현금 1,000만 원은 언제, 어떻게 마련하였나요.
답 당일 은행에서 5만 원권으로 1,000만 원을 찾았습니다.
문 왜 김갑동에게 뇌물을 제공하였나요.
답 실은 예전에 한두 번 김갑동으로부터 유흥주점 단속 정보를 제공받은 적이 있었는데, 이번에도 단속 정보를 미리 알려 달라고 부탁한 것입니다. 그래서 그런 내용을 적은 메모를 돈 봉투에 함께 넣어서 제공한 것입니다.

피의자 김갑동에게

문 방금 이을남의 진술을 들었지요.
답 네, 들었습니다.
문 피의자는 사무실에서 이을남으로부터 현금 1,000만 원을 받은 사실이 있나요.
답 그런 사실이 없습니다. 그날 이을남이 보낸 전달통으로부터 생일 선물로 케이크 1개를 받은 사실은 있지만 정말 케이크였고, 케이크 말고는 봉투 자체가 들어 있지 않았습니다.

문 과거에도 이을남에게 단속 정보를 제공한 사실이 있나요.
답 그런 사실 없습니다.
문 3 ~ 4일 뒤 이을남에게 감사 전화를 한 사실이 있나요.
답 네, 있습니다. 그렇지만 생일 케이크에 대한 감사 전화이지, 뇌물에 대한 감사 전화가 아닙니다.
문 이을남이 거짓말을 한다는 것인가요.
답 네, 그렇습니다. 이을남과 돈 문제로 감정이 상해서 사이가 안 좋아졌습니다. 향우회 모임 자리에서도 다툼이 있었고, 그때 이을남이 저를 도박 전과자라고 망신을 준 적도 있었습니다. 이을남이 악감정을 갖고 거짓말로 저를 모함하고 있습니다.

피의자들에게
문 조서에 진술한 대로 기재되지 아니하였거나 사실과 다른 부분이 있나요.
답 (김갑동) **없습니다.** (이을남) **없습니다.**

위의 조서를 진술자들 및 변호인들에게 각각 열람하게 하였던바, 진술한 대로 오기나 증감·변경할 것이 전혀 없다고 말하므로 간인한 후 서명무(날)인하게 하다.

          진술자 **김갑동** (무인)
          변호사 김변호 (인)
          진술자 **이을남** (무인)
     법무법인 율 담당변호사 한결호 (인)

2022. 11. 15.

서울중앙지방검찰청
검 사 **임현진** ㊞
검찰주사 **이주사** ㊞

서울중앙지방검찰청

주임검사 ㊞

수신   검사 임현진
제목   수사보고(계좌거래내역, 통화내역 첨부)

　　피의자 김갑동에 대한 뇌물수수와 관련하여, 피의자 이을남의 동의를 받아 피의자 이을남의 계좌거래내역과 통화내역을 다음과 같이 확인하였기에 보고합니다.

- 다　　음 -

① 피의자 이을남 명의 신한은행 계좌(110-000-******)의 2022. 9. 1. ~ 9. 30. 기간 중 인출 내역
　- 2022. 9. 8. 1,000만 원의 현금 인출 1건, 이외 인출 내역 없음
② 피의자 이을남이 사용하는 휴대전화(번호 생략)의 발신·역발신 내역
　- 2022. 9. 19. 19:30 피의자 김갑동의 휴대전화(번호 생략)에서 피의자 이을남의 휴대전화로 발신하여 1분 30초간 연결된 내역

1. 계좌거래내역 (생략)
2. 통화내역 (생략)

2022. 11. 16.

위 보고자 검찰주사　이 주 사　㊞

- 46 -

[91] 범행 당일(22.9.15.) 은행에서 현금을 인출하였다는 기존 진술과 배치되는 내용이다.

서울중앙지방검찰청

주임검사
㉘

수신   검사 임현진
제목   수사보고(약식명령등본 첨부 및 도달일자 확인)

　김갑동에 대한 상습도박 약식명령등본을 첨부하였고, 그 약식명령이 2017. 11. 26. 김갑동에 도달하였음을 확인하였기에 보고합니다.

첨 부 : 약식명령등본(서울중앙지방법원 2017고약8888 상습도박)

2022. 11. 17.

위 보고자 검찰주사   이 주 사   ㉘

서 울 중 앙 지 방 법 원

약 식 명 령

> 2017. 12. 4. 확정
> 서울중앙지방검찰청
> 검찰주사보 유병민 ㊞

사   건   2017고약8888   상습도박

피 고 인   김갑동 (인적 사항 생략)

주 형 과   피고인을 벌금 3,000,000(삼백만)원에 처한다.
부수처분   (생략)

범죄사실   별지 기재와 같다.

적용법령   형법 제246조 제2항, 제1항

검사 또는 피고인은 이 명령등본을 송달받은 날로부터 7일 이내에 정식재판을 청구할 수 있습니다.

                         2017. 11. 23.

> 등본임.
> 2022. 11. 17.
> 서울중앙지방검찰청
> 검찰주사보 천혜진 ㊞

                         판 사 정 설 아

(별지)

범 죄 사 실

(요지) 2017. 9. 15.경부터 같은 해 10. 10.경까지 피고인의 집에서 컴퓨터를 이용하여 인터넷 도박 게임 사이트인 타짜 사이트(www.tazza.com)에서 30만 원 상당의 게임 코인을 구입한 후 약 30회에 걸쳐 속칭 '포커'라는 도박을 3차례 함으로써 상습으로 도박을 하였다는 취지

- 48 -

[93] 생략된 증거라도 필요한 경우에는 답안에서 인용·검토하여야 한다.

법원에 제출되어 있는 기타 증거들

※ 편의상 다음 증거서류의 내용을 생략하였으나, 법원에 증거로 적법하게 제출되어 있음을 유의하여 검토할 것.

○ 등기사항전부증명서(2022. 5. 11.자 고소장에 첨부된 서류)
- 서울빌라 505호에 대하여 김갑동을 전세권자로 하는 전세권 등기가 마쳐져 있다가, 위 전세권에 대하여 2022. 2. 5. 채권자를 전부자로, 채권최고액을 5억 5,000만 원으로 하는 전세권근저당권 설정등기가 마쳐진 사실

○ 채권양도계약서 사본(2022. 5. 11.자 고소장에 첨부된 서류)
- 2022. 2. 1. 김갑동이 거주하는 서울빌라 505호에 대한 전세보증금 반환채권 6억 원을 이대한에게 양도하고, 김갑동이 집주인인 박주인에게 채권양도의 통지를 하기로 약정한 내용

○ 진술조서(이대한)
- 이대한이 김갑동을 배임으로 고소한 후 작성된 진술조서(고소장의 기재와 동일)

○ 수사보고(인지경위)
- 김피해가 '승용차 운전자 이을남으로부터 골프채로 폭행을 당했다'는 내용으로 112 신고를 하여, 경찰이 출동 후 김피해의 피해사실을 확인하고, 이을남의 인적 사항을 확인하던 중 이을남의 자동차운전면허가 정지되어 있음을 확인하여, 특수폭행 및 도로교통법위반(무면허운전)을 인지하였다는 취지

○ 자동차운전면허대장(이을남)
- 1997. 3. 4. 제1종 보통면허 취득
- '음주운전' 사유로 위 운전면허가 '2022. 5. 1. ~ 2022. 6. 30.' 정지처분 되었다는 내용

○ 진술조서(이금옥, 김소개)
- 이금옥, 김소개가 이을남을 횡령으로 고소한 후 작성된 진술조서(고소장의 기재와 동일)

○ 가족관계증명서, 주민등록등본
- 이을남의 친부는 이경훈인 사실, 이경훈과 이금옥이 남매지간인 사실이 확인됨
- 이을남은 서울 강남구 강남대로67번길 5, 108동 101호(샛별아파트)에 거주, 이금옥은 서울 송파구 문정로2번길 37에 거주 사실이 확인됨(2022. 2. 9. 기준)

○ 첩보보고
- 서초구청 공무원 김갑동이 도박을 하고, 유흥주점 업주 이을남으로부터 뇌물을 수수한 것으로 의심된다는 취지

○ 진술조서(장동향)
- 장동향이 이을남을 모욕으로 진정한 후 작성된 진술조서(진정서의 기재와 동일)

○ 녹취록(2022. 11. 10. 압수한 녹음파일 사본을 재생하여 녹취)
- (녹음일시) 2022. 9. 19. 19:30
- (대화내용)
  김갑동 "을남 동생, 오랜만이네."
  이을남 "네, 잘 계셨나요? 보내 드린 것은 잘 받으셨나요?"
  김갑동 "어쨌든 신경 써 줘서 고맙다."

[94] 김갑동의 진술 중 현금을 교부받았다는 내용은 존재하지 아니한다.

○ 계좌거래내역, 통화내역
- 2022. 11. 16.자 수사보고 내용과 동일

○ 피의자들에 대한 각 범죄경력자료조회회보서
- 김갑동 : ① 서울중앙지방법원 2017. 3. 5. 도박, 벌금 50만 원, 약식명령
         ② 서울중앙지방법원 2017. 11. 23. 상습도박, 벌금 300만 원, 약식명령
- 이을남 : 서울중앙지방검찰청 2022. 6. 1. 도로교통법위반(음주운전) 기소, 재판중

확 인 : 법무부 법조인력과장

- 50 -

2023년 제12회 변호사시험 형사법 기록형 　CH 02　메모예시

공소제기일 - 21. 11. 30.　　※ 사변간 인용/기재 가능　　※ 교특법/도교법/영소법　　※ 제312조 제1항-구법적용　　※ 성명·신인고의 간접사실 탄핵 ① 범행동기, ② 범행방법, ③ 사망 전후 상황 중심

피고인	죄명	일시	장소	공소사실 피해자	피해품	고소·기타	인정 및 부인취지	쟁점	증거 +	증거 -	결론	비고
김갑동	뇌물수수	22.9.15.	(갑) 사무실	(이)공여 전달통 (이)운전 기사전달	현금 천만원		x- 뇌물을 수수한 사실x	[사실인정] 뇌물수수여부	①사무실에서 뇌물수수ㅇ(21~), ②전달통 전달진술 외 확인, ③인출경위번복(33) (44), ④알려준적x, ⑤사례의말-케이크 감사, ⑥제3자전달통전달이유x, ⑦재무 제가 너 부, ⑧전달통을빨리가는성 남음. ⑨ 상자 바로 열어보지 아니한(25) ⑩인출내역확인되자 진술번복(46)	(갑)법정진술,사경피신조서(39) (이)법정진술,사경피신조서(33),검사 피신(대질)(43) 전달통 진술조서(31), 임중한 법정진술(25) 누습배이고,압수조서·목록(36).		변론 요지서
	상습도박		(갑)집 타짜 사이트		30만원 상당 약30회 포커		○	가판단o 공소시효ㅇ (확정전단)	17.11.23. 상습도박 벌금300 만,17.12.4.확정(야시명령등본.48)	수사보고(거래내역)(38)	면소 (1호/3호)	정상 변론
		17.11.18. 22:00~ 24:00	"		"		○	가판력x 공소시효x (분단x)	①광단30만원불과, ②일부자별o, ③최근 범행x, ④공무원성실근무, ⑤노모부양	수사보고(거래내역)(38)	유죄	정상 변론
		17.12.2. 22:00~ 24:00	"		"		○	"	"	수사보고(거래내역)(38)	유죄	정상 변론
		17.12.5. 22:00~ 24:00	"		"		○	보강법칙 (310조)		(*보강증거x)	후단무죄	
	특수(배임) (갑)내물 공여)						○	타인사무 처리자x		이대한 고소장(28),진술조서	전단무죄	
이을남	횡령	22.2.6.	미래 부동산 앞집	v.이금옥 (고모)	1500만	장모답에게 전달부탁	○	친족상도례o	22.2.17.주중하여안닐(30)→6개월 도과한 22.9.2.고소-고소기간도과	v.고소장 등	공소기각 (2호)	
		22.2.7.	놀자 유흥주점	from김소개 v.이금옥	500만	v.가 장모답에게 전달부탁	○	친족상도례x (인척관계)		v.고소장 등	유죄	
	도교 (무면허)	22.5.30. 22:05	서초대로 10번길 123 편도 1차로		123나 5678 벤츠			면허정지 처분취소	불변략x 메모리카드(19) - 후.대x, 양순(벤손)으로 면정을 갖은 것으로 장변 v.합의서(19)-22.12.30.	판결문등본(19)-정지처분취소	전단무죄	
	특수 폭행	22.5.30. 22:05	"	v.김피해	풀포체 등체로 피상정아 흔들어		x- 풀포체 등고 있던 것 아님	[사실인정] 풀포체 휴대 여부 죽소사실x(축행)-처벌불원		⑥법정진술,사경피신조서(35) v.법정진술(24)-번복, 장기억x, 진술서(29), 진술조서(37) 수사보고(v.진술청취)(42)-서명날인x	공소기각 (6호)	
	모욕 v.(갑)	22.8.15. 20:30	강남한식 음식점	향우회모임 상동향 등 15명 v.김감동	"도박 전과자"		○	고소의추완 -인정x	22.12.28. 고소(18) but 주한x 장등항 접정자(32)-고소권자x		공소기각 (2호)	검토 의견서
	명예 훼손	"	"	"	"		○	금지착오(20) -정당한이유	특별한 이유 없고 검색에 불과(22)		유죄	

변론요지서 (50점)

사　건　　2022고합1234 특정경제범죄가중처벌등에관한법률위반(배임)
피고인　　김갑동

I. 피고인 김갑동에 대하여

1. 뇌물수수의 점

가. 피고인 변소의 요지

피고인은 이을남으로부터 현금 1,000만 원을 받은 사실이 없습니다.

나. 증거능력 없는 증거[01]

1) 사경 작성 이을남에 대한 피의신문조서 중 공소사실 3. 다.항 부분은 당해피고인 김갑동이 내용부인 취지로 증거부동의하고 있으므로 증거능력이 없습니다(형소법 제312조 제3항).

2) 검사 작성 이을남에 대한 피의자신문조서 중 공소사실 1.항 관련 이을남 진술 부분은 당해피고인 김갑동이 내용부인 취지로 증거부동의하고 있으므로 증거능력이 없습니다(형소법 제312조 제1항).[02]

3) 사경 작성 전달통에 대한 진술조서에 대해 원진술자 전달통이 진정성립을 인정한 바 없고(형소법 제312조 제4항), 전달통이 일시 외국여행하고 있다는 사정만으로는 원진술자의 진술불능 요건을 인정할 수 없으므로(제314조) 증거능력이 없습니다(형소법 제310조의2).

4) 이을남의 법정진술 및 사경 작성 이을남에 대한 피의자신문조서 진술기재 중 전달통으로부터 현금상자를 피고인에게 확실히 전달했다는 보고를 들었다는 부분은 전문진술 및 전문진술이 기재된 조서이고, 그 원진술자 전달통이 일시 외국여행하고 있다는 사정만으로는 필요성 요건을 갖추지 못하여 모두 증거능력이 없습니다(형소법 제316조 제2항, 제312조 제4항).

5) 압수된 녹음파일(증 제1호)는 그 압수·수색 집행시 팩스로 영장을 전송하였을 뿐 원본을 제시하지 아니하였고, 압수 후 압수목록을 따로 교부하지도 아니하였습니다. 따라서 위 압수·수색절차는 위법하고(형소법 제219조, 제118조, 제129조), 위 녹음파일은 위법수집증거이므로 증거능력이 부정됩니다(제308조의2). 또한 위법수집증거인 위 녹음파일에 기초하여 수집된 압수조서와 녹취록 역시 증거능력이 부정됩니다(독수의 과실이론).

---

[01] 본 답안에서는 검사 제출 증거 기재를 생략하고, 이에 맞춰 부족 증거에 대한 개별설시를 추가하였다.

[02] 2020. 2. 4. 개정된 형사소송법 제312조 제1항이 적용되는 사건에서 공범인 공동피고인에 대한 검사 작성 피의자신문조서에 대하여 제312조 제1항이 적용될 것인지, 제312조 제4항이 적용될 것인지에 대한 판례는 아직 존재하지 아니한다. 다만, 기존 사경 작성 피의자신문조서와 마찬가지로 제312조 제1항 적용을 전제로 당해 피고인이 내용을 인정하여야 한다는 입장이 실무태도로 평가되는바, 이에 따라 답안을 작성하였다.

다. 신빙성 탄핵

이을남은 피고인 김갑동에게 현금 1천만 원의 뇌물을 주었다는 취지로 진술하고 있습니다. 그러나 ① 이을남은 경찰 수사단계에서는 1천만 원을 비자금으로 보관하고 있던 돈으로 준비했다고 진술하였으나, 검찰 수사단계에서는 범행 당일 은행에서 5만 원권으로 인출하였다고 진술하였으며, 공판 단계에서는 피고인에게 전달하기 며칠 전 사무실 근처 신한은행에서 인출한 것이라고 진술하여 1천만 원을 마련한 경위에 대하여 진술의 일관성이 없는 점, ② 위와 같은 진술의 번복은 검찰 수사결과 이을남 명의 계좌에서 2022. 9. 8. 1천만 원 인출사실이 확인되자 기존의 진술을 이에 끼워 맞추기 위한 시도로 보이는 점, ③ 뇌물이 들어있는 케이크 상자를 근무시간 중, 그것도 동료 직원이 있는 사무실에서 전달받는 다는 것은 경험칙에 반한다는 점, ④ 위와 같이 전달받은 뇌물이 들어있는 상자를 직원들이 쉽게 확인할 수 있는 개방된 공간인 사무실 소파 테이블 위에 올려둔다는 것 역시 경험칙에 반한다는 점. ⑤ 이을남이 피고인에게 케이크 상자를 교부할 당시 그 상자에 현금이 들어있다는 사정에 대하여 명시적 또는 묵시적으로 알려주었다는 사정이 기록상 전혀 존재하지 아니하는 점, ⑥ 뇌물교부의 목적인 단속 정보 제공에 대해 부탁하는 내용에 대해서도 메모를 현금 봉투 안에 넣었을 뿐 직접적으로 피고인에게 표현한 사실이 확인되지 아니하는 점, ⑦ 피고인이 공소제기 범행일로부터 3~4일 뒤 이을남에게 전화를 걸어 사례의 말을 전한 것은 뇌물이 아닌 단순히 생일 케이크를 교부받은 것에 대한 감사를 표시한 것에 불과한 것으로 볼 수 있는 점, ⑧ 같은 고향 선후배 사이인 피고인과 이을남이 굳이 제3자인 전달통을 통해 뇌물을 주고받을 이유가 기록상 존재하지 아니하는 점, ⑨ 이을남은 피고인으로부터 천만 원을 변제받지 못하여 다툼이 있었던 상황에서, 이을남이 피고인에게 별도로 현금을 교부하기 보다는 기존 채무를 면제하는 방식으로 뇌물로써 재산상 이익을 교부하는 것이 오히려 경험칙에 부합한다는 점 등을 고려하면 위 이을남의 진술은 믿기 어렵고, 오히려 평소 돈 문제로 피고인에 대한 악감정을 갖고 있던 이을남이 피고인을 모함하기 위해 1,000만 원을 전달했다고 거짓말하는 것에 불과합니다.

설령[03] 이을남의 진술대로 이을남이 피고인에게 1천만 원을 교부하기 위하여 전달통에게 위 현금이 든 케익을 피고인에게 전달하게 하였더라도, ① 전달책인 전탈통은 케이크상자에 현금이 들어있다는 사정을 이을남으로부터 들어 알고 있었고, ② 위 상자의 전달을 부탁받은 직후 갑자기 퇴직하였으며, ③ 그 후 전달통이 개인물품을 찾아갈 때 못보던 명품시계를 차고 있었으며, 현재는 해외여행 중이라는 점 등을 고려하면, 전달통이 이을남으로부터 피고인에게 전달할 것을 부탁받은 금원을 피고인에게 전달하지 않고, 중간에서 가로챘을 가능성이 매우 높습니다.

라. 부족증거 등 설시

증인 엄중한의 법정진술 등만으로는[04] 이 사건 공소사실을 인정하기에 부족하고, 달리 인정할 만한 증거가 없습니다.[05]

---

[03] 앞에서 이을남이 김갑동에게 1천만 원을 교부하였다는 진술 자체를 탄핵하였으므로, 이 부분에서는 "설령" 등의 표현을 붙여 가정을 한 후 추가 검토를 하여야 한다.

[04] 피고인 변소의 요지 다음에 검사 제출 증거를 기재한 경우에는 "나머지 증거들만으로는"으로 기재하면 충분하다. 본 답안에서는 검사 제출 증거를 기재하지 아니하였으므로 부족증거를 개별적으로 설시하였다.

[05] 달리 인정할 만한 증거가 없다는 부분 설시를 누락하지 않도록 주의를 요한다.

마. 소결

이 부분 공소사실에 대하여는 후단무죄판결이 선고되어야 합니다(형소법 제325조 후단).

2. 상습도박의 점

가. 2017. 11. 18.자 도박 부분

1) 기판력에 의한 면소판결

피고인 김갑동에 대하여는 2017. 11. 23. 서울중앙지방법원에서 상습도박죄로 벌금 300만 원의 약식명령이 발령되었고, 이는 2017. 12. 4. 확정되었습니다(기록 48쪽 약식명령 등본 참조).

위 약식명령의 범죄사실은 2017. 11. 18.자 도박 공소사실과 범행수단 등이 유사하고, 피고인에게는 같은 종류의 전과가 있습니다. 따라서 위 약식명령의 범죄사실과 2017. 11. 18.자 도박 공소사실은 모두 피고인의 동일한 도박 습벽의 발현에 의하여 범해진 것으로서 포괄일죄 관계에 있습니다.

또한 2017. 11. 23. 발령된 위 약식명령의 기판력은 그 이전인 2017. 11. 8. 행하진 이 부분 공소사실에 미칩니다.[06]

[06] 기판력의 객관적 범위를 검토한 후, 시적 범위 검토를 추가로 하여야 한다.

따라서 이 부분 공소사실 중 2017. 11. 18.자 도박 부분에 대하여는 면소판결이 선고되어야 합니다(형소법 제326조 제1호).

2) 공소시효 완성에 의한 면소판결[07]

[07] 기판력뿐만 아니라 공소시효 완성을 이유로 한 면소판결 검토도 가능하므로, 이에 대해 전부 설시하여야 한다.

판례는 공소제기된 범죄사실과 추가로 발견된 범죄사실 사이에 그 범죄사실들과 동일성이 인정되는 또 다른 범죄사실에 대한 유죄의 확정판결이 있는 때에는, 추가로 발견된 확정판결 후의 범죄사실은 공소제기된 범죄사실과 분단되어 동일성이 없는 별개의 범죄가 된다고 판시하였습니다.*

> * 포괄일죄인 영업범에서 공소제기의 효력은 공소가 제기된 범죄사실과 동일성이 인정되는 범죄사실의 전체에 미치므로, 공판심리 중에 그 범죄사실과 동일성이 인정되는 범죄사실이 추가로 발견된 경우에 검사는 공소장변경절차에 의하여 그 범죄사실을 공소사실로 추가할 수 있다. 그러나 공소제기된 범죄사실과 추가로 발견된 범죄사실 사이에 그 범죄사실들과 동일성이 인정되는 또 다른 범죄사실에 대한 유죄의 확정판결이 있는 때에는, 추가로 발견된 확정판결 후의 범죄사실은 공소제기된 범죄사실과 분단되어 동일성이 없는 별개의 범죄가 된다. 따라서 이때 검사는 공소장변경절차에 의하여 확정판결 후의 범죄사실을 공소사실로 추가할 수는 없고 별개의 독립된 범죄로 공소를 제기하여야 한다(대판 2017.4.28. 2016도21342).

피고인에 대하여 2017. 11. 23. 발령되어 2017. 12. 4. 확정된 약식명령에 의해 이 부분 공소사실 중 2017. 11. 18.자 도박범행 부분은 그 이후 범행 부분과 분단되어 별개의 범죄가 됩니다.

상습도박죄의 공소시효는 5년이고(형소법 제249조 제1항 제5호) 이 사건 공소는 위 상습도박 범행일인 2017. 11. 18.로부터 5년이 경과된 후인 2022. 11. 30. 제기되었음이 기록상 명백합니다.

따라서 이 부분 공소사실 중 2017. 11. 18.자 도박 공소사실에 대하여는 면소판결이 선고되어야 합니다(형소법 제326조 제3호).

나. 2017. 12. 5.자 도박 부분

이 부분 공소사실 중 2017. 12. 5.자 도박 범행에 대하여는 피고인은 일관하여 자백하고 있으나, 이를 보강할 만한 증거가 기록상 존재하지 아니합니다.

따라서 이 부분 공소사실 중 2017. 12. 5.자 도박 부분에 대하여는 무죄판결이 선고되어야 합니다(형소법 제310조, 제325조 후단).

다. 2017. 11. 25.자 및 2017. 12. 2.자 도박 부분

[08] 유죄 부분에 대한 정상변론이다. 정상변론 배점이 크게 출제된 경우라면 형법 제51조 각호를 소목차로 하여 구체적으로 기재하여야 하나, 본 기록에서는 상대적으로 작게 출제되어 한 문단으로 처리하였다.

위 도박 범행들에 대하여는 ① 도박 판돈이 각각 30만 원 정도에 불과하여 죄질이 중하지 아니한 점, ② 동일한 습벽의 발현에 의한 상습도박 범행에 중 일부에 대하여는 이미 처벌을 받은 점. ③ 위 도박 범행들 이후 현재까지 약 5년간 별도의 도박범행을 저지르지 아니한 점, ④ 피고인은 공무원으로서 성실히 근무하면서 건강이 좋지 아니한 노모를 부양하고 있는 점 등 정상을 참작하시어 법이 허용하는 최대한의 선처를 하여 주시기 바랍니다.[08]

3. 특정경제범죄가중처벌등에관한법률위반(배임)의 점

판례는 채무자가 채권양도담보계약에 따라 '담보 목적 채권의 담보가치를 유지·보전할 의무'를 부담하는 경우, 채권자에 대한 관계에서 '타인의 사무를 처리하는 자'에 해당하지 않는다고 판시하였습니다.*

> * 금전채권채무 관계에서 채권자가 채무자의 급부이행에 대한 신뢰를 바탕으로 금전을 대여하고 채무자의 성실한 급부이행에 의해 채권의 만족이라는 이익을 얻게 된다 하더라도, 채권자가 채무자에 대한 신임을 기초로 그의 재산을 보호 또는 관리하는 임무를 부여하였다고 할 수 없고, 금전채무의 이행은 어디까지나 채무자가 자신의 급부의무의 이행으로서 행하는 것이므로 이를 두고 채권자의 사무를 맡아 처리하는 것으로 볼 수 없다. 따라서 금전채권채무의 경우 채무자는 채권자에 대한 관계에서 '타인의 사무를 처리하는 자'에 해당한다고 할 수 없다. 채무자가 기존 금전채무를 담보하기 위하여 다른 금전채권을 채권자에게 양도하는 경우에도 마찬가지이다. 채권양도담보계약에 따라 채무자가 부담하는 '담보 목적 채권의 담보가치를 유지·보전할 의무' 등은 담보 목적을 달성하기 위한 것에 불과하며, 채권양도담보계약의 체결에도 불구하고 당사자 관계의 전형적·본질적 내용은 여전히 피담보채권인 금전채권의 실현에 있다. 따라서 채무자가 채권양도담보계약에 따라 부담하는 '담보 목적 채권의 담보가치를 유지·보전할 의무'를 이행하는 것은 채무자 자신의 사무에 해당할 뿐이고, 채무자가 통상의 계약에서의 이익대립관계를 넘어서 채권자와의 신임관계에 기초하여 채권자의 사무를 맡아 처리한다고 볼 수 없으므로, 이 경우 채무자는 채권자에 대한 관계에서 '타인의 사무를 처리하는 자'에 해당한다고 할 수 없다(대판 2021. 7. 15. 2015도5184).

피고인 김갑동은 채권담보 목적으로 전세금 반환채권을 양도한 후 채권양도 통지 전에 전세권에 대하여 근저당권을 설정해 주었으나, 이는 민사채무의 채무자에 불과하고 배임죄에 있어 '타인의 사무를 처리하는 자'에 해당하지 않아 배임죄의 구성요건해당성은 인정될 여지가 없습니다.

따라서 이 부분 공소사실에 대하여는 무죄판결이 선고되어야 합니다(형소법 제325조 전단).

2023. 1. 11.

피고인의 변호인 변호사 김변호 ㊞

서울중앙지방법원 제11형사부 귀중

검토의견서 (50점)

사 건   2022고합1234 특정경제범죄가중처벌등에관한법률위반(배임)
피고인   이을남

II. 피고인 이을남에 대하여

1. 횡령의 점

가. 이금옥 위탁 1,500만 원 부분

피고인 이을남과 피해자 이금옥은 동거하지 아니하는 친족관계에 있으므로(가족관계증명서, 주민등록등본 참조), 이 부분 공소사실은 피해자의 고소가 있어야만 공소를 제기할 수 있습니다(형법 제361조, 제328조 제2항, 상대적 친고죄). 또한 친고죄에 대하여는 범인을 알게 된 날로부터 6월을 경과하면 고소하지 못합니다(형소법 제230조 제1항).

피해자 이금옥은 2022. 2. 17.경 자신의 조카인 피고인이 2,000만 원을 임의 소비한 사정을 알게 되어 피고인이 범인임을 알게 되었고,[01] 이로부터 6월이 경과한 2022. 9. 2.에 비로소 피고인을 고소하였습니다. 이러한 피해자의 고소는 고소기간을 도과하여 적법·유효하지 아니합니다.

따라서 이 부분 공소사실에 대하여는 공소기각판결이 선고되어야 합니다(형소법 제327조 제2호).

[01] 범인을 알게 된 일시와 고소 일자를 구체적으로 기재하여 검토하여야 한다.

나. 김소개 위탁 500만 원 부분

판례는 횡령범인이 위탁자가 소유자를 위해 보관하고 있는 물건을 위탁자로부터 보관받아 이를 횡령한 경우 친족상도례는 범인과 피해물건의 소유자 및 위탁자 쌍방 사이에 같은 조문에 정한 친족관계가 있는 경우에만 적용된다고 판시하였습니다.*

> * 횡령범인이 위탁자가 소유자를 위해 보관하고 있는 물건을 위탁자로부터 보관받아 이를 횡령한 경우에 형법 제361조에 의하여 준용되는 제328조 제2항의 친족간의 범행에 관한 조문은 범인과 피해물건의 소유자 및 위탁자 쌍방 사이에 같은 조문에 정한 친족관계가 있는 경우에만 적용되고, 단지 횡령범인과 피해물건의 소유자간에만 친족관계가 있거나 횡령범인과 피해물건의 위탁자간에만 친족관계가 있는 경우에는 적용되지 않는다(대판 2008.7.24. 2008도3438).

피고인 김갑동은 피해자 이금옥과는 동거하지 않는 친족관계에 있으나, 장마담은 고용관계에 있을 뿐 피고인과 친족관계에 있지 아니합니다.

따라서 이 부분 공소사실에 대하여는 친족상도례는 적용되지 아니하고, 피고인이 이 부분 공소사실 범행을 자백하고 이에 대한 보강증거가 존재하는 이상, 유죄판결이 선고될 것으로 예상됩니다.

2. 도로교통법위반(무면허운전)의 점

판례는 피고인이 행정청으로부터 자동차 운전면허취소처분을 받았으나 나중에 그 행정처분 자체가 행정쟁송절차에 의하여 취소되었다면 무면허운전이 성립하지 않는다고 판시하였습니다.*

> * 피고인이 행정청으로부터 자동차 운전면허취소처분을 받았으나 나중에 그 행정처분 자체가 행정쟁송절차에 의하여 취소되었다면, 위 운전면허취소처분은 그 처분시에 소급하여 효력을 잃게 되고, 피고인은 위 운전면허취소처분에 복종할 의무가 원래부터 없었음이 후에 확정되었다고 봄이 타당할 것이고, 행정행위에 공정력의 효력이 인정된다고 하여 행정소송에 의하여 적법하게 취소된 운전면허취소처분이 단지 장래에 향하여서만 효력을 잃게 된다고 볼 수는 없다(대판 1999.2.5. 98도4239).

피고인에 대하여는 2022. 12. 1. 피고인이 음주운전하였음을 전제로 하는 서울서초경찰서장의 운전면허정지처분이 사실오인의 위법이 있어 취소되었고, 이는 2022. 12. 20. 확정되었습니다(판결문등본 참조).

따라서 피고인에게는 무면허운전이 성립하지 아니하므로, 이 부분 공소사실에 대하여는 무죄판결이 선고되어야 합니다(형소법 제325조 전단).

3. 특수폭행의 점

가. 특수폭행의 점에 대하여[02]

[02] 역시 검사 제출 증거 기재는 생략하였다.

피고인은 피해자를 향해 골프채를 휘두르거나, 손에 든 채 피해자를 폭행하지 아니하였습니다.

① 사경 작성 피고인에 대한 피의자신문조서는 피고인이 내용을 부인하고 있으므로 증거능력이 없고(형소법 제312조 제3항), ② 수사보고서 기재 중 김피해 진술청취 부분은 진술자인 김피해의 서명 또는 날인이 있지 아니하므로 증거능력이 없습니다(제313조 제1항).

피해자 김피해는 피고인이 골프채를 휘둘렀다는 취지로 진술하고 있습니다. 그러나 ① 피해자는 경찰 수사 초반에는 피고인이 조수석에서 골프채를 꺼내 들어 자신에게 휘둘렀다고 진술하였으나, 그 후에는 피고인이 한손에는 골프채를 들고 다른 손으로 멱살을 잡아 흔들었다고 진술하였으며, 공판 단계에서는 술에 취하여 피고인이 골프채를 휘두르거나 들고 있었는지 잘 모르겠다는 취지로 진술하여 그 진술의 일관성이 없는 점. ② 피해자는 범행 당시 술에 취해 있었으므로 당시 상황을 제대로 기억하지 못했을 가능성이 높은 점. ③ 범행 당시 현장이 찍힌 블랙박스를 보더라도 피고인이 양손으로 김피해의 멱살을 잡고 흔들고 있을 뿐, 골프채를 들고 있었다는 등의 사정은 존재하지 아니하는 점 등을 고려하면, 위 피해자의 진술은 믿을 만하지 못합니다.

또한 나머지 증거들만으로는 피고인이 골프채를 이용하여 피해자를 폭행하였다는 사실을 인정하기에 부족하고, 달리 인정할 만한 증거가 없습니다.

따라서 이 부분 공소사실에 대하여는 무죄판결이 선고되어야 합니다(형소법 제325조 후단). 다만, 피고인이 피해자의 멱살을 잡고 흔들었다는 점에서 이 부분 공소사실에 대하여 폭행죄(형법 제260조 제1항)는 성립할 수 있고, 이러한 축소사실은 공소장변경 없이도 법원이 직권으로 인정가능하다는 것이 판례의 태도이므로, 아래에서는 폭행죄에 대하여 추가로 살펴보도록 하겠습니다.[03]

[03] 축소사실에 대한 추가검토 필요성(공소장변경의 필요성에 대한 사실기재설)에 대한 설시를 누락하지 않도록 주의하여야 한다.

나. 폭행의 점에 대하여

폭행죄는 피해자의 명시한 의사에 반하여 공소를 제기할 수 없는 반의사불벌죄입니다(형법 제260조 제3항).

피해자는 이 사건 공소제기 후인 2022. 12. 30. 피고인의 처벌을 원하지 아니한다는 의사를 표시하였습니다(합의서 참조).

따라서 이 부분 공소사실에 대하여는 공소기각판결이 선고되어야 합니다(형소법 제327조 제6호).

4. 모욕의 점

가. 모욕의 점 – 주위적 공소사실

모욕죄(형법 제311조)는 피해자의 고소가 있어야 공소를 제기할 수 있는 친고죄이고(제312조 제1항), 친고죄의 고소권자는 피해자·피해자의 법정대리인 등이며(형소법 제223조, 제225조 제1항), 고소의 추완은 허용되지 아니한다는 것이 판례의 태도입니다.*

> * "1980.5.20. 자정 무렵 갑남, 을녀가 간통한 현장을 목격하였으며 그 전에도 간통한 사실을 밝혀내어 갑남, 을녀를 간통죄로 고소하였습니다"라는 고소인(을녀의 부) 진술조서의 기재내용으로는 "1980.5.3. 23:00경 갑남, 을녀의 간통사실"을 특정할 수 있는 정도의 고소라고 할 수 없고, 또 친고죄에 대하여 공소제기 후 고소를 추완하는 것도 허용되지 아니하므로 고소가 없다는 이유로 위 1980.5.3.자 간통사실에 대한 공소를 기각하였음은 정당하다(대판 1981.10.13. 81도2133).

이 부분 공소사실에 대하여 향우회 모임의 회장에 불과한 장동향은 적법한 고소권자가 아니므로, 위 장동향의 고소는 적법·유효한 고소로 볼 수 없습니다. 또한 이 사건 공소제기 후인 2022. 12. 28.에 비로소 피해자 김갑동이 고소장을 제출한 사정만으로는 기존에 고소 없이 제기된 이 사건 공소제기를 적법·유효한 것으로 볼 수 없습니다.

결국 이 부분 공소사실에 대하여는 공소기각판결이 선고되어야 합니다(형소법 제327조 제2호).

나. 명예훼손의 점 – 예비적 공소사실[04]

자기의[05] 행위가 법령에 의하여 죄가 되지 아니하는 것으로 오인한 행위는 그 오인에 정당한 이유가 있는 때에 한하여 벌하지 아니합니다(형법 제16조, 금지착오).

[04] 변호인이 작성하는 서면에서는 주위적 공소사실과 예비적 공소사실을 모두 검토한다.

[05] 책임조각사유인 금지착오에 대한 설시 전에 구성요건해당성에 대한 검토부터 간단히 기재할 수도 있다.

판례는 위 금지착오의 정당한 이유는 행위자에게 자기 행위의 위법 가능성에 대해 심사숙고하거나 조회할 수 있는 계기가 있어 자신의 지적 능력을 다하여 이를 회피하기 위한 진지한 노력을 다하였더라면 스스로의 행위에 대하여 위법성을 인식할 수 있는 가능성이 있었는데도 이를 다하지 못한 결과 자기 행위의 위법성을 인식하지 못한 것인지에 따라 판단하여야 한다고 판시하였습니다.*

* 형법 제16조는 자기가 행한 행위가 법령에 의하여 죄가 되지 않는 것으로 오인한 행위는 그 오인에 정당한 이유가 있는 때에 한하여 벌하지 않는다고 규정하고 있다. 이는 일반적으로 범죄가 성립하지만 자신의 특수한 사정에 비추어 법령에 따라 허용된 행위로서 죄가 되지 않는다고 그릇 인식하고 그러한 인식에 정당한 이유가 있는 경우에는 벌하지 않는다는 취지이다. 이때 정당한 이유는 행위자에게 자기 행위의 위법 가능성에 대해 심사숙고하거나 조회할 수 있는 계기가 있어 자신의 지적 능력을 다하여 이를 회피하기 위한 진지한 노력을 다하였더라면 스스로의 행위에 대하여 위법성을 인식할 수 있는 가능성이 있었는데도 이를 다하지 못한 결과 자기 행위의 위법성을 인식하지 못한 것인지에 따라 판단하여야 한다. 이러한 위법성의 인식에 필요한 노력의 정도는 구체적인 행위정황과 행위자 개인의 인식능력 그리고 행위자가 속한 사회집단에 따라 달리 평가되어야 한다(대판 2017.3.15. 2014도12773).

피고인은 자신이 피해자에 대하여 적시한 사실이 상대방인 향우회원들이 모두 알고 있었던 사실이므로 죄가 되지 않는다고 생각했다는 취지로 주장하고 있으나, 이는 특별한 이유 없는 피고인의 짐작에 불과하고, 이에 대해 피고인은 전문가에게 조회나 문의하는 등 자기 행위의 위법 가능성에 대하여 심사숙고하는 등 범행을 회피하기 위한 진지한 노력을 다하지 아니하였습니다. 결국 이 부분 공소사실은 정당한 이유 있는 금지착오에 해당하지 아니합니다.

따라서 이 부분 공소사실에 대하여는 유죄판결이 선고될 것으로 예상됩니다.

2023. 1. 11.

담당변호사 한검토 ㉑

홍형철 변호사

서울대학교 졸업
제54회 사법시험 합격
제44기 사법연수원 수료
법무법인 율지 구성원변호사
에듀윌 법원직·검찰직시험 형사소송법
합격의 법학원 변호사·경찰간부·법무사·법원승진시험 형사법

[제6판]
올어바웃 기록형 형사법 2 (기출해설)

2017년 6월 30일 초 판 제1쇄발행
2023년 5월 20일 제 6 판 제1쇄인쇄
2023년 5월 30일 제 6 판 제1쇄발행

편저자	홍 형 철
발행인	이 종 은
발행처	새 흐 름

서울특별시 마포구 독막로 295 삼부골든타워 212호
전 화 (02) 713-3069 FAX (02) 713-0403
등 록 2014. 1. 21, 제2014-000041호(윤)
홈페이지 www.sehr.co.kr

편저자와
협의하여
인지첩부를
생략함

파본은 바꿔드립니다. 본서의 무단복제행위를 금합니다.

정 가 43,000원   ISBN 979-11-6293-388-6